“十三五”国家重点图书出版规划项目
国家自然科学基金重点项目群
现代农业发展的政策研究丛书

中国农产品供需与食物安全的政策研究

黄季焜　解　伟　著

科　学　出　版　社
北　京

内 容 简 介

本书首先分析食物消费演变及主要驱动力的影响，揭示我国城乡居民食物消费演变规律；其次，分析农产品生产和供给反应，揭示我国生物技术与经营规模的影响及农产品供给反应规律；再次，分析农产品价格波动与市场干预影响，揭示农产品价格传导和形成机制；最后，建立国家食物安全预测系统，为国家食物安全的预测提供系统的分析工具。同时，利用所建立的模型分析系统，预测不同情景下的国家食物安全状况，为政府决策部门制定国家食物安全保障战略与政策提供科学的决策依据。

本书对农业相关管理部门具有重要的参考价值，同时适合从事农业经济及相关专业的研究人员、高校教师和研究生参考。

图书在版编目（CIP）数据

中国农产品供需与食物安全的政策研究 / 黄季焜，解伟著. —北京：科学出版社，2019.12

（现代农业发展的政策研究丛书）

ISBN 978-7-03-060588-7

Ⅰ. ①中… Ⅱ. ①黄… ②解… Ⅲ. ①农产品－市场需求分析－政策－研究－中国 ②食品安全－政策－研究－中国 Ⅳ. ①F724.72 ②TS201.6

中国版本图书馆 CIP 数据核字（2019）第 033906 号

责任编辑：王丹妮 / 责任校对：陶 璇

责任印制：张 伟 / 封面设计：蓝正设计

科 学 出 版 社 出版

北京东黄城根北街 16 号

邮政编码：100717

http://www.sciencep.com

北京虎彩文化传播有限公司 印刷

科学出版社发行 各地新华书店经销

*

2019 年 12 月第 一 版 开本：720×1000 B5

2019 年 12 月第一次印刷 印张：29 3/4

字数：600 000

定价：218.00 元

（如有印装质量问题，我社负责调换）

“现代农业发展的政策研究”项目指导专家组

组　长：

钟甫宁	教　授	南京农业大学
黄季焜	教　授	北京大学

成　员：

程国强	教　授	同济大学
宋洪远	研究员	农业农村部农村经济研究中心
温思美	教　授	华南农业大学
顾海英	教　授	上海交通大学
黄祖辉	教　授	浙江大学
罗必良	教　授	华南农业大学
张俊飚	教　授	华中农业大学
周应恒	教　授	南京农业大学

“国家食物安全预测预警和发展战略研究”项目组成员

主持单位： 北京大学

负 责 人： 黄季焜　教　授

主要成员：

解　伟　　研究员
崔　琦　　博　士
Ali Tariq　　博　士
杨国蕾　　博　士
王术坤　　博　士
肖智华　　博　士
胡继亮　　博　士
魏　玮　　博　士
易　青　　博　士
华奕州　　硕　士
甄　江　　硕　士

总　序

中国农业发展取得了令世人瞩目的巨大成就。然而，要实现中国这一14亿人口国家的农业现代化，仍然面临着一系列严峻挑战。综合考虑管理学科发展的重要基础性问题与国家重大发展战略需求等因素，国家自然科学基金委员会管理科学部在“十二五”发展规划部署中，将“新农村建设中的农业与农村发展政策”列为优先发展领域之一。在优先资助领域的框架下，于2013年底启动了“现代农业发展的政策研究”重点项目群。经过5年多的努力，该项目群实施进展顺利，于2019年初组织了结题验收工作并获得良好评价。

国家自然科学基金委员会管理科学部遴选重点项目群的原则是适应管理科学基础研究的规律和特点，针对核心科学问题，在前期研究基础较好、有望形成特色或取得重要突破的领域，形成具有统一目标或方向的重点项目群，实施相对长期的多个重点项目支持，以激励创新、推动某一领域的跨越式发展。重点项目群是属于重点项目的一种资助方式，其研究既注意项目群内项目的相互联系性，又注重与其他类型资助项目的互补关系。

“现代农业发展的政策研究”重点项目群围绕农业发展中的基础性和前瞻性的重大战略问题，下设“现代农业科技发展创新体系研究”、“国家食物安全预测预警和发展战略研究”、“气候变化背景下低碳农林业发展战略及政策研究”、“农业产业组织体系与农民合作社发展”、“农村土地与相关要素市场培育与改革研究”和“新时期农业发展的国家政策支持体系研究”6个重点项目。该项目群的指导专家组汇集了国内农林经济管理领域的顶尖学者，承担单位包括国家自然科学基金委员会管理科学部支持的首批创新群体团队和国家双一流学科建设单位等七家研究机构，研究基础雄厚。五年来，项目群既鼓励协作攻关又倡导自由探索，既坚持目标导向又强调重点突破，在现代农业发展领域开展了一系列的政策研究，产生了一大批在国内外具有良好影响力的原创性成果。

本套学术丛书即“现代农业发展的政策研究”重点项目群的创新性研究成果的集成。丛书基于中国特殊的国情与农情，重点围绕新时期农业发展所面临的新形势和新挑战，采用科学的理论与分析方法，对与现代农业发展紧密相关的现代农业科技发展政策与改革、国家粮食安全战略与管理、气候变化对农业的影响与适应策略、现代农业产业组织体系、土地与相关要素市场的培育与改革、现代农业发展国家政策支持体系等重大的理论与政策问题，开展了全局性、战略性与前瞻性的研究，提出了实现农业现代化的新目标、新思路和新举措。该重点项目群的实施，一定程度上提升了农业经济管理学科的国际学术地位和影响，也为国家制定农业农村发展战略和政策提供了科学依据，并培养了一批在国内外学术界有成长性和影响力的中青年人才。

希望本套丛书的出版能够对我国管理科学尤其是农林经济管理的理论研究起到促进与深化作用，对政府有关决策部门进一步落实“乡村振兴”战略和加快现代农业发展起到政策咨询作用，同时也能对广大“三农”工作者以及所有关心中国农业现代化发展的人士有所启迪。

国家自然科学基金委员会管理科学部主任

2019 年 9 月

目　　录

第一篇　绪　　论

第二篇　食物消费的演变和农产品需求反应

第三篇 农产品生产变化和主要农产品供给反应

第四篇 农产品市场价格形成和传导机制

第五篇　不同情景下中国食物安全和农业可持续发展

第六篇　结论与展望

第一篇
绪　　论

第一章 概　述

第一节 研究背景

“民以食为天”，食物安全事关国家全局，是国际社会长期关注的问题。联合国系统内最早的常设专门机构就是旨在提高人民营养水平和生活标准、保障食物安全的联合国粮食及农业组织（Food and Agriculture Organization of the United Nations，FAO）。食物安全问题一直是 FAO、各国政府、国际学术界和社会广泛关注的问题。FAO 把食物安全定义为，所有人在任何时候都能够在物质上和经济上获得足够、安全和富有营养的食物，来满足其积极和健康生活的膳食需要和食物偏好。

近年来，食物安全更引起全球关注，成为各种全球性论坛的重大议题。特别是2006年以来，全球农产品价格经历了两次大幅度的波动，粮食等主要农产品价格在波动中不断上升，这些现象引起了社会各界对食物安全的高度关注。为此，2008 年“世界经济论坛”专门成立“食物安全全球议程委员会”（Global Agenda Council on Food Security），食物安全首次成为这一世界最具影响力的论坛的主要议题。之后，“八国集团”（又称 G8）和“20 国集团”（又称 G20）也先后在 2009 年和 2010 年首次把解决全球食物安全问题列入其峰会的重要议题。同时，FAO 与世界粮食安全委员会于 2010 年也专门成立粮食安全和营养问题高级专家组，以加强科学应对全球食物安全问题，并于 2018 年提出“依托多利益相关方伙伴关系，在《2030 年可持续发展议程》框架内为实现粮食安全和营养筹措资金并推动进展”等相关报告与建议，持续重视粮食与营养安全。

自 21 世纪初我国成为世界上主要粮食进口国以来，中国的粮食安全更引起国内外的广泛关注。我国政府一直高度重视“粮食安全”，近期随着居民收入增长和食物消费多样性的增加，也开始重视包括所有农产品的食物安全。从 20 世纪 80 年代初到 2003 年，我国食物自给率一直保持在 100%以上，食物出口额大于进口额；但从2004年开始，我国从农产品净出口国转变为净进口国，而且农产品贸易逆差有逐渐扩大的趋势。2008年我国的粮食自给率已经下降到95%以下，2017年更下降到90%以下（基于国家统计局和海关总署的统计数据）。我国农产品供需形势已从“总量平衡，丰年有剩余”转向“总量基本平衡，结构明显短缺”阶段（黄季焜，2017）。由于中国粮食安全状况对全球粮食安全和世界农产品市场会产生重要的影响，农产品的大量进口也使我国在国际上面临一些舆论压力。

确保我国粮食安全和保障重要农产品的供给始终是我国政府工作的重中之重。《国民经济和社会发展第十三个五年规划纲要》提出，确保谷物基本自给、口粮绝对安全。2018年中央一号文件也指出，“确保国家粮食安全，把中国人的饭碗牢牢端在自己手中”。然而，虽然粮食生产经历了“十二连增”，但我国粮食净进口却显现明显的增长趋势，2017年大米进口（403万吨）达到历史新高，小麦、玉米和大豆的进口量更分别达到442万吨、283万吨和9 553万吨；在粮食进口增加的同时，其他食物如畜禽产品的进口也加快增长①。近期我国粮食等主要农产品进口的增长引起了政府部门和社会各界的广泛关注。

关于中国未来粮食供需变动趋势，国内外已有不少研究，但研究结果对粮食安全的判断存在较大的差异。例如，柯炳生（2007）预测认为在2030年我国粮食需求将保持在5.7亿吨，国内生产基本能够满足国内需求的增长。以上的研究结果同FAO早期的研究基本相似（FAO，2002），即中国的粮食需求和生产的增长速度基本相当，甚至连玉米也基本能达到供需平衡。经济合作与发展组织（Organization for Economic Co-operation and Development，OECD）和FAO在2012年联合开展的一项研究也表明，到2020年，中国的谷物粮食供需总体基本平衡（OECD-FAO，2012），但他们预测中国2020年的玉米等粗粮的产量仅为2.1亿吨。而黄季焜（2017）的预测表明，过去的研究可能低估了我国的粮食需求，特别是饲料粮的需求，未来虽然大米和小麦需求将下降，但粮食总需求到2025年将达到6.9亿吨；与此同时，国内生产增长将显著低于需求增长，中国食物总体自给率水平将从2015年的94.5%下降至2025年的91%左右。黄季焜（2017）与OECD-FAO（2016）的预测结果较为一致，都认为未来中国的粮食安全自给率将逐渐下降。从进口的主要农产品来看，黄季焜（2017）、FAO（2016）和USDA（2016）的预测结果也较为接近，这些研究都认为中国未来将主要进口大豆和玉米。

随着我国居民消费多样性的增加，粮食及其他所有农产品的食物安全越来越受到重视，但目前学术界对粮食以外的食物安全问题研究甚少。除粮食供需以外，食物安全还涉及其他许多方面的重要内容。从产品上看，食物安全包括粮食

---

① 数据来源于2018年海关总署进出口贸易数据库。

和其他能够满足人体消费和健康需求的所有食物的安全；从尺度上看，包括宏观（如国家）和微观（如家庭或个人）层面的食物安全；从领域上看，食物安全包括供给能力、购买能力、安全营养、价格稳定。现有的研究多数侧重宏观层面的粮食生产、需求和贸易，而粮食以外的食物供需安全、微观层面的贫困群体食物安全等问题的研究并没有得到足够的重视。但近年来蔬菜、水果、食用油、肉蛋奶等高附加值农产品人均消费从稳定增长转变为较快增长，农产品结构性短缺特征日益凸显，食糖、奶制品、牛羊肉等农产品进口迅速提高（海关总署的历年统计数据），粮食以外的许多食物安全也面临挑战。更值得一提的是，虽然我国始终把解决温饱问题作为头等大事，在减少饥饿和营养不良人口方面取得了举世瞩目的成就，但据 FAO 统计资料，2015~2017 年全球 8 亿营养不良人口中超过 1.2 亿在中国，因此战胜饥饿和保障微观层面的食物安全仍然任重道远。

从现有的食物安全预测方法来看，分析工具多样，但同时把国内市场与国际市场预测系统融为一体的研究并不多。虽然国内外发展了不同的预测分析工具，但这些模型都存在不足之处，难以很好地模拟现实和预测未来发展趋势。例如，许多国家均衡模型系统都无法将国际发生的各类重大冲击传递到国内市场；而全球均衡模型系统虽然能够把中国和国际市场联系起来，但往往缺乏准确和详细刻画中国食物供需状况的数据。因此，必须要将权威的国际均衡模型系统与国家均衡模型系统连接起来研究中国的食物安全状况；同时各类预测方法取决于各种外生假设和关键参数设定的准确程度，为此必须要有准确、可靠的参数，这些参数一般需要通过大量的实证计量模型估计。另外，目前针对影响食物需求和供给的传统因素（如价格、收入、科技和基础设施投入、生产要素等）的研究方法较多，但是对一些非传统市场因素，如生物能源发展、极端气候变化等对食物安全产生影响的研究方法还相对缺乏。对这些新的影响食物安全的因素，需要在理论与实证研究的基础上，开发新的研究方法。

综上所述，要保障国家食物安全，还有一系列的理论、方法和政策问题需要研究。影响食物安全的主要驱动力是什么？这些驱动力影响食物安全的机理和途径有哪些？它们是如何影响食物的消费、生产、贸易和价格的？各种驱动力的变动对食物安全的影响有何区别？如何综合地、科学地评估和预测国家食物安全状况？政府如何应对食物安全危机和制定保障国家食物安全战略？

因此，系统地开展国家食物安全研究，不只是弥补和丰富食物安全形成机理和研究方法的学术需要，更是满足国家社会经济发展和食物安全保障的重大政策需求。本书将在探讨食物供需与食物安全影响因素及其影响分析的基础上，建立国家食物安全的预测系统，希望在理论和方法上取得突破，并有较大的推广和应用前景；同时将基于分析结果提出保障食物安全的应对策略和发展战略，为政府部门决策提供科学依据。

第二节 研究目的与研究内容

一、研究目的

在深入分析食物安全主要驱动力及其对食物安全影响的机理和规律的基础上，建立国家食物安全的预测系统，为国家食物安全的预测提供分析工具，同时利用所建立的模型分析系统，预测在不同情景下国家食物安全状况，为政府决策部门应对食物安全策略和制定国家保障食物安全战略提供科学的决策依据。

二、研究内容

本书开展从食物需求到食物生产、价格和贸易，从基准方案到不同情景方案，从市场预测到政策评估分析等一系列研究。综合起来，包括以下四方面的主要研究内容。

研究内容 1：分析食物消费演变过程和主要驱动力对食物需求的影响，揭示我国食物消费演变规律。

具体内容包括：分析我国城乡居民的食物消费特征及其演变过程；分析影响城乡居民食物消费及食物消费方式的主要驱动因素；探讨各主要驱动力对城乡居民在家食物消费的影响机理和途径；实证分析各主要驱动力对在外食物消费的影响；揭示我国城乡居民对各种食物需求、消费偏好和消费结构的演变规律；研究异质性收入支出冲击对居民食物消费支出与不同种类食物消费的影响；分析消费者对转基因食物的知晓度、接受态度和购买意愿及其决定因素。

食物安全的最终目的是满足所有人的膳食需要和食物偏好，所以食物的需求是食物安全研究不可或缺的重要组成部分。在影响城乡居民食物消费的主要驱动因素方面，本书除了通过建立食物需求系统分析收入、价格和人口特征等传统影响因素对食物需求的影响机理、途径和影响程度外，还将分析城镇化、老龄化、在外饮食和食品安全突发事件等对食物需求的影响。这些因素不仅显著影响当前城乡居民食物消费的结构与特征，还将影响人们对未来居民食物消费结构、特征及其演变趋势的判断。例如，城镇化除了通过影响生产要素（如土地、劳动力和资金）影响食物生产外（见研究内容 2），对食物安全更为重要的影响可能是通过收入和消费方式的变化影响食物安全。随着城镇化和收入增长，城乡居民食物消费方式发生了显著的改变，特别是居民在家与在外食物消费在结构和变化趋势上存在较大的差异，在外饮食成为居民食物消费的主要驱动因素。食品安全突发事件是导致短期食物安全危机的重要内容之一，居民受到的异质性收入和支出冲击都会显著影响他们的食物购买能力，威胁居民的食物消费，最终将影响居民的福利水平，但以往许多食物消费研究中都还未充分考虑突发事件的影响。在我国经济发展进入中等收入国家和迈向中高收入国家的进程中，以上主要驱动力的变动特征（如变动大小和趋势等）对消费者需求的影响机理、途径和影响大小的测定，不但是前沿性的科学问题，也是国家制定食物安全短期策略和中长期发展战略的重要决策依据。消费者对转基因食品的态度也会影响到食物安全。本书系统分析了城市消费者和农村消费者对转基因相关名词的知晓度、对转基因食品的接受态度和购买意愿，并且分析了影响这三方面的因素。

研究内容 2：分析食物和其他农产品生产的主要驱动力及其对农业生产的影响，揭示我国农产品供给及其演变规律。

具体内容包括：分析影响食物和其他农产品生产的主要驱动力变动特征；探讨主要驱动力对农产品生产影响的机理和途径；实证研究各种生产主要驱动力对食物和非食物农产品生产的影响；揭示我国农产品短期和中长期生产（供给）反应特征和结构演变规律。

保障食物安全的最根本途径是有足够的食物供给，而生产是供给的主要来源和保障。本书中的研究所包括的农产品除了食物外还包括非食物的农产品，因为食物和非食物农产品在生产中会对各种生产要素资源（如耕地、水资源、劳动力和资金等）进行竞争。

在影响农产品生产的主要驱动力方面，本书除了通过建立农产品供给反应系统分析农产品和投入品价格等因素对各种农产品生产的影响机理和影响程度外，还将重点分析驱动食物生产的中长期和短期影响因素及其对食物安全的影响。在中长期的驱动力方面，将重点分析以转基因技术为代表的农业科技进步对农产品中长期生产力的影响，探讨新型经营主体如何通过对土地、劳动力和资金利用及配置的影响而对食物及其他农产品生产产生影响。在短期驱动力方面，重点分析主要自然灾害和市场风险等对生产的冲击和影响。

2013 年中央一号文件提出“确保国家粮食安全，保障重要农产品有效供给，始终是发展现代农业的首要任务”，而实现这个首要任务的关键是保障农产品的有效供给。因此，研究农业生产主要驱动力的变动及其对各种农产品生产的影响机理、途径和影响程度，不但是为了科学厘清农产品生产增长的关键影响因素和生产者对市场价格及各种驱动因素的反应，也是为国家制定农产品生产保障政策提供科学决策依据。

研究内容 3：结合政策干预及改革背景分析农产品价格形成和传导机制，揭示我国农业供给侧结构性改革的关键问题。

具体内容包括：分析主要农产品市场政策干预、改革及价格形成机制；研究主要农产品国内外市场价格的传导机制；在此基础上揭示我国农业供给侧结构性改革的关键问题和对策。

本书中的价格形成和传递机制包括以上三个方面的原因说明如下。

首先，分析主要农产品在供应链流通过程中的价格形成和空间传导机制，离不开分析相应的政策干预及其影响。

其次，要研究各种农产品国内外价格的传导机制，特别是国际价格如何传递和影响国内的市场价格。随着全球自然灾害的频繁发生，农产品价格更具波动性，在贸易自由化过程中，一个国家的价格波动很容易通过国际市场或贸易传递到其他许多国家。揭示国内外价格传导机制和影响对国家制定市场稳定政策、保障食物安全（短期）极为重要。

最后，本书还将探讨我国农业供给侧结构性改革的关键问题和对策。尽管过去我国农业发展取得举世瞩目的成就，但也面临诸多挑战，特别是农业供给侧存在的结构性问题。因此，针对主要问题，分析目前这些问题的形成过程和产生的主要原因，结合对未来农业发展方向的判断，提出中国农业供给侧结构性改革的重点和农业生产结构调整的方向。

研究内容 4：建立国家食物安全预测模型系统，开展保障国家食物安全重大政策与发展战略研究，为中央制定相关政策提供科学的决策依据。

具体内容包括：建立国家食物供给、需求和价格的预测模型；构建国家均衡模型与全球均衡模型的连接模块；整合国家食物均衡模型与全球食物均衡模型，建立国内-国际市场联动的食物安全预测模型系统；设置未来可能出现的各种情景方案；开展食物安全预测和预警研究；提出不同情景下保障国家食物安全的重大政策与战略选择。

国家食物安全的预测模型系统需要三个相辅相成的组成部分。首先是构建中国国家食物供需市场均衡模型，构建的理论与实证依据主要来自前面三个研究内容的研究结果。其次是选择一套权威的全球食物供需均衡模型系统，改进其中的关键模块、参数，为与中国国家模型连接做准备。最后是构建国家食物均衡模型与全球食物均衡模型之间的连接模块，包括软连接和硬连接等方法，最终形成国内外市场联动的食物安全预测模型系统。

基于食物安全预测模型系统的评价分析是本书研究的主要输出口。各种情景方案设置是基于影响食物需求和供给主要驱动力及突发事件的分析，研究将涉及多种可能出现的情景。对每种情景方案，将利用所建立的国家食物安全预测模型系统，开展食物安全预测研究。根据研究结果，提出在不同情景下保障国家食物安全的重大政策与战略选择，为政府制定保障国家食物安全的相关战略提供决策依据。

第三节 研究框架与研究方法

根据本书的研究目的、研究内容和关键科学问题，我们设置了本书的总体技术路线，见图 1.1。

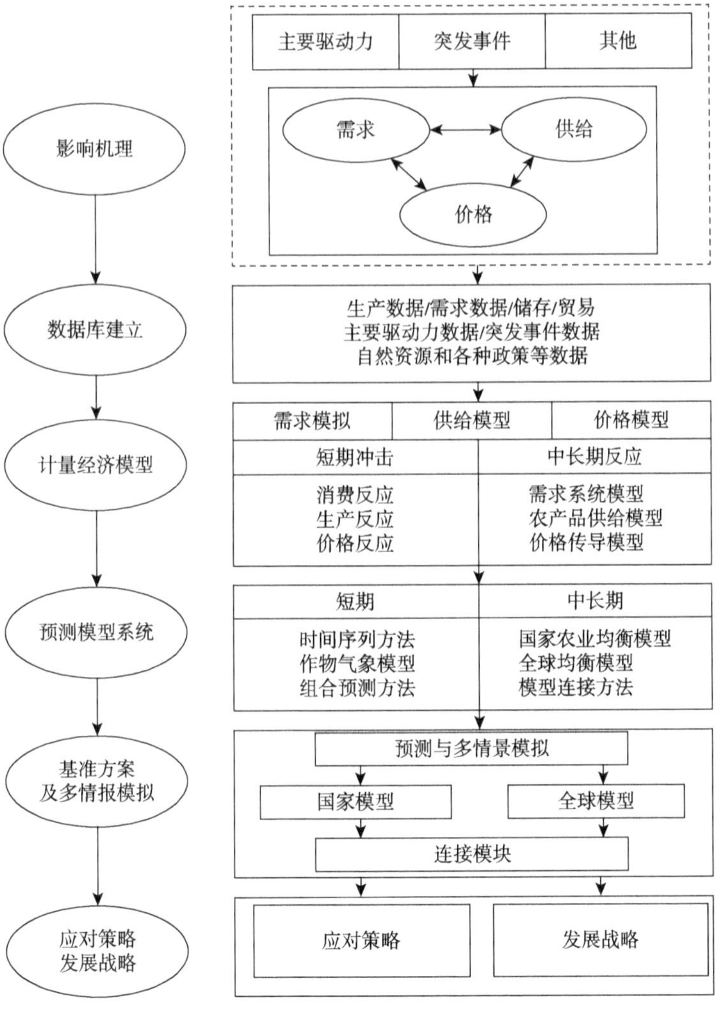

图 1.1 总体技术路线

首先，开展主要驱动力和突发事件等因素对食物安全的影响机理研究。重点关注主要驱动力和突发事件等因素对食物安全（如需求、供给和价格等）的影响途径和影响程度的判断，机理分析一方面是基于理论研究和对文献的再分析，研究结果为后面的数据收集、计量经济模型实证分析和预测模型提供理论依据；另一方面，实证分析和预测模拟结果还将反馈到理论分析，补充和完善理论和实证分析系统。

其次，基于食物安全影响机理的定性分析结果，有针对性地开展数据收集，建立本书研究的数据库。总体上，建立的数据库主要包括如下 7 方面的内容：①影响食物安全的主要驱动力、突发事件（如自然灾害和国际贸易封锁等）和其他可能影响食物安全的各种因素的历史数据和未来可能的变动依据；②国内大规模的城乡居民分产品的食物消费数据和家庭特征，以及国内外非食物的农产品的需求数据；③各省历年来各种农产品分产品的生产和投入数据；④历年来农产品及其加工品的进口和出口数据；⑤国家农产品储存数据，这是比较难公开获取的数据，在没有现实数据的情况下，国际惯例是在充分调查的基础上，结合农产品供需平衡表做“科学加艺术”的估计；⑥各种食物和非食物农产品的价格，包括收购价、批发价、零售价和进出口价格，根据分析需要，价格有分月（或旬）、分季节和分年度的；⑦全国各地自然资源（如耕地和水资源等）和气候变化等数据。以上数据部分来自国家统计数据，也有一部分来自本书研究的实地调查数据。数据收集的目的是为计量模型分析（或实证研究）和建立食物安全预测模型服务。

再次，建立计量经济模型，基于所收集的数据，开展三方面的实证分析：食物需求系统、农产品供给系统模型及市场价格长期传导机制。我们也特别分析了突发事件和市场受到长期政策冲击后对食物安全的影响。

最后，在以上计量经济模型的分析基础上，建立食物安全预测模型系统并开展政策模拟分析研究。这一模型系统包括国家农业部门均衡模型、全球一般均衡模型和各模型的链接与传递机制。利用这一模型系统，开展国家食物安全的预测分析和对策研究，并根据模型的研究结果，提出国家食物安全的应对策略或发展战略。不同于以往的许多研究（以简单的线性判断或时间序列分析等为主），我们的研究全部基于食物供需市场均衡预测模型的预测结果，使预测研究模型化。

第四节　本书结构与篇章安排

虽然本项研究涉及食物安全和政策的各个方面，但受篇幅限制，本书只能有重点呈现四个主要研究领域涉及的20个方面的研究问题和研究结果，结合研究背景、研究现状与主要创新、主要结论与政策建议，本书分成六篇共二十三章，具体简要介绍如下。

第一篇是绪论，包括第一章和第二章，具体如下。

第一章：概述。介绍本书的研究背景、研究目的、研究内容、研究框架、研究方法、本书结构和篇章安排。

第二章：国内外研究现状和本书主要创新。概述现有文献关于我国食物安全预测方面的研究内容、影响农产品需求的主要因素、影响农业生产的主要驱动力等，介绍农产品价格形成机制和分析方法；总结现有文献的不足之处，并围绕食物安全预测问题，在理论、研究方法和关键系数上进行创新和探索。

第二篇是关于食物消费的演变和农产品需求反应方面的研究，包括第三章至第七章共五章的内容，具体如下。

第三章：城乡居民食物消费行为变化及驱动因素。基于国家统计局城乡住户调查的原始数据，重点分析城乡居民在家食物消费的结构和变动趋势，并分别构建城乡居民在家食物消费的需求系统，用于分析收入、价格、人口结构等因素对不同食物的影响，比较分析城乡居民食物消费驱动因素的差异，估计城乡居民在家食物消费的收入弹性与价格弹性及其变动规律。

第四章：居民在家和在外食物消费变化及驱动因素。基于城市居民食物消费调查数据，重点分析城市居民食物消费支出及主要食物在家与在外消费的驱动因素，得出居民在家和在外食物消费与收入变化之间的关系，估计居民在家和在外食物消费的收入弹性与价格弹性及其变动规律。

第五章：异质性收入与支出冲击对农村居民食物消费的影响。基于农村居民的食物消费调查数据，考察异质性收入与支出冲击对农村家庭食物支出和主要食品消费的影响，以及在冲击发生之后家庭平滑其食物消费的能力，提出不同类型异质性收入或支出冲击对主要食物的影响存在较大差异，对不同收入水平家庭的影响也存在较大差异，研究结果对食物消费的短期预测和政策制度都有重要的现实意义。

第六章：城镇化对居民食物消费行为的影响。采用图形分析和计量经济模型方法，分别分析城市和农村居民的不同食物在家消费量与收入变化之间的关系，并比较分析城乡居民食物消费结构差异，揭示城乡移民（农村到城市居民）的食物消费行为的变化特征，从而系统分析城镇化对居民食物消费行为、结构和总量的影响。

第七章：城乡消费者对转基因食物接受意愿的研究。基于较大规模的城乡居民入户调查，对比分析城乡消费者对转基因技术知晓度、城乡消费者对转基因食品的接受程度以及他们的购买意愿，在以上分析的基础上，深入探究城乡消费者对转基因食物接受程度的主要影响因素。

第三篇是关于农产品生产变化和主要农产品供给反应方面的研究，因为该领域的研究涉及内容多，特别是技术进步、农业基础设施、生产力测度等文献中经常涉及的内容。因为受篇幅限制，本篇只选取农业生物技术、农业生产经营规模、极端气候情况下农作物播种面积和农作物单产对价格变动的反应等更具有特色和创新研究内容，包括第八章至第十一章共四章的内容，具体如下。

第八章：农业生物技术和生产力。基于吉林省和辽宁省种植转基因玉米的农户调查数据，在统计描述分析的基础上，建立计量经济模型，研究转基因玉米技术对农户使用杀虫剂、劳动力投入和玉米单产的影响，这是国内首次开展转基因玉米技术影响的实证研究。

第九章：农业生产经营规模与农业生产力。分析农业生产经营主体现状和发展过程，定性并定量分析农作物生产经营规模的主要决定因素，以及经营主体与规模对农业生产效率的优先序，提出当前新型农业经营主体发展存在的主要问题及相应政策建议，这是国内最早开展农业生产经营规模与效益关系的研究之一。

第十章：极端气候影响下主要农作物播种面积对价格的反应。基于涵盖25个省份16年的平衡面板，将占全国农作物总播种面积约80%的14种农作物分为6类农作物（水稻、小麦、玉米、棉花、油料作物和其他作物），并对这6类农作物的面积变化与极端气候之间的关系进行分析，最后用计量经济模型估计极端气候对主要农作物种植面积价格反应弹性的影响。

第十一章：极端气候影响下主要农作物单产对价格的反应。以水稻、小麦、玉米、棉花和油料作物为主要种植作物的地区为研究对象，进一步深入分析忽略极端气候和考虑极端气候两种情景下5类农作物单产的反应情况，得出受灾率、极端气候对农作物单产的影响程度。

第四篇是关于农产品市场价格形成和传导机制方面的研究，涉及诸多农产品，但我们有目的地选择有代表性的主要农产品，拟写了包括第十二章至第十六章共五章的内容，具体如下。

第十二章：粮食市场政策干预、改革及其影响。考察不同时期的粮食市场政策干预及其改革，首先以小麦为例，分析了20世纪80年代开始的粮食收购双轨制改革及其对农户种植行为的影响；其次以玉米为例，分析了21世纪初以来粮食市场政策干预与改革及其影响；最后总结粮食市场干预政策改革的意义。

第十三章：棉花市场干预和改革与其市场价格形成机制及影响。以棉花为例，基于对当时的目标价格改革试点的调查和分析，回答关于目标价格改革的预期目标、执行过程、经验总结等一系列问题，探讨中国农产品目标价格制度的政策目标和实施方案，为进一步开展目标价格政策研究和未来推进中国农产品市场改革提供思路。

第十四章：蔬菜水果垂直市场价格形成与市场运行效益。改革开放极大地促进了我国农副产品的市场流通，市场体系建设已趋于完善。以苹果、番茄作为水果和蔬菜代表性产品，基于价值链上游（农户出售农产品）到中游（如批发）再到下游（如零售）实时实地的追踪，对苹果和番茄销售主要渠道、价格形成过程及构成、利润结构进行分析，从实证角度揭示我国蔬菜水果垂直市场价格形成与市场运行效益。

第十五章：市场干预和改革对国内外市场价格传导机制的影响。中国玉米和大豆政策的实施为我们提供了难得的自然政策实验案例，以评估不同政策机制下的国际价格如何传导到国内市场。研究表明，玉米和大豆之间贸易自由化程度的不同，使得国内价格受国际市场价格波动的影响存在显著的差异，研究结果对制定国内价格政策有重要的借鉴价值。

第十六章：农业供给侧结构性改革的关键问题。旨在揭示农业供给侧存在的结构性问题和产生的主要原因，并探讨未来农业生产结构调整的方向。研究表明，近期农业供给侧存在问题的主要原因是政府对市场过度干预、对市场失灵问题解决力度不大和农业公共物品供给不足；高值高效、绿色安全、特色多功能等是未来农业结构调整方向；农业供给侧结构性改革的关键是市场改革和政府职能的转变。

第五篇是关于不同情景下中国食物安全和农业可持续发展方面的研究，因为这领域的研究涉及的情景方案多，为此，本书只选取模型系统构建与基准情景下的预测结果、生物技术和城镇化及气候变化对食物安全的影响、食物贸易与水土可持续利用等更具特色和创新的内容，包括第十七章至第二十二章共六章的内容，具体如下。

第十七章：国家食物安全预警预测模型系统介绍。改进中国农业政策分析和预测模型（China’s agricultural policy simulation and projection model，CAPSiM）、全球贸易分析模型（global trade analysis project，GTAP），构建两模型的链接耦合机制，在充分发挥不同模型的比较优势的基础上，构成国家食物安全中长期预测模型系统。

第十八章：至2035年中国农产品供需预测与食物安全。在分析过去我国农产品供需变化和全球农业资源与生产贸易的基础上，展望至2035年我国主要农产品的生产、需求和贸易变化趋势，对未来中国食物安全总体状况进行定性与定量的判断，并提出实现未来“绿色、生态、高值、多功能”农业发展的战略重点与政策建议。

第十九章：生物技术对食物安全的影响：以转基因玉米为例。以抗虫转基因玉米技术产业化对中国食物安全和社会经济的影响为例，进一步论证食物技术的影响。首先以微观（农户生产）层面的实证分析为基础，然后利用可计算一般均衡模型评估转基因玉米在国家和行业层面的影响。

第二十章：城镇化进程对中国食物安全的影响。在实证分析城镇化农业生产和食物消费影响途径与程度的基础上，预测中国至2030年食物生产、消费和贸易的变化，重点分析加速城镇化对中国未来粮食等农产品生产、需求和总体食物安全的影响，并在此基础上提出相应的政策建议。

第二十一章：气候变化对中国农业的影响：来自市场和贸易的响应。基于国家食物安全预测模型系统，评估RCP 2.6和RCP 8.5气候情景下，2020~2050年气候变化对中国农业的影响以及国内市场和国际贸易反应。得出气候变化对中国的农业生产将产生较显著影响，自由化的市场和贸易环境能够减缓气候变化的负面冲击，提出贸易是应对气候变化的重要措施。

第二十二章：基于中国食品贸易的全球水足迹和土地足迹研究。为了研究中国食物贸易隐含的虚拟水、土对中国和全球的影响，选择了六种主要农作物（水稻、小麦、玉米、大豆、水果和蔬菜）和三种畜牧品（禽肉、牛肉和猪肉）展开分析。结果表明，中国食物贸易使中国的虚拟水、土净进口量呈现显著增长，而且也提高了全球水、土资源的使用效率，促进了中国和全球水、土资源的可持续利用。

第六篇也是最后一章，总结了本书研究的主要结论和未来政策取向。在总结全书主要观点的基础上，提出未来保障食物安全的战略目标、战略重点和重大政策建议。

在这里需要说明的是，本书是在“国家食物安全预测预警和发展战略研究”项目研究成果基础上对其主要研究内容和结果提炼而成。受专著篇幅的制约，本项目研究所包含的科技进步与农业生产力、生物质能源与农产品价格、预警系统分析平台、多种政策情景方案的预测研究等没有列入本书，但这些内容已经或将以另外形式出版。同时，党的十九大提出了“乡村振兴战略”，尽管当时本项研究和本书拟写的主要内容已基本完成，但研究内容和成果符合“乡村振兴战略”提出的“产业兴旺、生态宜居、乡风文明、治理有效、生活富裕”的总要求，研究结论和政策建议对落实乡村振兴战略同样有重要的借鉴价值。

第二章　国内外研究现状和本书主要创新

第一节　国内外研究现状

食物安全中的食物包括粮食及其他所有食物，国际学术界和各国政府采用的多为 FAO 定义的食物安全概念。1996 年 FAO 对食物安全的含义作了如下表述："所有人在任何时候都能够在物质上和经济上获得足够、安全和富有营养的食物，来满足其积极和健康生活的膳食需要和食物偏好。" 2001 年的世界粮食大会对粮食安全的概念又增加了"无污染、无公害"的要求。以上定义有四个主要内容：①有足够数量的食物供给；②确保所有人获得足够的食物（微观或个人的食物安全，特别是低收入群体的购买力或营养不良问题）；③食物市场价格稳定；④食物与人体健康，即食品安全。

一、中国食物安全预测方面的研究

从文献综述来看，我国食物安全的研究主要从供需缺口的角度来分析，更多地关注粮食，对粮食以外农产品的食物安全以及个人的营养不良问题研究不够。

虽然预测未来我国粮食供需缺口的研究较多，但其结论存在较大分歧。对于我国粮食安全状况的讨论，学术界主要有三种观点：第一种观点较为悲观，认为我国粮食安全问题面临严峻挑战，未来会大量进口粮食并威胁全球粮食安全（Brown，2004）。持这种观点的学者认为随着城镇化和收入增长，我国的农产品需求会大幅增长；另外，受农业劳动力转移和水、土资源约束的进一步加剧等因素的影响，我国农业生产将面临严峻的挑战。第二种观点较为乐观，认为我国未来的食物安全不会存在突出问题。例如，早期陈锡康和郭菊娥（1996）预测中国粮食需求在2030年将达到7.3亿吨，同时国内粮食产量也将显著增长，粮食缺口仅为0.3吨，粮食自给率将保持在96%。马晓河（1997）和柯炳生（2007）也预测在2030年中国粮食缺口在0.7亿吨以内，粮食自给率保持在90%以上。第三种观点介于上述两类悲观和乐观观点之间。这类研究认为中国农业产出将不断增长，但是增长速度低于需求，农产品供需缺口逐渐增加。黄季焜（2017）预测，中国食物总体自给率水平将从2015年的94.5%下降至2025年的91%左右，该结果与OECD-FAO（2016）预测结果较为一致。从我国未来主要进口的产品来看，黄季焜（2017）、OECD-FAO（2016）和USDA（2016）等的预测结果也较为接近，这些研究都认为我国未来将主要进口大豆和玉米，预测到2025年我国的大豆进口量为9 000万吨以上，玉米进口量在开放市场情况下可能会超过2 000万吨。

上述研究对我国未来食物安全供需缺口预测结果的差异来自生产和需求预测两个方面。在生产预测方面：陈锡康和郭菊娥（1996）采用投入产出占有矩阵方法，预测我国2030年粮食产量将达到7.3亿吨。陈百明（2001）预测我国2030年粮食产量7.9亿吨。卢良恕（2004）预测2030年我国粮食产量需要达到7.5亿吨。在需求预测方面：一些研究采用人均营养摄取推算法，如柯炳生（2007）预测2030年我国粮食需求将达到5.7亿吨左右。一些研究采用综合判断法进行估计，如程国强和陈良彪（1998）基于综合判断预测到2030年的我国粮食总消费需求不可能突破6.4亿吨；马晓河（1997）预测粮食总需求在2030年为6.3亿~7.3亿吨。一些研究采用均衡模型分析方法。黄季焜（2017）采用CAPSiM预测在2025年中国粮食需求将达到6.9亿吨。

二、影响农产品需求的主要因素

满足消费者的食物消费需求是食物安全的最终目的，同时食物需求的变动也会对食物安全产生重要影响。已有研究对我国农产品需求的研究主要集中在一些影响食物长期需求的传统因素上，对一些非传统的影响因素如突发事件、在外饮食对农产品需求影响的关注不够。已有研究主要关注价格、收入、人口数量与结构、市场发育和城镇化等因素对农产品需求的影响。

（一）传统因素对农产品需求的影响

收入和价格是决定消费数量和结构的主要因素。已有研究对我国的实证研究表明，我国居民对粮食的需求价格弹性保持在0.2~0.6，即价格每上升1%，需求下降0.2%~0.6%。其他农产品的价格弹性都在0.5以上（Fan，1991；Huang and Rozelle，1998；黄季焜，1998；陈永福，2004）。从国际比较来看，发展中国家的粮食需求价格弹性一般小于发达国家，原因是发达国家的居民已经基本满足了对粮食的基本需求，因此当粮食价格发生变化时，消费者可以选择其他的食品来替代。多数实证研究表明，目前我国粮食需求的收入弹性小于 1，并且随着收入的提高，该弹性还存在下降趋势（黄季焜，2004）。与粮食相比，肉类、水产品、奶类和水果等“高档”食物收入弹性较高，意味着随着收入的提高，其居民消费的增速高于粮食产品（Burggraf et al.，2015）。

市场发育和城镇化也会对农产品需求产生显著影响。随着市场的发展，消费者对商品选择的自由度也加大。Huang 和 Rozelle（1998）研究指出，市场发育不但影响食品支出的平均水平，同时也影响着食品支出的边际费用。另外，市场发育也会对农产品需求结构和区域需求格局产生显著影响。史清华（2000）对我国山西地区的实证研究也表明，随着市场的发育，自给性食品消费的份额总体呈下降趋势，农户消费的市场化程度提高，进而对食品的消费结构产生明显影响。另外，随着国内市场化发展、国内与国际市场的融合，以及城乡劳动力市场的整合，区域间居民农产品消费结构不断趋同（Fischer et al.，2002）。城镇化的发展会通过改变居民的生活和消费习惯等改变消费者对食品的需求（蔡昉，2000；Huang and Bouis，2001），在收入和价格水平相同的条件下，农村居民转移到城市，其直接粮食需求量将出现下降，而畜禽产品的需求会增加。

大量研究表明，随着收入增长、市场发育和城镇化进程的加快，农产品需求结构发生了显著的变化（黄季焜等，2012；Huang and Rozelle，1998）。总体来看，21 世纪初以来我国消费者人均粮食直接和间接需求总量保持在 380~400 千克，但需求结构发生了明显变化（韩俊，2003；柯炳生，2007）。从 20 世纪末开始，我国城市和农村居民的粮食直接消费量（主要是大米和小麦）都呈现明显的下降趋势①，但是肉蛋奶的消费数量却呈现显著增长趋势。随着收入增长和城市化的发展，这一趋势还将继续延续。因此，一些学者也提出未来我国的粮食安全更应该关注饲料粮的安全问题（黄季焜，2018a，2018b）。

（二）非传统因素对农产品需求的影响

居民在外饮食的收入弹性相对较大，远高于在家食物需求的收入弹性。而且低收入家庭的收入弹性还要高于中等收入和高收入家庭。较高的在外饮食收入弹性说明居民对外出饮食具有强烈的需求，而且随着收入提高，居民在外饮食还将快速增加。Liu 等（2016）认为中国城镇居民在外饮食将在 2050 年之前保持增长趋势。在外食物消费的结构明显不同于在家食物消费的结构，居民在外食物消费会更多消费肉类、水产品等食物。Ma 等（2004）利用 1997 年 5 个城市、250 个城

① 根据 2000~2016 年《中国统计年鉴》分析。

镇家庭、746 个家庭成员的在外食物消费数据估计了城镇居民对粮食、肉类和酒水的支出弹性。他们的研究也证明对于肉类和酒水的在外消费的收入弹性要高于在家食物消费的收入弹性。

在分析异质性收入与支出冲击对食物消费的影响时，现有的文献主要关注食物消费的总支出。现有研究已经发现，当家庭遭遇家庭成员的疾病、死亡或者失业时，他们的家庭食物支出会在短时期内显著降低。Asfaw 和 von Braun（2004）在印度开展了重大疾病如何影响消费的研究，研究结果发现：家庭成员发生重大疾病之后，其家庭食物消费也显著下降。Bentolila 和 Ichino（2008）发现主要劳动力失业会减少其家庭的食物消费，有的研究甚至发现，哪怕只是存在失业的风险，也会显著减少家庭的食物消费。尽管很多研究分析了家庭在遭遇异质性冲击之后采取的适应措施，但是现有研究在家庭能否平滑其食物消费方面仍然存在着较大分歧（Islam and Maitra，2012）。共质性冲击的发生也会威胁到家庭的食物消费。目前对共质性冲击的研究主要集中在地震、飓风、洪水等自然灾害方面。这些灾害影响居民消费主要通过影响粮食生产、粮食调运、粮食供应、市场波动、消费心理等五条途径冲击家庭粮食安全（van den Berg and Burger，2008；Porter，2012）。

从已有研究看，对影响需求的传统因素（如收入和价格）的研究较多，对非传统因素如生物能源发展和食物安全突发事件等短期因素的影响研究不足。对总体和城乡居民农产品消费研究较多，但是对微观层次的农户需求研究还较少。本书不仅将通过建立农产品需求系统分析收入、价格和人口特征等传统影响因素对不同人群农产品需求的影响机理、途径和影响程度，还将分析生物能源和异质性收入与支出冲击对不同人群的短期食物需求影响。

三、影响农业生产的主要因素

对我国农业生产的影响因素分析主要关注农业科技进步和农业基础设施建设对提高生产力的作用，以及水土等农业生产资源约束农业生产的问题，最近生物技术、新型经营主体和气候变化对农业生产的影响也开始引起关注。然而，虽然已有研究对这些因素的影响也做过一些定量分析，但多数研究是以定性分析为主，难以满足开展定量的食物安全预警的研究需要。

（一）传统因素对农业生产的影响

耕地、水资源、劳动力、农业科技进步和农业基础设施建设是农业生产中最重要的中长期驱动力。许多学者通过综合利用多学科交叉研究，对耕地数量变动、影响因素分析及耕地总量预测等开展了较为深入的研究（封志明等，2005；邓祥征等，2005；黄季焜等，2007；中国科学院农业领域战略研究组，2009）。水资源是影响我国未来农业发展的另外一个重要因素。未来随着经济发展、城镇化和工业化加速以及生态环境建设，非农部门水需求量将持续增长，农业用水比例将不断下降（Postel and David，1996；Huang et al.，2012）。水资源的短缺必然提升水资源的价格，这将使农作物生产结构向高价值和高利润的产品调整，相对于其他农产品，粮棉油糖等大宗作物生产将处于不利的地位（黄季焜等，2012）。劳动力对农业生产的作用也是不言而喻的。农村劳动力转移一方面改变了农业劳动力的数量和结构，导致农业劳动力成本提高（Stark et al.，1985；宋洪远，2013）；另一方面，外出务工劳动力也可能通过汇款为农村生产性投入注入资金，同时也只有农业劳动力大量向工业与服务业转移，农业劳动生产率才能得到显著的提高。农业科技进步更是对促进我国农业生产发挥了重要作用。科技进步不仅是过去我国农业生产增长的原动力，也将是未来我国农业生产发展最主要的促进因素（朱希刚和史照林，1994；Fan et al.，1991；Sonntag et al.，2005）。农业基础设施建设对我国农业生产发挥了重要促进作用（钟甫宁等，2001）。

（二）非传统因素对农业生产的影响

中国呈现的农地经营规模的扩大已引起国内外学术界的广泛关注（Otsuka et al.，2013，2016）。在解析农业生产经营模式扩大的影响因素方面，过去研究多数是定性的或判断性的。许多学者认为，农业制度、市场和政策等因素是影响农业经营规模扩大的主要原因，特别是农地流转平台和非农就业的增长（刘强和杨万江，2016）。在农业生产经营规模和经营模式方面，争论最为激烈的是农作物农业经营规模与生产力的关系。Otsuka 等（2016）认为，在亚洲国家，随着劳动力工资的上涨，要提高各国农业生产竞争力，必须提高农地的经营规模从而更好地实现机械替代劳动力，降低生产成本、提高农产品市场竞争力。也有学者认为，中国快速发展起来的机械社会化服务将会在农户农业生产中产生积极的促进作用（钱贵霞和李宁辉，2006）。除了传统观点所认为的农业生产“小而美”外，国内的部分研究则表明，农业经营规模与农业生产力之间存在正向关系（梅建明，2002）；但更多的近期研究则认为，农地经营规模同农作物生产力要么呈现倒 U 形关系、要么呈现 L 形的关系，单位产品生产成本则呈现 U 形或者倒 L 形的关系。即随着农地经营规模的扩大，在平均生产力方面，呈现先上升后下降趋势或后阶段维持在较低水平上；在平均单位产品生产成本方面，正好呈现相反趋势（朱文珏和罗必良，2016；Huang and Ding，2016）。

近年来，自然灾害（如干旱、热浪、洪水和强烈风暴等极端事件）发生的频率和严重程度在不断上升（IPCC，2012）。国家统计局近 60 年（1950~2008 年）的数据表明，全国平均每年有近 4 000 万公顷的受灾面积，其中成灾率接近 50%。自然灾害造成的损失中以干旱和洪涝灾害最为严重，二者所占比重达 70% 以上（国家统计局，2009）。据《中国水旱灾害公报》公布的数据，全国农作物作物成灾面积从 20 世纪 50 年代的 370 万公顷提高到 21 世纪初以来的 1 500 万公顷左右；因旱灾损失粮食从 44 亿千克上升到 350 亿千克。2007 年我国旱灾造成的直接损失高达 785 亿元，洪涝灾害造成的直接损失高达 826 亿元；分别占当年农业生产总值的 2.7%和 2.9%（国家统计局，2008）。虽然关于气候变化对农业生产的长期影响尚无定论，但是气候变暖引起的极端气候事件会给农业生产带来巨大风险和重大损失却是不争的事实（Lesk et al.，2016；Lobell et al.，2011）。极端气候事件不仅直接导致农产品供给量的下降，还会提高农产品价格的波动性（Tadasse et al.，2016）。有关极端气候事件对农业生产的直接灾损情况的文献已经有很多（Lobell et al.，2011；Porter and Semenov，2005；Schlenker and Roberts，2009；Lesk et al.，2016）。但是上述研究都忽视了极端气候事件对农产品价格的影响。极端气候事件带来农产品价格上涨的事例非常普遍。例如，2007 年我国东北地区发生了罕见夏旱，河南、湖北、甘肃等地平均气温为历史同期最高值，给玉米拔节和抽雄授粉造成很大影响。与 2006 年相比，玉米主产区的收购价平均上涨了 15.8%，其中受灾地区玉米收购价平均上涨了 16.73%，非受灾地区上涨了 14.86%。一些有关极端气候对农产品价格影响的预测研究也认为大规模极端气候事件的发生往往能引发农产品价格的大幅上涨（Willenbockel，2012）。而农产品价格又是农业生产者进行农田管理和制定种植决策的依据，因此极端气候除了直接造成生产损失外，还可以通过影响农产品价格间接影响农产品的供给。通过相关文献梳理发现，目前尚未有文献从这一视角出发研究极端气候事件对农产品供给反应的影响。

从已有研究看，对影响生产的传统因素如农业基础设施、耕地、水资源、劳动力的研究较多，对新因素如生物技术、新型农业经营主体、极端气候等因素的影响研究不足。对宏观生产因素研究较多，但是对微观层次的农户生产研究还较少。本书将通过搜集微观数据，分析转基因技术和新型经营主体等对农业生产的影响，同时通过建立农产品供给反应模型，对比分析正常情况和极端受灾情形下的供给价格弹性。

四、农产品价格形成机制

结合政策干预及改革背景，我国农产品价格形成过程因农产品种类不同而有所差异。对于大宗农产品，政策干预及改革具有渐进性及反复性，导致价格市场化过程出现一定反复，但整体趋于市场化方向。与苏联“休克疗法”式改革模式导致改革初期农业生产出现显著负增长不同（Macours et al.，2000），中国自 20 世纪 80 年代中期至 20 世纪末实施粮食收购双轨制，以渐进性的方式成功推进国内农产品的市场改革，粮食收购中市场成分比重逐渐增大；在 21 世纪初期我国出台了一系列支持农业农村发展的政策，包括 2006 年起开始分期启动的水稻与小麦最低收购价政策、玉米及其他主要农产品的临时收储政策。尽管最低收购价和临时收储这两项“托市”政策保护了农民利益、稳定了市场（贺伟，2010；王士海和李先德，2013），但也干扰了市场价格的形成机制，削弱了农产品的市场竞争力（徐志刚等，2010）。特别是 2013 年以来，实施“托市”政策的粮棉油糖等大宗农产品都出现了国内市场价格显著高于国际市场价格的“堰塞湖”现象，进口压力剧增，中国更成为世界粮棉油糖的“库存地”，两项“托市”政策已到了难以为继的局面（黄季焜，2014），以至于从 2014 年开始中央又重新启动了粮棉油糖等主要农产品的市场改革。而对于蔬菜水果而言，由于其生产收购在改革初期就已经逐渐放开，到 20 世纪 90 年代初就已全面实现了生产经营和价格的市场化。

现有多数文献未能从多角度结合不同政策干预改革背景阶段开展研究，从而阻碍了对农产品价格形成过程及其影响的进一步研究。例如，对 21 世纪初的粮食收购双轨制研究中，因数据可获得性原因，未能从量化角度对粮食收购双轨制改革的各组成部分（如价格和收购量等）产生的影响开展更深入的研究；另外，在现阶段棉花市场目标价格形成过程以及其他经济作物（如蔬菜和水果等）的垂直市场价格形成过程中，多数已有研究往往未能实时跟踪农产品供应链各个环节发生的成本与价格，难以揭示实际市场效应和相关政策的执行效果。21 世纪初以来，全球粮食市场进入不稳定时期，多数研究多集中在对粮食价格波的驱动因素、政策反应和高波动带来的影响上（Ivanic et al.，2012；Pinstrup-Andersen，2014；Kalkuhl et al.，2016），以及在粮食危机期间贸易保护政策的抑制作用，如强化出口补贴、出口控制和进口限制等（Martin and Anderson，2011；Esposti and Listorti，2013），缺乏对国家在全球粮食危机之前、期间和之后不同政策区间的价格传导进行比较。当今，围绕农业供给侧结构性改革问题，学术界已有不少的讨论并做了有益的探索，但正如黄祖辉等（2016）所指出的，学术界对供给侧结构性改革的根本性原因分析不足，导致对农产品价格形成过程认识不深。

五、食物安全预测与政策分析方法

均衡模型是食物安全预测与政策分析方法最主要的分析工具。许多国际农业政策研究机构都建立了全球农业部门均衡模型，其中影响较大的模型包括国际粮食政策研究所的 IMPACT 模型、FAO 开发的 WFM 模型、OECD 和 FAO 共同开发的 AGLINK-COSIMO 模型、美国密苏里大学食物及农业政策研究所开发的 FAPRI 模型、美国农业部（United States Department of Agriculture，USDA）开发的 SWOPSIM 模型。国内有关研究机构也开发了用于政策分析和预测的均衡模型，模型主要以国家模型为主，如北京大学中国农业政策研究中心建立的 CAPSiM、国务院发展研究中心李善同和何建武开发的多区域中国可计算一般均衡模型（李善同和何建武，2010）。

从现有的预测模型发展来看，虽然国内外发展了不同的农业预测分析工具，但这些分析工具都存在某些缺陷，特别是缺乏国内市场和国际市场连接问题。只依赖中国的国家均衡模型系统或现成的全球均衡模型系统都难以较准确地模拟实际市场发生的情况。例如，国家均衡模型系统无法将国际发生的各类重大冲击传递到国内市场，全球均衡模型系统缺乏准确和详细刻画中国食物供需状况的数据。因此，必须将方法上较权威的国际均衡模型系统与国家均衡模型系统连接起来，研究中国的食物安全状况；同时各类预测方法取决于各种外生假设和关键参数的准确程度，为此必须要有准确、可靠的数据和参数，这些参数一般需要通过大量的实证计量模型估计。如何建立整合国内均衡模型和国际均衡模型预测的综合分析方法是过去预测方法研究中的一个难点问题。

综上所述，虽然国内外学者对我国的食物安全问题开展了许多研究，但依然存在很多争议和不足之处，急需从理论方法和实证分析等方面对我国的食物安全问题开展更深入的系统研究。目前已有研究的不足或需要进一步深入研究的主要内容包括以下几个方面：①已有研究主要关注于粮食安全，但对粮食以外的食物安全的研究较少，未来我国居民的食物消费将更加多样化，因此关注粮食以外的食物安全与粮食安全同样重要；②大多数研究只关注全国宏观层面的食物安全水平，对微观层面（家庭或个人）食物安全的研究较为缺乏；③对影响食物供需的传统因素如价格、收入、科技和基础设施投入、生产要素等研究较多，但是对一些非传统性因素（如生物能源和突发事件等）的研究还非常缺乏；④无论从方法还是从实证研究来看，开展国内外市场联动的食物安全预测研究较少。

本书将在前期研究积累的基础上，针对目前我国食物安全预测和预警研究中的不足和出现的新问题，开展一系列理论、方法和政策等问题的研究。将在深入分析食物安全主要驱动力及其对食物安全影响的机理、途径和规律的基础上，建立国家食物安全的预测模型，为国家食物安全的预测提供系统的分析工具，同时利用所建立模型系统，预测不同情景下的国家食物安全状况，为政府决策部门制定中长期国家保障食物安全战略提供科学的决策依据。

第二节　本书主要创新

本书有如下四方面的主要特色和创新。

在研究思路上，除了系统分析影响农产品供需与食物安全的主要因素外，重点对现有文献所忽视的非传统因素的影响开展深入研究，完善了食物安全的形成机理和研究范畴。特别是把在外饮食、异质性冲击和转基因技术等对消费者食物需求行为的影响，把现代生物技术、长期与极端气候变化和农业经营主体等对农产品生产与供给反应的影响，引入食物安全研究领域，扩展了食物安全研究的内容。

在研究方法上，构建了食物供需计量经济系统模型，基于实证研究结果，完善了国家食物安全预测系统模型及其关键参数的动态变化，使预测方法更有实证依据和前瞻性。在食物需求系统、农产品供给系统和市场价格传导机制等计量经济模型方面，充分考虑了传统和非传统因素以及短期与长期的影响；基于以上计量经济模型实证研究结果，提取关键参数并将其引入国家食物安全预测模型，连接中国市场与国际市场，从而可深入分析中国与全球食物安全之间的相互影响，使模型更具前瞻性。

在研究结论上，发现了农产品供需演变、市场传导及未来食物安全状况变化的新现象和新规律。在消费方面，揭示了在家与在外饮食的收入弹性随收入而变化的规律，揭示了受收入与支出等巨大冲击后的消费者食物消费总量与结构动态调整过程和变化规律；在生产方面，揭示了农作物面积和价格弹性在极端气候下的变动规律并为构建短期预测模型提供理论和实证依据，进一步论证了生物技术对粮食安全的影响，同时揭示了经营规模效益与土地、劳动力和资本市场的动态关系；在市场方面，论证了我国蔬菜和水果垂直市场的完全竞争性与有效性，理清了国际农产品市场对国内市场价格的传递过程及其受国内市场干预政策的影响；在预测方面，预计到 2030~2035 年中国人均食物总需求将逐渐趋于稳定，加速城镇化对粮食总需求和食物安全的总体影响不大，适度进口食物将不但显著提升国内农业可持续发展能力，而且提高全球水土利用效率。

在政策思考上，从食物消费、生产、贸易和保障食物安全等方面提出了未来中国农业发展的新思路。在消费方面，政府实施居民生活救助项目应从以往的粮食为主向以动物性食品为主转变；在生产方面，提出制度创新、技术进步、市场改革和农业投入是过去 40 多年中国改革的主要驱动力，也将是未来保障食物安全的最主要驱动力；在市场方面，深入推进主要农产品市场改革和加大对农产品市场软硬件建设是今后一段时期改革与发展的关键；在食物安全方面，建议粮食安全概念全面向食物安全概念转变，提出加强农产品国际贸易是促进资源有效利用并保障食物安全的“双赢”举措。

第三节 需进一步研究的问题

本项目实施了五年并于 2018 年底圆满完成了项目的所有研究任务。在执行项目研究的后期，发现以下两个主要问题，并提出相应的解决办法。

（1）保障国家食物安全的许多政策处于转换过程中，特别是从党的十八大到十九大，供给侧的结构性调整和市场改革开始加速，同时农业发展更加关注绿色和可持续发展理念。为此，本项目后期研究增加了供给侧结构性改革的研究，并加强了市场干预效果的评估，及时为中央重大政策调整提供理论和实证依据。

（2）近期中美贸易摩擦加剧，国际农产品贸易存在许多不确定性，也给我国食物安全的预测预警带来了较大困难。针对以上问题，本书采用多情景分析方法，设置国际市场的不同情景方案而开展模拟分析；同时本书所建立的模型系统也为未来实时分析国际市场变动对中国的影响和应对策略提供了分析工具。

另外，在项目研究后期，中国的农业农村发展进入了新时代，特别是党的十九大提出实施乡村振兴战略。本书对未来农业发展的预测以及在农业发展领域提出的一系列政策建议，对顺利推进乡村振兴战略的实施有重要的理论和实际价值。但乡村振兴战略涉及面广，还有许多问题需要加强研究，特别是涉及食物安全的如下三方面问题更需要学术同仁共同探讨。

（1）在乡村振兴过程中如何保障国家食物安全和建立新时代现代农业政策支持体系问题。

（2）在乡村振兴背景下的农业农村转型路径和规律及其制度、政策和投资保障问题。

（3）在促进农村产业兴旺过程中，发展现代绿色高值农业和政府职能转变与市场发挥资源配置协调问题。

只有理清以上问题，国家食物安全才能得到更好的保障，农业农村发展才能避免走弯路。

第二篇

食物消费的演变和农产品需求反应

第三章　城乡居民食物消费行为变化及驱动因素

第一节　研究背景

一、农村居民食物消费研究

国内外研究者对农村居民食物需求系统已经开展了广泛的研究，由于研究方法、模型设定、数据来源、估计方法等方面的差异以及模型本身的局限性，农村居民食物需求的支出（收入）弹性和价格弹性的估计存在着巨大差异。

关于农村居民食物需求的支出弹性的变化趋势，现有研究存在较大分歧。一般认为随着收入的增加，食物消费需求的支出弹性会逐渐变小，甚至会从奢侈品变成必需品，进而变为劣等品。有的研究支持了这一规律，如Ito等（1989）发现在1961~1985年14个亚洲国家中，大米消费需求的收入弹性逐渐变小，甚至在有些地方变为负，大米成为劣等品；中国大米需求的收入弹性虽然为正，但是也从0.418 下降到 0.133。一些关于小麦、大米等农村居民粮食的需求的研究也支持食物消费需求的支出弹性逐渐变小的判断。Halbrendt 等（1994）利用广东省的农户调查数据发现，20世纪90年代初农村居民粮食消费的支出仅为0.68，而且其他研究也有类似的判断（Gao et al.，1996；黄季焜，1999；Burggraf，2015）。但是一些研究的结果却发现食物需求的支出弹性不仅没有下降，反而变大，如Tong等（2000）的研究发现农村粮食消费的支出弹性达到了 1.09，粮食不仅不是劣等品，反而具有了奢侈品的属性。不仅是粮食，肉类、蔬菜、蛋奶等食品的支出弹性的变动趋势也存在着较大差异。Tong 等（2000）关于全国农村食物消费的研究发现，1998年肉类食品的支出弹性为0.46，Burggraf等（2015）估计1997年肉类消费支出弹性为1.34。

关于农村居民食物需求的价格弹性，现有实证研究也存在与理论相悖的地方。通常认为，大米、小麦等主食作为必需品，其需求的自价格弹性应该小于肉类、蔬菜等副食品。一些研究的结果支持了这一判断。Halbrendt 等（1994）对广东省居民食物需求的研究发现，粮食的需求价格自弹性为-0.23，肉类为-0.66。然而也有很多研究并不支持这一论断，粮食需求的自价格弹性并不小于肉类的价格弹性，甚至有的研究估计粮食自价格弹性还要更大。

与需求的支出弹性相比，需求的自价格弹性更大的问题在于其符号尚且不一致。按照微观经济学理论，价格上升时，正常品的需求应该下降，故而需求的自价格弹性应该为负；吉芬商品的收入效应超过替代效应，价格上升时，需求反而上升，故而需求的自价格弹性为正。姜百臣（2007）在研究吉林的居民消费时发现2004年吉林农村居民大豆的需求自价格弹性为0.53，可能是因为吉林是大豆的主产区，大豆价格上升可能显著增加农户的收入，因此消费才会增加，但是难以解释水产品的价格弹性为0.78。Halbrendt等（1994）也发现1990年广东省农村居民禽类需求的价格弹性为0.09。

二、城镇居民食物消费研究

国内外研究者对中国城镇居民食物消费也已经开展了广泛的研究。与农村居民食物消费的研究类似，城镇居民食物消费研究的结论存在着巨大差异。除了粮食以外，城镇居民食物消费研究更加关注肉类、水产品、奶类等高价值的食物，并为这些食物提供了更加详细的收入和价格弹性系数估计值。

通常认为，由于城乡居民的收入水平和生活方式的差异，城镇居民对于粮食需求的支出弹性要小于农村居民。一些研究的结果支持了这一论断，如穆月英等（2001）研究了城乡居民的食物消费模型，发现城镇居民粮食需求的支出弹性为0.57，肉类的支出弹性为1.22；同期农村居民粮食需求支出弹性为 0.69，肉类的支出弹性为1.42。然而有些研究的结果却发现，城镇居民食物需求的支出弹性并不小于农村居民的支出弹性，如刘秀梅和秦富（2005）针对城乡肉类消费展开了研究，他们发现猪肉的城乡需求的支出弹性为1.20和1.12，但是牛肉的城乡需求支出弹性为0.13和0.27。黄季焜（1999）的研究中，发现对于粮食，农村的需求支出弹性要大于城市；但是对于肉类，城市的需求支出弹性却大于农村。

对城镇居民食物需求支出弹性的估计存在着较大差别。一般认为随着收入的增加，食物消费需求的支出弹性会逐渐变小，某些奢侈品会变成必需品，甚至可能变成劣等品。由于粮食在城镇居民食物消费中所占较小，而且城镇居民也倾向于用肉类等食物替代粮食，城镇粮食需求的支出弹性可能非常小，并且随着收入提高还将进一步下降。有的研究证实了这一判断，刘华和钟甫宁（2009）使用

LA/AIDS 模型估计 1986~2002 年大米、面粉、猪肉、牛羊肉、家禽、鲜乳类的需求收入弹性序列，大米的需求收入弹性从 1986 年的 0.28 下降到了 2002 年的 0.23，尽管面粉的需求收入弹性没有发生显著变化，但是猪肉、牛羊肉、家禽和鲜乳类的需求收入弹性则大幅下降，其中鲜乳类下降了一半。但是 Gould 和 Villarreal（2006）发现 2001 年中国城镇居民的大米需求支出弹性为 1.16，而且 Liu 和 Chern（2003）也估计小麦和大米的需求支出弹性分别为 0.88 和 1.21。不仅是粮食的需求支出弹性难以获得一致的判断，肉类、水产品、奶类的需求支出弹性也难以获得比较确定的结论。Zhuang 和 Abbott（2007）估计猪肉需求的支出弹性为 0.14，而 Gould 和 Villarreal（2006）的估计则为 1.20，造成差异的原因可能是所使用的数据不同，前者使用的是 1978~2001 年的时间序列数据，后者则使用 2001 年住户调查的微观数据；但即使同样使用时间序列数据，模型系统设定的差异也将导致不同的结果，如刘华和钟甫宁（2009）发现猪肉的需求支出弹性也达到了 1.20。

关于城镇居民食物消费自价格弹性的研究，也难以获得一致的研究结论。Zhuang 和 Abbott（2007）估计了 1978~2001 年稻米需求的自价格弹性系数为−0.45，而刘华和钟甫宁（2009）同时期的估计则为−1.12~−0.05；前者对于猪肉需求的自价格弹性系数为−0.34，后者的估计则为−0.83~−0.47。

现有研究认为城乡居民在家食物消费主要受到收入、价格、人口结构等因素影响。由于城乡居民具有不同的收入水平和食物消费习惯，不仅城乡居民的食物消费结构差异巨大，而且其长期变动趋势也存在较大差异。然而现有研究的完成时间大多较早，对于当前中国城乡居民在家食物消费研究的借鉴意义相对有限。因此，有必要识别、分析城乡居民在家食物消费的影响因素及其影响。

本章的目的是，识别城乡居民在家食物消费结构，实证分析收入、价格、人口结构等因素对中国城乡居民在家食物消费的影响，估计城乡居民对各类食物在家消费的收入弹性和价格弹性，为开展中国食物需求预测提供关键参数。本章利用了一个多阶段需求系统模型的研究框架。为此，以下各部分内容安排如下：第二节介绍本章所用的样本和数据，第三节建立具体计量经济模型定量分析框架和实证策略，第四节报告城乡居民在家食物需求的驱动因素及其影响的估计结果，第五节报告主要结论和政策建议。

第二节 研究数据

本章基于国家统计局 2005 年城乡住户调查的原始数据，构建在家食物需求系统模型，对城乡居民在家食物需求的变化规律进行分析。国家统计局住户调查数据是中国食物消费研究中使用最为广泛的数据。2005 年全国城乡住户调查数据包括我国 31 个省（自治区、直辖市）的 68 000 多个农村住户样本的主要食物消费量、人均收入和劳动力就业数据，以及 13 000 多个城镇住户样本的主要食物消费量和人均可支配收入数据。

关于农村住户调查数据，国家统计局的数据有农村住户在家的各种食物总消费量，但如何计算人均消费量是一个大问题。农村住户人员在家的各种食物消费总数量数据没有问题，问题是多少人在家吃饭，因为农村住户统计数据有家庭人口、常住人口和在家住 6 个月以上人口的数据。很明显，家庭人口这个指标不宜用作计算人均食物消费量，因为很多家庭成员是不在家吃饭的。同时常住人口也不宜用作计算人均食物消费量，因为在外居住超过 6 个月的家庭成员（包括长期在外工作的人）如果把收入寄回家，他们也被归入“家庭常住人口”，这样势必会低估农村居民实际在家人均食物消费数量。

本章采用的是“在家居住 6 个月以上的人口”作为分母计算在家人均食物消费数量。这种计算更能反映实际情况，理由如下：用这种方法，虽然一方面忽略了农村居民住家小于 6 个月的人在家消费的人年数，但另一方面也高估了在家超过 6 个月但小于 12 个月的人口在家消费的人年数（即不到 365 天也算 1 年）。根据我们对劳动力在家居住超过 6 个月与小于 6 个月的人数进行比较，发现两者基本可以相互抵消。

对于城镇住户调查数据，不存在常住人口的问题，但是城镇居民在家食物消费包括购买数量和赠送数量，在计算各种人均食物消费量时，可计算如下：q_i=（购买量+赠品量）/家庭人口数。

最后，在统计分析时，我们对异常值做了处理。将各品种食物消费量的最大 1%和最小 1%的消费判定为异常值。在剔除异常样本之后，农村住户调查数据有 60 006 个样本保留下来构建食物需求系统模型，占总样本的 92.5%；城镇住户调查数据有 12 899 个样本保存下来，占总样本的 93.0%。

由于食物消费包含丰富的食品种类，本书构建的在家食物需求系统模型涵盖粮食、食糖、食用油、蔬菜、水果、动物性食品六个大类。其中粮食进一步细分为小麦、大米、红薯、马铃薯、大豆和其他粮食，动物性食品则包括肉类（猪肉、牛肉、羊肉和禽类）、水产品（鱼、虾和其他水产品）、奶类和蛋类。值得注意的是，食用油中不包括大豆油（大豆油按照 17%的比例折算成大豆）。将在家食物消费划分成以上产品种类主要基于以下两点考虑：一是考虑到不同品种食物消费的分离性与替代性，二是还将分别对粮食类、动物性食品构建需求系统模型，以研究每一大类食物内部的消费结构。上述食物的总支出被统称为“食物支出”，除此以外的食物消费都被归入“其他食物支出”，包括调料、干果、饮料、酒水等。除了

“食物支出”和“其他食物支出”，家庭其他的生活支出被合并为“非食物支出”，这一类包括教育、服装、医疗、通信等方面的生活支出。

值得注意的是，本章使用的数据是2005年城乡住户调查的原始数据。虽然已经过去了十几年，但在目前的研究中仍然可以使用。原因如下：第一，2005 年住户调查数据是能够获得的最新数据，目前国家统计局已经不再对外提供城乡住户调查的原始数据；第二，本书使用截面数据构建城乡居民食物需求系统，从计量经济理论出发，截面数据估计的弹性代表了长期弹性，而本章研究的目标之一也是为中国食物需求的中长期预测提供关键参数；第三，由于城乡住户数据涵盖了收入水平差异巨大的住户，在估计食物需求系统模型之后，还可以获得不同收入水平家庭的收入弹性，可以很好地模拟食物消费的收入弹性如何随收入增长而变化。基于以上原因，使用2005年城乡住户调查的原始数据，仍然可以得到比较可靠的估计结果。

第三节　研究方法

借鉴现有研究，构建三阶段食物消费系统模型（图3.1），分析收入、价格等因素对城乡居民在家食物消费的影响。如图 3.1 所示，需求系统模型的第一阶段模型研究家庭的生活消费支出如何在食物、其他食物（酒水、干果、调料等）和非食物（通信、服装、住房等）消费支出之间进行分配。

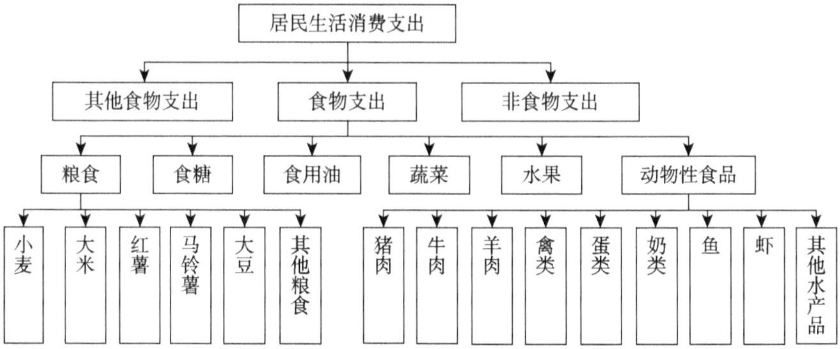

图 3.1　三阶段食物消费系统模型

在已有关于家庭生活消费支出的研究中，被广泛应用的一类结构性模型是前文综述中给出的家庭生产函数（Micheal and Becker，1973）。家庭生产函数假设，家庭生活消费支出函数可以通过在一系列约束下最大化家庭效用函数获得。

$U(z_1,\cdots,z_m)$代表家庭的效用函数，z_i代表家庭 i 的 m 个基本生活行为。z_i为具有 M 个成员的家庭关于第 i 个活动的家庭生产函数：

$$z_i = z_i(x_i, t_{i1}, \cdots, t_{iM}) \tag{3.1}$$

其中，x_i为生产 z_i活动的消费品；t_{ij}代表家庭在生产 z_i活动所消耗的时间。家庭的时间约束为

$$T_j = h_j + \sum_{t=i}^{m} t_{ij} \tag{3.2}$$

其中，h_j为第 j 个家庭成员投入劳动力市场的时间。假设 y_j为家庭成员 j 的收入，p_i为 x_i商品的价格，v 为家庭的非劳动收入，则家庭的预算约束为

$$\sum_{j=1}^{m} y_j h_j + v = \sum_{i=i}^{m} p_i x_i \tag{3.3}$$

在生产约束［式（3.1）］、时间约束［式（3.2）］和预算约束［式（3.3）］下，家庭效用函数最大化可以获得商品 i 的需求函数：

$$x_i = F_i(p_1,\cdots,p_m; y_1,\cdots,y_m; v) \tag{3.4}$$

按照 Min 等（2004）的研究，式（3.4）进一步变换为支出函数：

$$E_{ir} = p_{ir} \times x_{ir} = f(Y_i, Z_i, S) \tag{3.5}$$

$$Y_i = \sum_{j=1}^{M} y_{ij} \tag{3.6}$$

式（3.5）中，下标 i 代表家庭，r 代表食物支出、其他食物和非食物支出。因变量 E_i为家庭 i 的消费支出；自变量 Y 为家庭人均年收入；Z 为家庭特征变量，包括家庭人数、年龄结构、性别结构、区域控制变量等；S 为省虚拟变量。按照郑志浩和赵殷钰（2012）等的研究，式（3.5）还可以使用居民消费支出的对数函数作为因变量：

$$\ln E_{ir} = f(Y_i, Z_i, S) \tag{3.7}$$

在估计需求系统的第一阶段模型［式（3.7）］之后，我们可以获得城乡居民食物、其他食物和非食物支出的收入弹性系数 ε_r。

需求系统模型的第二阶段针对城乡居民主要食物在家消费开展分析，包含粮食、动物性食品、食用油、食糖、蔬菜、水果六类商品。借鉴已有研究，我们采用两种广泛使用的结构型模型分别建立第二阶段食物消费系统模型。第一种方法与式（3.5）相同，都是基于 Becker 的家庭生产函数，其具体计量模型设定如下：

$$\ln C_{ik} = f(Y_i, Z_i, S) \tag{3.8}$$

其中，下标 i 代表家庭，k 代表食物。与式（3.7）不同，因变量为 $\ln C_{ik}$ 代表家庭 i 对食物 k 的年人均消费量；式（3.8）的自变量与式（3.7）完全相同。对于该类模型，可以直接估计各类食物在家消费的收入弹性。

在居民食物需求系统研究的文献中，另一种广泛使用的结构型模型是完备需求系统模型。Banks 等（1997）在 Deaton 和 Muellbauer（1980）提出的近乎理想的需求系统模型（almost ideal demand system，AIDS）基础上扩展的食物支出的二次项，发展了二次型的近乎理想的需求系统模型（quadratic almost ideal demand system，QUAIDS）。包含 N 种食物的 QUAIDS 模型由以下间接效用函数推导而来：

$$\ln V(p,m)=\left\{\left[\frac{\ln m-\ln a(p)}{b(p)}\right]^{-1}+\lambda(p)\right\}^{-1} \tag{3.9}$$

其中，

$$\ln z(p)=a_0+\sum_i a_i \ln p_i+\frac{1}{2}\sum_i\sum_j \gamma_{ij}\ln p_i \ln p_j \tag{3.10}$$

$$b(p)=\prod_{i=1}^{N} p_i^{\beta_i} \tag{3.11}$$

$$\lambda(p)=\sum_{i=1}^{N}\lambda_i \ln p_i \tag{3.12}$$

式（3.10）~式（3.12）中，下标 i 代表粮食、动物性食品、食用油、食糖、蔬菜和水果。p_i 为食物 i 的消费价格，m 为家庭在 2005 年全年人均食物消费支出。其中，b（p）为 C-D 价格指数。当 $\lambda_i=0$ 时，上述方程将变换成标准的 AIDS 模型。因此通过检验 $H_0:\lambda_i=0$，可以选择使用 QUAIDS 模型系统还是使用经典的 AIDS 模型系统。

在 Ray（1983）提出的标准化方法的基础上，Poi（2002）提出了在 QUAIDS 模型中控制家庭特征变量的方法。z 为家庭特征变量的集合，包括家庭人数、家庭的年龄结构、性别结构、地区变量等。$e^R(p,u)$ 为一个标准化家庭的支出函数。按照 Ray 的标准化方法，对于具有家庭特征 z 的家庭，其支出函数为

$$e(p,z,u)=m_0(p,z,u)e^R(p,u) \tag{3.13}$$

其中，$m_0(p,z,u)$ 为关于家庭特征的函数，Ray 进一步将其分解为

$$m_0(p,z,u)=\overline{m_0}(z)\varphi(p,z,u) \tag{3.14}$$

按照 Poi（2002），在 QUAIDS 模型中，$\overline{m_0}(z)$ 可以表达为一个线性函数：

$$\overline{m_0}(z)=1+\rho z \tag{3.15}$$

其中，ρ 为等待估计的参数。$\varphi(p,z,u)$ 也被写作具体的函数形式：

$$\ln\varphi(p,z,u)=\frac{\prod_{j=1}^{k} p_j^{\beta_j}\left(\prod_{j=1}^{k} p_j^{\theta_j z}-1\right)}{\frac{1}{u}-\sum_{j=1}^{k}\lambda_j \ln p_j} \tag{3.16}$$

在转化支出份额的形式之后，QUAIDS 的方程变为

$$w_i = a_i + \sum_k \gamma_{ik} \ln p_k + \left(\beta_i + \theta_j z\right) \ln\left(\frac{m}{\overline{m_0}(z)a(p)}\right) + \frac{\lambda_i}{b(p)c(p,z)}\left[\ln\left(\frac{m}{\overline{m_0}(z)a(p)}\right)\right]^2 \tag{3.17}$$

其中，

$$c(p,z) = \prod_{j=1}^{k} p_j^{\theta_j z} - 1 \tag{3.18}$$

QUAIDS 需求系统模型的加总性约束还要求式（3.18）满足$\sum_{j=1}^{k}\theta_{rj} = 0$。

在控制了家庭特征变量之后，可以推导出 QUAIDS 系统模型的支出弹性、无补偿的价格弹性和补偿的价格弹性。因此食品 i 关于食物年人均支出的支出弹性为

$$\mu_i = 1 + \frac{1}{w_i}\left[\beta_i + \theta_j z + \frac{2\lambda_i}{b(p)c(p,z)} \ln\left\{\frac{m}{\overline{m_0}(z)a(p)}\right\}\right] \tag{3.19}$$

食品 i 的收入弹性为

$$e_i = \alpha_{1\text{食物}}\mu_i \tag{3.20}$$

无补偿的价格弹性矩阵的计算公式为

$$\varepsilon_{ij} = -\delta_{ij} + \frac{1}{w_i}\left(\begin{array}{l}\gamma_{ij} - \left[\beta_i + \theta_j z + \dfrac{2\lambda_i}{b(p)c(p,z)} \ln\left\{\dfrac{m}{\overline{m_0}(z)a(p)}\right\}\right] \\ \times\left(a_j + \sum_k \gamma_{ik} \ln p_k\right) - \dfrac{\left(\beta_i + \theta_j z\right)\lambda_i}{b(p)c(p,z)}\left[\ln\left(\dfrac{m}{\overline{m_0}(z)a(p)}\right)\right]^2\end{array}\right) \tag{3.21}$$

其中，假如$i=j$，$\delta_{ij}=1$；否则，$\delta_{ij}=0$。

利用 Slutsky 方程可以获得，补偿价格弹性的计算公式为

$$\varepsilon_{ij}^{c} = \varepsilon_{ij} + \mu_i w_i \tag{3.22}$$

根据需求的加总性、零次齐次性和对称性的理论要求，QUAIDS 模型估计的系数需要满足如下约束条件：

（1）加总性（即所有商品消费支出比例之和必须为 1，其中 N 表示一共有 N 种消费品）：

$$\sum_{i=1}^{N} a_i = 1, \sum_{i=1}^{N} \beta_i = 0, \sum_{i=1}^{N} \gamma_{ik} = 0, \sum_{i=1}^{N} \lambda_i = 0 \tag{3.23}$$

（2）零次齐次性（价格和收入或消费总支出的齐次性）：

$$\sum_{k=1}^{N}\gamma_{ik}=0 \tag{3.24}$$

（3）对称性（需求系统交叉价格影响的对称性）：

$$\gamma_{ik}=\gamma_{ki}, k\neq i \tag{3.25}$$

q_i为家庭对食物i的2005年全年的人均消费量，商品i在食物支出m中的预算份额为$w_i = p_i q_i / m$。利用罗伊恒等式可以获得关于商品i预算份额的计量方程：

$$w_i = f\left(P, Y_i, Z_i, S\right) \tag{3.26}$$

其中，P为食物消费价格的集合，其他自变量与模型（3.7）相同。在估计QUAIDS需求系统模型之后，可以获得城乡居民对以上六类食物在家消费的支出弹性ε_i和未补偿、补偿价格弹性矩阵$\boldsymbol{\pi}_i$。然后可以计算城乡居民在家食物消费的收入弹性，具体的计算方法为

$$e_i = \varepsilon_{\text{食物}}\varepsilon_i \tag{3.27}$$

第三阶段分别对粮食支出和动物性食品支出构建QUAIDS需求系统。对于粮食支出，考虑其在小麦、大米、其他粮食、红薯、马铃薯和大豆之间的分配。与第二阶段关于食物支出的QUAIDS需求系统不同，在粮食支出的QUAIDS需求系统中，因变量为各类粮食在年人均粮食支出中的预算份额；其控制变量p_i为各类粮食的消费价格，m为全年人均粮食消费支出。在估计粮食支出QUAIDS需求系统之后，可以获得各类粮食关于粮食年人均支出的支出弹性μ_g。下标 g 代表小麦、大米、其他粮食、红薯、马铃薯和大豆。

进而，各类粮食需求的收入弹性可以计算为

$$e_{g\text{粮食}} = e_{\text{粮食}}\mu_{g\text{粮食}} = \alpha_{1\text{食物}}\mu_{\text{粮食}}\mu_{g\text{粮食}} \tag{3.28}$$

同样的方法可以应用于动物性食品的支出上，可以获得各类动物性食品关于动物性食品年人均支出的支出弹性μ_h。h代表猪肉、牛肉、羊肉、禽类、蛋类、奶类、鱼、虾、其他水产品。

各类动物性食品需求的收入弹性为

$$e_{h\text{动物性食品}} = e_{\text{粮食}}\mu_{h\text{动物性食品}} = \alpha_{1\text{食物}}\mu_{\text{粮食}}\mu_{h\text{动物性食品}} \tag{3.29}$$

对于上述需求系统模型采用不同的估计策略。对于Log-log需求系统，将采用似不相关的联立方程回归（seemingly unrelated regression，SUR）进行估计。QUAIDS模型系统将采用非线性的似不相关联立方程回归（non-liner seemingly unrelated regression，NLSUR）进行估计。此外，为了获得稳健的估计结果，还对第二阶段、第三阶段分别采用Log-log模型进行估计，直接获得各类食物的收入弹性。在理想状态中，Log-log模型和QUAIDS模型估计的食物需求收入弹性在平均值上应该保持一致。由于无法获得其他食品和非食品消费的价格数据，因此第一阶

段只报告 Log-log 模型回归结果。其中，Log-log 需求系统模型的具体形式为

$$\ln E_{ij} = \alpha_{0j} + \alpha_{1j} \ln Y_i + \sum_{1}^{S} \alpha_{2jk} z_{ijk} + u_{ij} \quad (3.30)$$

其中，下标 i 代表城乡住户；j 代表食物消费、其他食物消费或非食物消费；k 代表家庭特征。因变量 $\ln E_{ij}$ 为家庭 i 在 2005 年全年的人均食物、其他食物或非食物的消费支出，将其对数函数作为因变量。Y_i 为家庭 i 在 2005 年全年的人均可支配收入，将其对数函数作为主要的控制变量加入方程中。z 为家庭的控制变量，包括家庭人数、男性家庭成员比例、16~50 岁家庭成员比例、50 岁以上家庭成员比例及省虚拟变量。方程的系数具有经济学含义，α_{1j} 为食物、其他食物或非食物的收入弹性。

第四节 研究结果

一、城镇居民食物消费系统估计结果

（一）城镇居民在家食物消费系统第一阶段回归结果

城镇居民在家食物消费系统的第一阶段采用 Log-log 需求系统模型，主要考虑城镇居民的生活消费支出在食物、其他食物和非食物方面的分配。表 3.1 报告了城镇居民食物需求系统的第一阶段回归结果。其中，第二列报告了食物支出的回归结果，后两列分别报告了其他食物支出和非食物支出的回归结果。

表 3.1 城镇居民食物、其他食物和非食物支出决定因素的估计结果

解释变量	年人均食物支出的对数	年人均其他食物支出的对数	年人均非食物支出的对数
年人均可支配收入的对数	0.354***	0.777***	0.938***
	（0.005）	（0.064）	（0.008）
家庭人数	−0.074***	0.036	−0.029***
	（0.004）	（0.048）	（0.006）
16~35岁家庭成员所占比例	0.073***	−0.361*	0.066**
	（0.017）	（0.216）	（0.028）
36~50岁家庭成员所占比例	0.123***	−0.579***	0.025
	（0.017）	（0.213）	（0.028）
50岁以上家庭成员所占比例	−0.195***	−1.359***	−0.239***
	（0.015）	（0.191）	（0.025）

续表

解释变量		年人均食物支出的对数	年人均其他食物支出的对数	年人均非食物支出的对数
男性家庭成员所占比例		0.006	0.359*	−0.034
		（0.015）	（0.198）	（0.026）
省虚拟变量		—		
常数项		4.687***	−1.646**	−0.007
		（0.055）	（0.703）	（0.093）
R^2		0.530	0.071	0.556

***表示 $p<0.01$，**表示 $p<0.05$，*表示 $p<0.1$

注：括号中为稳健标准误的估计值；样本量为 12 987

表 3.1 中估计的系数与我们的预期一致，并且大部分系数都显著。在年人均食物支出方程中，年人均可支配收入的对数具有显著为正的回归系数（0.354）。由于方程采用 Log-log 系统方程，意味着人均食物年支出的收入弹性为 0.354。而其他食物、非食物年支出的收入弹性分别估计为 0.777 和 0.938。这意味着，随着可支配收入的增加，食物消费支出的增长速度远低于其他食物（干果、酒水等）和非食物支出（教育、娱乐、服装等）。我们的研究显示，未来随着收入进一步增长，食物消费在城镇居民总消费支出中所占比例将会进一步降低，更大比例的可支配收入将会花在其他食物和非食物的消费上。我们的估计结果要比刘华和钟甫宁（2009）的研究要高，他们使用食物消费统计的时间序列数据，估计 2000 年以后城镇居民食物支出弹性小于 0.25。

（二）城镇居民在家食物消费系统第二阶段回归结果

在获得了城镇居民食物支出的收入弹性之后，将进一步分析其食物支出是如何在粮食、动物性食品、食用油、食糖、蔬菜和水果上进行分配的，重点考察这六大类食物在家消费的支出和交叉价格弹性。利用 QUAIDS 需求模型系统构建了城镇居民在家食物消费的系统模型。表 3.2 报告了在 QUAIDS 估计之后计算的支出弹性和收入弹性。

表 3.2　城镇居民在家食物消费的支出弹性和收入弹性的估计结果

分类	解释变量	粮食	动物性食品	食用油	食糖	蔬菜	水果
Log-log需求系统模型	收入弹性	0.05	0.42	0.28	0.32	0.30	0.72
QUAIDS需求系统模型	预算份额	0.21	0.49	0.03	0.01	0.14	0.11
	支出弹性	0.21	1.27	1.37	1.27	0.87	1.61
	收入弹性	0.08	0.45	0.48	0.45	0.31	0.57

资料来源：作者计算

首先，从表 3.2 中可以看到，Log-log 需求系统模型与 QUAIDS 需求系统模型的估计结果比较一致。除了 QUAIDS 需求系统对于水果在家消费收入弹性的估计（0.57）略小于 Log-log 需求系统模型的估计。但是从理论上讲，由于 QUAIDS 需求系统模型的参数满足加总性、齐次性和对称性，因此 QUAIDS 需求系统模型的估计结果更加可靠。但是从均值上讲，QUAIDS 和 Log-log 系统模型的估计结果基本保持一致。

从表 3.2 可以发现，城镇居民在家食物消费的收入弹性已经相对较小，特别是粮食在家消费的收入弹性只有 0.08。这意味着随着人均可支配收入的增长，城镇居民对粮食的需求增长较缓慢。动物性食品、食用油和食糖在家消费的收入弹性都在 0.4 左右，意味着城镇居民对这三类食物的需求未来还将经历进一步的增长。而水果在家消费的收入弹性最大（0.57），这表明随着人均可支配收入的增长，城镇居民对水果在家消费将保持快速的增长。我们的估计结果也与现有研究一致。

表 3.3 为城镇居民在家食物消费的未补偿和补偿价格弹性矩阵。从表 3.3 中可以看到，各类食物在家消费的自身价格弹性的符号都为负，而交叉价格弹性的符号有正有负，显示了各类食物的替代性与互补性。

表 3.3　城镇居民在家食物消费的价格弹性矩阵

分类	食物	粮食	动物性食品	食用油	食糖	蔬菜	水果
未补偿的价格弹性矩阵	粮食	−0.56	0.07	0.09	0.00	0.12	−0.12
	动物性食品	−0.13	−0.87	−0.02	0.00	−0.07	−0.07
	食用油	0.41	−0.30	−0.78	−0.08	−0.37	−0.15
	食糖	−0.21	−0.35	−0.48	−0.37	0.41	−0.11
	蔬菜	0.07	−0.10	−0.07	0.02	−0.94	0.11
	水果	−0.46	−0.47	−0.05	−0.01	0.07	−0.53
补偿的价格弹性矩阵	粮食	−0.47	0.27	0.10	0.00	0.18	−0.08
	动物性食品	0.12	−0.30	0.02	0.00	0.10	0.06
	食用油	0.68	0.32	−0.74	−0.08	−0.19	−0.01
	食糖	0.03	0.19	−0.44	−0.37	0.57	0.02
	蔬菜	0.27	0.35	−0.04	0.02	−0.81	0.21
	水果	−0.15	0.25	0.00	0.00	0.28	−0.37

资料来源：作者整理

（三）城镇居民在家食物消费系统第三阶段回归结果

在获得了粮食在家消费的支出弹性和收入弹性之后，将进一步分析城镇居民粮食在家消费的内部结构，即城镇居民是如何在小麦、大米、红薯、马铃薯、大豆和其他粮食之间进行选择的。表 3.4 为我们对城镇居民粮食在家消费的支出弹性和收入弹性的估计结果。

表 3.4 城镇居民粮食在家消费的支出弹性和收入弹性的估计结果

分类	解释变量	小麦	大米	红薯	马铃薯	大豆	其他粮食
Log-log需求系统模型	收入弹性	−0. 17	−0. 10	−0. 34	0. 08	0. 13	−0. 294
QUAIDS需求系统模型	预算份额	0. 18	0. 47	0. 16	0. 01	0. 04	0. 14
	支出弹性	1. 61	1. 54	−0. 82	0. 81	2. 69	−1. 22
	收入弹性	0. 12	0. 12	−0. 06	0. 06	0. 20	−0. 09

资料来源：作者整理

从总体上看，Log-log 和 QUAIDS 需求系统模型对收入弹性的估计都比较一致。从整体上看，城镇居民粮食类食物在家消费的收入弹性都比较小。红薯和其他粮食的收入弹性都已经为负，随着人均可支配收入的增加，这两类粮食的消费将会下降。小麦、大米在家消费的收入弹性虽然为正，但是也只有 0.12。只有大豆的收入弹性比较大（0.20），随着收入的增加，城镇居民对大豆油的需求仍将增长。从我们的估计中可以看到，随着人均可支配收入的增加，城镇家庭对粮食类食物的在家消费增长都比较小，这与城镇居民较高的人均可支配收入和城市中较少体力劳动一致。

表 3.5 为城镇居民粮食在家消费的价格弹性矩阵的估计结果。从表 3.5 中可以看到，各类粮食在家消费的自身补偿价格弹性的符号都为负，而交叉价格弹性的符号有正有负，显示了各类粮食在家消费的替代性与互补性。

表 3.5 城镇居民粮食在家消费的价格弹性矩阵的估计结果

分类	食物	小麦	大米	红薯	马铃薯	大豆	其他粮食
未补偿的价格弹性矩阵	小麦	−0.88	0.15	−0.11	−0.01	−0.05	−0.19
	大米	0. 03	−1. 01	−0. 19	−0. 01	−0. 03	−0. 08
	红薯	0. 15	0. 14	−0. 17	0. 00	0. 02	0. 03
	马铃薯	0. 11	0. 06	0. 05	−0. 16	0. 07	0. 02
	大豆	−0. 21	−0. 10	−0. 05	0. 01	−0. 30	−0. 11
	其他粮食	−0. 53	−0. 47	−0. 26	−0. 01	−0. 07	−0. 33

续表

分类	食物	小麦	大米	红薯	马铃薯	大豆	其他粮食
补偿的价格弹性矩阵	小麦	−0.63	0.63	0.07	0.00	0.00	−0.06
	大米	0.33	−0.45	0.03	0.00	0.02	0.07
	红薯	0.11	0.07	−0.20	0.00	0.01	0.01
	马铃薯	0.08	−0.01	0.02	−0.16	0.07	0.00
	大豆	−0.03	0.23	0.08	0.02	−0.27	−0.03
	其他粮食	−0.14	0.26	0.02	0.00	−0.01	−0.14

资料来源：作者整理

在获得了动物性食品在家消费的支出弹性和收入弹性之后，将进一步分析城镇居民对动物性食品消费的内部结构，即城镇居民是如何在猪肉、牛肉、羊肉、禽类、蛋类、奶类、鱼、虾、其他水产品之间进行选择的。表 3.6 为我们对城镇居民动物性食品在家消费的支出弹性和收入弹性矩阵的估计结果。

表 3.6 城镇居民动物性食品在家消费的支出弹性和收入弹性矩阵的估计结果

分类	解释变量	猪肉	牛肉	羊肉	禽类	蛋类	奶类	鱼	虾	其他水产品
Log-log需求系统模型	收入弹性	0.45	0.77	0.75	0.64	0.32	1.34	0.63	0.82	0.72
QUAIDS需求系统模型	预算份额	0.37	0.06	0.05	0.12	0.09	0.13	0.11	0.04	0.04
	支出弹性	0.92	1.56	1.70	1.36	0.64	1.33	1.19	1.39	1.23
	收入弹性	0.41	0.70	0.77	0.61	0.29	0.60	0.54	0.63	0.55

资料来源：作者整理

从总体上看，Log-log 和 QUAIDS 需求系统模型对收入弹性的估计都比较一致，只有奶类在家消费的收入弹性估计结果相差较多，QUAIDS 需求系统估计的收入弹性为 0.60。

虽然从整体上看，城镇居民对于动物性食品在家消费的收入弹性比较大，但是不同种类动物性食品之间收入弹性的差异较大。其中，牛肉、羊肉在家消费的收入弹性最大，都超过了 0.70；而蛋类在家消费的收入弹性较小，只有 0.29；猪肉在家消费的收入弹性仅高于蛋类。随着收入的提高，蛋类、猪肉在城镇居民动物性食品消费中所占比例将会逐渐降低，而牛肉、羊肉、禽类、水产品等“高档”食品的比例将会逐渐提高。这反映了中国城镇居民食物对动物性食品消费结果的改进，收入提高将使城镇居民使用“高档食物”替代“低档食物”。

表 3.7 为城镇居民动物性食品在家消费的价格弹性矩阵的估计结果。从表 3.7 中可以看到，各类动物性食品在家消费的自身价格弹性的符号都为负，而交叉价

格弹性的符号有正有负，显示了各类食物的替代性与互补性。

表 3.7 城镇居民动物性食品在家消费的价格弹性矩阵的估计结果

分类	食物	猪肉	牛肉	羊肉	禽类	蛋类	奶类	鱼	虾	其他水产品
未补偿的价格弹性矩阵	猪肉	−0.76	0.03	−0.03	−0.01	0.03	−0.03	−0.06	−0.02	−0.08
	牛肉	0.09	−0.57	−0.20	−0.21	0.05	−0.21	−0.02	−0.15	−0.01
	羊肉	−0.32	−0.21	−0.14	−0.52	0.38	−0.39	0.06	−0.16	0.09
	禽类	−0.14	−0.09	−0.22	−0.66	−0.06	0.12	−0.16	0.05	−0.01
	蛋类	0.25	0.07	0.26	−0.01	−0.80	−0.11	−0.19	−0.02	−0.02
	奶类	−0.11	−0.08	−0.15	0.13	−0.12	−0.58	−0.06	−0.04	−0.02
	鱼	−0.25	0.00	0.04	−0.18	−0.21	−0.07	−0.45	0.02	0.03
	虾	−0.26	−0.21	−0.21	0.14	−0.10	−0.15	0.04	−0.55	0.08
	其他水产品	−0.81	0.01	0.15	0.00	−0.08	−0.07	0.09	0.10	−0.34
补偿的价格弹性矩阵	猪肉	−0.42	0.08	0.02	0.10	0.11	0.09	0.04	0.02	−0.05
	牛肉	0.54	−0.50	−0.13	−0.06	0.16	−0.05	0.11	−0.10	0.04
	羊肉	0.13	−0.14	−0.08	−0.38	0.49	−0.23	0.19	−0.11	0.14
	禽类	0.29	−0.03	−0.16	−0.52	0.04	0.27	−0.04	0.10	0.04
	蛋类	0.46	0.10	0.29	0.06	−0.74	−0.04	−0.13	0.00	0.00
	奶类	0.26	−0.02	−0.10	0.26	−0.03	−0.45	0.05	0.00	0.02
	鱼	0.14	0.06	0.10	−0.04	−0.11	0.07	−0.34	0.06	0.07
	虾	0.19	−0.14	−0.14	0.29	0.01	0.01	0.17	−0.50	0.13
	其他水产品	−0.46	0.06	0.20	0.12	0.01	0.06	0.19	0.14	−0.31

资料来源：作者计算

二、农村居民食物消费系统估计结果

（一）农村居民在家食物消费系统第一阶段回归结果

与城镇居民相同，农村居民在家食物消费系统的第一阶段模型采用 Log-log 需求系统进行估计，主要考虑农村居民的生活消费支出在食物、其他食物和非食物方面的分配。表 3.8 报告了农村居民在家食物需求系统的第一阶段回归结果。其中，第二列报告了食物支出的回归结果，其他两列分别为其他食物支出和非食物支出的回归结果。

表 3.8　农村居民食物、其他食物和非食物支出决定因素的估计结果

解释变量	年人均食物支出的对数	年人均其他食物支出的对数	年人均非食物支出的对数
年人均可支配收入的对数	0.487***	0.989***	1.025***
	（0.003）	（0.040）	（0.004）
家庭人数	−0.070***	−0.080***	−0.042***
	（0.001）	（0.019）	（0.002）
16~35岁家庭成员所占比例	0.137***	−0.478***	0.137***
	（0.006）	（0.098）	（0.010）
36~50岁家庭成员所占比例	0.154***	−0.585***	0.149***
	（0.008）	（0.130）	（0.013）
50岁以上家庭成员所占比例	−0.128***	−0.676***	−0.170***
	（0.008）	（0.116）	（0.012）
省虚拟变量	—		
常数项	3.334***	−2.337***	−1.041***
	（0.032）	（0.485）	（0.050）
R^2	0.655	0.222	0.652

***表示 $p<0.01$

注：括号中为稳健标准误的估计值；样本量为 60 006

表 3.8 中估计系数的符号与我们的预期一致，并且大部分系数都显著。从整体上看，对于食物、其他食物支出的收入弹性，农村居民的估计结果都要高于城镇居民。城镇居民对食物支出的收入弹性估计为 0.354，而农村居民则为 0.478，这与城乡居民收入差距的事实相一致。但是在非食物支出的收入弹性方面，城乡居民相差无几，二者都比较大，显示出城乡居民非食物支出的快速增长。其他食物、非食物支出的收入弹性分别估计为 0.989 和 1.025，远远高于食物支出的收入弹性（0.487）。这意味着，随着人均纯收入的增加，人均食物消费支出的增长速度远低于其他食物和非食物支出。我们的研究表明，随着未来收入进一步增长，食物消费在农村居民生活支出中所占比例将会进一步降低，同时，其他食物和非食物的支出在生活支出中所占比例将会进一步提高。

（二）农村居民在家食物消费系统第二阶段回归结果

在获得了农村居民食物支出的收入弹性之后，将进一步分析其食物支出是如何在粮食、动物性食品、食用油、食糖、蔬菜和水果上进行分配的，重点考察这六大类食物在家消费的支出和交叉价格弹性。利用 QUAIDS 需求系统模型构建了农村居民食物在家消费的系统模型。表 3.9 报告了在 QUAIDS 估计之后计算的支出弹性和收入弹性。

表 3.9　农村居民在家食物消费的支出弹性和收入弹性的估计结果

分类	解释变量	粮食	动物性食品	食用油	食糖	蔬菜	水果
Log-log需求系统模型	收入弹性	0.14	0.61	0.46	0.37	0.23	0.88
QUAIDS需求系统模型	预算份额	0.43	0.37	0.04	0.01	0.14	0.04
	支出弹性	0.47	1.39	0.83	1.11	0.93	1.57
	收入弹性	0.23	0.67	0.40	0.54	0.45	0.77

资料来源：作者计算

首先，从表 3.9 中可以看到，Log-log 需求系统模型与 QUAIDS 需求系统模型的估计结果基本一致。但是由于 QUAIDS 可以更好地满足加总性、对称性和齐次性等约束条件，因此从理论上认为 QUAIDS 需求系统模型具有更大的优势。

从表 3.9 中可以发现，农村居民在家食物消费的收入弹性要大于城镇居民，而且在不同种类食物之间相差较大。无论是粮食、动物性食品还是水果、蔬菜，农村居民对食物需求的收入弹性都大于城镇居民。以动物性食品为例，城镇居民在家消费的收入弹性为 0.45，而农村居民则为 0.67。从不同食品来看，粮食在家消费的收入弹性相对较小（0.23），而动物性食品需求和水果在家消费的收入弹性都比较大，分别为 0.67 和 0.77。这意味着，随着人均纯收入的增长，农村居民对粮食在家消费还将缓慢增长，而对动物性食品和水果在家消费则将会快速增长。我们的估计结果表明，未来农村居民的食物消费中，动物性食品和水果的比例将会进一步提高，反映了农村居民膳食结构将会得到极大的改善。

表 3.10 为农村居民在家食物消费的未补偿和补偿价格弹性矩阵。从表 3.10 中可以看到，各类食物在家消费的自身价格弹性的符号都为负，而交叉价格弹性的符号有正有负，显示了各类食物在家消费的替代性与互补性。

表 3.10　农村居民在家食物消费的价格弹性矩阵

分类	食物	粮食	动物性食品	食用油	食糖	蔬菜	水果
未补偿的价格弹性矩阵	粮食	−0.54	−0.14	0.01	0.00	−0.08	0.01
	动物性食品	−0.38	−0.72	−0.04	−0.01	−0.11	−0.02
	食用油	0.06	−0.25	−0.57	0.00	−0.11	−0.04
	食糖	−0.11	−0.33	−0.02	−0.55	−0.08	−0.01
	蔬菜	−0.40	−0.20	−0.04	0.00	−0.39	−0.03
	水果	−0.06	−0.16	−0.04	0.00	−0.10	−0.77

续表

分类	食物	粮食	动物性食品	食用油	食糖	蔬菜	水果
补偿的价格弹性矩阵	粮食	−0. 24	0. 13	0. 04	0. 00	0. 02	0. 04
	动物性食品	0. 16	−0. 25	0. 01	0. 00	0. 06	0. 03
	食用油	0. 45	0. 08	−0. 54	0. 00	0. 01	0. 00
	食糖	0. 35	0. 07	0. 02	−0. 54	0. 06	0. 03
	蔬菜	0. 04	0. 18	0. 00	0. 00	−0. 25	0. 02
	水果	0. 42	0. 25	0. 00	0. 00	0. 05	−0. 72

资料来源：作者计算

（三）农村居民在家食物消费系统第三阶段回归结果

在获得了粮食在家消费的支出弹性和收入弹性之后，将进一步分析农村居民对粮食在家消费的内部结构，即农村居民是如何在小麦、大米、红薯、马铃薯、大豆和其他粮食之间进行选择的。表 3.11 为我们对农村居民粮食在家消费的支出弹性和收入弹性的估计结果。

表 3.11　农村居民对粮食在家消费的支出弹性和收入弹性的估计结果

分类	解释变量	小麦	大米	红薯	马铃薯	大豆	其他粮食
Log-log需求系统模型	收入弹性	0.19	0.18	−0.07	−0.11	0.33	−0.01
QUAIDS需求系统模型	预算份额	0.24	0.55	0.00	0.00	0.12	0.09
	支出弹性	1.07	1.16	−1.09	1.12	1.59	0.03
	收入弹性	0.23	0.25	−0.24	0.25	0.35	0.01

资料来源：作者整理

从表 3.11 中可以看到农村居民粮食类食物在家消费的收入弹性大于城镇居民，而且不同食物在家消费的收入弹性差异较大。农村居民对小麦、大米需求的收入弹性都为 0.25 左右，而城镇居民对小麦、大米在家消费的收入弹性都为 0.12。这意味着，随着人均纯收入的增加，农村居民对粮食在家消费的增长要快于城镇居民；另外，农村居民对“细粮”（小麦、大米）在家消费的收入弹性远大于对“粗粮”（红薯、其他粮食）在家消费的收入弹性。随着人均纯收入的提高，农村居民的生活水平也在显著改善，因而他们对粮食的消费会从“粗粮”转向“细粮”。大豆具有较大的收入弹性（0.35），主要是由于农村居民对大豆油及豆腐等豆制品的需求增长较快。

表 3.12 为农村居民粮食在家消费的价格弹性矩阵的估计结果。从表 3.12 中可以看到，各类粮食类食物在家消费的自身价格弹性的符号都为负，而交叉价格弹

性的符号有正有负，显示了各类粮食类食物的替代性与互补性。

表 3.12　农村居民粮食在家消费的价格弹性矩阵的估计结果

分类	食物	小麦	大米	红薯	马铃薯	大豆	其他粮食
未补偿的价格弹性矩阵	小麦	−0.43	0.04	0.07	0.05	0.01	0.02
	大米	0.15	−0.61	0.09	−0.02	0.00	−0.05
	红薯	−0.05	0.73	−0.43	0.00	0.01	−0.18
	马铃薯	0.39	−0.50	−0.03	−0.26	0.13	0.09
	大豆	0.37	0.90	0.35	0.51	−0.80	−0.56
	其他粮食	−0.04	0.50	−0.09	0.03	−0.02	−0.62
补偿的价格弹性矩阵	小麦	−0.39	0.17	0.10	0.05	0.01	0.05
	大米	0.42	−0.81	0.26	0.00	0.01	0.12
	红薯	0.13	0.24	−0.32	0.01	0.01	−0.07
	马铃薯	0.61	0.16	0.11	−0.25	0.13	0.23
	大豆	0.41	0.03	0.38	0.51	−0.80	−0.53
	其他粮食	0.01	0.63	−0.06	0.03	−0.02	−0.59

资料来源：作者计算

与城镇居民相同，在获得了动物性食品在家消费的支出弹性和收入弹性之后，将进一步分析农村居民动物性食品在家消费的内部结构，即农村居民是如何在猪肉、牛肉、羊肉、禽类、蛋类、奶类、鱼、虾、其他水产品之间进行选择的。表 3.13 报告了农村居民动物性食品在家消费的支出弹性和收入弹性的估计结果。

表 3.13　农村居民动物性食品在家消费的支出弹性和收入弹性的估计结果

分类	解释变量	猪肉	牛肉	羊肉	禽类	蛋类	奶类	鱼	虾	其他水产品
Log-log需求系统模型	收入弹性	0. 65	0. 93	0. 74	0. 83	0. 56	1. 15	0. 88	0. 75	0. 75
QUAIDS需求系统模型	预算份额	0. 55	0. 03	0. 04	0. 13	0. 12	0. 02	0. 08	0. 01	0. 01
	支出弹性	0. 90	1. 24	1. 23	1. 31	0. 77	1. 27	1. 09	1. 41	1. 30
	收入弹性	0. 61	0. 83	0. 82	0. 88	0. 51	0. 85	0. 73	0. 94	0. 87

资料来源：作者整理

从整体上看，农村居民动物性食品在家消费的收入弹性都相对较大，大于城镇居民动物性食品在家消费的收入弹性。在所有动物性食品中，只有蛋类和猪肉在家消费的收入弹性估计为 0.51 和 0.61，其他动物性食品在家消费的收入弹性都超过了 0.7。特别是对虾在家消费的收入弹性更是高达 0.94。这意味着随着人均纯收入的增长，农村居民动物性食品在家消费将会以更快的速度增长。我们的估计结果还意味着，猪肉和蛋类在动物性食品消费中所占份额将会相对下降，农村居民将消费更多价格更高、营养更丰富的动物性食品，如牛羊肉、奶类和水产品。

表 3.14 为农村居民动物性食品在家消费的价格弹性矩阵的估计结果。从表 3.14 中可以看到，各类动物性食品在家消费的自身价格弹性的符号都为负，而交叉价格弹性的符号有正有负，显示了各类食物的替代性与互补性。

表 3.14 农村居民动物性食品在家消费的价格弹性矩阵的估计结果

分类	食物	猪肉	牛肉	羊肉	禽类	蛋类	奶类	鱼	虾	其他水产品
未补偿的价格弹性矩阵	猪肉	−0.87	0.01	−0.04	0.00	−0.04	0.01	−0.01	0.00	−0.02
	牛肉	0.38	−0.63	−0.12	0.15	−0.28	−0.01	−0.06	−0.08	−0.10
	羊肉	−0.72	−0.09	−0.86	0.10	−0.06	0.01	0.18	0.01	−0.03
	禽类	−0.08	0.02	0.06	−1.03	−0.04	−0.04	0.00	−0.01	0.01
	蛋类	−0.12	−0.09	0.01	−0.01	−0.24	−0.07	−0.13	−0.10	−0.05
	奶类	0.82	−0.01	0.10	−0.26	−0.43	−0.24	0.11	−0.01	−0.12
	鱼	−0.11	−0.03	0.14	0.00	−0.21	0.01	−0.82	−0.05	0.02
	虾	−0.27	−0.14	0.02	−0.13	−0.59	−0.02	−0.22	−0.34	0.20
	其他水产品	−0.77	−0.15	−0.07	0.01	−0.29	−0.09	0.06	0.20	−0.17
补偿的价格弹性矩阵	猪肉	−0.35	0.05	0.01	0.13	0.06	0.02	0.07	0.02	0.00
	牛肉	0.78	−0.61	−0.08	0.25	−0.20	0.00	0.00	−0.06	−0.08
	羊肉	0.05	−0.04	−0.78	0.30	0.10	0.03	0.29	0.04	0.00
	禽类	0.52	0.06	0.12	−0.87	0.08	−0.02	0.08	0.01	0.03
	蛋类	0.31	−0.06	0.05	0.10	−0.15	−0.06	−0.07	−0.08	−0.03
	奶类	0.84	−0.01	0.10	−0.25	−0.42	−0.24	0.11	−0.01	−0.12
	鱼	0.45	0.00	0.20	0.15	−0.10	0.02	−0.73	−0.03	0.04
	虾	0.53	−0.09	0.10	0.08	−0.43	0.00	−0.10	−0.31	0.23
	其他水产品	−0.09	−0.11	0.00	0.19	−0.15	−0.07	0.16	0.22	−0.15

资料来源：作者整理

三、食物消费收入弹性变动趋势

在估计了 QUAIDS 需求系统模型的参数及收入弹性的平均值之后，对于城乡居民，我们还需要研究不同食物在家消费的收入弹性如何随着人均收入的增长而变化。由于本章的数据是 2005 年国家统计局住户调查数据，而当前城乡居民人均收入已经远远高于 2005 年，因此分析收入弹性随人均收入的增长如何变化，以及模拟当前人均收入下食物消费的收入弹性，可以更好地分析城乡居民食物在家消费的变化趋势。

按照 de Agostini（2014）的方法，在估计 QUAIDS 需求系统的参数之后，可以利用式（3.19）计算不同收入水平的家庭对不同食物在家消费的支出弹性。然后将其与城乡家庭食物支出的收入弹性相乘，便可以获得食物在家消费的收入弹性的变化趋势。图 3.2 和图 3.3 分别为城镇居民不同食物在家消费的支出弹性和收入弹性的模拟结果。图 3.4 和图 3.5 分别为农村居民不同食物在家消费的支出弹性和收入弹性的模拟结果。

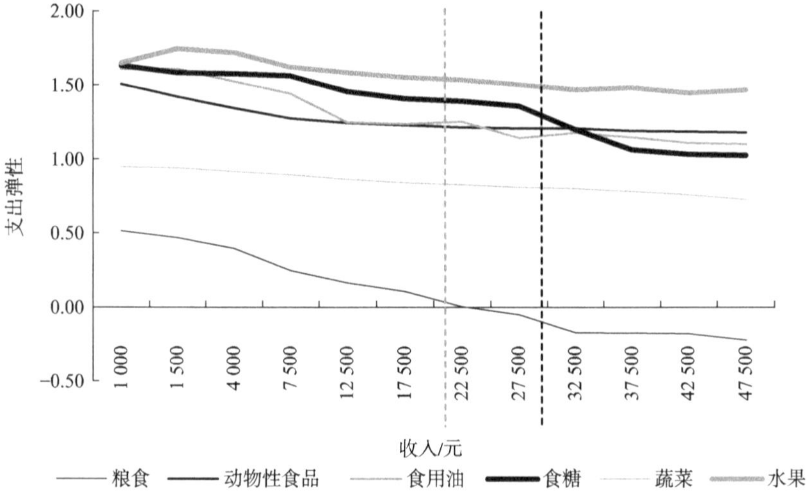

图 3.2　不同收入水平城镇居民食物需求的支出弹性

灰色竖虚线代表 2015 年人均可支配收入；黑色竖虚线代表 2020 年人均可支配收入的预测值

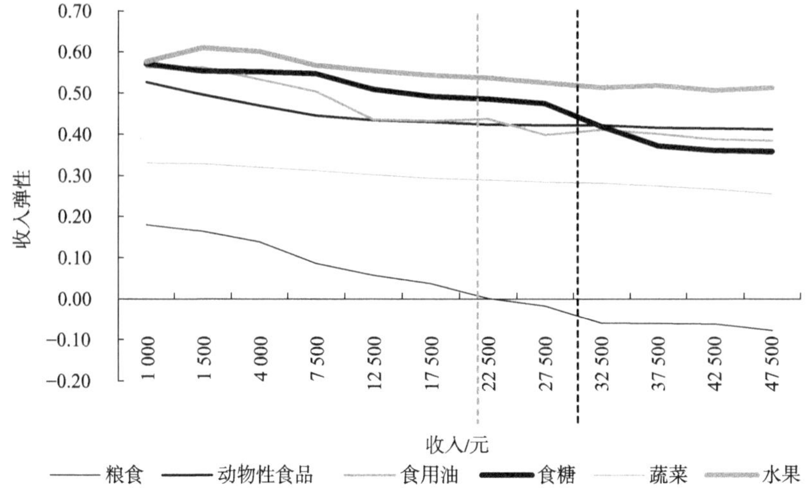

图 3.3　不同收入水平城镇居民食物需求的收入弹性

灰色竖虚线代表 2015 年人均可支配收入；黑色竖虚线代表 2020 年人均可支配收入的预测值

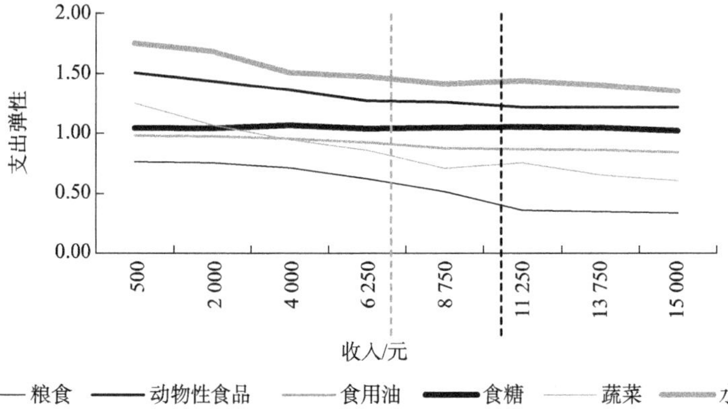

图 3.4　不同收入水平农村居民食物需求的支出弹性

灰色竖虚线代表 2015 年人均可支配收入；黑色竖虚线代表 2020 年人均可支配收入的预测值

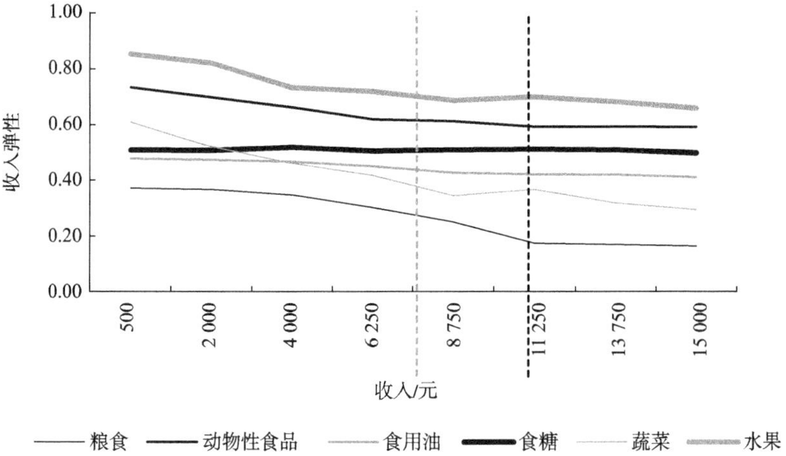

图 3.5　不同收入水平农村居民食物需求的收入弹性

灰色竖虚线代表 2015 年人均可支配收入；黑色竖虚线代表 2020 年人均可支配收入的预测值

与我们的预期一致，随着人均收入水平的提高，城镇居民不同食物消费的收入弹性与支出弹性都随之降低。特别是对粮食消费的收入弹性，当人均收入小于 7 000 元时，粮食消费的收入弹性大于 0.1；但是当人均收入超过 22 000 元之后，粮食消费的收入弹性将变为负，意味着当人均收入比较高时，对粮食的需求将会下降。城镇居民蔬菜消费的收入弹性不会发生太大的下降，保持在 0.3 左右。食糖、食用油和动物性食品消费的收入弹性则表现出随着人均收入提高而快速下降，从 0.55 左右一直下降到 0.4 左右。无论对于低收入还是高收入家庭，水果消费的收入弹性都比较大，均超过了 0.5，显示了未来城镇居民对水果的需求还将继续快速增长。

我们还可以判断 2015 年和 2020 年城镇居民不同食物在家消费的收入弹性。

图 3.2 和图 3.3 中灰色竖虚线代表了 2015 年的城镇人均可支配收入（31 195 元，按照 2005 年不变价格计算为 23 334 元）。可以看到 2015 年城镇居民不同食物在家消费的收入弹性小于 2005 年的估计值（表 3.6）。城镇居民粮食在家消费的收入弹性已经变为负，但是仅仅略小于 0。城镇居民蔬菜在家消费的收入弹性在 0.3 左右。动物性食品、食用油、食糖在家消费的收入弹性在 0.4~0.5。水果在家消费具有最高的收入弹性，超过 0.5。我们还模拟了 2020 年城镇居民不同食物在家消费的收入弹性（图 3.3 黑色竖虚线，假设人均可支配收入保持 2015 年的实际增长速度 6.6%，按照 2005 年不变价格计算为 32 119 元）。我们看到城镇居民不同食物在家需求的收入弹性将会进一步下降。特别是粮食在家消费的收入弹性将下降到−0.05 左右。

从城镇居民不同食物在家消费的收入弹性可以简单推测未来城镇居民食物消费结构的变动趋势。粮食在家消费的收入弹性已经变为负，未来粮食在家消费将会逐渐下降，特别在 2020 年以后下降速度将会加快。蔬菜在家消费的收入弹性小于 0.3，意味着城镇居民未来蔬菜在家消费仍将小幅增加。而动物性食品、食用油、食糖在家消费的收入弹性在 0.4 左右，这些食物在家消费将保持较快的增长速度。水果在家消费具有最大的收入弹性，即使到 2020 年以后也超过 0.5，城镇居民水果在家消费将以较快的速度增长。

从整体上看，农村居民不同食物在家消费收入弹性高于城镇居民。由于收入水平差距和食物消费习惯的差异，城镇居民食物消费的收入弹性往往小于农村居民。例如，农村居民动物性食品在家需求的收入弹性在 0.6 以上（图 3.5），而对于城镇居民则不到 0.5（图 3.3）。这意味着，随着人均收入的增加，农村居民对不同食物在家需求的增长速度要快于城镇居民。

与城镇居民相同，随着人均收入水平的提高，农村居民不同食物在家消费的收入弹性与支出弹性都随之降低。从图 3.5 可以看到，随着人均收入的上升，粮食在家消费的收入弹性快速下降，当人均收入小于 6 000 元时，粮食在家消费的收入弹性大于 0.3；但是当人均收入超过 10 000 元之后，粮食在家消费的收入弹性下降到 0.2 以下。农村居民蔬菜在家消费的收入弹性随着人均收入的提高而快速下降，当人均收入小于 2 000 元时，蔬菜在家消费的收入弹性超过 0.5；当人均收入超过 6 000 元之后，蔬菜在家消费的收入弹性下降到 0.4 以下。与城镇居民不同，农村居民食用油、食糖在家需求收入弹性的变化较小，虽然也有小幅的下降。农村居民水果和动物性食品在家需求的收入弹性较大，意味着未来农村居民对这两类食物的在家消费还将继续快速增长。

我们还可以判断 2015 年和 2020 年农村居民不同食物在家消费的收入弹性。图 3.4 和图 3.5 中灰色竖虚线代表了 2015 年农村人均可支配收入（11 422 元，按照 2005 年不变价格计算为 8 253 元）。可以看到 2015 年农村居民不同食物在家消费的收入弹性小于2005年的估计值（表3.13）。农村居民粮食在家消费的收入弹性在0.3以下。农村居民蔬菜在家消费的收入弹性接近0.4。食用油、食糖在家消费的收入弹性在0.4~0.5。动物性食品和水果在家消费具有较高的收入弹性，超过了0.6。我们还模拟了2020年农村居民不同食物在家消费的收入弹性（图3.5黑色竖虚线，假设人均可支配收入保持2015年的实际增长速度7.5%，按照2005年不变价格计算为11 848元）。我们看到农村居民不同食物在家需求的收入弹性将会进一步下降，特别是粮食在家消费的收入弹性将下降到0.2以下。

从我们对农村居民不同食物在家消费的收入弹性的分析可以简单推测未来农村居民食物消费结构的变动趋势。农村居民粮食在家消费的收入弹性仍然为正，但是将会随收入增加而逐渐下降，特别是在2020年以后将会下降到0.2以下。农村居民粮食在家人均消费还将进一步增加，但是伴随着城镇化，部分农村居民将迁移到城镇，这将抵消部分粮食人均消费的增加。而蔬菜、食用油、食糖在家消费的收入弹性在0.4左右，这些食物在家消费将保持较快的增长速度。动物性食品和水果在家消费具有较大的收入弹性，到2020年以后将会超过0.6，农村居民对这两类食物的在家消费将以较快的速度增长。

第五节　主要结论和政策建议

一、主要结论

本章基于2005年国家统计局城乡住户调查的原始数据，重点分析了城乡居民在家食物消费的结构和变动趋势，并试图分别构建城乡居民在家食物消费系统来分析收入、价格、人口结构等因素的影响。最后模拟了城乡居民对各类食物在家消费收入弹性的变动趋势，主要得出如下结论。

第一，由于收入水平与消费方式存在较大差异，城乡居民在家食物消费结构表现出显著的差异。在同等收入下，城市居民对谷物在家消费明显少于农村居民，但是其对肉类、水产品、奶产品、蛋类的在家消费远远高于农村居民。

第二，与农村居民相比，城镇居民粮食在家消费的收入弹性目前已经为负，随着人均收入的提高，粮食在家消费弹性还将进一步下降，意味着城市居民粮食在家消费将逐渐下降。农村居民粮食在家消费还有较高的收入弹性，未来农村居民粮食在家消费还将继续增加，但是随着人均收入的增加，粮食在家消费的增速也在降低。

第三，收入增长对农村居民动物性食品和水果在家消费的影响要大于城镇居民。我们的估计结果显示，当前农村居民动物性食品和水果在家消费的收入弹性超过 0.6，而城镇居民动物性食品在家消费的收入弹性小于 0.5。随着人均收入的增加，农村居民动物性食品在家消费的增长速度明显快于城镇居民。

第四，我们的模拟结果显示城乡居民未来在家食物消费的收入弹性由大到小依次为水果、动物性食品、食糖、食用油、蔬菜，粮食在家消费的收入弹性最小。这意味着未来水果、动物性食品的在家消费还将快速增长。

第五，在家食物消费收入弹性的估计结果说明城乡居民食物消费结构都处于改善的趋势中。在各类食物中，具有较大收入弹性的食物往往是价格较高、营养价值更好的“高档食物”，如牛肉、羊肉、奶类、水产品、水果等，而粮食和蔬菜的收入弹性相对较小。该结果表明，随着收入的增加，城乡居民都会更多消费富含蛋白质、维生素，营养价值更高的“高档食品”，而能量类食物（主食）的摄入量则相对减少，可见城乡居民膳食结构朝更加合理的方向演进。

二、政策建议

第一，预测中国食物需求，应考虑各类食物需求的收入弹性随着人均收入增长而逐渐下降的变化规律。本章研究显示城乡居民食物需求的收入弹性都随着人均收入增加而逐渐下降，特别是城镇居民粮食在家消费的收入弹性在 2020 年之后将变为负。如果使用不变的收入弹性预测中国食物需求，可能会高估中国未来的食物需求。

第二，未来粮食需求增长主要是因为饲料粮需求增长，政府保证粮食安全，更要保证饲料粮的供给。本章的研究结果表明，城乡居民粮食需求的收入弹性比较小，意味着口粮需求的增长相对有限，因此国家提出的保障口粮安全的目标基本可以实现。然而动物性食品需求的收入弹性较大，随着人均收入的增长，城乡居民对动物性食品的需求还将快速增长，这就带来了饲料粮（主要是玉米和大豆）需求的快速增长。饲料粮的国内供给受到水、土资源的限制，难以完全满足饲料粮需求的增长。因此，政府需要密切关注饲料粮的国内外供给，有必要对饲料粮的国际市场供给加强研究。

第三，不同食物消费的收入弹性差异较大，本章为农业生产结构适应食物需求结构调整提供了重要依据。我们的估计结果显示，城乡居民粮食消费需求的收入弹性较小，而畜禽产品、水果、食用油需求的收入弹性较大。这意味着随着人均收入的进一步增长，粮食消费的增长相对较小，同时畜禽产品、水果消费的增长较快，而畜禽产品消费快速增长将导致饲料粮需求的快速增长。为了满足城乡居民食物需求，国家调整农业生产的产业布局、区域布局时，应当充分考虑城乡居民食物消费的结构及其变动趋势。

第四章　居民在家和在外食物消费变化及驱动因素

第一节　研究背景

收入增长、消费者偏好改变及经济环境的变化带来了中国城镇居民食物消费模式的快速转变。从国家统计局公布的数据可以看出，在过去几年，城镇居民食物支出已经保持稳定，但是食物消费支出的构成却发生了显著的变化。在城镇，粮食的消费已经开始逐步下降，但是动物性食品的消费仍在增加。与此同时，由于生活节奏加快、消费便利性的增加，城市居民越来越多地在外消费食物，而在家的食物消费则呈现下降趋势。遗憾的是，国家统计局关于食物消费的统计数据并没有包含在外消费的食物，这使得基于统计数据的研究低估了居民食物消费，因此要谨慎使用该数据进行居民在外饮食消费的研究。

很多研究分析了城镇居民在外食物消费的决定因素，包括社会经济因素、家庭结构、消费习惯变化、消费便利性增加等。收入增长和城镇化是推动中国居民食物在外消费增长的最主要驱动因素。现有研究发现，城镇居民在外饮食的收入弹性相对较大，远高于在家食物需求的收入弹性，而且低收入家庭的收入弹性还要高于中等收入和高收入家庭。较高的收入弹性说明城镇居民对外出饮食具有强烈的需求，而且随着收入提高，城镇居民在外饮食还将快速增加。Liu 等（2016）认为中国城镇居民在外饮食将在 2050 年之前保持增长趋势。

家庭年龄结构对城镇居民在外食物消费具有显著的影响。Liu 等（2016）发现家庭中 15~39 岁的人数越多，家庭在外饮食可能性越大，而且在外饮食支出也越多。同时，50 岁以上的人数越多，家庭在外饮食的可能性就越小，特别是对于

65 岁以上的老年人更是显著。因此，他们得到结论，老龄化对中国居民在外食物消费具有负向影响。Min 等（2014）发现人口老龄化对中国居民对肉类的总消费和在外消费也都有不利影响。

然而传统的研究往往没有考虑时间价值对在外饮食的影响。按照 Becker 的家庭生产理论，家庭在收入约束和时间约束的共同限制下选择在外食物消费的支出。因此如果不考虑家庭的时间价值，就会导致在外食物支出决定因素的估计产生偏误。Bai 等（2012）利用北京大学中国农业政策研究中心的城市住户调查数据，发现中国城镇家庭在外饮食的概率和在外饮食的支出都与家庭的时间机会成本显著相关。具体来讲，妻子在劳动力市场上工作时间越长，家庭在外饮食的概率和在外饮食的支出越会显著增加。

在外食物消费的结构明显不同于在家食物消费的结构。城镇居民在外食物消费会更多消费肉类、水产品等食物，一方面因为这类食物烹饪难度、消耗的时间要远大于粮食、水果等食品，消费者更倾向于在外消费该类食物；另一方面，则是考虑到“面子”，特别是请家庭成员以外的亲戚、朋友吃饭时，为了显得有“面子”，往往会选择消费更多的肉类、水产品。这些因素导致肉类和水产品在外食物消费的比例高于在家消费中的比重，粮食和水果的比重则低于在家消费中的比重。Ma 等（2004）利用 1997 年 5 个城市、250 个城镇家庭、746 个家庭成员在外食物消费数据估计了城镇居民在粮食、肉类和酒水方面的支出弹性。他们的研究也证明肉类和酒水在外消费的收入弹性要高于在家食物消费的收入弹性。

在第三章中，利用国家统计局住户调查数据构建了城乡居民在家食物消费系统，分析了收入、价格、人口结构等影响因素对城乡居民在家食物需求的影响。虽然国家统计局住户调查数据具有很详细的在家食物消费数据，但是城乡住户调查数据并没有具体的在外食物消费数据。随着收入增加、消费习惯的变化，城镇居民食物消费中已经有较大比例是在家庭以外进行消费，而且未来还将进一步提高。如果忽视这一部分食物消费，可能会低估中国的食物消费。

为了补充国家统计局住户调查数据的不足，本章采用城市居民在外食物消费的实地调查数据，研究城市居民在外食物消费结构及其变动趋势，以及城市居民在外食物消费的主要影响因素。第二节将介绍本章使用的样本和数据，第三节将介绍本章使用的计量模型和估计方法，第四节报告城市居民食物消费支出影响因素的回归结果，第五节提出本章的主要结论和政策建议。

第二节　研究数据

一、研究样本与数据

本章利用北京大学中国农业政策研究中心组织的城市居民食物消费调查数据研究城市居民在外食物消费的决定因素及其影响。我们的样本在国家统计局城镇住户收入支出调查的原始数据基础上进行再抽样。城镇住户收入支出调查被广泛应用于食物消费和支出的研究中，也被应用于在外饮食的研究中。样本包括 12 个城市、2 342 个城镇住户，调查于 2007~2012 年进行。

食物调查内容包括两个部分。第一个部分记录了家庭成员及其社会经济特征的详细信息，由调查员入室与被访户面对面调查获得。第二部分记录了食物消费的详细信息。在调查中，调查员首先向被访户解释第二部分的调查方法，讲解如何记录每位家庭成员的食物消费和支出。第二部分的调查问卷被留给被访户，记录他们家庭一周（7 天）每日的食物消费情况。被访住户要求记录他们在外消费的食物数量和花费，以及在家制作的食物的详细信息，包括每餐由谁支付、在哪里吃、支出金额等。这样的每日记账式方法也被美国商务部的消费支出调查采用。与通常的回忆式调查方法相比，每日记账式方法被认为可以获得更加可靠的数据，因为该方法减少了遗忘食物消费活动的可能性。

本章定义的在外食物消费包括家庭自己制作以外的所有食品。根据我们的定义，在餐馆、快餐外卖、小吃店或路边小摊消费的食品都算作在外食物消费，因为消费者在这些地方不仅要为食物本身支付成本，还要为食物加工和服务以及就餐位置和环境支付费用。然而我们对在外食物消费的定义不包括从超市、便利店或其他食品店购买的食物成品，虽然这些食品并不是在家制作的，但是仍被归为在家消费的食物。这类食物与在外食物消费的主要区别在于，在外食物消费需要为就餐位置、环境支付相关费用。

为了保证数据质量，我们也做了很多努力工作。第一，选择了家庭中熟悉食物购买、消费的成员来记录家庭食物消费，并对该家庭成员进行了专门培训。这比随机选择家庭成员做记录要更加可靠，因为这些家庭成员在家庭食物消费和购买中扮演了更加重要的角色。第二，如果家庭成员不在一起吃饭，则要求负责记录家庭食物消费的家庭成员询问其他家庭成员的食物消费，以减少数据丢失。第三，在调查的一周时间中，调查人会给被访住户打两次电话，询问一些问题，并且提醒被访住户按照要求记录家庭食物消费。第四，在收回调查问卷时，已完成的调查问卷在回答者面前进行仔细检查。第五，相当数量的调查者都来自国家统计局的各地分支机构，他们参与调查有助于协调被访住户。第六，为每一个被访住户提供一张30元的电话卡，被访住户可以及时联系调查员或者调查队长以及时解决调查中遇到的问题，而且被访住户也可以联系不在一起吃饭的家庭成员，以获知他们在工作、学校时消费的食物。第七，对每一户被访家庭都给予100元作为完成调查的激励。

最后，我们对样本数据进行了仔细的清理和检查。为了获得更加稳健的估计结果，剔除了61个调查样本，这些样本或是人均可支配收入极高的家庭，或是各类食物消费的极端值。最终获得的样本包含2 281个城市住户，占全部样本的97.3%。具体样本城市、被访住户及人均月可支配收入见表4.1。

表4.1 在外饮食调查城市名称、样本住户和人均月可支配收入

城市	调查年份	样本住户数	占比	人均月可支配收入/元
所有城市	—	2 281	100%	1 818
北京	2007	307	13.5%	2 341
南京	2009	232	10.2%	1 953
成都	2010	201	8.8%	1 676
西安	2011	204	8.9%	1 635
沈阳	2011	201	8.8%	1 697
厦门	2011	146	6.4%	2 141
哈尔滨	2012	208	9.1%	1 408
太原	2012	201	8.8%	1 490
台州	2012	187	8.2%	2 373
南宁	2012	194	8.5%	1 675
兰州	2012	200	8.8%	1 456

注：收入按照2010年不变价格进行计算

资料来源：作者整理

二、城市居民在外食物消费结构与变动趋势

如表4.1所示，本次调查包含北京、南京、成都、西安等11个城市。就区域而言，这些城市中有4个位于东部地区，3个位于中部地区，其他4个城市位于西部地区；其中南京、成都、厦门、南宁、台州等5个城市位于南方地区。就城市人口规模而言，11个城市中包括北京、南京、成都等特大城市，也有厦门、太原、哈尔滨等大城市，还有南宁、台州等中等规模城市。因此，本章所用样本具

有较好的代表性，应用于城市居民食物消费研究较为合适。

从表 4.1 中可以看到，不同城市之间人均月可支配收入也相差巨大。由于调查是在 2007~2012 年进行的，为了便于比较和分析，将支出金额、食物价格和收入都利用该城市的居民消费价格指数按照2010年不变价格进行折算，使得各城市食物消费支出金额、消费价格都可以进行比较。北京2007年人均月可支配收入达到了 2 341 元，而兰州 2012 年人均月可支配收入仅为 1 456 元，二者相差 61%。不同城市之间较大的收入差距可能会导致家庭食物消费支出和消费结构存在较大的差异。

根据现有文献所述，家庭收入水平是家庭食物需求的主要决定因素，不仅决定了家庭食物支出的金额，也影响了居民在家和在外饮食之间的选择。因此，首先将所有家庭按照其人均每日可支配收入从低到高排列，然后将所有家庭按照人均每日可支配收入高低均匀分成五组。将家庭过去一周内在家、在外消费的食物按照消费价格进行加总，可以获得家庭在家、在外食物消费支出及食物消费总支出。为了便于分析，将家庭食物消费、支出及可支配收入都折算成人均每日的数量。

从表 4.2 可以发现，家庭人均每日食物总支出、在家食物支出、在外食物支出都与家庭的收入水平正相关。收入最低的 20%的家庭人均每日食物总支出为 11.9 元，最富裕的 20%的家庭人均每日食物总支出为 19.0 元，二者相差 7.1 元。尽管两类家庭人均每日可支配收入相差超过 4 倍，但是他们人均每日食物总支出却只相差了 60%。由此可以推测食物总支出的增长速度应小于可支配收入的增长速度。另外，伴随收入水平的提高，人均每日在家食物支出和在外食物支出也都随之增加。人均每日在家食物支出从 9.2 元增长到了 12.0 元，约增长了 30.4%，而在外食物支出增长了 159%。由此可见，相比于在家食物支出，随着收入的增加，在外食物支出可能会经历更加迅速的增长。

表 4.2　不同收入水平家庭的人均每日食物支出及可支配收入

家庭收入水平	食物总支出/元	在家食物支出/元	在外食物支出/元	人均每日可支配收入/元
所有样本	15.3	11.0	4.2	60.6
<20%	11.9	9.2	2.7	25.9
20%~40%	14.2	10.7	3.5	41.2
40%~60%	15.0	11.0	4.0	53.3
60%~80%	16.3	12.3	4.1	71.8
≥80%	19.0	12.0	7.0	112.5

注：食物消费支出、收入按照 2010 年不变价格进行计算

资料来源：作者整理

除了食物支出以外，本章还关注家庭对不同食物的消费如何随收入增加而变化。由于食物消费涉及复杂的食品种类，为了便于分析，将家庭消费的食物合并为粮食、肉蛋奶（包括肉类、蛋类、奶类）、水产品、蔬菜和水果等五大种类。表 4.3 报告了不同收入水平家庭对于粮食、肉蛋奶、水产品、蔬菜、水果的人均每日在家、在外消费量，以及总消费量（在家、在外消费相加）。

表 4.3　不同收入水平家庭对各类食物的人均每日消费

类型	家庭收入水平	粮食/千克	肉蛋奶/千克	水产品/千克	蔬菜/千克	水果/千克
食物总消费	所有样本	0.354	0.325	0.062	0.459	0.314
	<20%	0.364	0.261	0.038	0.432	0.278
	20%~40%	0.361	0.316	0.051	0.443	0.317
	40%~60%	0.354	0.326	0.059	0.466	0.306
	60%~80%	0.352	0.353	0.071	0.477	0.332
	≥80%	0.337	0.367	0.090	0.476	0.336
在家食物消费	所有样本	0.279	0.255	0.049	0.397	0.302
	<20%	0.303	0.212	0.031	0.388	0.271
	20%~40%	0.292	0.258	0.042	0.390	0.308
	40%~60%	0.281	0.256	0.048	0.409	0.297
	60%~80%	0.278	0.283	0.059	0.416	0.319
	≥80%	0.242	0.264	0.065	0.380	0.317
在外食物消费	所有样本	0.075	0.070	0.013	0.062	0.011
	<20%	0.061	0.049	0.007	0.044	0.007
	20%~40%	0.069	0.059	0.009	0.052	0.009
	40%~60%	0.074	0.070	0.011	0.057	0.009
	60%~80%	0.074	0.071	0.012	0.061	0.013
	≥80%	0.096	0.103	0.024	0.096	0.018

注：样本量为 2 281

资料来源：作者整理

首先，从总体看，除了粮食外，其他种类食物的人均每日总消费都与可支配收入水平正相关。随着人均可支配收入的增加，肉蛋奶、水产品和水果的人均每日总消费都有较大增长。如果一个家庭从最低收入 20%的家庭进入最高收入 20%的家庭，其肉蛋奶产品的人均每日消费将从 0.261 千克增长到 0.367 千克，增幅为 41%；蔬菜和水果的人均每日消费分别增长 0.044 千克和 0.058 千克，相当于增加 10%和 21%；尽管水产品的人均每日消费量比较小，但是却会发生最大幅度的增加，从 0.038 千克增长到 0.090 千克，增幅高达 137%，但仍远小于人均每日可支配收入的增长幅度。但是随着人均可支配收入的增加，粮食的人均每日消费将小幅下降，从 0.364 千克下降到 0.337 千克，降幅约 7%。

其次，与食物总消费相比，肉蛋奶、水产品和水果在家消费与人均可支配收入保持较弱的正相关关系。如果一个家庭从最低收入 20%的家庭进入最高收入 20%的家庭，其肉蛋奶产品的人均每日在家消费将从 0.212 千克增长到 0.264 千克，增幅为 25%，小于食物总消费的增幅（41%）；水果和水产品在家消费的增幅分别为 17%和 110%，也分别小于总消费的增长幅度（21%和 137%）。而在家消费的粮食与人均可支配收入负相关，而且其降幅达到了 20%，甚至还大于粮食总消费的降幅（7%）。值得注意的是，随着人均可支配收入增加，蔬菜在家消费刚开始随着人均可支配收入的增加而上升，但是当收入增长到最富裕 20%家庭的水平时，蔬菜的在家消费出现了小幅的下降。

最后，尽管在外食物消费的数量比较少，但各类食物的在外食物消费都与人均可支配收入保持较强的正相关关系。即使是对于粮食，当一个家庭从最低收入 20%的家庭进入最高收入 20%的家庭，其在外消费也增长了 57%；肉蛋奶、水产品、蔬菜和水果在外消费增幅分别达到了 110%、243%、118%和 157%，远远高于总消费和在家消费的增幅。从图 4.1 中也可以观察到上述规律。图 4.1 为城市居民食物支出、各类食物的人均每日在家、在外与总消费分别与人均每日可支配收入的 LOWESS（locally weighted scatterplot smoothing，局部加权回归散点平滑法）图。从图 4.1 中可以看到，尽管在同一收入水平上，每类食物在外消费的消费量远小于在家消费，但是每类食物在外食物消费的 LOWESS 曲线的斜率都大于在家消费和总消费的 LOWESS 曲线的斜率。这意味着，随着人均可支配收入增加，在外食物消费的增长率要远大于在家食物消费和总消费的增长率。例如，人均每日在家食物支出在人均可支配收入超过 50 元以后基本保持稳定，而在外食物支出则保持快速增长，从图 4.1（a）中可以推测，当人均每日可支配收入超过 200 元，在家和在外食物支出基本相当。

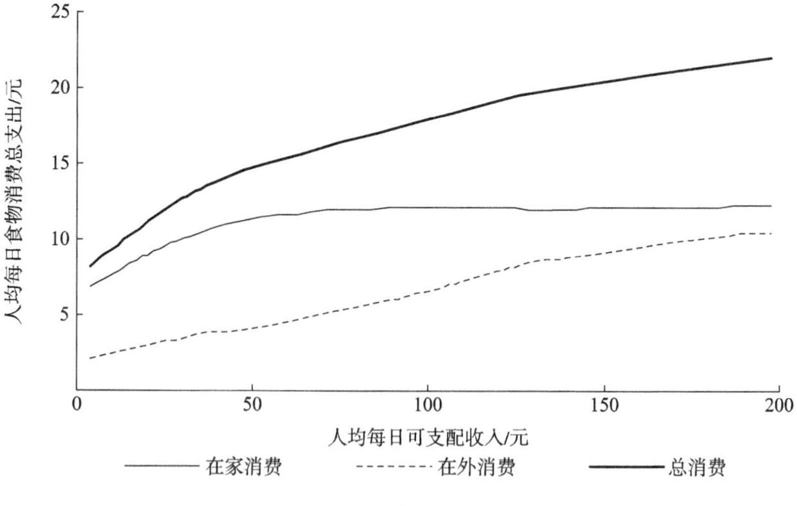

（a）人均每日食物消费总支出

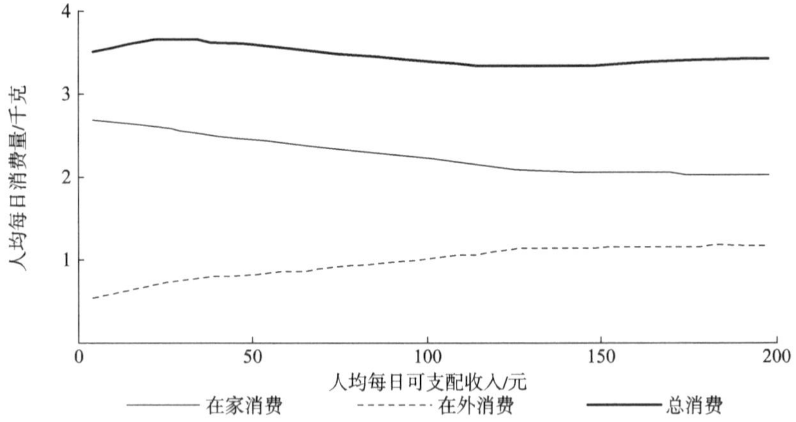

（b）人均每日粮食消费量

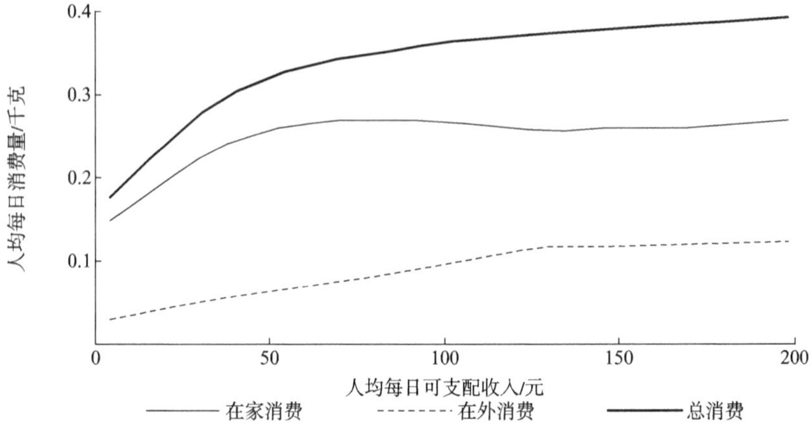

（c）人均每日肉蛋奶消费量

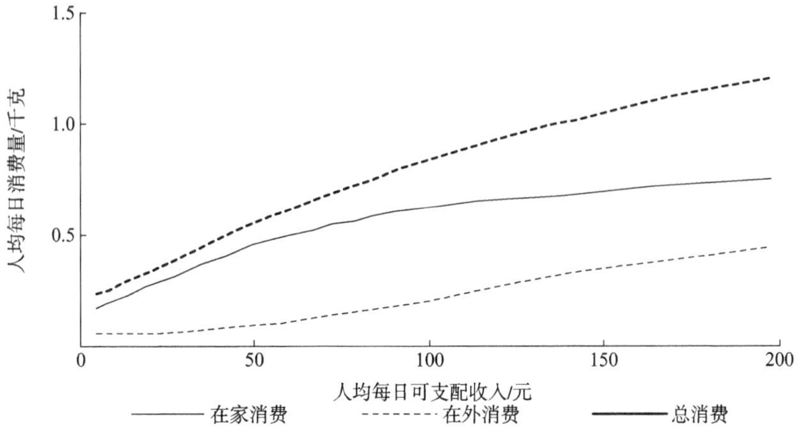

（d）人均每日水产品消费量

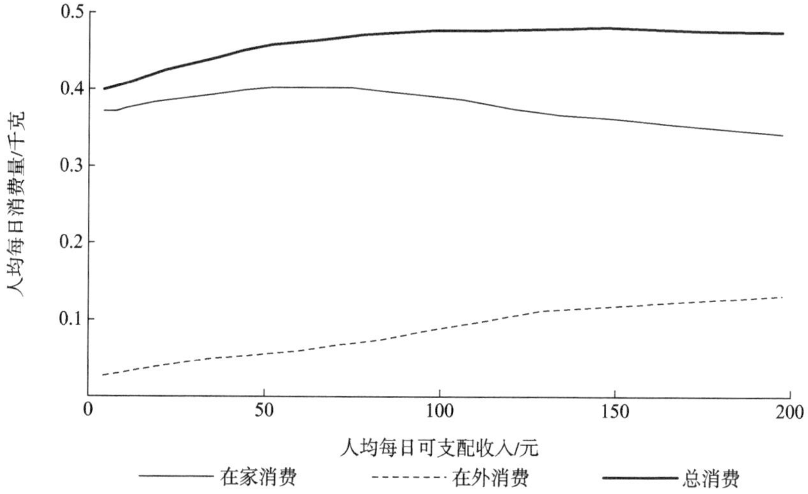

（e）人均每日蔬菜消费量

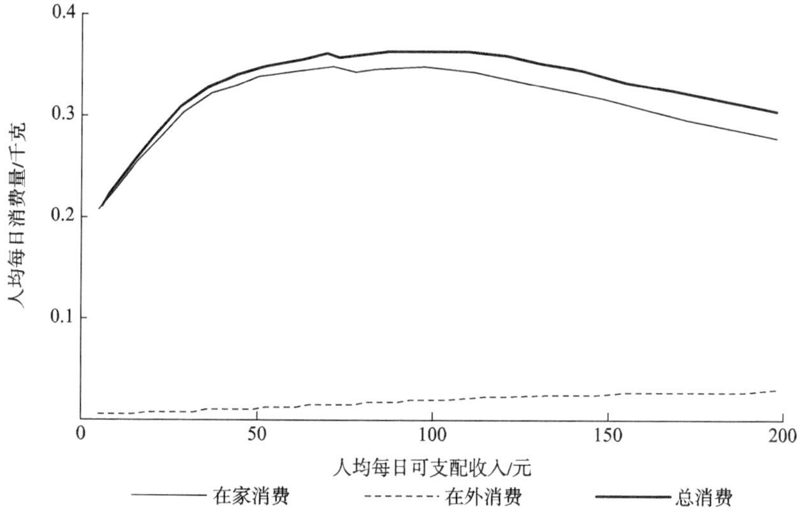

（f）人均每日水果消费量

图 4.1　城市居民对各类食物的人均每日消费的 LOWESS 图

无论对于在家消费还是在外消费，当人均每日可支配收入达到一定水平之后，食物消费的增长率都会变小，甚至有的食物的人均每日消费量还会下降。例如，当人均每日可支配收入超过 50 元时，肉蛋奶人均每日在家消费的增长就出现停滞，随着人均可支配收入的增长，还会出现轻微的下降；在外消费的肉蛋奶则一直要到人均每日可支配收入超过 120 元才会出现增长放缓的现象。

第三节 研究方法

为了定量估计收入、价格、家庭特征等因素如何影响城市居民对各类食物的在家、在外消费，基于城市居民在外食物消费调查数据，我们采用两阶段需求系统模型实证研究城市居民的在家、在外食物消费行为。

与第三章研究相同，需求系统的第一阶段模型主要研究城市居民每日食物消费总支出的影响因素，基于 Micheal 和 Becker（1973）的家庭生产函数，我们建立如下计量经济方程：

$$\ln E_i = \beta_0 + \beta_1 \ln Y_i + \beta_2 \frac{1}{Y_i} + \sum_i \gamma_{ij} z_j + u_i \qquad (4.1)$$

其中，下标 i 代表家庭。因变量 $\ln E_i$ 为家庭的人均每日食物消费总支出的对数函数。自变量 $\ln Y_i$ 表示家庭的人均每日可支配收入的对数函数；为了衡量可支配收入对食物消费总支出的非线性影响，将人均每日可支配收入 Y_i 的倒数作为自变量。z_i 代表一系列家庭特征，包括家庭人数、男性家庭成员所占比例、15 岁以下家庭成员所占比例、16~35 岁家庭成员所占比例、36~50 岁家庭成员所占比例、50 岁以上家庭成员所占比例、妻子是否有工作、妻子是否具有高中以上学历，以及城市虚拟变量。城市家庭特征变量的统计性描述见表 4.4。最后，扰动项 u_i 需要满足 $E(u_i)=0$。

表 4.4 城市家庭特征变量的统计描述

家庭特征变量	均值	标准差
家庭人数	2.86	0.86
男性家庭成员所占比例	0.50	0.18
15岁以下家庭成员所占比例	0.09	0.15
16~35岁家庭成员所占比例	0.22	0.23
36~50岁家庭成员所占比例	0.51	0.31
50岁以上家庭成员所占比例	0.18	0.32
妻子是否有工作（1=是，0=否）	0.46	0.50
妻子是否具有高中以上学历（1=是，0=否）	0.33	0.47

资料来源：作者整理

上述支出函数较好地控制了家庭特征、时间机会成本等因素，使得我们能够很好地识别出收入变化对家庭食物总支出的影响。对于式（4.1）采用普通最小二乘法进行估计。对式（4.1）估计之后，可以计算城市居民人均每日食物消费总支出关于人均每日可支配收入的弹性ε。具体来讲，对式（4.1）求全微分，可以获得食物消费总支出的收入弹性：

$$\varepsilon = \frac{\mathrm{d}E}{\mathrm{d}Y} \times \frac{Y}{E} = \beta_1 - \frac{\beta_2}{\overline{Y}} \tag{4.2}$$

其中，$\overline{Y}$代表人均每日可支配收入的均值。从式（4.2）可以看到，家庭食物需求的收入弹性是可支配收入的函数。如果$\beta_2 < 0$，食物需求的收入弹性是可支配收入的负函数，也就是说当可支配收入提高时，食物需求的收入弹性将会降低；反之亦然。

城市居民在外食物消费系统的第二阶段将分析城市居民如何将其每日食物总支出分配在不同食物的消费上。从理论上讲，城市居民需要做出两方面的选择：一方面需要选择是否外出饮食，另一方面还要对在家和在外食物消费不同食物之间做出选择。城市居民这样选择的原因主要是考虑到家庭所面临的预算约束、时间约束，以及对于食物营养搭配的优化。例如，当家庭在外消费更多肉类时，往往会相应减少肉类在家消费，同时可能会在家消费更多蔬菜，从而实现更加均衡的营养搭配。现有文献大多没有考虑居民对不同食物在家、在外消费的替代与互补关系。已有的研究往往只建立居民在家食物消费的需求系统模型，或是在外食物消费的需求系统模型。

更加复杂的是，城市居民对食物消费的两类选择是在决定食物消费总支出之后同时做出的。即城市居民同时考虑食物消费的地点和各类食物消费的数量，如图 4.2 所示。事实上，在家、在外消费的同一食物可以被看作两种不同的食物。例如，在家消费的肉类和在外消费的肉类被认为是两种不同的食品，二者存在替代或互补关系。

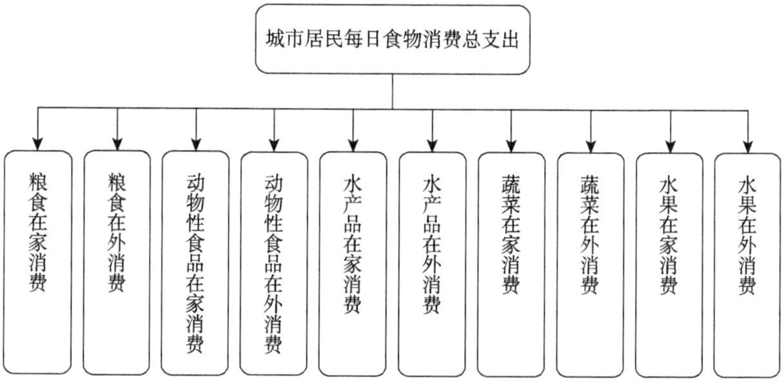

图 4.2　城市居民在家、在外食物消费的选择结构

与食物消费总支出相同，城市居民对各类食物的在家、在外消费的选择可能

受到人均可支配收入、家庭特征、家庭的时间机会成本的影响。因此，我们采用完备需求系统模型，具体的计量经济学方程如下：

$$w_{ijk}=\frac{p_{ijk}\times c_{ijk}}{E_i}f\left(Y_i;P_i;Z_i\right) \tag{4.3}$$

其中，下标 i 代表家庭，j 代表食物，k 代表在家（在外）消费。因变量 w_{ijk} 代表家庭 i 在家（在外）消费食物 j 在食物消费总支出中的比例；p_{ijk} 代表食物 j 的在家（在外）消费价格；c_{ijk} 代表食物 j 的在家（在外）消费量；E_i 代表家庭 i 的人均每日食物消费总支出。自变量 Y_i 为家庭人均每日可支配收入；P_i 为居民对每种食物消费在家（在外）消费价格的集合；Z_i 为家庭特征变量集合，与式（4.2）中相同。

与第三章相同，式（4.2）仍然采用QUAIDS需求系统模型进行估计，其具体形式与式（3.17）相同。在获得 QUAIDS 需求系统模型的参数之后，可以计算城市居民对各类食物在家、在外需求的支出弹性 ε_{jk} 和未补偿、补偿的价格弹性矩阵。城市居民对各类食物在家、在外需求的收入弹性 $\boldsymbol{e}$ 的具体计算公式为

$$\boldsymbol{e}=\varepsilon\times\varepsilon_{jk} \tag{4.4}$$

第四节　研 究 结 果

一、城市居民在外食物消费支出的决定因素分析

本节主要报告城市居民在外食物消费决定因素的回归结果。虽然前文描述性统计分析可以分析城市居民在外食物消费如何随着可支配收入的变化而演变，但是统计分析无法控制家庭特征、地区差异等因素的影响，因此还需要计量经济方法定量分析城市居民在外食物消费的决定因素。由于食物总消费不存在零消费问题，因此利用普通最小二乘法可以有效地估计式（4.1）。表 4.5 报告了城市居民人均每日在外食物消费的回归结果。

表 4.5　城市居民人均每日在外食物消费的回归结果

解释变量		人均每日在外食物消费的对数
收入变量	人均每日可支配收入的对数	0.151^{***}
		（0.035）
	人均每日可支配收入的倒数	-2.718^{**}
		（1.290）

续表

解释变量		人均每日在外食物消费的对数
家庭特征变量	家庭人数	−0.075***
		（0.011）
	男性家庭成员所占比例	0.092**
		（0.046）
	16~35岁家庭成员所占比例	−0.036
		（0.062）
	36~50岁家庭成员所占比例	−0.020
		（0.061）
	50岁以上家庭成员所占比例	−0.256***
		（0.063）
	妻子是否有工作（1=是，0=否）	0.013
		（0.018）
	妻子是否具有高中以上学历（1=是，0=否）	0.061***
		（0.018）
城市虚拟变量		—
常数项		1.892***
		（0.293）
R^2		0.302

***表示 $p<0.01$，**表示 $p<0.05$

注：括号中为稳健标准误的估计值；样本量为 2 281

从整体看，表 4.5 显示的边际影响系数符号与前面描述性统计分析结果（表 4.3）及理论预期基本保持一致。人均每日可支配收入的对数的系数为 0.151，而且显著为正；人均每日可支配收入的倒数的系数则显著为负（−2.718）。这意味着当其他因素保持不变时，人均可支配收入对人均食物消费支出的边际影响是人均可支配收入和人均食物消费支出的非线性函数：

$$\frac{\partial E}{\partial Y}=\frac{E}{Y}\left(0.151-\frac{-2.718}{Y}\right) \tag{4.5}$$

因此，在平均值上（人均每日可支配收入平均值为 60.6 元，人均每日食物支出平均值为 15.3 元），可以计算人均每日可支配收入对人均每日食物消费支出的边际影响为 0.05，即当每日人均可支配收入增加 1 元时，人均食物支出将增加 0.05 元。由于食物支出弹性通常都小于 1，随着收入增加，E/Y 将会下降，故随着收入增加，该边际影响将会呈现下降趋势。

除了边际影响外，还可以计算人均每日食物消费支出对人均每日可支配收入

的弹性。其公式为

$$\frac{\mathrm{d}E}{\mathrm{d}Y} \times \frac{Y}{E} = 0.151 - \frac{-2.718}{Y} \tag{4.6}$$

从式（4.6）可以看到，人均每日食物消费支出对人均每日可支配收入的弹性是人均每日可支配收入的负函数，当可支配收入增加时，食物支出的收入弹性将会下降。将人均每日可支配收入和食物支出的样本平均值以及样本五等分组的均值代入式（4.6）可以获得样本住户及样本五等分组的收入弹性（表 4.6）。

表 4.6　不同收入水平的家庭食物支出的收入弹性的估计值

家庭收入分组	食物支出收入弹性的估计值
所有样本	0.20
<20%	0.26
20%~40%	0.22
40%~60%	0.20
60%~80%	0.19
≥80%	0.18

资料来源：作者计算

从整体来看，家庭食物消费支出的收入弹性平均值为 0.20。我们的估计值与现有研究比较一致，刘华和钟甫宁（2009）估计在 2000 年以后食物支出弹性已经小于 0.25。与第三章相比，本章对食物支出的收入弹性的估计要低于上一章的估计（0.37）（表 4.1）。这可能主要是两方面原因导致的：一方面，第三章使用的是 2005 年的城镇居民住户调查数据，本章使用的是 2007~2012 年调查的数据；另一方面，第三章使用的国家统计局城镇住户调查除了涵盖了大中城市外，还包括了中小城镇，而本章的调查则包含了 11 个城市，大部分都是省会城市，其可支配收入的平均值高于同期全国城镇居民的平均值。因此，可以预期本章对食物消费支出的收入弹性的估计要低于第三章。

另外，从表 4.6 中可以观察到，家庭食物支出的收入弹性随着收入增加而下降。对于收入最低 20%的家庭，食物支出的收入弹性为 0.26；而收入最高 20%的家庭的该弹性为 0.18。当一个家庭的可支配收入从最低 20%增长到最高 20%时，家庭人均食物支出的收入弹性下降大约 30.8%。由此，可以判断随着可支配收入的进一步增加，城镇居民食物消费支出的收入弹性还将进一步下降。这对于预测未来城镇居民食物需求有非常重要的意义。

除了收入外，家庭特征也是家庭食物支出的重要决定因素。与现有研究一致，表 4.5 中，家庭人数的系数估计值显著为负（−0.075），即家庭人数越多，其人均食物支出越少。男性家庭成员所占比例的系数显著为正（0.092），与我们的预期也保持一致。与 Liu M 等（2013）的研究结论一致，50 岁以上家庭成员所占比例具有显著为负的系数（−0.256），表明人口老龄化将对家庭食物消费产生停滞作用。妻子具有高中以上学历对人均食物消费支出具有显著为正的影响（0.061），也与 Bai 等（2012）的研究结论一致。

二、不同食物在外消费的决定因素分析

与第三章的研究相同，使用二次型近乎完美的需求系统模型 QUAIDS 构建城镇居民食物需求系统模型，并且利用非线性的似不相关估计方法估计 QUAIDS 需求模型系统。在获得 QUAIDS 模型的参数之后，可以计算家庭对不同食物需求的支出弹性。将 QUAIDS 模型估计的各类食物需求的支出弹性分别与前文估计的食物支出收入弹性的平均值（0.20）相乘，即可获得各类食物需求的收入弹性（表 4.7）。

表 4.7　城镇居民对各类食物在家与在外消费的支出弹性和收入弹性的估计值

食物消费	粮食		肉蛋奶		水产品		蔬菜		水果	
	在家	在外	在家	在外	在家	在外	在家	在外	在家	在外
支出份额	0.14	0.05	0.32	0.13	0.07	0.02	0.13	0.04	0.10	0.01
支出弹性	−0.02	1.22	0.93	2.78	1.92	3.88	0.31	2.15	2.03	5.15
收入弹性	−0.00*	0.24	0.18	0.54	0.38	0.76	0.06	0.42	0.40	1.01

*粮食在家消费的收入弹性为−0.005

首先，从表 4.7 中，可以看到对所有种类食物在外消费的支出弹性和收入弹性都远高于在家消费。由于在外饮食的消费价格较高，当收入较低时候，家庭首先会增加在家食物的消费，当收入达到一定水平之后，在家食物消费将会逐渐停滞，同时在外食物消费将会快速增加。相对于在家食物消费，在外食物消费表现出更多“高档品”的特性。现有大部分研究也认为，随着城镇居民收入的提高，城镇居民在家食物消费增长已经放缓，同时在外食物消费仍然保持较快的增长速度。这就意味着在家食物消费的收入弹性通常都远远小于在外消费。因此，随着收入的增加，在外食物消费的比例将会进一步提高。例如，肉蛋奶在家消费的收入弹性为 0.18，而在外消费的需求弹性为 0.54，因此当收入提高 1%时，在家消费的肉蛋类将只增加 0.18%，而在外消费的肉蛋奶将会提高 0.54%。

其次，与我们的预期一致，各类食物在家消费的收入弹性都比较小。特别是粮食和蔬菜在家需求的收入弹性都非常小，甚至粮食在家需求的收入弹性都已经为负（−0.005）。这意味着，在家消费的粮食已经从正常品变为了劣等品，当人

均可支配收入增加时，城市居民粮食在家消费将会下降。肉蛋奶、水产品和水果在家消费的收入弹性分别为 0.18、0.38 和 0.40，这些弹性的估计小于一些研究的估计。例如，Gould 和 Villarreal（2006）利用 2001 年住户调查数据估计水产品需求的收入弹性为 1.4。水果在家需求的收入弹性的估计大多在 0.6 和 1.4 之间。这些研究主要使用国家统计局的住户调查数据。如前文所述，与其他研究相比，本章采用更新的调查数据，而且主要关注较大的城市，因此在家食物需求的收入弹性可能小于其他研究。

最后，各类食物在外消费的收入弹性都较大。通常，当收入达到一定水平之后，在外食物消费将会由奢侈品转变为必需品。水果在外消费在所有食物中具有最大的收入弹性（1.01），这意味着在外消费的水果对于城市居民还是奢侈品。水产品在外消费的收入弹性也达到了 0.76。当城镇居民人均可支配收入增长时，水果和水产品在外消费将会快速增长。而肉蛋奶在外消费的收入弹性估计为 0.54，低于 Ma 等（2004）对肉类在外消费的收入弹性的估计（0.978 8），这与当前肉蛋奶在外消费的预算份额已经较大的事实一致（0.13）。粮食和蔬菜在外消费的收入弹性相对较低，也与我们的预期保持一致。

除了各类食物在家与在外消费的支出弹性和收入弹性外，在估计 QUAIDS 需求系统之后，还可以获得各类食物在家与在外消费的未补偿价格弹性和补偿的价格弹性矩阵（表 4.8）。

表 4.8　城市居民对各类食物在家与在外消费的未补偿和补偿价格弹性矩阵

食物			粮食		肉蛋奶		水产品		蔬菜		水果	
			在家	在外	在家	在外	在家	在外	在家	在外	在家	在外
未补偿价格弹性矩阵	粮食	在家	−0.19	−0.01	−0.06	0.09	−0.03	0.02	−0.18	0.05	−0.02	0.01
		在外	−0.14	−0.23	−0.09	−0.74	0.01	0.09	−0.07	−0.04	0.08	−0.02
	肉蛋奶	在家	−0.11	0.00	−0.68	−0.03	−0.01	−0.02	−0.06	−0.01	−0.02	0.00
		在外	−0.10	−0.35	−0.33	−0.44	−0.13	−0.02	−0.14	−0.12	−0.08	−0.04
	水产品	在家	−0.19	0.00	−0.12	−0.17	−0.52	0.00	−0.15	0.03	−0.06	−0.01
		在外	−0.06	0.20	−0.57	−0.10	−0.06	−0.78	0.05	−0.57	−0.15	0.22
	蔬菜	在家	−0.23	0.01	−0.01	0.01	−0.03	0.04	−0.28	−0.01	−0.04	0.01
		在外	0.03	−0.08	−0.22	−0.37	0.05	−0.31	−0.14	−0.21	−0.05	−0.07
	水果	在家	−0.16	0.04	−0.15	−0.04	−0.05	−0.02	−0.14	−0.02	−0.74	0.01
		在外	0.12	−0.24	−0.51	−1.12	−0.19	0.91	0.13	−0.56	0.22	−0.75

续表

食物			粮食		肉蛋奶		水产品		蔬菜		水果	
			在家	在外	在家	在外	在家	在外	在家	在外	在家	在外
补偿价格弹性矩阵	粮食	在家	−0.14	0.01	0.04	0.13	−0.01	0.03	−0.14	0.06	0.01	0.01
		在外	0.02	−0.17	0.28	−0.59	0.08	0.12	0.08	0.00	0.19	−0.01
	肉蛋奶	在家	0.02	0.05	−0.38	0.09	0.05	0.00	0.06	0.03	0.08	0.00
		在外	0.14	−0.25	0.23	−0.22	−0.01	0.02	0.08	−0.06	0.09	−0.03
	水产品	在家	−0.02	0.07	0.25	−0.01	−0.44	0.02	0.00	0.08	0.06	0.00
		在外	0.19	0.30	0.01	0.13	0.06	−0.74	0.29	−0.50	0.02	0.23
	蔬菜	在家	−0.15	0.04	0.16	0.08	0.00	0.05	−0.21	0.01	0.01	0.01
		在外	0.23	0.00	0.22	−0.20	0.14	−0.28	0.03	−0.16	0.08	−0.07
	水果	在家	0.02	0.10	0.25	0.12	0.04	0.01	0.02	0.03	−0.61	0.02
		在外	0.40	−0.13	0.13	−0.87	−0.06	0.95	0.39	−0.49	0.41	−0.74

对价格弹性的估计结果证实了我们的预期，也与需求理论保持一致。需求理论认为各类食物需求的自身价格弹性的符号应为负，而且其绝对值应当小于 1。我们对未补偿和补偿价格弹性的估计结果也证实了城市居民对各类食物需求的自身价格弹性为负。例如，对于粮食，其在外消费的未补偿价格弹性为−0.23，而补偿的价格弹性为−0.17。

各类食物消费的补偿价格弹性反映了不同食物之间的替代性与互补性。利用 Slutsky 方程分离价格变化的收入效应和替代效应之后，补偿的价格弹性反映了不同食物之间的替代性与互补性。当两类食物之间补偿价格弹性为正，意味着这两类商品为替代品；反之，两类商品为互补品。从表 4.8 发现，同一类食物的在家消费和在外消费之间存在替代关系。例如，对于肉蛋奶，其在家消费和在外消费的补偿的交叉价格弹性为 0.09 和 0.23。城市居民对肉蛋奶的在家、在外消费存在替代性关系，当肉蛋奶在家消费价格上升 1%时，肉蛋奶在外消费增加 0.09%；同理，当肉蛋奶在外消费价格上升 1%时，肉蛋奶在家消费增加 0.23%。由于自身价格弹性为负，这意味着，当城市居民在外消费更多肉蛋奶时，将减少这些食品的在家消费。这与我们的预期一致，通常当居民在外消费很多肉类时，在家往往会少吃一些肉，以实现更加平衡的膳食结构。除了同一类食物的在家消费和在外消费之外，其他食物的消费之间也存在互补性与替代性。

三、城镇居民食物消费的收入弹性变化的模拟

在使用 QUAIDS 需求系统模型估计城市家庭不同种类食物消费的支出弹性后，利用式（4.5）估计不同收入水平家庭的食物支出收入弹性，可以获得不同收入水平的城市家庭不同种类食物在家、在外消费的收入弹性。图 4.3 和图 4.4 分别为城市居民在家与在外食物消费的收入弹性。

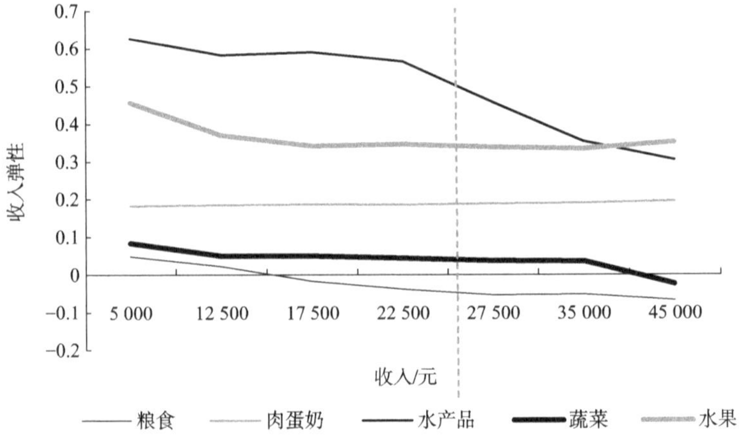

图 4.3　城市居民在家食物消费收入弹性的变化趋势
灰色竖虚线代表 2015 年城镇人均可支配收入

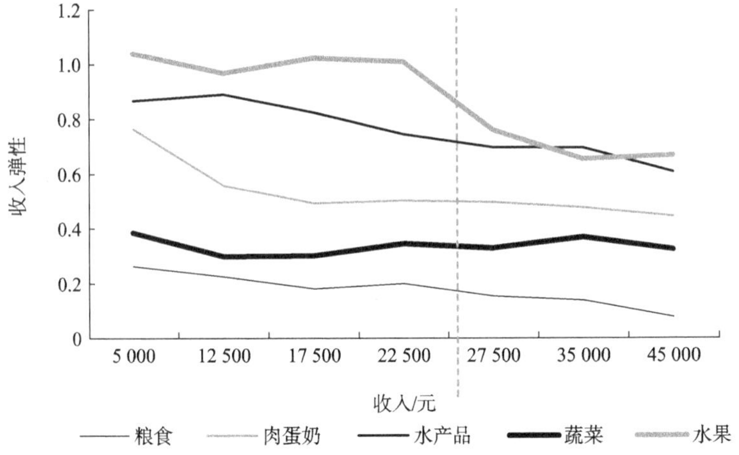

图 4.4　城市居民在外食物消费收入弹性的变化趋势
灰色竖虚线代表 2015 年城镇人均可支配收入

与收入弹性的平均值相同，城市居民各类食物在外消费的收入弹性都高于在

家消费；而且随着收入的增加，二者都逐渐下降。值得注意的是，虽然各类在外消费的收入弹性随人均收入增加而逐渐减少，但在外消费的收入弹性仍然远高于在家消费。例如，水果和水产品在外消费的收入弹性即使有些下降，对于人均收入超过 40 000 元（以 2010 年不变价格计算，下同）的家庭，仍然超过了 0.6；而这两类食物在家消费的收入弹性只有在人均小于 10 000 元时，才接近 0.6。我们的结果显示，未来虽然在外食物消费的增长速度会有所放缓，但是将快速增长，特别是水果、水产品和肉蛋奶。

不同食物消费的收入弹性随收入增加的变化趋势差异较大。当人均收入超过 15 000 元时，粮食在家消费的收入弹性由正变为负；在外粮食消费的收入弹性也逐渐下降，当人均收入预期 45 000 元之后，将会下降到 0.1 以下。肉蛋奶和蔬菜在家、在外消费的需求弹性也都随着人均收入的增加而缓慢下降，但是总体表现相对稳定。水果和水产品在家与在外需求的收入弹性则表现出快速的下降趋势，水产品在家消费的收入弹性从 0.6 左右下降到 0.3 左右；两类食物在外消费的收入弹性都表现出了快速下降，当人均可支配收入超过 35 000 元，二者将下降到 0.7 以下。

我们还可以判断目前城市居民对不同食物消费的收入弹性。图 4.3 和图 4.4 中灰色竖虚线代表 2015 年的城镇人均可支配收入（31 195 元，按照 2010 年不变价格计算为 26 314 元）。可以看到 2015 年，城市居民粮食在家消费的收入弹性已经变为负，在外消费的收入弹性大约为 0.2。蔬菜在家消费的收入弹性也已经接近于 0，在外消费的收入弹性仍保持在 0.3 以上。肉蛋奶需求的在家和在外需求收入弹性分别在 0.2 和 0.5 左右。水产品和水果消费的收入弹性都比较高，其中水产品在家消费收入弹性仍然接近 0.5，而二者在外消费的收入弹性均超过 0.7。

基于对各类食物在家、在外消费收入弹性的模拟结果，我们可以对未来城市居民食物消费结构的变动方向进行简单推测：①粮食在家消费将会逐渐减少，而在外消费会轻微增加；②蔬菜和畜禽产品在家消费将会缓慢增加，其在外消费将快速增加；③水果和水产品的在家与在外消费都会快速增长。

第五节　主要结论和政策建议

本章基于 11 个城市居民食物消费调查数据，重点分析了城市居民食物消费支出以及主要食物在家与在外消费的决定因素。我们试图回答随着人均可支配收入的增加，城市居民食物消费支出将会发生怎样的变化；在家与在外食物消费的变化趋势又是怎样的。我们通过实证分析主要得出如下结论。

第一，从总体上看，城市居民主要食物的在外消费要明显少于在家消费，但是随着人均可支配收入的增加，二者的差距将逐渐变小。

第二，在外食物消费是当前城市居民食物消费增长的主要动力。我们的分析表明城市居民各类食物在外消费的收入弹性远远高于在家消费的收入弹性。这意味着，随着人均可支配收入的提高，各类食物的在外消费还将快速增长，从而使得食物在外消费的比例将进一步提高。由于在家食物消费的收入弹性已经相对较小，城市居民在家食物消费增长较慢，未来城市居民食物消费的增长主要由在外食物消费所驱动。

第三，随着人均可支配收入的增长，城市居民食物消费支出和主要食物在家与在外消费的收入弹性都将会逐渐降低。该结果表明，食物的在家与在外消费，随着收入的增加，还保持一定的增长，但其增长趋势将会逐渐放缓。特别是粮食在家消费将随着人均可支配收入的增加而逐渐降低。

第四，同一类食物的在家与在外消费之间存在着替代关系。当城市居民对某一类食物的在外需求增加时，对该类食物的在家需求将会下降。在研究居民在外食物消费时，需要考虑在家与在外食物消费的替代关系。

由此我们提出两点建议。

其一，预测中国食物需求，应当充分考虑在外食物消费。由于在外饮食已经在食物消费中占有较大比例，而且根据我们的研究结果，对各类食物在外消费的收入弹性都要高于在家消费。由于国家统计局的数据并不包含在外饮食的数据，因此使用该数据可能会导致低估食物需求的收入弹性。

其二，城市居民在外与在家食物消费的显著差异对餐饮业的未来发展提供了重要参考。本章的研究表明城市居民各类食物在外消费的收入弹性显著大于在家消费。这意味着，未来随着人均收入进一步增长，城市居民在外食物消费的增长快于在家食物消费，特别是水果、水产品的增长速度最快。提供水果、水产品、肉蛋奶类产品在外消费的多样化选择、舒适环境和附加服务，将成为城市餐饮业未来发展的重要方向。

第五章　异质性收入与支出冲击对农村居民食物消费的影响

第一节　研究背景

突发事件不仅影响了居民的收入，而且还影响到了居民的食物消费行为，在食物消费的研究中引起了广泛的关注。传统的研究主要关注居民食物消费的长期决定因素，如收入、价格、家庭特征等，只研究正常情况下的食物消费。但即使整体上的食物安全能够得到较好的保障，也无法保证在发生灾害、疾病、死亡等突发事件下家庭的食物安全。从 FAO 对食物安全的定义出发，家庭短期内获得稳定的食物消费也是食物安全的一个重要方面。特别是发展中国家和贫困人口，由于缺乏足够的家庭财富和社会保障网络，突发事件对于这些家庭的威胁更加明显，进而会给社会福利造成重大损失。

关于食物消费的已有研究，涉及的突发事件主要包括两个类型：一是异质性冲击，二是共质性冲击。异质性冲击是指那些只影响发生冲击家庭的冲击，如家庭主要劳动力的生病、死亡，这类冲击只会给家庭本身带来不利影响，威胁到其家庭食物消费，并不会影响到同一社区或村庄的其他家庭。关于异质性冲击，已有的研究主要关注家庭主要劳动力的死亡、大病、伤残等，家庭成员的疾病和死亡，以及家庭成员的失业和破产等。与异质性冲击不同，共质性冲击不仅会影响某一个家庭，而且还会影响到一个社区、村庄的大部分家庭，甚至是某个地区的全部家庭。从发生概率上讲，遭遇这类短期冲击的可能性要小于异质性冲击。但是这类短期冲击在发生之后，其对食物消费的威胁程度往往较大，因此这类短期冲击在现有研究中也得到了较多的关注，目前主要关注地震、干旱、洪灾、飓风等自然灾害，以及战争、政治动乱等社会事件对食物消费的影响。

在现有研究中，异质性收入或支出冲击对家庭食物消费行为的影响已经吸引了比较多的关注。这些不利冲击不仅降低了家庭的收入水平，而且也威胁到了他们的食物消费，特别是发展中国家的低收入家庭将会受到更大的影响。消费风险会带来社会福利损失，提高人们能抵消这种风险的能力，将会带来社会福利的改进。在分析异质性收入或支出冲击对食物消费的影响时，现有的文献主要关注于食物消费的总支出。现有研究已经发现，当家庭遭遇家庭成员的疾病、死亡或者失业时，他们的家庭食物支出可能会显著降低。Asfaw 和 von Braun（2004）关于印度一项重大疾病的研究发现，家庭成员患重大疾病之后，其家庭食物消费会显著下降。Bentolila 和 Ichino（2008）发现主要劳动力失业会减少其家庭的食物消费，有的研究甚至发现哪怕只是存在失业风险，也会显著减少家庭的食物消费。

异质性冲击对食物消费的影响极大地取决于家庭的财富水平。更富有的家庭在面对收入支出冲击时，具备更多手段保障其食物消费，从而更有效地保障他们的食物消费。与之相比，贫困家庭在遭遇异质性冲击之后，由于缺乏足够的财富和社会资本，其食物消费下降更多，而且持续时间更长，对他们福利的影响也更大。因此，在研究异质性冲击对食物消费的影响时应该特别关注低收入家庭，如果没有将低收入家庭和高收入家庭区分开，可能会误判异质性冲击的影响。

尽管很多研究分析了家庭在遭遇异质性冲击之后采取的适应措施，但是现有研究在家庭能否平滑其食物消费方面仍然存在着较大分歧。Bentolila 和 Ichino（2008）比较了意大利、西班牙、英国、美国失业保险的效果，他们发现家庭可以通过从亲友借贷或者失业保险获得收入，从而完全平滑其消费；两种方式存在着替代关系。Islam 和 Maitra（2012）发现如果家庭能从金融市场上获得小额信贷，将会有效抵消短期冲击对食物消费的影响。还有研究发现家庭可以通过出售生产性资产，如出售牛、土地，获得资金以保障其家庭食物消费。但是有些研究也认为收入遭受巨大冲击之后，消费不能被完全平滑。Stephens（2001）认为尽管存着某些平滑机制，但是失业仍然会在长期中降低家庭的食物消费。Gertler 和 Gruber（2002）的研究也发现，家庭自身的适应措施只能部分抵消重大疾病对消费的影响，因此他们认为需要政府提供医疗保险或者补贴帮助家庭恢复其食物消费。家庭能否平滑其食物消费有重要的政策含义，关乎政府是否需要及如何制定相关政策，帮助遭遇不利冲击的家庭。如果家庭无法依靠自身的适应措施抵消短期冲击的影响，则需要政府或其他社会组织为家庭提供救济，否则将会造成社会福利的重大损失。

与异质性冲击类似，共质性冲击的发生也会威胁到家庭的食物消费。目前对共质性冲击的研究主要集中在地震、干旱、洪灾、飓风等自然灾害。这些灾害影响居民消费主要通过影响粮食生产、粮食调运、粮食供应、市场波动、消费心理等五条途径冲击家庭粮食安全。Sawada 和 Shimizutani（2008）利用微观调查数据，描述了1995年阪神大地震对居民消费的影响，结果显示地震前面临流动性约束的家庭消费水平下降明显，而不存在流动性约束的家庭可以通过借贷来平滑消费。由此他们认为，在发生重大灾害时，政府对灾民进行直接救助，有利于避免消费水平的显著下降。van den Berg 和 Burger（2008）以 1998 年飓风米奇侵袭尼加拉瓜的事件为背景，研究了农户消费行为。结果显示，所有农户都会因为生产性资产的损失而减少消费，但是只有较贫困的农户会因为暂时性收入下降而减少消费。Porter（2012）在埃塞俄比亚的一项研究发现，短期的干旱并不会造成农村居民食物消费的下降，只有超过 5 年的长期旱灾才会显著地降低居民的食物消费。关于共质性冲击对食物消费的影响，目前国内研究较少。汶川大地震造成农户收入的显著下降和财富的严重损失，但由于外出务工和政府发放的生活补贴起到了对收入下降的弥补作用，农户的消费水平在震后保持稳定。

本章研究的主要目标是，基于在中国广东省的农户调查数据，分析异质性收入或支出冲击对家庭食物支出和主要食物消费的影响，以及冲击发生后家庭平滑其食物消费的能力。需要强调的是，本章对异质性收入或支出冲击采用了一个较为严格的定义，即在 2013 年 12 月到 2014 年 12 月之间，家庭收入或者支出增加一倍以上，或者收入下降一半以上的冲击。接下来，第二节介绍本章所用数据和抽样方法；第三节介绍本章使用的研究方法；第四节介绍异质性收入或支出冲击对家庭食物支出和各类食物消费影响的估计结果；第五节介绍本章的主要结论和政策建议。

第二节　研 究 数 据

本章使用的数据来自北京大学中国农业政策研究中心于 2014 年 12 月在广东省组织的农村住户调查。在2014年，广东省农村人均纯收入为12 224元，比全国平均水平高 17%。在广东省随机选取 6 个县，在每个县里随机选取 3 个乡镇，在每个乡镇中随机选择 3 个村。最终，本次调查选取了 54 个村庄。

在每个村庄内，我们按照以下两步选择农户。第一，我们将本村所有家庭分成两组：在过去12个月中发生较大收入支出冲击的家庭和没有发生冲击的家庭。如前所述，在 2013 年 12 月到 2014 年 12 月之间，将家庭收入或者支出增加一倍以上，或者收入下降一半以上，定义为较大的异质性收入或支出冲击。第二，我们按照下列方式，每个村内选取了 10 个农户：①假如在过去一年中，村里发生较大冲击的家庭超过 7 户，从中随机选取 7 个农户，另外从没有发生冲击的农户中随机选取 3 户作为对照组；②假如过去一年中，村内发生较大冲击的家庭只有 7 户或少于 7 户，选择所有这些受到冲击的农户（假如有 N 户），从没有发生冲击的农户中随机选择 10−N 户作为对照组。与之前的大部分研究相比，我们采用了更加严格的标准以识别较大的冲击，这将有助于识别异质性冲击的影响和家庭保障其食物消费的能力。最终，我们抽取了 540 个农户。

对于每个家庭，本调查收集了以下详细数据。包括每个收入或支出冲击的类型和发生时间、家庭特征和每天的食物消费。除了基本信息外，家庭特征还包括收入、超过 500 元的所有耐用消费品、过去一年的农业生产类型。关于每日食物消费，我们记录了家庭在过去三天内每日每餐在家和外出消费的所有食品种类、重量和花费。

最后，在检查和清理了调查数据之后，我们剔除了 14 个家庭，其或是不符合我们对较大收入支出冲击的定义，或是没有完整的过去三天的食物消费数据。最终，我们的样本包括了 526 个农村住户，2 652 个家庭成员，其中 265 户发生了较大的收入支出冲击，261 户没有发生任何冲击。

我们将发生较大收入支出冲击的家庭分成四组（表 5.1）。第一组是由于新的就业或现有经济活动中收入增加一倍以上的家庭。这些家庭被认为发生了正异质性冲击，占到发生冲击家庭的 13.2%。从平均来看，他们的月人均收入在 2014 年 12 月比发生冲击之前增加了 173%。其他三组都属于发生负异质性冲击的家庭，数量最多的类型是由生病或其他生活负担导致生活支出超过一倍。这部分家庭超过了样本中发生了较大冲击的家庭一半以上（54.7%）。而收入下降一半以上的家庭，其收入平均下降 63%~64%；由于所受冲击的性质不同，将这些家庭分成两组：①生产经营活动或生意失败导致的收入下降；②家庭主要劳动力死亡或丧失劳动能力导致的收入下降。后者仅占遭遇重大冲击家庭的 4.5%，见表 5.1。

表 5.1　样本数和 2014 年 12 月人均收入相对于异质性冲击发生前月收入的变化率

样本情况	样本数	在冲击发生后人均月收入发生的变化
发生较大异质性收入或支出冲击的家庭	265	−13%
收入增加一倍以上	35	173%
支出增加一倍以上	145	−21%
收入下降一半以上（Ⅰ）	73	−63%
收入下降一半以上（Ⅱ）	12	−64%
没有发生异质性冲击的家庭	261	—

注：—表示没有发生异质性冲击的家庭不存在冲击发生后月收入的变化

资料来源：作者调查，2014 年

第三节　研究方法

为了估计较大收入支出冲击对家庭食物支出的影响，以及家庭平滑和恢复其食物消费的能力，我们使用了一个多方程分析框架。首先，识别了一个计量方程来估计较大的收入支出冲击对食物消费总支出的影响，而后使用同样的模型检验收入支出冲击对食物在家消费支出和在外消费支出的影响是否有所差异。其次，使用相似的模型分别估计每一种主要食物消费的决定因素，包括粮食、动物性食品、蔬菜水果和其他食物。所有食物支出和消费都按照每日人均消费进行度量。

对于每日人均食物消费总支出，与之前的很多研究类似，确定下面的计量模型：

$$\begin{aligned}\ln E_i = a_0 + a_1 \ln Y_i + \sum_k \left(a_{2k} S_{ik}\right) + a_3 P_i D_{Mi} + a_4 P_i D_{Hi} + a_5 N_i D_{Mi} \\ + a_6 N_i D_{Hi} + a_7 P_i M_i + a_8 N_i M_i + \sum_s \left(a_{9s} Z_{is}\right) + \mu_i\end{aligned} \quad (5.1)$$

其中，下标 i 代表家庭，k 代表异质性短期冲击，s 代表家庭特征。$\ln E_i$ 代表 2014 年 12 月家庭 i 的每日人均食物消费支出的对数。$\ln Y_i$ 为 2014 年 12 月的家庭人均月收入。S_{ik} 为一组变量，代表家庭 i 是否发生类型 k 的较大收入支出冲击，包含四个虚拟变量（k=1，2，3，4）分别代表四种类型的冲击。Z 为一系列家庭特征变量和区域虚拟变量（县虚拟变量）的集合。其中，家庭特征变量包括调查时在家居住的人数、男性家庭成员所占比例、16 岁以下家庭成员所占比例、16~35 岁家庭成员所占比例、36~50 岁家庭成员所占比例、50 岁以上家庭成员所占比例，以及家庭是否生产粮食、家庭是否生产动物性食品、家庭是否生产蔬菜水果。a 为需要估计的系数。最后，扰动项 u_i 需要满足 E（u_i）=0。

为了评估正异质性冲击（P）和负异质性冲击（N）对食物支出的影响在不同收入水平的农户中是否有所差异，将样本中农户按照贫富水平分成 3 组。首先将所有农户按照他们的人均家庭财产价值（房产价值+耐用消费品价值）由低到高排序，然后将所有样本均匀分成 3 组：低收入家庭、中等收入家庭和高收入家庭。假如发生每一类型冲击的家庭都根据其财富水平分为 3 组（4 冲击×3 组），某些组只有很少的样本，如对于由主要劳动力死亡或丧失劳动力导致收入下降一半的家庭，按财富水平分成 3 组之后，低收入和中等收入水平家庭都只有 3 个样本。因此，对于按照收入组进行分析，只按照异质性冲击的性质分析食物支出和较大收入支出冲击。P 是一个虚拟变量，假如家庭发生了一个较大的正异质性冲击时，P 将等于 1，否则 P 都等于 0。与 P 类似，N 为代表家庭发生较大的负异质性冲击的虚拟变量。然后将 4 个交叉项纳入方程中：由两个代表冲击性质的虚拟变量（P 和 N）和其他两个代表中等收入（D_M）和高等收入（D_H）家庭的虚拟变量两两相互交叉。M 代表较大异质性冲击的月数。为了考察在较大冲击发生之后，农村家庭是否恢复其食物消费，同时检验正负异质性冲击之间是否有所差异，分别将 P 和 N 与 M 的交叉项放入方程中。

为了检验较大的收入支出冲击对在家食物支出和在外食物支出的影响是否不同，我们使用了与式（5.1）相同的控制变量，但是因变量则换成了在外食物消费支出占食物消费总支出的比例。因为因变量是以比例度量的，我们直接将其放入回归方程中，而不是采用对数的形式。

最后，使用式（5.2）估计较大的收入支出冲击对每一种主要食品消费的影响（粮食、动物性食品、蔬菜水果和其他食物）。模型的形式与式（5.1）类似，除了因变量不同以外，还新增了一组虚拟变量作为控制变量：

$$
\begin{aligned}
C_{ij} &= b_0 + b_1 \ln Y_i + \sum_k \left(b_{2k} S_{ik}\right) + b_3 P_i D_{Mi} + b_4 P_i D_{Hi} + b_5 N_i D_{Mi} \\
&\quad + b_6 N_i D_{Hi} + b_7 P_i M_i + b_8 N_i M_i + \sum_s \left(b_{9s} Z_{is}\right) + b_{10} D_{ij} + u_i
\end{aligned}
\tag{5.2}
$$

其中，下标 j 代表食物，包括粮食、动物性食品、蔬菜水果和其他食物。C_{ij} 为第 i 个家庭对第 j 个食品的每日人均消费量；D_{ij} 为包括在第 j 个方程中一个二值虚拟变量，代表家庭 i 是否在过去一年中生产食品 j。

将回归中所用变量的基本统计描述概括在表 5.2 中。所有模型都是用最小二乘回归方法进行估计。

表 5.2　回归中使用变量的统计描述

变量	统计情况	均值	标准差
因变量	人均每日食物消费总支出/元	12.03	4.71
	在外食物消费支出在食物消费总支出中的比例	0.06	0.13
	人均每日粮食消费量/千克	0.44	0.13
	人均每日动物性食品消费量/千克	0.26	0.13
	人均每日蔬菜和水果消费量/千克	0.43	0.17
	人均每日其他食物消费支出/元	0.83	1.15
自变量	人均月可支配收入/元	836.18	633.78
	是否收入增加超过一倍（正冲击）（是=1，否=0）	0.07	0.25
	是否发生负冲击（是=1，否=0）	0.44	0.50
	是否支出增加一倍以上（是=1，否=0）	0.28	0.45

续表

变量	统计情况	均值	标准差
自变量	是否收入下降一半以上（Ⅰ）（是=1，否=0）	0.14	0.35
	是否收入下降一半以上（Ⅱ）（是=1，否=0）	0.02	0.15
	发生异质性冲击的月数	3.33	3.95
家庭特征变量	在家居住的人数	3.71	1.97
	男性家庭成员所占比例	0.49	0.16
	16岁以下家庭成员所占比例	0.17	0.19
	16~35岁家庭成员所占比例	0.28	0.21
	36~50岁家庭成员所占比例	0.24	0.26
	50岁以上家庭成员所占比例	0.31	0.26
	家庭是否生产粮食（是=1，否=0）	0.83	0.37
	家庭是否生产动物性食品（是=1，否=0）	0.56	0.50
	家庭是否生产蔬菜水果（是=1，否=0）	0.60	0.49

资料来源：作者调查，2014 年

第四节　研 究 结 果

一、不同较大冲击与家庭人均每日食物消费的统计分析

在开始数据分析之前，一个关键问题需要阐明，没有发生较大冲击的家庭的收入是否与发生冲击的家庭在冲击发生之前的收入可比。考虑到前文论述的抽样方法，我们的数据表明两类家庭的主要特征是可比的。例如，发生冲击的 265 户农户在冲击发生前一个月的人均收入是 957 元，而没有发生冲击的 261 户农户在 2014 年 12 月的人均收入是 946 元，两者非常接近。T 检验也证明两者的差异并不显著（t=0.10）。这就表明，没有发生异质性冲击的家庭（对照组）与发生较大冲击的家庭（控制组）能够很好地进行比较。

因为食物消费包含了一系列具有不同营养功能的食品，我们把所有食品分为四个种类：热量为主的粮食（包括小麦、大米、其他谷物）、蛋白质为主的动物性食品（包括肉类、水产品、蛋类、奶产品）、维生素为主的蔬菜和水果，以及其他食物（包括酒水、饮料、食糖、食用油、豆腐、调料等）。对于前三组食

品，将报告其消费数量和支出金额，但是对于其他食物，只报告其支出金额。所有的消费数据都按照每日（三日平均）人均消费进行度量。而对于自家生产的食物，特别是几乎所有农户都生产的粮食和蔬菜，他们的隐含成本都由调查员在和农户面对面访谈中基于当地平均价格进行谨慎估计。

调查数据表明较大的负异质性冲击通常与食物支出负相关，而正异质性冲击则与食物支出正相关（表5.3）。家庭收入增加一倍以上时，其家庭食物消费总支出、在家食物支出将略高于没有发生冲击的家庭。另外，假如家庭发了任何负异质性冲击，他们的食物消费总支出、在家食物消费支出及在外食物消费支出都较大程度地低于没有发生任何冲击的家庭。

表 5.3　发生不同类型异质性冲击家庭的人均每日食物消费支出

食物支出	没有发生异质性冲击的家庭	异质性冲击的类型			
		收入增加一倍以上	支出增加一倍以上	收入下降一半以上（Ⅰ）	收入下降一半以上（Ⅱ）
食物消费总支出/元	13.3	15.0	9.7	11.0	10.0
在家食物消费支出/元	12.4	14.1	9.1	10.3	9.5
在外食物消费支出/元	1.0	0.9	0.6	0.7	0.5

资料来源：作者调查，2014 年

除了食物支出以外，一些食品对不同类型的异质性冲击表现得更加敏感。对于所有家庭来源，最大的差别表现在对动物性食品的消费上。相比于没有发生任何冲击的家庭（动物性食品人均消费 0.296 千克/日），收入增加一倍以上的家庭（正异质性冲击）将提高动物性食品人均消费（0.365 千克/日，上升 23%）。然而，假如家庭遭遇了任何类型较大的异质性冲击，他们对动物性食品的人均消费为 0.208~0.225 千克/日，比没有发生任何冲击家庭的消费要低 25%~30%。尽管没有发现发生异质性冲击和不发生异质性冲击的家庭之间对于其他三种食物的消费存在显著的差别，但是支出增加一倍以上和收入下降一半以上的家庭对于蔬菜、水果和其他食物的人均消费仍然低于没有发生任何冲击的家庭。有趣的是，不管家庭是否受到异质性冲击，粮食消费的差异都不大。这表明当农村家庭面对任何异质性冲击时，即使是一个很大的负冲击，他们也会倾向于保证其主食消费以满足其基本热量需要。

表 5.4 进一步显示，主要食品在家消费和在外消费的变化是一致的。对于在家消费的食品，主要的发现与上文类似，即相比于没有发生任何冲击的家庭，发生正异质性冲击的家庭往往消费更多的动物性食品，但是在粮食、蔬菜水果上差别并不大；而发生负异质性冲击的家庭通常都会对粮食外其他食物消费更多。粮食的在家消费在不同冲击组的家庭之间变化很小。同样的模式也可以从在外食物

消费中观察到。

表 5.4　发生不同类型异质性冲击家庭的人均每日在家和在外食物消费

分类	食物消费情况	粮食/千克	动物性食品/千克	蔬菜水果/千克	其他食物/元
食物总消费（包括在家、在外）	没有发生异质性冲击	0.445	0.296	0.436	0.97
	收入增加一倍以上	0.422	0.365	0.429	1.00
	支出增加一倍以上	0.423	0.201	0.417	0.47
	收入下降一半以上（Ⅰ）	0.454	0.225	0.457	1.00
	收入下降一半以上（Ⅱ）	0.431	0.208	0.392	0.70
在家食物消费	没有发生异质性冲击	0.433	0.285	0.427	0.90
	收入增加一倍以上	0.416	0.355	0.426	0.99
	支出增加一倍以上	0.409	0.193	0.407	0.45
	收入下降一半以上（Ⅰ）	0.443	0.218	0.451	0.92
	收入下降一半以上（Ⅱ）	0.418	0.199	0.383	0.70
在外食物消费	没有发生异质性冲击	0.011	0.011	0.009	0.08
	收入增加一倍以上	0.006	0.010	0.004	0.02
	支出增加一倍以上	0.014	0.007	0.010	0.02
	收入下降一半以上（Ⅰ）	0.011	0.007	0.006	0.07
	收入下降一半以上（Ⅱ）	0.013	0.009	0.008	0.00

资料来源：作者调查，2014 年

此外，我们也观察到人均食物消费和较大冲击距离调查时间的长短也有明显的关系。对每个家庭，我们计算了过去一年中从冲击发生到我们进行食物消费调查时（2014年12月）相距的月数。我们称这个变量为“较大冲击的月数”，该变量的取值范围介于1~11个月。将没有发生任何冲击的家庭的平均食物消费作为基准进行对比［图 5.1 中（a）、（b）图中部横线］，并且画出关于发生不同类型异质性冲击的家庭食物消费和较大冲击的月数的 LOWESS 图。从图 5.1 中，可以观察到以下几点：第一，关于食物每日人均消费支出，相比于没有发生异质性冲击的家庭，假如家庭收入增加超过一倍，其人均食物消费支出在冲击发生之时将会立即提高。随着距离冲击发生越来越远（较大冲击的月数越大），人均食物总支出将会逐渐下降，直到距离冲击发生 8 个月［图 5.1（a）的上部］。第二，相比于没有发生冲击的家庭，当家庭遭遇负异质性冲击时，其食物消费总支出将会立即下降［图 5.1（a）的下部］。然后，随着发生负异质性冲击的月数越来越大，人均食物消费总支出将会逐步恢复，接近于图中的直线（代表没有冲击家庭的人均食物消费支出）。第三，尽管没有发现不同食物消费在发生不同冲击之后随时间变化的明显趋势，但是前文讨论到的模式在动物性食品上的消费仍得以显现［图 5.1（b）］。

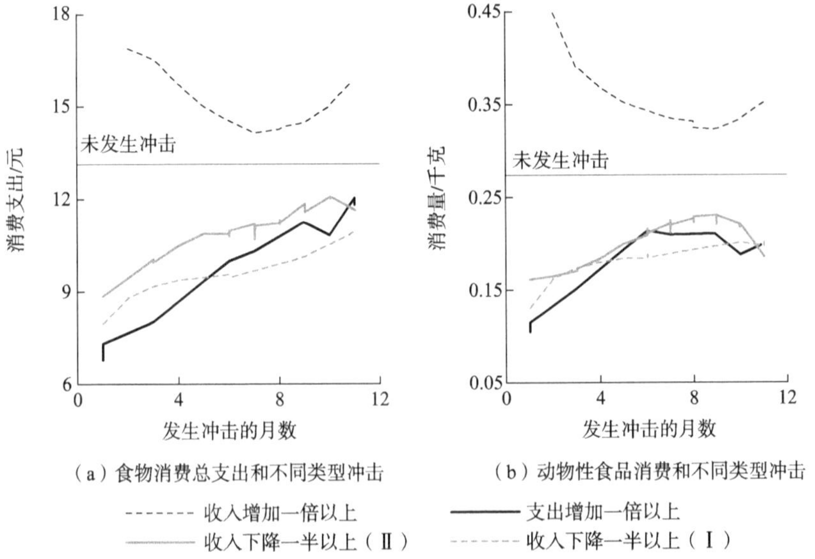

图 5.1　家庭食物消费总支出、动物性食品消费与异质性冲击发生的月数的 LOWESS 图

二、不同较大冲击对人均每日食物支出影响的估计

表 5.5 报告了不同较大冲击对家庭食物消费总支出和在外食物消费比例的影响。总体看，多方程分析的大部分结果与表 5.3 中描述性统计分析一致，然而，表 5.5 的回归结果提供了关于较大收入支出冲击如何影响食物消费支出的更加深层次的发现。这些发现包括：①识别出了收入冲击影响食物消费支出的两种影响渠道：一是传统的食物消费对于收入变化的反应，体现在收入弹性上；二是通过食物消费的短期调整，这部分影响无法通过收入变化捕捉到。②较大冲击对不同财富水平家庭的食物消费的影响。③在冲击发生之后，食物消费支出的动态变化。这些主要发现将在下文中论述。

表 5.5　不同类型异质性冲击对人均每日食物消费总支出影响的估计结果

解释变量	食物消费总支出的对数	在外食物消费支出占食物消费总支出的比例
人均月可支配收入的对数	0.182***	0.032***
	（0.018）	（0.006）
是否收入增加超过一倍（正冲击）（是=1，否=0）	0.064	−0.018
	（0.133）	（0.059）
是否支出增加一倍以上（是=1，否=0）	−0.362***	−0.024
	（0.056）	（0.017）

续表

解释变量	食物消费总支出的对数	在外食物消费支出占食物消费总支出的比例
是否收入下降一半以上（Ⅰ）（是=1，否=0）	−0.261***	−0.035
	（0.058）	（0.024）
是否收入下降一半以上（Ⅱ）（是=1，否=0）	−0.232***	−0.034
	（0.077）	（0.028）
发生正冲击×中等收入的家庭	−0.051	−0.008
	（0.076）	（0.043）
发生正冲击×高收入的家庭	0.099	0.015
	（0.079）	（0.042）
发生负冲击×中等收入的家庭	0.025	−0.014
	（0.044）	（0.016）
发生负冲击×高收入的家庭	0.176***	0.005
	（0.047）	（0.019）
发生正冲击×发生冲击的月数	−0.009	−0.001
	（0.012）	（0.007）
发生负冲击×发生冲击的月数	0.015**	0.004
	（0.006）	（0.002）
在家居住的人数	−0.028***	0.005
	（0.009）	（0.003）
男性家庭成员所占比例	0.457***	0.058**
	（0.079）	（0.027）
16~35岁家庭成员所占比例	0.159*	−0.036
	（0.090）	（0.039）
36~50岁家庭成员所占比例	0.296***	−0.026
	（0.096）	（0.042）
50岁以上家庭成员所占比例	0.112	−0.053
	（0.089）	（0.037）
县虚拟变量	—	
常数项	1.107***	−0.173***
	（0.153）	（0.056）
R^2	0.536	0.171

***表示 $p<0.01$，**表示 $p<0.05$，*表示 $p<0.1$

注：括号中为稳健标准误统计量；样本量为 526

低收入家庭和中等收入家庭若遭遇较大的负收入冲击（收入下降一半以上），他们将会减少三分之一以上的食物支出。如前所述，收入冲击的影响是通过两个渠道传递到食物消费的。首先是通过食物消费对收入变化的一般反应，表 5.5 中可以看到所估计的食物消费支出的收入弹性为 0.182。从表 5.5 中可以看到，遭遇较大的负收入冲击时，家庭的人均月收入将会平均地下降约 63.5%。作为收入变化的结果，他们的食物消费支出将会下降大约 11.6%（0.182×63.5%）。其次，对于收入下降超过一半的两类冲击（Ⅰ和Ⅱ），其估计的系数分别为−0.261 和−0.232，这意味着，在控制了收入效应后，家庭食物消费支出将会进一步分别下降 26.1%和 23.2%。把以上两种效应相加，负收入冲击Ⅱ对人均每日食物支出的影响为 34.8%（11.6%+23.2%），而负收入冲击Ⅱ的影响为 37.7%（11.6%+26.1%）。此外，发生负冲击×高收入的家庭的系数显著为正（0.176），意味着高收入家庭的食物消费支出减少的比例要比低收入家庭低 17.6%，反映了高收入家庭具有更好的能力平滑他们的食物消费。

较大的负支出冲击的影响幅度与较大负收入冲击的影响幅度相近。支出增加超过一倍的回归系数（−0.362）表明，支出冲击将会减少超过 36.2%的家庭食物支出。但是如果考虑到发生支出冲击的家庭也面临收入的小幅下降（21%），支出冲击的总影响事实上还要稍大一点。较大的收入正冲击的影响主要表现在食物消费对收入变化的一般反应上。这个结果在不同收入水平的家庭之间也非常相像，因为发生正冲击、发生正冲击×中等收入的家庭、发生正冲击×高收入的家庭的回归系数都不显著。

从表 5.5 中可以找到证据支持家庭可以逐渐平滑其食物消费支出，在遭遇较大的负异质性冲击之后，经过 24 个月能够大部分恢复其食物消费。交叉项发生负冲击 × 发生冲击的月数的回归系数显著为正（0.015），表明每过一个月，家庭食物消费支出恢复 1.5%。这意味着，在发生较大的负支出冲击或收入冲击之后，低收入和中等收入家庭在 24 个月之后能够恢复其食物支出水平（24×1.5%=36%），而对于高收入家庭，则只需要 12 个月时间就可以恢复其食物支出（12×1.5%=18%）。

除了一般的收入效应以外，关于较大异质性冲击对在家食物消费和在外食物消费的影响上并没有很大的差异。在外食物支出比例方程中，除了收入变量外，所有与冲击相关的变量都没有显著的回归系数。在外食物支出比例方程中，人均可支配收入的对数具有显著为正的回归系数（0.032），表明相比于在外食物消费支出，较大的负收入冲击将会更多地减少在外食物消费支出。另外，正收入冲击将会更大比例地提高在外食物消费支出。

最后，关于其他因变量，回归系数的符号都符合预期，而且在食物总消费支出方程中，大部分系数都显著。在家居住人口数的系数显著为负，说明食物人均消费支出与家庭规模负相关，这与之前的研究一致。男性家庭成员所占比例、

16~35 岁家庭成员所占比例、36~50 岁家庭成员所占比例都具有显著为正的回归系数，这也与我们的预期和早先的研究一致。

三、不同类型较大冲击对主要食品消费影响的估计

考虑到单个食品都存在大量零消费的家庭，因此我们分析较大冲击对主要食品消费的影响时，只考虑粮食、动物性食品、蔬菜水果和其他食物的消费。对于这些食品，我们将分析其总消费量，即将在家和在外所消费的数量相加。

从总体上看，估计的结果是合理的，且与前文的描述性分析一致。在表 5.6 中，大部分控制变量都具有显著的系数，其符号也符合预期，并且与表 5.5 中食物支出方程的回归结果一致。此外，我们还发现，家庭的食品生产结构，“家庭是否生产该类食品”对其食物消费有正向影响（表5.6）。从整体上看，对食品消费的估计结果与食物支出的估计结果非常相近，表 5.6 也发现了更多关于较大收入支出冲击对家庭不同食品消费的影响值得关注的结果。

表 5.6　不同类型异质性冲击对不同食物人均每日消费的影响估计

解释变量	粮食	动物性食品	蔬菜水果	其他食物
人均月可支配收入的对数	−0.023***	0.058***	0.008	0.054
	（0.008）	（0.006）	（0.010）	（0.059）
是否收入增加超过一倍（正冲击）（是=1，否=0）	−0.016	0.060	−0.082	0.101
	（0.069）	（0.047）	（0.063）	（0.345）
是否支出增加一倍以上（是=1，否=0）	0.006	−0.104***	−0.038	−0.274**
	（0.022）	（0.016）	（0.030）	（0.129）
是否收入下降一半以上（Ⅰ）（是=1，否=0）	0.026	−0.092***	−0.001	−0.046
	（0.026）	（0.018）	（0.034）	（0.164）
是否收入下降一半以上（Ⅱ）（是=1，否=0）	−0.016	−0.076***	−0.079	−0.149
	（0.035）	（0.027）	（0.048）	（0.235）
发生正冲击×中等收入的家庭	0.005	0.009	0.100	0.406
	（0.055）	（0.040）	（0.062）	（0.285）
发生正冲击×高收入的家庭	0.025	0.068*	0.075*	0.337
	（0.041）	（0.036）	（0.045）	（0.241）
发生负冲击×中等收入的家庭	−0.019	−0.004	−0.003	0.042
	（0.019）	（0.013）	（0.026）	（0.105）

续表

解释变量	粮食	动物性食品	蔬菜水果	其他食物
发生负冲击×高收入的家庭	−0.013	0.036**	−0.004	0.383**
	（0.020）	（0.016）	（0.032）	（0.184）
发生正冲击×发生冲击的月数	−0.004	−0.009	−0.001	−0.064
	（0.008）	（0.006）	（0.007）	（0.042）
发生负冲击×发生冲击的月数	−0.003	0.005***	0.004	−0.003
	（0.002）	（0.002）	（0.003）	（0.016）
在家居住的人数	−0.010***	−0.007**	−0.027***	−0.082***
	（0.003）	（0.003）	（0.004）	（0.024）
男性家庭成员所占比例	0.103***	0.095***	0.012	1.043***
	（0.038）	（0.032）	（0.046）	（0.325）
16~35岁家庭成员所占比例	0.094**	0.023	0.134***	0.522*
	（0.038）	（0.034）	（0.052）	（0.273）
36~50岁家庭成员所占比例	0.094**	0.082**	0.091*	0.695**
	（0.044）	（0.037）	（0.052）	（0.346）
50岁以上家庭成员所占比例	−0.001	0.020	0.040	0.225
	（0.039）	（0.032）	（0.048）	（0.309）
县虚拟变量	—			
家庭是否生产该类食品（是=1，否=0）	0.035**	0.017	0.033**	—
	（0.016）	（0.013）	（0.015）	—
常数项	0.511***	−0.147***	0.397***	0.935*
	（0.067）	（0.050）	（0.081）	（0.522）
R^2	0.119	0.426	0.211	0.362

***表示 p<0.01，**表示 p<0.05，*表示 p<0.1

注：括号中为稳健标准误统计量；样本量为 526

第一，除动物性食品外，多元回归分析结果发现任何较大收入支出冲击对粮食、蔬菜水果和其他食物消费的影响都不显著。在粮食、蔬菜水果和其他食物消费的方程中与较大冲击相关的变量，在粮食消费回归方程中只有人均可支配收入的对数，在蔬菜水果消费回归方程中有发生正冲击×高收入的家庭，在其他食物消费方程中两个变量均不具有统计显著的回归系数。

第二，较大收入支出冲击对家庭食物消费支出的影响主要来自对动物性食品消费的影响。例如，对于低收入家庭，相对于没有发生任何冲击的家庭，变量支出增加超过一倍的回归系数为-0.104，并且统计显著，表明当家庭遭遇较大负异质性冲击时，他们对动物性食品的人均每日消费将减少 0.104 千克，相当于下降 35%（104/296）。当家庭遭遇负收入冲击时，收入平均下降大约 64%，对于冲击Ⅰ，低收入家庭对动物性食品的人均每日消费将下降 0.113 千克（0.058×64%+0.076），相当于每日消费的 38%（0.113/0.296）；对于冲击Ⅱ，将会下降 0.129 千克（0.058×64%+0.092），相当于每日消费的 44%（0.129/0.296）。发生负冲击×中等收入的家庭的回归系数表明，负收入冲击对动物性食品消费的影响在低收入和中等收入家庭之间非常类似。但是发生负冲击×高收入的家庭的系数显著为正（0.068），表明高收入家庭在遭遇较大的负异质性冲击后，可以在很大程度上平滑其对动物性食品的消费。

第三，从回归结果中也可以发现，家庭在遭遇负收入冲击后，将会用廉价的食物替代更加昂贵的动物性食品。表 5.6 中粮食消费方程的人均可支配收入的对数的回归系数为-0.023，表明家庭遭遇负收入冲击后，收入平均下降 64%，将会导致人均每日粮食消费小幅增加，约 0.015 克（0.023×64%），相当于每日粮食消费的 3.4%（0.015/0.445）。尽管这个影响相对微弱，但是仍然表明，遭遇负收入冲击后，家庭将会用相对便宜的粮食替代更加昂贵的食品，如动物性食品。

第四，表 5.6 的回归结果也表明，在较大收入支出冲击发生后，家庭可以逐渐平滑其对动物性食品的消费。发生负冲击×发生冲击的月数的回归系数显著为正（0.005），表明在较大负异质性冲击发生后，每过一个月，动物性食品的人均每日消费将恢复 5 克。考虑到前文所述的回归结果，对于低收入和中等收入家庭发生支出增加一倍的冲击，冲击发生 21 个月之后将会完全恢复其对动物性食品的消费（0.104/0.005=21），然而对于高收入家庭，只需要 7 个月就可以恢复其对动物性食品的消费［（0.104−0.068）/0.005=7.2］。与此同时，假如家庭的收入下降一半以上，我们的样本家庭动物性食品消费将下降 64%，中低收入家庭在遭遇冲击Ⅱ后 22 个月可以恢复其对动物性食品的消费，遭遇冲击Ⅰ后 26 个月可以恢复其对动物性食品的消费，对于高收入家庭，则只需要花费 9~12 个月就可以恢复其消费。

第五节　主要结论和政策建议

一、主要结论

基于中国农村的调查数据，本章考察了异质性收入与支出冲击（较大收入支出冲击）对农村家庭食物支出和主要食品消费的影响，以及在冲击发生之后，家庭平滑其消费的能力。我们得出如下几点结论。

第一，异质性收入或支出冲击对食物消费支出的影响程度在不同类型的冲击之间有所差异，并且正异质性冲击和负异质性冲击对食物消费支出的影响机制也是不同的。支出增加超过一倍和经济活动中收入增加超过一倍的冲击具有较大的影响，家庭主要劳动力的死亡或丧失劳动力的冲击影响较小。对于收入变化的不利冲击，它们通过两个渠道影响家庭食物消费支出：收入效应和短期冲击效应。而支出增加超过一倍的冲击则只通过短期冲击效应影响到家庭食物消费支出。

第二，异质性收入或支出冲击对食物支出的影响在不同收入水平的家庭之间差异较大。在发生不利的收入支出冲击之后，低收入和中等收入家庭食物支出下降超过 30%，而高收入家庭的食物支出减少的比例要比低收入家庭少 17.6%。而且上述差异在动物性食品的消费上也可以发现。因此，在评估异质性短期冲击的影响时，应该特别关注贫困家庭的食物消费。

第三，正异质性冲击和负异质性冲击的影响在不同食品的消费上差异很大。最显著的影响表现在以蛋白质为主的食品上（动物性食品）。尽管正异质性冲击和负异质性冲击的幅度很大，但是家庭粮食消费几乎不受影响。事实上，我们的研究结果表明，当收入下降很多时，粮食消费甚至还会增加，甚至会部分替代较为昂贵的肉类消费。

第四，不同收入水平的家庭在遭遇不利冲击之后具有不同的平滑和恢复其食物消费的速度，即高收入家庭可以在较大负收入支出冲击发生后一年左右恢复其食物消费，而低收入和中等收入家庭则需经过两年左右才能恢复其食物消费。

二、政策建议

首先，本章分析了异质性收入与支出冲击对居民食物消费及主要食物消费的影响，为开发短期食物需求情景奠定了基础。

其次，政府针对不利异质性冲击的援助如果不能在冲击发生后一年之内到位，将失去有效性。从本章的描述性统计和计量分析可以看出，不利的异质性冲击对低收入和中等收入家庭的食物消费影响显著高于对高收入家庭的影响，而且低收入和中等收入家庭要经过两年左右才能恢复其食物消费，这显然会影响到其家庭健康状况和福利水平。为了帮助农村住户抵消较大负异质性冲击对食物消费的不利影响，政府提供的救助如现金补助、食物补贴和其他援助方式，应该尽可能早地落实到位，最好能够在冲击发生后第一年内落实到位。对于低收入家庭，还应该视其家庭财产的多寡给予适当力度的救助。

最后，政府对遭遇不利异质性冲击的居民的救助措施应当主要关注以蛋白质为主的动物性食品。较大负收入支出冲击对食物消费最显著的影响表现在以蛋白质为主的动物性食品上，而不是粮食产品上。在发生异质性冲击之后，农村居民对动物性食品的消费将会显著下降，特别是贫困家庭，其对动物性食品的消费下降超过每日消费的三分之一。长期缺乏足够的蛋白质可能会导致家庭成员的生理紊乱，如贫血、免疫力降低、青少年发育迟缓，从长期看将会进一步降低家庭的人力资源和生产力。因此，国际和国家的食物救助项目及这些方面的努力应该更多关注富含蛋白质的食品，如肉类，才能更好地帮助遭遇较大收入支出冲击的低收入家庭保障其家庭食物安全和长期营养水平。

第六章　城镇化对居民食物消费行为的影响

第一节　研究背景

随着中国城镇化（或城市化）进程的加速，城镇化如何通过影响食物消费而影响粮食以致整体食物安全正引起学术界和政府的广泛关注。黄季焜（1999）的早期实证研究表明，城市化在减少主食（口粮）消费的同时，提高了其他食物（如食用油、食糖、水果、畜产品和水产品等）的消费，但对粮食的间接需求（如饲料粮）影响并没有做深入的分析。近年来，学者主要关注城市化对耕地和粮食安全的影响，多数是定性的分析和发表各自的观点；在定量分析中，舒建玲和陈权（2012）认为城市化与粮食安全存在动态制约关系，而Huang等（2005a）利用多年遥感数据的研究则发现，平均来讲，城镇化占用耕地增长快的地区，乡村建设用地占用耕地增长速度显著下降，结论是城镇化提高了土地集约利用并对减缓整个地区耕地面积下降速度起一定的作用。虽然张锦华和许庆（2012）研究了城市化进程中我国城乡居民的长期粮食需求变化，但并没有就城市化对我国粮食总需求做分析。王燕青和武拉平（2014）基于三个省在外打工人员的食物消费调查发现城镇化对粮食消费有一定的影响，调查结果表明，在外打工人员不但比农村在家人员消费更多的粮食，而且也消费更多的畜产品，从而判断城市化或随着进城打工人员的增加，中国粮食消费总量将增加。但我们认为，城市化对粮食消费的影响，不能简单地基于在外打工人员的食物消费数据，因为在外打工人员大多数是青壮年，其食物消费比在农村家里的成员（如多数是妇女、老人和儿童）的消费当然要高。总之，城镇化对粮食和其他食物消费的影响还需要做更深入的研究。

研究城镇化对粮食及其他食物消费的影响，关键是要理清城乡居民主要食物消费数量和变化规律。随着经济的快速发展，工业化和城镇化进程不断加快，在过去 30 多年（1980~2012 年），我国居民食物消费数量和消费结构发生了显著改变。然而，这种变化在不同农产品和城乡居民之间也存在显著差异。要客观描述这种差异，需要有准确的城市和农村居民的消费数据，在此基础上，开展各种因素（如居民收入和消费习惯等）对城乡消费影响的分析，从中长期来说，特别是居民收入和城乡消费习惯差异。不弄清这些因素对城市和农村居民食物消费的影响，则难以就城镇化对粮食及其他食物消费的影响做出科学的判断，也难以对我国未来食物消费变化趋势做出准确判断并提出前瞻性和有价值的应对措施。

城乡食物消费的现有研究主要依赖于国家统计局基于大规模调查的城乡住户抽样数据，然而我们认为不能简单地利用国家统计局的统计数据来研究或描述城市与农村食物消费变化趋势及城乡食物消费差异。例如，根据国家统计局的数据，城市居民粮食（商品粮）人均口粮消费量从 2000 年的 82.31 千克下降到 2010 年的 81.53 千克（下降 0.9%），农村居民粮食（原粮）人均口粮消费更从 2000 年的 250.23 千克下降到 2010 年的 181.44 千克（下降 27.5%）；与此同时，粮食生产"十二连增"，大米、小麦进口也逐年增长；同时，2000~2010 年人口仅增长 6.8%（国家统计局，2012）。大米、小麦生产和进口都增长，而消费却下降。又如，城市居民猪肉人均消费量 2005 年为 20.15 千克，到 2011 年也仅为 20.63 千克；同期，农村居民猪肉消费不仅没有增长，反而由 2005 年的 15.62 千克下降为 14.42 千克，降低 7.7%（国家统计局，2012）。然而，猪肉产量在同时期增幅达到 10.9%，而且猪肉进口也从 2005 年的净出口（29.5 万吨）转变为 2011 年的净进口（38.7 万吨）。如果从供给端计算（生产加净进口），我国猪肉消费量在 2005~2011 年应增长 12.5%。这种城乡人均消费趋于稳定或增长不快甚至下降，但生产和进口却快速增长的现象在蔬菜、食用油、食糖、牛羊肉、鲜蛋、鲜奶和水产品等产品上都普遍存在。因此，深入剖析和合理利用国家统计数据对准确判断我国主要农产品需求变化规律和未来演变趋势具有重要理论价值和现实意义。

本章研究表明，国家统计局的人均主要食品消费量数据是有其特定含义的，在利用时要处理好如下两个问题。第一，国家统计局的数据主要是在家消费，没有充分考虑在外饮食的食物消费数量，因而城乡居民的食物消费数量被显著低估了，这种低估程度与日俱增。北京大学中国农业政策研究中心 2007~2011 年的全国大中型城市居民的消费实地调查数据表明，城市居民的在外饮食支出占到食物总支出的 35%，在外食物消费量因产品而异，占到总消费量的 20%~30%；如果考虑在外饮食，我国大中型城市居民的主要食物消费量都呈现显著增长的趋缓。虽然，目前我们没有农村居民在外饮食的调查数据，但农村的餐饮业同城市一样也得到迅速的发展，农村居民的在外饮食比例也在不断提高。第二，由于统计方法的原因，我们认为，国家统计局公布的农村居民的人均消费数据被显著地低估了。国家统计局公布的农村居民人均食物消费量的计算方法是人均消费量=家庭总消费量/家庭常住人口；国家统计局定义的家庭常住人口是指全年经常在家或在家居住 6 个月以上，而且经济和生活与本户连成一体的人口。经济与本户连成一体意味着：家庭常住人口也包括在外居住超过 6 个月但收入带回家的人口，而这部分人口基本上不在家消费，这样无形中就扩大了人均消费量计算的分母，也就是低估了农村居民实际人均消费数量。

在深入分析国家统计局数据和我们的调查数据的基础上，得出如下两方面主要结论。第一，如果考虑在外饮食消费，除主食（粮食）外，我国城乡居民主要食物人均消费量并未像很多人认为的已经处于平稳阶段，而是随收入增长而不断提高。第二，城镇化对粮食（口粮和饲料粮）总需求的影响为负，并显著影响口粮和饲料粮需求结构、显著影响粮食以外的其他食物消费结构。在控制收入水平的情况下，1 个农村居民从农村转移到城镇，粮食总消费平均降低 41.7 千克（按原粮计算）。如果假设城镇化提高进城的农民人均收入 10%~30%，1 个农村居民从农村转移到城镇，粮食总消费平均降低 36.8~27.3 千克（按原粮计算）。

本章的结构如下：第二节介绍分析数据的来源和分析方法。第三节采用图形分析和计量经济模型方法，分析和比较城市和农村居民各种食物在家消费量同收入的关系以及城乡在不同食物消费上的差异。第四节根据在外饮食调查数据，估计城市和农村居民在外饮食的各种食物消费比例以及城乡居民不同食物在外饮食的消费比例差异；综合考虑城乡居民在家和在外饮食上的差异，估计并分析城市化对我国食物消费和粮食安全的影响。第五节提出主要的研究结论和政策建议。

第二节　研究数据

本章分析的数据主要来源有两个。来源一是国家统计局 2005 年全国城乡住户调查数据，用于分析的数据包括我国 31 个省（自治区、直辖市）的 68 000 多户农村住户样本的主要食物消费量、人均收入和劳动力就业数据，以及 13 000 多户城镇住户样本的主要食物消费量和人均可支配收入数据。我们没有比 2005 年更新的数据，但我们的目的是分析城乡消费规律性的问题，所以采用 2005 年的数据并不会影响研究结果。来源二是北京大学中国农业政策研究中心 2007~2011 年对北京、南京、西安、成都、沈阳和厦门六个大中城市的 1 340 个城市家庭的在家与在外食物消费调查数据。

第三节 研究方法

（一）图形数据分析方法

首先，我们采用图形数据分析方法，分析城市化对在家主要食物消费的影响。具体地讲，运用LOWESS在局部范围的数据子集中分别拟合城市和农村居民人均消费量对人均收入的回归曲线，并将这一局部范围从左往右依次推进，最终形成连续的平滑曲线，然后比较城市和农村居民人均消费量在不同收入情况下的各种食物消费量的差异。因为数据都是2005年的（或在同一时间），城乡各种食物在价格上差异不大，分析结果基本上可以体现在控制收入的情况下，城市居民和农村居民在每种食物消费上的差异，即城乡因职业和消费方式等的差异而导致的食物消费差异，即城镇化的影响：一个人从农村到城市，其收入不变但职业和消费方式等发生变化所带来的对食物消费的影响。

（二）食物需求模型回归分析方法

1. 在家食物消费模型

为了定量分析城镇化对在家食物消费及粮食需求的影响，我们建立了多种食物需求计量经济模型，最后采用了食物需求同收入及收入平方的函数，虽然不同模型求解的平均弹性差别不大，但采用有收入二次项的方程能够更好地体现收入弹性随收入和消费的变化而变化的特征。该模型考虑主要食物消费同收入即城镇化的关系，没有考虑价格的影响，正如我们前面提到的，这是因为在同一时间段内食品价格是给定的（或不发生变化）。模型设定如下：

$$q_{ij} = a_i + b_{1i}U_j + b_{2i}Y_j + b_{3i}Y_j^2 + b_{4i}U_jY_j + b_{5i}U_jY_j^2 + \sum c_{ik}D_{\text{prov}} \quad (6.1)$$

其中，i 为第 i 种食物；j 为住户；k 表示 k 省；q_{ij} 表示第 j 户人均年第 i 种食物在家消费量；U 为城镇住户虚拟变量（城镇住户 U=1；农村住户 U=0）；Y 为人均收入（农村为人均纯收入，城镇为人均可支配收入，千元/人）；Y^2 为人均收入的平方；UY 为城镇住户虚拟变量×人均收入；UY^2 为城镇虚拟变量×人均收入的平方；D_{prov} 为省虚拟变量。

农村住户收入弹性计算公式：

$$e_{y\_\text{rural}} = \frac{b_{2i}Y_j}{q_{ij}} + 2\frac{b_{3i}Y_j^2}{q_{ij}} \quad (6.2)$$

城镇住户收入弹性计算公式：

$$e_{y\_\text{urban}} = \frac{(b_{2i} + b_{4i})Y_j}{q_{ij}} + 2\frac{(b_{3i} + b_{5i})Y_j^2}{q_{ij}} \tag{6.3}$$

2. 在外食物消费比例模型

根据对 6 个大中型城市的在外饮食调查数据，我们估算了全国城乡居民的在外饮食比例同收入（Y）相关的模型：

$$W_{ij} = a_i + b_i \ln Y_j \tag{6.4}$$

其中，W_{ij} 为第 j 住户第 i 种食物在外消费（Z_i）占总消费（Q_i）的比例，$W_{ij} = Z_i / Q_i$。

根据式（6.4），在不同收入水平条件下，我们可以估算大中城市住户各种食物的平均在外消费比例 W_i。因为数据来自大中型城市的调查，在同样收入情况下，大中型城市比小城市和小城镇的居民在外饮食比例相对要低一些。为此，我们假设全国城镇住户第 i 种食物在外消费比例（$W_{i\ \text{urban}}$）是大中型城市的 80%，即 $W_{i\ \text{urban}}$=0.8W_i。同理，全国农村住户第 i 种食物在外消费比例（$W_{i\ \text{rural}}$）是全国城镇住户的 50%，即 $W_{i\ \text{rural}}$=0.5$W_{i\ \text{urban}}$。

3. 城镇化对食物消费的影响

一个农民从农村到城市，在控制收入的情况下，第 i 种食物人均消费量的变化量包括在家食物消费量差异和在外食物消费差异两部分。具体计算如下：

在家食物消费量差异：

$$\Delta q_i = q_{i\ \text{urban}} - q_{i\ \text{rural}} \tag{6.5}$$

其中，$q_{i\ \text{urban}}$ 和 $q_{i\ \text{rural}}$ 为根据方程（6.1）的模型估计结果，可以估算在给定收入情况下（也可以计算从农村到城市收入增加的情况下），一个人从农村到城镇第 i 种食物的在家消费量的变化。

在外食物消费差异：在农村平均收入情况下，计算方程为

$$\Delta Z_i = \frac{q_{i\ \text{urban}} W_{i\ \text{urban}}}{1 - W_{i\ \text{urban}}} - \frac{q_{i\ \text{rural}} W_{i\ \text{rural}}}{1 - W_{i\ \text{rural}}} \tag{6.6}$$

食物消费总差异：

$$\Delta Q_i = \Delta q_i + \Delta Z_i \tag{6.7}$$

4. 2005 年住户调查数据处理说明

农村住户：国家统计局的数据有农村住户在家的各种食物总消费量，但如何计算人均消费量是一个大问题。农村住户人员在家的各种食物总消费量数据没有

问题，问题是多少人在家吃饭。因为农村住户统计数据有家庭人口、常住人口和在家住 6 个月以上的人口。很明显家庭人口这个指标是不宜计算人均食物消费量的，因为很多家庭成员不在家吃饭。同时，正如本章研究背景部分提到的，常住人口也不宜作为计算人均食物消费量的指标，因为在外居住超过 6 个月的家庭成员（包括长期在外工作的人）如果把收入寄回家，他们也被归入“家庭常住人口”，这样必然会低估农村居民实际在家人均食物消费数量。

本章采用的是“在家住 6 个月以上的人口”作为分母计算在家人均食物消费数量。我们认为这种计算更能反映实际情况，理由如下：用这种方法，虽然一方面忽略了农村居民住家少于 6 个月的人的在家消费的人年数，但另一方面也高估了住家超过 6 个月但小于 12 个月的人口的在家消费的人年数（即不到 365 天也算 1 人年）。根据我们对劳动力在家居住超过 6 个月与小于 6 个月的人的人数比较，两者基本上可以相互抵消。

城镇住户：国家统计局城镇居民的在家食物消费包括购买量和赠品量，所以人均各种食物消费量可计算如下：q_i=（购买量+赠品量）/家庭人口

粮食数据的处理：本章城乡所有粮食消费数据都统一转换成原粮；同时，在分析粮食直接消费（口粮）时，我们仅关注谷物。

各品种食物转化成原粮的公式如下：①粮食：稻谷=大米/0.7，小麦=面粉/0.75，其他原粮=其他粮食/0.7；按照居民的稻谷、小麦和其他原粮消费比例，将粮食制品消费量折算到每种粮食中。②食用油：食用油中大约有一半是大豆油（我们采用 50%这个数），虽然大豆的豆油与豆饼的比例大约为 1∶5，但消费者消费豆油时并没有消费豆饼，所以“实际消费”粮食数等同于大豆油重量。③肉类：首先将肉制品以 1∶1.5 的比例折算成肉，然后按照居民各种畜产品消费比例折算到猪肉、牛肉、羊肉、禽肉与其他肉中，最后按给定的各种畜产品饲料转化率计算猪肉（1∶4）、牛肉（1∶1）、羊肉（1∶0.8）、禽肉（1∶3）与其他肉（1∶1）所需要的饲料（原粮）。④蛋奶和水产品：蛋、奶、水产品分别按照 1∶2.58、1∶0.4、1∶0.3 的饲料转化率折算成原粮。

5. 样本中异常值的处理说明

在统计分析时，我们对异常值做了处理。在处理之后，有 92%的样本保留下来做各种统计分析。判断样本为异常值的标准：①粮食，人均年消费量小于 50 千克（或 0.14 千克），或者大于 1 000 千克；②食用油，人均年消费量大于 50 千克；③食糖，人均年消费量大于 50 千克；④水果，人均年消费量大于 300 千克；⑤肉类，人均年消费量大于 200 千克；⑥蛋类，人均年消费量大于 100 千克；⑦奶类，人均年消费量大于300千克；⑧水产品，人均年消费量大于200千克。

第四节　研究结果

一、城乡居民在家食物消费数量差异

（一）城乡居民在家食物消费变化的分析结果

我们分析了 2005 年城乡居民在家食物消费量随城乡人均收入的变化情况，分析指标包括谷物总消费量、肉类、食用油、食糖、蛋类、奶类、水产品等。分析采用人均收入不超过 3 万元的住户（农村住户占有效样本的 99.9%；城市住户占有效样本的 98.1%）。在具体分析前，我们以谷物为例，比较分析了采用“常住人口”和“在家居住 6 个月以上人口”计算的人均谷物消费量。正如我们所预期的，采用“常住人口”显著低估了农村居民人均在家食物消费量，平均低估程度为 18%。

分析的主要结果总结如下。

（1）在同等收入情况下，农村居民在家的谷物粮食消费量显著高于城市居民，而且随着收入水平的提高，这种差异有所扩大。具体来说，在目前收入情况下，在家谷物消费还将随着收入增长而增长，农村人均收入超过 8 000 元（2005 年不变价，下同）时，在家谷物消费开始趋于稳定。但城镇居民在家谷物消费将随着收入增长而有所下降。

（2）在同等收入情况下，城乡居民在家的猪肉/羊肉及水产品人均消费量并没有显著的差异，人均消费都随着收入增长而显著增长。这一结果初看有点出乎人们的意料，但这也不难理解。首先，这意味着城乡居民猪肉/羊肉及水产品人均消费差异主要是由城乡收入的差异（高达 3 倍左右）引起的，给定相当高的收入弹性，这种收入差异能在很大程度上解释城乡居民对这些食物的消费差异。其次，城市居民在外饮食显著高于农村居民（见下文），这进一步解释了以上现象。

（3）在同等收入情况下，城镇居民在家牛肉、禽肉、蛋类和奶类以及食用油、食糖和水果人均消费显著高于农村居民，人均消费也都随收入增长而显著增长。这一结果同我们的预期一致。

（二）农村在外务工人员的年龄结构及其食物消费分析结果

外出打工人员的增加是否会对我国的食物消费及其结构产生显著影响，对这一问题目前有很大争论但又缺乏实证研究。最近一项有关三个省专门在外务工人员的食物消费调查结果显示，在外务工人员人均粮食和畜产品消费显著高于国家统计局公布的农村人均粮食和畜产品消费，从而认为随着在外务工人员的增多，中国粮食消费总量也将显著增长。对这个问题，我们认为还需要做更深入的研究，因为在外务工人员的年龄结构和还住在农村的人员的年龄结构不同；同时正如我们前面论证的，国家统计局公布的农村人均食物消费是被显著低估的。

为了进一步说明这个问题，我们就以上提到的三个省在外务工人员的食物消费调查的数据做进一步的分析。在此我们特别感谢武拉平教授和他的研究团队为我们提供了如表 6.1 的数据。该项调查的在外务工劳动力的平均年龄为 36 岁，粮食和肉及肉制品消费最多的是在 31~50 岁年龄段。从表 6.1 的数据（如平均数）看，确实该项在三个省的在外打工劳动力的人均食物消费数据要比国家统计局公布的农村在家食物消费量高不少。

表 6.1　2013 年在外务工劳动力年平均消费量

年龄段	平均年龄/岁	样本数/人	大米/千克	小麦/千克	肉及肉制品/千克	蛋及蛋制品/千克	奶及奶制品/千克
20岁以下	18	60	89.3	158.9	42.1	10.1	6.0
20~30岁	24	641	83.6	132.4	34.9	11.5	5.7
31~40岁	35	394	97.6	157.7	39.0	14.9	5.7
41~50岁	44	484	101.0	162.6	38.0	11.5	1.1
50岁以上	55	227	97.0	163.8	38.7	14.3	2.1
平均	36	1 806	93.2	150.8	37.3	12.6	4.0

注：粮食为原粮

资料来源：武拉平等 2013 年在浙江、山东和北京的调查数据

但我们认为，以上现象主要是在外务工人员的年龄和性别同在家人员的年龄和性别差异以及不同年龄和性别食物消费的差异导致的。为了理清这个问题，我们首先分析在外务工人员的年龄和性别构成，然后分析不同年龄段的人在农村住在家里时的食物消费差异。

在外务工人员的年龄和性别构成分析结果表明，在外务工的多为 50 岁以下的男劳动力。根据北京大学中国农业政策研究中心 2011 年对全国具有代表性的 5 个省份的分层抽样调查结果，农村家庭平均劳动力 2.8 人中，有 0.8 人在外务工，其中男劳动力 0.5 人，女劳动力 0.3 人。从年龄分别上来看，在外务工人员年龄主要

集中在21~50岁，占总数的81%；其中21~30岁的劳动力占总数的43%，31~40岁的劳动力占总数的23%，41~50岁的劳动力占总数的15%（图6.1）。

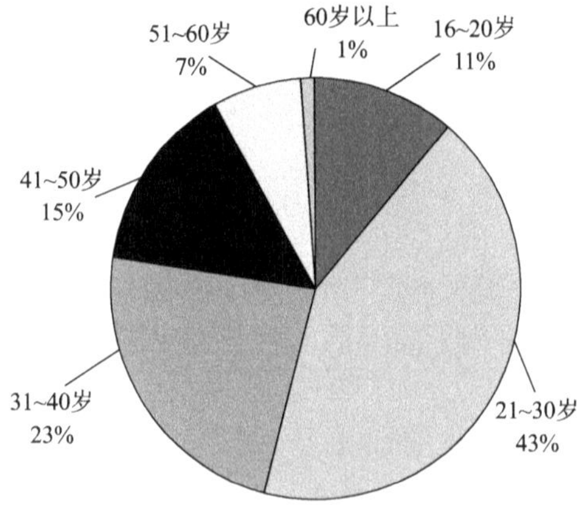

图6.1 在外务工人员的年龄结构

资料来源：北京大学中国农业政策研究中心5省调查数据

为了解不同年龄段的人的食物消费，我们对2005年国家统计局农村住户食物消费调查数据按家庭年龄结构做了分组分析，结果表明处于打工年龄段的人，如果他们在农村家里，他们同样比其他年龄段的人消费的食物多。分析方法如下：首先，我们在所有有效样本中，提取家庭成员的年龄都是在16~30岁、31~50岁、51~60岁和60岁以上，当然这种样本不是很多。其次，对以上每组的家庭分别计算各种食物人均在家消费量，结果见表6.2。表6.2数据表明，在农村生活的、年龄段在31~50岁家庭，人均消费谷物（318.5千克）和其他食物（如肉及肉制品45.7千克）消费量都显著高于样本的平均数（谷物为260.3千克，肉及肉制品为29.1千克），更显著高于其他年龄组家庭的人均食物消费量。

表6.2 2005年不同年龄段的家庭人均在家食物消费量

年龄段	谷物/千克	大米/千克	小麦/千克	食用油/千克	食糖/千克	水果/千克	肉及肉制品/千克	蛋及蛋制品/千克	奶及奶制品/千克	水产品/千克
16~30岁	305.2	149.3	112.9	9.9	2.3	30.7	36.3	6.8	15.9	8.2
31~50岁	318.5	199.4	86.6	9.1	2.0	32.3	45.7	9.6	5.2	11.0
51~60岁	303.2	170.7	98.1	8.2	1.9	30.3	39.8	10.2	3.6	9.6
60岁以上	276.1	157.2	86.6	7.0	2.1	23.3	36.8	9.1	3.5	8.9
平均	260.3	149.2	84.4	5.9	1.5	20.7	29.1	5.9	3.5	6.1

注：粮食为原粮

资料来源：根据2005年国家统计局农村住户调查数据整理计算

同时，还要强调的是表 6.2 数据是针对在家居住的人员，同在外务工人员相比，应该包括更多的女劳动力。总之，以上分析表明，在外务工人员是否比在家时的食物消费要多，还需要进一步研究。我们的初步判断是，随着外出打工进城人员的增多，对粮食（包括直接和间接消费）消费不但不会提高，反而可能会下降。

（三）城乡居民在家人均食物消费的计量分析结果

为了分析城乡居民在家人均食物消费差异，我们在估计城乡居民在家人均食物需求模型（6.1）前，用如下简单的方程首先来了解在不考虑收入影响的情况下，城乡居民平均消费差异：

$$q_{ij} = a_i + b_{1i} U_j + \sum c_{il} D_{\text{prov}} \tag{6.8}$$

式（6.8）表示在控制各省食物消费差异后城乡居民在家人均食物消费的平均差异。模型中 U（城镇住户虚拟变量）的系数代表了城乡居民平均消费差异，表 6.3 汇总了研究结果。

表 6.3　城镇居民与农村居民的在家食物消费差异　　单位：千克

食物消费	平均差异量（1）	控制收入后差异量（2）
谷物	−109.03	−115.62
食用油	7.50	6.43
食糖	1.28	0.80
水果	42.78	24.36
畜禽肉	16.15	7.98
猪肉	5.95	1.42
牛肉	2.48	1.89
羊肉	1.49	1.01
禽肉	5.83	3.36
蛋类	6.87	5.12
奶类	18.19	11.37
水产品	7.41	4.10

资料来源：根据 2005 年国家统计局城乡住户调查数据做的计量模型分析结果

研究结果表明，在不控制收入的情况下，城镇居民在家人均谷物消费量显著低于农村居民，而其他食物消费明显高于农村居民。平均来说，城镇居民比农村居民在家人均谷物消费量少 109.03 千克；与此同时，在猪肉、禽肉、蛋类和水产品方面，城镇居民都要比农村的高 6 千克左右，特别是奶类和水果，城乡居民的消费差异分别达到 18.19 千克和 42.78 千克。这结果与前面的图形数据分析结果基本一致。

然而城乡居民人均收入是影响其食物消费的重要因素，为此我们又在模型（6.8）的基础上加入了人均收入，即在控制城乡居民收入的情况下，估计城乡居民的消费差异。模型的计量回归结果显示，模型的所有变量回归都显著，而且回归系数的符号与我们的预期基本一致。此外，各种食物的收入弹性在2005年的平均收入情况下都是正的，但将随收入增长而下降，这表明城乡居民各种食物在家人均消费量都仍随着收入的提高而增长，但影响程度将逐渐下降。收入弹性最低的是谷物，城市居民的谷物需求的收入弹性在2005年已接近零（0.09），此后收入弹性已开始进入负数，未来收入增长将会减少城镇居民的谷物消费。

研究结果表明，在控制城乡居民人均收入的情况下，在2005年城乡居民的在家谷物人均消费差异（−115.62）比简单平均数（−109.03）要高，但其他所有食物消费要比简单平均数低（比较表6.3的第2列和第3列）。2005年我国农村居民人均收入为3 255元，在同一收入水平下，城镇居民人均在家谷物消费比农村居民低 115.62 千克，这个数比简单的平均数差异要高，这是因为城镇居民的人均收入在2005年达10 493元（是农村3 255元的3.22倍），但对于人均收入仅为3 255元的城镇居民（城镇较低收入人群）来说，他们的谷物消费比城镇居民平均数还低，而且将随收入的增长而增长。与此同时，在控制收入的情况下，城镇居民在家消费的食用油、食糖、水果、畜产品和水产品都比农村居民高；其中，城镇居民在家人均消费比农村居民在猪、牛、羊肉上分别高 1~2 千克，禽肉、水产品和蛋类的在家人均消费城乡差异达 3~5 千克，而奶制品和水果的城乡居民在家人均消费差异更分别高达11.37千克和24.36千克。除谷物外，城乡居民在家其他所有食物消费差异（第3列）要比简单的平均数（第2列）低，主要原因是收入影响，因为城镇居民的人均可支配收入在2005年是农村人均纯收入的3倍多。

二、城乡居民在外饮食消费差异

利用北京大学中国农业政策研究中心在2007~2011年对北京、南京、西安、成都、沈阳和厦门六个大中城市的1 340个城市家庭连续7天的在家和在外饮食消费跟踪调查数据，并基于我们前面讨论的城乡在外饮食比例模型的分析，得出如下四个主要结论。

第一，在外饮食已成为城市居民食物消费的重要组成部分，而且在外消费支出随着收入增长而显著提高。将城市居民按人均收入高低分为5组（按收入等比划分），发现人均食物消费支出和消费量具有以下规律：人均食物消费支出随着收入增长而快速提高，但食物消费量随收入的提高程度稍低于消费支出

（图 6.2）。与此相对应的是，收入增长并没有引起居民在家消费的增加，而是显著提高了城市居民在外就餐的支出和消费量。这现象解释了本章在讨论国家统计局城镇居民在过去 10 多年许多食物的人均消费量没有发生显著变化的疑惑，因为那些数据（在家消费）没有考虑城乡居民的在外饮食，而这种在外饮食数量随收入的增长而增长。

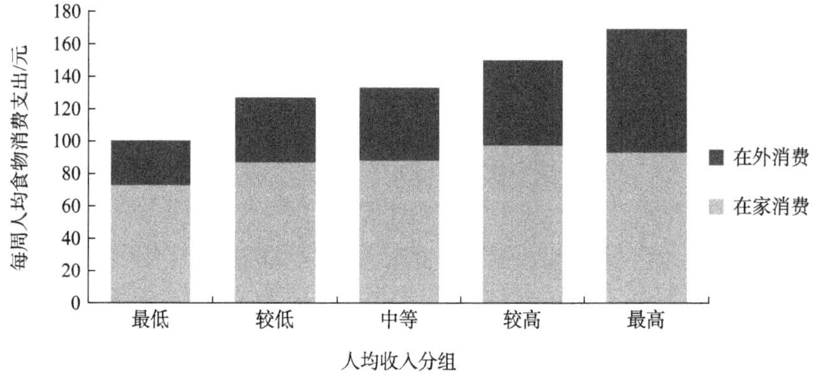

（a）每周人均食物消费支出

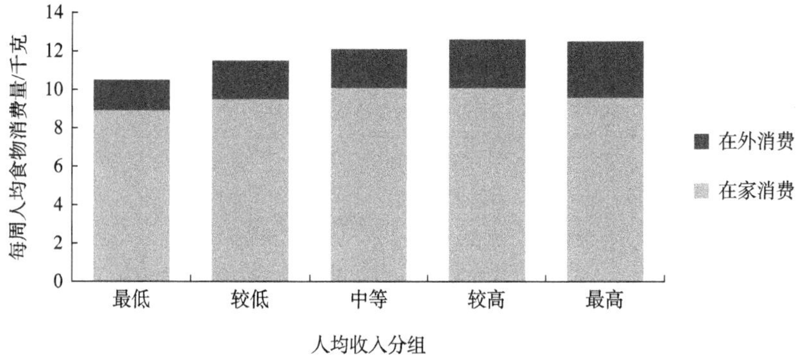

（b）每周人均食物消费量

图 6.2　城市每周人均食物消费支出和消费量随收入变化情况

第二，在外饮食的食物消费结构与在家消费存在显著差异。图 6.3 显示，大中城市消费者在外就餐时更倾向于食用更多的肉类，更少的水果和蔬菜。这可能有两种原因。其一，中国的饮食文化传统。当款待自己的客人时，往往去餐馆就餐，并点一些水产品和肉类等“奢侈”食物，以显示热情和尊重。其二，可能与烹饪的难易程度有关。烹饪肉食比烹调蔬菜和蛋类更加有难度，换句话说，烹饪肉食要花费时间在切肉、料理肉、煮肉和饭后清洗厨具上，烹饪肉食更加费时，具有更高的机会成本。因此，在就餐时，他们倾向于点一些相对于家里烹饪时，时间机会成本更高的食物。

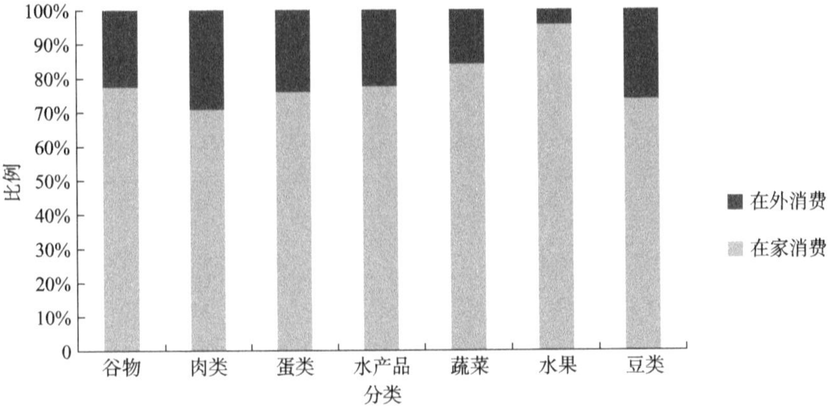

图 6.3　在外饮食和在家饮食的食物消费结构差异

第三，收入变化对不同食物消费的影响存在显著差异。图 6.4（a）表明，随着收入的增加，人均粮食消费量在持续减少。然而，这种变化模式主要是由于在家粮食消费的不断下降，而在外饮食在不同收入群体中几乎保持不变。在肉类和水产品消费中，在家饮食的人均消费量随着收入的增加呈倒 U 形变化，这进一步解释了为什么国家统计局计算的住户人均主要食物消费量（在家消费量）在过去 10 多年基本没有增长的原因。但是，在外饮食消费量却随收入增长而上升，这部分的食物消费量基本没有在住户的统计范围内。在综合在家和在外饮食两部分的消费后，可以发现肉类和水产品消费量基本上随收入提高而增加［图 6.4（b）、（c）］。收入增加对于在外蔬菜消费也有明显的促进作用，但是蔬菜总消费量随收入增长到中等收入以上后开始趋于稳定［图 6.4（d）］，这一方面是因为城市中等收入以上的居民人均蔬菜消费达 170 千克（3.25 千克/周），另一方面可能是由于收入和蔬菜消费达到一定高水平后，消费者更趋向于消费高质量的蔬菜以替代低廉的蔬菜品种。

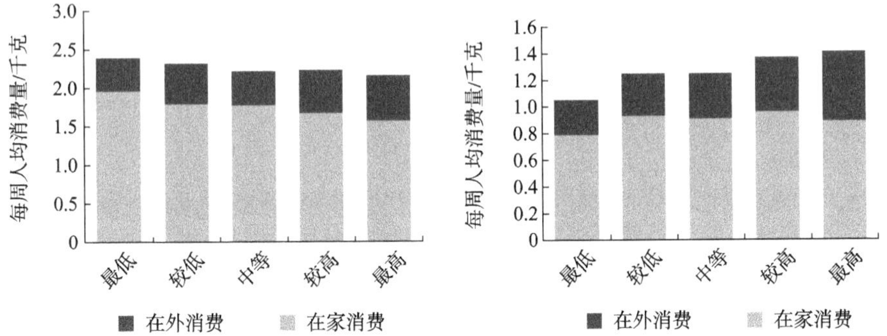

（a）粮食　　（b）肉类

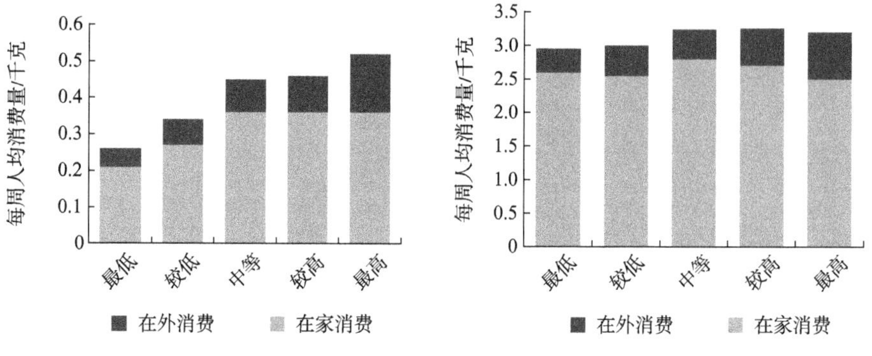

（c）水产品　　（d）蔬菜

图 6.4　每周人均不同食物消费随收入变化情况

第四，根据对 6 个大中型城市的在外饮食调查，我们估算了全国城乡居民主要食物的在外饮食比例（表 6.4），这为我们分析和测算城乡居民各种食物总消费（在家和在外消费）提供了科学的数据基础。

表 6.4　城乡居民主要食物在外饮食比例估计结果

食物消费	六大城市居民	在控制收入的影响情况下	
		目前到城市生活的来自农村的消费者	目前在农村生活的农村消费者
谷物	24%	16.9%	8.4%
食用油	19%	12.5%	6.3%
食糖	20%	13.3%	6.7%
水果	10%	7.7%	3.9%
畜禽肉	30%	21.4%	10.7%
猪肉	26.7%	18.8%	9.4%
牛肉	34.8%	25.2%	12.6%
羊肉	40.8%	30.0%	15.0%
禽肉	31.8%	22.8%	11.4%
蛋类	26%	19.4%	9.7%
奶类	30%	21.4%	10.7%
水产品	32%	22.8%	11.4%

资料来源：北京大学中国农业政策研究中心及作者研究结果

三、城镇化对主要食物消费和粮食总需求的影响测算

在综合分析在家食物消费和在外饮食食物消费这两方面的研究结果的基础上，我们计算了平均一个人从农村到城市生活，其主要食物消费和粮食总需求的

变化，也即城镇化的影响。具体计算方法见本章的第二节。表 6.5 列出了在控制收入情况下，一个农民转移到城市，消费方式同城市同等收入的居民保持一样，其主要食物消费及粮食总需求的变化。这种变化主要是工作职业和生活环境等的变化导致的消费方式改变。

表 6.5　在控制收入的情况下，一个农民从农村转移到城市主要食物消费及粮食总需求的变化

单位：千克/人

食物消费	控制收入后的城乡消费差异			折成粮食
	在家消费差异	在外饮食差异	总差异量	
谷物	−115.62	5.39	−110.23	−110.20
食用油	6.43	1.37	7.80	3.90
食糖	0.80	0.24	1.04	—
水果	24.36	2.95	27.30	—
畜禽肉	7.98	6.61	14.60	38.30
猪肉	1.42	3.12	4.53	18.10
牛肉	1.89	0.82	2.71	2.70
羊肉	1.01	0.72	1.73	1.40
禽肉	3.36	1.86	5.22	15.70
其他肉	0.30	0.09	0.41	0.40
蛋类	5.12	2.03	7.15	18.50
奶类	11.37	3.63	15.00	6.00
水产品	4.10	2.22	6.32	1.90
粮食总需求	—	—	—	−41.70

注：表中的所有粮食都折算为原粮。各种食物转换为粮食的比例如下：猪肉的肉料比为 1∶4，牛肉的肉料比为 1∶1，羊肉的肉料比为 1∶0.8，禽肉的肉料比为 1∶3，其他肉的肉料比为 1∶1，蛋料比为 1∶2.58，奶料比为 1∶0.4，水产品料比为 1∶0.3

主要结果总结如下：

第一，城镇化显著降低了谷物粮食的消费，年人均消费量下降程度达 110.20 千克（为比较方便，城乡消费的谷物都折算成原粮，下同）。其中，在家消费下降 115.62 千克，在外饮食增加 5.39 千克。即在控制收入情况下，一个农民从农村转移到城市，由工作职业和生活环境等的变化导致的消费方式改变，将使以能量为主的谷物消费显著降低。

第二，城镇化显著提高了食用油、食糖和水果等副食品的消费。在控制收入情况下，从农村到城市生活，消费方式改变将使食用油、食糖和水果的人均消费量（在家消费加上在外饮食消费）分别增加 7.80 千克、1.04 千克和 27.30 千克。食用油、食糖和水果消费的增加，在部分替代粮食消费（能量摄入）的同时，增加了脂肪和维生素等其他营养的摄入量。

第三，城镇化显著增加了以蛋白质为主的畜产品和水产品的人均消费量。农村居民从农村到城市，由于消费方式的变化，人均畜禽肉消费量增加 14.60 千克，其中在家消费增加 7.98 千克，在外消费增加 6.61 千克。在增加的畜禽肉消费量中，猪、牛、羊和禽肉分别增加 4.53 千克、2.71 千克、1.73 千克和 5.22 千克。畜产品和水产品的人均消费量从数量上看，增加较多是水产品（6.32 千克）、蛋类（7.15 千克）和奶类（15.00 千克）。畜产品和水产品消费的增加在替代粮食消费下降的同时，也显著增加了蛋白质等营养的摄入量。

第四，城镇化在减少谷物粮食（−110.20 千克）的同时，也提高了对粮食的间接需求（68.50 千克），但人均粮食总需求下降了 41.70 千克。在增加的对粮食的间接需求中，增长最大的是畜产品，其中猪肉、禽肉和蛋类消费增长导致的对饲料粮需求增长分别为人均 18.10 千克、15.70 千克和 18.50 千克。这一结果极其重要，它意味着在食物消费方面城镇化并没有对我国粮食安全造成威胁，城镇化在增加对饲料粮需求的同时，由于工作和生活方式的变化，人均粮食的直接消费的更显著下降使人均粮食总需求不增反减。

第五，即使考虑城镇化增加了进城农民的收入，也改变不了城镇化减少人均粮食的总需求的结论。假设转到城市中的农村居民，到城市工作后其家庭人均收入提高了 10%（即比在农村多增长 10%），根据模型（6.8）的估计结果及在外饮食的变化，我们重新模拟和测算了人均主要食物消费量的变化，研究结果表明，一个农民从农村转移到城市粮食总需求还将下降 36.80 千克（表 6.6）。这一结果同不考虑收入增长情况下的影响（表6.5）相比，粮食总需求下降了4.90千克。同时，我们还模拟了如果农村居民进城后人均收入多增长 20%和 30%的情况，结果表明，人均粮食总需求分别为 32.40 千克和 27.30 千克。

表 6.6　考虑收入增长的情况下，一个农民从农村转移到城市主要食物消费及粮食总需求的变化

单位：千克/人

食物消费	假设转到城市中的农村居民人均收入提高了10%后的消费差异			折成粮食
	在家消费差异	在外饮食差异	总差异量	
谷物	−115.04	5.95	−109.10	−109.10
食用油	6.51	1.42	7.93	4.00
食糖	0.83	0.26	1.08	—
水果	25.61	3.07	28.67	—
畜禽肉	8.57	6.92	15.49	41.20
猪肉	1.75	3.28	5.03	20.10

续表

食物消费	假设转到城市中的农村居民人均收入提高了10%后的消费差异			折成粮食
	在家消费差异	在外饮食差异	总差异量	
牛肉	1.93	0.84	2.77	2.80
羊肉	1.04	0.75	1.79	1.40
禽肉	3.53	1.94	5.48	16.40
其他肉	0.32	0.11	0.42	0.50
蛋类	5.25	2.08	7.33	18.90
奶类	11.82	3.81	15.64	6.30
水产品	4.33	2.33	6.66	2.00
粮食总需求	—	—	—	−36.80

第五节　主要结论和政策建议

本章基于实证研究，就城镇化对主要食物及粮食总需求的影响进行分析，得到如下几点主要结论。

第一，现有的数据和研究由于没有充分考虑在外饮食消费，城乡居民的食物消费数量被明显低估。如果仅考虑在家食物消费，就很容易得到我国居民的肉蛋奶等高附加值农产品的人均消费量已经趋于稳定甚至开始下降的错误结论。然而，在考虑在外饮食后，我们发现过去和今后相当长的一段时期内，除粮食直接消费以外的所有食物，人均消费量都将随收入的增长而增长。

第二，城镇化对食物消费的影响主要体现在食物消费结构的变化。同在农村生活的居民比较，进城的农村居民的食物消费发生的主要变化是，在显著减少口粮消费的同时，也显著增加畜产品、水产品、水果、食用油和食糖等食物的消费，城镇化进程加速将提高这些食物的需求增长；能量的需求从以粮食为主逐渐转向非粮食的食物；蛋白质和脂肪摄入量将显著增长。消费结构的变化也必将对生产结构、耕地利用方式和农产品贸易结构产生一些影响。

第三，虽然城镇化增加了对粮食的间接需求，但减少了对粮食的总需求，从粮食需求角度看，城镇化有助于国家粮食安全的保障。在没有考虑进城的农村居民收入增长快于在农村的居民收入增长的情况下，人均粮食总需求下降了约42 千克，相当于目前农村人均粮食消费的 15%左右。城镇人口增加 1 个百分点，相当于增加 1 360 万人城镇人口，如果他们都来自农村，粮食总需求将下降

56.7万吨，相当于2012年粮食产量的0.096%（或谷物产量的0.105%）。即使考虑农村进城的居民人均收入增长比农村人均收入增长快 10%，我们的研究表明一个农民从农村转移到城市后粮食总需求也将下降 36.8 千克，即下降将减少 5 千克左右。

第七章　城乡消费者对转基因食物接受意愿的研究

研究消费者对转基因食品的接受意愿对于推进我国转基因作物产业化具有重要决策依据作用。本章基于城市消费者和农村消费者微观调查数据，分别研究城乡消费者对转基因相关名词知晓度、转基因食品接受程度和转基因食品购买意愿。本章写作结构如下：第一节，介绍研究背景；第二节，数据介绍；第三节，基于调查的微观数据进行描述性分析；第四节，介绍本章的研究方法；第五节，实证分析城乡消费者对转基因食品相关名词知晓度、转基因食品接受程度和转基因食品购买意愿的影响因素；第六节，研究结论及政策建议。

第一节　研究背景

我国转基因作物产业化发展缓慢的一个主要原因是消费者对转基因产品的争论不断增加。2009 年，我国政府通过了转基因抗虫水稻的安全生产证书后，消费者对转基因食品安全质疑的声音不断增加（彭勃文等，2015）。在我国，不论是城市消费者（齐振宏和周慧，2010）还是农村消费者（李苹绣，2015），对转基因食品的认知程度都普遍较低，并且持保守态度。我国有些媒体和网络的错误报道也导致了消费者对转基因食品的误导（彭勃文等，2015）。例如，“美国人不吃转基因”、“超级杂草”和“吃转基因玉米母猪不生育猪仔”等错误宣传。

消费者对转基因食品安全性的争论不断增加，也引起了一些学者对转基因食品消费方面的研究。不同国家的消费者对转基因食品的接受程度不同。梳理文献发现，美国、加拿大和一些发展中国家的消费者更倾向于支持转基因食品，而欧洲国家和日本接受转基因食品的意愿较低（Lusk et al.，2004；Dannenberg，

2009；Frewer et al.，2013；McCluskey et al.，2003）。例如，Hoban（1997）通过调查不同国家对转基因食品的购买意愿得出加拿大和美国愿意购买抗虫转基因食品的比例在 70%以上，而卢森堡、德国和澳大利亚三个国家都在 50%以下。Pachico和Wolf（2002）对哥伦比亚消费者的调查表明66%的回答者愿意购买转基因食品。

也有许多学者对我国消费者的转基因食品接受态度进行研究，各项研究结果差异较大，并且都是以城市消费者为调查对象。早期研究表明，我国消费者对转基因食品接受度较高（黄季焜等，2006；冯良宣等，2012；周峰和田维明，2003）。例如，黄季焜等（2006）在2002年对全国5个省份的1 005个消费者的调查显示支持转基因食品的比例为57.0%。最近几年，我国消费者对转基因食品的接受程度逐渐降低（张熠婧等，2015；Cui et al.，2018）。例如，张熠婧等（2015）通过调查2013年我国15个省份的952个消费者得出支持转基因食品的比例为27.1%。Huang和Bo-Wen（2015）利用2002年、2003年、2010年和2012 年对城市消费者多期的调查分析发现，消费者对转基因的认知逐渐增加，但是支持转基因食品的比例在逐渐降低。目前对于转基因食品消费的研究主要集中在城市消费者，对于农村消费者的研究很少。通过梳理文献发现，对于消费者意愿的调查主要集中在北京、上海、广州等城市，对于农村消费者意愿的调查非常少。李苹绣（2015）利用湖南省两个村 230 个农民的调查数据表明农村消费者对转基因食品的认知程度较低，并且持保守态度，但该研究调查地区集中，并且调查样本少，不足以说明我国农村的整体情况。

本章基于对城市和农村消费者的调查数据，首先，对比分析城乡消费者对转基因相关名词的知晓度、对转基因的看法、对转基因食品接受程度和购买意愿的差异；其次，通过实证模型分别研究对转基因相关名词的知晓度、转基因食品接受程度和购买意愿的影响因素；最后，根据研究结论提出相关的政策建议。

第二节　研究数据

目前，学术界对转基因消费问题的调查往往存在样本选择偏误。很多调查大都在超市、集市等人流比较多的地方定点访谈或者街头访谈，或者通过发送邮件等进行网上调查。此类调查最大的问题是选择调查样本时很难做到随机取样，进入样本的消费者往往是对转基因问题感兴趣的消费者。

为克服抽样导致的样本偏误，本章使用的调查数据是采用分层随机抽样的方法得到的。为保证调查问卷质量，在正式调查之前首先对调查队员进行室内问卷培训和预调查培训。在抽取调查样本后，我们统一采用一对一的入户调查形式。

本章使用的调查数据主要分为三个部分：城市消费者调查数据、农村消费者调查数据和调查队员调查数据。

一、城市消费者调查数据

本章使用的城市消费者调查数据主要来自北京大学中国农业政策研究中心2002~2012年在不同城市就消费者对转基因技术及食品的认知和态度开展的调查。调查年份分别为2002年、2003年、2010年和2012年，2003年的调查主要是对2002年调查样本的跟踪，所有调查的样本都是从国家统计局城调队在各城市的调查样本中随机选取的。为完成消费者层面的研究内容，城市消费者调查部分的内容包括消费者对转基因食品的接受程度、购买意愿，以及对转基因技术及食品的认知。

2002年和2003年最初的两轮调研中，我们选择了分布在华北（北京和山东）和华东（上海、浙江和江苏）的11个不同城市。这些城市包括两个特大城市（北京和上海），三个中等规模城市（南京、济南和宁波）和六个小型城市（德州、威海、盐城、南通、绍兴和金华）。2002年的调研中，我们从国家统计局城调队在11个城市调查样本的2 300户中随机选择了1 005户家庭进行访谈。2003年的调查城市与2002年相同，但是由于国家统计局每年通常更换三分之一的固定调查户，因此2003年我们只跟踪到666户2002年访谈的家庭，同时新增了334户调查户来构成2003年的调查样本。由于2003年的数据来源于新旧两部分样本，因此在随后的研究中我们将会分开进行分析，其中“2003a”表示2003年的新增样本，“2003b”表示2003年追踪到的调查户。

2010年的第三轮调查在江苏和广东省进行。在江苏省的调查，我们选择了同2002年和2003年的样本相同的三个城市（南京、盐城和南通），但是访谈所选择的家庭和个人不同。2010年将广东省加入我们的调查范围来反映华南消费者的情况，共选择了三个城市广州（特大城市）、中山（小型城市）和梅州（小型城市）。从以上6个国家统计局城调队的城市调查样本中随机选择了430户家庭参与调查，其中1户没有完成访谈，本章共获得有效样本429户。

2012年的最后一轮调研在全国不同地区的5个省份的5个城市中进行：哈尔滨（中等规模城市，东北）、太原（中等规模城市，华北）、台州（小型城市，华东）、南宁（中等规模城市，华南）和兰州（中等规模城市，西北）。共有1 002户家庭从国家统计局城市调查样本中随机抽取出来参与我们2012年的调查。

二、农村消费者调查数据

农村消费者调查数据主要来自作者单位于2016年在不同省份对农村消费者展开的调查。农村调查同样采取严格的随机分层抽样的方法。分层抽样原则主要是将各省人均工业总产值分为 3~5 个等级，从每个等级中随机抽取 1 个县；将每个样本县按照人均工业总产值分为 2 个等级，从每个等级中随机抽取 1 个乡镇；每个样本乡镇随机抽取 2 个村；在每个样本村随机抽取 10 户。农村消费者的调查内容和城市消费者调查内容相似。

最终一共收集了 1 146 个农村消费者的调查数据。调查省份包括黑龙江、吉林、山东、河北、河南、湖北和广东 7 个省份，涉及 29 个县、58 个乡镇和 116 个村。

三、调查队员调查数据

为克服调查队员的转基因态度影响到受访者对相关问题的回答，在农村消费者调查结束后，我们针对转基因食品方面的相关问题对所有调查队员进行了问卷调查。一共涉及 128 个调查队员，其中包括调查组织者和调查队员。

第三节　描述性分析

一、消费者对转基因相关名词的知晓度

为了解消费者对转基因的知晓程度，作者在调查时询问受访者是否听说过“杂交育种技术”、“基因”、“生物技术”和“转基因食品”四个与转基因相关的名词。具体分析如下。

（1）农村居民听说过转基因相关名词的比例普遍较低，明显低于城市居民。表 7.1 第二列显示，在四个名词中农村居民听说过“转基因食品”的比例最高，但是也只有 42%。听说过“生物技术”的比例最低，只有 21%。对比表 7.1 的第二列和第三列可以看出，城市居民对四个转基因相关名词的了解程度明显都高于农村居民。农村居民因为在农业生产中使用的作物种子很多是杂交种（如玉米种子），所以听说过“杂交育种技术”的比例略高，但是依然低于城市居民 30%。

表 7.1　农村和城市消费者对转基因相关名词知晓度的比例

相关技术	农村（2016年）	城市（2012年）
杂交育种技术	40%	70%
基因	31%	74%
生物技术	21%	51%
转基因食品	42%	80%

资料来源：作者调查，2012 年和 2016 年

（2）无论是农村消费者还是城市消费者，对“转基因食品”了解程度都较高，对“生物技术”了解都较少。农村消费者听说过“生物技术”的受访者只有 21%，听说过“基因”的只有 31%。城市消费者对“杂交育种技术”、“基因”和“转基因食品”的了解都在 70%以上，对“生物技术”了解的比例较低，但是也达到了 50%以上。一般来说，“基因”和“生物技术”属于较新名词，尤其是农村居民听说得较少。“转基因食品”之所以听说得较多，主要是因为近几年电视等媒体宣传较多。

二、消费者对转基因的看法

为进一步了解消费者对转基因的认知，我们主要选取了五个相关问题。在进行问卷调查时，我们询问受访者“是否反对转基因技术发展”、“转基因食品是否存在食品安全问题”、“转基因是否对生态环境有影响”、“批准转基因作物产业化生产前，是否应该进行环境评估”和“批准转基因作物产业化生产前，是否应该对转基因食品安全进行评估”。受访者选择回答“是”、“不是”或者“不知道”。具体分析如下。

（1）无论是农村居民还是城市居民，对上述五个问题回答“不知道”的较多。例如，农村居民中，不知道“转基因是否对生态环境有影响”的比例最高，达到 65%。不知道“批准转基因作物产业化生产前，是否应该对转基因食品安全进行评估”的比例最低，达到 49%。城市居民中，不知道“批准转基因作物产业化生产前，是否应该进行环境评估”的比例最高，达到 61%。不知道“是否反对转基因技术发展”的比例则最低，达到36%（表 7.2）。可见，城乡消费者对转基因的一些知识了解很少，尤其是农村居民。

表 7.2　农村和城市消费者对转基因的看法

对转基因看法	农村（2016年）			城市（2012年）		
	是	否	不知道	是	否	不知道
是否反对转基因技术发展	24%	22%	54%	31%	33%	36%
转基因食品是否存在食品安全问题	33%	12%	56%	45%	13%	41%

续表

对转基因看法	农村（2016年）			城市（2012年）		
	是	否	不知道	是	否	不知道
转基因是否对生态环境有影响	22%	13%	65%	36%	16%	48%
批准转基因作物产业化生产前，是否应该进行环境评估	46%	4%	51%	29%	10%	61%
批准转基因作物产业化生产前，是否应该对转基因食品安全进行评估	47%	4%	49%	33%	9%	58%

资料来源：作者调查，2012 年和 2016 年

（2）在排除“不知道”答案的城乡居民中，虽然大部分城乡消费者都认为转基因食品存在食品安全和生态安全问题，但是城乡居民对于转基因技术发展方面的看法比较中立，城乡消费者普遍都支持在转基因食品生产前进行安全评估。

首先，在回答“转基因食品是否存在食品安全问题”和“转基因是否对生态环境有影响”两个问题上，大部分的农村居民和城市居民都认为转基因食品存在食品安全问题和生态环境问题。农村居民中有 33%的人认为转基因食品存在食品安全问题，只有 12%的人认为不存在食品安全问题。城市居民对这一问题回答的比例分别是 45%和 13%。对于“转基因是否对生态环境有影响”的回答呈现类似的结论。

其次，对于“是否反对转基因技术发展”的问题，城乡居民的态度基本上持平。例如，农村居民支持转基因技术发展的比例是 24%，不支持转基因技术发展的比例为 22%。

最后，在批准转基因作物产业化生产前，是否应该进行环境和食品安全评估问题上，大部分城乡消费者认为需要进行环境和食品安全评估，但是农村居民回答的比例略高于城市居民。例如，46%的农村居民认为批准转基因作物产业化生产前，需要进行环境评估，4%的人认为没有必要。但是城市居民回答的比例分别是 29%和 10%。可能农村居民对待新生事物更加谨慎，具有更高的风险厌恶心理，所以支持环境评估和食品安全评估的比例都高于城市消费者。

三、消费者对转基因食品的接受态度

作者选取了 9 种转基因产品来考察城乡消费者对转基因食品的接受态度。其中包括转基因大豆做的豆腐、转基因大豆做的豆油、抗病虫害转基因大米、改善营养的转基因大米、转基因饲料喂养的畜产品、转基因玉米薯片、抗病虫害转基因小麦、转基因奶牛生产的牛奶、转基因奶牛生产的近似人类母乳的乳奶。在对受访者进行调查时，调查队员询问受访者对这 9 种转基因产品的态度，即从完全接受、比较接受、中立、比较反对、非常反对中选择一个进行回答。具体分

析如下。

（1）城乡消费者持中立态度的较多，接受转基因食品的较少。表7.3和表7.4显示，无论是城市居民还是农村居民，对转基因食品持中立态度的都占大多数。例如，农村消费者和城市消费者中对转基因食品保持中立态度最低的食品分别达到37%和33%，最高的食品分别是39%和40%。

表7.3　2016年农村消费者对不同转基因食品的接受程度

不同转基因食品	消费者对不同转基因食品的接受程度					
	完全接受	比较接受	中立	比较反对	非常反对	总体接受程度
	（1）	（2）	（3）	（4）	（5）	（1）+（2）
转基因大豆做的豆腐	7%	16%	38%	26%	12%	23%
转基因大豆做的豆油	7%	16%	39%	27%	11%	23%
抗病虫害转基因大米	8%	18%	37%	26%	11%	26%
改善营养的转基因大米	9%	18%	37%	26%	11%	27%
转基因饲料喂养的畜产品	7%	16%	38%	28%	11%	23%
转基因玉米薯片	7%	16%	37%	29%	11%	23%
抗病虫害转基因小麦	7%	16%	38%	27%	11%	23%
转基因奶牛生产的牛奶	7%	15%	38%	28%	12%	22%
转基因奶牛生产的近似人类母乳的乳奶	7%	15%	38%	28%	12%	22%

注：各项百分比之和不等于100%，是因为进行过舍入修约

资料来源：作者调查，2016年

表7.4　2012年城市消费者对不同转基因食品的接受程度

不同转基因食品	消费者对不同转基因食品的接受程度					
	完全接受	比较接受	中立	比较反对	非常反对	总体接受程度
	（1）	（2）	（3）	（4）	（5）	（1）+（2）
转基因大豆做的豆腐	5%	17%	38%	24%	16%	22%
转基因大豆做的豆油	4%	17%	35%	27%	17%	21%
抗病虫害转基因大米	10%	19%	35%	22%	15%	29%
改善营养的转基因大米	9%	23%	34%	20%	14%	32%
转基因饲料喂养的畜产品	3%	10%	33%	29%	25%	13%
转基因玉米薯片	3%	12%	36%	27%	23%	15%
抗病虫害转基因小麦	5%	16%	40%	22%	17%	21%
转基因奶牛生产的牛奶	4%	13%	33%	27%	24%	17%
转基因奶牛生产的近似人类母乳的乳奶	5%	13%	35%	23%	25%	18%

注：各项百分比之和不等于100%，是因为进行过舍入修约；有小部分城市居民回答不知道，为和农村居民保持一致，将其计入中立

资料来源：作者调查，2012年

（2）相对于城市居民，农村居民对转基因食品的接受程度略高。表 7.3 和 7.4 显示，除抗病虫害转基因大米和改善营养的转基因大米两种食品外，农村居民对其他 7 种转基因食品的接受程度都普遍高于城市居民。例如，对转基因饲料喂养的畜产品和转基因玉米薯片两种产品，农村消费者比城市消费者分别高 10%和 8%。

（3）农村消费者对不同的转基因食品接受程度大致相同，城市消费者对不同产品的接受程度差异变化较大。表 7.3 和表 7.4 显示，农村消费者对转基因食品的接受程度都在 23%左右；城市消费者对不同转基因产品的态度差异较大。例如，农村消费者接受转基因食品的最低比例为 22%，而最高比例仅为 27%；城市消费者接受转基因食品的最低比例为 13%，而最高比例为 32%。可见，农村居民对不同转基因食品的接受程度差异较小，城市消费者表现出的差异相对较大。

四、消费者对转基因食品的购买意愿

在对被调查者进行访谈时，我们同时对上述 9 种转基因产品进行了购买意愿调查。主要是询问受访者是否愿意购买这 9 种转基因产品，农村居民的受访者从“愿意”、“不愿意”、“不知道”（或还没想好）中选择一项进行回答。因为调查时期的不同，在对城市居民进行问卷调查时只是让受访者选择“愿意”或者“不愿意”。为了保持口径一致，方便对比城市和农村居民对转基因食品的购买意愿的差异，作者将农村调查中农户回答“不知道”的归类于“不愿意”。具体分析如下。

（1）无论是城市消费者还是农村消费者，愿意购买转基因食品的比例均较低。表 7.5 和表 7.6 显示，城乡居民不愿意购买转基因产品的比例都在 64%以上。其中，不愿意购买转基因食品的比例最高的是城市消费者对转基因玉米薯片的购买意愿，比例高达 80.1%，最低的是城市消费者对改善营养的转基因大米的购买意愿，也达到了 64.4%。在愿意购买的转基因食品的比例中，最高的是城市居民对改善营养的转基因大米的购买意愿，但也只有 35.6%，最低的也出现在城市居民中，对转基因饲料喂养的畜产品只有 18.6%。

表 7.5　2016 年农村消费者对不同转基因食品的购买意愿

转基因食品	消费者是否愿意购买	
	愿意	不愿意
转基因大豆做的豆腐	23.2%	76.8%
转基因大豆做的豆油	23.4%	76.6%
抗病虫害转基因大米	25.7%	74.3%

续表

转基因食品	消费者是否愿意购买	
	愿意	不愿意
改善营养的转基因大米	26.2%	73.8%
转基因饲料喂养的畜产品	22.3%	77.7%
转基因玉米薯片	22.0%	78.0%
抗病虫害转基因小麦	23.8%	76.2%
转基因奶牛生产的牛奶	21.4%	78.6%
转基因奶牛生产的近似人类母乳的乳奶	21.6%	78.4%

注：为保持和城市消费者调查口径相同，该处将农村被访者回答“不知道”的统一归于“不愿意”

资料来源：作者调查，2016 年

表 7.6　2012 年城市消费者对不同转基因食品的购买意愿

转基因食品	消费者是否愿意购买	
	愿意	不愿意
转基因大豆做的豆腐	27.5%	72.5%
转基因大豆做的豆油	25.4%	75.6%
抗病虫害转基因大米	31.7%	68.3%
改善营养的转基因大米	35.6%	64.4%
转基因饲料喂养的畜产品	18.6%	81.4%
转基因玉米薯片	19.9%	80.1%
抗病虫害转基因小麦	28.6%	71.4%
转基因奶牛生产的牛奶	23.5%	76.5%
转基因奶牛生产的近似人类母乳的乳奶	23.1%	76.9%

资料来源：作者调查，2012 年

（2）城乡居民对转基因食品的接受态度相似，农村居民和城市居民对转基因食品的购买意愿总体差异不大，但是城市居民对不同转基因产品的购买差异明显，农村消费者则差异不明显。通过计算可得，农村消费者愿意购买 9 种转基因产品的平均值为 23.3%，标准差为 1.72，城市消费者对应的均值和标准差分别是 26.0%和 5.5。可见，相对于城市居民，农村居民对各种转基因产品差异不明显。推测可能是因为相较于城市消费者，农村消费者对转基因相关名词的知晓度更低，因此对不同转基因产品的认知差异不明显。

第四节　研 究 方 法

一、影响消费者对转基因相关名词知晓度的计量模型

因为调查数据和调查时期不同，采取不同计量经济模型分别估计城市和农村消费者对转基因相关名词知晓度的影响因素。

1）影响城市消费者对转基因相关名词知晓度的计量模型

$$\mathrm{AW}_{ijt} = f\left(\mathrm{DY}_{j,} P_{jt}, H_{jt}\right) + \xi_i \tag{7.1}$$

计量模型如式（7.1）所示。模型（7.1）中的被解释变量 AW_{ijt} 表示城市消费者对转基因相关名词的知晓度，表示第 j 个被调查者对于第 i 个名词在 t 年的知晓情况。被解释变量设定为虚拟变量，1=消费者听说过该名词，0=消费者没听说过该名词。模型（7.1）中的解释变量逐一说明如下：DY_j 为年份虚拟变量（DY_{03a} 表示 2003 年新增样本的年份虚拟变量；DY_{10} 表示 2010 年样本的年份虚拟变量；DY_{12} 表示 2012 年样本的年份虚拟变量）；P_{jt} 为第 j 个受访者在 t 年的个人特征变量，包括年龄、性别、学历、是否为共产党员和工作单位情况；H_{jt} 为第 j 个受访者在 t 年的家庭特征变量，包括家庭人均可支配收入、是否有家庭成员对某食物过敏和居住城市规模。

2）影响农村消费者对转基因相关名词知晓度的计量模型

$$\mathrm{AW}_{ij} = f\left(P_j, H_j, D\right) + \xi_i \tag{7.2}$$

农村消费者的估计模型和城市消费者模型相似。因为农村消费者调查数据只有一年数据，所以模型中没有考虑时间的变化。计量模型如式（7.2）所示，其中的被解释变量 AW_{ij} 表示转基因食品的知晓度，表示第 j 个被调查者对于第 i 个名词的知晓情况。被解释变量设定为虚拟变量，1=消费者听说过该名词，0=消费者没听说过该名词。需要说明的是，因为收集数据的差异，城市消费者和农村消费者在个别变量的选取上略有差异，但是总体影响不大。例如，为控制家庭成员对食品的重视程度，城市消费者选取家庭成员中是否有人对某食品过敏，农村消费者选取家庭中是否有 1~4 岁的小孩。

因为上述两种模型中的因变量是虚拟变量，所以选取常用的 Probit 模型进行估计。为了更好地解释模型结果，只报告回归模型的边际效应结果。

二、影响消费者对转基因食品接受态度的计量模型

（一）影响城市消费者对转基因食品接受态度的计量模型

构建如下计量模型分析影响消费者对转基因食品接受态度的不同影响因素。具体模型形式如下：

$$\mathrm{AT}_{ijt} = f\left(\mathrm{DY}_j, P_{jt}, H_{jt}\right) + \xi_i \tag{7.3}$$

需要指出的是模型（7.3）中回归分析的样本、解释变量和对照组的选取均与模型（7.1）的设定相同，区别在于模型（7.3）与模型（7.1）的被解释变量不同。

模型（7.3）中的被解释变量 AT_{ijt} 为消费者对转基因食品的接受程度，表示第 j 个被调查者对第 i 种转基因食品在 t 年的态度。消费者的态度在访问时一共划分为六个选项，分别是非常接受、接受、中立、不接受、非常不接受、不知道。由于小部分被访者选择了“不知道”选项，其比例非常低，因此我们在进行计量模型估计时剔除掉这一部分样本。随后将消费者对转基因食品的接受态度保留为五类，分别是非常接受、接受、中立、不接受、非常不接受，分别对应变量赋值的1、2、3、4、5。由于剔除掉了消费者回答的态度为“不知道”的样本，因此三种转基因食品所对应回归样本会略有不同。模型（7.3）中的解释变量形式与模型（7.1）中所采用的解释变量一致，在此不做赘述。

（二）影响农村消费者对转基因食品接受态度的计量模型

农村消费者对转基因食品接受态度的模型和城市消费者相似，只是变量选取和时间维度上有所差异。具体模型形式如下：

$$\mathrm{AT}_{ij} = f\left(P_{jt}, H_{jt}, D\right) + \xi_i \tag{7.4}$$

模型（7.4）回归分析的样本、解释变量和对照组的选取均与模型（7.2）的设定相同，区别在于模型（7.4）与模型（7.2）的被解释变量不同。

模型（7.4）中的被解释变量 AT_{ij} 为消费者对转基因食品的接受程度，表示第 j 个被调查者对第 i 种转基因食品的接受态度。与城市消费者调查问题不同，对农村消费者进行问卷调查时，一共只有非常接受、接受、中立、不接受、非常不接受五个选项。因此，农村消费者回答“不知道”的比例非常低。此处和城市消费者数据的处理方式类似，我们在进行计量模型估计的时候剔除掉了这一小部分的样本。同样地，模型（7.4）中的解释变量形式与模型（7.2）中所采用的解释变

量一致，在此不做赘述。

根据上述两种模型中的因变量的特点，采取有序 Logit 模型进行估计。

三、影响消费者对转基因食品购买意愿的计量模型

消费者对转基因食品的购买意愿和接受程度的影响因素分析方式比较近似，下面分别介绍影响城市消费者和农村消费者购买意愿的模型。

（一）影响城市消费者对转基因食品购买意愿的模型

构建如下计量模型，分析影响消费者对转基因食品购买意愿的不同影响因素。具体模型形式如下：

$$\mathrm{WTP}_{ijt}=f\left(\mathrm{DY}_j,P_{jt},H_{jt}\right)+\xi_i \tag{7.5}$$

需要指出的是，模型（7.5）中回归分析的样本、解释变量和对照组的选取均与模型（7.1）的设定相同，区别在于模型（7.5）与模型（7.1）的被解释变量不同。

模型（7.5）中的被解释变量 WTP_{ijt} 为消费者对转基因食品的购买意愿，表示第 j 个被调查者对第 i 种转基因食品在 t 年的购买意愿。消费者的购买意愿一共分为两个选项，分别是愿意购买转基因食品和不愿意购买转基因食品。模型（7.5）中的解释变量形式与模型（7.1）中所采用的解释变量一致，在此不做赘述。

（二）影响农村消费者对转基因食品购买意愿的模型

农村消费者对转基因食品购买意愿的模型和城市消费者相似，只是变量选取和时间维度上有差异。具体模型形式如下：

$$\mathrm{WTP}_{ij}=f\left(P_{jt},H_{jt},D\right)+\xi_i \tag{7.6}$$

模型（7.6）回归分析的样本、解释变量和对照组的选取均与模型（7.2）的设定相同，区别在于模型（7.6）与模型（7.2）的被解释变量不同。

模型（7.6）中的被解释变量 WTP_{ij} 为消费者对转基因食品的购买意愿，表示第 j 个被调查者对第 i 种转基因食品的购买意愿。同样地，模型（7.6）中的解释变量形式与模型（7.2）中所采用的解释变量一致，在此不做赘述。

根据上述两种模型中的因变量的特点，采取有序 Logit 模型进行估计。

第五节　研究结果

一、城乡消费者对转基因相关名词知晓度的影响因素

（一）城市消费者对转基因相关名词知晓度的影响因素

表 7.7 为城市消费者相关特征变量对转基因相关名词知晓度影响的计量估计结果。同时，为方便比较研究，其中包含“转基因食品”、“杂交育种技术”、“基因”和“生物技术”四个名词的回归结果。

表 7.7　城市消费者相关特征变量对转基因相关名词知晓度影响的计量估计结果

城市消费者相关情况特征			转基因食品	杂交育种技术	基因	生物技术
2003年新增样本			−0.049*	−0.058*	−0.158***	−0.210***
			（−1.68）	（−1.77）	（−5.30）	（−5.74）
2010年样本			0.105***	−0.267***	0.039	−0.226***
			（4.06）	（−8.04）	（1.48）	（−6.38）
2012年样本			0.133***	−0.261***	−0.126***	−0.312***
			（5.25）	（−9.56）	（−5.26）	（−9.72）
个人特征	年龄		−0.001	0.001	−0.001	−0.002
			（−0.66）	（1.50）	（−1.30）	（−1.51）
	性别		0.016	0.050***	0.010	0.041*
			（0.87）	（3.03）	（0.63）	（1.86）
	受教育程度（初中及以下为基期）	高中学历（初中及以下为基期）	0.111***	0.039**	0.100***	0.110***
			（5.57）	（2.25）	（6.13）	（4.63）
		大学及大学以上学历	0.184***	0.132***	0.167***	0.284***
			（7.70）	（6.01）	（8.10）	（9.80）
	政治面貌	共产党员	0.021	0.037**	0.063***	0.060**
			（1.02）	（2.04）	（3.56）	（2.52）
工作类型（企业部门为基期）		在政府与事业单位工作	0.063**	0.055***	0.031	0.043
			（2.56）	（2.59）	（1.43）	（1.50）
		退休人员	0.007	0.003	0.005	−0.003
			（0.24）	（0.12）	（0.21）	（−0.09）
		其他职业	−0.017	−0.018	−0.009	−0.032
			（−0.58）	（−0.73）	（−0.38）	（−0.92）

续表

城市消费者相关情况特征		转基因食品	杂交育种技术	基因	生物技术
家庭特征	家庭人均月可支配收入	0.040***	0.017	0.025**	0.040***
		(2.76)	(1.62)	(2.16)	(2.74)
	家庭成员对某食品过敏	0.076***	0.067***	0.054**	0.049
		(2.60)	(2.68)	(2.08)	(1.43)
	居住在中等城市	0.050**	−0.016	−0.002	0.048*
		(2.29)	(−0.83)	(−0.09)	(1.83)
	居住在大城市	0.163***	−0.004	0.066***	0.074**
		(7.02)	(−0.14)	(2.83)	(2.37)
样本数		2 431	2 431	2 431	2 431

***、**、*分别表示1%、5%、10%的统计显著性水平

注：本表汇报的是Probit模型的边际效应结果，括号中为z统计量

我国城市消费者对转基因食品知晓度近年来显著上升。表7.7中转基因食品一列的年份虚拟变量的回归结果均是显著的，这也印证了之前统计描述的结果。城市消费者对“转基因食品”的知晓度变化趋势不同于其他三个名词。虽然2003年新增样本的知晓度略有下滑，但自此之后，消费者对“转基因食品”的知晓度显著增加。

受教育程度对消费者的转基因食品知晓度具有正向影响。这一结果也符合我们的常识性判断，受教育程度越高，接触到新知识的可能性就越大。受教育程度对其他三个名词知晓度的正向影响也同样成立。通过计量回归结果的系数也能更加清楚地看到，在控制其他影响因素的情况下，受教育程度越高，转基因相关名词知晓度提高的比例越大。较之于初中及以下教育水平的受访者，接受过高中教育的受访者的转基因相关名词知晓度高出11.1%，而具有大学及大学以上学历的被访者的转基因相关名词知晓度则高出18.4%。

人均可支配收入能够正向影响转基因相关名词的知晓度，但影响程度有限。收入的提高确实能够使消费者转基因相关名词知晓度提高，但是从相关系数看来，这样的影响幅度却是有限的。以“转基因食品”的知晓度为例，每增加1 000元的可支配收入，只能将消费者对“转基因食品”知晓度提高4%。其他三个名词的分析得到近似的计量估计结果。

政府与事业单位的工作人员较之于企业部门的工作者对“转基因食品”的知晓度更高。从模型估计结果可以看出，政府与事业单位工作性质对“转基因食品”的知晓度呈现正向影响且较显著。较之于企业部门的工作的受访者，在控制其他因素影响后，政府与事业单位的人员听说过“转基因食品”的可能性高出6.3%。

居民居住城市的规模对转基因食品的知晓度具有正向影响。根据回归结果

的估计系数可知，在控制其他因素影响后，居住在中等城市的消费者比小城市消费者知晓“转基因食品”的概率高出 5%，而居住在大城市的居民这一概率则要高出 16.3%。这一结果与之前的相关性分析一致。通常情况下，随着城市规模的扩大，相应的信息传播配套设施也会愈加完善，意味着城市居民接触到新兴事物的可能性也随之增大，这或许能够解释消费者居住城市的增大所带来的转基因食品知晓度提升。

除“生物技术”外，家庭成员的食品过敏经历对受访者的转基因相关名词知晓度有正向影响。这一结果与之前统计描述分析是一致的，说明家庭有食物过敏的成员确实会使被调查者更加关注转基因食品的信息。可能的解释是，这一类别的消费者由于受食物过敏经历的影响，更加关注食品安全问题。与此同时，大众媒体报道中经常将转基因食品与食品安全问题联系起来，所以使得被访者中关心食品安全问题的消费者更有可能了解到转基因食品。

共产党员的政治面貌对于被访者“转基因食品”的知晓度的影响不显著。在这里不能忽略的一个问题是政治面貌与政府和事业单位的工作性质有一定的相关性。但控制其他变量的影响后，共产党员的政治身份并不能直接影响到消费者对“转基因食品”的知晓度，使得此项计量估计结果不显著。但是，被访者可能因为身为共产党员而增加进入政府及事业单位的可能性，通过工作性质间接影响到对“转基因食品”的认知。因此在控制其他变量影响的情况下，政府与事业单位的工作性质与消费者对转基因食品的知晓度呈现显著的正相关关系。

模型估计结果并没有表明年龄和性别对被访者转基因食品的知晓度有显著的影响。

（二）农村消费者对转基因相关名词知晓度的影响因素

农村消费者对转基因相关名词知晓度的影响因素的估计结果见表 7.8。为方便对比分析，对农村消费者依然采用“转基因食品”、“杂交育种技术”、“基因”和“生物技术”四个名词。因为农村消费者只有一年的截面数据，因此，农村消费者对转基因相关名词的知晓度不能得出时间上的趋势变化。其他相关变量估计结果如下。

表 7.8　农村消费者相关特征变量对转基因相关名词知晓度影响的计量估计结果

农村消费者相关情况特征		转基因食品	杂交育种技术	基因	生物技术
个人特征	年龄	−0.01***	−0.00	−0.00*	−0.00**
		(−4.27)	(−0.94)	(−1.90)	(−2.49)
	性别	0.05	0.07*	0.05	0.09***
		(1.30)	(1.78)	(1.28)	(2.67)

续表

农村消费者相关情况特征		转基因食品	杂交育种技术	基因	生物技术
个人特征	受教育程度	0.04***	0.03***	0.04***	0.03***
		（8.28）	（6.69）	（8.77）	（5.97）
	共产党员	0.07*	0.11***	0.03	0.08***
		（1.92）	（3.07）	（1.06）	（2.91）
务农情况（仅从事农业为基期）	仅从事非农业	0.05	−0.02	−0.01	0.07
		（0.79）	（−0.27）	（−0.20）	（1.17）
	从事农业和非农业	0.05	0.02	0.03	0.02
		（1.41）	（0.52）	（0.86）	（0.84）
	没有工作	0.01	0.20***	0.04	0.12*
		（0.23）	（2.96）	（0.61）	（1.86）
家庭特征（低收入组为基期）	中低收入组	0.09**	0.06	0.02	0.01
		（2.28）	（1.29）	（0.38）	（0.28）
	中等收入组	0.10**	0.03	−0.02	0.01
		（2.48）	（0.84）	（−0.46）	（0.42）
	中高收入组	0.12***	0.04	0.06	0.02
		（2.73）	（0.84）	（1.35）	（0.64）
	高收入组	0.14***	0.04	−0.02	0.02
		（2.72）	（0.83）	（−0.45）	（0.43）
	家庭人口数	0.01	0.01*	0.01	0.01**
		（0.85）	（1.88）	（1.01）	（2.24）
	家庭中是否有0~4岁的孩子	−0.07**	−0.09**	−0.03	−0.01
		（−2.00）	（−2.37）	（−0.94）	（−0.42）
社会资本（小于7户的为基期）	7~12户	0.07*	0.03	0.05	0.00
		（1.80）	（0.74）	（1.32）	（0.08）
	12~20户	0.04	0.08*	0.03	0.05
		（1.04）	（1.75）	（0.84）	（1.43）
	大于20户	0.03	0.06	0.11***	0.07**
		（0.64）	（1.56）	（2.73）	（1.96）
	村委会到县政府的距离	0.00	0.00	0.00	0.00
		（−0.30）	（−0.49）	（−0.22）	（−0.23）
省控制变量		—	—	—	—
样本量		1 146	1 146	1 146	1 146

***、**、*分别表示1%、5%和10%的统计显著性水平

注：本表汇报的是Probit模型的边际效应结果，括号中为z统计量

农村消费者的年龄对转基因食品的知晓度呈负向影响。与城市消费者不同，

农村消费者的年龄对转基因食品的影响表现出显著的负相关关系。但是，年龄对转基因食品的影响程度不大，表 7.8 中显示，年龄每增加一岁，农村消费者对转基因食品的知晓度减小 0.01。对于其他转基因相关名词，影响的程度更小。

同城市消费者相似，受教育程度对转基因相关名词知晓度具有正向影响。这一结果也符合我们的常识性判断，受教育程度越高，接触到新知识的可能性就越大。受教育程度对其他三个相关名词的知晓度也同样表现出正向影响。农村消费者的受教育程度每增加 1 年，则对转基因名词的知晓程度增加大约 0.04。

政治面貌显著影响农村消费者对转基因食品的知晓度。属于共产党员的农村居民对“转基因食品”、“杂交育种技术”和“生物技术”三个转基因相关的名词更加了解。这里进一步验证了上述对城市消费者的猜想，即共产党员对城市消费者知晓度的影响是通过在政府和事业单位工作传递的。因为城市和农村的消费者工作种类差异较大，将农村消费者分为了仅从事农业、仅从事非农业、从事农业和非农业和没有工作四类。一般来说，政治面貌和农村消费者的工作种类相关性不强。

农村消费者的家庭收入对转基因食品的知晓度产生正向影响，对其他三个名词没有影响。表 7.8 显示，随着收入的增加，相对于低收入组，农村消费者对转基因食品的知晓程度从 0.09 增加到 0.14。这一结果和城市消费者得出相似的结论。

其他变量中，没有得出统一的显著性结论。例如，社会资本、家庭人口数、家庭中是否有 0~4 岁的小孩、村委员到县城的距离等变量只对部分转基因相关名词的知晓度有影响。

二、城乡消费者对转基因食品接受态度的影响因素

（一）城市消费者对转基因食品接受态度的影响因素

城市消费者对转基因食品接受态度影响的估计结果见表 7.9 所示。总体来看，所有变量估计的符号符合预期，并且大多数变量是高度显著的。具体分析如下。

表 7.9 城市消费者对转基因食品接受态度影响的估计结果

城市消费者相关情况特征	转基因大豆油	抗病虫害转基因大米	改善营养的转基因大米
2003年新增样本	0.158**	0.256***	−0.029
	−2.14	−3.43	（−0.39）
2003年跟踪样本	0.246***	0.246***	0.063
	−4.08	−4.06	−1.04

续表

城市消费者相关情况特征		转基因大豆油	抗病虫害转基因大米	改善营养的转基因大米
2010年样本		−0.256***	−0.083	−0.250***
		(−3.65)	(−1.19)	(−3.55)
2012年样本		−0.957***	−0.881***	−0.990***
		(−14.73)	(−13.56)	(−15.15)
个人特征	年龄	−0.002	−0.007***	−0.004
		(−0.79)	(−2.71)	(−1.53)
	性别	0.079*	0.061	0.034
		−1.89	−1.44	−0.81
	高中学历（初中及以下为基期）	−0.059	−0.095*	−0.071
		(−1.22)	(−1.96)	(−1.47)
	大学及大学以上学历	−0.148**	−0.191***	−0.085
		(−2.54)	(−3.26)	(−1.44)
	共产党员	0.123***	0.181***	0.163***
		−2.69	−3.95	−3.57
类型（企业部门为基期）	政府与事业单位	0.044	0.016	0.072
		−0.81	−0.29	−1.33
	退休人员	0.113*	0.086	0.068
		−1.68	−1.27	−1.01
	其他职业	0.088	0.162**	0.110*
		−1.33	−2.43	−1.65
家庭特征	家庭人均月纯收入	−0.045**	−0.046**	−0.055***
		(−2.11)	(−2.18)	(−2.64)
	居住在中等城市	−0.016	−0.017	−0.051
		(−0.32)	(−0.33)	(−1.01)
	居住在大城市	−0.201***	−0.165***	−0.153***
		(−3.54)	(−2.91)	(−2.69)
	家庭成员对某食品过敏	−0.011	0.037	0.017
		(−0.17)	−0.58	−0.26
样本数		2 911	2 930	2 939

***、**、*分别表示1%、5%、10%的统计显著性水平

注：本表汇报的是Probit模型的边际效应结果，括号中为 z 统计量

我国城市消费者对转基因食品的接受度在2002~2003年略有平稳上升，而后从2010年开始呈现明显的下滑趋势。针对三种转基因食品的接受程度的回归结果表明，2010年和2012年的年份虚拟变量估计系数为负值，并且大部分在1%的水

平上显著。转基因大豆油与抗病虫转基因大米的估计结果中，2003 年的年份虚拟为正值，说明消费者对这两种产品的接受度相比于 2002 年有所上升。并且，2003 年追踪样本的相关系数基本上大于 2003 年的新增样本，说明 2002 年开展的转基因食品调查在一定程度上提高了被访者的接受程度。由此可见，消费者的接受程度自 2002 年以来呈现非线性变化趋势，早期略有上升，但是 2012 年以后下滑极为明显。

消费者年龄、受教育程度、居住城市规模和家庭人均月收入对转基因食品的接受程度呈现负向影响。估计结果表明，转基因食品的接受程度随着年龄的增长而降低，但对于转基因大豆油而言，这样的相关性并不显著。可能的原因是，年龄越大的消费者其消费观念越趋于保守，常年形成的消费习惯很难发生改变，对于新型产品知晓度有限，并且接受程度也不高。相较之于初中及以下学历的被访者而言，大学及大学以上学历的人群更有可能拒绝三种转基因食品，但仅对抗病虫转基因大米的接受程度影响具有统计显著性。相对于居住在小城市的消费者而言，居住在大城市的消费者对于三种转基因食品更趋向于不接受，且其统计显著性水平为 1%。随着人均月纯收入的增加，消费者趋向于不接受转基因食品，但人均月纯收入只对营养改善型转基因大米接受程度的负向影响体现出 1%水平的显著性。

性别对不同转基因食品的接受度存在差异。男性消费者接受转基因食品的可能性高于女性消费者。但只在转基因大豆油一种产品中体现出统计显著性，对于抗病虫害转基因大米和改善营养的转基因大米而言，相关性不显著。可能的解释是因为男性相对于女性的保守而言，对于新鲜事物更愿意进行尝试，所以会更可能趋向于接受作为一种新型事物的转基因食品。

共产党员的政治面貌与接受程度呈现正相关性。共产党员相较于非共产党员而言，更趋向于接受抗病虫害转基因大米和营养改善的转基因大米，并且相关性的统计显著性在 1%的水平上。有意思的是，共产党员的政治面貌与接受程度呈正相关性。相对于非共产党员而言，共产党员更趋向于接受三种转基因食品，且都在 1%的水平上显著。

相较于在企业部门工作的人员而言，退休人员更有可能接受转基因大豆油，其他职业的人员更容易接受抗病虫害转基因大米和营养改善型转基因大米。由于转基因大豆油价格较低，企业退休职工因为收入较低而更可能接受转基因大豆油。其他职业的人群可能是出于农药残留更少和营养价值更高的特性，而更倾向于接受抗病虫害转基因大米和营养改善型转基因大米。

（二）农村消费者对转基因食品接受态度的影响因素

农村消费者对转基因食品接受态度影响的估计结果如表 7.10 所示。与城市消费者估计结果相比，农村消费者模型中表现出显著性的变量较少。具体分析如下。

表 7.10　农村消费者对转基因食品接受态度影响的估计结果

消费者相关情况特征		转基因大豆油	抗病虫害转基因大米	改善营养的转基因大米
个人特征	年龄	−0.01***	−0.01***	−0.01***
		（−3.51）	（−2.90）	（−2.73）
	性别	−0.05	−0.03	0.01
		（−0.58）	（−0.37）	（−0.12）
	受教育程度	0.01	0.01	0.01
		（−0.38）	（−0.71）	（−0.65）
	共产党员	0.02	0.04	0.02
		（−0.19）	（−0.4）	（−0.18）
务农情况（仅从事从业为基期）	仅从事非农业	−0.23	−0.25	−0.32*
		（−1.25）	（−1.36）	（−1.70）
	从事农业和非农业	0.01	−0.03	−0.04
		（−0.08）	（−0.37）	（−0.55）
	没有工作	−0.15	−0.06	−0.12
		（−0.76）	（−0.32）	（−0.67）
家庭特征（低收入组为基期）	中低收入组	0.32***	0.25**	0.28***
		（−3.26）	（−2.55）	（−2.92）
	中等收入组	0.19**	0.12	0.17*
		（−2.02）	（−1.37）	（−1.84）
	中高收入组	0.24**	0.18*	0.21**
		（−2.35）	（−1.78）	（−2.11）
	高收入组	0.25**	0.15	0.17
		（−2.00）	（−1.22）	（−1.30）
	家庭人口数	0.02	0.02	0.02
		（−1.12）	（−1.34）	（−1.20）
	家庭中是否有0~4岁的孩子	−0.05	−0.1	−0.12
		（−0.57）	（−1.12）	（−1.39）
社会资本（小于7户的为基期）	7~12户	−0.03	0.03	0.04
		（−0.34）	（−0.35）	（−0.48）
	12~20户	−0.20**	−0.15	−0.11
		（−2.10）	（−1.58）	（−1.15）

续表

消费者相关情况特征		转基因大豆油	抗病虫害转基因大米	改善营养的转基因大米
社会资本（小于7户的为基期）	大于20户	-0.25^{***}	-0.21^{**}	-0.19^{**}
		（-2.74）	（-2.31）	（-2.07）
	村委会到县政府的距离	0	0	0
		（-1.12）	（-1.44）	（-1.19）
	是否听过转基因食品	-0.50^{***}	-0.45^{***}	-0.46^{***}
		（-6.41）	（-5.73）	（-5.89）
	调查队员对转基因食品的接受程度	-0.02	-0.01	0.01
		（-0.72）	（-0.18）	-0.23
省控制变量		—	—	—
样本量		1 146	1 146	1 146

***、**、*分别表示 1%、5%、10%的统计显著性水平

注：本表汇报的是 Probit 模型的边际效应结果，括号中为 z 统计量

在个人特征层面，只有农村消费者的年龄对转基因食品的接受态度表现出负相关的关系。农村消费者的年龄对转基因大豆油、抗病虫害转基因大米、改善营养的转基因大米三种转基因食品都在 1%的统计水平上高度显著，并且相关系数都为 0.01。但是，与城市消费者不同的是，农村消费者在个人层面的性别、教育和共产党员对转基因食品的接受态度都没有表现出显著性。

相对于低收入组，中低收入组的农村消费者更愿意接受转基因食品。以转基因大豆油为例，相对于低收入组，中低收入组的系数达到最高的 0.32。然后，下降到中等收入组的 0.19，接着随着收入的增加，系数逐渐增加，到高收入组为 0.25。尽管在抗病虫害转基因大米和改善营养的转基因大米两个转基因食品中，各个收入组没有表现出统一的显著性，但是在中低收入组上的系数最高并且显著。

听说过转基因食品的农村居民更加反对转基因食品。通过表 7.10 可以看出，听说过转基因食品的农村消费者对转基因大豆油、抗病虫害转基因大米、改善营养的转基因大米三种转基因食品均表现出负相关的关系。推测可能是因为消费者听到关于转基因食品的消息以负面为主，影响了消费者对转基因食品安全性的判断。

有意思的是，调查者对转基因食品的态度并没有影响到受访者对转基因食品的态度。通过表 7.10 可以看出，调查者对三种转基因食品的接受态度并没有对消费者的态度表现出显著性。这进一步验证了我们调查数据的准确性。

另外，其他变量没有表现出显著性。例如，农村消费者的务农情况、家庭人口数、是否有 0~4 岁小孩、社会资本等变量对转基因食品的接受态度都没有表现

出显著性。

三、城乡消费者对转基因食品购买意愿的影响因素

（一）城市消费者对转基因食品购买意愿的影响因素

消费者对转基因食品的购买意愿在 2010 年之前的波动不大，但 2012 年的急剧下降尤为明显（表 7.11）。2003 年消费者对转基因大豆油和抗病虫害转基因大米的购买意愿较之于 2002 年的调查结果有显著的提高，以转基因大豆油为例，2003 年新增样本虚拟变量的估计系数为 0.074，并且统计显著性水平为 5%，估计系数意味着在控制其他变量影响的情况下，2003 年消费者的购买意愿比 2002 年增加了 7.4%。然后，2012 年三种转基因食品的购买意愿均有显著下降，同样以转基因大豆油为例，2012 年份虚拟变量的估计系数为−0.216，并且统计显著性水平为 1%，估计结果表示相对于 2002 年的调查结果而言，在控制其他变量影响的情况下，2012 年受访者对转基因大豆油的购买意愿降低了 21.6%。

表 7.11　城市消费者转基因食品购买意愿的 Probit 模型估计结果

消费者相关情况特征		1=愿意购买转基因食品；0=不愿意购买转基因食品		
		转基因大豆油	抗病虫害转基因大米	改善营养的转基因大米
2003年新增样本		0.074**	0.123***	−0.013
		（−2.23）	（−3.5）	（−0.37）
2010年样本		−0.055*	0.024	−0.033
		（−1.79）	（−0.73）	（−0.98）
2012年样本		−0.216***	−0.284***	−0.290***
		（−7.42）	（−9.24）	（−9.35）
个人特征	年龄	0	−0.003**	−0.002*
		（−0.24）	（−2.07）	（−1.76）
	性别	0.023	0.029	0.002
		−1.04	−1.28	−0.07
受教育程度（初中及以下为基期）	共产党员	0.060**	0.069***	0.074***
		−2.55	−2.81	−3.04
	大学及大学以上学历	−0.082***	−0.087***	−0.072**
		（−2.73）	（−2.74）	（−2.26）
	高中学历	−0.022	−0.034	−0.016
		（−0.88）	（−1.32）	（−0.62）

续表

消费者相关情况特征		1=愿意购买转基因食品；0=不愿意购买转基因食品		
		转基因大豆油	抗病虫害转基因大米	改善营养的转基因大米
工作类型（企业部门为基期）	在政府与事业单位工作	−0.025	−0.038	−0.006
		(−0.92)	(−1.31)	(−0.20)
	退休人员	0.007	0.019	0.009
		−0.2	−0.53	−0.24
	其他职业	0.025	0.080**	0.04
		−0.74	−2.25	−1.15
家庭特征	家庭人均月可支配收入	0.004	−0.001	−0.007
		−0.33	(−0.12)	(−0.52)
	家庭成员对某食品过敏	0.009	−0.004	0.023
		−0.26	(−0.13)	−0.67
	居住在中等城市	−0.053**	−0.012	−0.062**
		(−2.08)	(−0.43)	(−2.29)
	居住在大城市	−0.090***	−0.120***	−0.094***
		(−3.13)	(−3.85)	(−2.97)
样本数		2 431	2 431	2 431

***、**、*分别表示 1%、5%、10%的统计显著性水平

注：本表汇报的是 Probit 模型的边际效应结果，括号中的为 z 统计量

年龄、受教育程度对三种转基因产品购买意愿呈负向影响，而政治面貌呈正向影响。以抗病虫害转基因大米为例，在控制其他变量影响的情况下，被访者年龄每增加一周岁，其购买意愿会降低 0.3%。这可能因为随着年龄的增大，消费者对于新兴食品的态度会逐渐趋于保守，特别是老年消费者会更愿意遵循长时间形成的消费习惯而购买传统产品。

受访者的家庭特征中仅有居住城市规模对转基因食品的购买意愿产生了显著的影响。估计结果表明，相对于居住在小城市的被访者而言，居住在中等规模城市和大城市的受访者都更加不愿意购买转基因食品。以转基因大豆油为例，在控制其他变量影响的情况下，相比于小城市的居民而言，居住在中等规模城市和大城市的转基因食品购买意愿要分别低 5.3%和 9%。前面的相关性分析中表明，家庭收入情况和家庭成员食物过敏经历与购买意愿存在相关关系，但有意思的是，在控制其他变量影响后，两者带来的影响并不具有统计显著性。

（二）农村消费者对转基因食品购买意愿的影响因素

总体来讲，在农村消费者模型中，影响消费者购买转基因食品的因素较少，

并且和城市消费者表现出相似的结论。具体分析如下。

农村消费者的年龄对三种转基因产品购买意愿具有正向影响。通过表 7.12 可以看出，在控制其他变量的情况下，消费者的年龄每增加一周岁，其购买三种转基因食品的意愿分别增加 1%。这一点正好和城市消费者表现出相反的结论。相对于仅从事农业生产的农村消费者，仅从事非农生产的消费者更愿意购买转基因食品，并且，对于三种转基因食品的影响系数变化不大，都在 0.14 左右，但是兼职的农村消费者没有表现出显著性。

表 7.12　农村消费者转基因食品购买意愿的 Probit 模型估计结果

消费者相关情况特征		1=愿意购买转基因食品；0=不愿意购买转基因食品		
		转基因大豆油	抗病虫害转基因大米	改善营养的转基因大米
个人特征	年龄	0.01***	0.01***	0.01***
		−3.72	−3.12	−3.41
	性别	−0.02	−0.01	−0.04
		（−0.42）	（−0.20）	（−0.89）
	受教育程度	0.00	0.00	0.00
		（−0.12）	（−0.37）	（−0.48）
	共产党员	−0.01	−0.01	−0.01
		（−0.35）	（−0.21）	（−0.19）
务农情况（仅从事农业为基期）	仅从事非农业	0.14*	0.14*	0.16**
		−1.77	−1.75	−2.05
	从事农业和非农业	−0.01	−0.01	−0.02
		（−0.29）	（−0.36）	（−0.38）
	没有工作	0.20**	0.15*	0.15*
		−2.49	−1.81	−1.84
家庭特征（低收入组为基期）	中低收入组	−0.12**	−0.11**	−0.14***
		（−2.46）	（−2.24）	（−2.69）
	中等收入组	−0.01	−0.03	−0.04
		（−0.23）	（−0.64）	（−0.71）
	中高收入组	−0.08	−0.05	−0.06
		（−1.41）	（−0.98）	（−1.12）
家庭特征（低收入组为基期）	高收入组	−0.08	−0.08	−0.09
		（−1.31）	（−1.37）	（−1.44）
	家庭人口数	−0.01	−0.01	−0.01
		（−1.02）	（−1.05）	（−1.32）
	家庭中是否有0~4岁的孩子	0.02	0.03	0.05
		−0.48	−0.6	−1.07

续表

消费者相关情况特征		1=愿意购买转基因食品；0=不愿意购买转基因食品		
		转基因大豆油	抗病虫害转基因大米	改善营养的转基因大米
社会资本（小于7户的为基期）	7~12户	0.03	0.02	0.01
		−0.63	−0.38	−0.32
	12~20户	0.04	0.04	0.03
		−0.82	−0.89	−0.61
	大于20户	0.10**	0.08*	0.09*
		−2.21	−1.69	−1.9
	村委会到县政府的距离	0.00	0.00	0.00
		−0.83	−0.11	−0.04
省虚拟变量		—	—	—
样本量		849	861	860

***、**、*分别表示 1%、5%、10%的统计显著性水平

注：本表汇报的是 Probit 模型的边际效应结果，括号中为 z 统计量

其他变量中，性别、受教育程度、共产党员等变量都没有表现出明显的显著水平。只有社会资本变量，相对于小的社会资本（三代内的亲戚小于 7 户），当社会资本的成员数大于 20 户时，才表现出了一定的显著水平。

第六节　主要结论和政策建议

一、主要结论

本章分别针对城市消费者和农村消费者，就转基因相关名词的知晓度、转基因食品的接受程度和购买意愿三个方面进行了影响因素分析，下面我们将逐一进行总结。

（1）我国城市消费者对转基因相关名词的知晓度有所提高，对转基因食品的态度趋于负面。城市消费者转基因相关名词的知晓度受政治面貌、受教育程度、人均收入、居住城市规模和食物过敏经历的正向影响。农村消费者方面，消费者的年龄对转基因相关名词表现出负向影响，受教育程度对转基因相关名词的知晓度产生正向影响；农村消费者的家庭收入对转基因食品的知晓度产生正向影响，对“杂交育种技术”、“基因”和“生物技术”三个名词没有影响。

（2）城市消费者中，年龄、受教育程度、居住城市规模和家庭人均月收入对转基因食品的接受程度呈负向影响；男性消费者接受转基因食品的可能性高于

女性消费者；共产党员的政治面貌与接受程度呈现正相关性。农村消费者中，年龄与转基因食品的接受态度表现出负相关的关系；相对于低收入组，中低收入组的农村消费者更愿意接受转基因食品；越是听说过转基因食品的农村居民越反对转基因食品；调查者对转基因食品的接受态度没有影响到消费者的回答。

（3）城市消费者中，对转基因食品的购买意愿在 2010 年之前的波动不大，但是从2012年以后急剧下降；消费者的年龄、受教育程度对三种转基因产品购买意愿具有负向影响，而政治面貌具有正向影响。农村消费者中，年龄对三种转基因产品购买意愿具有正向影响；相对于仅从事农业生产的农村消费者，仅从事非农业生产的消费者更愿意接受转基因食品，但是兼职的农村消费者没有表现出显著性。

二、政策建议

（1）加大转基因技术媒体报道的监管力度，杜绝虚假信息泛滥，营造理性开放的舆论氛围。

研究发现，消费者越是听到转基因的相关名词，越是反对转基因食品。由此可以推测，目前对于转基因食品的宣传以消极信息为主，进而影响到了消费者对转基因食品的判断。国内公众对一些广为认可的转基因常识了解较少，很多没有事实依据的有关转基因的虚假报道却在国内媒体广为传播。加强转基因媒体报道监管力度，严禁不实负面消息的传播，让公众了解转基因技术的本质及其影响应是政府的当务之急。

（2）做好转基因食品的科普工作，为转基因玉米产业化创造良好的市场环境。

研究发现，消费者的性别、年龄、受教育程度等个人特征以及家庭收入从不同角度影响消费者对转基因相关名词的知晓度、对转基因食品的接受态度及购买意愿。因此，在进行转基因知识科普时，应综合考虑，尽量分人群进行科普。以科学的态度做好转基因食品的科普工作，纠正没有科学依据的转基因知识虚假报道。同时，让不同的利益攸关方了解转基因技术对他们的经济影响，共同为转基因产业化创造良好的市场环境。

第三篇

农产品生产变化和主要农产品供给反应

第八章　农业生物技术和生产力

本章主要基于吉林省和辽宁省微观调查的数据，研究转基因玉米技术对农户施用杀虫剂费用、劳动力投入和玉米单产的影响。结构安排如下：首先，对调查地区的转基因玉米种植情况进行分析；其次，对比分析转基因和非转基因玉米在杀虫剂费用、劳动力投入和玉米单产方面的差异；再次，实证分析转基因技术使用对杀虫剂费用、劳动力投入及玉米单产的影响；最后，根据上述研究内容的结论为我国转基因玉米产业化提供相关的政策建议。

第一节　研究背景

过去的二十多年，全球转基因技术产业在激烈的争论中崛起。虽然转基因技术自从其商业化开始就受到世界各国的广泛关注，并成为当今科技发展争论最为激烈的问题，但转基因农作物的推广面积却呈快速增长态势，从1996年的170万公顷增加到2016年的1.85亿公顷，增长了110倍，占全球15亿公顷耕地的约12%。其中，玉米种植0.38亿公顷，占全球转基因播种面积的21%，占全球玉米生产的26%（ISAAA，2017）。

转基因技术产业的激烈争论和转基因产业迅速崛起的背后实际上潜藏着巨大的国家利益。不仅对转基因技术持积极态度的美国、巴西等国家一如既往地推进转基因技术的产业化进程，而且对转基因技术和产品持谨慎甚至“反对”态度的欧盟各国也开始加大在这方面的研究投入。到2016年，全球已有26个国家实现了转基因作物的产业化。

我国政府一直支持转基因农作物的技术研发，我国也是世界上最早研究转基因作物的国家之一。玉米新品种的研发也是我国政府一直支持和鼓励的技术研发之一。自1996年首次培育出单交玉米种以来，截至2015年，我国农民使用的单交种已经达到932个。我国对转基因玉米品种的研发始于1980年，随后，我国政府为转基因技术的研发投入了大量的资金（Huang et al.，2005a，2005b；Hu et al.，2012）。

到目前为止，我国转基因技术的发展已经领先于其他发展中国家（Xie et al.，2017）。

虽然我国政府在转基因技术研发方面投入很大，但是我国的转基因作物产业化发展并不理想。目前，我国转基因产业化生产的作物主要是棉花和木瓜，转基因棉花在我国已经接近全部种植。近年来我国转基因作物种植面积基本上没有增加，而木瓜种植面积很小，不是我国主要的农作物。自 2009 年颁发转基因抗虫水稻和转基因植酸酶玉米生产安全证书后，也一直没有获得商业化种植许可。随着世界上其他国家转基因作物种植的发展，我国转基因作物播种面积也由 2002 年的第 4 位下降到了 2016 年的第 8 位，先后被加拿大、印度、巴拉圭和巴基斯坦赶超（ISAAA，2017）。

为逐渐消除公众对转基因的担心，农业农村部确定了我国主要转基因作物产业化从“非食用”到“间接食用”再到“食用”的三步走战略。目前，我国已经实现了部分非食用作物（如抗虫棉）的转基因产业化，间接食用和直接食用作物的产业化依然没有实行。通常所说的间接食用作物的产业化，主要是饲料粮（转基因玉米）和油料作物（转基因大豆）的产业化。就目前我国国情而言，要实现间接食用作物的产业化这一近期的目标，转基因玉米将是最有可能实行转基因产业化的作物（Xie et al.，2017）。

转基因玉米是通过转基因技术在玉米的遗传物质中插入外源基因，使其具备人类所希望的玉米品系（刘小丹等，2012）。目前，全球经过改良的转基因玉米农艺性状主要是抗除草剂、抗虫、抗病和抗旱等性状，商业化种植的转基因玉米多为抗虫或抗除草剂或同时含有两者的复合性状（谭涛和陈超，2014）。本章主要研究抗虫转基因玉米的产业化的经济影响。

目前，转基因玉米已经成为全球主要的转基因作物之一。在 2016 年，总共有 26 个国家种植转基因作物，种植转基因玉米的国家有 15 个，转基因玉米的种植面积占全球转基因作物总面积的 30%。其中，美国、巴西和阿根廷三国的转基因玉米占全球转基因玉米播种面积的 96%（ISAAA，2017）。不难看出，转基因玉米产业化生产在全球农业生产中占据着重要的地位。

虽然我国没有进行转基因玉米产业化，但是我国每年都会进口转基因玉米。2016 年，我国出口玉米仅 0.4 万吨，进口的玉米为 317 万吨，其中部分来自转基因玉米生产国。随着我国消费者对玉米需求的增加，进口转基因玉米的比例将会更高。我国禁止实行转基因玉米的产业化生产和允许转基因玉米进口的矛盾引发了一系列问题。例如，增加了我国玉米生产的成本，降低产量，减弱了我国玉米生产的竞争力等。

抗虫转基因玉米在大田生产方面的研究较多，并且所有使用微观调查数据得出的研究都表明转基因玉米可以提高单产和减少杀虫剂的使用。但是，对于不同国家，研究结果不同。因为我国还没有批准转基因玉米产业化，所以目前仍然没有学者从微观农户的角度研究我国转基因玉米在投入产出方面的影响。

大部分研究表明转基因抗虫作物可以减少农药和劳动力投入，提高玉米单产，增加农民收入（Pray et al.，2011；Kalaitzandonakes，2003；Naseem and Pray，2004；Gouse et al.，2005；Gandhi and Namboodiri，2006；Brookes，2008；Shelton et al.，2009；Qaim，2009；Finger et al.，2011；Klümper and Qaim，2014；Xie et al.，2017）。例如，Gouse 等（2005）利用南非两年的调查数据进行实证分析得出转基因白玉米可以增加作物产量，减少农药的使用量，并且种植规模越大效果越明显。Brookes 等（2008）通过对欧盟七个种植转基因玉米的国家（西班牙、法国、德国、捷克、葡萄牙、波兰、斯洛伐克）进行文献梳理，得出转基因玉米在这些国家生产可以提高玉米单产，使农户的收益提高 12%~21%，并且可以减少化学农药的使用，提高环境质量。Brookes 和 Barfoot（2005）利用阿根廷的农户调查数据进行分析，估计出转基因玉米可以提高单产 9%。

因为我国转基因作物进行大规模生产的只有转基因抗虫棉，所以对于我国转基因作物在大田生产方面的研究主要集中在转基因棉花。Huang 等（2002a）利用我国棉农的微观调查数据通过实证分析得出转基因棉花提高作物单产、节省农药成本，减少农药用量和劳动力用工等。Qiao 等（2017）同时研究发现转基因棉花可以减小杀虫剂使用的方差，说明转基因棉花实施以后，农户使用杀虫剂的剂量稳定在较小的水平。

除了转基因棉花，目前，对其他作物通过农户调查数据进行的研究较少，有少量研究通过大田试验获得的数据进行分析。例如，Huang 和 Bo-Wen（2015）利用大田试验的方法得出转基因水稻可以提高单产 6%~9%，减少 80%的杀虫剂，并且有利于农户的身体健康。

对于我国转基因玉米而言，只有少量学者通过小规模的田间试验得出转基因玉米可以减少农户的产量损失，增加农户收益（Xie et al.，2017）。但是对于转基因玉米在大田生产中的影响研究依然存在空白。在大田生产中转基因玉米对生产影响是怎样的？可以减少多少杀虫剂和劳动力投入？可以提高玉米的单产是多少？本章基于调查的微观数据，试图回答上述问题。

第二节　研究数据

一、数据来源

虽然我国政府还没有批准转基因玉米产业化生产，但是我们了解到在吉林省、辽宁省等地方有部分农户种植了转基因玉米。这部分种植转基因玉米的农户正好提供了很好的转基因玉米在大田生产的数据。因此，作者所在单位分别对吉林省和辽宁省的两个玉米生产县进行了农户调查。

（一）数据追踪

本次问卷调查是在 2017 年 8 月进行的，一共选取了辽宁省的彰武县、昌图县和吉林省的梨树县、德惠市四个县（县级市）。需要指出的是，在这次调查之前，作者所在单位对上述地区都组织过一轮或两轮玉米生产的调查。2013 年在辽宁的两个县组织了一轮调查，在 2013 年和 2015 年分别对吉林省的两个县组织了两轮调查。因此，2017 年的调查是在上述调查的基础上进行的跟踪调查。调查年份虽然是 2017 年，但是关于农户玉米生产的信息主要调查的是 2016 年的情况。对于第一轮的调查，抽样的原则是采用随机分层抽样，即每个省随机取 2 个县，每个县随机取 2 个乡，每个乡随机取 2 个村，每个村随机取 10 户，每户随机抽取两块地。对于后期追踪不到的农户，调查组在调查村随机抽取新的玉米种植户替代。追踪到了农户但是地块没有追踪到的农户①，则从该户中选取一块和之前调查地块相似且种植玉米的地块替代。2013 年和 2015 年的调查都涉及了玉米生产环节的投入产出问题，但是没有调查农户种植的玉米是否为转基因玉米，因此，在追踪调查时，对于追踪到的农户，我们除了调查最新的玉米投入产出及玉米品种情况外，还让农户回忆了之前调查年份种植的玉米是否为转基因玉米。2013 年、2015 年和 2016 年追踪的调查农户和地块数据见表 8.1 和表 8.2。

表 8.1　2013 年、2015 年和 2016 年农户样本追踪情况

样本量	调查年份		
	2013	2015	2016
99	√	√	√
16	√	√	—
58	—	√	√
2	√	—	√
39	√	—	—
3	—	√	—
1	—	—	√
总计	156	176	160

资料来源：作者调查，2013~2016 年

① 追踪不到的地块主要有三种情况：第一，追踪到了这块地，但是不再种植玉米；第二，上次调查的地块是承包地，本轮调查时，承包土地已经到期；第三，将上次调查的地块承包给其他农户种植。

表 8.2　2013 年、2015 年和 2016 年地块样本追踪情况

样本量	调查年份		
	2013	2015	2016
189	√	√	√
32	√	√	—
114	—	√	√
6	√	—	√
79	√	—	—
6	—	√	—
2	—	—	√
总计	306	341	311

资料来源：作者调查，2013~2016 年

（二）调查内容

调查内容主要包括两个部分：①种植转基因玉米的农户及其播种面积。主要询问农户 2010~2017 年是否种植了转基因玉米以及种植转基因玉米的面积。②转基因玉米生产过程中的投入产出。为了更加细致地分析转基因玉米在杀虫剂、劳动力投入及玉米产量上的优势，我们从每户中随机选取两块种植玉米的地块进行投入和产出调查。调查内容涉及了玉米生产的整个流程，主要包括的内容有“玉米生产过程中的劳动力投入、机械使用、化肥和农药等要素投入及玉米产量”、“玉米种子的购买情况”、“玉米品种”、“是否为转基因玉米”及“转基因种子是否容易购买”等。

值得注意的是，目前我国还没有批准转基因玉米产业化生产，因此，刚开始调查的第一个村，我们采取的是入户调查，村干部只是帮忙协调[①]，并且要求访谈过程中村干部回避。后来，我们发现转基因玉米种植比较普遍，当地农户甚至包括村干部都毫不避讳地谈论转基因玉米。为了提高调查效率和调查内容的准确性，在后面调查中我们将农户统一安排在村委会。因为在同一个村中农户施用的化肥、农药、种子等生产资料的名称以及雇佣农业社会化服务的费用差异不大，如果有的农户忘记自己家的情况，可以询问其他农户，有助于回忆真实情况。即使在村委会调查，我们也是采取一对一的问卷访谈形式，每个受访者之间保持一定的距离，并且要求村干部不在旁边。另外，为避免调查信息不准确，我们在调查时主要是以调查当地玉米生产情况为由，关于转基因问题只是穿插在调查问卷中。

---

① 在调查时，我们只是告诉村干部调查的内容主要是关于玉米生产方面的，并没有扩大转基因问题的调查。并且在问卷中设计的转基因相关问题较少，主要是调查品种，以及询问是否为转基因品种。

（三）样本检测

因为我国政府还没有批准转基因玉米产业化，农户种植转基因玉米属于非法行为。我们担心农户不愿意回答自己种植的玉米品种是否为转基因玉米或者隐瞒真实的信息。为了验证调查数据的准确性，在被调查农户中随机抽取了20个农户的玉米（包括7户种子和13户苞米粒）样本，并且送到权威的研究机构进行转基因性状的实验检测。在抽取的20个样本中，一共包括13个玉米品种，覆盖了调查的4个县、5个乡和8个村。这些玉米品种分别占2013年、2015年和2016年总玉米品种的15.0%、33.0%和42.0%[①]。因此，抽取的20个农户样本具有一定的代表性。2010~2017年吉林省和辽宁省种植转基因玉米的农户数及比例见表8.3。

表 8.3　2010~2017 年吉林省和辽宁省种植转基因玉米的农户数及比例

年份	吉林德惠市		吉林梨树县		辽宁昌图县		辽宁彰武县		全部	
	户数	种植转基因玉米农户所占比例	户数	种植转基因玉米农户所占比例	户数	种植转基因玉米农户所占比例	户数	种植转基因玉米农户所占比例	户数	种植转基因玉米农户所占比例
2010	39	7.7%	38	0	41	7.3%	39	12.8%	157	7.0%
2011	39	7.7%	39	0	41	7.3%	39	12.8%	158	7.0%
2012	39	10.3%	39	0	41	7.3%	39	12.8%	158	7.6%
2013	39	20.5%	39	0	41	12.2%	40	25.0%	159	14.5%
2014	39	23.1%	39	2.6%	41	17.1%	39	41.0%	158	20.9%
2015	40	40.0%	39	2.6%	41	24.4%	40	60.0%	160	31.9%
2016	40	47.5%	40	7.5%	40	20.0%	40	57.5%	160	33.1%
2017	40	45.0%	39	5.1%	41	39.0%	40	80.0%	160	42.5%

资料来源：作者调查，2010~2017年

通过对收集的样本检测发现，实验结果和农户回答的结果基本相同。在检查的20个样本中只有2个样本的监测结果和农户回答不同。这两个样本的农户在调查时回答自己种植的玉米不是转基因品种，但是在试验结果中却检测出了转基因成分[②]。其中，可能有两个原因：一个是基因交叉污染；另一个是农户的回答确实是错误的。通过与研究转基因玉米的技术人员交流获得，转基因玉米属于异花传粉，受风的影响很大，不同地块间很容易产生交叉授粉。另外，我们发现与这两户属于同一村的其他农户也有部分农户种植了转基因玉米品种，这一现象也可

① 该处没有统计农户忘记的种子名称。2013年、2015年和2016年农户忘记种子名称的比例是9.2%、13.1%和15.7%。

② 经过与转基因研发部门人员讨论后认为，如果该村中种植了转基因玉米，则很有可能属于不同玉米品种间交叉授粉导致的基因污染。

以支持产生交叉感染的假设。在调查中发现，农户存在欺骗回答的可能性很低。因此，我们可以断定调查数据准确性较高，不会影响到后面的数据分析。同时，在问卷调查时，询问了农户种植的品种是否能够抗虫，这在清理数据的过程中可以作为参考依据。

需要说明的是，实验检测主要是通过与转基因玉米技术研发单位合作完成的。根据我国的自然环境条件，在已经研究出的转基因性状中，适宜我国大田生产的转基因性状是Mon810、Bt11、Bt176和Tc1507。因此，检测单位只对这四个转基因抗虫性状进行实验检测。

二、调查地区转基因玉米生产状况

（一）转基因玉米种植情况

种植转基因玉米的农户越来越多，到2017年已经超过40%。如图8.1所示，在2010年，调查地区已经有少量的农户开始种植转基因玉米，从2013年开始出现显著的增加，2016年种植转基因玉米的农户占比出现减缓，2017年种植比例又开始增加，达到了42.5%。作者调查时发现，2016年当地政府对转基因玉米的种植管制较严，如村委会通过发传单若知农户粮库将不收购转基因玉米等。因此，我们推测可能是这个原因导致了2016年转基因玉米种植增速放缓（后面也会进行分析）。

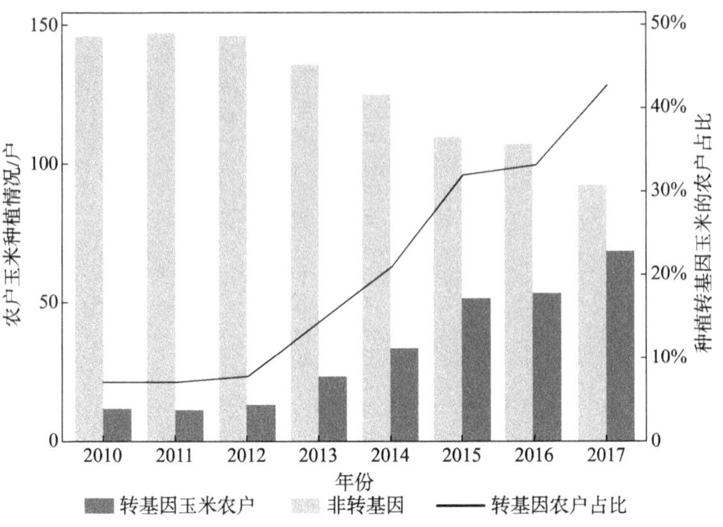

图8.1　2010~2017年吉林省和辽宁省种植转基因玉米的农户数量和比例

资料来源：作者调查，2010~2017年

另外，调查发现不同地区种植转基因玉米比例差异较大，具有一定的聚集效应。为进一步分析不同地区种植转基因玉米的农户存在聚集现象，作者将统计范围缩小到县级层面。

不同调查县的农户采用转基因玉米的比例表现出聚集现象。表 8.3 显示，吉林省德惠市种植转基因玉米的农户比例较高，在 2013 年、2015 年和 2016 年分别是 20.5%、40.0%和 47.5%。但是，同属吉林省的梨树县这三年种植转基因玉米的农户比例分别为 0、2.6%和 7.5%。另外，截至 2017 年，辽宁省的彰武县种植转基因玉米的农户比例最高，达到 80.0%，同属辽宁省的昌图县则只有 39.0%。作者猜测转基因玉米相对于非转基因玉米在投入产出方面具有较大的优势，一旦有农户采用，则该技术很容易被周围的农户采用。可见，不同调查县的农户种植转基因玉米的比例相差较大，种植转基因玉米的农户在当地扩散较快，具有一定的聚集效应。

（二）调查地区转基因玉米监管

为进一步了解当地政府对转基因玉米的监管情况，作者在有转基因玉米种植的调查村询问当地农户该村是否反对转基因玉米种植，受访者从“反对”、“不反对”和“不知道”三个选择中做出回答。

当地政府对农户种植转基因实行了一定的监管，但是监管力度不大。大部分农户回答当地村委会不反对转基因玉米种植，2017 年达到 62.7%。表 8.4 显示，2013 年、2015 年、2016 年和 2017 年，农户中回答当地村委会不反对转基因种植的农户比例逐渐增加，但是在 2016 年出现了一定比例的下降。例如，2013 年农户回答当地村委会不反对种植转基因的比例是 54.0%，2015 年增加到 58.7%，但是在 2016 年又下降到了 45.3%，2017 年回答不反对的农户比例增长较快，达到了 62.7%。可见，当地政府在 2016 年监管比较严格。这一现象正好与我们前面计算的种植转基因玉米农户（或播种面积）的比例增长趋势相吻合，即 2016 年采用转基因玉米农户的增长速度减缓的原因主要是当地村委会反对转基因玉米种植。这一现象也和作者单位在调查时的观察相似，很多农户反映，2016 年，村委会发放了反对转基因种植的宣传单。可见，当地政府对转基因玉米的种植进行了监管，但是力度不大。

表 8.4　2013 年及 2015~2017 年在种植转基因玉米的村中，农户回答村委会是否反对转基因玉米种植的比例

监管情况	2013年	2015年	2016年	2017年
反对	10.0%	24.0%	46.0%	30.0%
不反对	54.0%	58.7%	45.3%	62.7%

续表

监管情况	2013年	2015年	2016年	2017年
不知道	28.7%	14.7%	5.3%	6.0%
该村无转基因玉米种植	7.3%	2.7%	3.3%	1.3%

资料来源：作者调查

第三节 研究方法

一、相关性分析

转基因玉米通过 Bt 基因表达的 Bt 毒蛋白可以防治鳞翅目害虫，因此种植转基因玉米可以减少杀虫剂的使用。进而，可以通过不使用或者少施用杀虫剂节省劳动力投入。下面主要分析转基因玉米与杀虫剂费用和杀虫工时之间的相关关系。

（一）施用杀虫剂次数

与非转基因玉米相比，采用转基因玉米的农户可以减少施用杀虫剂的次数。表 8.5 显示，2013 年、2015 年和 2016 年采用转基因玉米的农户比没有采用转基因玉米的农户平均减少杀虫次数分别为 0.32 次、0.44 次、0.35 次，三年每户平均少施用 0.37 次。

表 8.5 转基因和非转基因玉米施用杀虫剂次数对比 单位：次

调查地	2013年		2015年		2016年	
	非转基因	转基因	非转基因	转基因	非转基因	转基因
德惠市	0.79	0.63	1.13	0.89	0.49	0.29
梨树县	1.07	—	1.24	0.17	0.96	0.67
昌图县	0.56	0.67	0.51	0.63	0.42	0.54
彰武县	0.75	0.36	0.63	0.23	0.56	0.13
全部	0.80	0.49	0.94	0.50	0.64	0.29
节省次数	0.31		0.44		0.35	

资料来源：作者调查

几乎所有的调查县在不同的年份中，采用转基因玉米的农户施用杀虫剂的次数明显少于非转基因玉米的农户。除了昌图县外，其他所有调查县在不同的年份都表现出采用转基因玉米的农户施用更少的打药次数。其中，采用转基因的农户平均施用杀虫剂次数最少的是2016年调查的彰武县，农户平均施用杀虫剂次数为0.13 次。不采用转基因的农户平均施用杀虫剂次数最少的是 2016 年调查的昌图县，农户平均施用杀虫剂次数为 0.42 次。可见，采用转基因玉米的农户施用杀虫剂的次数明显少于非转基因玉米的农户。

（二）杀虫剂使用量

农户施用杀虫剂次数的减少不一定说明农户施用更少的杀虫剂使用量。因为农户为了节省劳动力可能会减少施用杀虫剂次数，增加每次杀虫剂使用量来防治玉米虫害，或者通过增加打药次数，减少每次农药的使用量进而取得更好的杀虫效果。因此，接下来进一步分析种植转基因玉米的农户和没有种植转基因玉米的农户在杀虫剂使用量上的差异。

因为在 2013 年调查时，没有统计杀虫剂使用量的数据，因此只汇报 2015 年和 2016 年的调查数据（表 8.6）。

表 8.6　2015~2016 年转基因与非转基因玉米杀虫剂使用量对比 单位：千克/公顷

调查地	2015年		2016年	
	非转基因	转基因	非转基因	转基因
德惠市	2.49	1.85	1.00	0.78
梨树县	2.29	0.33	0.83	0.33
昌图县	0.95	0.58	0.85	0.58
彰武县	1.11	0.63	1.22	0.14
全部	1.71	0.85	0.97	0.46
节约	50.29%		52.58%	

资料来源：作者调查

与非转基因玉米相比，采用转基因玉米的农户可以减少更多的杀虫剂。表 8.6 显示，2015 年和 2016 年种植转基因玉米的农户比没有种植转基因玉米的农户每公顷分别减少杀虫剂使用量 0.86 千克和 0.51 千克。从减少比例上看，2015 年和 2016 年种植转基因玉米的农户比没有种植转基因玉米的农户分别节约 50.38%和 52.92%。

在 2015 年和 2016 年所有的调查县中，种植转基因玉米的农户都施用更少的杀虫剂。但是，不同的年份和调查县，种植转基因玉米的农户和没有种植转基因玉米的农户平均施用杀虫剂的差异不同。例如，2015 年调查的梨树县，种植转基因玉米的农户比没有种植转基因玉米的农户平均施用杀虫剂高1.96千克/公顷，而2015年的昌图县则只高出0.37千克/公顷。

（三）杀虫剂费用

与非转基因玉米相比，种植转基因玉米的农户可以节省杀虫剂费用。表 8.7显示，2013 年、2015 年和 2016 年种植转基因玉米的农户比没有种植转基因玉米的农户平均每公顷玉米节省杀虫剂费用43.7 元、42.4元和30.6元，减少比例分别是 43.3%、38.9%和 45.8%。

表 8.7 转基因与非转基因玉米杀虫剂费用对比 单位：元/公顷

调查地	2013年		2015年		2016年	
	非转基因	转基因	非转基因	转基因	非转基因	转基因
德惠市	148.5	75.0	180.7	105.3	78.6	41.2
梨树县	246.2	—	186.4	25.0	119.8	100.0
昌图县	76.8	55.0	64.4	79.0	62.0	57.7
彰武县	77.3	41.6	82.0	15.7	59.8	9.6
全部	100.9	57.2	109.0	66.6	66.8	36.2
节约	43.3%		38.9%		45.8%	

资料来源：作者调查

除了在2015年调查的昌图县，其他调查县在不同的年份中，种植转基因玉米的农户施用杀虫剂的费用明显低于种植非转基因玉米的农户。但是不同的调查县在不同的年份，种植转基因玉米的农户和没有种植转基因玉米的农户平均施用杀虫剂的费用差异明显。例如，2013 年种植转基因玉米的农户和没有种植转基因玉米的农户每公顷施用杀虫剂最大差别是73.5元，最小差距只有21.8元。2016年，最大差别和最小差别分别是50.2 元和4.3 元。

（四）杀虫工时

与非转基因玉米相比，采用转基因玉米的农户可以节省更多杀虫工时。表8.8显示，2013年、2015年和2016年采用转基因玉米的农户比没有采用转基因玉米的农户平均减少杀虫剂分别为1.94小时/公顷、3.23小时/公顷和1.70小时/公顷，节省比例分别为 36.2%、66.3%和 41.9%。虽然从总量上来说，转基因玉米节省的劳动力投入不大，但是节省的比例较大。

表 8.8　转基因与非转基因玉米杀虫剂工时对比　单位：小时/公顷

调查地	2013年		2015年		2016年	
	非转基因	转基因	非转基因	转基因	非转基因	转基因
德惠市	5.56	5.47	3.46	1.76	3.51	1.11
梨树县	8.04	—	7.29	0.36	5.98	2.28
昌图县	5.80	3.27	2.79	3.08	2.71	4.88
彰武县	4.72	1.52	5.93	1.36	4.02	1.15
全部	5.36	3.42	4.87	1.64	4.05	2.35
节约	36.2%		66.3%		42.0%	

资料来源：作者调查

除了在 2015 年和 2016 年调查的昌图县，其他调查县在不同的年份中，种植转基因玉米的农户施用杀虫剂工时明显少于种植非转基因玉米的农户。但是不同的调查县在不同的年份，种植转基因玉米的农户和没有种植转基因玉米的农户平均施用杀虫剂工时差异明显。例如，种植转基因玉米的农户和没有种植转基因玉米的农户平均施用杀虫剂工时差异最大的是 2015 年调查的梨树县，两者相差 6.93 小时/公顷。但是 2015 年和 2016 年调查的昌图县，种植转基因玉米的农户施用杀虫剂工时却比种植非转基因玉米的农户高。

转基因玉米对劳动力的节省不像对杀虫剂节省那样明显，并且三年的变化波动较大。分析原因，可能是调查地区每户种植玉米的面积相对较大，并且大量的农户使用机械喷洒农药。如果使用机械施用农药，则施用杀虫剂的工时比较短，因此，总体来施用杀虫剂不会占用太多劳动力，因此表现得不如节省的杀虫剂明显。

（五）玉米单产

上面章节分析了我国玉米虫害损失，而转基因玉米产量的增加主要是通过减少虫害损失提高的。因此，可以断定转基因玉米可以显著提高玉米的产量。下面对转基因玉米和非转基因玉米的单产进行对比分析。

相对于非转基因玉米，转基因玉米具有较高的单产。在调查时发现，影响玉米单产的因素同样受到当地的土壤肥沃程度、自然环境等方面的影响。例如，我们在调查时发现吉林省的梨树县小宽镇产量普遍较高，但是都没有种植转基因玉米。而在辽宁省彰武县五峰镇，无论种植转基因还是非转基因，玉米的单产普遍较低。因此，为了更好地进行对比，我们主要从乡级层面进行对比分析。表 8.9 显示，转基因玉米的单产高于非转基因玉米单产。8 个样本乡（镇）的 3 年数据都显示转基因玉米的单产比非转基因玉米高。2013 年、2015 年和 2016 年转基因玉米比非转基因玉米的每公顷产量分别提高 1 313 千克、1 188 千克和 1 309 千克，单产分别提高 13.8%、13.7%和 13.8%。可见，转基因玉米比非转基因玉米具有较高的单产。

表 8.9 转基因玉米和非转基因玉米单产对比 单位：千克/公顷

调查地		2013年		2015年		2016年	
		非转基因	转基因	非转基因	转基因	非转基因	转基因
吉林省	德惠市天台乡	9 404	10 623	7 179	7 773	9 750	11 758
	德惠市布海镇	8 924	9 997	8 508	9 563	10 045	10 882
	梨树县梨树乡	7 465	—	10 328	10 873	10 310	13 312
	梨树县小宽镇	10 001	—	10 359	—	11 414	12 000
辽宁省	昌图县四面城乡	10 603	12 250	11 108	12 585	11 054	—
	昌图县亮中桥镇	9 599	11 000	11 296	12 501	11 055	11 711
	彰武县五峰镇	9 103	10 329	4 031	6 129	6 375	6 973
	彰武县兴隆堡乡	8 970	10 285	8 278	9 616	7 459	8 937
平均产量		9 527	10 840	8 675	9 863	9 487	10 796
提高率		13.8%		13.7%		13.8%	

资料来源：作者调查

二、回归分析

（一）转基因玉米对杀虫剂费用和杀虫工时影响的模型介绍

上文对种植转基因玉米的农户和没有种植转基因玉米的农户在施用杀虫剂次数、杀虫剂使用量、杀虫剂费用和杀虫工时四个方面进行了对比分析。然而，影响农户施用杀虫剂及杀虫工时的因素还有很多。为了研究转基因玉米对杀虫剂和杀虫工时投入的影响，有必要采取计量经济模型对相关因素进行控制。

另外，上述虽然选取了农户施用杀虫剂次数、杀虫剂使用量、杀虫剂费用和杀虫工时四个指标描述性分析了转基因玉米的优势，但是我们在模型估计中只选取了杀虫剂费用进行分析。当然，采取杀虫剂使用量作为因变量是最合适的，但是因为缺少 2013 年农户杀虫剂使用量的数据，因此没有采用杀虫剂使用量作为因变量。没有使用杀虫剂次数的原因主要是调查地区的农户施用杀虫剂次数基本上是 0 次或者 1 次，变量的变化不明显。因此，选取单位面积上农户施用的杀虫剂费用作为杀虫剂投入的指标。

为定量测度转基因玉米对杀虫剂费用和杀虫工时的影响，计量经济模型设定如下：

$$
\begin{aligned}
Y_{dikt} &= \beta_0 + \beta_1 \mathrm{Bt}_{ikt} + \beta_2 P_{ikt} + \beta_3 D_{ikt} + \beta_4 S_{ikt} \\
&\quad + \beta_5 A_{ikt} + \beta_6 E_{ikt} + \beta_7 F_{ikt} + \beta_8 \mathrm{Others} + \varepsilon_{ikt}
\end{aligned}
\tag{8.1}
$$

其中，被解释变量 Y_{dikt} 表示第 i 个调查农户第 k 块地第 t 年施用杀虫剂的费用（元/公顷）或者施用杀虫剂的工时（小时/公顷），d 表示杀虫剂费用或杀虫剂工时。Bt_{ikt} 为模型中的关键变量，表示第 i 个农户第 k 块地在第 t 年种植的玉米是否为转基因玉米（0 表示非转基因玉米，1 表示转基因玉米）。P、D、S、A、E 和 F 分别表示该村是否发生严重虫害、是否发生自然灾害、玉米播种规模、户主年龄、户主受教育程度和家庭人口数。Others 表示村级或者地块层面的控制变量，ε_{ikt} 表示随机扰动项。

需要指出的是，为了检验模型的稳定性，对于上述模型分别采用最小二乘法、固定效应和 Tobit 的固定效应三种方法进行估计。根据前面的描述性分析发现，有很多农户没有施用杀虫剂，因此，施用杀虫剂的费用和施用杀虫剂的工时有较多的 0 值。鉴于数据形式，最合适的计量估计方法是归并回归，对于归并回归，最常用的方法是 Tobit 于 1958 年提出的 Tobit 回归，本章采用 Tobit 固定效应模型（Wooldridge，2010），即控制了地块层面的固定效应。该模型主要采用极大似然估计的方法估计。虽然每个模型采取了三种估计方法，但是仍以 Tobit 模型估计结果为主，其他两种方法只是作为稳健性检验。

（二）转基因玉米对作物单产影响的模型介绍

首先构建最基本的 C-D 生产函数作为基准模型。因为是多期的追踪数据，所以采用最小二乘法和固定效应的方法进行回归。基准模型构建如下：

$$
\begin{aligned}
\ln Y_{ikt} &= \beta_0 + \beta_1 \mathrm{Bt}_{ikt} + \beta_2 \ln M_{ikt} + \beta_3 \ln L_{ikt} + \beta_4 \ln F_{ikt} + \beta_5 \ln \mathrm{Pe}_{ikt} \\
&\quad + \beta_6 \ln O_{ikt} + \beta_7 I_{ikt} + \beta_8 D_{ikt} + \beta_9 S_{ikt} + \beta_{10} \mathrm{Sq}_{ikt} + \beta_{11} \mathrm{Others}_{ikt} + \varepsilon_{ikt}
\end{aligned}
\tag{8.2}
$$

模型（8.2）是在 C-D 生产函数两边取对数后的具体形式。其中，Y_{ikt} 表示第 i 个农户第 k 块地在第 t 年的玉米单产（千克/公顷）；关键变量 Bt_{ikt} 表示第 i 个农户第 k 块地在第 t 年采用的玉米品种（0=非转基因品种；1=转基因品种）。M、L、F、Pe、O、I、D、S、Sq、Others 分别表示机械费用、劳动力投入、化肥投入、杀虫剂费用、其他费用投入、是否灌溉、是否受灾、玉米播种面积、玉米播种面积的平方和其他控制变量等。因为只是从调查农户所有地块中随机抽取两块地进行调查，并且有的地块可能没有追踪到，所以 k 取值为 1 或 2。t 为调查的年份，取值为 2013、2015 和 2016。

上述生产函数中杀虫剂施用具有一定的内生性。因为杀虫剂施用和转基因玉米之间互相作用共同影响到玉米的单产，因此杀虫剂费用具有内生性。作者借鉴 Anderson 和 Hsiao（1981）、Huang 等（2002b）和 Baltagi（2008）等的研究方法，将杀虫剂的价格[①]作为杀虫剂费用的工具变量。本章通过两阶段最小二乘法的方法进行联合估计。估计的步骤分为两步：第一步，首先利用合适的工具变量估计杀虫剂的施用费用；第二步，将第一步得出的杀虫剂费用的估计值作为生产函数中的杀虫剂费用的变量对各个变量进行估计。杀虫剂施用内生模型的两阶段模型设定如下：

$$\begin{aligned}\ln \mathrm{Pe}_{ikt} = {} & \beta_0 + \beta_1 P_{ikt} + \beta_2 \mathrm{Bt}_{ikt} + \beta_3 \ln M_{ikt} + \beta_4 \ln L_{ikt} + \beta_5 \ln F_{ikt} \\ & + \beta_6 \ln O_{ikt} + \beta_7 I_{ikt} + \beta_8 D_{ikt} + \beta_9 S_{ikt} + \beta_{10} \mathrm{Sq}_{ikt} + \beta_{11} \mathrm{Others}_{ikt} + \varepsilon_{ikt}\end{aligned} \tag{8.3}$$

$$\begin{aligned}\ln Y_{ikt} = {} & \beta_0 + \beta_1 \mathrm{Bt}_{ikt} + \beta_2 \ln M_{ikt} + \beta_3 \ln L_{ikt} + \beta_4 \ln F_{ikt} + \beta_5 \ln \mathrm{Pe}_{ikt} \\ & + \beta_6 \ln O_{ikt} + \beta_7 I_{ikt} + \beta_8 D_{ikt} + \beta_9 S_{ikt} + \beta_{10} \mathrm{Sq}_{ikt} + \beta_{11} \mathrm{Others}_{ikt} + \varepsilon_{ikt}\end{aligned} \tag{8.4}$$

模型（8.3）为第一步的回归模型，P_{ikt} 为工具变量，表示第 i 个农户第 k 块地在第 t 年购买杀虫剂的价格。模型（8.4）为第二步的回归模型，类似前面介绍的基准模型，只是杀虫剂费用的变量发生了变化。$\ln \mathrm{Pe}_{ikt}$ 表示第一步施用杀虫剂费用的估计值。其他变量的解释请参照基准模型。上述两个模型都是采用固定效应模型进行估计的。值得注意的是，在 2013 年调查时，作者没有询问农户施用的杀虫剂的价格，因此上述模型中的下标 t 指的是 2015 年和 2016 年。

因为农户是否种植转基因玉米并非外生给定的，农户种植转基因玉米存在一定的自选择问题。为克服自选择引起的内生性，作者同样采取两步回归的方法进行联合估计。估计的步骤分为两步：第一步，首先使用合适的工具变量估计转基因玉米技术的采用；第二步，将第一步得出的转基因玉米技术采用的估计值作为生产函数中转基因玉米的变量对各个变量进行估计。本章选取农户购买转基因种子的难易程度作为转基因玉米变量的工具变量。转基因玉米自选择模型的设定如下：

$$\begin{aligned}\mathrm{Bt}_{ikt} = {} & \beta_0 + \beta_1 \mathrm{Buy}_{it} + \beta_2 \mathrm{Pe}_{it} + \beta_3 \ln M_{it} + \beta_4 \ln L_{it} + \beta_5 \ln F_{it} \\ & + \beta_6 \ln O_{it} + \beta_7 I_{it} + \beta_8 D_{it} + \beta_9 S_{it} + \beta_{10} \mathrm{Sq}_{it} + \beta_{11} \mathrm{Others}_{it} + \varepsilon_{it}\end{aligned} \tag{8.5}$$

$$\begin{aligned}\ln Y_{ikt} = {} & \beta_0 + \beta_1 \mathrm{Bt}_{ikt} + \beta_2 M_{ikt} + \beta_3 \ln L_{ikt} + \beta_4 \ln F_{ikt} + \beta_5 \ln \mathrm{Pe}_{ikt} \\ & + \beta_6 \ln O_{ikt} + \beta_7 I_{ikt} + \beta_8 D_{ikt} + \beta_9 S_{ikt} + \beta_{10} \mathrm{Sq}_{ikt} + \beta_{11} \mathrm{Others}_{ikt} + \varepsilon_{ikt}\end{aligned} \tag{8.6}$$

模型（8.5）为第一步的回归模型，Buy_{it} 为工具变量，表示第 i 个农户在第 t 年购买转基因玉米种子的难易程度。模型（8.6）为第二步的回归模型，类似前面介绍的基准模型，只是杀虫剂费用的变量发生了变化。Bt_{ikt} 表示第一步估计的转基因玉米的拟合值。其他变量的解释请参照基准模型。值得注意的是，该模型与杀虫剂内生模型的第一步估计方法不同。模型（8.5）使用的是在控制地块层面因

① 杀虫剂价格变量主要是同村的其他农户购买杀虫剂价格的均值。

素的情况下，使用 Logit 固定效应模型进行估计，而模型（8.3）采用的是最小二乘法的固定效应模型进行估计。

（三）转基因玉米对杀虫剂费用和杀虫工时影响的变量描述性统计

转基因玉米对杀虫剂费用和杀虫工时的影响模型中涉及的主要变量见表 8.10。具体分析如下。

表 8.10 变量的描述性统计（一）

变量名	均值	标准差
杀虫剂费用/（元/公顷）	109.1	160.3
杀虫工时/（小时/公顷）	4.3	8.7
是否转基因玉米品种（0=否；1=是）	0.3	0.4
是否发生严重虫灾（村干部回答：0=否；1=是）	0.3	0.4
是否发生自然灾害（0=否；1=是）	0.5	0.5
玉米播种规模/公顷	3.3	4.3
家庭人口/人	4.1	1.5
户主年龄/岁	53	10.2
户主受教育程度/年	7.7	2.1

资料来源：作者调查，2016 年

杀虫剂费用是在种植当季玉米期间农户在调查的地块上总共施用的杀虫剂费用，并且按照农业生产资料价格指数将不同年份施用的杀虫剂费用统一折算成以 2013 年为基期，并且最后换算成单位面积上杀虫剂费用的施用（元/公顷）。表 8.10 显示，平均每公顷杀虫剂费用为 109.1 元；杀虫工时包括施用杀虫剂过程中的自家劳动力投入、监工时间和机械施用杀虫剂的时间总和，并且施用杀虫剂的工时也是在当季玉米期间农户在调查地块上的工时投入，最后也是换算成单位面积上农户投入的劳动工时（小时/公顷），表 8.10 显示，调查地区平均每公顷施用杀虫剂的工时为 4.3 小时。是否发生严重虫害主要是通过询问村干部，在调查的年份该村是否发生严重虫灾，0 代表没有发生严重虫灾，1 代表发生了严重虫灾。是否发生自然灾害主要是通过询问调查的农户，在调查年份是否发生自然灾害，主要包括旱灾、涝灾、风灾等，0 代表没有发生自然灾害，1 代表发生自然灾害。个人和家庭特征基本符合我国农村调查的情况，家庭人口每户平均 4.1 人，户主年龄平均为 53 岁，户主受教育程度平均为 7.7 年。

（四）转基因玉米对作物单产影响的变量描述性统计

模型（8.2）中变量的描述性特征如表 8.11 所示。下面对各个指标进行说明。

表 8.11　变量的描述性统计（二）

变量名	均值	标准差
玉米单产/（千克/公顷）	9 660.7	2 492.5
是否转基因玉米品种（0=否；1=是）	0.3	0.4
杀虫剂价格/（元/千克）	161.1	89
购买转基因种子的难易程度（1=不容易；2=一般容易；3=容易）	2.1	0.8
购买机械化服务/元	1 844.3	793.8
劳动力投入/小时	83.6	121.9
化肥投入/（千克/公顷）	455.0	191.9
杀虫剂费用/（元/公顷）	109.3	160.0
其他费用/（元/公顷）	1 222.3	478.4
地块是否灌溉（0=否；1=是）	0.1	0.3
地块是否受灾（0=否；1=是）	0.5	0.5
户主年龄/岁	53.0	10.2
玉米播种面积/公顷	3.3	4.3

资料来源：作者调查，2016 年

玉米单产是指调查的地块上每公顷播种面积上收获的玉米产量（千克/公顷）。杀虫剂费用是调查的地块上每公顷面积上使用的杀虫剂费用（元/公顷），并且使用农业生产资料价格指数折算成以 2013 年为基期。其他费用主要是指在调查的地块上每公顷面积投入购买玉米种子和除草剂的费用（元/公顷），同样使用农业生产资料价格指数折算成以 2013 年为基期。地块是否灌溉是一个虚拟变量，0 表示调查的地块没有灌溉，1 表示调查的地块实施了灌溉。地块是否受灾也是一个虚拟变量，0 表示调查的地块没有受到自然灾害，1 表示受到了自然灾害。玉米播种面积是调查年份农户种植玉米的播种面积。接下来重点介绍是否转基因玉米品种、购买机械化服务、劳动力投入和化肥投入四个变量的处理原则。

在调查时，有少数农户不确定种植的玉米是否为转基因玉米。对于这个问题的处理主要遵循以下 3 个原则：①如果农户记住了调查年份使用的玉米种子名称，那么我们将其与进行样本检测的品种进行对照，如果玉米品种相同，则以检测的结果为主；②如果检测的玉米品种中没有该户种植的品种，则将该农户的种子与该村其他户的种子进行对照，如果种子相同，则以该村其他农户回答的结果为主；③依然不能确定是否为转基因品种，则将其删除。

购买机械化服务主要是农户在生产玉米的各个环节购买机械化服务费用的总和。其中，包括耕地、播种、施肥、杀虫、除草和收获 6 个环节中所有涉及的使用机械化费用的和。需要指出的是，在调查时有部分农户是使用自家油费的，自家油费和购买机械化服务虽然都是对劳动力的替代，但是因为数据口径不同，不能将油费和购买机械化服务的费用直接相加。因为购买机械服务费用包括了服务者的利润和机械的折旧，如果人为进行相加，将会减弱使用自家油费的机械投入。为保证口径的统一，对于使用自家机械的农户，本章在每个生产环节都使用村内购买的社会化服务的均值替代。在调查时发现，一个村中的机械化服务价格比较稳定，同一个村内购买机械服务的费用相差不大，因此使用单位面积上购买机械化服务的均值替代自家机械的费用是完全可以接受的。另外，因为我们使用了三年的调查数据，为保持每年调查数据口径的统一，采用购买机械化农具的价格指数和农机用油的价格指数的均值对机械化服务费用进行折算，全部换算成以2013 年为基期[①]。玉米生产机械化服务费用全部换算成单位面积上购买机械服务的费用（元/公顷）。

劳动力投入主要是农户在玉米生产环节（耕地、播种、施肥、杀虫、除草、收获等环节）中的自家劳动力投入、监工和雇工的总和，并且扣除了自家使用机械时的劳动力投入，因为自家机械化服务的费用在机械化服务阶段已经使用村级社会化服务的均值代替了自家油费，为了避免重复性计算，此处将使用自家油费所用的工时去除。另外，劳动力投入全部换算成单位面积上的劳动工时投入（小时/公顷）。

化肥投入的计算是按照农户使用化肥的氮、磷、钾百分比乘以总化肥投入量相加所得，即使用对氮、磷、钾提纯后的总重量作为化肥投入量的指标。在调查时，我们询问了农户使用了多少化肥，化肥中含有氮、磷、钾的比例分别是多少。然后计算出每种化肥的氮磷钾含量后相加。在数据处理时，大部分的农户可以回答化肥使用量，但是有少部分的农户忘记了所施用化肥中氮、磷、钾的比例。对此，我们首先按照化肥名称和同村的农户进行匹配，如果匹配成功，则以同村中其他农户回答的氮、磷、钾的比例替代。对于仍然不能补充的，则以同村中其他农户使用化肥量的均值替代。

第四节　研究结果

一、转基因玉米对杀虫剂费用影响的模型结果

模型结果见表 8.12，总体来说，模型结果较好，所有变量的符号都符合预期，并且大部分变量是显著的。具体分析如下。

---

① 经过计算，吉林省 2013 年、2015 年和 2016 年购买农机的社会化服务价格指数为 100、90.0、89.5；辽宁省 2013 年、2015 年和 2016 年购买农机的社会化服务价格指数为 100、91.6 和 87.8。

表 8.12　转基因玉米对杀虫剂费用影响的估计结果

变量名	最小二乘法	固定效应	Tobit模型	
	元/公顷	元/公顷	Tobit估计结果	边际效用
是否为转基因品种（0=否；1=是）	−86.594***	−82.218***	−204.045***	−101.305***
	（−7.92）	（−4.01）	（−7.70）	（−7.83）
是否发生虫灾（村干部回答）（0=否；1=是）	28.227***	34.306***	83.320***	41.367***
	（3.33）	（3.73）	（5.09）	（5.15）
是否发生自然灾害（0=否；1=是）	3.876	−15.511	−30.291*	−15.039*
	（0.37）	（−1.04）	（−1.73）	（−1.73）
玉米播种规模/公顷	3.164**	0.328	−0.861	−0.427
	（2.46）	（0.11）	（−0.26）	（−0.26）
年龄/岁	−1.065**	−4.107**	−6.216*	−3.086*
	（−2.04）	（−2.20）	（−1.86）	（−1.86）
受教育程度/年	−0.328	1.957	9.441	4.687
	（−0.15）	（0.20）	（1.03）	（1.03）
家庭人口数/人	5.222	−12.801	−7.638	−3.792
	（1.53）	（−1.12）	（−0.51）	（−0.51）
村虚拟变量	—	—	—	—
地块虚拟变量	—	—	—	—
常数项	296.830***	384.682***	535.814**	—
	（5.61）	（3.05）	（2.31）	—
观察值	923	923	923	923

***、**、*分别表示 1%、5%、10%的统计显著性水平

（1）转基因玉米可以明显节省杀虫剂费用。通过表 8.12 的回归结果可以看出，最小二乘法、固定效应和Tobit模型中转基因变量对杀虫剂使用量具有显著的负向影响，因此模型的回归结果比较稳健，并且与前面的相关系分析的结论一致。因为很多农户没有采用杀虫剂，所以杀虫剂使用量中含有较多的 0 值，最小二乘法和固定效应的回归结果存在一定的偏误，所以本章按照Tobit模型的结果进行汇报。

表8.12显示，通过Tobit模型的边际效用结果可以看出，转基因玉米的系数为101.305，并且在 1%的水平上高度显著。该系数表示，在控制其他变量不变的情况下，种植转基因玉米可以使农户在每公顷的玉米生产中平均减少杀虫剂费用101.3 元。相对于种植非转基因玉米的农户，每公顷转基因玉米可以减少农户施用杀虫剂费用77.7%[①]。在最小二乘法和固定效应模型的估计结果中，转基因玉米对杀虫剂费用的影响也都在 1%的水平上高度显著，进一步验证了模型的稳健性。可见，转基因玉米对于节省杀虫剂费用具有显著的效果。

① 该处是将估计的转基因玉米系数除以农户在每公顷非转基因玉米中施用的费用所得。

（2）其他变量对杀虫剂使用量的影响。村里是否发生虫灾对杀虫剂费用具有显著的影响。这一变量主要是通过询问村干部获得的，所以具有一定的外生性，并且三个模型的回归结果都在 1%的水平上高度显著。通过 Tobit 模型的边际效用可以看出，当村里发生虫灾时，农户每公顷玉米上施用杀虫剂的费用比没有发生虫灾高 41.4 元。这个结论也非常符合实际情况。户主的年龄越大，施用杀虫剂的费用越少，并且年龄变量在三个模型都表现出显著性。是否发生自然灾害、玉米播种规模、户主受教育程度和家庭人口数对杀虫剂使用量影响不明显。其他控制变量不再做过多解释。

二、转基因玉米对杀虫工时影响的模型结果

转基因玉米对施用杀虫剂工时的影响结果见表 8.13。模型的结果总体较好，所有的变量符号符合预期，并且大部分变量表现出高度显著性。具体解释如下。

表 8.13　转基因玉米对施用杀虫剂工时影响的估计结果

变量名	最小二乘法	固定效应	Tobit模型	
	小时/公顷	小时/公顷	Tobit估计结果	边际效用
是否为转基因品种（0=否；1=是）	−3.608***	−2.656***	−8.130***	−3.545***
	（−5.57）	（−3.39）	（−6.15）	（−6.20）
是否发生虫灾（村干部回答）（0=否；1=是）	1.452***	1.403**	3.794***	1.654***
	（−2.7）	（−2.36）	（−4.61）	（−4.64）
是否发生自然灾害（0=否；1=是）	0.307	−0.411	−0.759	−0.331
	（−0.49）	（−0.59）	（−0.85）	（−0.85）
玉米播种规模/公顷	−0.175**	−0.314**	−0.408**	−0.178**
	（−2.33）	（−2.56）	（−2.46）	（−2.46）
年龄/岁	0.062*	−0.094	−0.114	−0.05
	（−1.74）	（−0.71）	（−0.68）	（−0.68）
受教育程度/年	0.32	−0.204	−0.063	−0.027
	（−1.51）	（−0.35）	（−0.13）	（−0.13）
家庭人口数/人	0.131	1.017*	1.957***	0.853***
	（−0.57）	（−1.83）	（−2.61）	（−2.61）
常数项	0.864	8.246	8.821	—
	（−0.24）	（−0.91）	（−0.75）	—
观察值	923	923	923	—

***、**、*分别表示 1%、5%、10%的统计显著性水平

（1）转基因玉米可以显著减少施用杀虫剂的工时。从表 8.13 的回归结果可以看出，无论是最小二乘法、固定效应还是 Tobit 模型，转基因玉米变量都在 1% 的水平上高度显著，由此可以断定模型具有较强的稳健性。从Tobit模型边际效用的估计结果可以看出，在控制其他变量不变的情况下，使用转基因玉米可以在每公顷玉米上节省劳动力 3.55 个小时。相对于种植非转基因玉米的农户，每公顷转基因玉米可以减少农户施用杀虫剂工时 67.5%①。相对于整个玉米的生产环节，可以节省农户劳动力投入 2.94%②。可见，虽然转基因玉米可以明显节省农户施用杀虫剂的工时，但是相对于在玉米生产中总的劳动力投入，农户种植转基因玉米节省的工时较小。

（2）其他变量对施用杀虫剂劳动力的影响。村里是否发生虫灾对施用杀虫剂工时具有显著的正向影响。如同转基因玉米对杀虫剂费用的估计模型所示，村里发生严重虫害会增加农户施用杀虫剂的费用，进而会增加农户施用杀虫剂的工时。玉米的播种规模对杀虫剂施用量表现出负向影响。通过Tobit模型的边际效用可以发现，在控制其他变量不变的情况下，农户每增加 1 公顷玉米的播种面积，则每公顷使用杀虫剂的工时将会减少 0.18 小时。从机理上解释，可能是因为随着玉米播种规模的增加产生了规模效应，或者农户倾向于使用更加节省时间的机械来施用农药。另外，家庭人口越多，农户种植玉米时投入的杀虫工时越多，也比较符合常理。其他变量不够显著，在此不做过多解释。

三、转基因玉米对作物单产影响的基准模型回归结果

本部分首先汇报转基因玉米对作物单产模型的基准回归结果，然后分别汇报考虑杀虫剂施用的内生模型结果和考虑转基因玉米自选择的模型结果。

（一）基准模型的估计结果

首先对模型（8.2）采用最小二乘法进行基准回归，在此基础上，采用地块层面上非平衡面板的固定效应模型进行估计。最小二乘法和固定效应模型的估计结果见表 8.14。通过表 8.14 可以看出，无论是最小二乘法还是固定效应的估计结果，模型中所有变量的符号都符合预期，并且大部分变量是显著的。具体解释如下。

---

① 该处是将边际效用估计的转基因玉米系数除以农户在每公顷非转基因玉米中使用的杀虫工时所得。

② 该处是将计算的转基因玉米节省的杀虫工时的百分比乘以非转基因玉米的杀虫工时在非转基因玉米生产总工时中的比例。

表 8.14　使用 C-D 生产函数估计转基因玉米对单产影响的结果

变量名	最小二乘回归	固定效应回归
	单产（取对数）	单产（取对数）
是否为转基因品种（0=否；1=是）	0.113***	0.116***
	（5.46）	（3.74）
机械费用（取对数）	0.026	0.052*
	（1.63）	（1.89）
劳动力工时（取对数）	0.002	0.010***
	（0.88）	（2.83）
化肥投入（取对数）	0.005	0.015***
	（1.11）	（2.61）
杀虫剂费用（取对数）	0.009**	0.013***
	（2.30）	（3.28）
其他费用（取对数）	0.075***	0.043
	（3.48）	（1.58）
是否灌溉（0=否；1=是）	0.076***	0.158***
	（2.64）	（4.02）
是否受灾（0=否；1=是）	−0.233***	−0.249***
	（−13.70）	（−11.00）
户主年龄/岁	0.002*	0.004
	（1.96）	（0.84）
土地规模/公顷	−0.004	−0.022**
	（−0.84）	（−2.05）
土地规模的平方	0.000	0.001**
	（0.72）	（2.55）
乡级控制变量	—	—
常数项	8.241***	8.122***
	（40.29）	（24.93）
观察值	923	923
R^2	0.366	0.303

***、**、*分别表示 1%、5%、10%的统计显著性水平

1. 转基因玉米对单产的影响

表8.14显示，在控制其他变量的情况下，转基因玉米变量的系数是0.116，并且在 1%的水平上高度显著。本章采用的是两边取对数的 C-D 生产函数，因此我

们可以得出，种植转基因玉米后可以提高玉米单产 11.6%。为检验模型的稳定性，进一步采用最小二乘法在控制乡级变量的情况下回归，转基因玉米变量的系数为 0.113，并且在 1%的水平上高度显著。采用最小二乘法回归估计的结果和采用固定效应模型估计的结果相似，从而进一步判断采用固定效应回归对转基因变量的结果是稳定的。可见，转基因玉米可以显著提高作物单产，提高玉米单产的比例为 11.6%。

2. 其他变量对单产的影响

固定效应可以克服不随时间变化的变量产生的内生性，估计结果更加稳定，如地块的土地质量、地形、环境等短期内不随时间变化，可以通过固定效应模型进行控制。因此，接下来重点以固定效应模型的结果进行解释。

从固定效应模型的结果看，所有的生产投入变量的符号都符合预期，并表现出一定的显著性。机械费用变量在 10%的水平上显著，表示单位面积机械化服务费用每提高 1%个，玉米的单产提高 0.052 个百分点。劳动力投入方面，劳动力工时对玉米单产的影响在 1%的水平上高度显著，结果表示单位面积劳动力每提高 1 个百分点，则玉米单产提高 0.01 个百分点。化肥投入同样在 1%的水平上高度显著，即单位面积化肥每提高 1 个百分点，玉米单产提高 0.015 个百分点。施用的杀虫剂费用也对玉米单产表现出高度显著性，即单位面积杀虫剂费用每提高 1 个百分点，则玉米单产提高 0.013 个百分点。本章中的其他费用（单位面积上施用种子费用和除草剂费用的和）没有表现出显著性。

除了生产投入变量外，户主的年龄对作物的单产没有表现出显著性。有意思的是，农户种植玉米的播种面积对作物单产具有显著的影响作用，呈现出一定的 U 形关系，拐点发生在 11.0 公顷。即随着玉米播种面积的增加，玉米单产逐渐下降，但是当达到 11.0 公顷左右时出现规模效应，玉米单产开始随着播种面积的增加而提高。

（二）杀虫剂施用内生模型估计结果

本部分使用杀虫剂的价格作为工具变量对模型（8.3）和模型（8.4）采取两阶段的最小二乘法进行估计。估计结果见表 8.15。

表 8.15 杀虫剂施用内生模型的估计结果

变量名	第一阶段	第二阶段
	杀虫剂费用（取对数）	玉米单产（取对数）
价格/（元/千克）	-0.003^{***}	—
	（−2.69）	—

续表

变量名	第一阶段	第二阶段
	杀虫剂费用（取对数）	玉米单产（取对数）
是否为转基因品种（0=否；1=是）	−0.641***	0.172***
	（−3.61）	（3.5）
机械费用（取对数）	0.088	−0.069
	（−0.49）	（−1.29）
劳动力工时（取对数）	0.026	0.00
	（−1.14）	（−0.08）
农药用量	—	0.055
	—	（−0.96）
化肥投入（取对数）	−0.024	0.006
	（−0.61）	（−0.88）
其他费用（取对数）	−0.334**	0.004
	（−1.99）	（−0.10）
是否灌溉（0=否；1=是）	−0.111	0.098*
	（−0.50）	（−1.85）
是否受灾（0=否；1=是）	0.039	−0.250***
	（−0.31）	（−9.04）
户主年龄/岁	−0.301***	0.057**
	（−4.10）	（−2.59）
土地规模/公顷	0.210***	−0.026*
	−3.44	（−1.72）
土地规模的平方	−0.005**	0.001*
	（−2.57）	（−1.66）
常数项	22.131***	6.397***
	（−5.17）	（−4.19）
R^2	0.176	0.403
观察值	638	638

***、**、*分别表示 1%、5%、10%的统计显著性水平

在第一阶段的回归结果中，我们发现杀虫剂的价格对杀虫剂的投入具有显著的负向影响。由此可见，杀虫剂的价格是一个较好的工具变量。另外，通过该模型可以进一步得出转基因玉米能显著减少杀虫剂费用。

通过第二阶段的回归结果可以看出，在采用杀虫剂价格作为杀虫剂费用的工具变量后，转基因玉米对作物单产的影响仍然在 1%的水平上高度显著，转基因玉米的系数为 0.172。可见，转基因玉米可以提高作物单产 17.2%。与基准模型的

结果相比，此模型中转基因玉米对单产的影响增加了5.8%。其他变量中，是否受灾和土地规模两个变量的系数和基准模型差异不大，但是该模型主要的生产投入变量不再显著。分析其原因，可能是因为模型中有效样本量减少。因为在2013年调查时，没有询问农户杀虫剂费用，所以在表8.15的回归模型中，我们只使用了2015年和2016年的两期数据，并且这两期年份较近，农户在两年内种植玉米品种发生变化（一年种植转基因玉米，另一年种植非转基因玉米）的可能性较低。如果采用固定效应模型进行回归，则进入模型的有效样本为两年内种植不同玉米品种的地块。

可见，在考虑了杀虫剂费用的内生性后，上述模型估计的转基因玉米对作物单产的影响结果依然显著，转基因玉米对单产的影响提高了17.2%。但是因为模型样本量的减少，各个变量的估计效率减少。

（三）转基因玉米自选择模型的估计结果

本部分使用农户购买转基因种子的难易程度作为转基因玉米的工具变量对模型（8.5）和模型（8.6）进行两阶段回归。该模型中第一步的估计方法与第三节第一步估计方法不同。因为该模型中第一步的被解释变量为是否采用转基因玉米技术的0-1变量，所以在该模型第一步中使用的是Logit固定效应进行估计。估计结果见表8.16。

表8.16　农户种植转基因玉米自选择模型的估计结果

变量名		第一阶段	第二阶段
		是否种植转基因玉米	玉米单产（取对数）
购买转基因种子的难易程度（基期：不容易购买）	一般容易购买	2.867*	—
		（1.72）	—
	非常容易购买	7.203***	—
		（3.92）	—
是否为转基因品种（0=否；1=是）		—	0.133*
		—	（1.93）
机械费用（取对数）		0.224	0.053
		（0.35）	（1.19）
劳动力投入（取对数）		0.028	0.020***
		（0.30）	（3.36）
化肥投入（取对数）		0.280**	0.012
		（2.53）	（1.45）
其他费用（取对数）		2.716***	0.128**
		（2.71）	（2.32）

续表

变量名	第一阶段	第二阶段
	是否种植转基因玉米	玉米单产（取对数）
杀虫剂费用（取对数）	−0.857***	0.031
	（−3.11）	（1.51）
是否灌溉（0=否；1=是）	1.153	0.325***
	（0.84）	（4.93）
是否受灾（0=否；1=是）	0.744	−0.224***
	（1.34）	（−5.68）
户主年龄/岁	0.121	−0.002
	（0.59）	（−0.19）
土地规模/公顷	−0.729	−0.018
	（−1.56）	（−0.83）
土地规模的平方	0.006	0.001
	（0.55）	（1.38）
地块控制变量	—	—
常数项	−25.679*	7.527***
	（−1.85）	（11.26）
R^2	—	0.398
观察值	282	282

***、**、*分别表示1%、5%、10%的统计显著性水平

第一步的回归结果显示，购买转基因种子的难易程度对农户种植转基因玉米的影响高度显著，当地农户越是容易购买到转基因种子，种植转基因玉米的比例越高。可见，购买转基因玉米种子的难易程度是一个合适的工具变量。

从第二步的回归结果可以看出，在使用购买转基因种子的难易程度作为转基因玉米的工具变量后，模型的估计结果和基准模型的估计结果相近。模型的估计结果符合预期，并且大部分变量是显著的。

在控制其他变量不变的情况下，转基因玉米对作物单产的影响比较显著，估计系数为0.133，可见转基因玉米可以提高作物单产13.3%。与基准模型相比，该模型中的系数增加了0.019。其他变量中，劳动力投入、其他费用、是否灌溉、是否受灾等变量高度显著，并且和基准模型的估计系数相差不大。但是，机械费用、化肥投入、杀虫剂费用等变量变得不再显著。

可见，在考虑了转基因玉米自选择导致的内生性后，上述模型估计的转基因玉米对作物单产的影响结果仍然比较显著，并且估计的系数大小和基准模型的结果相近。

第五节　主要结论和政策建议

一、主要结论

虽然转基因玉米产业化生产还未被批准，但是吉林省和辽宁省等地的农民已经采用了国家还没有批准生产的转基因玉米种子。选取这些农户进行研究，可以直接了解转基因玉米在提高作物单产和减少杀虫剂施用中的优势。通过对该地区的微观农户调查发现：

吉林省和辽宁省出现了一定规模的转基因玉米种植，虽然相关部门实行了监管，但是监管难度较大，难以阻止农户种植转基因玉米。2017 年，吉林省和辽宁省种植转基因玉米农户的比例达到 43%，并且高达 72 %的农户回答可以容易地在当地购买到转基因玉米种子。

农户种植转基因玉米的主要原因是转基因玉米在大田生产中可以提高单产、减少杀虫剂和劳动力的投入。通过实证模型得出，在控制其他变量的情况下，转基因玉米可以减少农户施用杀虫剂费用的 78%，提高作物单产的 11%~17%，同时减少农户施用杀虫剂的工时。另外，通过描述性分析得出转基因玉米可以减少杀虫剂使用量，以及减少种植一季玉米施用的杀虫剂次数。

选取吉林省和辽宁省作为案例得出的转基因玉米对单产的提高与前面基于玉米主产区对转基因玉米的潜力分析得出的结论相吻合。对吉林省和辽宁省研究得出转基因玉米提高作物单产 11%~17%，而对全国玉米主产区的分析表明，如果有效地防治虫害，则可以增产 7%~22%，两种不同的分析得出的结论基本一致。

二、政策建议

根据我国转基因作物发展的“非食用→间接食用→食用”三步走战略，转基因玉米作为间接食用产品，将是目前最有可能实现产业化的农作物。根据本章的研究结果，对我国转基因玉米产业化提出如下建议。

第一，加快实现转基因玉米产业化，推进我国转基因作物“非食用→间接食用→食用”三步走战略。

我国自主研发的抗虫转基因玉米技术已经相当成熟，但是现在还没有批准产业化。目前，我国政府对于转基因作物产业化的进程只有规划路线图，没有具体的时间表。王术坤（2018）的研究表明，转基因玉米产业化每晚推行一年，我国

GDP（gross Domestic Product，国内生产总值）将损失 112 亿美元。而且转基因玉米产业化的实施可以减少我国农药的使用，有利于改善生态环境以及提高人类和牲畜的健康，符合我国乡村振兴战略中提出的生态宜居的理念。

第二，政府批准转基因玉米产业化前，相关部门要采取有效的监管方式阻止转基因玉米的非法种植，这将有利于保护我国玉米种植业的发展。

研究发现，在我国东北地区已经有一定规模的农户种植转基因玉米，并且增长速度较快。在我国政府严格控制的情况下，依然有较大规模农户种植转基因玉米。同时，本章研究发现东北地区种植的转基因玉米主要是来自国外的转基因性状 Mon810，如果我国相关部门不能有效阻止农户种植转基因玉米，则玉米种子市场很容易被外国企业占领。同时，非法经营的转基因种子公司在一定程度上挤压了正规种子公司，不利于我国种子公司的发展。另外，非法种植转基因玉米，容易引起消费者对转基因食品的恐慌，从而影响政府的公信力。因此，在我国正式批准转基因玉米产业化前应该进行有效的监管。在监管方面，首先应该控制转基因种子来源，其次禁止收购转基因成分的玉米。只要把“掐头”和“去尾”两项监督工作做好，农户种植转基因玉米的积极性就容易控制。

第九章　农业生产经营规模与农业生产力

第一节　研究背景

农村改革初期家庭联产承包责任制对我国农业生产力的提高做出了巨大贡献，同时由此产生的生产规模细碎化问题也引起广泛关注。以往研究表明，家庭联产承包责任制有效地调动了农民的生产积极性，是 1978~1984 年我国粮食增产和农业绩效提高、农业生产力增长的主要源泉（Lin，1992；Huang and Rozelle，1996）。然而，随着我国农村人口和农户数量的增长，户均农地经营规模逐渐从 1985 年的 0.73 公顷下降到 2003 年的 0.57 公顷，虽然之后户均的农地经营规模有所提高，但到 2010 年才恢复到 1985 年的水平（Huang and Ding，2016）。不少学者开始关注农户小规模经营在生产中和市场中所面临的各种挑战（孔令丞和邵春杰，2005；许月明，2006；许庆等，2011；Yang et al.，2013），有些学者则担心农户小规模经营可能存在的食品安全隐患（胡定寰等，2006；Huang et al.，2008；何秀荣，2009）。

但与同样是人多地少的许多亚洲国家农户的经营规模的下降趋势不同，中国农户经营规模在过去十多年出现了不断扩大的趋势。全世界近 90%的小规模农户（经营规模小于 2 公顷）都集中在亚洲，过去几十年，几乎所有亚洲国家的农户平均经营规模都出现下降趋势。例如，依据世界农业普查的数据，印度的农业生产经营者的平均农地经营规模从 1960 年的 2.7 公顷，下降到 2013 年 1.3 公顷。而在 1960~2003 年，印度尼西亚农户的平均经营规模也从 1.2 公顷下滑到 0.97 公顷。但与其他亚洲国家形成鲜明对比的是，中国在过去十多年中，农户平均农地经营规模呈现不断增长的趋势，从 2003 年的 0.73 公顷提高到 2013 年的 0.78 公顷（Huang and Ding，2016）。

在我国土地制度安排下，农户土地经营规模的扩大主要是通过农地的流转来实现的。至2006年，全国农地流转比例达16%。农业农村部的最近数据表明，农地流转正在加速，到2016年农户承包地有三分之一转出，农地流转市场的发展也呈现区域性差异。此外，在农地流转速度明显加快的同时，流转的主体也日趋多元化，一些新型农业经营主体开始出现，这同2013年中央1号文件中提出培育农业生产新型经营主体的政策基本一致。因此，与早期的农地流转活动主要发生在农户间不同，近期农地流转的转入主体开始向家庭农场或大户、农业企业和农地合作社等转变。

中国呈现的农地经营规模的扩大近年来已引起国内外学术界的广泛关注（Otsuka et al.，2013）。在解析农业生产经营模式扩大的影响因素方面，过去研究多数是定性的或判断性的。许多学者认为，农业制度、市场和政策等因素是影响农业经营规模扩大的主要原因，特别是农地流转平台和非农就业的增长（刘强和杨万江，2016）。但深入分析过去十几年间中国农地经营规模扩大的实证研究甚少。

农业生产经营规模大小及不同经营模式的利弊更是学术界长期关注的问题，然而，学术界在农业生产经营模式创新方面依然存在不少争论。20 世纪 60 年代，Chayanov（1926）首次提出农业生产“小而美”（或“规模小效率高”）的概念之后，很多实证研究也发现农业经营规模与农业生产率之间存在反向关系（Lipton，1993；Dyer，1996；Deininger and Byerlee，2012），进一步验证了为什么几乎所有国家的农业是以农户或家庭为生产的主体，全球农作物生产的最大份额是由家庭农场个体经营承担的。但随着社会经济的发展、农业科技的创新和全球化进程的加速，近些年也有越来越多的研究表明，“小”不一定意味着“美”，小规模农户经营在满足多样化的市场营销和市场需求时也面临越来越严峻的挑战，而在应对全球化、贸易自由化以及气候变化带来的机遇与风险时，他们又往往缺乏足够的应对能力（Hazell，2005；Huang et al.，2008）。另外，过小的农业经营规模不仅限制了农民收入水平的提高，而且也导致了农业环境污染、农产品质量安全等问题（Huang et al.，2008；何秀荣，2009）。

在农业生产经营规模和经营模式方面，争论最为激烈的是农作物农业经营规模与生产力的关系。虽然学术界对农业以家庭经营为主的生产模式的效率最高的观点没有多大争议，但对其经营规模大小与生产力的关系争论不休。Otsuka 等（2016）认为，在亚洲国家，随着劳动力工资的上涨，要提高各国农业生产竞争力，必须提高农地的经营规模，从而更好地实现机械替代劳动力，降低生产成本、提高农产品市场竞争力。也有的学者认为，中国快速发展起来的机械社会化服务将会在农户农业生产中产生积极的促进作用（钱贵霞和李宁辉，2006）。然而，以上观点往往缺乏经营规模或经营模式同生产力关系的实证依据。在实证研究方面，除了传统观点所认为的“小而美”外，国内的部分研究表明，农业经营规模与农业生产力之间存在正向关系（梅建明，2002）；但更多的近期研究则认为，农地经营规模同农作物生产力要么呈现倒U形要么呈现L形的关系，单位产品生产成本则呈现U形或者倒L形的关系。即随着农地经营规模的扩大，在平均生产力方面，呈现先上升后下降或后阶段维持在较低水平上；在平均单位产品生产成本方面，正好呈现相反趋势（朱文珏和罗必良，2016；Huang and Ding，2016）。这种观察到的现象有不同解析，一种解析是，规模过大农地经营的边际单产下降或大田间管理的边际成本上升；另外一种解析是，不同农地规模的农户是不可比的，即农地经营规模差异同生产力间的差异可能是生产者本身能力的差异或要素投入存在的差异（张晓恒等，2017）。例如，Chen等（2011）就用实证数据证明，当控制了农地质量后，现实中所观察的农地规模与生产力的“反向关系”开始消失。有的学者则认为，现实中所观察到经营规模与生产力的不同关系，可能是经营规模还没有达到最优的规模点而看到的局部现象以及受到土地细碎化的负向影响的程度不同（倪国华和蔡昉，2015）。虽然以上的这些争论还在继续，但农户间基于自愿的农地流转能够提高农业生产力的观点在学术界接受得更为普遍（Bowlus and Sicular，2003；Deininger and Jin，2009），因为生产效率高的农户更倾向转入耕地，但这些研究的样本往往来自农地经营规模较小的农户。

基于以上讨论，随着中国农业生产农地经营规模的不断扩大，有一系列学术和政策问题需要深入研究。第一，我国农业生产经营主体和农户经营规模的演变过程和趋势如何？第二，哪些因素影响了不同农业生产经营模式和规模的发展？这些影响因素对农业生产经营规模的机理和作用如何？第三，不同农地经营规模的生产效益或生产力如何？它们与农民增收和粮食安全有什么关系？第四，以上问题在不同作物上是否存在异质性？因为区域间也存在很大差异，受经费制约的影响，本章重点讨论三大粮食（水稻、小麦和玉米）的生产经营规模问题，并把东北、华北的粮食主产区作为研究对象。

为此，本章以我国东北和华北粮食主产区为研究对象，旨在分析粮食主产区农业生产经营模式的演变特征和现状，揭示农业生产经营模式的影响因素及其作用机理，在以上分析的基础上评估不同农业生产经营规模的效果，最后提出构建现代农业生产经营主体的政策建议。

为了实现上述的研究目标，本章拟开展以下3个方面的研究内容。

第一，理清农业生产经营模式的演变过程、特征和现状。基于实地调查数据，对不同农业生产经营模式和农业生产经营活动的安排进行描述性统计分析。通过描述家庭经营模式、公司和合作社在过去十几年间的结构变化及它们在农业生产经营活动的变化，来推演过去十几年农业生产经营模式的演变特征及目前的状况。

第二，实证分析农地生产规模变化的主要影响因素。这一部分主要是从非农就业、社会化服务、政策等一系列影响因素入手，重点分析这些因素对不同农业生产经营规模的影响和作用机理。同时，探讨各类影响因素对农业生产经营规模的影响方向和程度，理解不同农业生产经营规模演变的规律。

第三，分析农地生产经营规模与生产力之间的关系。这一部分主要是在以上分析的基础上，开展不同区域农业生产经营模式与农业生产力关系的分析。探讨土壤条件、农户资本和非农就业等因素对农地经营规模与单产关系的影响，同时研究农业生产经营规模与主要粮食作物单产和农业经营利润的关系。

第二节　研究数据

本章采用北京大学中国农业政策研究中心实地调查数据。我们选择了东北和华北作为调查地点，因为它们是我国的主要粮食产区。调查主要包括两轮，第一轮于 2013 年底在东北和华北的 6 个省份调查，这 6 个省份分别是黑龙江、吉林、辽宁、河北、山东和河南；2016 年底我们开展了第二轮的追踪调查，这轮调查是在 2013 年的 6 个省份中抽取 4 个省份进行调查，它们是黑龙江、吉林、山东和河南。

2013 年的调查的具体抽样方法如下。

（1）选择样本县。从黑龙江、吉林、辽宁三省每个省抽取 4 个县，包括 2 个水稻县和 2 个玉米县。具体的抽取方法如下：首先，分别将每个省份的玉米县和水稻县，按照土地流转程度进行排序，将土地流转程度划分为中高和中低两类。然后，分别在每类玉米县和水稻县中，随机抽取 2 个县。河北、山东、河南 3 省内每个省抽取 3 个县。具体的抽取方法如下：首先，将每个省份所有的县按照土地流转程度进行排序，划分为高、中、低三类。然后，分别在高、中、低三类县中，每一类中随机抽取 1 个县。由于河北、山东和河南省主要粮食作物经营方式基本为全年玉米和小麦轮作，因此抽取的 3 个县主产粮食作物皆为小麦和玉米。

（2）选择样本乡镇。采用同样的分层随机抽样的方法抽取样本乡镇。每个样本县内抽取 2 个样本乡镇。具体的抽取方法如下：将所抽取样本县内所有的乡镇按照土地流转程度划分为两类，即土地流转程度中高的乡镇和流转程度中低的乡镇。在每一类乡镇中抽取 3 个乡镇作为备选，最后在这 3 个乡镇中随机抽取 1 个乡镇。抽取样本时需要考虑的是，要保证随机抽取乡镇的主产作物与该样本县的主产作物一致，如东北地区玉米样本县的乡镇主产作物应为玉米，水稻样本县的乡镇主产作物应为水稻，在华北地区应为两种粮食作物，即小麦和玉米。

（3）选择样本村。在每个样本乡镇随机抽取样本村。每个样本乡镇抽取2个样本村，且保证随机抽取的村主产粮食作物与该样本镇的主产作物一致。

（4）确定样本农户。每个村要抽取10个农户，抽取的10个农户中，原则上要包括1个家庭农场、3个大户，剩余农户均为小户。东北和华北地区抽取样本农户的方法略有差异。具体的抽取方法为在样本村中随机抽取1个家庭农场户，若家庭农场已经符合大户标准则归类为大户。随机抽取3个大户，若家庭农场已经满足大户标准则随机抽取2个大户。随机抽取的小户数为10−N，N为前面几个步骤的大户合计个数。

公司与合作社样本抽样原则：在每个县的4个样本村内随机抽取公司与合作社样本，一共抽取4个样本。公司样本要求公司要经营土地，并且种植的作物与其所属样本县主产粮食作物一致。合作社要求土地入股型合作社，并且种植的作物与其所属样本县主产粮食作物一致。原则上，公司与合作社的样本要在样本村中随机抽取，但是考虑到实际抽样中样本村可能没有满足条件的公司与合作社，因此采用补充的抽样原则。补充的抽样原则：若样本村内未找到满足条件的公司或者合作社样本，则优先在同一乡镇内样本村周边村抽取；若同一乡镇内未找到符合条件的公司或者合作社样本，则优先在同县内样本乡镇周边选取，直至最终每个样本县内抽取4个公司或者合作社样本。

2016年的跟踪调查如下。

2016年我们对2013年调查的6个省跟踪调查了4个省（黑龙江、吉林、山东、河南），即对这4个省的14县、28乡镇和560户做了跟踪调查。

值得注意的是，本轮调查追踪2013年的调查样本，样本县、乡、村不需要选取，但需要进一步明确合作社、样本农户和地块的选取原则。2016年跟踪调查的具体抽样方法如下。

（1）公司/合作社样本要求要经营土地，并且种植的作物与其所属样本县主产粮食作物一致。原则上，公司与合作社的样本要在样本村中随机抽取，但是考虑到实际抽样中样本村可能没有满足条件的公司与合作社，因此采用补充的抽样原则。补充的抽样原则：若样本村内未找到满足条件的公司或者合作社样本，则优先在同一乡镇内样本村周边村抽取；若同一乡镇内未找到符合条件的公司或者合作社样本，则优先在同县内样本乡镇周边选取，直至最终每个样本县内至少抽取4个公司或者合作社样本。

（2）选取样本农户。在样本村中随机抽取1个家庭农场户，若家庭农场已经符合大户标准则归类为大户。随机抽取3个大户，若家庭农场已经满足大户标准则随机抽取2个大户。随机抽取的小户数为10−N，N为前面几个步骤的大户合计个数。10个原农户中，如果有N户不在家，采用电话问卷。另外随机抽取N个在家农户，补足10户。

（3）地块的抽取依据“责任田/口粮田”“转入/转出的地块”“作物种植的情况”。如果地块没有了，找土地质量、种植结构相近的地块。在每个县的4个样本村内随机抽取公司与合作社样本，一共抽取4个样本。

同时，本章也借鉴课题组最近开展的另外一个具有全国代表性的调查数据来反映农业新型主体发展情况和面临的问题。这些调查是于2016年8~9月在东部、中部、西部和东北地区的9个省、39个县、78个乡镇做的调查，这个调查针对农民收入问题而开展，具体研究结果见题为“促进农民收入可持续增长财政支持政策”的研究报告，本章仅对该项调查中有关各地新型农业经营主体发展问题做简要的总结。

第三节 研究方法

因为我们采用的数据是分层随机抽样调查获取的，所以在计算总样本平均数和模型分析时需要赋予每个样本权重。当然，由于所研究问题不同，使用的样本不同，样本所赋予的权重也不尽相同。

一、农业生产经营模式、规模及经营活动的数据分析

本部分内容将采用统计分析的方法，在此需要对本部分统计分析的样本权重进行介绍。由于考察农业生产经营模式的演变主要从两方面即从县、乡和村级的调查访谈数据来进行农业生产经营模式和农户层面的农业生产经营活动安排角度来考察，因此两部分应用的样本不同，权重的赋值方法也有所区别。

（1）对于农业生产经营模式和经营规模的分析，由于使用县、乡和村级调查数据，故可以创建以耕地面积为基础的权重。这部分数据调整的原则为逐级调整，即县一级权重根据省级权重来调整，乡级权重根据县级权重来调整，村级权重根据乡级权重来调整。具体的权重（P）计算方法如下所示：

$$P_{pcji} = W_p \times W_{pc} \times W_{pcj} \times W_{pcji} \tag{9.1}$$

其中，W_p 表示省级权重，其值为所在省份耕地面积占所有6省总耕地面积的比重，并且 $\sum_{p=1}^{6} W_p = 1$；W_{pc} 表示第 p 个省第 c 个县的权重，东北每个省抽取4个县，华北每个省抽取3个县，赋值时保证所有县在同一省内赋予的权重相同即东北和

华北省份的 W_{pc} 分别为 1/4 和 1/3，最终 $\sum_{c=1}^{n} W_{pc} = 1$，$N$=2，3；$W_{pcj}$ 表示第 p 个省第 c 个县第 j 个乡的权重，赋值时保证每个县所抽取的两个乡镇在同一个县权重相同，这时所有的 W_{pcj} 均为 1/2，最终 $\sum_{j=1}^{n} W_{pcj} = 1$；$W_{pcji}$ 表示第 p 个省第 c 个县第 j 个乡镇第 i 个村的权重，赋值时保证同一个乡镇抽取的两个村的比重相同即 W_{pcji}=1/2，最终 $\sum_{i=1}^{n} W_{pcji} = 1$。

（2）对农户生产经营活动的分析，由于使用的是农户层面数据，故最终调整的原则仍为逐级调整。具体的权重计算方法如下所示：

$$P_{pcjihf} = W_p \times W_{pc} \times W_{pcj} \times W_{pcji} \times W_{pcjih} \times W_{pcjihf} \qquad (9.2)$$

其中，W_p 表示省级权重，其值为所在省份农户总数占所有 6 省总农户数的比重，并且 $\sum_{p=1}^{6} W_p = 1$；W_{pc} 表示第 p 个省份第 c 个县的权重，东北每个省抽取 4 个县，华北每个省抽取 3 个县，赋值时保证所有县在同一省内赋予的权重相同即东北和华北省份的 W_{pc} 分别为 1/4 和 1/3，最终 $\sum_{c=1}^{n} W_{pc} = 1$；$W_{pcj}$ 表示第 p 个省第 c 个县第 j 个乡的权重，赋值时保证每个县所抽取的两个乡镇在同一个县权重相同，这时所有的 W_{pcj} 均为 1/2，最终 $\sum_{j=1}^{n} W_{pcj} = 1$；$W_{pcji}$ 表示第 p 个省第 c 个县第 j 个乡镇第 i 个村的权重，赋值时保证同一个乡镇抽取的两个村的比重相同即 W_{pcji}=1/2，最终 $\sum_{i=1}^{n} W_{pcji} = 1$；$W_{pcjih}$ 表示第 h 类农户在第 i 个村第 j 个乡第 c 个县第 p 个省中农户数所占总户数的比例，并且 $\sum_{h=1}^{n} W_{pcjih} = 1$；$W_{pcjihf}$ 表示第 p 个省第 c 个县第 j 个乡第 i 个村中第 h 类农户样本的倒数。例如，在某样本村中样本规模为 10 亩[①]以下的农户占总农户数的比例为 40%，如果在这一样本村中抽取的 10 亩以下农户有 4 户，那么每一户的权重为 0.1。按照以上权重赋值方法，最终保证所有的样本加总权重 $\sum P_{pcjihf} = 1$。

需要特殊说明的是，由于某些公司与合作社样本并未在最终的样本村甚至样本乡中选取，因此统一处理的方法为在样本县内对公司与合作社样本进行调整。权重的计算公式如下：

$$P_{pchf} = W_p \times W_{pc} \times W_{pch} \times W_{pchf} \qquad (9.3)$$

① 1 亩≈666.7 平方米。

其中，W_p 表示省级权重，其值为所在省份农户总数占所有 6 省总农户数的比重，并且 $\sum_{p=1}^{6} W_p = 1$；W_{pc} 表示第 p 个省份第 c 个县的权重，东北每个省抽取 4 个县，华北每个省抽取 3 个县，赋值时保证所有县在同一省内赋予的权重相同即东北和华北省份的 W_{pc} 分别为 1/4 和 1/3，最终 $\sum_{c=1}^{n} W_{pc} = 1$；$W_{pch}$ 表示第 p 个省第 c 个县该类合作社或者公司所占的权重；W_{pchf} 表示该类公司或者合作社在该县中抽取样本的倒数，最终 $\sum P_{pchf} = 1$。

二、农业生产经营模式的影响因素分析

（一）权重说明

在农户生产经营模式的影响因素分析中，应用了两部分数据即村级和农户级调查数据，因此同样构建两部分权重。村层面数据的权重同式（9.1）所示，即 $P_{pcji} = W_p \times W_{pc} \times W_{pcj} \times W_{pcji}$，家庭经营农户层面数据的权重同式（9.2）所示，即 $P_{pcjihf} = W_p \times W_{pc} \times W_{pcj} \times W_{pcji} \times W_{pcjih} \times W_{pcjihf}$，这两部分权重的计算方法在此不再赘述。

（二）模型介绍

为了系统分析农户生产型经营规模与其决定性因素之间的关系，我们建立了计量经济模型来检查前面提到的制度、政策和社会化服务三个方面的政策因素对农户经营规模的影响，模型介绍如下：

$$
\begin{aligned}
H_{hijt} = {} & a_0 + a_1 L_{jt-1} + a_2 P_{jt-1} + a_3 S_{ijt-1} + \left(a_4 + a_5 L_{jt} + a_6 P_{jt-1} + a_7 S_{ijt}\right) C_{hijt} \\
& + a_8 T_t + a_9 W_{ijt} + a_{10} F_{ijt} + a_{11} A_{hijt} + a_{12} D + \varepsilon_{ijht}
\end{aligned}
\tag{9.4}
$$

其中，H_{hijt} 代表 2003~2013 年第 j 个乡镇第 i 个村第 h 个农户或经营主体在第 t 年的耕地面积；制度因素 L_{jt-1} 是一个二值变量，当乡镇 j 在过去一年（t–1 年）有土地流转服务中心时取值为 1，否则取值为 0；政策因素 P_{jt-1} 是一个二值变量，当乡镇 j 在过去一年对大户有支持政策时取值为 1，否则取值为 0；S_{ijt-1} 代表村 i 获得机械服务的年限，其取值仍然滞后一期。为了检验制度因素 L（土地流转服务中心）、政策 P（对大户的支持政策）以及机械服务 S 在家庭经营农户和公司/合作社之间作用的差别，模型中引入了经营主体为合作社/公司的虚拟变量 C_{hijt} 及虚拟变量 C_{hijt} 分别与变量 L、P、S 的交叉项。此外，模型控制了可能对因变量 H_{hijt} 产

生影响的其他因素，主要包括：①变量 T_t 代表时间趋势变量（如除非农就业工资外的其他宏观经济因素）；②变量 W_{ijt} 代表在村 i 内从事非农就业的日均工资，此变量在各年间用农村消费价格指数进行了调整；③变量 F_{ijt} 代表村 i 内户均经营规模；④变量 A_{hijt} 代表一组户主特征变量，包括户主年龄和受教育程度。变量 D 代表一组省份虚拟变量，以控制不随时间变化的非观测因素对因变量 H_{hijt} 的影响。a_k（k=1，2，…，12）代表待估参数。ε_{ijht} 为模型的随机扰动项，假设其独立同分布。

在估计式（9.4）的过程中，我们采用了两种方式来控制可能出现的内生性问题。首先，我们对主要的三个方面的解释变量采用了滞后一年的处理方式。其次，我们在农户层次上使用了面板数据的固定因素模型。

此外，为了更好地解释经营规模的变化，在模型估计时采用了一系列估计方法以检验估计结果的稳健性。第一，在估计固定效应模型时将不随时间变化的因素、户主基本特征和省份虚拟变量去除。为了检验三个驱动因素（L、P、S）对经营规模影响的稳健性，以及了解户主基本特征对经营规模变化的影响，我们同时采用了最小二乘回归方法。第二，为了处理由于模型随机扰动项可能存在的自相关问题，在所有模型的估计过程中我们对自相关问题做了适当处理。第三，鉴于每个村选择 10 个农户样本，在模型估计时计算村级层面的聚类标准差。第四，由于机械服务变量与时间趋势变量、制度变量 L、政策变量 P 及它们与合作社/公司虚拟变量之间的交叉项可能存在高度的相关性，在估计时采用分步估计的策略。第五，由于回归所用样本是用分层随机抽样方法取得的，故所有最小二乘和固定效应模型的估计都被赋予了权重。

三、农业生产经营模式的效果评估

（一）权重说明

在评估农业生产经营模式的效果时，由于分不同作物进行探讨，故分析所用样本不同，所用权重也不同于以上两部分分析所用的权重。权重的基本算法如下：

$$P_{pcjihf} = W_p \times W_{pc} \times W_{pcj} \times W_{pcji} \times W_{pcjih} \times W_{pcjihf} \tag{9.5}$$

其中，W_p、W_{pc}、W_{pcj}、W_{pcji}、W_{pcjih}、W_{pcjihf} 与式（9.2）中的含义相同，唯一不同的是对于不同作物，W_p、W_{pc} 并不相同。以玉米为例，玉米在东北三个省和华北三个省都有样本，东北三省每个省抽取两个县，华北三省每个省抽取三个县，因此东北省份在县级层面的比例 W_{pc} 为 1/2，华北省份在县级层面的比例 W_{pc} 为 1/3。其余的 W_{pcj}、W_{pcji}、W_{pcjih}、W_{pcjihf} 的算法与以上算法类似，在此不再赘述。

（二）模型介绍

我们单纯考虑单产和农户经营规模之间的关系，通过一些计量手段来控制与农户自身特征和时间变化等相关的固定因素：

$$y_{it} = \theta_0 + \theta_1 \ln N_{ij} + \theta_1 \ln N_{ij}^2 + u_i + D_t + \varepsilon_{it} \tag{9.6}$$

其中，$y_{it} = Y_{irt} / N_{irt}$ 代表单产或土地生产力，N_{irt} 代表农户经营（土地）规模；u_i 和 D_t 代表农户自身特征和与时间相关的特定因素。

第四节　研 究 结 果

一、农地经营规模现状和趋势

（一）新型经营主体发展现状

我国农户土地经营规模不断扩大。农业部统计数据显示，2012 年我国户均耕地经营规模 7.5 亩。小农户扩大经营规模主要通过承包村集体耕地和农户间土地流转。随着家庭承包耕地流转面积的扩大，小规模分散经营的比重有所下降。2013 年我国经营规模在 30 亩以下的农户达到 2.54 亿户，占总农户比重的 96.2%。我们在东北、华北地区的调研也显示，从 2003 年开始，农作物生产者（包括农户、合作社和公司）的平均经营规模在不断提高（表 9.1）。例如，6 省样本的生产者平均规模从 2003 年的 13.8 亩，扩大到 2013 年的 26.0 亩，到了 2016 年已经超过了 30 亩。4 省样本由于其平均耕地面积大于 6 省样本，因此其平均经营规模要大于 6 省样本值；从变动趋势上看，生产者的平均耕地经营规模也才从 2003 年的 16.9 亩增加到 2016 年的 37.2 亩。

表 9.1　东北、华北地区农户平均经营规模变化

年份	平均耕地经营规模/亩	
	6省样本	4省样本
2003	13.8	16.9
2004	14.5	17.9
2005	15.0	18.3
2006	15.3	18.9
2007	15.5	19.1

续表

年份	平均耕地经营规模/亩	
	6省样本	4省样本
2008	15.5	18.8
2009	17.5	21.3
2010	21.1	25.7
2011	24.1	29.2
2012	25.8	31.0
2013	26.0	31.8
2014	26.2	32.1
2015	28.2	34.5
2016	30.4	37.2

注：2013 年调查的 6 省样本为黑龙江、吉林、辽宁、山东、河北、河南，2014~2016 年的数据是基于 4 省调研数据的趋势而估计的；2016 年调查的 4 省样本为黑龙江、吉林、山东、河南。所有的数据均为加权计算

资料来源：作者调研数据

2008 年以来，不同形式的新型经营主体呈现快速增加趋势。根据我们在东北和华北的调查数据，过去十多年间，大户（或家庭农场）、土地合作社和农业公司等新型经营主体增长迅速，特别是 2008 年以来，土地合作社和经营农地的农业公司几乎是从无到有（表 9.2）。

表 9.2　不同经营规模的经营主体的比例及其平均经营规模

经营主体类型	不同经营规模的经营主体比例				平均经营规模/公顷			
年份	2003	2008	2013	2016	2003	2008	2013	2016
土地合作社	0	0.000 7%	0.14%	0.2%	—	55	216	339
a）仅支付土地租金型	0	0	0.01%	0.05%	—	—	109	—
b）仅参加利润分红型	0	0.000 5%	0.12%	—	—	67	138	—
c）既支付土地租金又参加利润分红型	0	0	0.01%	—	—	—	128	—
公司	0	0.000 2%	0.01%	—	—	43	500	400
农户	100%	99.999 3%	99.85%	99.75%	1.7	2.2	4.5	5
<1公顷	73.3%	68.5%	59.5%	53.9%	0.5	0.5	0.5	0.5
1~2公顷	15.7%	17.2%	18.8%	21.2%	1.4	1.4	1.4	1.5
2~3公顷	6.6%	8.6%	12.7%	13.7%	2.4	2.4	2.3	2.5
3~7公顷	4.1%	5.4%	8.1%	9.6%	4.4	4.6	4.4	5.0

续表

经营主体类型	不同经营规模的经营主体比例				平均经营规模/公顷			
年份	2003	2008	2013	2016	2003	2008	2013	2016
7~15公顷	0.2%	0.2%	0.5%	1.1%	9.7	9.7	9.9	10.1
≥15公顷	0	0	0.2%	0.3%	24.2	33	50.6	31.1

注：2003年、2008年、2013年数据为6省样本，分别为黑龙江、吉林、辽宁、山东、河北、河南；2016年数据为4省样本，分别为黑龙江、吉林、山东、河南。所有的数据均为加权计算

资料来源：作者调研数据

过去十多年，农户农地经营规模也发生了显著变化。面积小于1公顷的农户在生产者中的占比从2003年的73.3%下降到2008年的68.5%、2013年的59.5%和2016年的53.9%，经营面积大于等于7公顷的新型经营主体在生产者中的占比从2008年的0.2%增加到2013年的0.7%和2016年的1.4%（表9.2）。

各种形式的土地合作社和农业公司从无到有，虽然在生产者中的比例不大但面积占比显著。规范的土地合作社要求农民自愿参与、合作管理和运作。遗憾的是，在我们的样本中，不是所有的土地合作社都遵循以上原则。为此，我们把调查的合作社分为以下3种类型：仅支付土地租金型、仅参加利润分红型、既支付土地租金又参加利润分红型。从调查结果看，各种形式的土地合作社都有（表9.2）。土地合作社和公司数量在生产者总数中的占比不大，但由于它们的农地经营规模大，所以耕地面积占比显著增长。

（二）新型经营主体发展及农地经营规模扩大的主要影响因素

上述农地经营规模变化的影响原因有很多。除了2000年中期以来迅速增长的工资水平外，土地流转服务、农业机械化服务和农业发展支持政策等可能也是新型经营主体发展和农地经营规模扩大的重要影响因素。

劳动工资的快速增长。其他国家已有的研究表明，非农就业工资上涨与经营规模的扩大是同方向的，即非农工资的上升有利于农户扩大经营规模（Deininger and Byerlee，2012）。Hoppe等（2010）同样发现，1935年时美国农场数目为680万个，但到1970年时农场数目急剧下降，农场规模上升，同时在该时段内农场数目下降与非农工资上涨有关。非农工资上涨同样引致我国农户平均经营规模不断增大。2008年以来，我国非农就业工资（或农业生产机会成本）和农业生产雇工工资都以年均8%左右的速度增长，劳动成本上升促使机械替代劳动力的加速，从而促进了耕地流转和规模经营，这是通过市场机制配置劳动、土地和资金资源的重要体现。

农地市场发育和完善。土地流转服务中心是近些年中国农村最具创造性的制

度安排。在过去，由于缺乏规范的土地流转市场，土地使用权流转经常发生在朋友和亲戚间。为了促进土地使用权流转和土地归整，当地政府成立了各种耕地流转服务中心或平台。其中，绝大多数的土地流转服务中心或平台建立在乡镇层次上，也有部分地区在县一级建立了更大的联网平台，可汇集各乡镇的土地流转信息。土地流转服务平台的主要职责如下：①开展土地流转市场调查和搜集有意愿出租土地的人员信息；②通过为顾客提供每块待出租地块的位置、面积、主要特征和指导价以促进土地使用权转让；③当土地流转交易完成后，准备正式的土地合同并备份土地流转合同文件；④对土地流转合同的争端进行调节。虽然近几年有不少地方的土地流转平台名不副实，但前几年在一些地方发展起来的土地流转平台成为土地流转市场上重要的制度创新，它显著降低了农地流转的交易成本和风险，在促进土地流转和规模经营方面起到积极的推动作用。例如，在东北和华北地区，2003 年租入和租出土地的农户比为 1∶1.3，这一比例到 2013 年为 1∶3，2016 年达到 1∶4。

以市场为导向的机械化等社会服务体系的发展。从经营规模角度，采用社会化服务的农户与经营规模的关系不能一概而论。有些购买社会化服务的农户，其经营规模更大，这类农户生产特征是以市场导向性的商品化生产为主。Ji 等（2012）研究表明我国小农户受经营规模的约束，42.2%的农户没有任何农机投资，几乎全部样本农户至少采用一种农机服务。王志刚等（2011）发现生产环节的社会化服务供给主体主要是种粮大户、专业化服务队或农业专业合作组织。对小农户而言，从经营规模上看，经营面积在 5 亩以下的外包比例为 84%、5~10 亩的外包比例为 80%、10~20 亩的外包比例为 90%，而 20 亩以上的外包比例更是高达 94%以上。这主要是由于农业生产的专业化服务可以缓解经营规模小和细碎化的瓶颈问题。

机械化服务的提供在中国已经存在了很多年。这些有偿服务主要包括耕地和收获，但在一些地区，它们也扩展到其他业务，如种植/播种、化肥和农药应用。机械化服务的提供者包括个体农民和在村内外的农民机械合作社/公司。农民机械合作社和公司经常跨地区，甚至跨省提供机械化服务，有时一次出行就是几个月（Yang et al.，2013）。根据我们的调查数据，自 2008 年以来，东北、华北地区每个村都开始提供机械化服务。为了分析村庄之间的机械化服务水平差异，我们采用村里提供机械化服务的年数这一指标来衡量。结果表明，平均而言，村庄的机械化服务在 2003 年已有 3.5 年，2008 年为 7.3 年，2013 年已超过 12 年。各地迅速发展起来的各种形式的机械化等有偿社会化服务，是农业生产经营活动的制度创新；它克服了小农户机械化难题，促进了农户家庭经营规模的扩大。

粮食等农产品的价格和收储政策。水稻和小麦粮食最低收购价、玉米和其他农产品的临时收储政策提高了粮食及主要农产品的市场价格，提高了农业投资的短期回报率，并降低了受政策保护的农产品的市场风险，吸引了不少企业和个体加入农业生产，从而使其在一些地方成为农业生产的重要经营主体。

针对耕地经营大户、合作社和企业等新型主体的补贴等扶持政策。虽然相关支持政策因地而异，但主要政策包括如下：①在扩大农地经营规模时提供贷款担保和补贴贷款，用于支付土地租赁付款和购买投入；②对规模化经营的生产者，提供灌溉、排水和储存基础设施投资的补贴；③对规模化经营的生产者，提供购买大型机械等的直接补贴。根据我们的调查结果，有两个乡镇在2008年出台了上述支持政策，到2011年对规模化经营生产者有补贴的乡镇达到21%，2013年达到了 35.7%。目前在许多地方，培育新型农业经营主体的主要目标是扩大耕地经营规模，特别是2008年以来对新型主体都实施了各种补贴政策，获得政策支持的耕地规模因地而异（从不小于 100 亩到超过 250 亩），这进一步推动了新型经营主体的发展速度增长和规模扩大。

（三）农业生产经营规模同农业生产效益之间的关系

新型经营主体与普通农户很直观的区别点在于经营规模的不同，而规模差异背后的实质是使用技术、管理水平和生产组织等因素的差异，从而造成不同规模生产经营主体的成本收益有所差别。因此，本部分将分作物考察农地经营规模与农业生产效益之间的关系，以东北和华北的粮食生产为例，分玉米、水稻和小麦三种主要作物。在生产效益方面，我们采用如下 4 个指标（元/亩）来衡量。

$$V_1 = P \times Y - C_1 \tag{9.7}$$

$$V_2 = V_1 - C_2 \tag{9.8}$$

$$V_3 = V_2 - C_3 \tag{9.9}$$

$$V_4 = V_3 - C_4 \tag{9.10}$$

其中，V_1 代表每亩粮食生产对劳动力和土地投入的回报（元/亩），P 代表粮食（分水稻、小麦和玉米）出售价格（元/斤[①]），Y 代表粮食的单位面积产量（斤/亩），C_1 代表每亩生产的所有物质成本（包括种子、育秧、农药、化肥、灌溉、机械费用等）（元/亩）；V_2 代表地每亩粮食生产对家庭劳动力和土地投入的回报，C_2 代表每亩生产的雇佣劳动力成本；V_3 代表每亩粮食生产对家庭劳动力投入的回报，C_3 代表当地（如本村）每亩耕地的平均租金；V_4 代表每亩粮食生产对所有生产要素的回报，即每亩的净利润，C_4 代表家庭劳动力投入的机会成本。

同时，我们还计算了如下两个指标来反映粮食生产的竞争力和粮食生产总收入：反映粮食生产竞争力的指标为生产每千克粮食的总成本；反映粮食生产总收

① 1 斤=0.5 千克。

入的指标为亩均利润乘以粮食的播种面积。

1. 玉米生产农地经营规模与效益关系

在玉米生产中，不同规模农户的亩均生产成本存在显著差异。表 9.3 统计了东北与华北地区玉米不同生产经营规模与各种效益指标之间的关系，从表中可以发现，随着玉米经营规模的逐渐提高，亩均物质成本超过 50 亩后出现显著下降，但雇工成本随着经营规模的增加而提高，在 51~100 亩之后，又呈现出下降的趋势。这主要是因为经营规模扩大后，农户自有劳动力不足需要雇佣劳动力进行生产；而当规模达到一定程度之后，生产者就会用农业机械替代雇佣的劳动力。耕地成本在 51~100 亩这一档比其他规模的生产者低，但是当土地规模达到一定程度之后，需要跟过多的农户进行谈判，从而提高了交易成本。

表 9.3　东北、华北地区玉米的不同生产经营规模与收益

土地规模	地块数	播种面积/亩	每亩单产、产值、成本和收益										户均利润/元	每千克成本/元
			单产/（斤/亩）	产值/（元/亩）	物质成本/（元/亩）	对劳力与土地回报/（元/亩）	雇工成本/（元/亩）	对家庭劳力与土地回报/（元/亩）	耕地成本/（元/亩）	对家庭劳力回报/（元/亩）	家庭劳力成本/（元/亩）	亩均利润/元		
平均数[a]	593	10	1 147	951	442	509	7	503	416	87	95	−8	−81	1.7
10亩以下	466	4	1 140	954	438	516	6	510	412	98	101	−2	−9	1.7
10~30亩	98	17	1 224	980	455	525	6	519	456	62	67	−5	−87	1.6
31~50亩	12	40	1 151	937	412	525	12	513	417	96	59	37	1 480	1.5
51~100亩	11	88	936	746	255	492	34	458	286	172	27	144	12 394	1.3
101~200亩	5	120	860	704	297	407	21	386	310	76	36	40	4 436	1.7
201~500亩	1	500	800	640	280	360	8	352	400	−48	1	−49	−24 450	1.7

a.平均数是经过加权计算的

资料来源：课题组实地调查

玉米生产的经营规模与生产效益呈现倒 U 形关系。从东北地区玉米经营规模与亩均利润（V_4）的关系中可以发现，经营规模与利润之间呈现倒 U 形关系，而且在经营规模为 51~100 亩时农户的亩均利润最高。当生产者的经营规模从 10 亩以下上升到 50 亩时，利润提高很快，从−132 元/亩提高到 144 元/亩。这主要是由于随着经营规模提高，各生产要素得到较好的优化配置，出现了规模经济，经营收益有所上升。然而，当经营规模继续提高并超过 100 亩之后，利润开始出现下滑。这可能的原因在于，当经营规模很大时需要投入大量的人力，尤其是雇佣劳动力的数量要提高，雇佣劳动力工作的质量很难被观测，而且雇佣劳动成本较高。因此，当经营规模继续扩大时，农户的亩均净利润出现了下滑。通过分析每千克成本，我们也可以看出，在 51~100 亩的时候，玉米的每千克成本为 1.3 元，低于其他规模的经营主体。

2. 水稻生产农地经营规模与效益关系

水稻生产的农地经营规模与生产成本的关系同玉米比较相似。但是水稻生产相对于玉米生产来讲，其物质投入和耕地成本均略高一些（表9.4）。同时，水稻的雇工成本与家庭劳动力成本相对于东北地区玉米生产也较高，这主要是由于水稻生产属于劳动相对密集型生产，从而使得水稻的每千克成本高出玉米，达到了 2.7 元。同时，水稻生产的机械化作业程度低于玉米生产，某些生产环节很难实现机械化操作，如水稻生产过程中的育秧和多次灌溉等。虽然生产成本较高，但由于水稻的出售价格比玉米高，因此水稻的亩均利润高于玉米。

表 9.4　东北、华北地区水稻的不同生产经营规模与收益

土地规模	地块数	播种面积/亩	每亩单产、产值、成本和收益										户均利润/元	每千克成本/元
			单产/（斤/亩）	产值/（元/亩）	物质成本/（元/亩）	对劳力与土地回报/（元/亩）	雇工成本/（元/亩）	对家庭劳力与土地回报/（元/亩）	耕地成本/（元/亩）	对家庭劳力回报/（元/亩）	家庭劳力成本/（元/亩）	亩均利润/元		
平均数[a]	230	16	1 126	1 861	470	1 391	62	1 329	610	720	392	328	5 165	2.7
10亩以下	136	6	1 126	1 864	478	1 386	82	1 303	576	728	442	286	1 584	2.8
10~30亩	68	17	1 131	1 898	463	1 434	39	1 396	687	709	339	369	6 308	2.7
31~50亩	12	40	1 100	1 782	537	1 245	19	1 226	528	697	389	308	12 413	2.7
51~100亩	10	62	1 123	1 720	478	1 242	16	1 226	597	629	186	443	27 466	2.5
101~200亩	3	132	1 039	1 669	559	1 110	25	1 085	633	452	177	275	36 300	2.8
201~500亩	1	210	1 440	2 030	826	1 205	20	1 185	670	515	166	349	73 206	2.7

a.平均数是经过加权计算的

资料来源：课题组实地调查

水稻生产的农地经营规模与生产效益同样呈现倒 U 形关系。与玉米生产相似，但水稻经营规模为 51~100 亩时亩均利润最高，这时生产要素得到最优化配置。当经营规模继续扩大时，外雇劳动力增多，同样出现了前面分析中所说的外雇劳动力缺乏质量控制的问题。当生产者经营的稻田超过一定规模后，生产者的收益开始出现下降。

3. 小麦生产农地经营规模与效益关系

小麦的亩均利润略低于玉米。华北地区玉米和小麦的样本数在10亩以下为最多（表9.5），这也与前面部分的研究结论是一致的。从具体生产成本比较来看，小麦生产的每亩平均物质成本较玉米高出199元，这可能是由于小麦的施肥和灌溉次数较玉米生产略多。玉米和小麦生产的总人工成本相差不多，这主要是由于华北地区玉米和小麦都较容易实现机械化操作。同时，2015年玉米平均单产水平比小麦稍高一些，虽然最终小麦的平均出售价格比玉米平均高出0.3元左右，但最终玉米平均每亩的利润仍然比小麦高。

表9.5　东北、华北地区小麦的不同生产经营规模与收益

土地规模	地块数	播种面积/亩	每亩单产、产值、成本和收益										户均利润/元	每千克成本/元
			单产/（斤/亩）	产值/（元/亩）	物质成本/（元/亩）	对劳力与土地回报/（元/亩）	雇工成本/（元/亩）	对家庭劳力与土地回报/（元/亩）	耕地成本/（元/亩）	对家庭劳力回报/（元/亩）	家庭劳力成本/（元/亩）	亩均利润/元		
平均数[a]	358	9	990	1 116	641	475	6	469	379	90	103	−14	−131	2.3
10亩以下	326	3	992	1 116	685	431	4	427	384	43	110	−66	−197	2.4
10~30亩	12	21	1 035	1 187	582	605	17	588	354	233	66	168	4 708	2.0
31~50亩	4	46	948	1 111	388	723	34	689	350	339	25	314	14 645	1.7
51~100亩	10	82	930	1 081	363	718	43	675	305	370	27	343	30 666	1.6
101~200亩	5	130	866	1 013	488	525	28	497	325	172	29	143	17 074	2.0
201~500亩	1	500	1 100	1 210	493	717	11	706	400	306	3	303	151 527	1.6

a.平均数是经过加权计算的

资料来源：课题组实地调查

与东北、华北地区玉米和水稻类似，小麦生产的经营规模与效益之间也呈现倒U形关系。可以观察到，在51~100亩时小麦的利润达到最高，为343元/亩。比51~100亩更高或者更低的规模，利润均出现了下降。但是，虽然相对较大规模的农户每亩收益偏低，但由于经营规模较大，户均利润仍然要比中小规模的农户高出许多。

对以上分析概括来说，东北、华北地区农户经营规模与效益之间呈现倒U形关系。这表明，单纯从每亩成本收益和净利润的角度来看，经营规模过小会浪费人力，经营规模过大则会出现不经济现象。因此，适度规模经营才能实现农民增收。

（四）粮食生产的农地经营规模与单产之间的关系

除了分析农业生产经营模式与利润之间的关系以外，一个更重要的问题是农户生产经营模式的改变如何影响土地生产率。土地生产率与经营模式之间的关系意义重大，特别是对于中国这种人口多、耕地资源有限的发展中大国，提高土地单产确保粮食安全一直是政策的重点。由于存在激励机制和管理方面的问题，公司与合作社经营模式下的单产可能不如农户经营模式。此外，农业生产经营模式中最重要的是家庭经营模式，因此，在以下分析中我们将重点探讨家庭经营模式中不同经营规模与土地生产率之间的相关关系。

表 9.6 报告了东北和华北地区农户不同经营规模与作物单产之间的关系，从表中可以发现如下的基本事实。

表 9.6　东北和华北地区三大作物生产经营规模与单产

地区	作物	平均单产/（千克/公顷）	单产/（千克/公顷）：按户均耕地规模分组						
			10亩以下	10~30亩	31~50亩	51~100亩	101~200亩	201~500亩	501~800亩
东北	玉米	8 663	6 638	8 820	9 233	9 638	8 318	7 553	—
	水稻	7 665	7 830	7 740	7 830	7 448	6 743	6 788	—
华北	玉米	7 748	7 868	7 883	7 463	7 718	7 875	6 675	5 865
	小麦	6 964	6 861	7 095	6 895	7 122	6 788	6 426	5 885

资料来源：课题组实地调查

第一，从东北地区来看，玉米和水稻的农户经营规模与单产之间基本呈现倒U形关系。玉米在规模 50~100 亩时单产达到最高，水稻在规模 31~50 亩时达到单产最高。表 9.6 显示，从经营规模不足 10 亩上升到 31~50 亩时，玉米的单产水平增加了 39%。但是，当经营规模继续扩大，单产开始出现下降趋势，直到 201~500 亩时平均玉米单产下降了 18%。与玉米相类似，水稻从规模不足 10 亩上升到 31~50 亩时，虽然平均单产水平有小幅的波动，但是总体仍然呈上升趋势。然而当经营规模继续增加到 201~500 亩时，单产比 31~50 亩左右时下降了 13%。

第二，从华北地区来看，玉米和小麦的经营规模同样与单产呈现先升高后降低的倒 U 形关系，并且规模在 10~30 亩时产量达到最高。不同于东北地区，我们观察到华北地区玉米和小麦单产最高值水平出现在 10~30 亩水平档。玉米和小麦从 10 亩以下到 10~30 亩时平均单产水平分别增加了 0.2%和 3.4%，规模为 31~50 亩扩大到 501~800 亩，平均单产水平分别下降了 21%和 15%。

第三，从总体上看，东北地区的玉米单产水平高于华北地区，平均每公顷产量达到 8 吨左右。这可能由于东北地区的黑土地土壤较华北地区的黄土地土壤更为肥沃。同时，东北地区玉米每年只播种一次，实际上土地有整个冬天的休耕期。然而，华北地区多数为玉米和其他作物进行轮作，土地基本没有任何休耕阶段，因此土壤质量相对较为贫瘠。

图 9.1~图 9.4 进一步显示了农户不同经营规模与东北及华北不同作物单产之间的相关关系。图 9.1~图 9.4 均显示东北和华北三种作物播种面积与单产之间的倒 U 形关系较明显，这与上述表 9.6 所得出的结论保持一致。

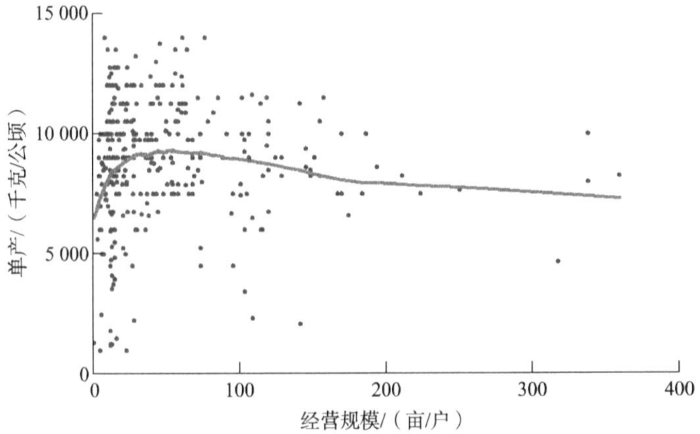

图 9.1　东北地区玉米农户的经营规模与单产
资料来源：项目组实地调查

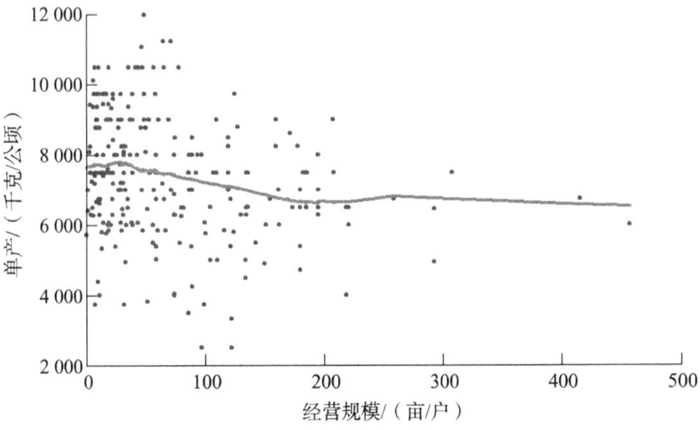

图 9.2　东北地区水稻农户的经营规模与单产
资料来源：课题组实地调查

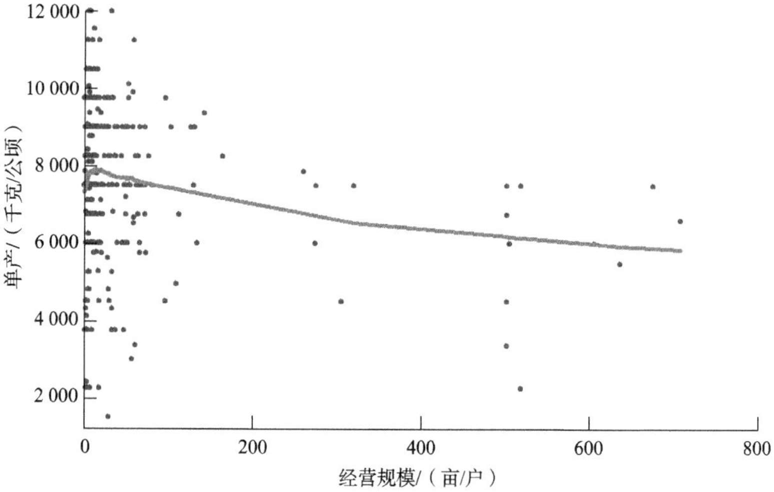

图 9.3　华北地区玉米农户的经营规模与单产

资料来源：项目组实地调查

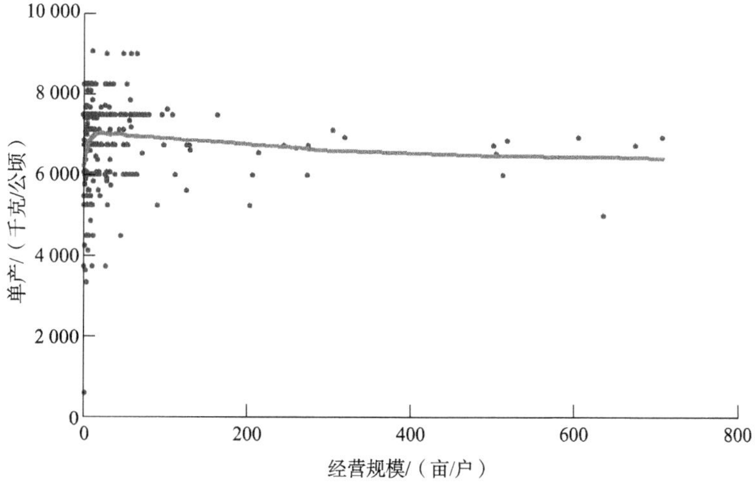

图 9.4　华北地区小麦农户的经营规模与单产

资料来源：课题组实地调查

此外，东北和华北地区三种作物播种面积与单产之间的倒 U 形关系在不同时点（即 2003 年、2008 年和 2013 年）也保持了基本一致的态势，这也从另一个角度佐证了上文提出的经营规模与单产之间的关系具有稳定性的结论。

二、农户生产经营规模的决定因素

（一）农户生产的农地经营规模的决定因素

如前文所述，除了劳动力工资外，土地流转服务、规模化经营的补贴支持政策和农业机械化服务可能是影响农户生产经营规模的重要因素。为此，我们建立实证研究模型，定量分析这些因素对农户生产经营规模的影响机制和程度。这里，我们主要讨论如下三方面的影响因素。

第一，土地流转平台的出现和发展。土地流转平台作为一种制度安排的创新，极大地降低了农村土地流转的交易成本，为我国现阶段农户土地经营规模的扩大创造了条件。在历史上，我国农村土地经营权的流转往往出现在朋友和亲属之间，这主要是由于缺乏正规的土地流转市场，土地经营权的流转面临巨大的市场缺位和较高的交易成本。为了推动土地经营权的流转和土地整合，地方政府在乡镇一级建立了大量的土地流转服务平台或服务中心，为租出和租入土地的农户提供相关服务，甚至有的地方在县一级建立了覆盖多个乡镇的土地流转平台。这些土地流转平台或服务中心的主要职责：①组织土地流转市场调查，获取土地出租信息；②为农民提供流转土地的位置、面积、主要特征等信息，加快土地经营权的流转速度，并为土地流转提供参考价格；③在完成土地流转交易之后，提供正式的土地流转合同文本，并记录备案；④负责土地流转交易纠纷中的调解、仲裁工作。在我们的调查所涉及的 42 个乡镇中，最早的土地交易平台设立于 2010 年，并在此后的三年中得到了迅速的发展。到 2013 年，乡镇一级的土地流转平台数量已经增加到了 8 个，占到全部受访乡镇的 20%以上。

第二，为了加速土地流转和土地整合，各级政府也为粮食主要产区的农户实现规模经营提供政策支持。虽然这种来自政策方面的支持在各个省或县有所差异，但是它们都包括了以下内容：①为农户扩大经营规模，提供用于租赁土地和购买投入品的信贷担保和贴息贷款；②补贴支持其投资灌溉、排水和其他仓储及其他运输设施；③直接对农户购买机械设备和农业保险提供补贴。基于我们的调查结果，上述政策在 2008 年仅仅出现在 2 个乡镇，到 2011 年达到了 9 个乡镇，占全部样本乡镇的 21.4%，而到 2013 年，15 个乡镇出现了上述政策，占全部样本乡镇的 35.7%。

第三，农村社会化服务的提供，也极大地缓解了农户扩大经营规模所需机械不足的问题，为大农户从事机械化生产提供了条件。机械社会化服务提供在很多年前就已经出现，这些服务包括了耕地和收获，在有些地区也包括了其他耕作环节，如播种、施肥和播撒杀虫剂。这些机械服务的提供主体包含了村内外的农民、农民机耕合作社和公司。农民机耕合作社和公司也在更大区域上提供机械社会化服务，甚至还有跨省作业，有时一次作业就长达几个月。基于我们的调查数据，我们发现所有样本村在2008年都出现了机械社会化服务。为了区分各村之间的机械社会化服务，我们创了一个村级变量，即该村拥有机械社会化服务的年数。2003年各村机械社会化服务提供的年数平均为3.5年，到2008年增长到了7.3年，到2013年这一数字超过了12年。

正如我们所预期的，我们的调查结果也显示土地流转服务与农地经营规模间存在较强的正向关系。例如，有土地流转服务乡镇的样本农户农地经营规模在2013年加权平均为2.1公顷。与此相比，没有土地流转服务乡镇的样本农户农地经营规模在2013年加权平均仅为1.2公顷。对比有无农户规模经营扶持政策乡镇，也可以发现农地经营规模存在明显的差异。在有农户规模经营扶持政策的乡镇，农地经营规模加权平均为2.3公顷，约为没有农户规模经营扶持政策乡镇的2倍（1.2公顷）。我们的调查结果也显示，农地经营规模与机械社会化服务的年数及非农就业工资存在正相关关系。

（二）农户生产经营规模决定因素的估计结果

农业生产经营规模影响因素的加权最小二乘和固定效应模型估计结果分别报告在表9.7和表9.8中。

表9.7　农业经营主体经营规模影响因素的加权最小二乘回归结果（2003~2013年）

农户生产经营规模影响因素		（1）	（2）	（3）	（4）
本乡镇是否有专门负责土地流转的服务中心（1=是；0=否）		1.85^{**}	1.63^{**}	1.63^{**}	1.31^{*}
		（2.27）	（2.07）	（2.07）	（1.72）
本乡镇是否拥有对大户的补贴政策（1=是；0=否）		2.34^{**}	2.20^{**}	2.20^{**}	1.90^{**}
		（2.57）	（2.45）	（2.45）	（2.12）
本村获得机械服务的年限/年		0.06^{***}	0.06^{***}	0.06^{***}	0.02
		（3.85）	（3.96）	（3.90）	（0.90）
此经营主体是否为公司或合作社（1=是；0=否）		168.48^{**}	45.18^{*}	−27.04	−27.61
		（2.50）	（1.89）	（0.75）	（0.76）
公司或合作社变量与右边变量的交叉项	本乡镇是否有专门负责土地流转的服务中心（1=是；0=否）	—	217.17^{***}	216.19^{***}	216.82^{***}
		—	（3.93）	（4.10）	（4.10）
	本乡镇是否有对大户的补贴政策（1=是；0=否）	—	97.79^{**}	76.39^{*}	76.71^{*}
		—	（2.35）	（1.81）	（1.82）
	本村拥有机械服务的年限/年	—	—	5.82^{*}	5.84^{*}
		—	—	（1.98）	（1.99）

续表

农户生产经营规模影响因素		（1）	（2）	（3）	（4）
公司或合作社变量与右边变量的交叉项	时间趋势变量	—	—	—	0.15***
		—	—	—	（3.45）
	本村内从事非农工作的工资/（元/天）	0.02**	0.02**	0.02**	0.004
		（2.05）	（2.00）	（2.00）	（0.45）
	本村人均耕地面积/公顷	−0.16	−0.18	−0.18	−0.21
		（0.29）	（0.32）	（0.31）	（0.37）
	户主年龄/岁	−0.02**	−0.02**	−0.02**	−0.03***
		（2.33）	（2.27）	（2.27）	（2.65）
	户主受教育程度/年	0.05**	0.05**	0.05**	0.05**
		（2.38）	（2.39）	（2.41）	（2.14）
省虚拟变量	吉林	−2.11***	−2.05***	−2.05***	−1.79***
		（3.35）	（3.26）	（3.25）	（2.94）
	辽宁	−2.36***	−2.28***	−2.27***	−2.09***
		（5.32）	（5.16）	（5.15）	（4.93）
	河北	−3.03***	−3.01***	−3.00***	−2.97***
		（3.96）	（3.95）	（3.94）	（4.04）
	山东	−2.74***	−2.72***	−2.70***	−2.70***
		（3.12）	（3.10）	（3.09）	（3.14）
	河南	−2.80***	−2.76***	−2.74***	−2.90***
		（3.02）	（2.98）	（2.97）	（3.21）
常数项		3.36***	3.33***	3.31***	−304.64***
		（3.22）	（3.21）	（3.19）	（3.42）
R^2		0.165	0.241	0.246	0.248

***、**、*分别表示1%、5%、10%的统计显著性水平

注：括号中为 t 统计量绝对值；回归中总样本为9 444

表9.8　农业经营主体经营规模影响因素的加权固定效应回归结果（2003~2013年）

农户生产经营规模影响因素	（1）	（2）	（3）	（4）
本乡镇是否有专门负责土地流转的服务中心（1=是；0=否）	1.23*	1.22*	1.22*	1.20*
	（1.71）	（1.70）	（1.70）	（1.69）
本乡镇是否拥有对大户的补贴政策（1=是；0=否）	1.83**	1.83**	1.83**	1.83**
	（2.02）	（2.02）	（2.02）	（2.03）
本村获得机械服务的年限/年	0.12**	0.12**	0.12**	0.09
	（2.09）	（2.09）	（2.08）	（0.73）

续表

农户生产经营规模影响因素		(1)	(2)	(3)	(4)
公司或合作社变量与右边变量的交叉项	本乡镇是否有专门负责土地流转的服务中心（1=是；0=否）	—	58.78*	20.32	20.35
		—	(1.67)	(0.67)	(0.67)
	本乡镇是否有对大户的补贴政策（1=是；0=否）	—	4.89	−12.30	−12.31
		—	(0.23)	(0.56)	(0.56)
	本村拥有机械服务的年限/年	—	—	16.32**	16.32**
		—	—	(2.55)	(2.55)
	时间趋势变量	—	—	—	0.03
		—	—	—	(0.19)
	本村内从事非农工作的工资/（元/天）	0.02	0.02	0.02	0.02
		(1.01)	(1.01)	(1.01)	(0.72)
	本村人均耕地面积/公顷	1.66	1.66	1.65	1.60
		(1.16)	(1.16)	(1.15)	(1.07)
常数项		−1.32	−1.32	−1.35	−58.89
		(1.14)	(1.15)	(1.17)	(0.19)
R^2		0.038	0.039	0.040	0.040

**、*分别表示5%、10%的统计显著性水平

注：括号中为 t 统计量绝对值；回归中总样本为9 444

总的说来，所有模型估计的系数都与我们的估计保持一致，且在不同的模型设定和估计方法条件下保持了稳定的统计显著性。以下我们对模型的主要结果加以总结。

估计出的关键影响因素的系数表明，它们对农地经营规模具有显著正向影响，且在不同的模型形式和估计方法下都保持稳健。这些驱动因素包括建立土地流转平台、提供农户规模经营支持政策、机械社会化服务。

土地流转平台的系数在所有的估计结果中都显著为正。在其他条件保持不变时，固定效应模型估计表明，乡镇建立土地流转平台将增加农地经营规模 1.23 公顷。这个影响是比较大的，因为它超过了 2009 年土地流转服务平台建立之前的平均农地经营规模（1.17 公顷）。

政府对大农户的政策支持将会对农户经营规模的扩大产生显著的正向影响，因为该类政策鼓励农户扩大生产经营规模以获取政策扶植。政府补贴政策的估计系数表明，该类政策在实施之后将使农户平均经营规模扩大 1.83 公顷。这类政策影响超过了 2013 年的平均农地经营规模。

农村社会化服务对农户经营规模的影响显著为正。按照固定效应模型的估计，机械社会化服务每增加一年，将使农地经营规模平均增加 0.12 公顷。这一结果也并不难解释，当关键的农业生产环节如耕地、播种和收获可以被机耕合作社/公司完成时，农户有能力经营更多的土地。

合作社/公司与三个关键影响因素的交叉项表明，政策和制度的影响对合作社/公司的影响显著超过对普通农户的影响。例如，在 3 个最小二乘回归和 1 个固定效应回归中，合作社/公司与土地流转服务的交叉项具有显著为正的系数。在最小二乘回归中，合作社/公司与规模经营扶持政策、机械社会化服务的交叉项也具有显著为正的系数；在固定效应模型中，合作社/公司与机械社会化服务的交叉项系数显著为正。这些交叉项在固定效应模型中显著性较弱，可能是由于变量之间具有较强的共线性，也表明回归具有一定的内生性。

在固定效应模型中，非农就业公司的回归系数为正，但不显著，而在最小二乘回归的 4 个方程中，有 3 个方程其显著为正。这表明，在非农就业工资较高的村里，农民更有激励增加农地经营规模。但当给定农地规模时（固定效应模型），非农就业工资对农地经营规模的影响不显著。

尽管最小二乘回归由于内生性问题，其对关键影响因素的估计结果是有偏的，但家庭特征的估计结果却提供了有趣的发现。户主年龄的回归系数显著为负意味着年轻人倾向于更大的农地经营规模。有意思的是，具有更高教育水平的农户也倾向于拥有更大的农地经营规模。

总的来说，我们发现三大政策（土地流转平台、对大农户的政策性补贴和农机社会化服务的推广）都会对土地流转与土地整合产生显著的正向影响。这对进一步通过开展制度创新加速农户生产经营模式转型具有重要的政策含义。

三、农业生产经营规模与农业生产力关系实证分析

根据本节第一部分的描述性分析，我们发现经营规模与单产之间可能存在非线性的关系，因此在实证模型中加入播种面积的二次项，以反映这种趋势。由于土壤质量和气候等天然因素、农户对资本和劳动密集程度选择可能会成为改变单产与经营规模之间关系的重要因素，为了区分这些因素在决定单产与经营规模之间关系方面的作用，我们在方程（9.6）的基础上，通过逐步控制上述相关因素，对玉米单产进行了新的估计，并将所得的结果与未经控制的模型结果进行了比较。

我们首先采用面板数据的估计方法（固定效应模型估计）来控制农户水平的特征及其可能的影响，进而消除在估计中不随时间变化的因素所引起的内生性的问题。其次，我们将采用工具变量的回归方法，控制土壤质量等天然因素或劳动资本

因素，进而消除在估计中随时间变化的因素所引起的内生性的问题（表 9.9）。

表 9.9　东北和华北地区玉米单产影响因素模型所用变量的描述性统计

指标和单位	平均		2003年		2008年		2013年	
	均值	标准差	均值	标准差	均值	标准差	均值	标准差
玉米单产/（吨/公顷）	7.92	1.74	7.45	1.62	8.10	1.53	8.22	1.94
玉米播种面积/（公顷）	1.39	1.56	1.10	1.14	1.31	1.50	1.77	1.88
玉米播种面积的平方	43.63	108.21	25.10	61.56	39.75	105.51	66.77	140.06
玉米播种面积占总播面积的比例	63.4%	23.1%	62.4%	23.2%	61.8%	23.4%	61.2%	22.8%
户主年龄/岁	46.82	10.78	41.85	9.98	46.67	9.95	52.12	9.92
务农劳动力数量/（个/公顷）	5.44	8.73	5.38	6.44	5.41	5.59	5.52	12.61

主要的单产与经营规模关系记录在图 9.5~图 9.7 中。我们可以得到如下几个结论。

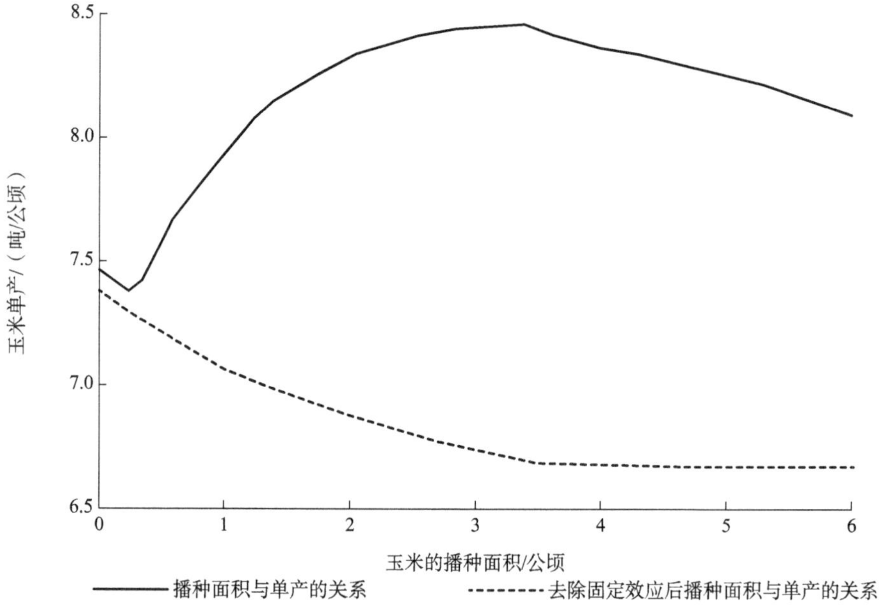

图 9.5　固定效应前后玉米单产与播种面积之间的关系（播种面积在 6 公顷以下）

资料来源：Sheng 等（2019）

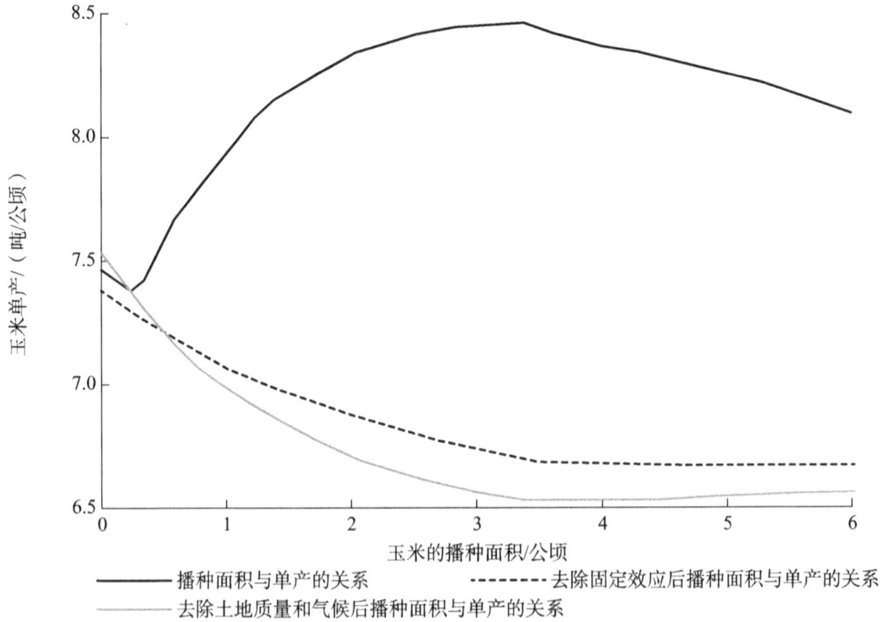

图 9.6　土地质量和气候条件对玉米单产与播种面积关系的影响

资料来源：Sheng 等（2019）

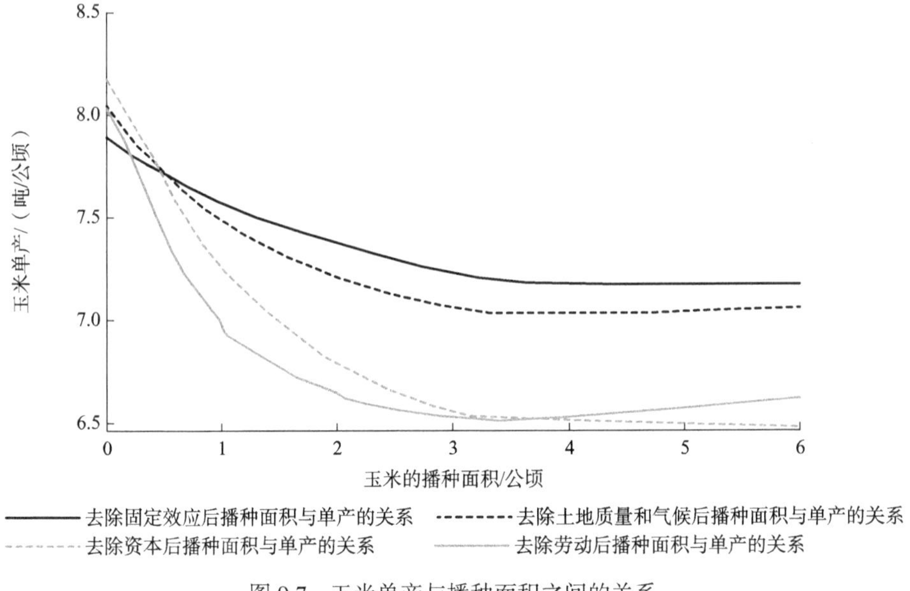

图 9.7　玉米单产与播种面积之间的关系

资料来源：Sheng 等（2019）

农户单产与经营规模呈现反向相关关系。如图 9.5 所示，与完全不考虑其他因素影响的结果相比，农户单产与经营规模在去除与农户特征相关的固定因素所带来的内生性问题后恢复成了反向的相关关系，从而与在其他发展中国家所发现的农户单产与经营规模之间的负向关系基本一致。这一结果表明与农户特征相关的某些因素可能是构成表面倒 U 形农户单产与经营规模关系和实际负向的农户单产与经营规模关系的主要原因。也有学者将上述与农户特征相关的固定因素归结为土地质量和土地市场扭曲对不同经营规模的农户所造成的影响。但是这些因素在我们的分析中到底起到怎样的作用，还需要进行更加细致的分析。

农户特征相关因素对单产和农户经营规模之间存在的倒 U 形关系的解释力有限。土地质量等与农户特征相关的自然因素对解释表观单产和农户经营规模之间存在的倒 U 形关系具有一定的作用，但是其影响效果非常有限。扣除这些因素的影响后所得到的单产和农户经营规模之间的关系基本平行于使用基本模型（固定效应模型）所得到的关系，且移动的距离不大（图 9.6）。这一结果表明，仅仅使用土壤质量和相关的自然因素无法有效地解释农户单产随经营规模先增后降的趋势与土地边际收益递减之间的矛盾关系。

随着经营规模的变化，农户对劳动密度和质量的选择在很大程度上会影响单产，从而形成表观单产与农户经营规模的倒 U 形关系。并且这种农户的劳动选择效果对小农户影响比对大型农户更加明显。如图 9.7 所示，当控制了农户选择的劳动密度和质量，估计的单产与经营规模的负向关系更加显著，但是其影响效果主要集中在生产规模在 15 亩以下的农户。

第五节　主要结论和政策建议

前文分析了农业生产经营主体现状和发展过程、农业产业经营规模的决定因素，以及农业经营主体生产效率，基于上述的研究结果，我们提出当前新型农业经营主体发展中存在的主要问题及相应政策建议。

一、主要结论

（一）基于华北和东北的研究

我们于 2013 年和 2016 年在华北和东北的实证研究结果表明：发展新型经营主体，适度经营规模是关键。新型农业经营主体推进速度过快，拔苗助长现象普遍存在，扶持新型经营主体发展政策不合理的现象需要注意。

首先，大田农作物生产都存在适度经营规模问题，但目前许多新型经营主体的生产都超过其适度规模水平。耕地经营规模与粮食单产成倒 U 形关系。平均转折点不到 100 亩，但这个转折点因各村庄的耕地规模、地块平整与连片程度、土地质量、不同粮食作物、田间管理水平、社会化服务发展等变化而变化。在现有的生产环境、技术、管理和市场条件下，不同地方的适度经营规模从不到40 亩至超过 200 亩。

耕地经营规模与粮食成本成 U 形关系。平均转折点在 100 亩左右，略高于单产的平均转折点；同单产一样，适度经营规模的转折点也因地因时而异。

同时，我们也发现在去除农户特征等影响后农户单产与经营规模成反向的相关关系。这一结果表明，我们观察到的农户单产与经营规模出现倒 U 形关系是一种假象，主要原因是没有控制农户特征等因素导致的表面现象；当控制农户特征和资本及劳动投入后，我们发现农户单产与经营规模成负向的关系。上述现象也意味着土地市场扭曲可能会对不同经营规模的农户造成影响，有能力的农户没有得到更多的农地来扩大生产，而缺乏能力的农户可能反而获得过多的农地从而使生产力下降。

其次，培育起来的规模偏大的新型经营主体正面临巨大挑战。2008~2013 年，即使在粮食价格年年攀升的情况下，多数规模偏大的新型主体，只有在考虑政府补贴后才有盈余；2016 年粮价下降，这些新型经营主体多数都出现了大幅度的亏损现象，已进入了进退两难局面，随着粮价的持续下跌，更将面临退出农业生产的威胁。

最后，培养和补贴“非适度经营”的新型主体对于国家而言弊大于利。目前的补贴等扶持政策提高了农业劳动生产力，但扭曲了土地市场、助长了低效的新型经营主体的产生；这不但降低了粮食生产力和市场竞争力，而且也降低了全国农业增加值，并对广大农民增收和社会就业产生负向影响。

（二）基于九个省的调研

我们于 2016 年 8~9 月在东部、中部、西部和东北地区 9 个省、39 个县、78 个乡镇做了调研，结果表明新型农业经营主体推进速度过快，拔苗助长现象普遍存在。

首先，新型农业经营主体受资金、技术和人才等因素的制约。不少地方新型经营主体成立的自身条件不成熟。46%的县级农业主管领导和近三分之一的乡镇干部认为资金、技术和人才是目前制约新型农业经营主体发展的主要因素，这从另一侧面也反映了规模经营的发展是有条件的，超适度规模发展会面临更多挑战。

其次，新型经营主体培育存在缺乏监管和政策影响评估等问题。调查显示，新型农业生产经营主体中缺乏监管和套取国家补贴的现象较为普遍；部分新型生产经营主体更是名不副实，还有一些种植大户为了套取补贴而虚报耕地面积；调研的所有地方都没有对扶持政策的效果开展过评估工作。

最后，部分农民积极性不高，容易产生社会问题。受外出打工能力制约和自己家庭食物需求（如蔬菜等）的影响，许多中年妇女、中老年男劳力主要从事小规模农业生产。但个别地方因为全村土地集中流转给企业或大户，原来务农的这些中老年劳动力往往失业在家，在目前农村文化生活还不算丰富的情况下，可能会产生新的社会问题。

二、政策建议

新型农业经营体系将对国家粮食安全、主要农产品生产力和市场竞争力、农民增收和社会就业等方面产生重要影响；培育新型农业经营主体要按农产品分类实施、因地制宜、动态调整。

首先，目前新型经营主体的提法过于笼统，建议在农业生产领域按产品分类实施新型经营主体的发展政策。建议新型农业经营主体按农产品的生产特性分类如下：①大田农作物生产；②非大田农作物生产（如蔬菜与花卉设施农业和果园等）；③养殖业（如畜牧业和水产业等）。分类实施相应政策，重点关注大田农作物生产的适度经营规模和扶持政策；创造良好的市场环境，让市场自主确定“非大田农作物”和养殖业的适度规模。

其次，大田农作物适度规模的新型经营主体应以大户（如专业大户和家庭农场）为主，因地制宜地发展合作经营等其他经营模式。目前在许多地方，培育新型农业经营主体的主要目标是扩大生产规模，对单位产品生产成本即农业竞争力、广大农民增收和农业可持续发展的关注不够，甚至适得其反。因此，应该对适度经营规模的生产主体（特别是农户）实施扶持政策；同时，适度规模扶持政策要因地制宜、动态调整。对超过适度规模的经营主体停止国家扶持政策。最终达到提高全要素生产率和促进广大农民的增收的目的。

再次，从农户经营收益的角度来看，作物经营规模不是越大越好，经营规模过大会影响农民增收和农业生产力的表现。从农业生产不同经营规模与单位利润的关系来看，农户的经营规模与利润之间，以及作物的经营规模与土地生产率之间呈现倒 U 形关系，即随着农业生产经营规模的扩大，农业生产的利润呈先升后降的趋势。因地制宜，推动农业适度经营规模发展，成为农业下一步发展的重要途径。

最后，完善土地流转市场和社会化服务体系，稳妥地推进新型农业经营主体的发展。让市场成为资源配置的主要决定因素，通过制度创新降低农地流转的市场交易成本和风险，通过政策扶持（如财政、信贷、技术和市场等方面的扶持）促进适度经营规模生产主体的发展，提高其在农业生产中的比例。要与城镇化的实际进程同步发展，稳妥地推进规模化经营。如果全国农地平均经营规模达 100 亩，全国只需要 1 800 万个家庭农场；如果平均规模达到 250 亩，只需 720 万个农场。数以亿计的农民如何就业是一个值得考虑的社会问题，培育新型农业经营主体和规模经营是个长期的发展过程。

第十章　极端气候影响下主要农作物播种面积对价格的反应

本章首先对农作物供给反应的理论和实证发展进行了梳理；其次对本章分析所用的样本和数据情况做简要介绍，并设置了忽略极端气候和考虑极端气候两种情景，研究了两种情况下水稻、小麦、玉米、棉花、油料作物和其他作物的面积对价格的反应情况；最后是本章的结论和建议。

第一节　研 究 背 景

农业生产对气候条件的依赖度最高，是受极端气候灾害影响最直接的领域。目前大量研究都在关注气温、降水和二氧化碳浓度等气候因子的长期变动趋势对农业生产的影响，有关短期极端气候对农业生产影响的研究相对较少。虽然关于气候变化对农业生产的长期影响尚无定论，但是气候变暖引起的极端气候事件会给农业生产带来巨大风险和重大损失却是不争的事实（Ciais et al.，2005；Lesk et al.，2016；Lobell et al.，2011）。极端气候事件不仅会直接导致农产品供给量的下降，还会提高农产品价格的波动性（Tadasse et al.，2016）。有关极端气候事件对农业生产的直接灾损情况的文献已经有很多（Ciais et al.，2005；Lobell et al.，2011；Porter and Semenov，2005；Schlenker and Roberts，2009；Lesk et al.，2016），但是都忽视了极端气候事件对农产品价格的影响。极端气候事件带来农产品价格上涨的事例非常普遍。例如，2007 年我国东北地区发生了罕见夏旱，河南、湖北、甘肃等地平均气温达到历史同期最高值，给玉米拔节和抽雄授粉造成很大影响。与 2006 年相比，玉米主产区的收购价平均上涨了 15.8%。2008 年 1~2 月，我国南方部分地区发生了 50 年难遇的持续低温雨雪冰冻灾害，对越冬作物特别是油菜造成了很大影响。2008 年油菜籽平均收购价为 5.13 元/千克，相比 2007 年平均上涨 46.21%[①]。

无论是从现实中观测的事例，还是从极端气候对农产品价格影响的预测分析（Willenbockel，2012），都不难发现大规模极端气候事件的发生往往能引发农产品价格的大幅上涨。而农产品价格又是农业生产者进行农田管理和制定种植决策的依据，因此不能忽视对极端气候通过影响农产品价格间接影响农产品供给的研究。通过相关文献梳理发现，目前尚未有文献从这一视角出发研究极端气候事件对农产品供给的影响。由于缺乏这一研究视角，我们对极端气候灾害影响下的供给价格弹性的认识也是不足的。面临资源约束的农业生产者，短期内一般不能对极端气候冲击带来的价格大幅上涨做出充分反应（如扩大种植面积或者提高农作物单产）。如果对正常情况下的供给价格弹性和极端气候灾害影响下的供给价格弹性不作区分，按正常情况下的供给价格弹性估算极端灾害后的播种面积或者单产，将会得出“播种面积或者单产将增大很多”的错误结论。在价格上涨的刺激下，虽然农业生产者可能会更加积极地进行农田管理或者加大农业投入，但农作物的单产受限于技术和耕地资源等因素，短期内农作物单产和面积均不会大幅增加。因此，正常市场供求变动和极端气候事件影响下的农作物播种面积和单产对价格上涨的响应程度是有差别的[②]。然而，目前并没有相关文献对极端气候影响下的农作物供给价格弹性进行研究。

由于这一研究视角的缺乏，当采用预测预警的方法估计极端气候事件对农业生产的短期影响时，预测的结果是有偏误的。通过对用预测模型评估极端气候灾害对农业生产的影响的文献进行梳理，我们发现无论是 PE（partial equilibrium，局部均衡）还是 GE（general equilibrium，一般均衡）模型都将价格弹性作为预设参数明确或者隐含在模型中，且均未考虑极端气候事件对预设价格弹性的影响（Nelson et al.，2014a）。基础参数估计的正确与否，直接决定了模型预测结果的质量。但是研究极端气候事件对农业生产的短期影响时，假定关键参数特别是供给的价格弹性不随极端气候事件改变存在着较大问题。目前供给的价格弹性是基于传统因素，如耕地、科技进步、水资源、市场价格等因素估计出的，并没有考虑突发性极端气候事件的影响。但是大范围极端气候事件的发生，往往会带来农产品价格的大幅上涨。此种情况下采用传统方法估计出的供给弹性值作为预设参数，会得出农作物的播种面积短期内会大幅提升的结论。这一预测结果违背了农业生产的现实，高估了灾后农业生产的反应[③]。

在极端气候事件发生的频率、严重程度和持续时间均呈现增加趋势的背景下，研究极端气候事件对农业生产的影响正成为气候变化经济学前沿研究的重要

---

① 收购价数据来自《全国农产品成本收益资料汇编》。

② 农作物播种面积和单产对价格的响应程度可以用面积和单产的价格弹性来测度。

③ 因为农业生产面临着较多的自然条件限制，短期内农作物的播种面积和单产均不可能有大幅的提升。

领域之一。现有的相关研究存在如下两方面的不足：第一，大部分研究要么关注长期气候因子变动（气温、降水）对农业生产的影响，要么关注短期极端气候事件对农作物单产的影响，但是有关农民对极端气候导致农产品市场价格变化做出的供给反应的研究甚少。第二，预测预警模型在估计极端气候对农业生产的短期影响时，往往将供给价格弹性作为预设参数隐含在模型中，并未考虑极端气候事件对预设价格弹性的影响，存在高估灾后农作物供给反应的偏误。

综上所述，目前缺乏从极端气候和市场价格相结合的角度，深入分析极端气候事件对农产品供给反应影响的研究。农产品供给量是由播种面积和农作物单产共同决定的，只有对影响面积供给和单产的因素分别进行研究，才能更好地把握极端气候事件对农产品供给反应影响的机理，才能更加准确地评估极端气候事件对农业生产的影响。在这种背景下，本章将对如下问题开展研究：农业生产者的种植结构对农产品价格的响应程度是否会因极端气候事件的发生与否而发生变化？如果发生变化，变化程度是怎样的？

第二节　研究目标和内容

本章旨在厘清极端气候事件对农作物供给反应影响的机理，正确估计出正常情况和极端气候事件影响下供给弹性的大小，为研究者运用预警模型预测极端气候事件对农业生产的短期影响提供更加准确的预设参数；为从事农产品加工和贸易的企业和个人判断农产品市场走势和行情提供更加准确的供给信息；为政策制定者选择和制定合理而有效的政策工具提供科学支撑。

为完成以上目标，本章主要研究内容有以下两点：

（1）在不考虑极端气候事件的情况下，我国主要农作物播种面积的供给反应情况。

（2）分析在极端气候事件影响下农作物的播种面积对农产品价格的响应程度与正常市场供求情况下的差异，分别估计出正常情况与极端气候事件影响下的农作物面积价格弹性的大小。

第三节　研 究 数 据

根据研究内容，本章构建了 1998~2013 年的省级面板数据。省级面板数据中的数据主要来自《中国统计年鉴》《中国农村统计年鉴》《中国农业统计资料》

《中国农产品价格调查年鉴》《全国农产品成本收益资料汇编》。主要统计指标及来源见表 10.1。接下来就时间起始节点的选取、农作物品种的选取及分类和研究省份的选取进行说明。

表 10.1　省级数据主要指标及来源

数据指标	数据来源	数据说明
播种面积	《中国统计年鉴》 《中国农业年鉴》	以《中国统计年鉴》为准，当发现异常值或者缺失值时用《中国农业年鉴》进行校正
受灾面积和成灾面积	《中国统计年鉴》	不分作物，全省平均受灾面积和成灾面积
收购价格	《全国农产品成本收益资料汇编》	早籼稻、中籼稻、晚籼稻、粳稻、小麦、玉米、大豆、花生、油菜籽、棉花、烤烟、甘蔗和甜菜的收购价格
生产价格指数	《中国农村统计年鉴》	蔬菜生产价格指数*
地租、劳动力工资	《全国农产品成本收益资料汇编》	地租通过将各省每种农作物的土地成本进行算术平均求得；农村劳动力日工资由各省份每亩用工天数和工价计算得出
化肥价格指数	《中国统计年鉴》	化肥费和租赁作业费在物质与服务费中的占比最大。由于租赁作业费包含机械作业费、排灌费和畜力费，很难寻找代表其综合价格水平的一个指标，机械价格指数又存在着和固定资产难以区分的问题，所以我们选择化肥价格指数作为整个物质和服务费用的代表
政策价格（最低收购价和临时收储价）	政策文件	最低收购价：水稻自2003年开始执行，小麦自2006年开始执行；临时收储价：玉米自2008年开始执行，棉花自2011年开始执行

* 虽然西红柿、黄瓜、茄子、菜椒和圆白菜等蔬菜的价格也包含在《全国农产品成本收益资料汇编》中，但是统计资料中没有详细的分蔬菜品种的种植面积和单产的数据，这就限制了我们根据《全国农产品成本收益资料汇编》中不同蔬菜品种的价格生成综合蔬菜价格指数的途径。不过我们可以从《中国农村统计年鉴》中直接获取蔬菜的生产价格指数的数据

资料来源：作者收集整理

首先，关于时间节点的选取。中华人民共和国成立以来，我国农产品市场分别经历了统购统销（1953~1985 年）、合同定购（1986~1989 年）、国家定购（1990~1997 年）、保护价收购（1998~2003 年）和价格刺激（2004 年至今）等阶段。在 1997 年以前，计划经济色彩浓重、政府干预程度较强，价格信号调节农业生产的作用比较微弱。1998~2003 年属于保护价收购阶段，已经开始呈现一定的市场调剂的迹象，所以本章的研究起点定于 1998 年。

其次，关于农作物种类选取及分类。在《全国农产品成本收益资料汇编》中，我们能够得到水稻（早籼稻、中籼稻、晚籼稻和粳稻）、小麦、玉米、大豆、花生、油菜籽、棉花、烤烟、甘蔗和甜菜共计 13 种农作物的平均出售价格即收购价。此外，随着人们生活水平的提高，人们对蔬菜的需求提高，蔬菜的种植

面积越来越大[1]，因此我们不能忽视对蔬菜的研究。最终，鉴于数据可得性和农作物的重要程度，我们选定水稻（早籼稻、中籼稻、晚籼稻和粳稻）、小麦、玉米、大豆、花生、油菜籽、棉花、烤烟、甘蔗、甜菜和蔬菜共 14 种农作物进行研究。而且 1998~2013 年这 14 种农作物的播种面积平均占农作物总播种面积的 80%（国家统计局，2015），因为从作物选取上讲，这 14 种农作物具有一定的代表性。

直接对 14 种农作物进行研究，我们的面积反应方程就会显得过于庞大。因此，需将 14 种农作物进行归纳和分类。按照国家统计局的统计标准，我们把早籼稻、中籼稻、晚籼稻和粳稻合并为水稻，把花生和油菜籽合并为油料作物。考虑到播种面积占比大小和价格波动的大小，我们将大豆、甘蔗、甜菜、烤烟和蔬菜统称为其他作物。理由如下：大豆、甘蔗、甜菜、烤烟的播种面积占比相对较小，在居民生活和国家粮食安全战略中的地位相对较弱。虽然蔬菜的播种面积在大部分省份都很大，但蔬菜品种在各个省份却差异很大，同时蔬菜价格有很强的季节波动性。将波动性较大的蔬菜价格放入模型中，可能会"污染"整个模型，为了不扰乱整个模型系统的价格，最终我们决定将播种面积较小的大豆、甘蔗、甜菜、烤烟和价格波动较大的蔬菜合并在一起，统称为其他作物。最终，根据研究需要我们将这 14 种农作物分成水稻、小麦、玉米、棉花、油料和其他作物 6 大类农作物。

最后，关于省份的选取。北京、天津、上海和重庆四个直辖市工业化程度很高，农业生产所占比重较小，其农业生产模式跟其他省区差别较大，因此在研究中我们去除了这 4 个直辖市。对于西藏和海南，由于这两个省区的自然环境、经济特征与其他省区相差较大，农业种植结构有其独到之处，故在本章的研究中也去除了这两个省区。最终在宏观层面的研究中，我们选取了除去 4 个直辖市和 2 个特殊省区后剩余的 25 个省区（不包括港澳台地区）。

第四节　研 究 方 法

中国地域面积辽阔，耕地、水资源、气候等自然资源禀赋差异很大，各省区的种植制度、农作物种植结构存在着明显的差异。从气候条件来看，我国北方地区夏季高温多雨，冬季寒冷干燥，旱灾和冷冻灾是比较常见的极端气候灾害；南方地区，常年温和湿润，洪涝灾是较常见的极端气候灾害。在种植制度

① 从 1997 年的 1 129 万公顷增长到 2015 年的 2 090 万公顷，在农作物总播种面积中的占比也相应从 7%增长到 12.7%（国家统计局，2015）。

上，北方一般是一年一熟制或者三年二熟制；南方一般是一年两熟制或者一年三熟制。接下来，将先对关键变量进行描述统计，再在描述统计的基础上设定计量经济模型。

一、描述统计

（一）主要农作物的分布情况

从农作物的地理空间分布看，我国主要农作物的种植区域具有一定的集聚性。水稻主要集中在秦岭淮河以南的水田区和黑龙江省；小麦主要分布在华北平原；玉米主要集中在东北、华北和四川省；棉花主要集中在新疆和黄河下游平原棉区；油料作物分布相对分散。表 10.2 统计了水稻、小麦、玉米、棉花和油料作物的播种面积占比位居全国总播种面积前 10 位的省区分布情况。从位居前 10 位省区播种面积占比之和可以看出（表 10.2），棉花的种植最具集中性，前 10 个省区棉花播种面积占全国棉花总播种面积的 96.1%，仅新疆一个省区的播种面积就占到全国棉花总播种面积的 27.4%。小麦的分布也比较集中，河南省的小麦占全国小麦总播种面积的 20.9%。五种作物比较来看，油料作物的分布最为分散，前 10 个省区的播种面积占比之和仅占全国的 72.0%，在五类作物中占比最小。

表 10.2　播种面积占比位居前 10 的省区

序号	水稻	小麦	玉米	棉花	油料作物
1	湖南（13.7%）	河南（20.9%）	黑龙江（11.8%）	新疆（27.4%）	河南（11.2%）
2	江西（10.9%）	山东（14.7%）	吉林（10.2%）	山东（15.0%）	湖北（10.4%）
3	广西（8.0%）	河北（10.2%）	山东（10.0%）	河南（13.9%）	安徽（8.5%）
4	江苏（7.8%）	安徽（9.1%）	河北（10.0%）	河北（10.8%）	四川（8.0%）
5	广东（7.7%）	江苏（8.2%）	河南（9.4%）	湖北（8.8%）	湖南（7.4%）
6	安徽（7.6%）	四川（5.8%）	内蒙古（7.2%）	安徽（7.3%）	山东（6.5%）
7	四川（7.3%）	陕西（5.3%）	辽宁（6.6%）	江苏（6.4%）	江西（5.5%）
8	湖北（7.3%）	甘肃（4.2%）	四川（4.7%）	湖南（3.4%）	江苏（5.2%）
9	黑龙江（7.3%）	湖北（3.9%）	云南（4.5%）	江西（1.6%）	内蒙古（5.1%）
10	浙江（4.3%）	新疆（3.6%）	山西（4.4%）	山西（1.5%）	河北（4.2%）
合计	81.9%	85.9%	78.8%	96.1%	72.0%

注：括号中为播种面积占全国 25 个省区总播种面积的比例

表 10.2 揭示了如下两种现象：第一，不同省区主要种植的农作物差别很大。一个地区适宜种植的农作物，由该地区气温、降水、地形、土壤等自然物理条件决定。从各省种植情况看，青海、山西、甘肃和河北几乎不种植水稻；广东和广西几乎不种植小麦；青海、宁夏、广东、黑龙江等省区均不适宜种植棉花。因此，研究农作物播种面积对社会经济刺激的响应时，必须注意自然环境本身的物理限制对农作物供给反应的影响。经济刺激对农作物播种面积的影响程度首先受限于一个地区的自然条件。也就是说在一个地区的自然条件不适合某农作物种植时，即使此农作物的价格上升很大，也观测不到此地区该农作物播种面积的扩大。第二，不同省区耕地资源差别很大，且同一省区内部，不同农作物播种面积占比之间存在着此消彼长的关系。

针对第一个问题，在实证研究时可以按每种作物在每个省区内种植的份额，对不同作物是否适宜在某个省区种植进行设定。具体做法如下：根据省区内部不同农作物播种面积占比大小，定义五类农作物是否为某省区主要种植的农作物。具体的定义方式如下：在 1998~2013 年，如果农作物 i 的播种面积占省区 r 农作物总播种面积（6类农作物总播种面积）的比例大于0.1，我们则定义农作物 i 为省区 r 主要种植的农作物。由于棉花在新疆之外的省区种植的面积均比较小，按此原则，棉花仅为新疆的主要种植农作物，在其他省区均为非主要种植农作物。为保障样本量，我们将棉花的种植面积占比标准降为 0.03。其他作物包含种类较多，在各个省区均有种植，故没有必要设置主要种植的省区。按照此原则统计，以水稻、小麦和玉米为主要种植农作物的省区均有 16 个，以棉花为主要种植农作物的省区有 7 个，以油料作物为主要种植农作物的省区有 12 个（表 10.3）。

表 10.3　以水稻、小麦、玉米、棉花和油料作物为主要种植作物的省区分布

农作物	农作物为主要种植作物省区
水稻	安徽、福建、广东、广西、贵州、黑龙江、湖北、湖南、江苏、江西、吉林、辽宁、宁夏、四川、云南、浙江，共16个省区
小麦	安徽、甘肃、贵州、河北、河南、湖北、内蒙古、江苏、宁夏、青海、山东、陕西、山西、四川、新疆、云南，共16个省区
玉米	甘肃、广西、贵州、河北、黑龙江、河南、内蒙古、吉林、辽宁、宁夏、山东、陕西、山西、四川、新疆、云南，共16个省区
棉花	安徽、河北、河南、湖北、江苏、山东、新疆，共7个省区
油料作物	安徽、甘肃、贵州、河南、湖北、湖南、内蒙古、江苏、江西、宁夏、青海、四川，共12个省区

资料来源：作者根据国家统计局数据计算得出

针对第二个问题，在同时分析 25 个省区的 6 大类作物时，播种面积大小的绝对值不具可比性。此外，农业生产遭遇外界经济刺激或气候冲击时，播种面积占比比播种面积的绝对值更能体现整个农业生产系统的调整变动过程。

（二）农作物播种面积与产出价格

很多实证模型已经证实了播种面积对价格刺激的正向响应（Chavas and Holt，1990；Miller and Plantinga，1999）。通过前面的描述，我们认为播种面积对价格的正向响应，受限于作物生长所依赖的物理环境。因此，在以25个省区为样本进行计量分析时，将省区分成了两组：作物的主要种植省区和非主要种植省区。为验证此结论，具体分析步骤如下。

首先，根据表10.3，我们根据水稻是否为一个省区主要种植的农作物，将25个省区分成两组：一组是以水稻为主要种植作物的地区，另一组是水稻为非主要种植作物的地区。其他四类农作物也采用此方法进行分组。

其次，是产出价格的选取。在研究中我们使用的农产品的市场价格为农作物的收购价格。收购价格是指农产品收购者向农民收购农作物的价格，是进入流通领域的第一个价格，是农产品批发价和零售价的基础。夏龙（2006）用相关系数研究表明，收购价格对农产品供给量有最为显著的影响。

再次，农业生产一般存在滞后性，在进行种植决策时农民并不能预知收获时农产品的价格。很多经典文献都将滞后一期的农产品价格作为农户的预期价格来研究其对农作物供给的影响，在本章中我们也将分析上一年的收购价格对当年主要农作物播种面积的调节作用。此外，在画图分析时，我们采用的是产出价格的变动值而非原值，因为生产者是根据价格变动的大小而不是价格的高低调整其种植行为。

最后，鉴于播种面积占比比播种面积的绝对值更能体现农作物系统遭受外界刺激后的调整情况，按前面的步骤，我们分组比较了播种面积对价格变动的响应程度，如图10.1所示。图10.1的横轴是农作物收购价格的差分值的滞后一期，纵轴是农作物播种面积份额的差分值。从图10.1中可以清楚地看出，在以水稻、小麦、玉米、棉花和油料作物为主要种植农作物的地区，本期播种面积份额的差分值随着上一期农作物收购价格差分值的增大而增大，在非主要种植作物地区，这种关系却不明显。图10.1初步验证了我们的研究假设，农作物供给反应（播种面积）对价格的正向响应在作物的主要种植作物区域更加明显。由于没有控制其他因素的影响，上述观测结果可能是不稳定的，后续我们会对此进行严谨的实证分析。

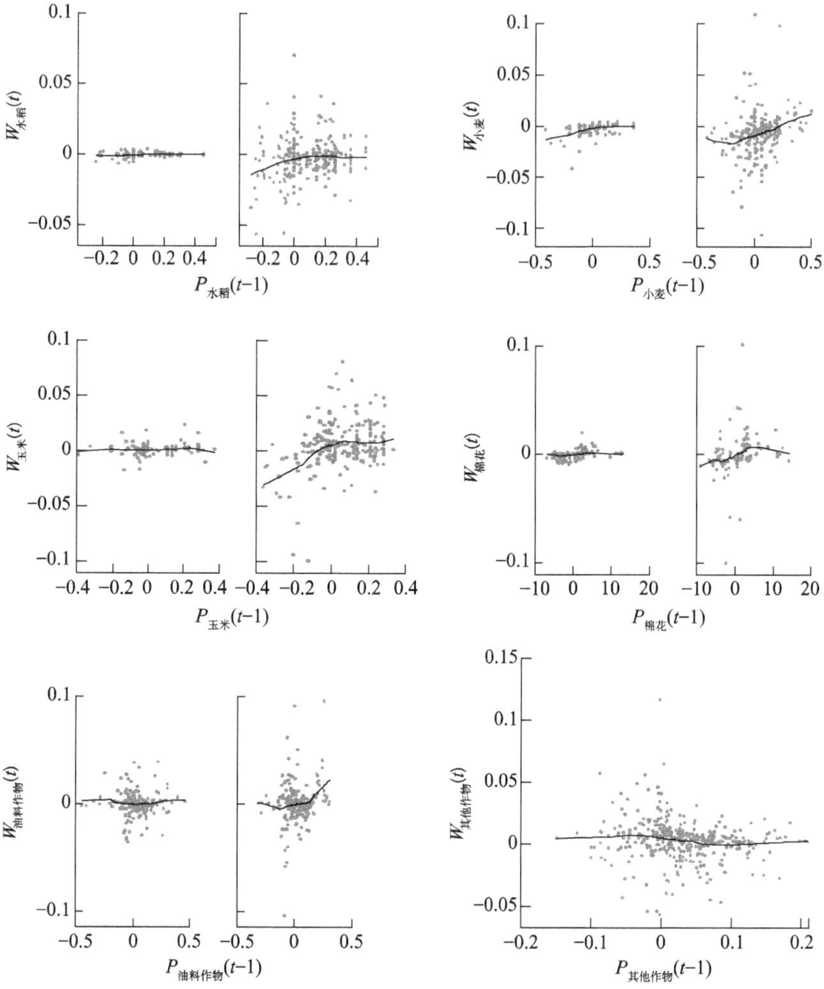

图 10.1　播种面积占比的变动（t）与农作物价格变动（t–1）之间的关系

资料来源：作者根据《中国统计年鉴》和《全国农产品成本收益资料汇编》的原始数据计算而得

（三）极端气候事件与农业生产

在对我国主要农作物的分布情况和农作物播种面积与投入产出价格之间的关系进行梳理后，本小节将对极端灾害年的定义及极端气候与农业生产之间的关系进行分析。

1. 极端灾害年的定义

在具体对农作物极端灾害年进行界定时，我们不仅需要考虑不同极端气候事件对农业生产（单产和播种面积）影响不同的问题，还需要考虑数据可得性、不同农作物对气候冲击的敏感性和定义标准的一致性等问题，具体内容如下。

第一，不同极端气候事件对农业生产影响不同的问题。极端气候事件包含干旱、强降水、高温热浪、风暴灾和冷冻灾等。不同类型的极端气候事件对农作物播种面积的影响是有差异的，因此我们需要采用一个综合的指标来衡量。受灾面积是指农作物年内因遭受灾害（旱灾、水灾、风雹、台风灾、低温冻灾等），使得产量损失一成以上（含一成）的播种面积，是各类极端气候事件的平均影响，避免了不同事件影响不同的问题。而且研究农作物供给反应一般需要长面板数据，但极端气候事件发生的概率一般较小，特别是某一种极端气候事件（旱灾或者洪涝）发生的概率就更小了。如果按某一特定的极端气候来研究，我们会面临着样本少、覆盖面不全的问题。因此，我们将采用受灾率（受灾面积占农作物总播种面积的比例）来衡量气候灾害对农产品价格及供给的影响①。受灾面积和成灾面积（因灾产量损失三成以上的播种面积）的大小在一定程度上反映了一个地区遭受气候灾害冲击的情况，而且该数据每个省区每年均有记录。此外，受灾面积和承灾面积数据与农业生产及价格在数据维度上是一致的。此外，由于成灾率（成灾面积占农作物总播种面积的比例）可能是生产主体采取了适应措施后的结果，所以在本章中我们采用受灾率而非成灾率来衡量极端气候灾害的严重程度。

第二，不同极端气候事件的影响与农作物对气候冲击的敏感性问题。相关研究表明不同农作物对气候冲击的敏感性是不同的（Willenbockel，2012）。同时，种植区域的不同使得相同的气候冲击对不同的农作物的影响也是不同的。因此，在研究极端气候事件对农作物供给反应的影响时，我们既要考虑不同农作物气候敏感性的差异，又要考虑种植区域的影响，将受灾信息细化到每种农作物上。但是我国统计数据中，只有整个省区全年农作物总的受灾面积和成灾面积，并未将受灾面积或成灾面积的信息细化到每种农作物上。省级层面的平均受灾率可以在一定程度上反映全省所有农作物的受灾情况，但是在细化到某一农作物上却不一定准确。

本章基于如下两点原因，将从农作物主产区受灾的视角定义农作物的受灾情况：①从农作物的分布特征看，我国主要农作物的种植区域呈现一定的聚集性。主产区聚集性越高，农作物的生长季和关键生长期重合的可能性越大，遭受相同极端气候灾害冲击的可能性也越大，对极端气候冲击的敏感性也越强。②从农作物主产区受灾的视角定义作物层面的受灾，还可以将农产品贸易的平滑机制考虑进来。中国的农产品市场已经高度整合（Huang and Rozelle，2006），单个市场的供需失衡很快可以被国内市场贸易平抑掉，因而对市场价格的影响也将是有限的。相比之下，作物主产区大范围受灾，对整个市场的冲击将会更大。③极端灾

① 此外，也有相关研究表明短期内受灾率与农产品价格波动的相关性最大（赵霞，2012）。

害定义标准统一问题。

由于本章旨在验证极端灾害年的供给弹性小于正常年份的结论是否在绝大多数作物上都成立，故针对全国25个省区主要农作物进行一个系统研究，因而对不同农作物极端灾害年定义的标准需要一致。根据以上内容，我们按以下步骤对农作物层面的极端灾害年进行定义。

首先，按每种农作物在每个省区的播种面积在该农作物的全国总播种面积中的占比选出 5 种农作物（水稻、小麦、玉米、棉花和油料作物）的主产区。具体定义方式如下：将不同省区农作物 i 的播种面积占全国农作物 i 的总播种面积的比例从大到小进行排序，将排在前 70%的省区定义为农作物 i 的主产区省区。按此定义，水稻的主产区包含 9 个省区，小麦包含 7 个省区，玉米包含 8 个省区，棉花包含 5 个省区，油料作物包含 10 个省区（表 10.4）。

表 10.4 水稻、小麦、玉米、棉花和油料作物的主产区省区

农作物	主产区包含的省区
水稻	安徽、广东、广西、黑龙江、湖北、湖南、江苏、江西、四川
小麦	安徽、河北、河南、江苏、山东、陕西、四川
玉米	河北、黑龙江、河南、内蒙古、吉林、辽宁、山东、四川
棉花	河北、河南、湖北、山东、新疆
油料作物	安徽、河北、河南、湖北、湖南、内蒙古、江苏、江西、山东、四川

资料来源：作者根据国家统计局数据计算得出

其次，将主产区省区的受灾率的算术平均值作为农作物的受灾率①。通过上述计算，我们就能得到水稻、小麦、玉米、棉花和油料作物五类农作物每年的受灾率情况。

最后，将 16 年（1998~2013 年）5 种农作物的受灾率从大到小进行排序，并将受灾率排在前 20%的样本定义为极端受灾样本。五类农作物的平均受灾率、极端灾害年最低受灾率和极端灾害年见表 10.5。五类农作物的平均受灾率一般在 25%左右，而极端受灾年最低受灾率一般在 34%左右。

表 10.5 不同农作物的受灾率及极端受灾年分布表

农作物	平均受灾率	极端受灾年最低受灾率	极端受灾年
水稻	26.7%	35.6%	1998，2000
小麦	23.3%	34.0%	1997，2000，2003

① 需要指出的是，其他作物包含蔬菜、大豆、甘蔗、甜菜和烤烟，其地理分布相对分散。不能通过设定主产区的形式得到其他作物的受灾信息。同时，将所有省区的受灾率进行年度平均后得出的年度平均受灾率在不同年份的差异较小，也不能准确衡量其他作物的受灾情况，因此在研究中我们不再考虑其他作物受灾情况的影响。

续表

农作物	平均受灾率	极端受灾年最低受灾率	极端受灾年
玉米	27.7%	34.0%	1997，2000，2001，2002，2003，2007，2009
棉花	24.2%	33.5%	1997，2000
油料作物	26.0%	34.0%	1998，2000，2003

资料来源：作者根据国家统计局数据计算得出

综上所述，采用农作物主产区的受灾率来定义极端气候事件可以在一定程度上反映解决现有数据无法将受灾细化到作物上和单一极端气候灾害样本量不足的问题。并且农作物主产区的主要气象灾害也比较单一，部分减轻了多种灾害对农作物（播种面积或者单产）影响不一的顾虑。

2. 极端气候事件与农作物实际收购价格增长率

在对极端灾害年进行定义后，还需要对极端气候事件对农作物价格进而对农业生产的影响进行一个描述性分析，为后续的实证分析寻找思路和依据。

在考察农作物主产区受灾率与农产品价格之间的关系时，需要注意政策支持价格的影响。因为随着政策支持价格涉及农作物品种的扩大，政策支持价格对市场价格的影响越来越大，甚至对市场价格的形成起着决定性的作用。因此，在研究农作物的供给反应时，需要注意政策价格的影响。另外，由于政策支持价格的制定一般以提高农民收入和保障农业生产为目标，较少或者一般并未将极端气候事件对农业生产的冲击考虑在内。图 10.2 为政策支持价格前后农作物实际价格（经农村居民消费价格指数折算）增长率和农作物主产区的平均受灾率之间的关系，同时我们也在图中标注了农作物的极端灾害年。从图 10.2 中可以看出在水稻执行最低收购价格之前，水稻的平均收购价格和平均受灾率之间存在着正向关系，但是政策价格实施后二者则呈现了相反的关系。2004 年以来全国极端气候灾害的发生频率有所降低，而水稻的最低收购价格却在逐年增加，所以收购价格的增长率和受灾率均呈现了负向关系，这也进一步表明区分政策支持价格的必要性。从小麦实际收购价格增长率和受灾率之间的关系图看，政策干预前实际收购价格增长率在极端灾害年都是较高的。从玉米实际价格增长率与主产区平均受灾率关系看，极端灾害年实际价格增长率往往是最高的。总体来看，在政策价格干预前，农作物实际价格的增长率与受灾率均呈现了正向变动的关系，但政策干预后，受灾率和价格增长率之间的关系则涨跌不一，并没有统一的规律。以上观测结果，由于没有控制其他因素的影响，可能是不稳定的，后续我们将会对此进行严谨的实证分析。

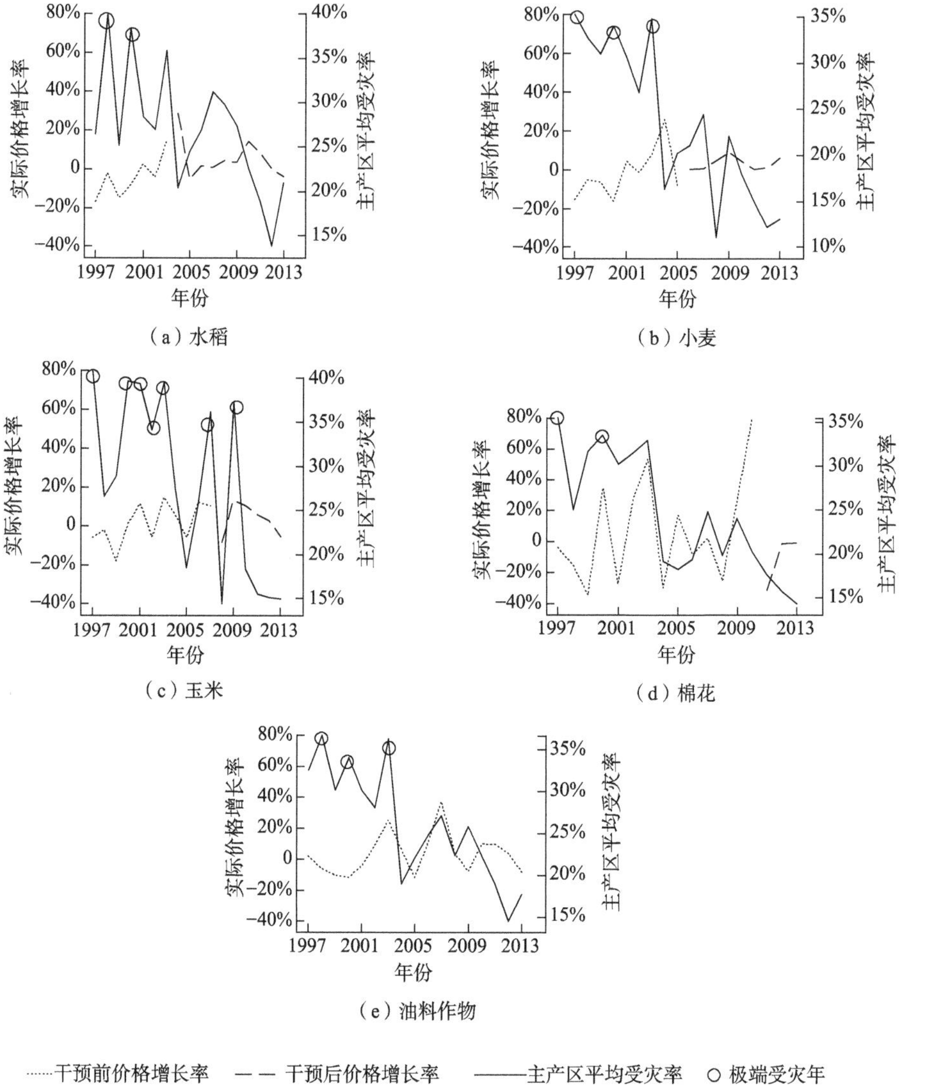

图 10.2　农产品实际价格增长率与平均受灾率之间的关系

资料来源：作者根据《中国统计年鉴》和《全国农产品成本收益资料汇编》的原始数据计算而得

二、计量模型设定和估计策略

（一）计量模型设定

根据描述统计中的现象及研究内容，我们设定的计量模型主要用来验证以下三个研究问题：第一，在自然条件更适应农作物种植的地区，播种面积对产出价格的正向反应会更明显。第二，遭受极端气候事件冲击后，面临资源约束的农户的播种面积短期内不能达到最优规模，现有模型高估了极端灾害下的面积价格弹性。第三，政策支持价格的出现，可能会影响极端气候事件通过农作物价格间接影响农户种植面积分配的决策。

为了对以上的研究问题进行一个定量分析，从而准确估计忽略极端灾害年（即正常年份和极端灾害年的平均状况）、正常年份和极端灾害年农作物的面积价格弹性，结合描述分析中的现象，我们设定如下计量经济模型。

（1）忽略极端灾害年情况（平均状况）下的计量经济模型：

$$
\begin{aligned}
W_{irt} &= \alpha_0 + (\beta_0 + \beta_1 M_{ir}) P_{ir(t-1)} + \sum_{j\neq 1}^{6} (\gamma_0 + \gamma_1 M_{jr}) P_{jr(t-1)} \\
&\quad + \sum_{k=1}^{m} \delta_{0k} P_{kr(t-1)} + Z_{rt} + e_{irt}
\end{aligned}
\qquad (10.1)
$$

（2）考虑极端灾害年情况下的计量经济模型：

$$
\begin{aligned}
W_{irt} &= \alpha_0 + \left[\beta_0 + \beta_1 M_{ir} + \beta_2 D_{i(t-1)} + \beta_3 I_{it} D_{i(t-1)}\right] P_{ir(t-1)} \\
&\quad + \sum_{j\neq i}^{6} (\gamma_0 + \gamma_1 M_{jr} + \gamma_2 D_{j,t-1} + \gamma_3 I_{j,t} D_{j,t-1})\, P_{jr(t-1)} \\
&\quad + \sum_{k=1}^{m} \delta_{0k} P_{kr(t-1)} + Z_{rt} + e_{irt}
\end{aligned}
\qquad (10.2)
$$

因变量 $W_{irt}\,(0 \leqslant W_{irt} \leqslant 1)$ 表示第 t 年农作物 i（水稻、小麦、玉米、棉花、油料作物和其他作物）的播种面积在 r 省区 6 类农作物总播种面积中的占比。α、β、γ 和 δ 为待估计参数。$P_{ir(t-1)}$、$P_{jr(t-1)}$ 和 $P_{kr(t-1)}$ 分别表述滞后一期的产出品价格、竞争或者互补作物价格和投入品价格，这些价格变量是本模型中的基础变量。在模型中所有的价格均取了对数，并用化肥价格指数进行了平减。M_{ir} 为用来衡量农作物 i 在 r 省区种植情况的虚拟变量，如果农作物 i 是 r 省区主要种植的农作物，则 M_{ir} 取 1，否则 M_{ir} 取 0。$D_{i(t-1)}$ 表示农作物 i 在第 t−1 年是否遭受了极端气候灾害（1=是，0=否）。I_{it} 表示政府是否在第 t 年对农作物 i 实施了政策支持价格（1=是，0=否）。Z_{rt} 表示 r 省区的一些不可观测的控制变量。e_{irt} 为误差项，服从独立同分布假定。式（10.1）和式（10.2）中各个变量的详细定义见表 10.6。

表 10.6 面积反应模型中关键变量的定义

变量	变量的定义
M_{ir}	农作物i是否为r省主要种植的农作物（1=是，0=否）。如果农作物i的播种面积占r省区6类农作物总播种面积的比例大于0.1（棉花为0.03），则定义农作物i是r省区主要种植的农作物。农作物i为主要种植农作物的省区参见表10.4

续表

变量	变量的定义
$D_{i(t-1)}$	农作物i在第t−1年是否遭受了极端气候灾害（1=是，0=否）。农作物i极端灾害年份的信息参见表10.5
I_{it}	政府是否在第t年对农作物i实施了政策支持价格（1=是，0=否）*
$P_{ir(t-1)}$	在农作物i实施了政策支持价格之前，$P_{ir(t-1)}$表示r省区农作物i在t−1期的收购价格（取对数并经化肥价格指数折算）。由于水稻和小麦的最低收购价格每年初公布，所以在实施政策支持价格后$P_{ir(t-1)}$用t时期r地区所对应的最低收购价格代替；玉米的临时收储价格一般在玉米收获后11月公布，棉花的临时收储价格一般在9月棉花即将收购的时候公布，所以用t−1时期r地区的临时收储价格
$P_{jr(t-1)}$	竞争或者互补作物价格的滞后项。由于涉及的省份较多，不同省份的竞争作物和互补作物是不同的，我们就不再对此细分。这里指的是除作物i之外的其他五种作物
$P_{kr(t-1)}$	投入要素价格的滞后项

* 早籼稻和粳稻在2004年开始执行最低收购价格；中籼稻和晚籼稻在2005年开始执行最低收购价格；小麦在2006年开始执行最低收购价；玉米在2008~2015年执行临时收储价格；油菜籽在2008~2014年执行最低收购价；棉花在2010~2013年执行临时收储价格，2014年开始执行目标价格

资料来源：作者根据模型设定

（二）弹性估计

当我们的因变量为农作物播种面积占比时，式（10.1）和式（10.2）得出的系数值并不是面积供给的价格弹性，我们需要将系数的估计值进一步转化为弹性的估计值。以极端灾害年自价格弹性和交叉价格弹性为例，介绍相关弹性的计算方法。

（1）极端灾害年自价格弹性的估计公式：

$$\begin{aligned}\beta_0+\beta_1 D&=\frac{\mathrm{d}w_{it}}{\mathrm{d}\ln p_{i(t-t')}}=\frac{\mathrm{d}\left(A_{it}\big/\sum A_{it}\right)}{\mathrm{d}P_{i(t-t')}\big/P_{i(t-t')}}=\frac{\mathrm{d}A_{it}}{\mathrm{d}P_{i(t-t')}}\times\frac{P_{i(t-t')}}{\sum A_{it}}\times\frac{A_{it}}{A_{it}}\\&=\frac{\mathrm{d}A_{it}}{\mathrm{d}P_{i(t-t')}}\times\frac{P_{i(t-t')}}{A_{it}}\times\frac{A_{it}}{\sum A_{it}}=\frac{\mathrm{d}A_{it}}{\mathrm{d}P_{i(t-t')}}\times\frac{P_{i(t-t')}}{A_{it}}\times W_{it}\\&=e_i\times W_{it}，\text{自价格弹性}e_i=\left(\beta_0+\beta_1 D\right)\big/W_{it}\end{aligned}\tag{10.3}$$

（2）极端灾害年交叉价格弹性的估计公式：

$$\begin{aligned}\gamma_{0j}+\gamma_{1j}D&=\frac{\mathrm{d}w_{it}}{\mathrm{d}\ln p_{j(t-t')}}=\frac{\mathrm{d}\left(A_{it}\big/\sum A_{it}\right)}{\mathrm{d}P_{j(t-t')}\big/P_{j(t-t')}}=\frac{\mathrm{d}A_{it}}{\mathrm{d}P_{j(t-t')}}\times\frac{P_{j(t-t')}}{\sum A_{it}}\times\frac{A_{it}}{A_{it}}\\&=\frac{\mathrm{d}A_{it}}{\mathrm{d}P_{j(t-t')}}\times\frac{P_{j(t-t')}}{A_{it}}\times\frac{A_{it}}{\sum A_{it}}=\frac{\mathrm{d}A_{it}}{\mathrm{d}P_{j(t-t')}}\times\frac{P_{j(t-t')}}{A_{it}}\times W_{it}\\&=e_j\times W_{it},\text{交叉价格弹性}e_j=\left(\gamma_{0j}+\gamma_{1j}D\right)\big/W_{it}\end{aligned}\tag{10.4}$$

（三）估计策略

我们建立的方程属于多方程的情形，而且不同农作物的播种面积占比之间存在着此消彼长的变动关系，对这些方程进行联合估计，可能会提高估计的效率，这种估计方法称为系统估计。对系统方程又可以分为两类：一类为“联立方程组”，它要求一个方程的解释变量为另一个方程的被解释变量；另一类为“似不相关回归”（SUR），它要求各个变量之间没有内在的联系，但是各个方程扰动项之间存在相关性（陈强，2010）。对多方程进行系统估计最大的优点是可以实现跨方程的参数约束，但当单个方程的误差较大时，系统估计会将这一误差带给其他方程，存在“污染”整个方程系统的弊端。

当我们的被解释变量是不同农作物的播种面积占比时，同一省区内部的不可观测因素可能会同时对所有农作物的播种情况产生影响，即它们的扰动项之间可能是相关的，因此可以采用 SUR 的估计策略。此外，当每个方程包含的解释变量完全相同，且不存在跨方程的参数约束时，使用单一方程最小二乘估计和 SUR 估计的结果则是完全相同的。我们所建立的方程的解释变量是完全相同的，因此我们可以直接采用单一的最小二乘估计。

在估计结果的基础上，我们需要进一步估计出相应的价格弹性及其标准差。从式（10.3）和式（10.4）可以看出，我们只需在估计出的系数的基础上除以相应的农作物的播种面积占比，就可得出面积价格弹性。借鉴已有的研究（Shideed and White，1989；Hendricks et al.，2014），用式（10.1）和式（10.2）中的待估系数除以播种面积占比的均值来计算面积价格弹性的大小。

三、模型估计结果及弹性估计

表 10.7 和表 10.8 分别报告了忽略及涵盖极端气候事件情况下水稻、小麦、玉米、棉花、油料作物和其他作物的播种面积占比对价格反应情况的估计结果。整体来看，两个模型估计出的系数方向和显著性基本一致，大小略有差异，从回归结果中，我们可以得到如下几个结论。

表 10.7　忽略极端气候情况下农作物播种面积反应模型估计结果

解释变量	被解释变量：水稻、小麦、玉米、棉花、油料作物和其他作物的播种面积占比					
	$W_{水稻}$	$W_{小麦}$	$W_{玉米}$	$W_{棉花}$	$W_{油料作物}$	$W_{其他作物}$
$P_{水稻,\ t-1}$	0.095^{***}	0.053^{*}	0.098^{***}	-0.047^{***}	−0.029	-0.170^{***}
	（4.030）	（1.827）	（3.672）	（−3.335）	（−1.369）	（−4.768）

续表

解释变量	被解释变量：水稻、小麦、玉米、棉花、油料作物和其他作物的播种面积占比					
	$W_{水稻}$	$W_{小麦}$	$W_{玉米}$	$W_{棉花}$	$W_{油料作物}$	$W_{其他作物}$
$P_{水稻,t-1}M_{水稻}$	0.012	0.040*	−0.058***	0.020*	−0.001	−0.013
	(0.697)	(1.833)	(−2.863)	(1.830)	(−0.076)	(−0.474)
$P_{小麦,t-1}$	0.020	−0.005	0.012	0.007	−0.002	−0.032
	(0.811)	(−0.159)	(0.411)	(0.465)	(−0.077)	(−0.856)
$P_{小麦,t-1}M_{小麦}$	−0.052**	0.103***	−0.137***	−0.011	0.009	0.088**
	(−2.082)	(3.340)	(−4.790)	(−0.698)	(0.408)	(2.311)
$P_{玉米,t-1}$	−0.071***	−0.007	0.024	−0.008	−0.012	0.074**
	(−3.581)	(−0.273)	(1.036)	(−0.683)	(−0.646)	(2.467)
$P_{玉米,t-1}M_{玉米}$	0.068***	−0.070***	0.061***	0.002	0.019	−0.080***
	(3.925)	(−3.307)	(3.094)	(0.205)	(1.226)	(−3.059)
$P_{棉花,t-1}$	−0.017**	0.002	0.005	0.006	−0.006	0.012
	(−2.573)	(0.198)	(0.591)	(1.361)	(−0.993)	(1.147)
$P_{棉花,t-1}M_{棉花}$	0.014	0.001	−0.008	0.011*	−0.008	−0.010
	(1.412)	(0.115)	(−0.742)	(1.819)	(−0.893)	(−0.659)
$P_{油料作物,t-1}$	−0.035***	0.045***	0.004	−0.002	−0.020**	0.009
	(−3.475)	(3.648)	(0.322)	(−0.385)	(−2.206)	(0.568)
$P_{油料作物,t-1}M_{油料作物,t-1}$	0.025**	−0.083***	0.001	−0.001	0.027**	0.031
	(2.034)	(−5.451)	(0.048)	(−0.156)	(2.437)	(1.646)
$P_{其他作物,t-1}$	0.026*	−0.050***	−0.106***	0.017*	0.066***	0.046**
	(1.758)	(−2.772)	(−6.266)	(1.952)	(4.956)	(2.068)
$Wage_{t-1}$	−0.024***	−0.066***	0.045***	0.013***	−0.016***	0.048***
	(−3.720)	(−8.446)	(6.138)	(3.321)	(−2.746)	(5.002)
$Land_{t-1}$	−0.008	0.024***	−0.005	−0.010**	0.010	−0.010
	(−1.155)	(2.700)	(−0.658)	(−2.271)	(1.529)	(−0.939)
常数项	0.475***	0.384***	−0.143*	0.035	0.209***	0.039
	(6.874)	(4.533)	(−1.822)	(0.847)	(3.353)	(0.376)
观测值	400	400	400	400	400	400
R^2	0.176	0.472	0.543	0.087	0.135	0.186
省区个数	25	25	25	25	25	25

***、**、*分别表示1%、5%、10%的统计显著性水平

注：Wage指农村劳动力工资，Land指土地租金

表 10.8　考虑极端气候情况下农作物播种面积反应模型估计结果

解释变量	被解释变量：水稻、小麦、玉米、棉花、油料作物和其他作物的播种面积占比					
	$W_{水稻}$	$W_{小麦}$	$W_{玉米}$	$W_{棉花}$	$W_{油料作物}$	$W_{其他作物}$
$P_{水稻,t-1}$	0.097***	0.029	0.104***	−0.041***	−0.029	−0.160***
	(3.895)	(0.978)	(3.708)	(−2.755)	(−1.324)	(−4.297)
$P_{水稻,t-1}M_{水稻}$	0.013	0.035*	−0.058***	0.022**	−0.001	−0.010
	(0.713)	(1.650)	(−2.870)	(2.029)	(−0.089)	(−0.374)
$P_{水稻,t-1}D_{水稻,t-1}$	−0.001	0.018**	−0.014*	0.001	0.004	−0.008
	(−0.128)	(2.144)	(−1.658)	(0.133)	(0.565)	(−0.740)
$P_{小麦,t-1}$	0.021	0.028	−0.000	−0.004	0.013	−0.057
	(0.822)	(0.918)	(−0.013)	(−0.257)	(0.574)	(−1.498)
$P_{小麦,t-1}M_{小麦}$	−0.056**	0.089***	−0.141***	−0.009	0.017	0.100***
	(−2.236)	(3.004)	(−4.971)	(−0.599)	(0.765)	(2.671)
$P_{小麦,t-1}D_{小麦,t-1}$	0.019**	−0.021*	0.021*	0.009	−0.016**	−0.011
	(2.012)	(−1.929)	(1.947)	(1.548)	(−1.980)	(−0.755)
$P_{玉米,t-1}$	−0.060***	0.015	0.042	−0.010	−0.037*	0.050
	(−2.674)	(0.572)	(1.633)	(−0.720)	(−1.886)	(1.493)
$P_{玉米,t-1}M_{玉米}$	0.068***	−0.081***	0.063***	0.004	0.021	−0.074***
	(3.907)	(−3.950)	(3.198)	(0.354)	(1.351)	(−2.838)
$P_{玉米,t-1}D_{玉米,t-1}$	−0.013	0.013	−0.025***	−0.006	0.026***	0.005
	(−1.634)	(1.369)	(−2.771)	(−1.350)	(3.755)	(0.450)
$P_{玉米,t-1}I_{玉米,t}D_{玉米,t-1}$	0.020**	−0.020**	0.034***	0.011**	−0.034***	−0.012
	(2.486)	(−2.026)	(3.638)	(2.153)	(−4.674)	(−0.941)
$P_{棉花,t-1}$	−0.025***	−0.004	0.002	0.008	−0.008	0.027**
	(−3.070)	(−0.429)	(0.230)	(1.637)	(−1.115)	(2.210)
$P_{棉花,t-1}M_{棉花}$	0.017*	−0.003	−0.004	0.011*	−0.010	−0.012
	(1.748)	(−0.225)	(−0.368)	(1.909)	(−1.145)	(−0.810)
$P_{棉花,t-1}D_{棉花,t-1}$	−0.001	0.010***	−0.000	−0.002*	−0.002	−0.005*
	(−0.285)	(4.583)	(−0.012)	(−1.700)	(−1.401)	(−1.921)
$P_{油料作物,t-1}$	−0.046***	0.056***	−0.015	−0.010	0.001	0.014
	(−4.180)	(4.310)	(−1.240)	(−1.457)	(0.098)	(0.851)

续表

解释变量	被解释变量：水稻、小麦、玉米、棉花、油料作物和其他作物的播种面积占比					
	$W_{水稻}$	$W_{小麦}$	$W_{玉米}$	$W_{棉花}$	$W_{油料作物}$	$W_{其他作物}$
$P_{油料作物,\ t-1}M_{油料作物,\ t-1}$	0.025*	−0.078***	0.000	−0.004	0.029***	0.028
	(1.963)	(−5.274)	(0.026)	(−0.475)	(2.626)	(1.493)
$P_{油料作物,\ t-1}D_{油料作物,\ t-1}$	−0.011	0.022	−0.008	0.014*	−0.028**	0.012
	(−0.840)	(1.418)	(−0.560)	(1.765)	(−2.461)	(0.594)
$P_{其他作物,\ t-1}$	0.026	−0.059***	−0.105***	0.018*	0.066***	0.054**
	(1.627)	(−3.156)	(−5.841)	(1.869)	(4.793)	(2.269)
Wage, $_{t-1}$	−0.021***	−0.057***	0.042***	0.011***	−0.013**	0.038***
	(−3.059)	(−7.006)	(5.411)	(2.638)	(−2.157)	(3.691)
Land, $_{t-1}$	−0.009	0.027***	−0.008	−0.011**	0.012*	−0.011
	(−1.295)	(3.206)	(−1.040)	(−2.452)	(1.919)	(−1.019)
常数项	0.472***	0.290***	−0.096	0.051	0.176***	0.108
	(6.512)	(3.375)	(−1.175)	(1.173)	(2.768)	(0.992)
观测值	400	400	400	400	400	400
R^2	0.203	0.524	0.563	0.116	0.213	0.228
省区个数	25	25	25	25	25	25

***、**、*分别表示1%、5%、10%的统计显著性水平

注：Wage 指农村劳动力工资，Land 指土地租金

第一，无论是否忽略极端气候事件的影响，农作物播种面积对产出价格刺激的反应大小会受制于作物生长的自然环境。从表 10.7 中可以看出，小麦、玉米、棉花和油料作物的价格与主要种植作物虚拟变量交叉项的系数均是正向显著的。同样，表 10.8 中小麦、玉米、棉花和油料作物的价格与主要种植作物虚拟变量交叉项（$P_{i,t-1}$； M_i）的系数也都是正向显著的。这表示在适宜种植小麦、玉米、棉花和油料作物的地区，它们的播种面积对自身价格的刺激反应更明显。两种情况下，水稻的价格和主要种植作物虚拟变量的交叉项的系数为正，但并不显著。可能的解释是水稻品种相对较多（包含早籼稻、中籼稻、晚籼稻及粳稻），分布地区相对较广。

第二，从表 10.7 和表 10.8 的回归结果看，工资（Wage, $_{t-1}$）对播种面积的影响有正有负，其中对水稻、小麦和油料作物的影响为负，对玉米、棉花的影响为正。相对而言，玉米属于劳动节约型的作物，棉花属于经济价值较高的作物。工

资对玉米和棉花的影响为正，说明工资提高时，农民倾向于种植劳动节约型的作物或者经济价值较高的作物。

第三，交叉价格系数$\left(P_{其他作物,t-1}\right)$有正有负，体现了作物间的互补和竞争关系。由于涉及的省区和农作物品种较多，我们就不再具体展开论述。

表 10.8 还揭示了两个现象：第一，与正常情况相比，极端受灾情况下农作物播种面积对价格的反应程度降低。从表 10.8 中可以看出，小麦、玉米、棉花和油料作物的价格与极端灾害年份虚拟变量的交叉项$\left(P_{小麦,t-1};D_{t-1}P_{玉米,t-1};D_{t-1}P_{棉花,t-1};D_{t-1}P_{油料作物,t-1};\ D_{t-1}\right)$的系数为负且显著。这表明遭受极端气候事件冲击后，面临资源约束的农户短期内无法将作物播种面积调整到最优规模，现有模型高估了极端气候灾害后农作物播种面积对产出价格的反应。同时，我们发现极端气候事件对不同农作物的影响程度是不同的，对油料作物的影响最大，对水稻的影响最小。第二，政策支持价格会阻断极端气候事件对农作物供给反应的影响。从表 10.5 中我们了解到，只有玉米在政策价格干预期间出现了极端气候事件。从表 10.8 中可以看出，在玉米播面份额反应模型中，价格、政策干预与极端灾害年三者的交互项$\left(P_{玉米,t-1}I_{玉米,t}D_{玉米,t-1}\right)$系数为 0.034 且在 1%的显著性水平上显著。玉米的市场价格和极端灾害年的交互项$\left(P_{玉米,t-1}D_{玉米,t-1}\right)$系数为−0.025（小于 0.034）。这说明政府的政策支持价格可以部分或者全部抵消极端气候灾害对玉米播种面积的影响。

我们最终的目的是比较各种情形下（适宜作物种植的省区 VS 不适宜作物种植的省区；正常情况 VS 极端受灾 VS 平均情况）面积的价格弹性的大小，表 10.7 和表 10.8 给出了模型中变量系数的估计值，我们还需在此基础上进一步求出弹性矩阵。根据式（11.3）和式（11.4）可以求出如下不同组合的弹性矩阵。

（一）面积价格弹性矩阵：作物的主要种植区 VS 非主要种植区

从表 10.7 和表 10.8 中可以看出，价格原项及价格与主要种植区虚拟项的交叉项在显著性、方向和大小上相差不大，我们以表 10.8 中的系数计算主要种植区和非主要种植区面积价格弹性的大小情况。表 10.9 中加粗的部分为每种农作物面积的自价格弹性。通过观察对角线上自价格弹性值的大小可以发现，作物主要种植区省区的弹性值比非主要种植区省区的弹性值大。例如，在水稻为非主要种植作物的地区，水稻的面积价格弹性为 0.420，在以水稻为主要种植作物的地区，水稻的面积价格弹性为 0.475；在小麦为非主要种植作物的地区，小麦的面积价格弹性为 0.155，但不显著，在以小麦为主要种植作物的地区，小麦的面积的价格弹性为 0.649，且在 1%的显著性水平上显著；在以玉米为非主要种植作物的地区，玉米的面积价格弹性为0.199，但不显著，在以玉米为主要种植作物的地区，玉米的面积价格弹性为 0.498，且在 1%的显著性水平上显著。同样的现象在棉花和油料作物上也有体现，即在非主要种植地区面积价格弹性不显著，在主要种植作物的地区面积价格弹性分别为正，且在 1%的显著性水平上显著。其他作物涉及的作物种类较多，但是我们仍观测到其他作物价格对其播种面积的正向影响。以上估计结果证实了我们的第一个研究问题，即产出价格对农作物播种面积的正向刺激作用，在适宜农作物种植的地区更加明显。

表 10.9　农作物面积价格弹性矩阵：非主要种植作物区 VS 主要种植作物区（忽略极端气候事件）

农作物类型	水稻		小麦		玉米	
	非主要种植作物区	主要种植作物区	非主要种植作物区	主要种植作物区	非主要种植作物区	主要种植作物区
水稻	**0.420*****	**0.475*****	0.092	−0.152*	−0.263***	0.032
	（0.108）	（0.119）	（0.111）	（0.085）	（0.098）	（0.078）
小麦	0.160	0.353*	**0.155**	**0.649*****	0.085	−0.366***
	（0.163）	（0.180）	（0.169）	（0.128）	（0.149）	（0.118）
玉米	0.496***	0.220	−0.002	−0.673***	**0.199**	**0.498*****
	（0.134）	（0.148）	（0.138）	（0.105）	（0.122）	（0.097）
棉花	−1.371***	−0.647	−0.132	−0.433	−0.327	−0.203
	（0.498）	（0.550）	（0.514）	（0.392）	（0.454）	（0.361）
油料作物	−0.240	−0.251	0.107	0.247*	−0.311*	−0.140
	（0.181）	（0.200）	（0.187）	（0.142）	（0.165）	（0.131）
其他作物	−0.725***	−0.770***	−0.261	0.194	0.230	−0.106
	（0.169）	（0.187）	（0.174）	（0.133）	（0.154）	（0.122）

农作物类型	水稻		小麦		玉米	
	非主要种植作物区	主要种植作物区	非主要种植作物区	主要种植作物区	非主要种植作物区	主要种植作物区
水稻	−0.109***	−0.034	−0.200***	−0.093	0.112	
	（0.036）	（0.044）	（0.048）	（0.058）	（0.069）	
小麦	−0.023	−0.038	0.311***	−0.124	−0.328***	
	（0.054）	（0.067）	（0.072）	（0.087）	（0.104）	
玉米	0.010	−0.009	−0.073	−0.072	−0.498***	
	（0.044）	（0.055）	（0.059）	（0.071）	（0.085）	
棉花	**0.269**	**0.649*****	−0.321	−0.441*	0.594*	
	（0.164）	（0.203）	（0.220）	（0.266）	（0.318）	
油料作物	−0.067	−0.149**	**0.008**	**0.248*****	0.554***	
	（0.060）	（0.074）	（0.080）	（0.097）	（0.116）	
其他作物	0.123**	0.069	0.064	0.191**	**0.244****	
	（0.056）	（0.069）	（0.075）	（0.090）	（0.108）	

***、**、*分别表示 1%、5%、10%的统计显著性水平

（二）面积的价格弹性矩阵：正常情况 VS 平均情况 VS 极端受害情况

表 10.10 比较了五类农作物适宜种植的省区的面积价格弹性在正常情况、平均情况和极端受灾情况下的差异。为了便于比较它们之间的差异，表 10.10 加粗了这部分内容。通过观察对角线上的自价格弹性的大小可以发现，极端受灾情况下的面积价格弹性小于正常情况下的面积价格弹性，忽略极端气候情况下（即平均情况）的弹性介于两者之间。正常情况下，在水稻、小麦、玉米、棉花和油料作物适宜种植的省区，它们的面积价格弹性分别为 0.475、0.649、0.498、0.649 和 0.248。在极端受灾情况下，五类农作物的面积价格弹性分别为 0.471、0.531、0.381、0.584 和 0.012，相比正常情况分别下降了 0.8%、18.2%、23.5%、10.0%和 95.2%。此外，在极端受灾情况下，除了油料作物，其他四种农作物的面积价格弹性依然在 1%的显著性水平上显著。在忽略极端气候情况下（平均状况），五类农作物的面积价格弹性分别为 0.467、0.544、0.404、0.596 和 0.063，相比正常情况分别下降了 1.7%、16.2%、18.9%、8.2%和 74.6%。即三种情况下农作物面积价格弹性的大小关系是正常情况>平均情况>极端受灾情况。

表 10.10　主要作物区面积价格弹性矩阵：正常情况 VS 平均情况 VS 极端灾害情况

农作物类型	水稻			小麦			玉米		
	正常	平均	极端受灾	正常	平均	极端受灾	正常	平均	极端受灾
水稻	**0.475*****	**0.467*****	**0.471*****	−0.152*	−0.139*	−0.070	0.032	−0.014	−0.023
	（0.119）	（0.112）	（0.121）	（0.085）	（0.079）	（0.086）	（0.078）	（0.067）	（0.069）
小麦	0.353*	0.516***	0.454**	**0.649*****	**0.544*****	**0.531*****	−0.366***	−0.429***	−0.296**
	（0.180）	（0.175）	（0.183）	（0.128）	（0.124）	（0.129）	（0.118）	（0.105）	（0.105）
玉米	0.220	0.192	0.156	−0.673***	−0.596***	−0.575***	**0.498*****	**0.404*****	**0.381*****
	（0.148）	（0.14）	（0.150）	（0.105）	（0.099）	（0.106）	（0.097）	（0.083）	（0.086）
棉花	−0.647	−0.920*	−0.627	−0.433	−0.119	−0.144	−0.203	−0.202	−0.415
	（0.550）	（0.516）	（0.559）	（0.392）	（0.367）	（0.395）	（0.361）	（0.309）	（0.320）
油料作物	−0.251	−0.253	−0.221	0.247	0.062	0.113*	−0.140	0.063	0.075
	（0.200）	（0.194）	（0.203）	（0.142）	（0.138）	（0.144）	（0.131）	（0.116）	（0.116）
农作物类型	棉花			油料作物			—		
	正常	平均	极端受灾	正常	平均	极端受灾	—		
水稻	−0.034	−0.015	−0.036	−0.093	−0.041	−0.141*	—		
	（0.044）	（0.04）	（0.046）	（0.058）	（0.051）	（0.073）	—		

续表

农作物类型	棉花			油料作物			—
	正常	平均	极端受灾	正常	平均	极端受灾	—
小麦	−0.038	0.017	0.019	−0.124	−0.214**	−0.001	—
	(0.067)	(0.063)	(0.069)	(0.087)	(0.08)	(0.110)	—
玉米	−0.009	−0.018	−0.010	−0.072	0.021	−0.111	—
	(0.055)	(0.05)	(0.056)	(0.071)	(0.064)	(0.090)	—
棉花	**0.649*** **	**0.596*** **	**0.584*** **	−0.441*	−0.116	0.025	—
	(0.203)	(0.186)	(0.210)	(0.266)	(0.237)	(0.335)	—
油料作物	−0.149**	−0.117*	−0.169**	**0.248*** **	**0.063**	**0.012**	—
	(0.074)	(0.07)	(0.076)	(0.097)	(0.089)	(0.122)	—

***、**、*分别表示 1%、5%、10%的统计显著性水平

为了更加直观地观察和对比正常情况、极端受灾和平均情况下面积价格弹性的差异，我们将表 10.10 中重点关注的数据进行了图示化，即图 10.3。图 10.3 中可以很直观地看到三种情况的大小关系，即正常情况>平均情况>极端受灾。极端气候事件对五类农作物的面积价格弹性均有负向影响。从影响程度看，极端气候事件对不同农作物的影响程度是有差异的，这可能与极端气候灾害发生期和作物关键生长季的重叠度有关。为了更加深刻地理解其中的机理，下面就五类作物的生长季与极端气候灾害之间的关系进行介绍。从图 10.3 中可以看出极端气候灾害对水稻面积价格弹性的影响最不明显，可能的解释是水稻主要种植在南方地区，而南方地区的主要极端气候灾害是洪涝灾。一般而言，洪涝灾持续时间较短，同时水稻又具有耐淹水的特征，因此对水稻市场影响有限。极端气候灾害对油料作物的播种面积影响最大，使得油料作物的面积价格弹性由 0.25 下降到 0.01，降幅达 95.2%。油料作物品种繁多，包括花生、油菜籽、芝麻、向日葵和胡麻籽，其中油菜籽和花生占比最大，二者播种面积之和占油料作物播种面积的 86.7%（国家统计局，2013）。从农业农村部公布的农时信息来看，油菜一般在 9~10 月播种，3~4 月开花结荚；花生一般在 4 月播种 9 月成熟。在我国，一般每年 3~4 月是旱灾的高发期，9~10 月是水灾的高发期。也就是说，我国最主要的两种极端气候事件的高发期和油料作物的关键生长期几乎是重合的，因此对油料作物的影响也最大。极端气候事件对玉米面积价格弹性影响次于油料作物。在我国典型季风性气候的条件下，玉米的生长季和降雨季是基本重合的，对降水量的依赖度高，因而极端气候冲击对其影响更大。

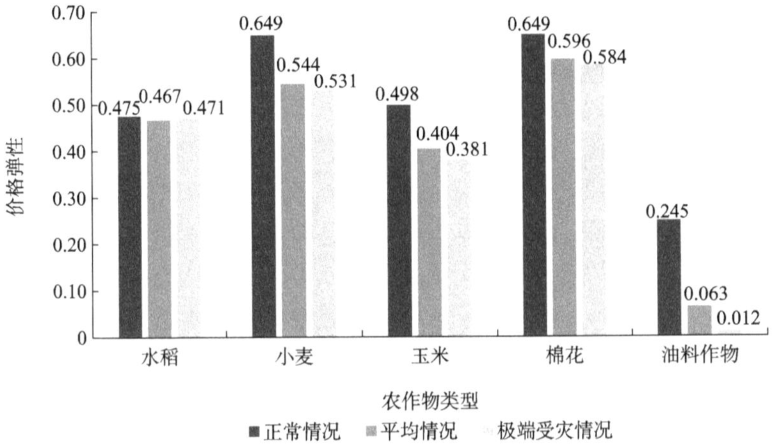

图 10.3　水稻、小麦、玉米、棉花和油料作物的面积价格弹性：正常情况 VS 平均情况 VS 极端受灾情况

资料来源：作者计算

第五节　研究结论

本章构建了一个涵盖全国 25 个省区 16 年的平衡面板，将占全国农作物总播种面积约 80%的 14 种农作物分为六类农作物（水稻、小麦、玉米、棉花、油料作物和其他作物），定量估计了极端气候对种植结构的影响，主要结论如下。

第一，播种面积对产出价格的正向响应程度的大小受自然地理环境的影响。在不适宜水稻、小麦、玉米、棉花和油料作物大范围种植的省区，即如果五类农作物不是一个省区主要种植的作物，它们的价格弹性除水稻外都不显著。也就是说在不适宜小麦、玉米、棉花和油料作物种植的地区，它们的播种面积对价格上涨的刺激不会有显著的正向的响应。在农作物为主要种植作物的省区，五类农作物面积的价格弹性的大小和显著性水平明显提高。即播种面积对产出价格的正向响应程度会受到自然地理环境的影响，只有当一个地区的自然地理环境适合农作物的生长，我们才能看到播种面积对价格刺激的正向响应。

第二，极端气候对水稻、小麦、玉米、棉花和油料作物的面积价格弹性有不同程度的负向影响，即极端灾害年的面积价格弹性小于正常年份。以五类农作物为主要种植作物的地区为例，相比正常年份，水稻的面积价格弹性在极端灾害年下降了约 0.8%（由 0.475 降为 0.471）；小麦的面积价格弹性下降了约 18.2%（由 0.649 降为 0.531）；玉米的面积价格弹性下降了约 23.5%（由 0.498 降为 0.381）；棉花的面积价格弹性下降了约 10.0%（由 0.649 降为 0.584）；油料作物的面积价格弹性下降了约 95.2%（由 0.248 降为 0.012）。

从研究结果看，极端气候对小麦、玉米和油料作物面积的价格弹性影响最大，对水稻的影响最小。主要的原因是：①从我国旱灾的发生月份来看，3~5 月是旱灾的高发期，正值小麦的乳熟期、花生的出苗期和油菜的开花和结荚期，因而极端灾害对它们的影响也就相对比较严重。②在我国典型季风性气候的条件下，玉米的生长季和降雨季是基本重合的，对降水量的依赖度较高，因而极端气候冲击对其影响也很大。③水稻主要种植在南方地区，南方地区的主要极端气候灾害是洪涝灾。一般而言，洪涝灾持续时间较短，同时水稻又具有耐涝的特征，这也许是极端气候灾害对水稻影响并不显著的一个原因。

第三，政府对农产品市场价格的干预，会阻断极端气候对农作物面积价格弹性的负向影响。以玉米为例，在玉米临时收储价格实施前，极端气候事件影响下玉米的面积价格弹性为 0.381；临时收购价格实施后，极端气候事件影响下玉米的面积价格弹性上升为 0.498，与正常年份的面积价格弹性几乎相当。

第十一章　极端气候影响下主要农作物单产对价格的反应

本章将承接第十章的内容对主要农作物单产对价格的反应进行研究，并估计正常、极端受灾和平均状况下的单产价格弹性，以期为研究者运用预测预警模型预测极端气候对农业生产的短期影响提供更加准确的预设参数值，为政策制定者准确判断灾后农产品供给状况提供更加科学的依据。

第一节　研 究 背 景

农业生产周期较长，影响播种面积分配决策的因素和影响农作物单产的因素是不同的，只有对影响面积供给和单产的因素分别进行研究，才能更好地把握农产品供给反应的影响因素，从而更加准确地评估极端气候事件对农业生产的影响。一般而言，播种面积是生产者对价格刺激和政策激励等因素的一个反应，更多会受到农业生产者价格预期的影响。农作物单产则是在意愿播种面积已定的情况下，反映单位面积上农产品的生产能力和生产水平的一个指标。它除了会受产出价格和投入要素价格的影响外，更多会受到技术进步、种子特征、气候和病虫害冲击等因素的影响。因而，我们认为极端气候事件对播种面积和农作物单产的影响的机理和途径是不同的。第十章已经系统研究了正常情况、极端受灾和平均状况下农作物播种面积的反应情况，并对比分析了三种情况下的面积价格弹性大小关系。

为完成以上目标，本章主要研究内容有以下两点：

（1）在不考虑极端气候事件的情况下，根据主要农作物单产对价格的反应情况，估计出平均情况下（忽略极端气候）的农作物单产价格弹性的大小。

（2）分析在极端气候事件影响下农作物的单产对农产品价格的响应程度与正常市场供求情况下的差异，分别估计出正常情况与极端气候事件影响下的农作物单产价格弹性的大小。

第二节　研究数据

本章使用的数据是 1998~2013 年的省级面板数据，具体见第十章。本章的数据使用，在如下两点有别于第十章：第一，不同省区农作物种植的品种不一致，产量差异很大，特别是当某农作物是一个地区非主要种植农作物时，该农作物的单产和面积波动很大，统计数据较不准确[①]。为此，在分析极端气候事件和市场价格的交互作用对农作物单产的影响时，我们的研究区域不再是全国 25 个种植业省区，而是研究适宜水稻、玉米、小麦、棉花和油料作物种植省区的情况。在接下来的描述性分析中，我们分析的样本为以五种农作物为主要种植作物的地区的情况。为了能更加简洁地进行描述，故不再对此进行强调。第二，其他作物包含蔬菜、大豆、甘蔗、甜菜和烤烟，这些作物的产量不可直接相加，因此，也不再对其他作物的单产进行研究。

第三节　研究方法

一、描述统计

本小节将主要从农作物的单产变动情况、单产和受灾率的关系及投入产出品价格等方面进行统计描述，为后续的计量分析做准备。

（一）主要种植省区单产变动情况

图 11.1 是 1998~2013 年省级层面水稻单产的变动情况。总体而言，各个省区水稻单产平均值及变动趋势差异比较大。从水稻单产的平均值来看，种植单季稻的省区相比双季稻省区水稻的单产要高。我国南方双季稻产区主要包括广东、广西、江西、湖南、福建，单季稻主要集中在东北三省、宁夏、贵州和江苏。1998~2013 年，双季稻产区水稻的单产约为 5 604 千克/公顷（上述 5 个省区），单

① 例如，2001 年以前吉林省没有棉花种植的数据，吉林省棉花的播种面积从 2001 年的 100 公顷增加到 2011 年的 6 670 公顷，单产从 2004 年的 440 千克/公顷变动到 2006 年的 10 777 千克/公顷，标准差为 2 436.3。而全国棉花的平均单产仅为 1 095.5 千克/公顷。

季稻产区水稻的平均单产则达到了 7 200 千克/公顷（上述 6 个省区）。从水稻单产波动情况来看，福建、四川、黑龙江、湖北、江西和浙江的水稻单产有着比较平稳的增长趋势。相比之下，贵州和吉林的水稻单产波动较大。吉林水稻的单产从 1998 年的 8 399 千克/公顷下降到 2001 年的 5 404 千克/公顷，年均单产下降了 13.7%。1998~2002 年吉林水稻单产的波动很大程度上是由水稻品种的更换及播种面积的扩大导致的。通过对水稻单产的水平值及波动值的分析，有以下两点是在后续的计量分析中需要我们注意的：①一个地区种植的是单季稻还是双季稻是影响水稻单产水平值的一个关键因素；②一般而言，水稻单产的大幅波动的年份往往是受灾严重的年份，但是个别年份和省区的波动是品种更换和面积扩大导致的。

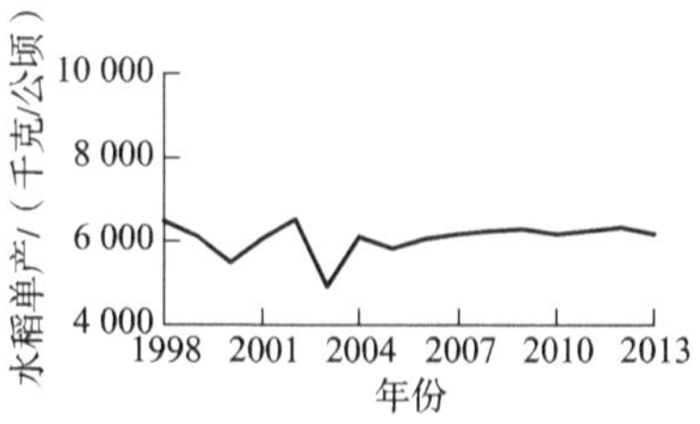

（a）安徽

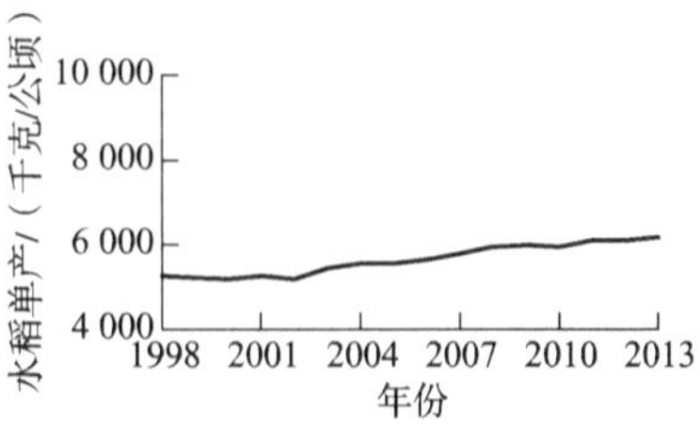

（b）福建

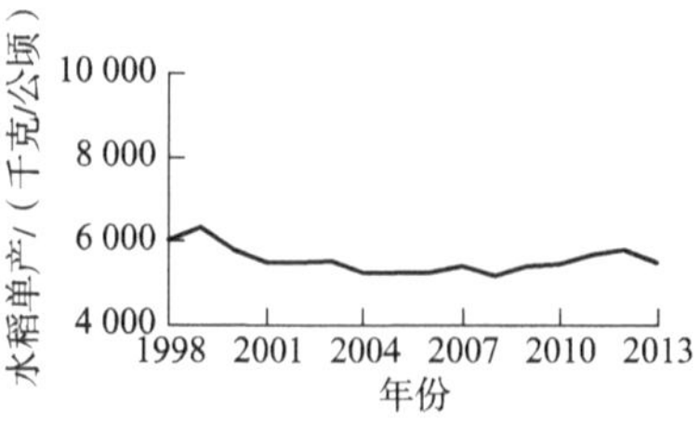

（c）广东

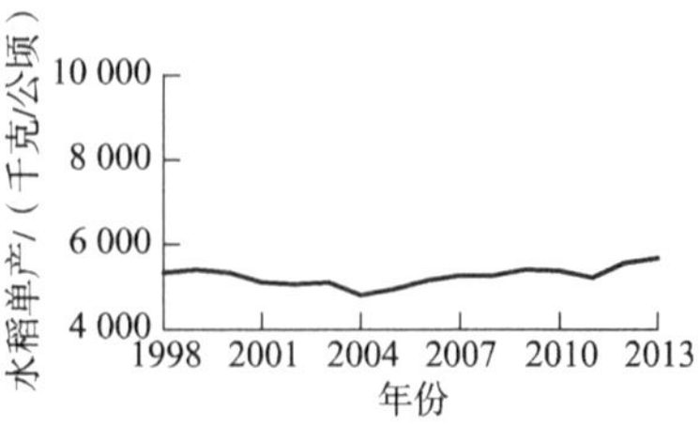

（d）广西

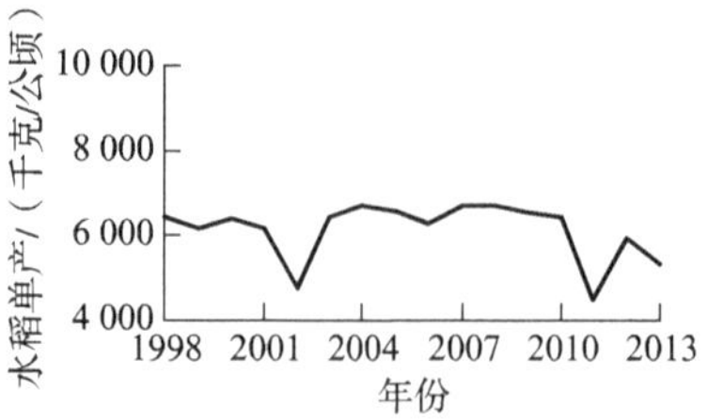

（e）贵州

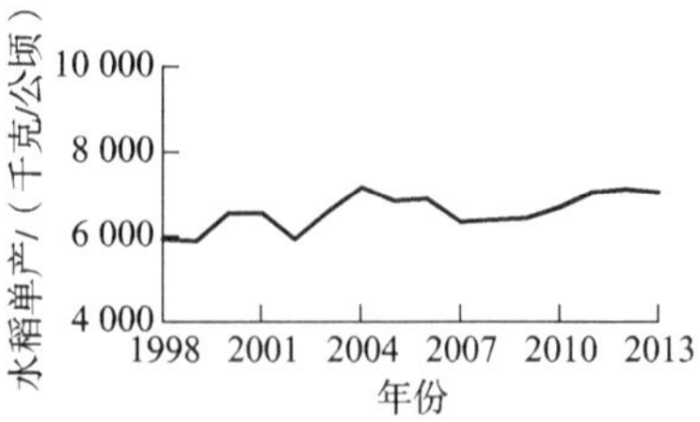

（f）黑龙江

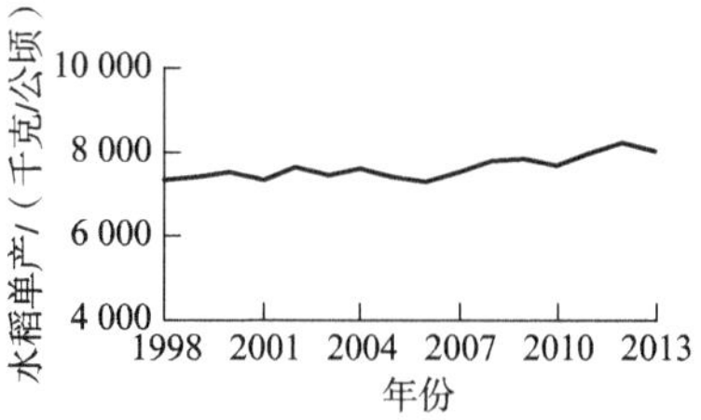

（g）湖北

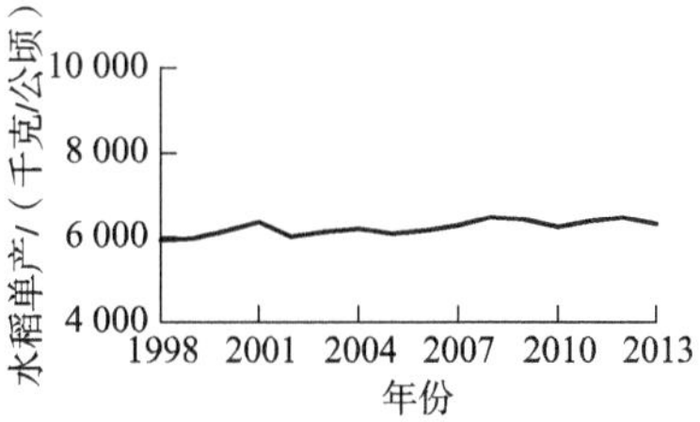

（h）湖南

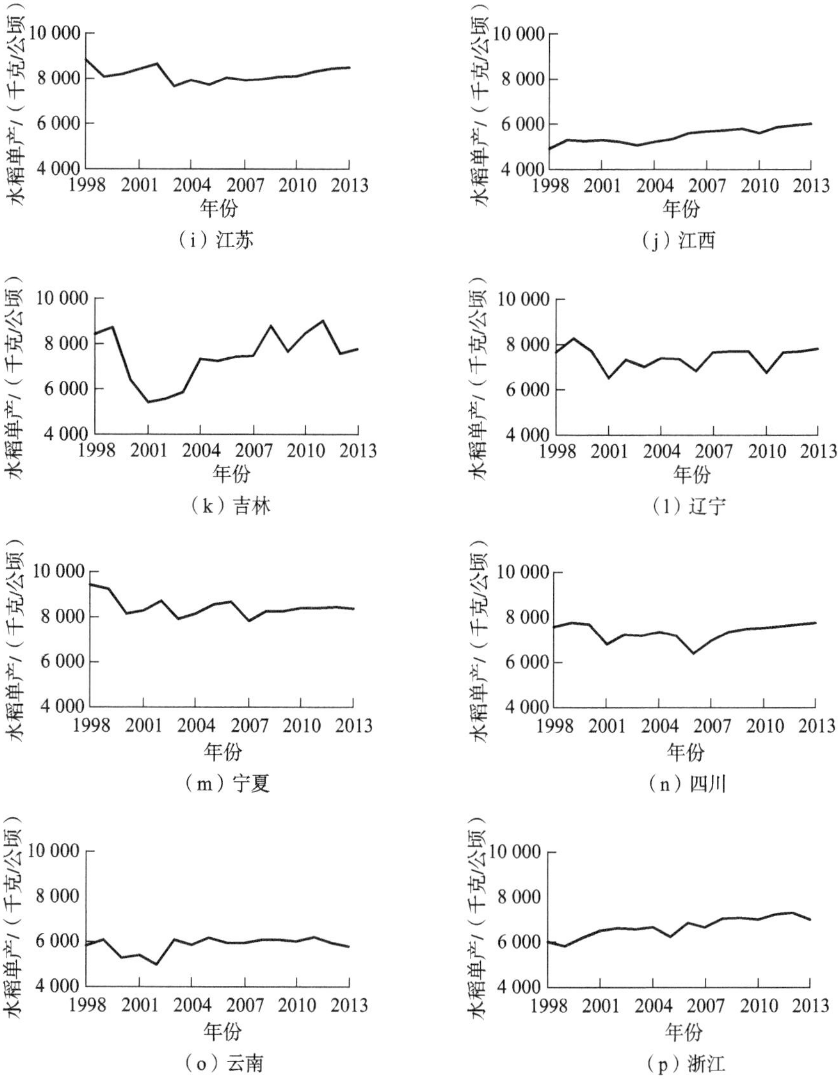

图 11.1　1998~2013 年水稻单产变动情况

资料来源：《中国统计年鉴》

图 11.2 是 1998~2013 年省级层面小麦单产的变动情况。相比水稻，小麦的单产变动则比较小，整体呈现比较平稳的增长趋势。其中，河南、河北、安徽、新疆和四川的小麦单产呈现稳定增长的态势。个别省区的单产在特定年份也出现了较大的波动，如 1998 年的江苏、2002 年的湖北、2010 年的云南和贵州。小麦单产的波动和受灾率之间有着直接的关系，1998 年江苏的受灾率为 44.8%，是 1998~2013 年的最高点。2010 年云南和贵州遭遇了百年一遇的旱灾，旱灾造成的

直接经济损失分别占本省生产总值的 9.27%和 3.34%（中华人民共和国水利部，2010）。2010 年云南和贵州小麦的单产均有明显的下降，其中，云南小麦单产从 2009 年的 2 135 千克/公顷下降到 2010 年的 1 072 千克/公顷，下降了约 50%；贵州小麦的单产则从 2009 年的 1 693 千克/公顷下降到 2010 年的 952 千克/公顷，下降了约 44%（国家统计局，2015）。

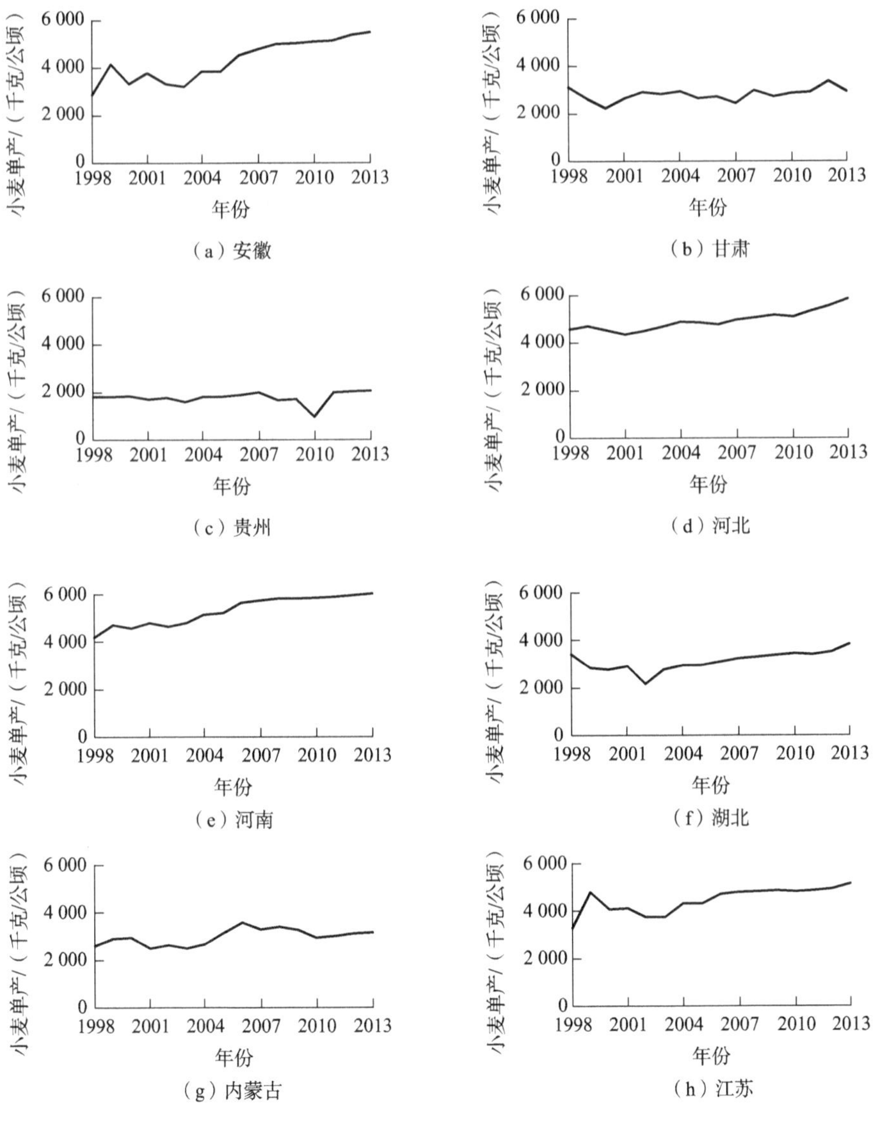

（a）安徽　（b）甘肃　（c）贵州　（d）河北　（e）河南　（f）湖北　（g）内蒙古　（h）江苏

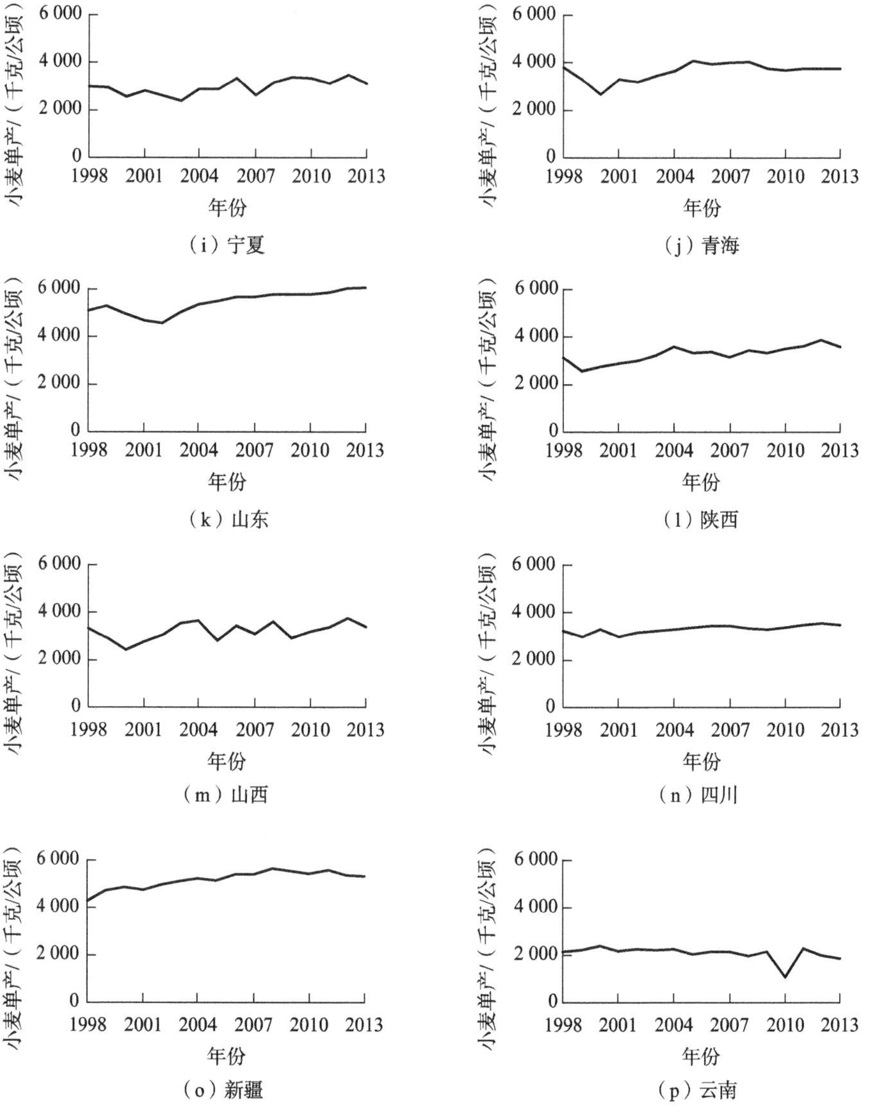

图 11.2　1998~2013 年小麦单产变动情况

资料来源：《中国统计年鉴》

图 11.3 是 1998~2013 年省级层面玉米单产的变动情况。整体而言，玉米单产呈增长趋势，并在个别年份出现了较大的波动。同样地，玉米的单产波动同受灾率之间有着直接的关系，水灾和旱灾是导致玉米单产出现大幅波动的一个直接原因。2000 年 5~7 月吉林发生了严重的夏旱，吉林西北部达到了大旱标准，受灾率更是高达 71.44%，相应玉米单产相比 1999 年下降了 36.56%。2011 年 7~9 月正值玉米吐丝乳熟期，贵州 88 个县、276 个乡镇均受到了不同程度旱灾，玉米单产损

失严重，相比 2010 年下降了 41.83%。1999 年山西发生了暴雨洪水，受灾率达 75.56%，玉米单产下降了 24.26%。

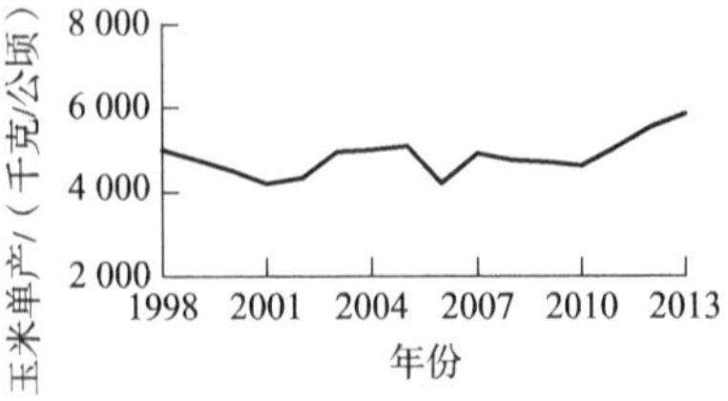

（a）甘肃

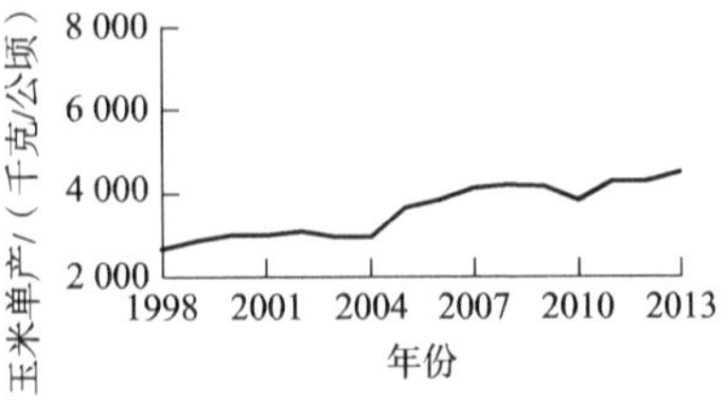

（b）广西

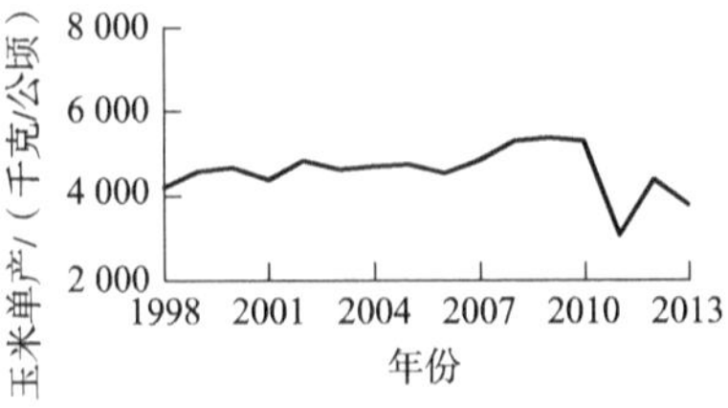

（c）贵州

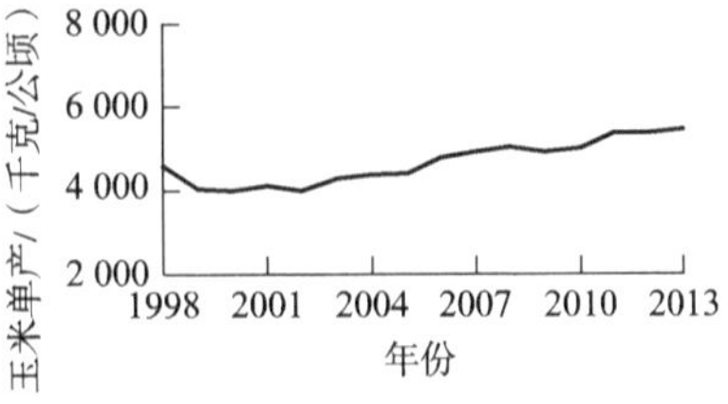

（d）河北

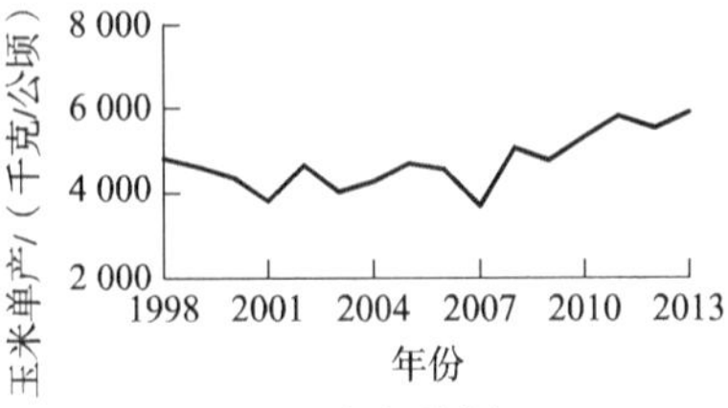

（e）黑龙江

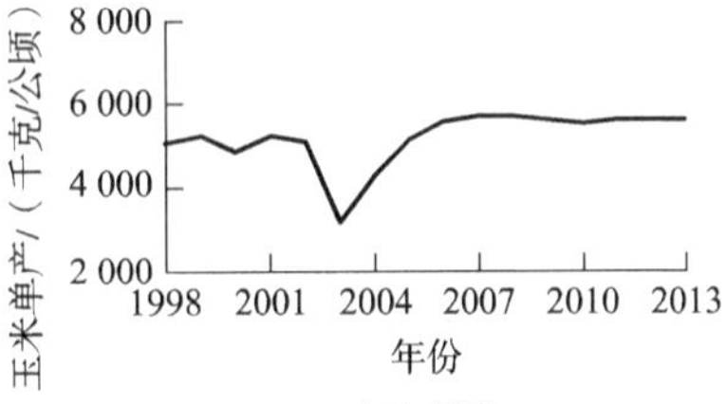

（f）河南

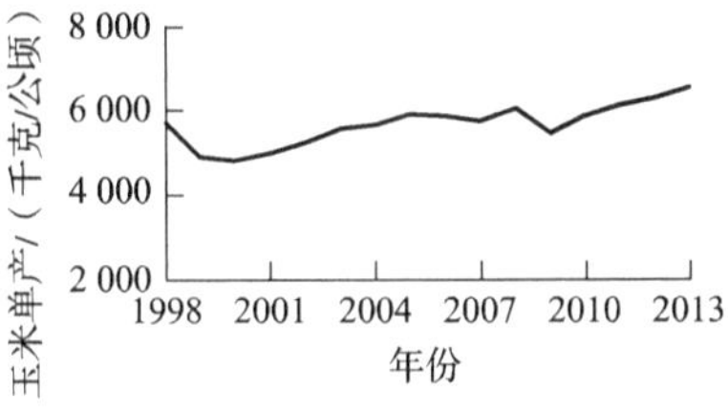

（g）内蒙古

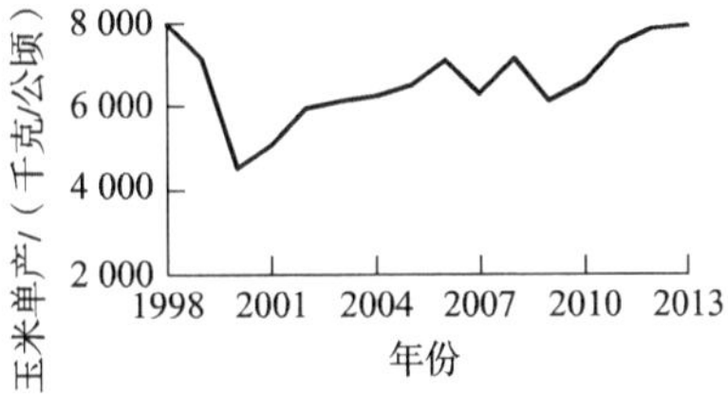

（h）吉林

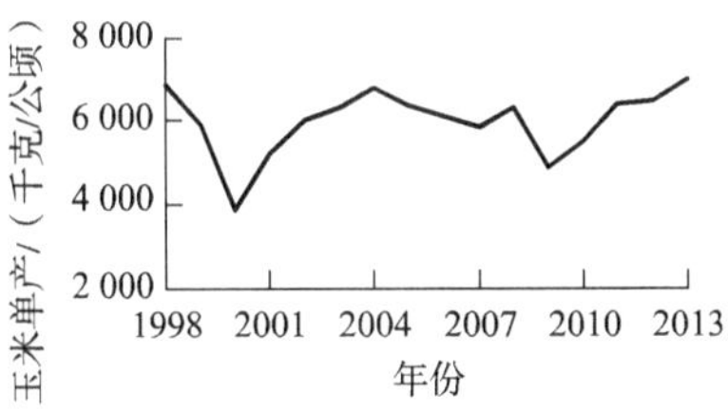

（i）辽宁

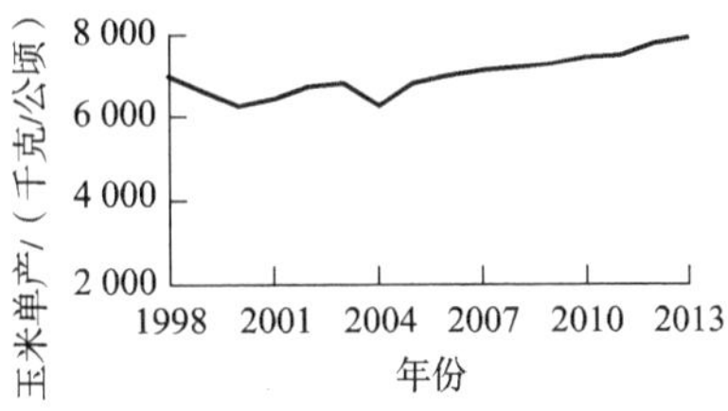

（j）宁夏

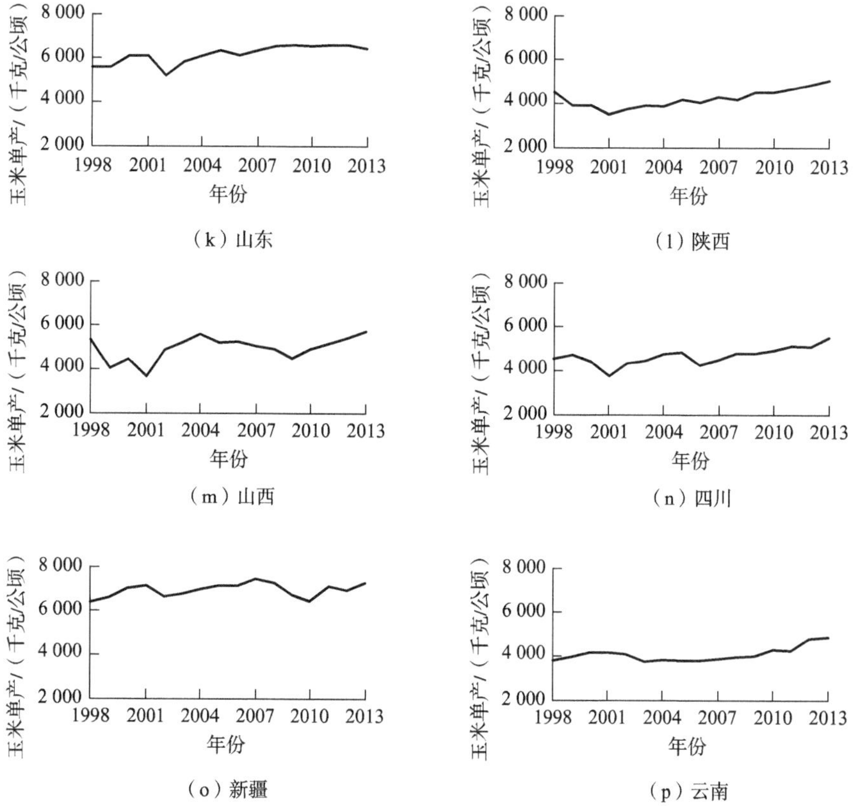

图 11.3　1998~2013 年玉米单产变动情况

资料来源：《中国统计年鉴》

图 11.4 是 1998~2013 年省级层面棉花单产的变动情况。湖北和新疆棉花单产的增长趋势比较明显，安徽、河南和江苏棉花的单产在 2003 年出现了大幅下降。受洪涝及持续阴雨天气的影响，除新疆之外，2003 年大部分棉花主产省区单产下降严重（杜珉，2004）。棉花单产的下降和受灾率的提升有着直接的关系，2003 年安徽的受灾率达到了 41%，棉花单产比上一年下降了 16.4%，河南的受灾率为 36.3%，棉花单产相比上一年下降了 57.8%。

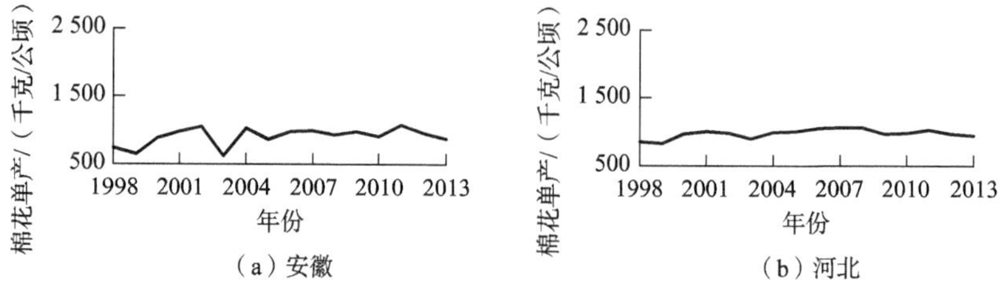

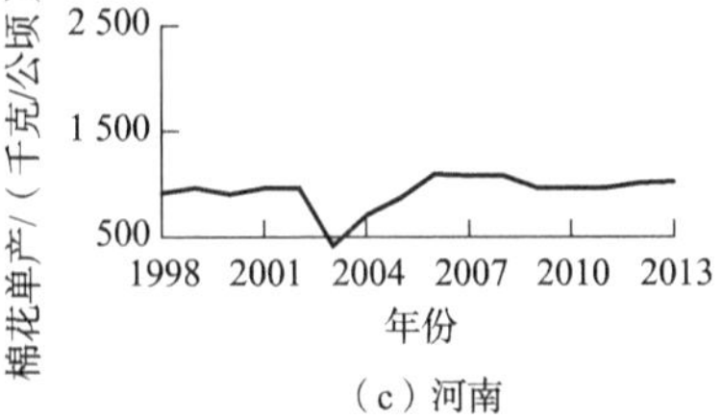

（c）河南

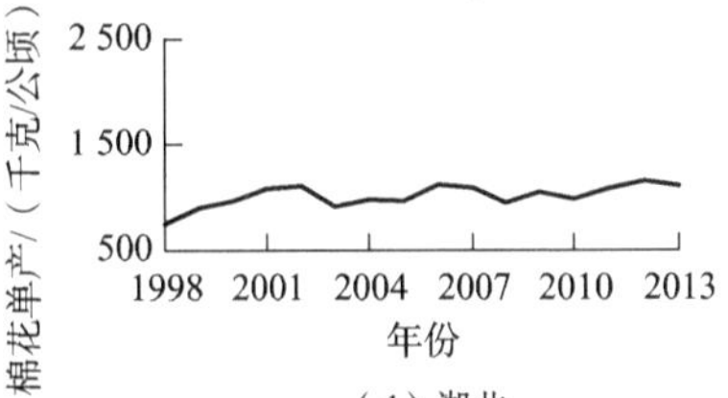

（d）湖北

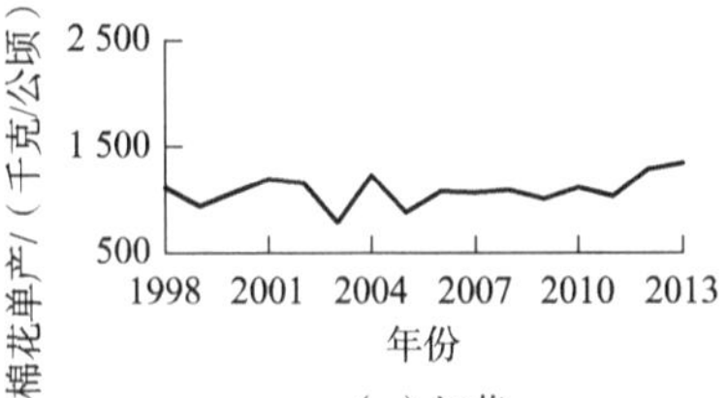

（e）江苏

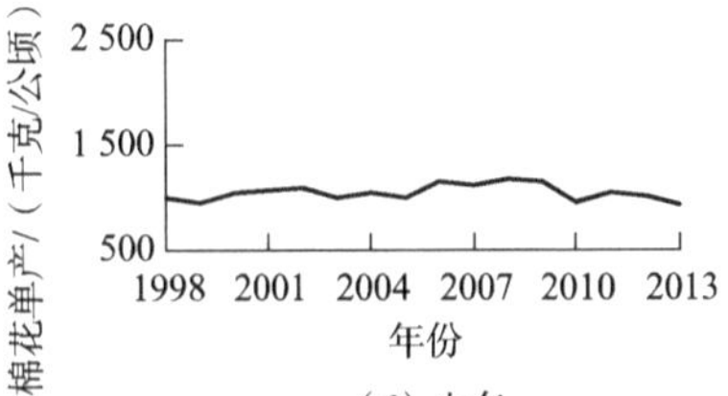

（f）山东

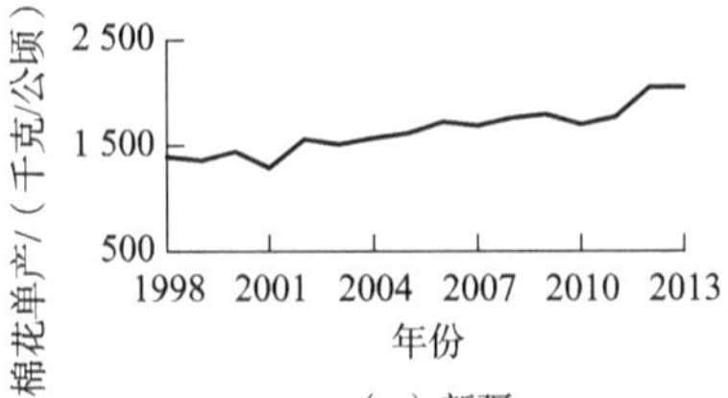

（g）新疆

图 11.4　1998~2013 年棉花单产变动情况

资料来源：《中国统计年鉴》

图 11.5 是 1998~2003 年省级层面油料作物单产的变动情况。油料作物的产量指全部油料作物的总产量，包括花生（带壳花生）、油菜籽、芝麻、向日葵籽、胡麻籽和其他油料。从它们的播种面积来看，花生和油菜籽是占比最大的两种油料作物。以 2014 年的全国数据为例，二者的播种面积之和占油料作物总播种面积的 86.95%（国家统计局，2017）。从单产来看，花生的单产是所有油料作物中最高的，为 3 580 千克/公顷，胡麻籽单产最低，为 1 263 千克/公顷（国家统计局，2014a）。鉴于不同作物的产量之间的差异较大，在进行实证分析时，为了控制作物品种带来的差异，我们可以考虑在单产反应方程中加入不同油料作物的种植比例。

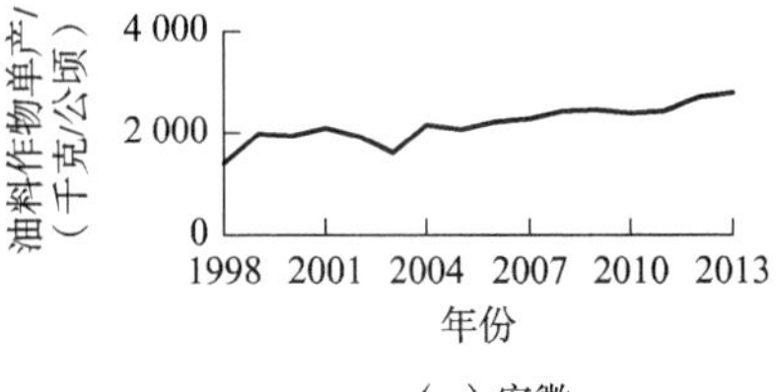

（a）安徽

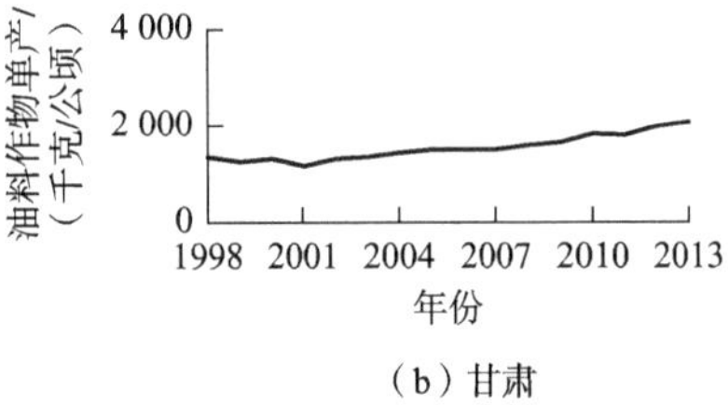

（b）甘肃

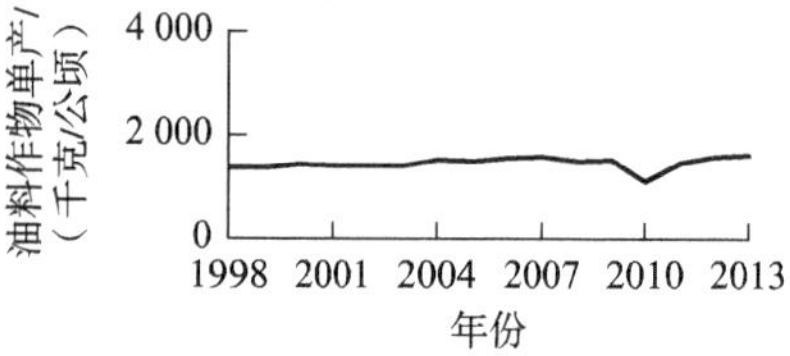

（c）贵州

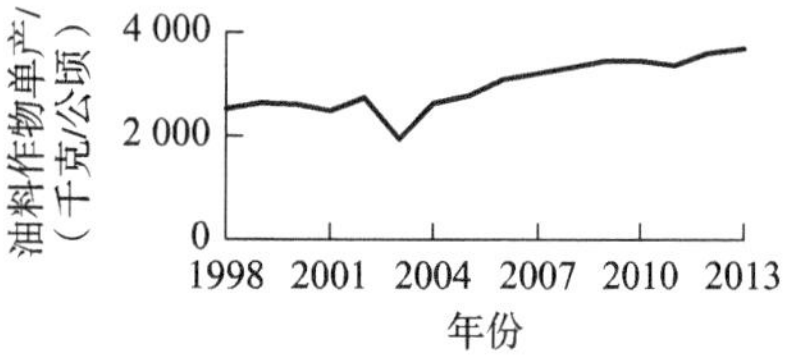

（d）河南

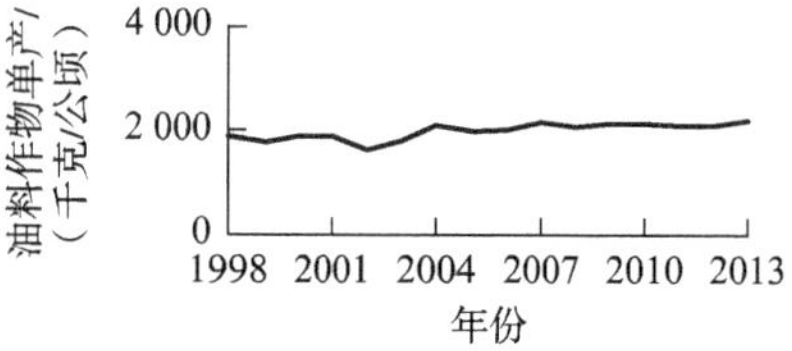

（e）湖北

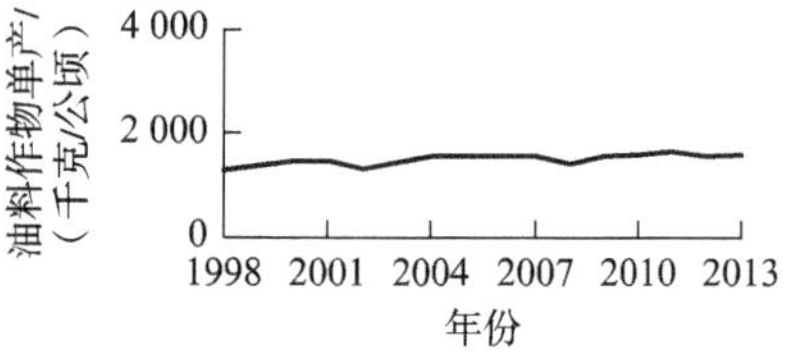

（f）湖南

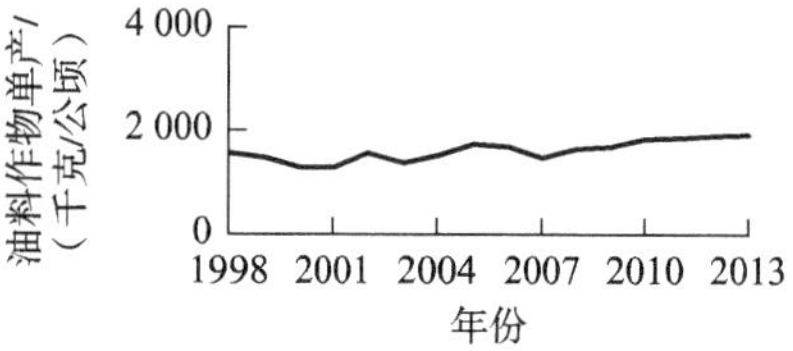

（g）内蒙古

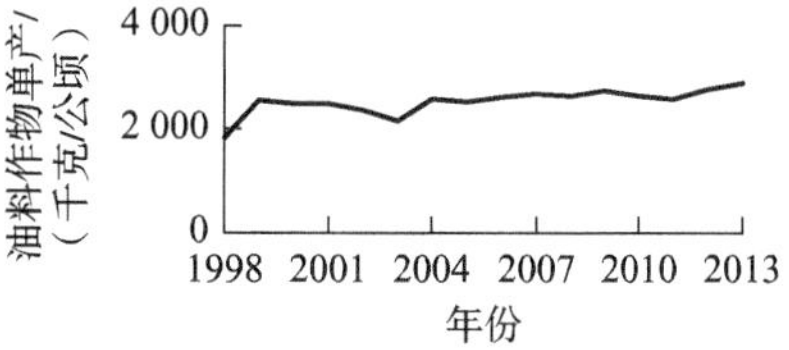

（h）江苏

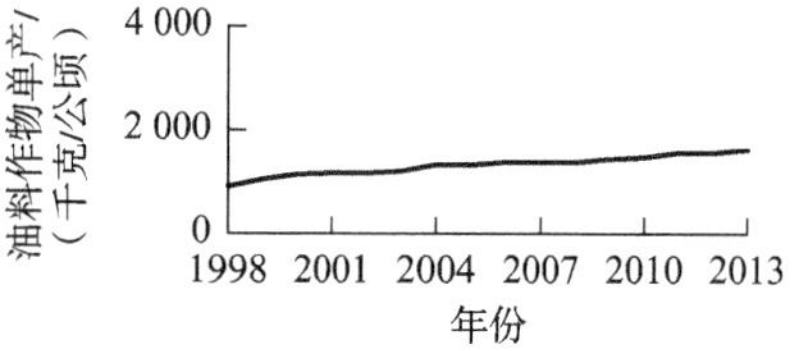

（i）江西

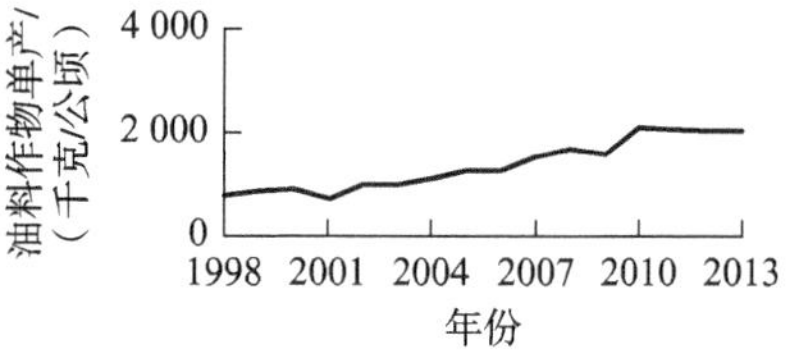

（j）宁夏

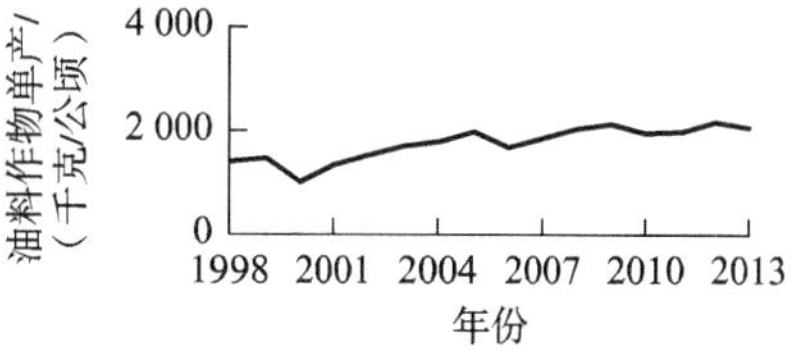

（k）青海

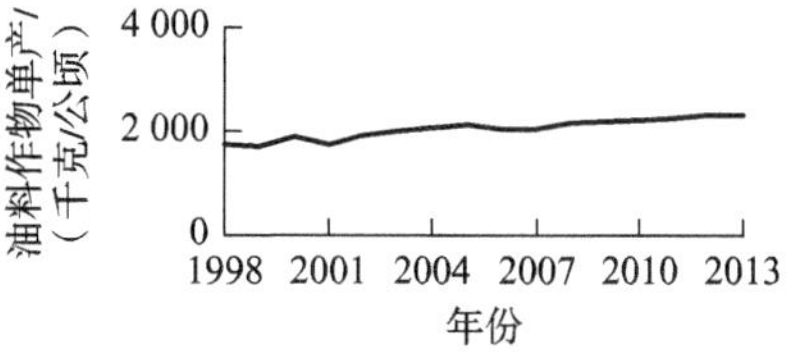

（l）四川

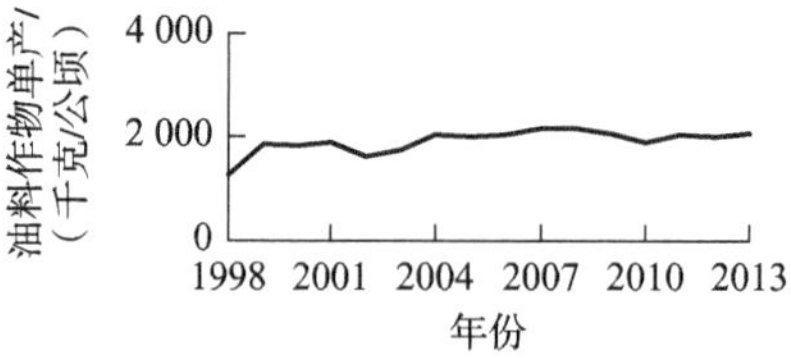

（m）浙江

图 11.5　1998~2013 年油料作物单产变动情况

资料来源：《中国统计年鉴》

从图 11.5 可以看出，除个别年份油料作物的单产出现明显的下降外，整体上油料作物的单产呈现增加的趋势。油料作物单产出现明显下降的年份，一般是受灾率较高的年份。例如，青海在 2000 年的受灾率达 80.2%，油料作物的单产比上一年下降了 31.65%；2003 年 5~6 月河南遭受了持续的阴雨天气，而这段时间恰逢花生的出苗期，花生的产量损失较大，单产较上一年减少了 27.87%。

通过对我国主要农作物单产在全国及省级层面展现出的特征的描述统计，我们发现如下两个问题。

第一，不同省区农作物单产的水平值的差异主要来自作物品种的差异，这一现象在水稻和油料作物上最明显。例如，在适宜水稻种植的 16 个省区中，种植双季稻的省区的单产明显低于单季稻种植的省区。又如，由于花生是油料作物中产量最高的作物，在河南油料作物中种植比例也较高，所以河南也是油料作物单产最高的一个省区。

第二，随着技术的进步，农作物单产整体呈现随时间增长的趋势。产量大幅下跌的年份往往是受灾比较严重的年份。受灾率能在一定程度上反映不同农作物单产的波动情况。

（二）农作物单产与投入产出价格

1. 农作物单产与产出价格

通过文献梳理，我们了解到单产更多的会受到技术进步、种子质量、气候或者病虫害冲击的影响，对价格的反应可能不是很明显。因此，我们不再像使用面积反应方程那样将研究的所有农作物的价格都放入单产方程，而是重点关注自身价格和竞争作物价格对单产的影响。

1）农作物单产与自身价格

农产品自身价格的高低直接影响着农民的收入和种植意愿，一般而言，农产品自身价格越高，农民生产的积极性也越高。在单产反应方程中六类农作物的自身价格的定义同面积反应方程中的定义相同，其具体定义参见表 10.6。一般农业生产者会根据价格变动的大小而不是价格的大小调整农田管理决策，因此在描述单产和自身价格之间的关系时，我们将分析自身价格的变动值与单产变动值之间的关系，具体见图 11.6。从图 11.6 中可以看出，五类农作物的单产均在一定程度上随自身价格提高而提高，表明自身价格的提高可以激励农业生产者更加积极地从事农田管理，从而带来农作物产量的提高。单产除了会受产出价格的影响外，还会受到技术进步、种子特征、气候和病虫害冲击等因素的影响。由于没有控制上述因素的影响，图 11.6 的观测结果可能是不稳定的，后续我们将会对此进行严谨的实证分析。

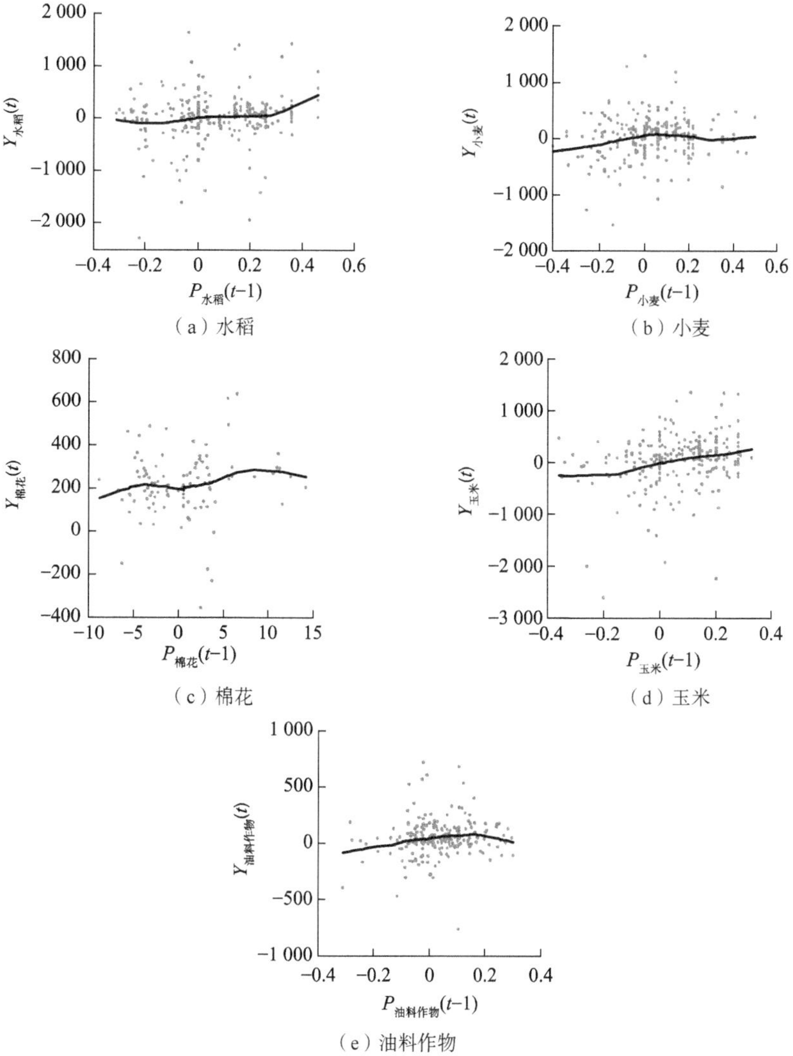

图 11.6　农作物单产变动（千克/公顷）与价格变动（元/千克）之间的关系

资料来源：作者根据《全国农产品成本收益资料汇编》和《国家统计局》的原始数据计算而得

2）农作物单产与竞争作物价格

其他农作物的价格决定着不同农作物相对收益的大小，按照在资源利用上的利用和竞争关系，可分将其为两类：竞争作物的价格和互补作物的价格。竞争作物是指在资源的利用上是相互竞争、相互排斥的产品。在农业生产中，互补作物是指在资源利用上不存在竞争关系，生产了一种农产品后，还可以生产另一种农产品。对于相互竞争的农作物，在耕地等各种投入资源一定的条件下，竞争作物价格的提高与自身供给量（单产）往往呈反方向变动关系。互补作物的价格和自身供给量之间一般情况下存在着正向变动关系。但是对于农业生产中的互补作物，一般指两种农作物可以种在不同的季节，不存在资源利用上的竞争关系。同时，农业生产的周期较长，影响单产的因素很多，互补作物的价格对自身单产的影响可能比较微弱。相反，由于竞争作物之间存在着资源利用上的竞争关系，且生长期存在着很大程度上的重叠。短期内农户的收入水平及对农业生产投入的支付水平是一定的，所以竞争作物的价格对自身单产的影响可能较大。

本章根据不同省区不同农作物的生长期、对资源利用的竞争情况和省区内部的种植结构，选取了不同农作物的竞争作物。一般早稻 3 月份播种，7/8 月份收获，中稻 4/5 月份播种，9 月份左右收获，晚稻 7 月份播种，10/11 月份收获；冬小麦一般在 10/11 月份播种，次年 6 月份收获，春小麦一般在 3/4 月份播种，8 月份收获；棉花一般在 3 月份播种，11 月份收获，具体各个省区各种农作物的播种和收获月份见表 11.1。

表 11.1　各省区主要农作物播种和收获月份

省区	水稻		小麦		玉米		棉花		油菜		花生		大豆	
	播种	收获	播种	收获	播种	收获	播种	收获	播种	收获	播种	收获	播种	收获
河北	—	—	10	6	6	10	4	10	—	—	5	9	—	—
山西	—	—	9	6	6	9	4	10	—	—	—	—	—	—
内蒙古	—	—	3	8	4	9	—	—	—	—	—	—	6	9
辽宁	4	10	—	—	4	9	—	—	—	—	—	—	5	9
吉林	4	9	—	—	5	9	—	—	—	—	—	—	5	9
黑龙江	4	9	4	8	5	9	—	—	—	—	—	—	5	9
江苏	5	10	10	6	6	10	4	11	9	5	—	—	—	—
浙江	6	10	—	—	—	—	—	—	—	—	—	—	—	—
安徽	4	10	11	6	6	10	4	10	9	5	—	—	—	—
福建	2	11	—	—	—	—	—	—	—	—	4	9	—	—
江西	3	10	—	—	—	—	4	11	10	5	3	8	4	7
山东	—	—	11	6	6	10	4	10	—	—	4	9	—	—
河南	4	9	11	6	6	10	4	10	11	5	6	9	—	—
湖北	3	10	10	6	3	8	4	10	9	5	—	—	—	—
湖南	3	10	—	—	4	7	—	—	9	5	—	—	—	—
广东	2	11	—	—	—	—	—	—	—	—	3	9	—	—
广西	3	11	—	—	2	7	—	—	—	—	—	—	—	—
四川	3	10	10	5	3	9	—	—	9	5	—	—	—	—
贵州	4	10	10	5	5	10	—	—	9	5	—	—	—	—
云南	3	10	10	5	5	10	—	—	—	—	—	—	—	—
陕西	—	—	10	6	6	10	4	10	9	5	—	—	5	10

续表

省区	水稻		小麦		玉米		棉花		油菜		花生		大豆	
	播种	收获	播种	收获	播种	收获	播种	收获	播种	收获	播种	收获	播种	收获
甘肃	—	—	10	7	4	10	—	—	—	—	—	—	—	—
青海	—	—	3	9	—	—	—	—	—	—	—	—	—	—
宁夏	4	9	10	6	4	9	—	—	—	—	—	—	—	—
新疆	—	—	10	7	4	9	4	11	—	—	—	—	—	—

根据表 11.1 分省农时的信息，结合省区内部不同农作物的种植情况，我们总结了以水稻、小麦、玉米、棉花和油料作物为主要种植农作物的省区的竞争作物，详细请见表 11.2。从表 11.2 中，我们可以看出有的农作物的竞争作物不止一种。当农作物在一个省区内有两种竞争作物时，我们将它们的算术平均价格作为竞争作物的价格，然后以 2013 年的价格为基准，将其他年份的价格转化为与 2013 年相对的价格，即以 2013 年的价格为基准将价格进行指数化处理。当仅有一种竞争作物时，则直接以 2013 年的价格为基准将价格进行指数化处理。

表 11.2 各省区主要农作物的竞争作物

省区	水稻	小麦	玉米	棉花	油料作物
安徽	小麦	油菜	—	玉米+小麦	小麦
福建	蔬菜	—	—	—	—
甘肃	—	玉米	小麦	—	小麦
广东	花生	—	—	—	—
广西	蔬菜	—	蔬菜	—	—
贵州	玉米	油菜	水稻	—	小麦
河北	—	棉花	棉花+大豆	小麦+玉米	—
河南	—	油菜+棉花	水稻+棉花	小麦+玉米	小麦
黑龙江	小麦+大豆	—	大豆	—	—
湖北	小麦+油菜	油菜	—	玉米	小麦
湖南	油菜	—	—	—	水稻
吉林	大豆	—	大豆	—	—
江苏	小麦	油菜	—	玉米	小麦
江西	花生	—	—	—	水稻
辽宁	大豆	—	大豆	—	—
内蒙古	—	玉米	小麦	—	玉米
宁夏	玉米	玉米	小麦	—	玉米+小麦
青海	—	油料	—	—	小麦
山东	—	棉花	棉花+大豆	小麦+玉米	—
山西	—	棉花	小麦	—	—

续表

省区	水稻	小麦	玉米	棉花	油料作物
陕西	—	油菜+棉花	棉花	—	—
四川	油料+小麦	油菜	小麦	—	小麦
新疆	—	棉花	棉花	玉米+小麦	—
云南	甘蔗+小麦	水稻	小麦	—	—
浙江	蔬菜	—	—	—	水稻

2. 农作物单产与投入品价格

虽然土地成本是农作物总成本的重要组成部分，但是农作物单产是在意愿播种面积已定的情况下，反映单位面积上农作物的生产能力和水平的一个指标。所以，土地成本不再是影响单产的一个因素。接下来，我们主要看工资和化肥价格与农作物单产之间的关系。整体而言，农作物单产的变化与务农工资的变动之间的关系不明显（图 11.7）。虽然农村劳动力日工资上涨很快，但是随着农业机械化的不断普及，机械和劳动之间存着替代关系。务农工资的提高并不必然带来农作物产量的下降（Rozelle et al.，1999）。化肥价格对农作物单产的影响也不是很明显，其中小麦、棉花和油料作物的单产与化肥价格之间呈现微弱的负向变动关系（图 11.8）。以上观测到的现象并未剥离其他因素的影响，因而呈现的关系并不稳定，后续我们会用计量模型进行更加严谨的分析。

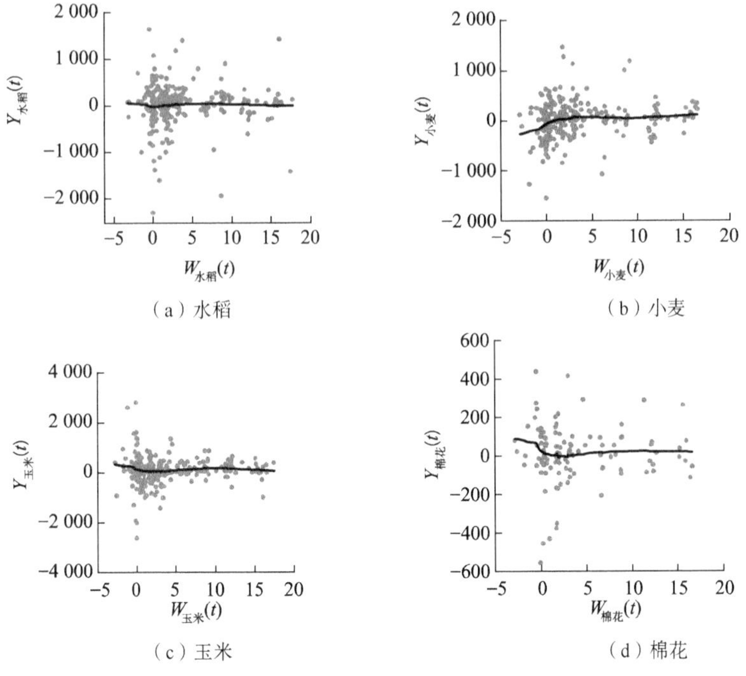

（a）水稻　（b）小麦

（c）玉米　（d）棉花

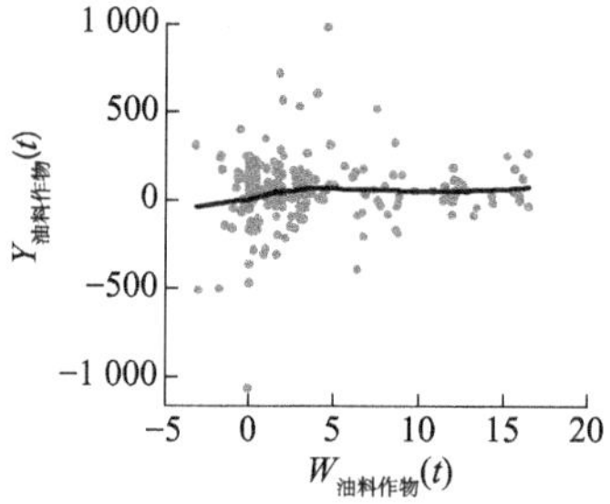

（e）油料作物

图 11.7　农作物单产变动（千克/公顷）与务农日工资变动（元/日）之间的关系

资料来源：作者根据《中国统计年鉴》和《全国农产品成本收益资料汇编》的原始数据计算而得

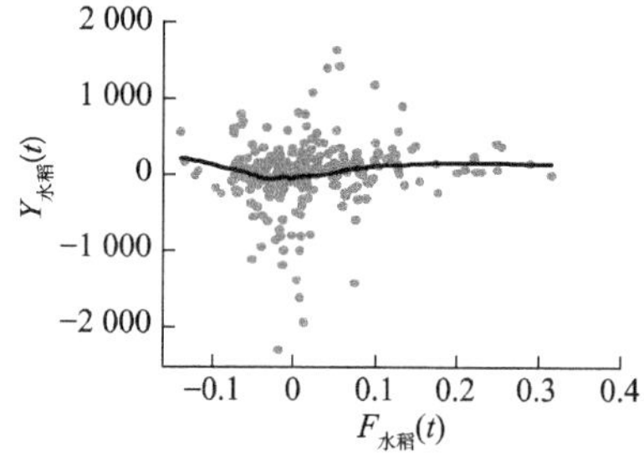

（a）水稻

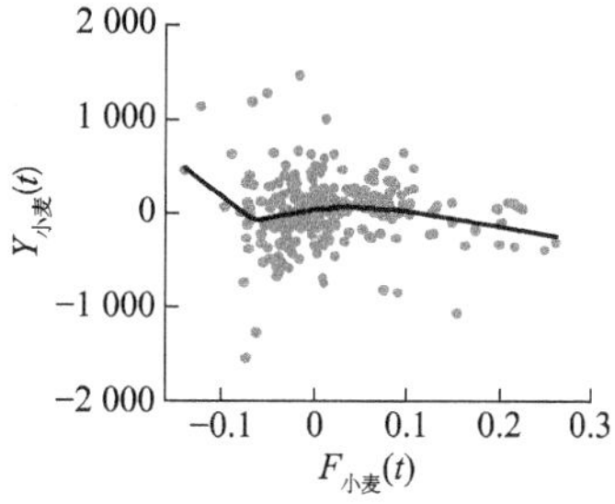

（b）小麦

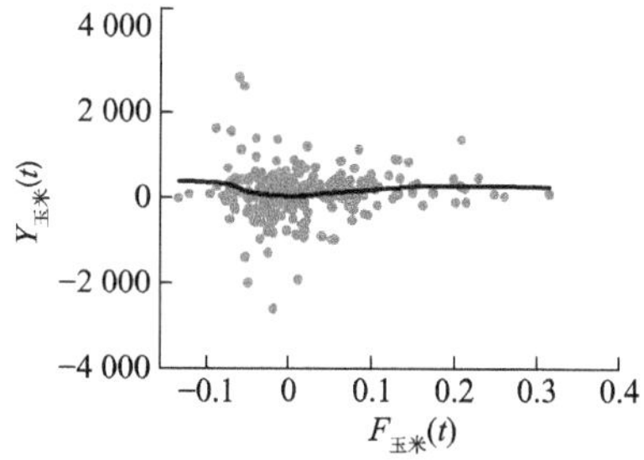

（c）玉米

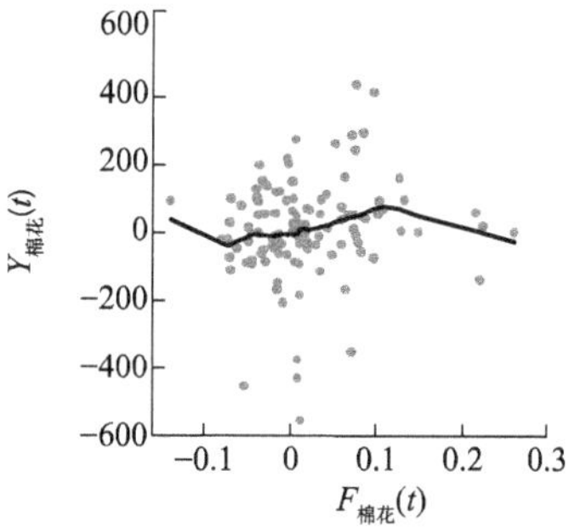

（d）棉花

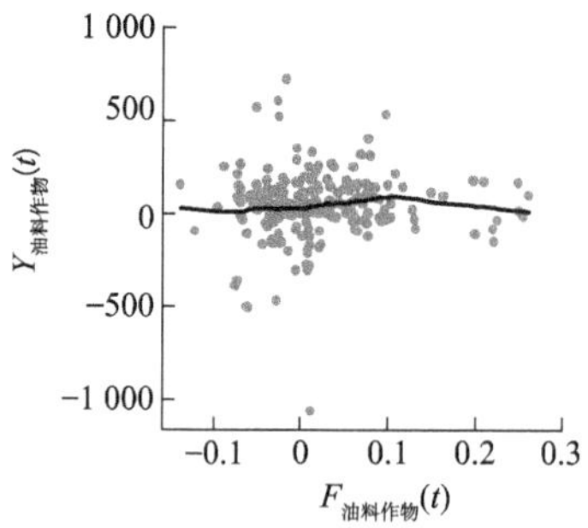

（e）油料作物

图 11.8　农作物单产变动（千克/公顷）与化肥价格指数（2013 年=1）变动之间的关系

资料来源：作者根据《中国统计年鉴》的原始数据计算而得

3. 农作物单产与受灾率

通过前面的分析，我们知道极端气候冲击农作物单产的途径有两个：一是当年的气候灾害会对当年的单产直接带来负向冲击；二是上一年的极端气候灾害会通过对上一年农产品价格的影响，间接影响生产者进行田间管理的生产积极性，进而影响当年的单产。关于极端气候对农作物单产的直接负向冲击，我们将采用各省区的受灾率（受灾面积占农作物总播种面积的比例）对当年单产的影响程度来衡量。虽然单个地区的气候冲击对整个市场的影响可能是有限的，但是对本省区农作物单产的负向冲击却是必然。此外，相比单产的绝对波动，单产的增长率变动更能体现气候灾害对不同农作物的冲击程度[①]。为此，我们做出了不同农作物单产增长率与受灾率之间的关系图，见图 11.9。从中我们可以清楚看到二者之间存在着明显的负相关关系，即受灾率越高对单产的负向冲击越大，这一观测现象和许多已有研究是一致的（李茂松等，2005；覃志豪等，2013）。另外单产增长率和受灾率之间的负向变动关系在玉米和油料作物上更明显。关于极端气候影响农作物单产的第二条途径，即通过价格间接影响单产反应的途径，和影响面积反应的途径是一致的。极端灾害年的选取和定义也和面积反应是一致的，这里就不再赘述。

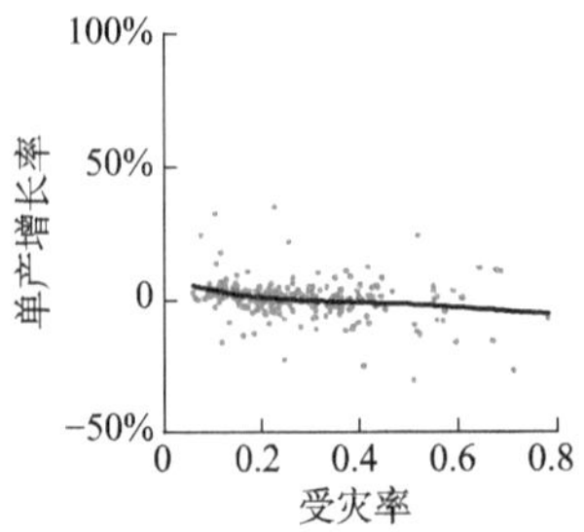

（a）水稻

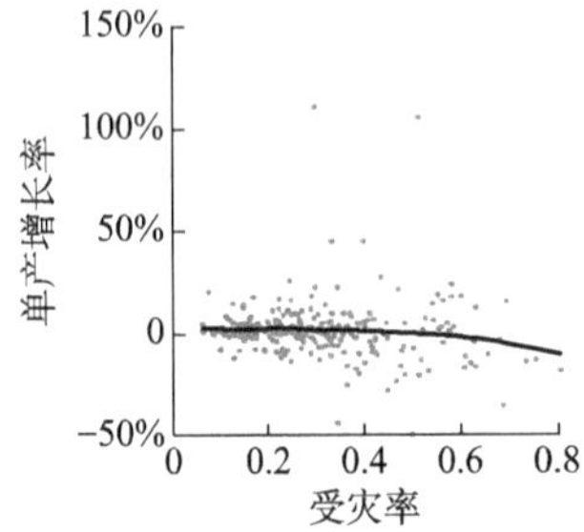

（b）小麦

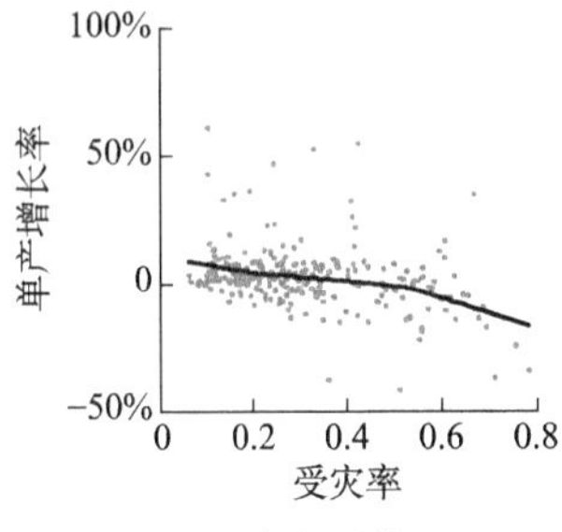

（c）玉米

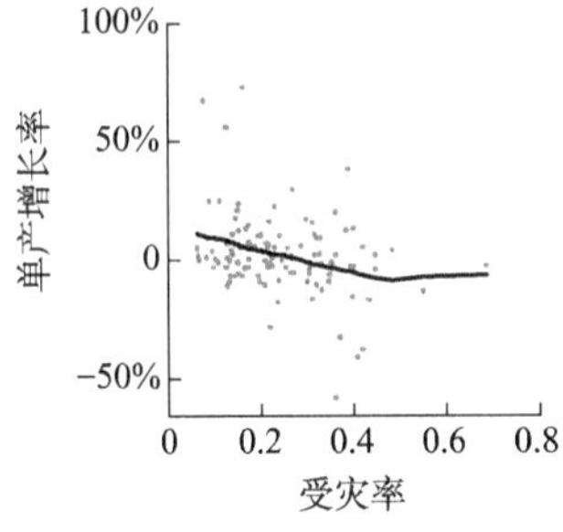

（d）棉花

① 因为不同农作物单产的绝对量是不具可比性的。

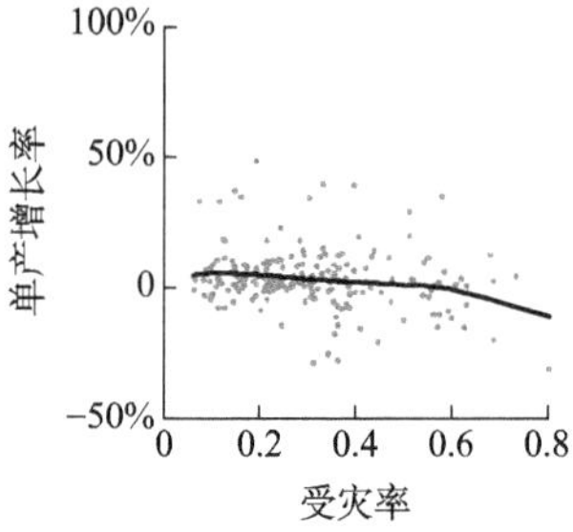

（e）油料作物

图 11.9　主要农作物单产增长率与受灾率之间的关系

资料来源：作者根据《中国统计年鉴》的原始数据计算而得

二、计量模型设定、估计策略和结果

（一）计量模型设定

为了准确测定极端气候事件及市场价格对农作物单产的影响并对比正常情况和平均状态下的单产价格弹性，我们设定如下两个计量经济模型。

（1）忽略极端气候（平均状态）情况下的计量经济模型：

$$Y_{irt} = \alpha_0 + \alpha_1 R_{rt} + \beta_0 P_{ir(t-1)} + \gamma_0 P_{jr(t-1)} + \sum_{k=1} \delta_{0k} P_{krt} + \theta_i T + \eta_1 \lambda_{irt} + \zeta_1 Z_r + e_{irt} \tag{11.1}$$

（2）考虑极端灾害年情况下的计量经济模型：

$$Y_{irt} = \alpha_0 + \alpha_1 R_{rt} + \left(\beta_0 + \beta_1 D_{i(t-1)} + \beta_2 I_{it} D_{i(t-1)}\right) + \gamma_0 P_{jr(t-1)} \sum_{k=1}^{m} \delta_{0k} P_{krt} + \theta_i T + \eta_1 \lambda_{irt} + \zeta_1 Z_r + e_{irt} \tag{11.2}$$

式（11.1）和式（11.2）中，i，r，t 分别表示农作物、省区和年。两个方程的差别在于是否考虑极端受灾和自身价格较差项对单产的影响。Y_{irt} 表示农作物单产（水稻、小麦、玉米、棉花、油料作物和其他作物）；R_{rt} 和 $D_{i(t-1)}$ 均为受灾变量，其中 R_{rt} 衡量 r 省区在第 t 年的受灾情况，用 r 省区受灾面积占全省农作物总播种面积的比例表示，为连续变量，反映省内受灾情况对单产的影响；I_{it} 为是否存在政策干预价格的虚拟变量。与式（11.1）不同，$P_{jr(t-1)}$ 不是某种农作物的价格，而是竞争作物综合价格指数；时间固定效应 T 用于捕捉技术进步等不随地区改变的因素；λ_{irt} 为农作物 i 的某项技术的使用情况或作物品种差异（如双季稻种植比率、花生种植比例等）；Z_r 为地区固定效应，用于控制地形、土壤、种植习惯等不随时间变化的因素；e_{irt}为误差项。关键变量的定义及预期符号见表 11.3。

表 11.3　单产反应模型中关键变量的定义

变量	变量的定义	预期符号
Y_{irt}	省区r农作物i在第t年的单产，其中r是除去北京、天津、上海、重庆、西藏和海南的其他25个省区（不包括港澳台地区）；i代表水稻、小麦、玉米、棉花和油料作物，t代表年份（1998~2013年）	—
R_{rt}	省区r在第t年的受灾率，即省区r的受灾面积占省区r农作物总播种面积的比例（$0 \leqslant R_{rt} \leqslant 1$）	-
$D_{i(t-1)}$	农作物i在第t-1年是否遭受了极端气候灾害（1=是，0=否）	-
I_{it}	政府是否在第t年对农作物i实施了政策支持价格（1=是，0=否）	—
$P_{ir(t-1)}$	在农作物i实施了政策支持价格之前，$P_{ir(t-1)}$表示省区r农作物i在t-1时期的收购价格（取对数并经化肥价格指数折算）。在农作物i实施了政策支持价格之后，由于水稻和小麦的最低收购价格每年初公布，所以在实施政策支持价格后$P_{ir(t-1)}$用t时期r地区所对应的最低收购价格代替；玉米的临时收储价格一般在玉米收获后11月份公布，棉花的临时收储价格一般在9月份棉花即将收购的时候公布，所以用t-1时期r地区的临时收储价格	+
$I_{it}D_{i(t-1)}$	是否实施政策干预的虚拟变量和是否遭受了极端气候灾害的虚拟变量	+
$P_{jr(t-1)}$	竞争作物综合价格指数，具体生成过程见表11.2中农作物单产与竞争作物价格中的分析	-
P_{krt}	省区r投入要素k在第t年的价格，k代表化肥和工资	-
λ_{irt}	省区r农作物i在第t年某项技术的使用情况或作物品种差异（如双季稻种植比率、花生种植比率等）	—
Z_r	地区固定效应，用于控制地形、土壤、种植习惯等不随时间变化的因素	—

资料来源：作者根据模型设定

与面积反应方程［式（11.1）］相比，单产反应方程有如下几点需要注意。

（1）为了测定气候冲击对单产的直接影响，我们在式（11.1）中增加了省级层面的灾率，即R_{rt}。各省区内部当年自然灾害的发生情况对该地区农作物单产的影响更加直接，如果自然灾害发生在农作物的生长季内，则可能对农作物的单产产生灾害性的影响。

（2）为了测定极端气候冲击对农作物单产的间接影响［式（11.2）］，我们设定了极端灾害年的虚拟变量$D_{i(t-1)}$。上一年极端气候灾害的发生并不会直接对当年农作物的产量产生影响（Roberts and Schlenker，2013），但是如果极端气候事件对上一年农产品的价格产生重大影响后，会影响农民对当年种植收益的预期，进而可能会改变当年的农田管理（如改变灌溉或者排水条件），进而对当年的产量产生影响。因此我们设置了上一年极端灾害$D_{i(t-1)}$和上一年价格的交叉项[①]，来定量估计极端气候事件对农作物单产对价格响应程度的影响。同模型面积反应方程一致，我们认为省区内部的受灾情况对农作物价格的影响有限，仍采用农作物主产区的受灾率来定义农作物的极端受灾年。极端受灾年的定义和选取同模型（11.1），不同农作物极端受灾年的选取见表 10.5。但是在单产反应中，上一年的极端灾害和产品价格的交互影响可能会比较微弱，这种负向关系不一定存在。

（3）同模型（11.1）一致，我们认为政策支持价格的存在会降低极端气候事件对农作物单产的间接影响，即通过影响农产品价格间接影响农作物播种面积或者单产。因此设置了极端灾害、政策和价格三者的交叉项。

（4）鉴于农作物在非主要种植作物产区的产量极为不稳定，我们将研究样本锁定在了农作物为一个地区主要种植作物的地区[②]，主要种植作物省区分布见表 10.4。因此样本量比面积反应方程的样本量少很多，考虑到将所有农作物的产出价格都放入模型会损失很多自由度[③]。同时也基于对多种产出品价格之间共线性的考虑和作物之间在资源利用上的竞争关系，在单产反应方程中，我们放入了竞争作物的综合价格指数 $P_{jr(t-1)}$。由于竞争作物之间存在资源利用上的竞争关系，我们预计 γ_1 为负值。

（5）不同于面积反应方程，在单产反应方程中我们放入的是投入品劳动力工资和化肥价格指数的当期价格 P_{krt}。投入品当期价格衡量了农业生产者面临的生产成本，直接影响着投入品的使用量和农作物的产量。

（6）借鉴现有文献对产出品和投入品价格变量的处理方式，本章先将 2013 年的化肥价格指数标准化为 1，再将滞后一期的产出品价格和除去化肥以外的当期投入品的价格用化肥价格指数进行平减，最后将所有的价格进行对数化处理。

（7）通过描述性分析发现不同省区农作物单产水平的差异，主要与品种及种植制度有关，因此我们在单产反应方程中设置了变量 λ_{irt} 对其进行控制。这种差异主要体现在水稻和油料作物上。水稻在东北和华北地区只能种植一季，而在南方很多省区可以种植两季，不同的种植制度导致两个地区在水稻单产的绝对量上的差异很大。为控制这一因素，我们将加入每个省区双季稻播种面积占该省区全部水稻总播种面积的比例这个变量。对于油料作物，它包含花生、油菜籽、向日葵、胡麻籽等不同的作物品种，而且彼此之间在单产上的差异也很大。为了控制因作物品种不同带来的差异，我们将在油料作物的单产反应方程中，同时加入

① 产出品价格数据是根据农作物收购价格和政策支持价格构建的综合价格。政策价格实施前为收购价格，实施后为政策价格。收购价格是农户出售农产品的价格，因此在播种及生产过程中，农户并不知道该价格，因此需要滞后一期。

② 种植面积占省区内 14 种农作物总播种面积的比例大于 10%。

③ 水稻、小麦、玉米的样本量为 256，棉花的样本量为 112，油料作物的样本量为 208。

每个省区花生和油菜籽在该省区总油料作物中的种植比例。选择花生和油菜籽的种植比例的原因是，二者是最大的两种油料作物且分布相对广泛。

（8）为了控制技术进步等因素，我们加入了时间变量 T，为了控制不随时间发生变动的异质性，我们加入了地区变量 Z_r 用于控制地形、土壤、种植习惯等不随时间变化的因素。上述变量的统计描述报告在表 11.4 中。

表 11.4　省级面板单产反应方程中变量描述

变量	样本数	均值	标准差
受灾率（$0 \leqslant R_{rt} \leqslant 1$）	400	29.36	15.33
水稻单产/（千克/公顷）	256	6 592.68	1 095.04
水稻的竞争作物价格指数（P_{2013}=1）	256	0.62	0.19
双季稻播种面积占水稻总播种面积的比例（$0 \leqslant W \leqslant 1$）	256	0.33	0.375
小麦单产/（千克/公顷）	256	3 647	1 189.26
小麦的竞争作物价格指数（P_{2013}=1）	256	0.64	0.23
玉米单产/（千克/公顷）	256	5 264.59	1 128.04
玉米的竞争作物价格指数（P_{2013}=1）	256	0.64	0.20
棉花单产/（千克/公顷）	112	1 084.71	272.67
棉花的竞争作物价格指数（P_{2013}=1）	112	0.64	0.17
抗虫棉播种面积占棉花总播种面积的比例（$0 \leqslant W \leqslant 1$）	112	0.65	37.14
油料作物的单产/（千克/公顷）	208	1 876.82	549.82
油料作物的竞争作物价格指数（P_{2013}=1）	208	0.63	0.18
花生播种面积占油料作物总播种面积的份额（$0 \leqslant W \leqslant 1$）	208	0.15	16.50
油菜籽播种面积占油料作物总播种面积的份额（$0 \leqslant W \leqslant 1$）	208	0.65	28.80

资料来源：根据统计数据库计算整理

（二）估计策略

首先，从农作物单产的时间趋势图可以看出，部分农作物的单产呈现随时间增长的趋势。为了避免出现伪回归问题，我们需要对单产数据进行平稳性检验。面板单位根的检验方法很多，如适用于长面板的 LLC 检验和 Breitung 检验、适用于时间（T）固定，个体（n）趋于无穷的 HT 检验，以及个体 n 和时间 T 都固定的 IPS 检验。LLC 检验、Breitung 检验和 HT 检验具有一个共同的缺点，即要求每个个体的自回归系数全相等。在我们的研究中，不同省区的自然地理条件、气候条件、农业基础设施差异较大，农作物单产对气候冲击和价格的反应在不同省区可能有所不同，为此我们采用适用于相互独立个体的 IPS 检验方法，检验结果见表 11.5。无论检验式中是否包含时间趋势项，对水稻、小麦、玉米、棉花和油料作物为主要种植作物地区的作物单产的水平值进行检验，检验结果均在 1%的显著性水平上拒绝了含有单位根的假定，单产序列为平稳序列。因此，可以排除出现“伪回归”的问题，可以直接进行回归分析。

表 11.5 主要种植农作物地区单产水平值的单位根检验

农作物单产（ln）的水平值	包含常数项		包含常数项和时间项	
	t统计量	1%的显著性水平临界值	t统计量	1%的显著性水平临界值
水稻	−2.76	−2.00	−2.98	−2.63
小麦	−3.23	−2.00	−3.64	−2.63
玉米	−2.69	−2.00	−2.96	−2.63
棉花	−3.05	−2.33	−3.32	−2.97
油料作物	−2.92	−2.08	−4.04	−2.71

其次，为了控制剥离不可观测的个体异质性（如土壤、农作物品种和耕作制度等短期内不随时间改变的因素）对结果的影响，我们将采用固效应模型的估计方法。

再次，从数据结构看，将单产反应模型的研究样本限定在以水稻、小麦、玉米、棉花和油料作物为主要种植的农作物省区后，单产反应方程的面板数据库，符合长面板的特征。为此，我们需要对残差项存在的形式进行检验。在本章中采用沃尔德检验来检验残差是否存在组间异方差（Greene，2000）；采用 Wooldridge（2010）提供的检验组内自相关的沃尔德检验来检验是否存在组内自相关；采用 Pesaran（2004）检验进行组间同期相关性检验。当残差存在组间异方差或者组间同期相关性时，固定效应模型的估计结果仍然是一致的，只需要对标准差进行校正，采用面板校正标准误差就可以。也可以根据异方差或自相关的形式，采用可行广义最小二乘法估计（feasible generalized least squares，FGLS）。不同的估计模型间存在着如下的对比关系，即使残差存在异方差或者自相关，基于固定效应模型的估计结果仍然是一致的；残差存在异方差或者自相关时，采用面板校正标准误的虚拟变量最小二乘法（least squares dummy variable，LSDV）进行估计的结果最稳健[①]；在正确设定残差的形式的情况下，FGLS 的结果最有效。表 11.6 汇报了采用固定效应模型估计后，不同农作物残差存在形式的检验结果，并给出了每种农作物的最优估计策略。从表 11.6 第二列沃尔德检验结果看，

① 固定效应模型估计出来的系数大小与采用面板校正标准误估计出的系数大小完全相同，只是二者的标准差不同。

5 种农作物均拒绝了不存在组内异方差的原假设；第三列 Pesaran 检验结果显示，小麦、棉花和油料作物拒绝了不存在组间同期相关性的原假设，水稻和玉米则不能拒绝不存在同期相关性的原假设；第四列 Wooldridge 检验结果显示，5 种作物只有小麦不能拒绝存在一阶自相关的原假设。根据以上三种检验的检验结果，我们认为小麦采用面板校正标准误估计的效率最高，其他 4 种农作物采用 FGLS 估计最有效。

表 11.6　基于固定效应模型估计结果的残差检验

农作物类型	组内异方差检验	组间同期相关性检验	组内自相关检验	应采用的估计策略
	沃尔德检验	Pesaran检验	Wooldridge检验	
水稻	504.99（0.00）	1.33（0.18）	6.51（0.02）	FGLS
小麦	1 460.04（0.00）	4.68（0.00）	0.89（0.36）	LSDV
玉米	515.16（0.00）	0.25（0.81）	23.61（0.00）	FGLS
棉花	244.68（0.00）	4.56（0.00）	17.12（0.00）	FGLS
油料作物	974.73（0.00）	3.11（0.00）	6.16（0.03）	FGLS

注：沃尔德检验的原假设是不存在异方差，Pesaran 检验的原假设是不存在组间同期相关，Wooldridge 检验的原假设是不存在一阶组内自相关。括号中为 p 值

最后，我们根据检验结果选取合适的估计策略（LSDV 或 FGLS）。无论残差是否存在组间同期相关性或组间异方差，固定效应模型和面板校正标准误均是一致的估计，二者在系数上是完全一致的，只是标准差不同。因此，无论最优的估计策略是什么，我们都将固定效应的估计结果作为基准进行汇报。

（三）模型估计结果

表 11.7 报告了忽略极端气候和考虑极端气候情况下，基于固定效应模型和 FGLS 的水稻单产反应方程估计的结果。整体来看，关键系数的符号和大小与描述统计分析及理论预期基本保持一致，估计结果比较稳定。

表 11.7　水稻单产反应方程估计结果

解释变量	被解释变量：水稻单产（对数）			
	忽略极端气候		考虑极端气候	
	固定效应模型	FGLS	固定效应模型	FGLS
受灾率（t）	−0.109***	−0.089***	−0.108***	−0.103***
	（−3.249）	（−3.008）	（−3.205）	（−3.728）
水稻的价格（t−1）	0.124**	0.192***	0.122**	0.166***
	（2.234）	（3.234）	（2.185）	（3.165）
水稻的价格（t−1）×是否为极端受灾年（t−1）	—	—	0.005	−0.001
	—	—	（0.281）	（−0.088）

续表

解释变量	被解释变量：水稻单产（对数）			
	忽略极端气候		考虑极端气候	
	固定效应模型	FGLS	固定效应模型	FGLS
竞争作物价格（t-1）	−0.067*	−0.094**	−0.066*	−0.085**
	（−1.708）	（−2.571）	（−1.668）	（−2.481）
工资（t）	−0.016	−0.040	−0.017	−0.043
	（−0.525）	（−0.976）	（−0.548）	（−1.328）
双季稻播种面积占比	−0.243***	−0.279***	−0.244***	−0.224**
	（−2.671）	（−8.311）	（−2.678）	（−2.166）
年份	0.003	0.003	0.003	0.004
	（1.126）	（0.700）	（1.157）	（1.530）
常数项	3.296	3.290	2.883	0.324
	（0.678）	（0.418）	（0.566）	（0.059）
观测值	256	256	256	256
R^2	0.180	—	0.180	—
省区个数	16	16	16	16

***、**、*分别表示 1%、5%、10%的统计显著性水平

注：括号中为 t 值

首先，省区内部当年的平均受灾率，对水稻的单产有显著的负向影响。忽略极端受灾情况下，FGLS 的估计结果显示，受灾率每提高 1%，水稻单产降低约 0.089%；考虑极端受灾时，FGLS 的估计结果显示，受灾率每提高 1%，水稻单产降低约 0.103%。

其次，水稻的价格的提高对水稻的单产的增加有显著促进作用。忽略极端受灾情况下，FGLS 的估计结果显示，水稻单产的自价格弹性是 0.192，且在 1%的显著性水平上显著；考虑极端受灾时，FGLS 的估计结果显示，水稻单产的自价格弹性是 0.166，且在 1%的显著性水平上显著。

再次，表 11.7 的第 4 行为极端灾害和水稻市场价格的交互作用对水稻单产的影响。两个模型均未发现统计学意义上的显著影响。这说面极端气候对水稻单产的间接影响不显著。

最后，估计结果还显示，竞争作物价格对水稻的单产有显著的负向影响。忽略极端受灾情况下，FGLS 的估计结果显示，水稻的竞争作物的价格每提高 1%，水稻的单产会下降 0.094%；考虑极端受灾时，FGLS 的估计结果显示，水稻的竞争作物的价格每提高 1%，水稻的单产会下降 0.085%。工资对水稻单产的影响不显著。无论是否考虑极端受灾，无论是固定效应模型还是 FGLS，均在 1%的显著性水平上证实了双季稻播种面积占比越高，水稻的产量越低的事实。

表 11.8 报告了忽略极端气候和考虑极端气候情况下，基于固定效应模型、面板校正标准误（panel corrected standard errors，PCSE）对小麦单产反应方程进行估计的结果[①]。整体来看，关键系数的符号和大小与描述统计分析及理论预期基本保持一致，估计结果比较稳定。

表 11.8　小麦单产反应方程估计结果

解释变量	被解释变量：小麦单产（取对数）			
	忽略极端气候		考虑极端气候	
	固定效应模型	PCSE	固定效应模型	PCSE
受灾率（t）	−0.382***	−0.382***	−0.375***	−0.375***
	（−6.816）	（−6.035）	（−3.860）	（−6.013）
小麦的价格（t−1）	0.187***	0.187**	0.195*	0.195***
	（2.833）	（2.478）	（1.961）	（2.645）
小麦的价格（t−1）×是否为极端受灾年（t−1）	—	—	0.025	0.025
	—	—	（0.865）	（0.634）
竞争作物价格（t−1）	−0.070*	−0.070*	−0.077*	−0.077**
	（−1.897）	（−1.827）	（−2.095）	（−1.980）
工资（t）	0.002	0.002	−0.007	−0.007
	（0.035）	（0.031）	（−0.163）	（−0.148）
年份	0.010**	0.010*	0.012	0.012**
	（2.229）	（1.891）	（1.589）	（2.085）
省区虚拟变量	—	—	—	—
常数项	−11.869	−11.683	−15.355	−15.169
	（−1.340）	（−1.119）	（−1.045）	（−1.362）
观测值	256	256	256	256
R^2	0.387	0.921	0.389	0.922
省区个数	16	16	16	16

***、**、*分别表示 1%、5%、10%的统计显著性水平

注：括号中为 t 值

首先，省区内部当年的平均受灾率，对小麦的单产有显著的负向影响。忽略极端受灾情况下，PCSE 的估计结果显示，受灾率每提高 1%，小麦单产降低约

① 通过 Wooldridge 检验，发现小麦的单产方程不存在组内自相关，因此不再对模型进行 FGLS 估计。

0.382%；考虑极端受灾时，PCSE 的估计结果显示，受灾率每提高 1%，小麦单产降低约 0.375%。

其次，小麦的价格的提高对小麦的单产的增加有显著促进作用。忽略极端受灾情况下，PCSE的估计结果显示，小麦单产的自价格弹性是0.187，且在1%显著水平上显著；考虑极端受灾时，PCSE 的估计结果显示，小麦单产的自价格弹性是 0.195，且在 1%的显著性水平上显著。

再次，表 11.8 的第 4 行为极端灾害和小麦市场价格的交互作用对小麦单产的影响。两种估计方法均未发现统计学意义上的显著影响。这说明极端气候对小麦单产的间接影响不显著。

最后，估计结果还显示，竞争作物价格对小麦的单产有显著的负向影响。忽略极端受灾情况下，PCSE 的估计结果显示，小麦的竞争作物的价格每提高 1%，小麦的单产下降 0.070%；考虑极端受灾情况下，PCSE 的估计结果显示，小麦的竞争作物的价格每提高 1%，小麦的单产下降 0.077%；工资对小麦单产的影响不显著。

表 11.9 报告了忽略极端气候和考虑极端气候情况下，基于固定效应模型和对组间异方差及组内自相关进行控制的FGLS两种方法对玉米单产反应方程进行估计的结果。整体来看，关键系数的符号、大小与描述统计分析及理论预期基本保持一致，不同情景和不同估计方法的估计结果也比较一致，估计结果比较稳定。

表 11.9　玉米单产反应方程估计结果

解释变量	被解释变量：玉米单产（取对数）			
	忽略极端气候		考虑极端气候	
	固定效应模型	FGLS	固定效应模型	FGLS
受灾率	-0.341^{***}	-0.266^{***}	-0.350^{***}	-0.274^{***}
	（−8.062）	（−8.668）	（−8.321）	（−8.979）
玉米的价格（t−1）	0.079	0.053	0.105^{*}	0.067^{*}
	（1.483）	（1.349）	（1.957）	（1.718）
玉米的价格（t−1）×是否为极端灾害年（t−1）	—	—	-0.056^{**}	-0.036^{*}
	—	—	（−2.235）	（−1.942）
玉米的价格（t−1）×是否为极端灾害年（t−1）×是否为政策价格干预年（t）	—	—	0.012	0.006
	—	—	（0.307）	（0.235）
竞争作物价格（t−1）	−0.052	-0.047^{**}	-0.065^{*}	-0.065^{***}
	（−1.523）	（−2.036）	（−1.903）	（−2.765）

续表

解释变量	被解释变量：玉米单产（取对数）			
	忽略极端气候		考虑极端气候	
	固定效应模型	FGLS	固定效应模型	FGLS
工资（t）	−0.062	−0.005	−0.075*	−0.010
	（−1.520）	（−0.182）	（−1.804）	（−0.328）
年份	0.016***	0.011***	0.015***	0.010***
	（4.229）	（3.731）	（3.838）	（3.359）
省区虚拟变量	—	—	—	—
常数项	−22.306***	−12.620**	−21.969***	−11.484*
	（−3.079）	（−2.252）	（−2.776）	（−1.947）
观测值	256	256	256	256
R^2	0.490	—	0.504	—
省区个数	16	16	16	16

***、**、*分别表示 1%、5%、10%的统计显著性水平

注：括号中为 t 值

第一，省区内部当年的平均受灾率，对玉米的单产有显著的负向影响。忽略极端受灾情况下，FGLS 的估计结果显示，受灾率每提高 1%，玉米单产降低约 0.266%；考虑极端受灾时，FGLS 的估计结果显示，受灾率每提高 1%，小麦单产降低约 0.274%。

第二，玉米的价格提高同样对玉米的单产的增加有促进作用。忽略极端受灾情况下，价格对单产的刺激作用不显著；考虑极端受灾情况下，FGLS 的估计结果显示，玉米单产的自价格弹性是 0.067，且在 10%的显著性水平上显著。

第三，表 11.9 的第 4 行显示，极端灾害和玉米市场价格的交互作用对玉米单产有显著的负向影响。FGLS 的估计结果显示，其他条件保持不变的情况下，相比正常年份极端灾害年份玉米的单产价格弹性将下降 0.036；固定效应模型估计结果显示极端灾害年的单产价格弹性下降更大，下降约 0.056。这一估计结果表明：与正常情况相比，受极端气候灾害影响下玉米单产的价格弹性更低。忽视极端气候事件的间接影响，存在着高估供给反应能力的偏误。表 11.9 第 5 行为政策干预下极端短气候事件对玉米单产的间接影响，结果并不显著。

第四，表 11.9 第 6 行的估计结果显示，竞争作物价格对玉米的单产有显著的负向影响。忽略极端受灾情况下，FGLS 的估计结果显示，玉米的竞争作物价格每提高 1%，玉米的单产下降 0.047%；考虑极端受灾时，FGLS 的估计结果显示，玉米的竞争作物的价格每提高 1%，玉米的单产下降 0.065%。

第五，第 7 行的估计结果显示，当考虑极端受灾并采用固定效应模型估计

时，工资对玉米单产有显著的负向影响，其余情况工资价格对玉米单产没有显著影响。第8行的估计结果显示，代表着技术进步的年份变量在1%的显著性水平上是显著的。这一估计结果表明，1998~2013 年技术进步对玉米单产的提高有着显著的促进作用。

表 11.10 报告了忽略极端气候和考虑极端气候情况下，基于固定效应模型和 FGLS 两种方法对棉花单产反应方程进行估计的结果。整体来看，关键系数的符号、大小与描述统计分析及理论预期基本保持一致，估计结果比较稳定。

表 11.10　棉花单产反应方程估计结果

解释变量	被解释变量：棉花单产（取对数）			
	忽略极端气候		考虑极端气候	
	固定效应模型	FGLS	固定效应模型	FGLS
受灾率	−0.227**	−0.360***	−0.233**	−0.350***
	（−2.221）	（−10.221）	（−2.270）	（−9.697）
棉花的价格（t−1）	0.013	0.046*	0.045	0.038
	（0.243）	（1.933）	（0.738）	（1.465）
棉花的价格（t−1）×是否为极端受灾年（t−1）	—	—	−0.013	0.005
	—	—	（−1.035）	（0.792）
竞争作物价格（t−1）	−0.046	−0.126***	−0.035	−0.128***
	（−0.364）	（−2.689）	（−0.276）	（−2.758）
工资（t）	−0.093	−0.152***	−0.109	−0.149***
	（−1.241）	（−4.204）	（−1.424）	（−4.115）
年份	0.024***	0.030***	0.024***	0.030***
	（3.494）	（6.389）	（3.535）	（6.465）
省区虚拟变量	—	—	—	—
常数项	−41.084***	−52.465***	−41.716***	−52.873***
	（−3.002）	（−5.660）	（−3.046）	（−5.734）
观测值	160	160	160	160
R^2	0.342	—	0.347	—
省区个数	10	10	10	10

***、**、*分别表示 1%、5%、10%的统计显著性水平

注：括号中为 t 值

首先，省区内部当年的平均受灾率，对棉花的单产有显著的负向影响。忽略极端受灾情况下，FGLS 的估计结果显示，受灾率每提高 1%，棉花单产降低约 0.360%；考虑极端受灾时，FGLS 的估计结果显示，受灾率每提高 1%，棉花单产降低约 0.350%。

其次，棉花价格的提高对棉花单产的促进作用并不明显，仅在忽略极端气候

并采用 FGLS 估计时是显著的。棉花单产的自价格不显著的原因，也许与近几年棉花价格波动过大有关。2010 年棉花的价格出现了大幅度的上涨，棉花主产区的平均收购价格从 2009 年的 13.67 元/千克，上升到 25.25 元/千克。虽然 2011 年棉花主产区的单产有所提升，相比2010年每公顷仅提升了44.8千克，提升幅度并不大。棉花价格波动幅度过大，加上样本较小，都可能是棉花价格对单产的促进作用不明显的原因。表11.10第4行显示，极端气候灾害和棉花价格的交互作用对棉花单产的影响也不显著。

最后，表11.10第5行FGLS的估计结果显示，竞争作物的价格对棉花的单产有显著的负向影响。考虑极端受灾情况下，棉花的竞争作物的价格每提高 1%，棉花的单产下降 0.128%。第 6 行 FGLS 估计结果显示，务农工资价格对棉花单产也有显著的负向影响。近年来我国的务农工资涨势明显，而棉花属于劳动密集型农产品，《全国农产品成本收益资料汇编》中数据显示，2013 年人工成本在棉花总生产成本的占比高达 62%。人工成本的大幅增加也是近年来棉花产量下降的一个重要原因。第7行代表着技术进步的年份变量在1%的显著性水平上是显著的。这表明 1998~2013 年技术进步对棉花单产的提高有着显著的促进作用。

表 11.11 报告了忽略极端气候和考虑极端气候情况下，基于固定效应模型和 FGLS 两种方法对油料作物单产反应方程进行估计的结果。整体来看，关键系数的符号、大小与描述统计分析及理论预期基本保持一致，估计结果比较稳定。

表 11.11　油料作物单产反应方程估计结果

解释变量	被解释变量：油料作物单产（取对数）			
	忽略极端气候		考虑极端气候	
	固定效应模型	FGLS	固定效应模型	FGLS
受灾率（t）	−0.284***	−0.245***	−0.281***	−0.243***
	(−4.497)	(−17.948)	(−4.442)	(−16.742)
油料作物价格（t−1）	0.109*	0.106***	0.110*	0.101***
	(1.741)	(7.572)	(1.746)	(6.697)
油料作物价格（t−1）×是否为极端灾害年（t−1）	—	—	−0.047	−0.043***
	—	—	(−0.724)	(−3.637)
竞争作物价格（t−1）	−0.128	−0.057***	−0.110	−0.036*
	(−1.363)	(−3.187)	(−1.126)	(−1.846)
工资（t）	0.001	−0.017	−0.009	−0.032**
	(0.024)	(−1.270)	(−0.181)	(−2.170)
花生播种面积占比	1.077*	1.112***	1.081*	1.066***
	(1.815)	(8.381)	(1.819)	(7.491)
油菜籽播种面积占比	−0.181	−0.179**	−0.162	−0.188**
	(−0.487)	(−2.360)	(−0.435)	(−2.246)

续表

解释变量	被解释变量：油料作物单产（取对数）			
	忽略极端气候		考虑极端气候	
	固定效应模型	FGLS	固定效应模型	FGLS
年份	0.023***	0.025***	0.024***	0.027***
	（5.039）	（18.330）	（4.928）	（17.996）
省区虚拟变量	—	（1.878）	—	（1.897）
常数项	−38.684***	−43.180***	−41.408***	−46.615***
	（−4.263）	（−15.665）	（−4.211）	（−15.541）
观测值	—	—	—	—
R^2	208	208	208	208
省区个数	0.612	—	0.613	—
受灾率（t）	13	13	13	13

***、**、*分别表示 1%、5%、10%的统计显著性水平

注：括号中为 t 值

第一，省区内部当年的平均受灾率，对油料作物的单产有显著的负向影响。忽略极端受灾情况下，FGLS 的估计结果显示，受灾率每提高 1%，油料作物单产降低约 0.245%；考虑极端受灾时，FGLS 的估计结果显示，受灾率每提高 1%，油料作物单产降低约 0.243%。

第二，油料作物价格的提升对油料作物的单产的提高有显著促进作用。忽略极端受灾情况下，FGLS 估计的结果显示，油料作物单产的价格弹性是 0.106，且在 1%的显著性水平上显著；考虑极端受灾情况下，FGLS 的估计结果显示，油料作物单产的自价格弹性是 0.101，且在 1%的显著性水平上显著。

第三，表 11.11 第 4 行的估计结果显示，采用 FGLS 方法估计时，极端气候灾害和油料作物市场价格的交互作用对油料作物单产有显著的负向影响。FGLS 的估计结果显示，其他条件保持不变的情况下，相比正常年份，极端灾害年份油料作物的单产价格弹性将下降 0.043。估计结果表明，极端气候灾害影响下的油料作物单产的价格弹性比正常情况下的单产的价格弹性要小。忽视极端气候事件的这一间接影响，则存在着高估极端气候影响下油料供给反应能力的偏误。

第四，表 11.11 第 5 行 FGLS 估计的结果显示，竞争作物的价格对油料作物的单产有显著的负向影响。忽略极端气候情况下，油料作物的竞争作物的价格每提高 1%，油料作物的单产下降 0.057%；考虑极端受灾情况下，油料作物的竞争作物的价格每提高 1%，油料作物的单产下降 0.036%。

第五，与观测到的事实一致，一个省区种植花生的比例越高，油料作物的单产也越高。忽略极端气候时，采用 FGLS 估计的结果显示，花生占比每提高 1%，油料作物的单产提高 1.112%；一个省区种植的油菜籽比例每提高 1%，油料作物

单产会降低 0.179%。

第四节　研究结论和意义

本章将研究区域限定在以水稻、小麦、玉米、棉花和油料作物为主要种植作物的地区，在对不同农作物的一些特性进行控制的基础上，分别研究了忽略极端气候和考虑极端气候两种情景下五类农作物单产的反应情况，主要研究结论如下。

第一，受灾率对所有农作物的单产都有显著的负向影响。即当年的气候冲击会对农作物的单产产生直接的负向冲击。这一结果揭示了我国农业生产存在基础设施薄弱、抗灾能力差、对气候条件依赖程度高的问题。

第二，与极端气候影响下农作物面积对价格的反应的研究结果相比，极端气候事件对农作物单产反应的负向影响并不十分明显。从单产反应方程的估计结果看，极端气候事件对农作物单产价格弹性的负向影响仅发生在玉米和油料作物上。与正常情况相比，受极端气候事件的影响，玉米和油料作物单产的价格弹性分别下降了 0.036、0.043。可能的解释是农作物生长周期较长，相比农作物播种面积，农作物单产具有不确定性，更多会受到一些非价格因素的影响，如种子特征及病虫害等。

第三，无论是否考虑极端气候影响，水稻、小麦、玉米和油料作物单产的价格弹性均正向显著，这说明农作物价格的上升对农作物单产的提高有促进作用。此外，由于存在资源利用上的竞争关系，竞争作物的价格对自身单产均有显著的负向影响。农作物单产除了受自然灾害和投入产出价格的影响，还会受农作物品种、技术进步等因素的影响。

第四篇

农产品市场价格形成和传导机制

第十二章 粮食市场政策干预、改革及其影响

本章考察了不同时期的粮食市场政策干预及其改革，首先分析了 20 世纪 80 年代开始的粮食收购双轨制改革及其对农户种植行为的影响，其次分析了 21 世纪初以来粮食市场政策干预与改革及其影响。

第一节 研究背景

在全面实施家庭联产承包责任制后，我国启动了粮食收购双轨制改革。家庭联产承包责任制使农业生产从集体向个体农户转变，接下来如何改革，当时还是计划经济为主的农产品市场，成为改革的重点。与苏联“休克疗法”的激进式改革模式不同，中国自 20 世纪 80 年代中期至 20 世纪末实施粮食收购双轨制，以渐进性的方式推进国内农产品的市场改革。苏联“休克疗法”式的改革模式完全基于市场经济理论，忽视市场形成过程和市场运行条件等建设，农业生产在改革初期出现显著的负增长（Macours and Swinnen，2000）；而中国在渐进性改革理论指导下，通过逐渐退出市场、不断提高价格等激励机制实施市场化改革。实践表明，在中国农产品市场进行渐进式改革无疑是更加成功的，这一改革后来也成为国民经济其他部门改革的模式，是中国经济改革最具特色的内容之一。

虽然学术界对粮食收购双轨制改革影响的研究不少，但争议很大。这些研究大多发表在 20 世纪 90 年代，主要是研究粮食收购双轨制下的定购数量和价格对粮食生产是否产生影响。一种观点认为，因为定购价低于议购价或市场价格，在市场经济条件下生产者只对边界价格（如市场价格）做出预期反应，所以定购政策对粮食生产没有影响（Sicular，1988；柯炳生，1991；高小蒙和向宁，1992）。另外一种观点认为，定购政策可能对农民的预期收入产生影响，从而影

响农民的生产行为（金和辉，1990；Lin，1993；郑毓盛和曾澍基，1993；Tsang and Cheng，1997；王德文和黄季焜，2001）。

然而，早期的多数研究因受数据可获得性等影响，难以对粮食收购双轨制改革的各组成部分开展更深入的影响。首先，过去的研究要么仅分析粮食收购双轨制下的定购政策而忽视议购政策的影响（Sicular，1988；柯炳生，1991；金和辉，1990；王德文和黄季焜，2001），要么不区分定购和议购政策的差异，笼统地分析国家粮食收购（即定购和议购合为一体）政策对生产的影响。其次，以往研究要么仅从理论或概念上推断粮食收购双轨制改革的影响，要么仅是对个别地区的粮食收购政策影响开展实证研究。最后，多数研究没有考虑粮食收购双轨制期间留给农民自己掌握的粮食对农民生产行为的影响，这部分可能也很重要，因为它除了满足农民自己消费需求外，还可以在当地集市或农贸市场销售。

为了弥补以往研究的不足，本章第二节以小麦为例，在全面收集各省小麦收购定购和议购等具有独特数据的基础上，系统地研究了粮食收购双轨制改革期间的定购和议购政策，以及农民自留粮食等对农户粮食生产决策（如小麦播种面积）的影响①。小麦是我国的主要粮食，其研究结果对其他粮食（如水稻和玉米）收购双轨制改革的影响也有借鉴价值。

虽然到21世纪初粮食市场化已经达到了很高的程度，但农业农村发展也面临许多挑战。首先，从2004年开始，中国的食物进口大于出国，从此中国从食物净出口国转变为净进口国，特别是大豆等粮食进口显著增长，国家粮食安全保障再次成为政界和学界广泛关注的问题。其次，虽然农民收入持续增长，但城镇居民收入增长更快，城乡居民收入差距不断扩大，也是在2004年城乡居民人均收入之比首次超过 3∶1，并在之后几年这个收入之比继续攀升，威胁着国家和社会的稳定和健康发展。

为了保障国家粮食安全和加快农民收入增长速度，从21世纪初开始中央出台了一系列支持农业农村发展的政策。首先，中央在农村实施了“多予少取”政策，到2004年全面取消了农业税费。其次，也是在2004年中央启动了农业补贴政策，从粮食直补和良种补贴政策，发展到农业生产资料综合补贴和农机购买补贴等支持政策。最后，为了进一步提高农民收入和促进粮食等主要农产品生产，中央从2006年开始实施托市政策，相继出台了水稻与小麦的最低收购价政策、玉米及其他主要农产品的临时收储政策。虽然以上政策促进了农民增收，有助于减缓城乡收入差异的扩大，但有些政策，特别是托市政策也带来了诸多问题，以至于从2014年开始中央又重新启动了粮棉油糖等主要农产品的市场改革。

① 本章第二节的主要内容来自项目组主要成员已发表的文章，见：华奕州和黄季焜. 粮食收购双轨制度改革与粮食生产：以小麦为例[J]. 农业经济问题，2017，（11）：59-66.

本章第三节讨论自 21 世纪初以来主要农产品托市政策的演变及其影响。这里，为了减少篇幅，我们以玉米为例，分析政府对市场干预产生的影响和近年来农产品市场改革及其效果[①]。本章最后一节，在总结第二节和第三节的主要研究结果的基础上，提出相关的政策建议。

第二节　粮食收购双轨制改革及其影响

一、粮食收购双轨制改革及其背景

1978 年改革前，我国粮食收购实行的是统一收购制度。其特点是政府统一规定粮食收购价格和收购品种，向集体生产的生产队实施计划收购（统购）；若生产队完成统购义务后仍有余粮，国家可以在计划外采取加价收购（超购）。

改革初期，在推进家庭联产承包责任制改革的同时，粮食收购制度也进入了调整时期。家庭联产承包责任制试点和全面实施改变了农业生产的激励机制，粮食生产显著提高；同时，为提高农民收入和促进粮食生产，国家也不断提高粮食收购价格，引进粮食的议价收购，并逐渐放开集贸市场交易，这些渐进的改革政策进一步提高了农民的生产积极性。改革初期粮食产量的大幅度提高和粮食收购政策调整为之后实施粮食收购双轨制改革奠定了基础。

1978~1984 年实施的家庭联产承包责任制大幅度提高了粮食等农产品的产量，粮食产量于 1984 年突破 4 亿吨，在粮食生产取得稳定增长的背景下，推进粮食等主要农产品的流通领域改革成为当时改革的重点，但如何改革计划经济体制下以农产品统购为主的粮食收购制度有不少争论（如激进式的市场化改革、渐进式的双轨制改革等）。1985 年粮食收购双轨制政策的出台，标志着我国确定实施渐进性的市场改革。双轨制改革是政府通过强制性的行政手段（如确定定购量和较低的定购价）和激励机制（如确定议购量和实施接近市场价格的议购价）直接控制一部分粮食以稳定粮食的供给，并允许农民在完成国家粮食收购任务后，剩余（或自留）部分可在市场销售。同时，在粮食收购双轨制执行期间，除在个别时期国家在收购政策上有波动，政府通过逐渐退出粮食定购与不断提高议购和市场份额实现国家调控下的粮食市场改革是这段时期的政策主线。到了 20 世纪 90 年代中期，粮食市场化已经达到相当高的水平。但随着粮食产量的不断增长，特

---

① 本章第三节的主要内容来自项目组主要成员已发表的文章，见：黄季焜. 农业供给侧结构性改革的关键问题：政府职能和市场作用[J]. 中国农村经济，2018，（2）：2-14.

别是当粮食产量于1996年突破5亿吨后，粮食价格下降、国家库存剧增，政府又开始加强对市场的控制，粮食收购双轨制基本结束，最终于1998年出台了一项颇有争议的粮食流通体制改革：按保护价敞开收购农民余粮、粮食收储企业实行顺价销售粮食、粮食收购资金实行封闭运行的"三项政策"。为此，本章关于粮食收购双轨制及其影响的研究采用了1985~1996年的数据。

二、数据描述及实证分析

（一）数据描述

在实施粮食收购双轨制期间，全国小麦播种面积呈现小幅度的波动。例如，全国小麦播种面积在1985~1989年出现2 900万公顷的上下波动后，于1990~1993年增加到3 000多万公顷，但到20世纪90年代中期又下降到2 900万公顷左右（表12.1）。

表12.1 1985~1996年全国小麦播种面积、定购量和议购量情况

年份	播种面积/千公顷	定购量/万吨	议购量/万吨	定购量占产量比例	议购量占产量比例
1985	29 218	2 313	353	27%	4%
1986	29 616	2 255	587	25%	7%
1987	28 798	1 769	1 047	21%	12%
1988	28 785	1 637	1 037	19%	12%
1989	29 841	1 685	1 171	19%	13%
1990	30 753	1 698	854	17%	9%
1991	30 948	1 509	1 324	16%	14%
1992	30 496	1 767	1 672	17%	16%
1993	30 235	1 860	1 371	17%	13%
1994	28 981	1 703	1 283	17%	13%
1995	28 860	1 710	1 410	17%	14%
1996	29 611	1 716	1 599	16%	14%

资料来源：《中国统计年鉴》（1986~1997年）；《粮食行业统计资料》（1986~1990年、1993年）；《中国商业年鉴》（1991~1993年）；《中国国内贸易年鉴》（1994年、1996~1997年）

同全国小麦播种面积总体变动趋向相比，区域间的变动趋势存在较大的差异。图12.1显示了我国小麦主产省区小麦播种面积和小麦在农作物总播种面积中的占比变化趋势，图中的17个主产省区在1985~1996年的小麦播种面积占农作物总播种面积的比例达95.6%，而各省区小麦播种面积占各省区农作物总播种面积的比例平均也达到26.7%，这些主产省区基本能够代表我国各地区小麦生产情况。从图12.1可以看出，贵州、云南的小麦播种面积或其占本省农作物总播种面积的比例都呈现上升的变动趋势，而黑龙江、新疆、甘肃等省区的小麦播种面积和其在本省区农作物总播种面积的占比则出现不同程度的下降，内蒙古、宁夏、黑龙江、新疆呈现较大的波动趋势，其余省区保持相对稳定。

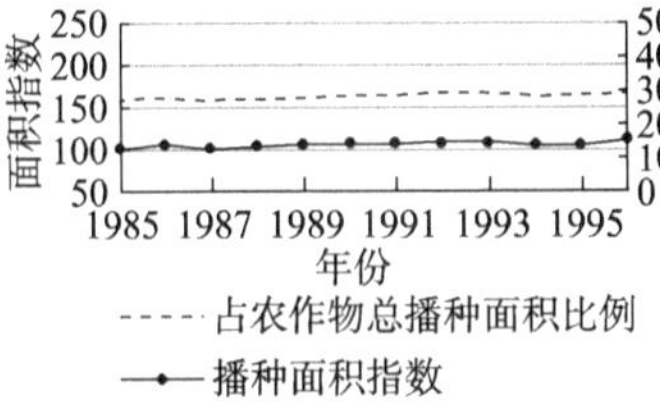

（a）河北

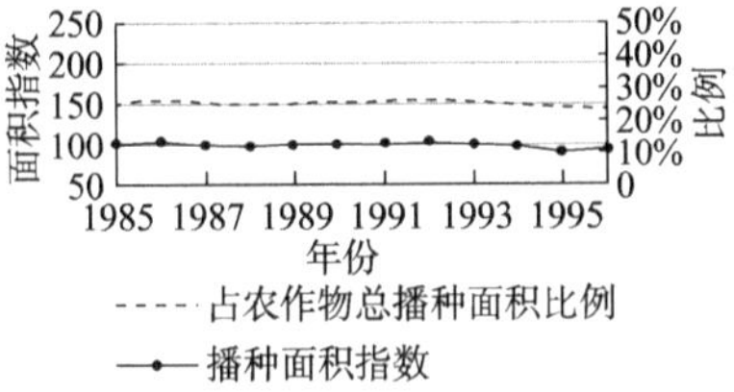

（b）山西

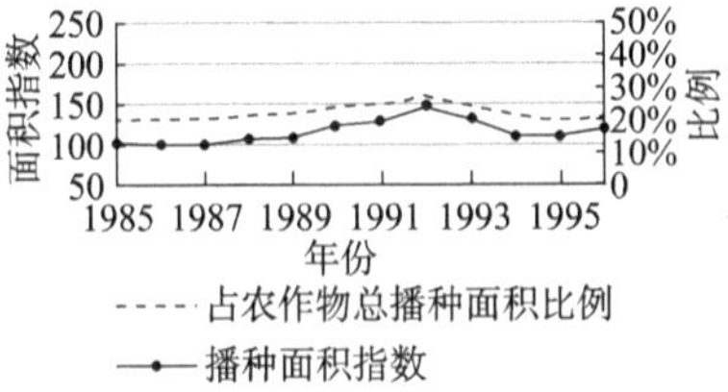

（c）内蒙古

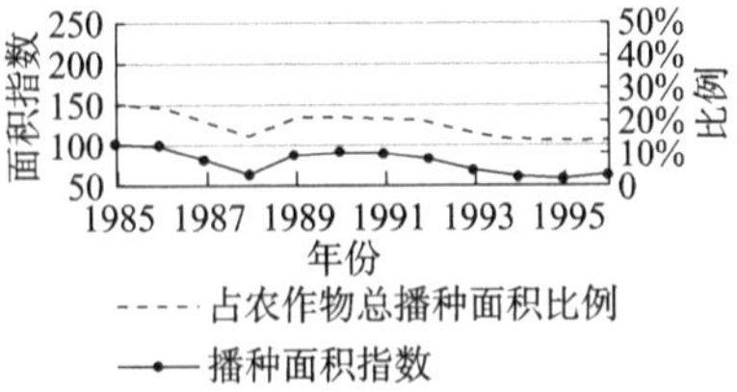

（d）黑龙江

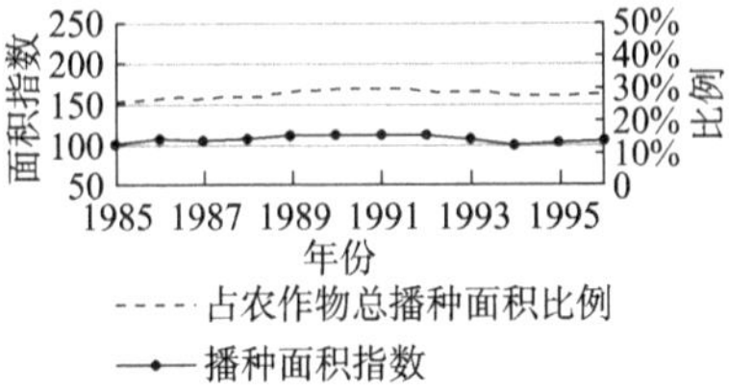

（e）江苏

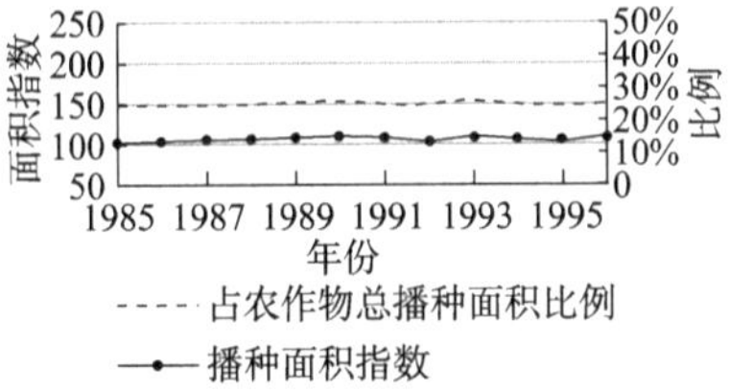

（f）安徽

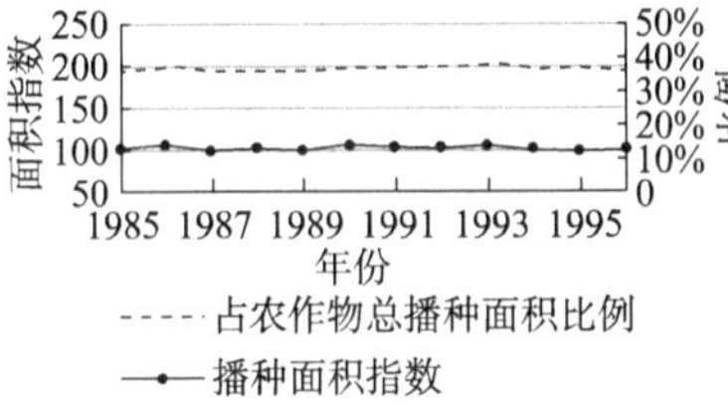

（g）山东

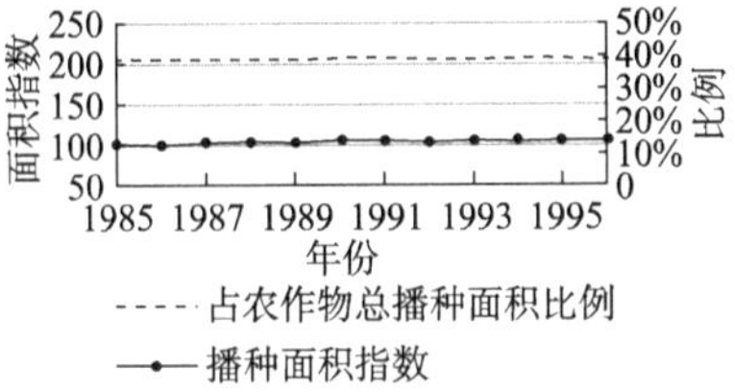

（h）河南

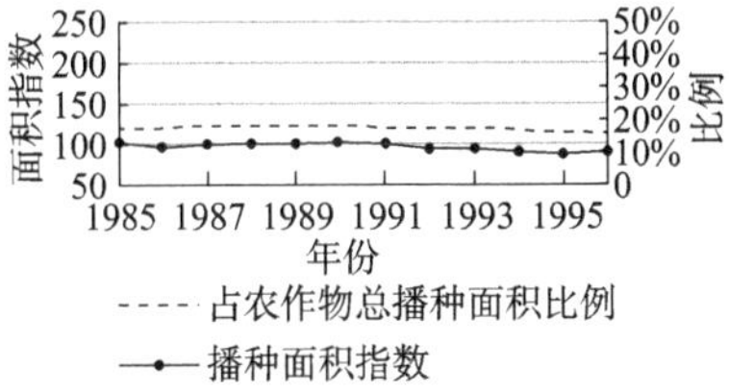

（i）湖北

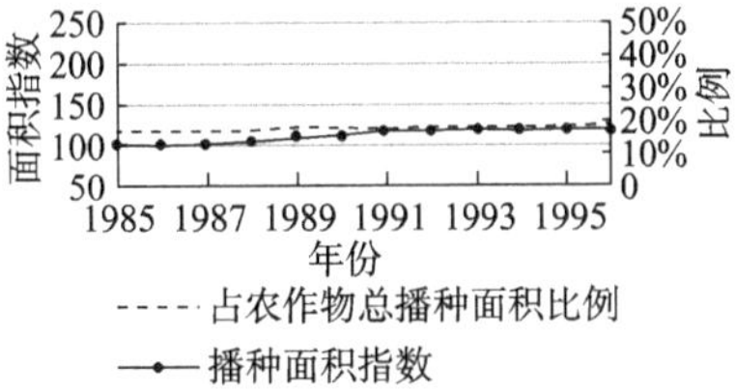

（j）四川

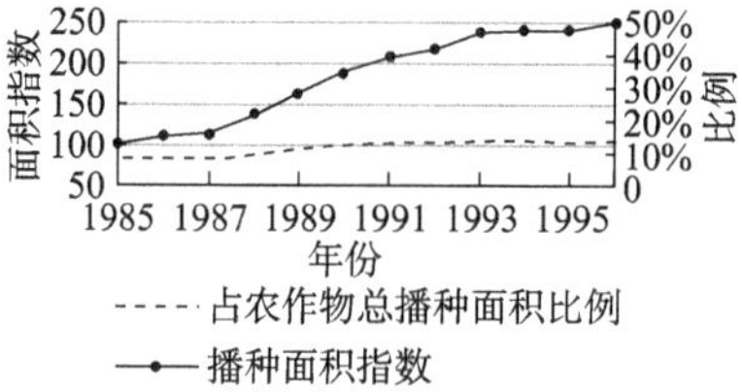

（k）贵州

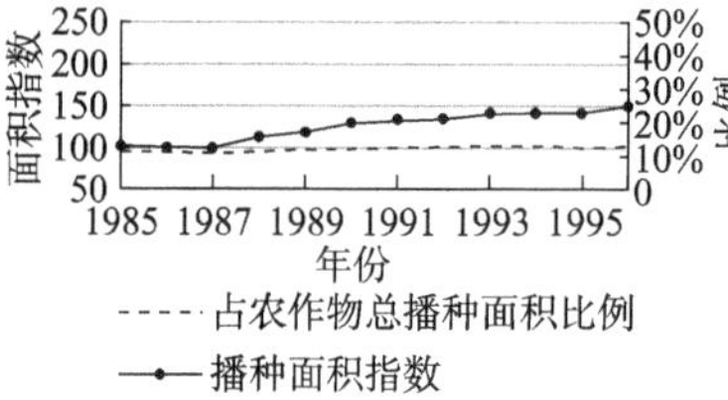

（l）云南

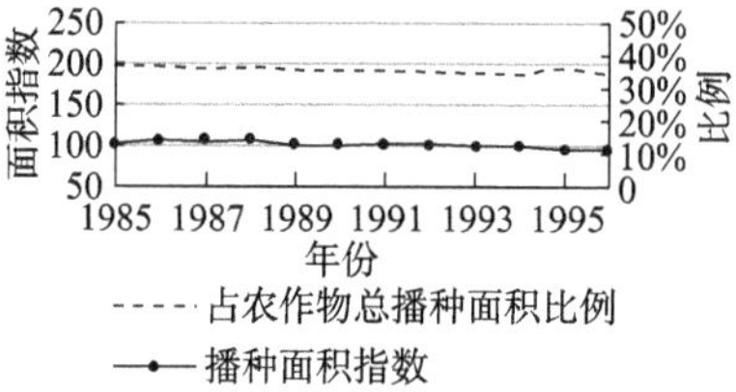

（m）陕西

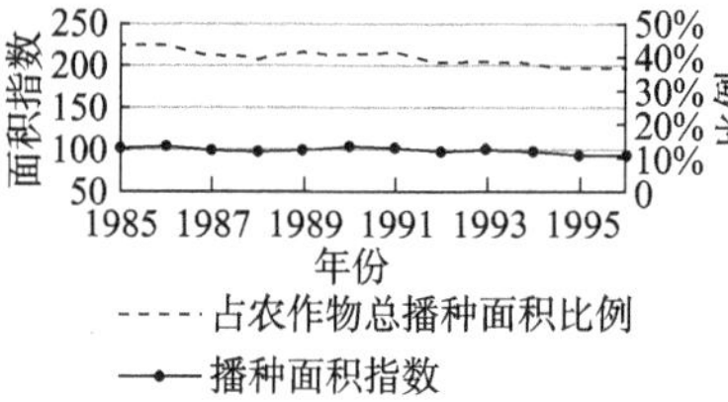

（n）甘肃

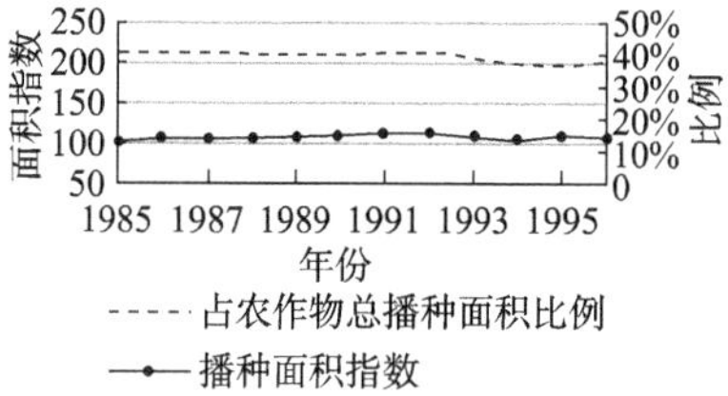

（o）青海

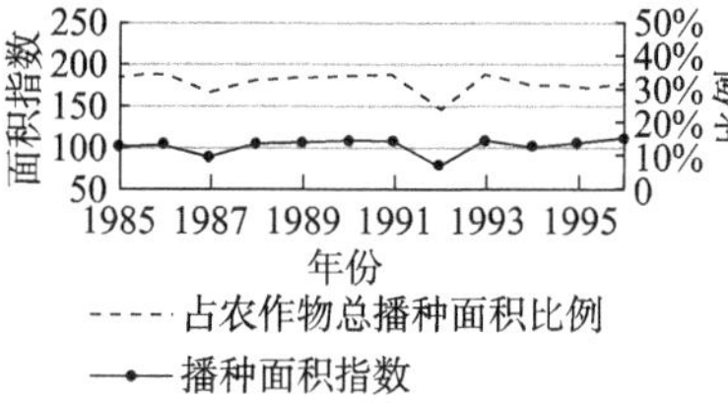

（p）宁夏

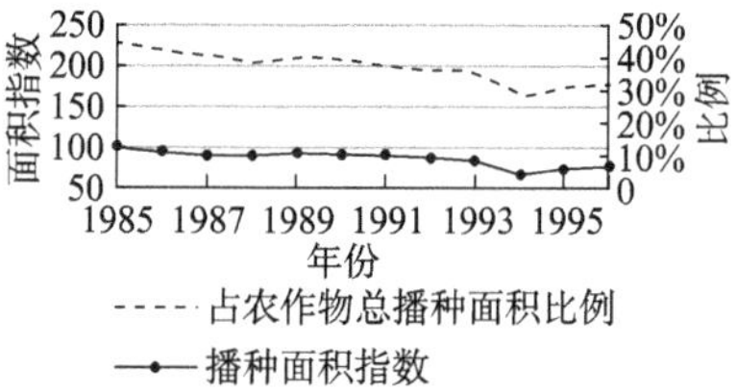

（q）新疆

图 12.1　1985~1996 年小麦主产省区小麦播种面积占农作物总播种面积比例和小麦面积变动趋势（1985 年=100）

各主产省区小麦播种面积基数相差较大，为便于比较其变动趋势，本图以 1985 年为基期（1985 年=100）计算小麦播种面积变动趋势指数

资料来源：《中国统计年鉴》（1986~1997 年）

粮食收购双轨制下的全国小麦定购和议购量的变动趋势解析了政策实施的过程。为保障非农户口居民消费等需求，在粮食收购双轨制期间，国家小麦定购和议购总和占小麦生产量的 30%左右（表 12.1），剩余的（或农民自留）的部分约占产量的 70%，但国家收购的结构发生了很大变化。首先，小麦的定购量及其占小麦产量的比例都呈现下降趋势（表 12.1），政府通过减少定购量来推进粮食收购双轨制改革。例如，小麦的定购量从收购双轨制初期 1985 年的

2 313 万吨（占小麦产量的 27%）逐渐下降到 1996 年的 1 716 万吨（占小麦产量的 16%，表 12.1），小麦定购量的下降也说明粮食收购中计划成分比重的下降。其次，为提高农民生产积极性，政府的小麦议购量（或其占小麦产量的比例）则基本呈现不断上升的趋势，从 1985 年的 353 万吨（或 4%的小麦产量）提高到 1996 年的 1 599 万吨（或 14%的小麦产量），这说明政府在粮食收购中通过增加议购量来逐渐扩大市场化成分。

然而，在确定各地定购量和议购量以及留给农民自主掌握的小麦数量方面，小麦收购双轨制政策存在一定省域差异。例如，在定购方面，虽然多数小麦主产省区定购占小麦产量的比例显现下降趋势，但下降速度因地而异，内蒙古、湖北、四川、云南和青海等省区的下降速度较为显著。在议购方面，多数小麦主产省区的小麦议购占产量的比例都不断提高，但提高幅度因地而异（图 12.2 中间部分的面积）。另外，小麦生产扣除国家收购总量后留给农民的数量（或剩余量，下同）占小麦产量的比例在各地间差异更大（图 12.2 最上部分的面积）。

与定购量和议购量省际存在较大差异相比，粮食收购双轨制在价格上几乎是统一的，各地的定购价和议购价都同图 12.3 中的全国价格变动一致。总体上，定购价和议购价都呈现上升趋势，这种增长趋势在 1993 年后更加明显。与定购价相比，议购价波动性较大，这是因为政府是参照市场行情制定议购价，议购价基本接近小麦的市场价格。因为图 12.3 中的价格是名义价格，所以价格的变动趋势除了反映政策本身因素外，还同各年的通货膨胀率有关。另外，国家在推进粮食收购双轨制价格改革的同时，农资价格指数、其他作物价格指数及经济作物价格指数也呈现类似的上升趋势，其他农作物（除粮食以外的农作物）的价格上涨甚至超过小麦收购价和议购价的上升幅度。

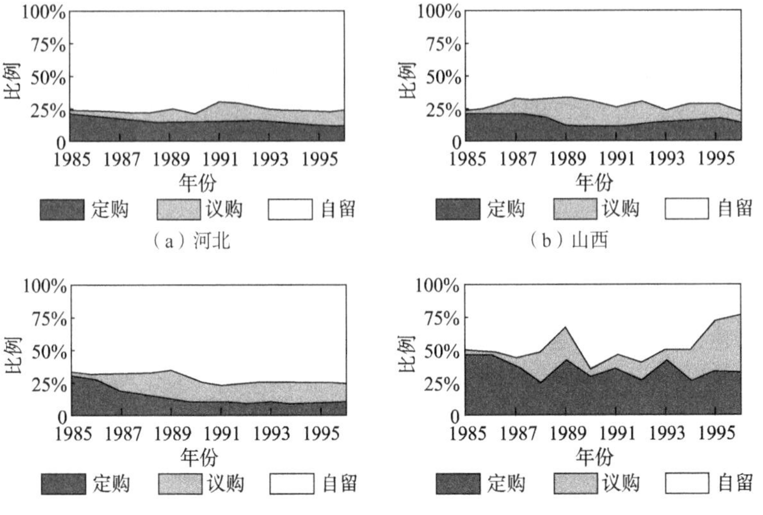

（a）河北　（b）山西

（c）内蒙古　（d）黑龙江

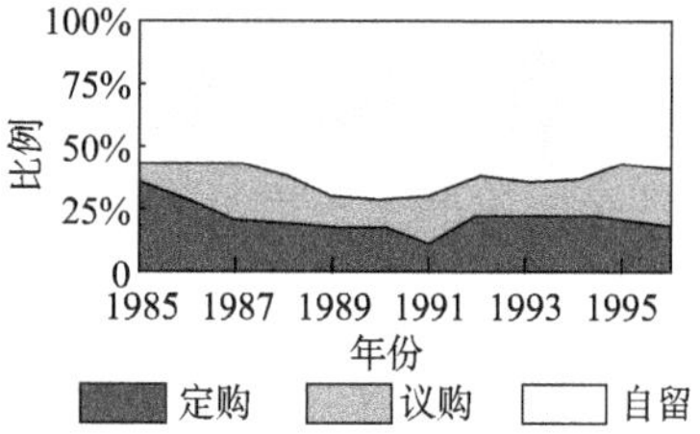

（e）江苏

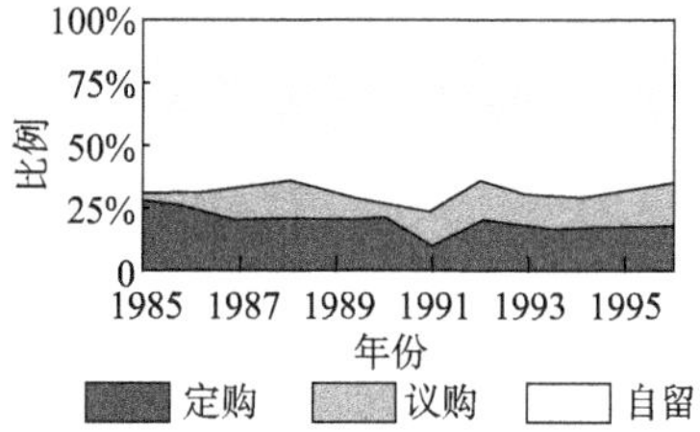

（f）安徽

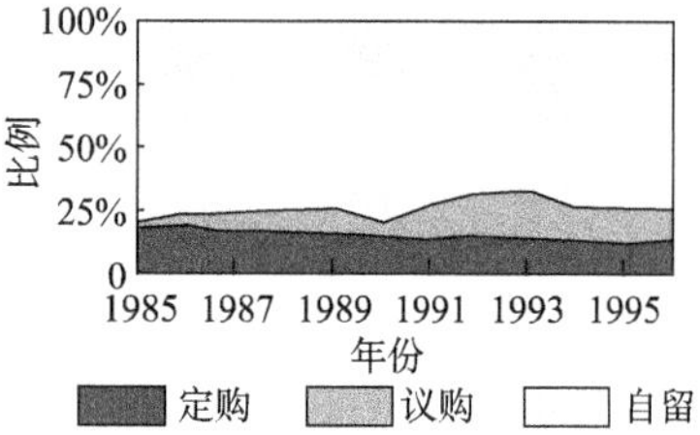

（g）山东

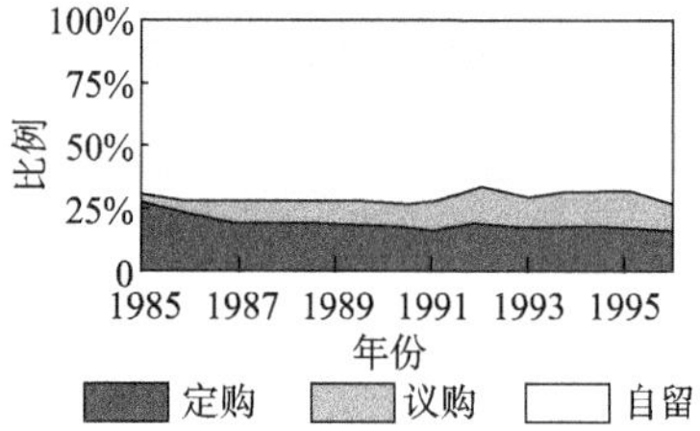

（h）河南

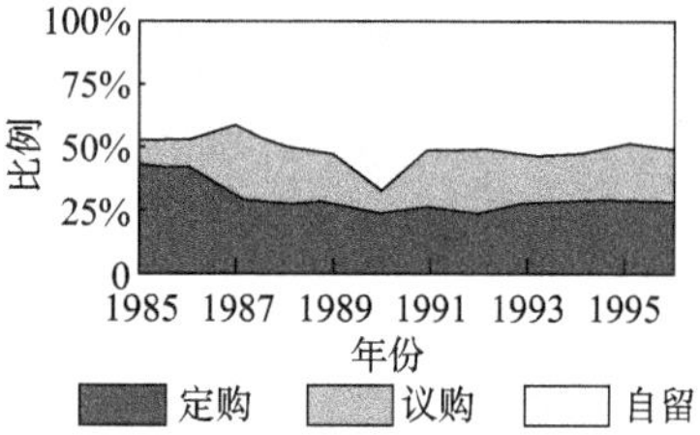

（i）湖北

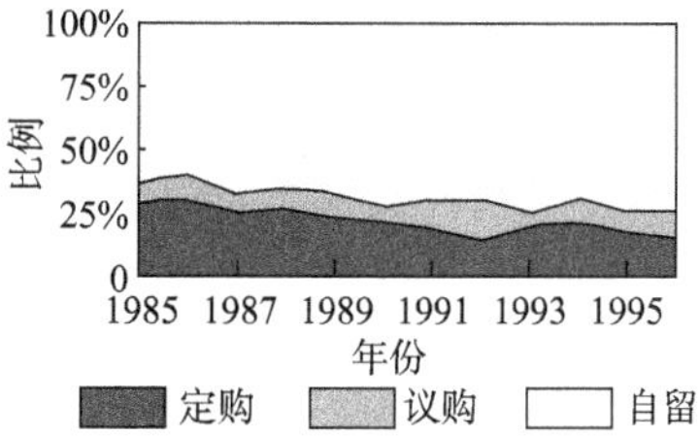

（j）四川

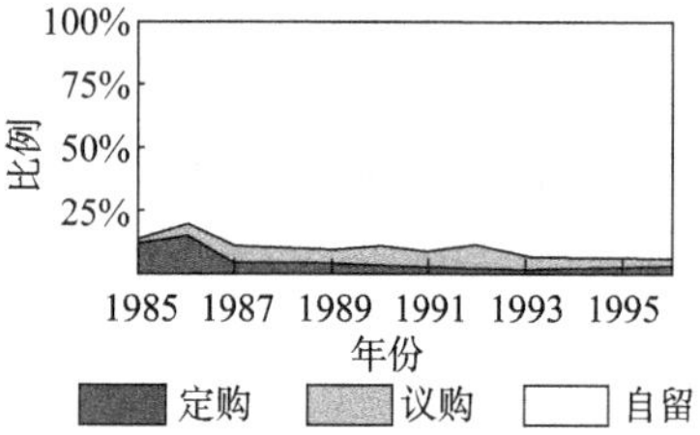

（k）贵州

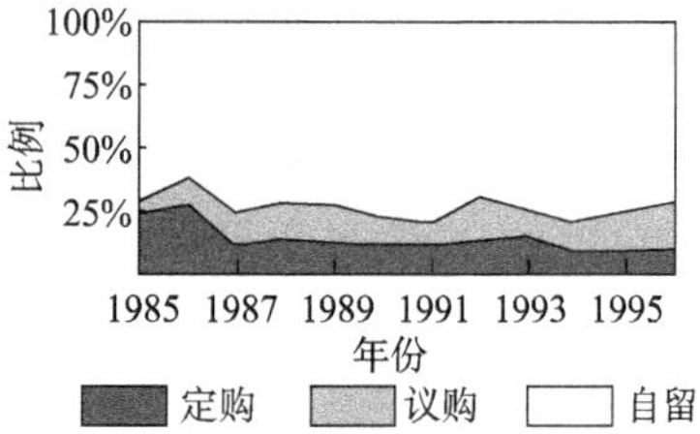

（l）云南

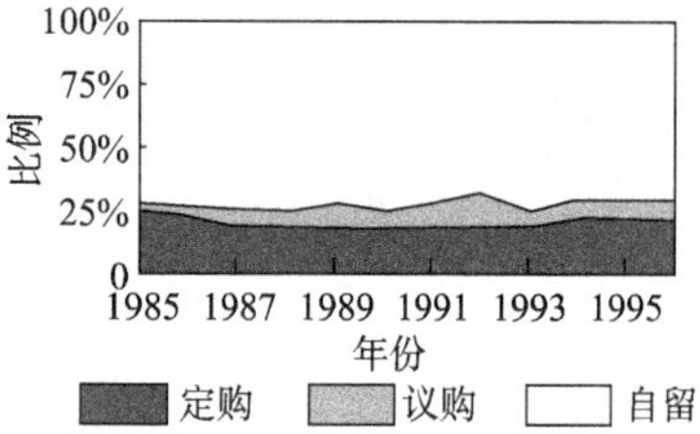

（m）陕西

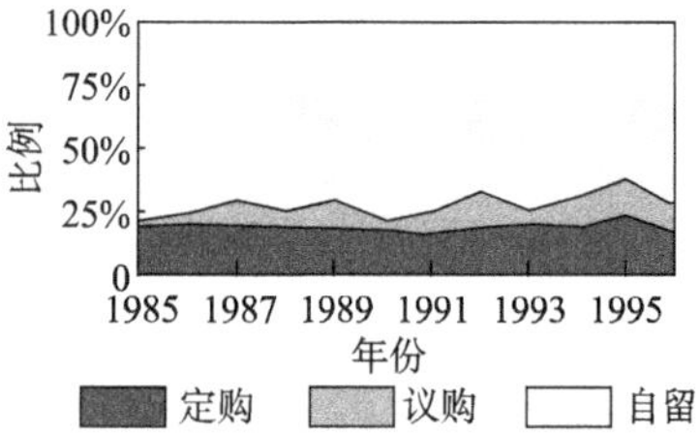

（n）甘肃

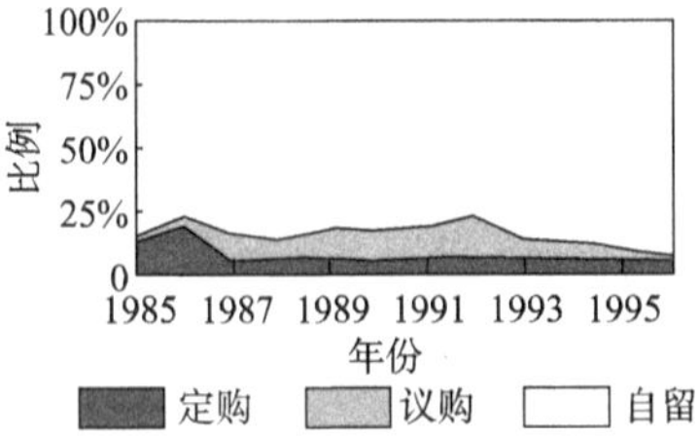

（o）青海

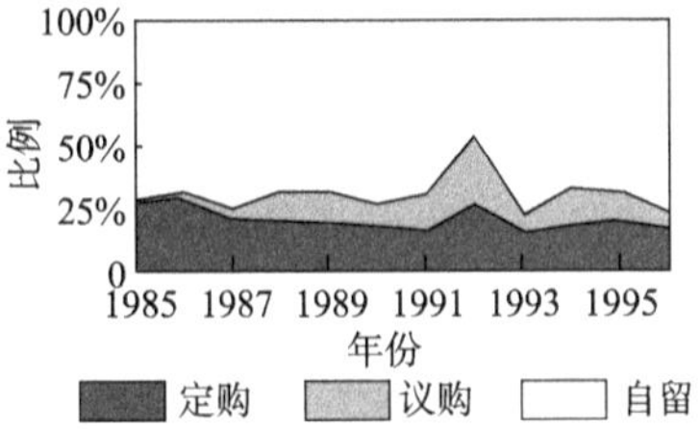

（p）宁夏

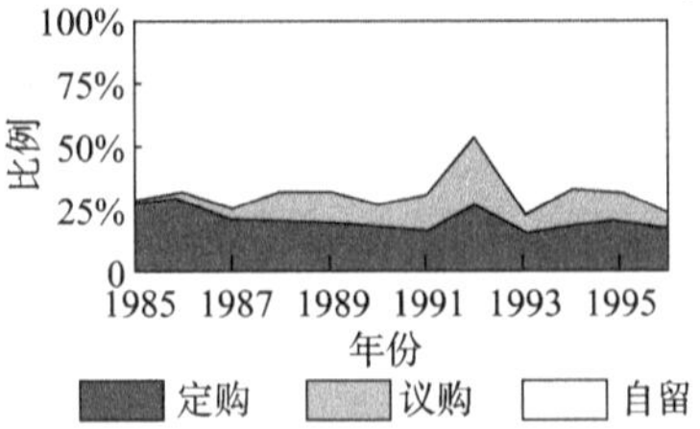

（q）新疆

图 12.2　1985~1996 年小麦主产省区定购、议购、剩余比例变动情况

比例数据基于资料来源中原数据计算得出；1995 年小麦主产省区定购量、议购量数据缺失，用 1994 年和 1996 年各主产省区定购量议购量平均值来代替

资料来源：《粮食行业统计资料》（1986~1990 年、1993 年）；《中国商业年鉴》（1991~1993 年）；《中国国内贸易年鉴》（1994 年、1996~1997 年）

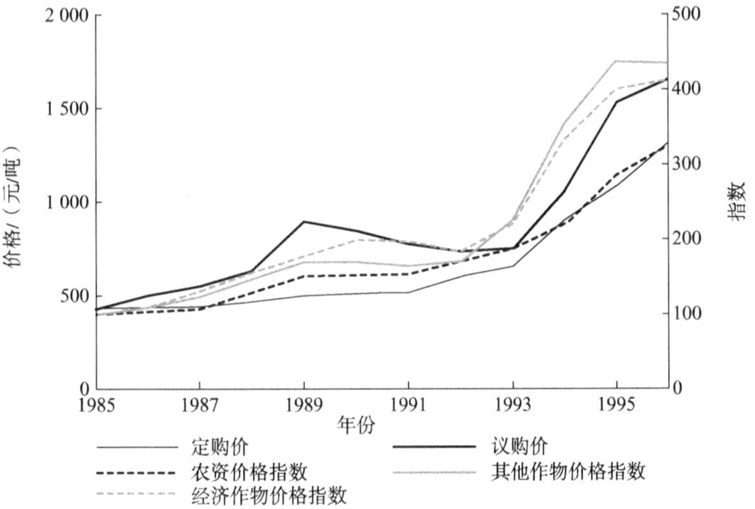

图 12.3　1985~1996 年小麦定购价、议购价、农资价格指数和其他作物价格指数变动趋势

农资价格指数是以 1985 年为基期（1985 年=100）；其他作物包括除小麦外的其他所有农作物，其价格指数是基于 14 类其他主要作物（包括：①其他粮食作物，即早稻、中稻、晚稻、玉米、大豆、高粱、谷子、马铃薯；②经济作物，即棉花、花生、油菜籽、甘蔗、甜菜、烤烟）价格并以 1985 年这些作物的产量占比为权重计算的，基期也设置为 1985 年（1985 年=100），经济作物价格指数也采取类似方法计算

资料来源：韩志荣和冯亚凡（1992）；《中国统计年鉴》（1986~1997 年）

以上我们对全国及小麦主产区的小麦播种面积和粮食收购双轨制改革过程及内容做了简要描述，但粮食收购双轨制改革对农户小麦生产决策是否产生影响、影响多大，特别是定购量和议购量、定购价及议购价的调整对小麦的播种面积会产生怎样的影响，是本章的主要研究问题，需要做进一步的实证研究。

（二）计量经济学模型设定

为了定量识别粮食收购双轨制政策变动对各地小麦播种面积的影响，基于以上分析，双轨制政策主要包括如下几个组成部分：定购价（P_1）、议购价（P_2）、定购量（Q_1）、议购量（Q_2）和剩余量（Q_3=产量$-Q_1-Q_2$）。因为议购价接近或几乎相当于市场价，这里议购价既体现议购价格政策也反映市场价格。为此，我们设置了如下小麦播种面积（A）计量经济模型：

$$\begin{aligned}\ln\left(A_{it}\right) &= \beta_0 + \beta_1 \ln\left(P_{1it-1}\right) + \beta_2 \ln\left(P_{2it-1}\right) + \beta_3 \ln\left(P_{cit-1}\right) + \beta_4 \ln\left(P_{xit-1}\right) \\ &\quad + \beta_5 \ln\left(Q_{1it-1}\right) + \beta_6 \ln\left(Q_{2it-1}\right) + \beta_7 \ln\left(Q_{3it-1}\right) + \beta_8 T + u_{it}\end{aligned} \tag{12.1}$$

其中，下标 i 和 t 分别代表省区和年份；P_c 和 P_x 分别代表竞争作物价格和农资价格，这两个变量都以 1985 年为基期的价格指数来衡量（见图 12.3 中的注解），在竞争作物变量方面，我们选择了两个可替代的变量，即小麦以外的所有农作物价格指数和经济作物指数，用不同的变量还可以检验模型的稳定性；因为农民的生产决策是基于市场预期，为此所有价格和收购量及剩余量采用滞后一期（t−1），滞后一期的定购量、议购量和剩余量也避免了它们同当期因变量（A）的内生关系；同时，为了控制随时间而变化的其他因素的影响，模型中包括了年份趋势变量（T）。除了变量 T 以外，模型中的其他变量都取对数，待估计这些变量的系数（β_0~β_7）即小麦面积对相应解析变量的弹性，而待估计的 β_8 系数为 T 对 A 的年均增长率影响。u_{it} 代表方程扰动项。

在实际估计以上模型时，为保持模型中价格变量的同次性，我们对小麦和其他作物的价格除以农资价格指数。同时，为了控制各主产省不随时间变化的其他影响因素，我们采用了固定效应模型的估计方法。模型回归采用小麦在 17 个主产省区 1986~1997 年的数据（滞后一年的数据为 1985~1996 年），总样本量为 204。因为模型采用的是分省区时间序列数据，需要检验时间序列变量的稳定性，为此我们采用了迪克福勒的单位根检验（ADF）方法，检验结果表明所有变量都不存在非平稳时间序列问题。这说明我们采用的估计方法所得出的结果是无偏有效的。

（三）估计结果

模型的固定效应方法估计结果见表 12.2。模型 1 采用小麦以外的其他农作物价格指数作为小麦生产的替代产品价格，模型 2 仅采用经济作物价格指数作为替代产品价格。从两个模型的估计的总体结果上看，多数变量的系数在统计上都达到了较显著的水平，未达到显著水平的变量，其系数符号也是理论所预期的（或反映了实际情况），下面我们将讨论模型估计得到的主要结果。因为两个模型估计的结果基本相似，所以讨论时以模型 2 为准，对有差异的地方会专门加以解释。

表 12.2　1985~1996 年粮食收购双轨制期间小麦主产省区小麦播种面积估计结果

自变量	$\ln(A_{it})$	
	模型1：采用其他农作物价格指数	模型2：采用经济作物价格指数
$\ln(P_{1it-1}/P_{xit-1})$	0.05	0.08
	（−0.08）	（−0.07）
$\ln(P_{2it-1}/P_{xit-1})$	0.15***	0.19***
	（−0.06）	（−0.06）
$\ln(P_{cit-1}/P_{xit-1})$	−0.01	−0.12**
	（−0.06）	（0.06）
$\ln(Q_{1it-1})$	−0.06**	−0.07**
	（−0.03）	（−0.03）
$\ln(Q_{2it-1})$	0.02*	0.02*
	（−0.01）	（−0.01）
$\ln(Q_{3it-1})$	0.30***	0.30***
	（−0.03）	（−0.03）
T	−0.01**	−0.01**
	（0.00）	（0.00）
常数项	18.46***	14.65***
	（−5.72）	（5.06）
样本量	204	204
R^2	0.476	0.488

***、**、*分别表示 1%、5%、10%的统计显著性水平

注：括号中为稳健性 t 统计量

首先，从收购价格来看，定购价对小麦播种面积没有影响，而议购价则有显著的正向影响。模型估计结果表明，定购价系数统计上不显著，议购价的系数显著性达到 1%，模型 2 的议购价的系数（或弹性）为 0.19，即小麦议购价提高

1%，小麦面积会增长 0.19%；这系数在模型 1 中为 0.15 并也达到 1%的显著性水平；这说明议购价对农户生产决策起到了预期的政策作用。定购价并不影响农户生产决策，这是因为定购价低于议购价，而农户生产决策仅对边际价格（在这里指议购价格）有反应，这同理论预期以及之前的部分研究一致。

其次，从收购量来看，定购、议购对小麦播种面积均有显著影响，但影响方向不同。其中，估计的定购量变量的系数为负（−0.06~ −0.07）、议购量变量的系数为正（0.02），两者都较显著。这些研究结果表明，随着定购量的下降和议购量的增多，粮食收购双轨制促进了小麦的生产，因为减少以较低价格收购的定购粮和增加以较高价格收购的议购粮都会提高农民的生产积极性。这一研究结果也解释了为什么早期的研究得出粮食双轨制下的政府定购量（实际上并未严格区分定购量与议购量，而是将两者之和统称为“政府定购量”）会对水稻生产起促进作用的结果，同时也说明类似的研究需要明确区分定购和议购这两个截然不同的政策及其影响。

再次，剩余量对小麦播种面积有显著的正向影响，而这影响显著大于议购量对小麦播种面积的影响。表 12.2 显示，估计的剩余量变量的系数为 0.30 且其显著性达到 1%的水平，其系数也显著大于议购量变量的系数。这一结果并不奇怪，原因可能在于小麦除自食等外，有更多的剩余量，农民可以在农贸集市上以较高的价格（接近或略高于议购价）售卖小麦，充分调动农民生产积极性，从而扩大小麦的播种面积。

最后，其他因素对小麦播种面积的影响同我们预期一致。例如，经济作物价格对小麦面积的影响为负（−0.12）且在 5%的显著性水平上显著（表 12.2 中的模型 2），说明经济作物与小麦是替代或竞争关系，经济作物价格增长抑制了小麦播种面积的扩张。但小麦以外的农作物价格的系数不显著（表 12.2 中的模型 2），这是因为这个变量同时包括了经济作物和其他粮食作物，而在部分地区，小麦与其他粮食作物（如玉米和其他粗粮）往往是连作的，是互补关系，在综合了互补和竞争效应后，模型估计的其他农作物价格的系数在统计上不显著。因为农资价格指数是所有价格变量的分母，它的系数可以从所有具有显著性的价格变量中获得。在模型 1 中农资价格指数系数为−0.15，而在模型 2 中为−0.07（−0.19+0.12），农资价格的上升减少了小麦的播种面积。另外，时间趋势变量（T）的系数为显著的−0.01，受其他随时间而变化因素的影响，小麦面积以年均 1%的速度下降，这也是为什么在粮食收购双轨制期间，虽然双轨制收购政策促进了小麦生产但许多省区小麦面积不增反降的重要原因之一。

第三节　21世纪以来粮食市场干预与改革及其影响

一、粮食市场干预政策背景

第二节我们以小麦为例，研究了20世纪80~90年代粮食收购双轨制改革对粮食生产的影响。Huang 和 Rozelle（2006）的研究结果表明，20世纪末至21世纪初粮食市场已实现市场化，已经初步形成了全国一体化的粮食市场。

然而，正如本章开头介绍的背景，如何保障国家粮食安全和缩小城乡居民收入差距，成为21世纪以来中国农业农村发展面临的两大挑战。为了保障粮食安全和提高农民收入，全国于2004年取消农业税费，同时又启动了农业的补贴政策，2012年的农业四项补贴（粮食直补、良种补贴、农资综合补贴和农机购买补贴）达到1 638.5亿元。也是从2004年开始，为了保护农民利益，国家出台了直接干预农产品市场的政策。在2004年启动水稻最低收购价政策之后，于2006年又启动了小麦最低收购价政策，并于2008年启动玉米、大豆和油菜籽的临时收储政策。这些政策无疑对促进农民增收起到了积极的作用，但2004~2009年城乡居民收入比还是不降反升，到2009年更突破3.3（国家统计局，2010）。在这种情况下，一方面政府在2010~2013年继续加大已有的市场干预政策力度（如提高最低收购价和临时收储价及收购数量），另一方面又于2011年启动了棉花临时收储政策（具体见本书第十六章）。在加大农产品市场干预、非农收入增长和城镇居民收入增长减缓的共同作用下，城乡居民收入比终于从2010年开始出现了下降势头。

下面我们以玉米为例，进一步分析政府市场干预对玉米生产的影响。玉米以外其他主要农产品的市场干预与改革及其影响，见本书第十六章。

二、粮食市场干预政策的影响

实际上，过去中国玉米在国际市场上还具有一些竞争力，中国从玉米的净出口国转变为净进口国是发生在2010年之后。在2008年启动玉米临时收储政策之前，国内玉米批发价显著低于玉米进口到岸的报价；2008年后，虽然玉米批发价随着临时收储价上升也同步上升，但在2013年前的批发价格总体上都低于进口玉米的到岸价（CIF）（图12.4）。

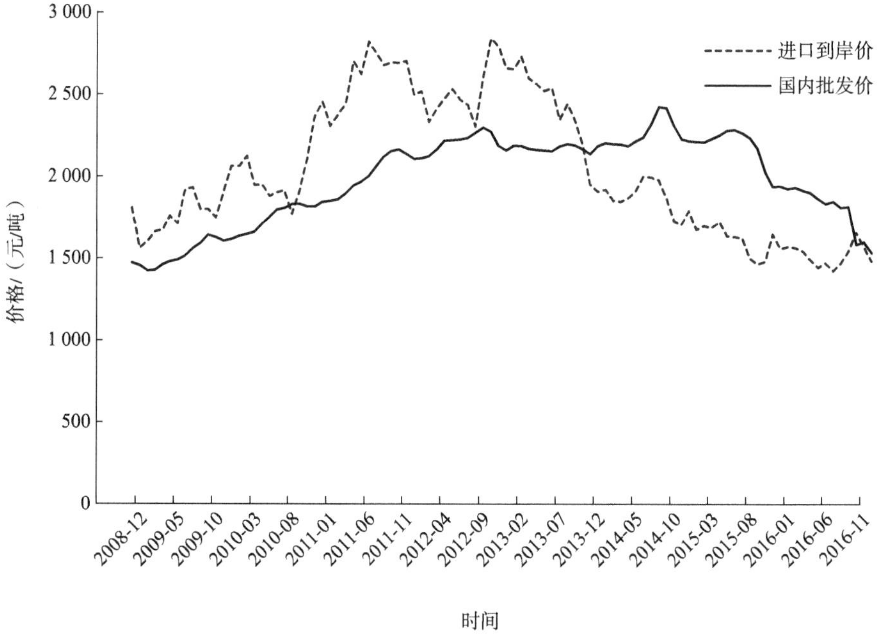

图 12.4 2008~2016 年玉米国内批发价与进口到岸价

资料来源：进口到岸价来自《中国进出口贸易统计月报》（2008~2016 年）；国内批发价来自国家粮油信息中心

玉米国内外市场价格倒挂，库存、生产和进口同时增长等供给侧结构性突出问题主要是在2013年之后发生的。特别是2014~2015年的“价格倒挂”（图12.4）。短期内发生的供给侧问题，不能主要归因于国内生产成本的上升。例如，根据国家发展和改革委员会价格司的《全国农产品成本收益资料汇编 2017》数据，2013年、2014年和2015年亩均玉米生产总成本分别为1 012元、1 064元和1 084元，每千克玉米生产成本分别为2.07元、2.13元和2.22元，扣除物价增长因素后亩均生产成本（单位：元/千克）基本没有变化；如果考虑人民币的贬值因素[①]，国内玉米以美元计算的生产成本更没有发生显著变化。那么，这一时期导致玉米供给侧出现问题的根本原因在哪里?

玉米在2013年后出现的突出问题是国内临时收储政策和国际市场价格下降共同作用的结果。外因无法改变，内因是可以避免的。从外因上看，2012 年底以来，国际市场玉米需求疲软导致玉米价格呈现逐年下降的趋势（图 12.4）。但在国内，玉米收购价则从玉米临时收储政策实施初期（2008 ~ 2009 年）的 1 500 元/吨提高到 2013 年的 2 240 元/吨，增长了 49%；收购价格的大幅提高刺激了农民玉米生产的积极性，玉米开始替代其他农作物的生产，玉米生产从 2009 年的

① 人民币兑美元的汇率在 2013 年和 2015 年分别为 6.19 和 6.64，贬值 7.3%。参见国家统计局（2017）。

18 397.3 万吨增加到 2013 年的 21 848.9 万吨（国家统计局，2017）。实际上从 2012 年开始国内玉米生产已经出现明显的供过于求局面，之后国内玉米价格本应同国际价格同步下降。但为了稳定玉米市场价格，根据黄季焜等（2015）的分析，国家从 2013 年开始又显著加大玉米临时收储量，从 2013~2014 年度的 6 920 万吨增加到 2014~2015 年度的 8 300 多万吨和 2015~2016 年度的 1.25 亿吨，而这三年玉米出库拍卖总量只有 5 200 多万吨，从 2013 年底到 2016 年底，估计三年内临时收储政策净增加的库存达 2.3 亿吨左右，这一数量超过了 2015 年玉米破历史纪录的产量 2.246 亿吨。

玉米市场干预政策也对玉米下游产业产生了巨大的冲击。首先，因为玉米主要是用作饲料，其价格上升必然会对畜牧业生产产生负向影响。例如，生猪年底存栏头数在 2014~2016 年年均下降了 2.8%，猪肉产量在 2015 年和 2016 年也分别下降了 3.3%和 3.4%（国家统计局，2017）。其次，高价玉米也冲击了玉米的加工业。玉米深加工业曾经历了快速增长时期，虽然 2007 年之后为防止其过快发展还实施了多年的限制发展政策，但根据本章估计，用作深加工的玉米还是从 2007 年的 3 200 万吨增长到 2010 年的 5 200 多万吨；真正抑制了其发展的还是前几年高企的玉米价格。最后，受国内玉米价格上涨影响，畜牧业比较优势显著下降，从而也出现了近年来各种畜产品出口下降而进口上升的局面。

玉米市场的干预还对许多玉米替代农产品产生了显著的负向影响。玉米国内外价格的差价的扩大，使玉米进口压力增大，但为了减缓国内玉米库存压力，国家实施了限制玉米进口政策，这导致了玉米替代品（如大麦、高粱、玉米干酒糟高蛋白饲料或干酒精糟、木薯等）进口的剧增，同时还对国内生产杂粮地区的农民造成了生产和价格的冲击。

三、玉米市场改革及其影响

随着近年来国际玉米价格的持续低迷和下降，政府对玉米市场干预带来的一系列市场问题和临时收储政策已经难以持续，改革势在必行，最终于 2016 年取消玉米临时收储，实施“价补分离”政策。政府不再按保护价收购玉米，让价格随行就市；同时，政府给予生产者一定的补贴。

那么，实施玉米“价补分离”改革政策效果如何？总的来说，玉米市场改革使玉米供需开始逐渐恢复平衡。首先，玉米市场改革转变了玉米产需剩余不断扩大的局面。例如，当玉米临时收储价格首次出现下降，从 2014 年的 2 240 元/吨下降到 2015 年的 2 000 元/吨，之后继续下降；与此同时，玉米产量从 2016 年开始首次逆转了 21 世纪初以来年年增长的趋势。其次，玉米价格的下降促进了各行业对玉米需求的增长，市场供需严重不平衡的格局得到显著改善。最后，玉米市场改革不但为玉米去库存减少了过去生产年年增长带来的压力，玉米价格下降也避免了过去玉米库存拍卖常常流拍的局面。

玉米市场的力量是巨大的，玉米市场改革的效果是极其显著的。首先，玉米回归市场价格，价格下降促进了畜牧业的生产，改变了近年来畜产品进口显著上升的趋势。其次，有迹象表明，2016 年以来玉米加工业又出现了发展势头。再次，玉米价格的下降也结束了过去几年高粱、大麦、干酒精糟和木薯等许多玉米替代产品进口急剧上升的局面，2016 年这些农产品进口已开始迅速下降。最后，玉米实施“价补分离”政策后，玉米的批发价格也迅速回落，从 2016 年 10 月开始，国内玉米批发价基本上已等于进口到岸价，国内外玉米价格“倒挂现象”从此消失（图 12.4）。国内玉米价格同国际价格趋同具有极其深远的意义，这意味着中国玉米生产可能不像多数学者所认为的“没有市场竞争力”，这也意味着过去几年玉米及相关产业出现的种种问题不是来自生产本身，而主要是来自国家对市场的干预。

上面只是以玉米为主要案例分析了政府干预带来的农业供给侧问题和市场改革的成效，但实际上粮棉油糖等主要农作物在政策干预市场期间都出现了供给侧结构性问题。对这些问题的讨论和分析详见本书第十六章。

四、玉米市场改革的中长期影响

下面将以玉米市场改革为例，对我国当前农产品市场改革的中长期影响进行深入分析。玉米市场改革的效果是极其显著的，玉米价格的下降推动了玉米市场恢复竞争力。然而玉米市场改革对玉米生产、消费、贸易及自给率具有中长期影响。本章利用中国农业政策分析模型模拟分析玉米市场改革（玉米去库存）的中长期影响，模拟从 2017 年开始调减我国玉米库存。2017~2021 年玉米库存需减少 1.2 亿吨，其中，每年玉米库存分别减少 1 000 万吨、3 000 万吨、4 000 万吨、3 000 万吨、1 000 万吨。

玉米去库存将会降低我国玉米播种面积，减少玉米产量，但是对我国玉米生产的影响比较有限。在去库存的当年（2017 年），玉米库存下降 1 000 万吨；玉米国内价格将明显降低，导致玉米的播种面积下降，与基准情景相比，2017 年玉米播种面积下降（图 12.5），下降比例为 0.62%；导致当年玉米产量下降（图 12.6），产量减少了 198 万吨，约占 0.93%。2017~2019 年，随着每年玉米去库存量的增加，玉米播种面积和产量的降幅也逐渐增加，在 2019 年达到最高峰；2019 年玉米播种面积下降了 2.84%，玉米产量先下降 912 万吨（4.16%）。随着玉米库存量的减少，2020~ 2021 年，玉米库存每年分别减少 3 000 万吨和 1 000 万吨，玉米播种面积和产量的降幅也分别下降；2020 年和 2021 年玉米播种面积分别下降 2.62 和 0.20%，由此玉米产量分别下降 3.73%和 0.38%。2017~2021 年玉米产量累积减少

2 772 万吨，约占同期玉米去库存量（1.2 亿吨）的 23.1%。在 2021 年后，随着玉米去库存的减少，玉米播种面积和产量逐渐上升，并逐步恢复到基准情景的水平。因此，玉米去库存将在中短期内对我国玉米生产带来负向影响。

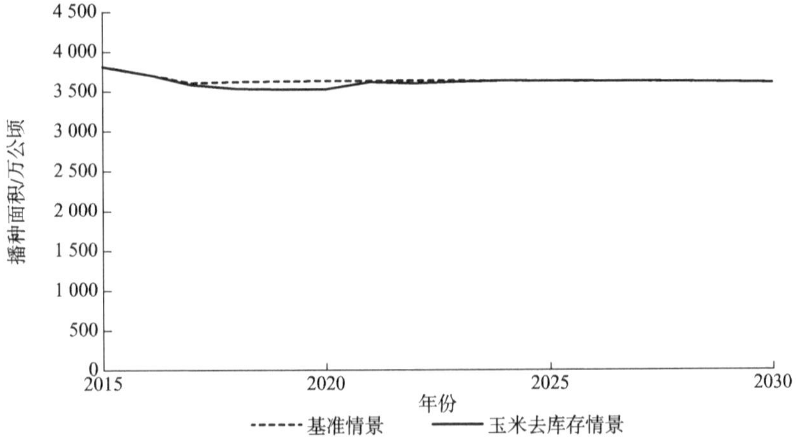

图 12.5　去库存对玉米播种面积的影响

资料来源：中国农业政策分析模型模拟结果

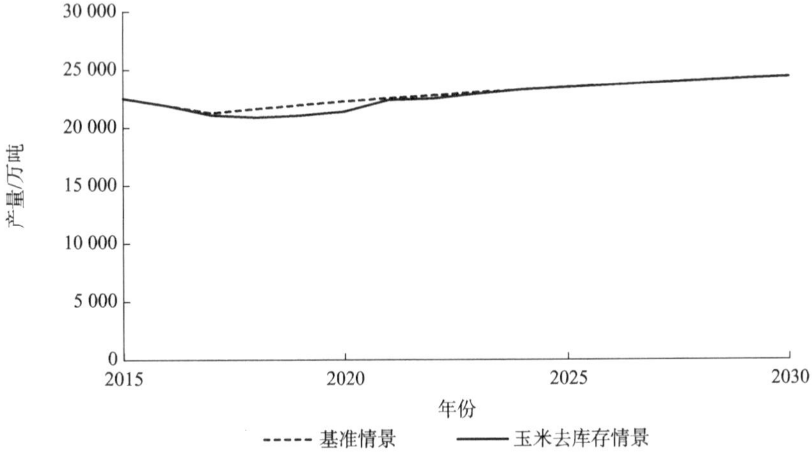

图 12.6　去库存对玉米产量的影响

资料来源：中国农业政策分析模型模拟结果

然而，相比于玉米的生产规模，玉米去库存对玉米生产的影响比较有限。2015 年我国玉米产量达到 2.25 亿吨，在基准情景下 2017~2021 年我国玉米产量在 2.11 亿~2.23 亿吨。同期，受玉米去库存的影响，玉米产量累积减少 2 772 万吨，年均减少约 554 万吨，仅占同期玉米产量 2.6%。

玉米去库存将小幅刺激玉米需求。在 2017~2021 年，国内玉米库存将累积减少 1.2 亿吨。为了满足玉米去库存的需要，玉米的国内需求也将发生相应的变化。玉米的国内需求主要包括口粮需求、饲料粮需求和工业需求。从总体来看，2017~2021 年玉米需求将明显增加。在 2017~2019 年，玉米需求的增幅逐渐加大；与基期相比，2019 年玉米国内需求增加（图 12.7），增加量为 2 985 万吨，约占 12.6%。2020~2021 年玉米需求增幅逐步减少，直至 2022 年后恢复到基准情景的玉米需求水平。2017~2021 年玉米需求累积增加 8 497 万吨，约占玉米库存变化的 70.8%。但玉米去库存政策对玉米国内需求的不同成分的影响却存在较大差异。

由于玉米去库存导致国内玉米价格下降，玉米的食物需求和饲料需求增加。由于玉米用于直接使用的比例较低，2017~2021 年玉米的食物需求仅累积增加 65.2 万吨。但与玉米的口粮需求相比，饲料的需求增加较多，五年间饲料需求累积增加 3 632 万吨，接近于 2015 年玉米替代品的进口量。这是由两方面因素共同作用而成的。一方面玉米价格降低，饲料成本下降，促进了畜产品的生产；另一方面，玉米价格的下降促使畜牧业生产中更多使用玉米，减少了高粱、大麦等玉米替代品的使用。此外，由于玉米库存巨大，且陈粮出售存在较大困难，可以预期玉米的产后损失在流通、仓储环节将显著增加，我们预计 2017~2021 年，玉米产量损失累积为 1 200 万吨。

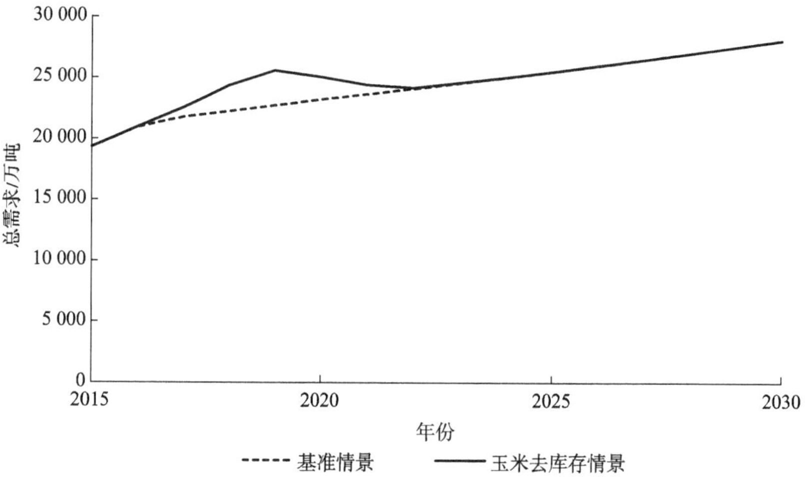

图 12.7　去库存对玉米总需求的影响

资料来源：中国农业政策分析模型模拟结果

玉米去库存调整将会显著减少我国的玉米净进口，提高玉米的自给率。在 2017~2019 年，玉米去库存将显著降低玉米的净进口，2019 年玉米的净进口将下降 32.0%，约为 233.8 万吨；2017~2019 年玉米净进口累积下降 427.6 万吨。2020~2021 年玉米净进口累积下降 302.3 万吨。2022 年后随着玉米库存的减少，净进口降幅逐渐缩小，直至收敛到基准情景方案的水平。玉米去库存在减少玉米净进口的同时，也增加了玉米的国内需求，玉米去库存在一定程度上提高了玉米自给率。根据中国农业政策分析模型的预测结果，2019 年玉米自给率从 96.8%提高到 97.7%，增加 0.9 个百分点。

在玉米库存调整结束后，玉米库存-消费比最终将恢复正常水平。玉米库存在 2016 年达到 2.42 亿吨以后，预计在 2021 年下降到 1.22 亿吨，此后将保持在这一水平。2017~2021 年玉米库存-消费比逐步降低，并在 2021 年下降到 50%以下。随着玉米的消费需求进一步增加，玉米库存-消费比仍将缓慢下降，可以看出去库存使玉米库存-消费比恢复到了正常水平。

因此，玉米库存调减政策将导致玉米生产短期内小幅下降，玉米价格下降将刺激玉米需求增长，最终玉米库存调减并不会显著冲击国内的玉米产业。但是本章假设 5 年内完成玉米库存调减任务，如果政府追求更短时间内完成玉米调减任务，如 2~3 年，对国内玉米产业的影响可能会大于本章估计的结果。因此在玉米调减政策实施时，需要制定稳妥、切实可行的玉米去库存路径。

第四节　主要结论和政策建议

作为渐进式改革理论在我国农产品市场改革中的实践，粮食收购双轨制如何影响粮食生产一直是学术界所关注的重要问题。因为国情差异，虽然这种改革效果无法同苏联不太成功的“休克疗法”式改革效果直接进行对比，但中国粮食等主要农产品生产在双轨制改革期间总体持续增长的事实，说明双轨制改革适合中国国情。本章在以往研究的基础上，以小麦为例，进一步论证了粮食收购双轨制改革对粮食生产产生积极影响。

实证研究结果表明，粮食收购双轨制促进粮食生产（或面积）是通过四个途径来实现的。这四个途径按其影响大小（即小麦面积变化对其变化的反应程度或弹性）依次为提高农民的自留量、提高议购价格、降低定购数量和提高议购收购量。同时，研究结果还表明，粮食收购双轨制改革中的定购价对小麦播种面积没有产生影响。

本章研究还表明，1985~1996 年的粮食收购双轨制在渐进地推进粮食的市场化上产生了影响并验证了农民对边际价格的反应。通过降低政府的总收购量来提高农民自己可掌握的粮食数量，农民可以较高的价格在当地农贸市场销售，获得更高的收入，这是促进农民增加粮食播种面积的重要原因。因为议购价格比定购价格高，所以提高议购价格和议购数量都提高了农民生产的积极性，从而促进了粮食生产。因为定购价低于议购价，不是边际价格，所以农民只是对更高的议购价做出生产决策的反应。

本章研究结果不但丰富了我们对粮食收购双轨制改革作用的认识，而且有极其重要的现实意义。粮食收购双轨制改革是中国农产品市场渐进性改革的特色，其实施为21世纪初重新开始的粮食市场改革奠定了基础。重新探究粮食收购双轨制改革，有助于我们全面认识其在我国农产品市场改革过程中发挥的重要作用，从而凸显其深刻历史意义。另外，本章研究结果进一步证实了市场改革在我国粮食生产中的作用。如果同21世纪90年代末期的粮食“三项政策”等干预政策的效果比较，本章研究结果说明，只要推进粮食市场改革，我国粮食生产和市场就能够得到健康的发展，否则粮食生产和市场就会面临诸多问题和挑战。但无可否认的是，渐进式的粮食流通市场改革也为政府有时采取不必要的市场干预提供了空间和可能，如何权衡政府对粮食市场的调控和充分发挥市场配置资源的作用始终是学术界研究的重要议题。

21世纪初以来国家对粮食等主要农产品市场的干预所带来的一系列问题，以及近年来又启动的市场改革，进一步证明了市场在资源配置和优化农业生产结构中的作用。此次改革取得了一定的成效，特别是以玉米为首的“价补分离”政策，充分发挥市场在资源配置中的决定性作用，分品种施策、分步骤实施，通过价格信号引导生产、调节供求，取得了一定成效。一是初步理顺了价格形成机制。随着改革的有序推进，粮食收购价格逐步由市场形成并回归到合理水平。二是形成了正常的市场流通秩序，过去政策性收储后储存难、销售难、流通不畅等问题得到显著缓解。三是多元主体入市积极，有效激活了市场。各类企业积极入市收购粮食，市场化收购比重不断提高，改变了以往由国家政策性收购主导市场的局面。产业上下游链条逐步理顺，产业活力充分激发。与此同时，农民的市场意识明显增强，调整优化种植结构的主动性显著提高。

虽然粮食市场化改革取得了一定的成效，但不可否认政策调整远未到位，特别是大米和小麦收储制度该如何改革尚未达成共识。不同于玉米，其主要用途是原料性用粮（饲用或工业用粮），大米和小麦属于口粮。在保障口粮绝对安全的方针背景下，大米和小麦收储制度如何进行改革，以有效消除“三高”（产量高、库存高、进口量高）问题、价格倒挂（原粮与成品粮、产区与销区、国内与国际）问题、产购销链条脱节问题和财政负担沉重等问题？对大米和小麦进行市场化改革已经形成共识，但如何改革尚未达成一致意见。大米和小麦最低收购价政策作为一项重要的农业支持政策，对稳定粮食生产、促进农民增收发挥了积极作用，在其他相关支持政策尚未完全建立起来之前，这项政策应加以完善并坚持下去。同时，在下一步工作中，从供求总量平衡兼顾种植成本和国际粮价的角度，寻求科学有效的最低收购价定价机制，让粮价回归市场。在改革推进过程中，政府应做好顶层设计、保障农民利益不受损、不断创新粮食宏观调控，充分发挥市场在资源配置中的决定性作用，逐步推动粮食产购销产业链条衔接、市场竞争有序、资源可持续利用的新局面。

第十三章　棉花市场干预和改革与其市场价格形成机制及影响

第一节　研究背景

一、农产品市场政策回顾

21世纪初以来，国家出台了一系列支持“三农”、保障粮食等农产品供给和稳定农产品市场的政策。在这些政策中，农产品“托市”政策尤为突出并占据着极为重要的地位，其中包括政府于2004年和2006年先后启动的大米和小麦最低收购价政策，以及2008年启动的玉米、大豆和油菜籽，2011年启动的棉花，2012年启动的食糖临时收储政策。然而，最低收购价和临时收储政策在保护农民利益的同时也面临着严峻挑战。最低收购价和临时收储这两项“托市”政策无疑对保护农民利益和稳定市场起到了重要作用（贺伟，2010；王士海和李先德，2013），但多年的“托市”政策干扰了市场的价格形成机制，削弱了农产品的市场竞争力（徐志刚等，2010）。不断抬高的农产品价格也提高了下游加工业的生产成本，不少加工企业出现开工不足和工人失业现象（徐志刚等，2010；贺伟，2010）。特别是2013年以来，实施“托市”政策的粮棉油糖这些大宗农产品都出现了国内市场价格显著高于国际市场价格的“堰塞湖”现象，进口压力剧增，中国更成为世界粮棉油糖的“库存地”，两项“托市”政策已到了难以为继的局面（黄季焜，2014）。

在以上背景下，完善农产品价格形成机制已是当务之急。为此，2014年中央一号文件明确提出，要“逐步建立农产品目标价格制度，在市场价格过高时补贴低收入消费者，在市场价格低于目标价格时按差价补贴生产者，切实保证农民收益”。建立农产品目标价格制度成为当前完善农产品价格形成机制的改革重点。

为推动农产品目标价格政策的实施，政府于2014年分别在东北和内蒙古启动了大豆目标价格改革试点，在新疆启动了棉花目标价格改革试点。

这项将影响未来中国农产品价格形成机制、农民切身利益和国家食物安全的目标价格改革试点无疑引起了政府、相关产业和学术界的广泛关注。有一系列问题急需研究：目标价格改革试点能否达到预期目标？目标价格政策在试点的实践中是如何执行的？该项政策实施过程中有什么经验可以总结？该项政策在实际操作过程中会出现什么问题？目前启动的棉花和大豆目标价格改革试点能否推广到全国及其他主要农产品？回答以上问题具有极其深远的政策含义。

二、棉花补贴政策回顾

自1949年中华人民共和国成立直到1978年改革开放的30年间，中国政府对棉花实行的是严格的统购统销和定价收购政策。国家制定棉花的收购和销售价格，各级供销总社代表国家统一经营棉花，私营企业和个人不得经营棉花业务，整个棉花生产、经营和消费的计划经济特征十分突出。此时期，国家出台了若干棉花生产、收购、销售和定价等方面的政策。例如，1950年政务院财政经济委员会发布了《中央人民政府政务院财政经济委员会关于保证棉、麻与粮食合理比价的通告》；1954年政务院通过《中央人民政府政务院关于实行棉布计划收购和计划供应的命令》《中央人民政府政务院关于实行棉花计划收购的命令》，开始实施严格的棉花统购统销政策，城乡居民凭票购买棉布。

1978~1984年，国家仍然实行统购统销和定价收购政策。随着家庭联产承包责任制在全国推开，农户获取农业生产经营的自主权，在棉花和粮食的比价较高，收益较好的背景下，农户种植棉花的积极性高涨，使得棉花生产迅速增长，首次出现供过于求的状况，棉花库存迅速增加，迫使政府启动新的棉花收购政策。

1985~1998年，国家实施棉花的合同定购政策。1984年10月26日，国务院发布了《国务院关于加强棉花产购销综合平衡的通知》，其中明确规定："对棉花实行计划收购，国家收购计划确定为八千五百万担。分省、自治区、直辖市的指标，由国家计委下达，各地要层层落实"；"北方棉区的超购加价比例由'倒二八'改为'倒三七'，即30%按统购价，70%按超购加价。南方棉区继续实行'正四六'比例，即60%按统购价，40%按超购加价"。1985年初中共中央、国务院颁布《中共中央、国务院关于进一步活跃农村经济的十项政策》，其中明确规定："粮食、棉花取消统购，改为合同定购"；"定购的棉花，北方按'倒三七'，南方按'正四六'比例计价。定购以外的棉花也允许农民上市自销"。由此国家废除了棉花的统购统销政策，启动了棉花的合同定购政策，定购内的棉花实行定购价格，定购外的棉花实行市场价格，棉花收购政策向市场化进程迈出了一小步。

1999 年，国家建立政府指导下的棉花市场化收购政策。1998 年 11 月，国务院颁布《国务院关于深化棉花流通体制改革的决定》，从 1999 年开始进一步改革棉花流通体制，改革目标是，“逐步建立起在国家宏观调控下，主要依靠市场机制实现棉花资源合理配置的新体制。国家在管好棉花储备、进出口和强化棉花质量监督的前提下，完善棉花价格形成机制，拓宽棉花经营渠道，转换棉花企业经营机制，降低流通费用，建立新型的产销关系”。在新机制下，“供销社及其棉花企业、农业部门所属的良种棉加工厂和国营农场、经资格认定的纺织企业均可以直接收购、加工和经营棉花。个体棉贩及其他任何未经资格认定的单位，一律不得收购、加工棉花”。这意味着国家开始积极推进棉花收购的市场化改革，棉花收购政策向市场化进程迈出了一大步。

2001~2010 年，国家实施棉花的市场化收购政策。2001 年 7 月，国务院颁布《国务院关于进一步深化棉花流通体制改革的意见》，要求“放开棉花收购，鼓励公平有序竞争”，“从 2001 棉花年度起，凡符合《棉花收购加工与市场管理暂行办法》规定、经省级人民政府资格认定的国内各类企业，均可从事棉花收购。鼓励获得收购资格的纺织企业及其他各类企业，到新疆等主产棉区跨区直接收购或委托代理收购棉花。严禁任何地区或单位利用划片、设卡等方式限制棉花购销活动”。这意味着国家的棉花收购政策已完全实现市场化，国内外棉花市场价格在 2010 年前已基本趋于整合和并轨，国内棉花价格同进口棉花到岸价的差价保持在 20%左右（图 13.1），这也意味着进口棉花完税后的价格同国内棉花价格相当，国内外市场基本整合。

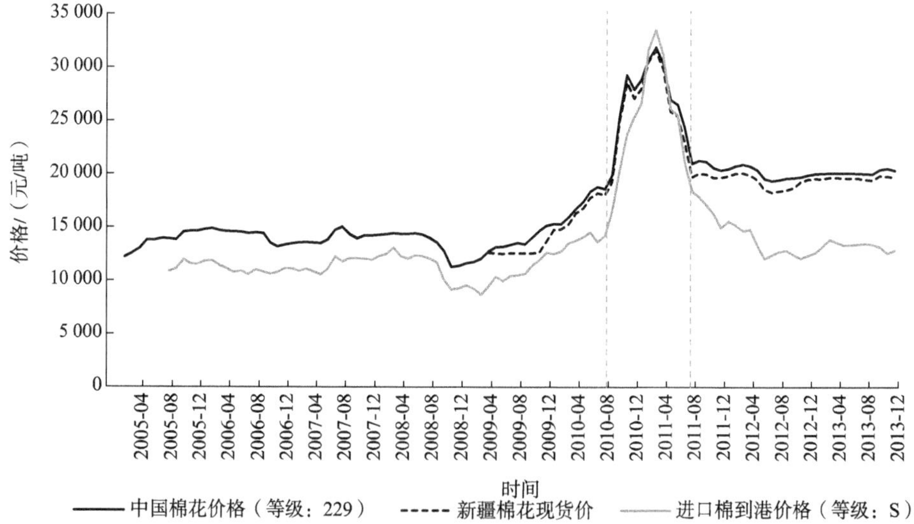

图 13.1　中国棉花市场整合状况（2005 年 1 月~2013 年 12 月）

注：中国等级为 229 的棉花为二级棉，进口等级为 S 级的棉花为二级棉，与中国二级棉具有可比性

但受国内外棉花价格在 2010~2011 年的一次急剧飙升和下跌的影响，国家出台了棉花临时收储政策。2007 年全球棉花产量处于顶峰，达 7 250.4 万吨[①]，随后由于自然灾害等原因的影响，全球棉花开始减产，2008 年 6 598.5 万吨，2009 年 6 089.2 万吨[②]，但消费却一直在增长，到 2010 年初，全球棉花库存处于较低水平，供应量有限，但需求依然十分强劲，这导致全球棉花价格出现显著上升。2009 年 9 月中国进口二级棉到港价为 10 639 元/吨，2010 年 9 月为 16 449 元/吨，随后进入了急剧上升通道，2011 年 3 月达到顶峰，为 33 536 元/吨。但随着 2010 年全球棉花产量恢复到 6 829.9 万吨，供需逐渐平衡，在市场对 2011 年棉花产量的乐观预期下，国际棉价开始下跌，从 2011 年 3 月的最高点降至 2011 年 8 月的 18 400 元/吨。与此同时，国内棉价也经历了同样的涨跌幅度，二级棉从 2009 年 9 月的 13 389 元/吨的地位逐渐上涨到 2010 年 9 月的 19 830 元/吨，接着飙涨至 2011 年 3 月最高点 31 906 元/吨，随后急剧下降，2011 年 8 月仅为 20 962 元/吨，且有继续下行压力。为保护广大棉农的利益，政府决定于 2011 年 9 月出台棉花临时收储政策，此政策对国内棉价起到了立竿见影的支撑作用，棉价趋于稳定，维持在 20 000 元/吨左右，与国家规定的 19 800 元/吨和 20 400 元/吨的临时收储价相差无几。但与此同时，国际棉价却在继续下跌，到 2012 年 6 月，进口二级棉到港价仅为 12 037 元/吨，剔除通货膨胀以及生产成本的影响，基本上与 2009 年 9 月棉花上涨前的棉价趋同（图 13.1）。

但棉花的临时收储政策对保护种棉积极性的同时也出现了一系列问题，政策的可持续面临巨大挑战。随着国际市场棉花价格回落到正常价位，国内外棉花价格倒挂现象日益突出（图 13.1）。2012~2013 年，国内棉花价格比进口到岸完税后的每吨价格高 3 000~6 000 元，这种价差直接导致了棉花进口从 2010 年的 313 万吨迅速增加到 2012 年的 541 万吨。与此同时，因为在贸易政策上棉纱（进口采取单一关税）不同于棉花（进口采用配额管理和滑准税政策），受价差的影响，棉纱进口更从 2011 年的 90 万吨提高到 2012 年的 153 万吨和 2013 年的 210 万吨。2011~2013 年棉花和棉纱进口的增加和价格差价使国内棉花库存快速增长，2013 年中国棉花库存超过全球库存的一半，国内库存消费比达到 130%以上。中国已成棉花的世界库存地，面临巨大的财政支出；高企不下的国内外价差，形成了“堰塞湖”，进口压力大；棉纺织业和服装业生产成本剧增，许多工厂倒闭，工人下岗。为此，2014 年国家取消了棉花临时收储政策，同时开展了棉花目标价格政策试点。

---

① 本段中棉花产量为籽棉，棉花价格为皮棉。

② 资料来源于历年《国际统计年鉴》。

三、新疆棉花目标价格改革试点实施方案

为开展新疆棉花目标价格改革试点，2014 年，国家发展和改革委员会等部门会同新疆维吾尔自治区政府联合制定并实施了试点方案。该试点方案的目标是：①为国家完善农产品价格形成机制与财政补贴机制摸索经验；②保证棉农利益；③促进当地棉花生产和相关产业可持续发展。试点方案明确了政府目标价格实施中的关键问题，包括确定目标价格、确定市场价格、明确补贴对象和具体补贴方式、核实和监测棉花种植面积与交售量、兑付补贴资金等。

目标价格补贴额为目标价格与市场价格的差额。目标价格采取“生产成本+基本收益”的方法确定并在播种前公布。2014 年 4 月 5 日发布的新疆皮棉目标价格为 19 800 元/吨，把皮棉价格折合成农民销售籽棉的价格为 8.8～8.9 元/千克。市场价格是根据代表性监测点在每年 9～11 月棉花收购期间所采集的价格等数据计算出来的新疆平均棉花市场价格。

国家发展和改革委员会牵头，联合农业、财政等部门联合制定了《新疆棉花目标价格改革试点工作实施方案》，该方案明确规定了政府目标价格实施的关键步骤。各棉农的补贴以其棉花种植面积和籽棉交售量为依据。除新疆生产建设兵团（仅按籽棉交售量补贴）和两个县（一个仅按棉花种植面积，另一个仅按籽棉交售量补贴）外，其他所有县都按如下原则进行补贴：补贴总额的 60%按棉花种植面积发放，剩余的 40%按籽棉交售量补贴①。确定棉花种植面积分三个步骤：①村委会测量，组织实地丈量和张榜公布，对有异议的，重新核实后再次张榜公布；②县乡抽查，县乡村干部和农民代表对部分农户的棉花种植面积进行复核与实地测量；③地（市、州）联合抽检，重点抽查县、乡、村三级棉花种植面积核实档案，随机抽查农户并测量其棉花种植面积。对各级抽查抽检中发现虚报现象的，取消或扣减补贴。而棉花交售量则依据农户出售籽棉给加工企业（经自治区资格认定的企业）时获得的发票而定。为防止“转圈棉”和虚开发票，从农户收购棉花的加工企业必须把其加工好的皮棉及时送到指定的棉花专业监管仓库接受监管。

---

① 新疆棉花目标价格补贴的具体步骤：第一，确定新疆棉花种植面积。农户自下而上层层上报棉花种植面积，各级农业部门牵头核实和汇总，得到新疆棉花种植总面积。第二，确定新疆棉花交售量。农户自下而上层层上报，各级发展和改革委员会牵头核实和汇总，得到新疆棉花交售总量。第三，确定新疆棉花目标价格补贴总额。补贴总额=新疆棉花交售总量×（目标价格－市场平均价），并将其分为两部分进行补贴，其中，面积补贴总额=补贴总额×60%，交售量补贴总额=补贴总额×40%。第四，确定单位面积和单位交售量补贴额。其中，单位面积补贴额=面积补贴总额/新疆棉花种植总面积，单位交售量补贴额=交售量补贴总额/新疆棉花交售总量。第五，确定农户补贴额。农户补贴额=农户棉花种植面积×单位面积补贴额+农户棉花交售量×单位交售量补贴额。

第二节 研究数据

一、抽样方法

为了解目标价格改革试点方案在基层的实施情况和实施效果，本章研究对同时按棉花种植面积和籽棉交售量补贴的县做了调查。调查对象包括四类人员：县政府相关部门的领导、轧花厂的管理人员、棉花种植农户及建设兵团相关部门的领导。相应地，共收集到四套数据和资料：县政府座谈记录和县基本统计信息，轧花厂的收购和交售数据加上与厂长的访谈记录，农户入户问卷调查，以及建设兵团座谈记录。调查采取分层随机抽样的原则。首先，确定调查县。项目组把新疆棉花生产县按照户均棉花种植面积分成 5 组，再从每组中分别随机抽取 1 个县，共抽取 5 个调查县①。其次，在每个调查县随机抽取 2 个棉花主产乡镇，在每个乡镇随机抽取 2 个村。最后，在每个调查村随机抽取 12 个农户。最终，项目组于 2014 年 11 月中下旬对所抽取的 20 个村的 240 个棉花种植户开展了入户调查，12 月初又对他们电话访谈了第一次补贴款②发放后的情况。

同时，为了解目标价格改革试点执行过程及其管理方面的情况，项目组还对其他利益相关者开展了调查。项目组在每个县组织了由发展和改革委员会、农业局、统计局、财政局、国家土地管理局、棉麻公司等部门领导参加的座谈会。座谈内容主要包括本县棉花目标价格改革试点实施情况、经验、问题和建议。另外，项目组还在每个县随机抽取了 2 个轧花厂，对其棉花收购的具体情况做了详细的问卷调查。

为了评估棉花目标价格改革试点是否促进了棉花市场价格形成机制的建立，作者还收集了市场价格数据。这些数据包括历年来新疆棉花市场价格和进口棉花到岸价格③。

二、样本描述

抽样结果表明，本章研究调查的样本基本能够代表新疆棉花种植农户的情况。新疆 2014 年的户均耕地面积约为 56 亩，其中棉花种植面积为 25 亩。我们选

① 依据项目组调查时的承诺，本书省略了具体调查的县名。

② 第一次补贴按照棉花种植面积补贴的 70%（官方数字）发放。

③ 本书所使用的进口棉花到岸价格是进口棉价格指数（FC Index），计价单位是美分/磅（1 磅≈0.45 千克），本书根据汇率将其换算成元/吨，且该价格是所有口岸的平均价。

取的 5 个样本县的户均经营耕地 34 亩，棉花种植面积 27 亩，基本代表了新疆棉花主产县的生产水平。抽样选定的20个样本村来自这5个县中的棉花主产乡，所以户均种植面积高于县平均水平。如表 13.1 所示，2014 年每户平均经营耕地为132亩，其中棉花面积为110亩。如果扣除开荒地面积（无法获得此数据），户均承包地面积基本接近调查县的平均数。

表 13.1　调查农户耕地情况

项目		2013年	2014年
农户耕地情况	平均经营的耕地面积/亩	125	132
	平均地块数量/块	4	4
	其中平均棉花地块数/块	3	3
	平均租入耕地/亩	70	80
	平均租出耕地/亩	2	2
	租入耕地的农户比例	58%	59%
	租出耕地的农户比例	3%	3%
农作物面积情况	农作物种植面积/亩	126	134
	棉花种植面积/亩	106	110
	玉米种植面积/亩	15	10
	小麦种植面积/亩	2	2
	其他作物种植面积/亩	3	12

注：其他作物包括油葵、西红柿、辣椒、甜瓜、红枣、水稻、甜菜、核桃、高粱和葫芦

资料来源：北京大学中国农业政策研究中心调查数据

样本中的农户有以下五个显著特征（表13.1~表13.3）。第一，农户以种植棉花为主，其他作物种植面积较小。2014 年除棉花外的其他作物经营面积仅为 24 亩，占耕地面积的 18%。第二，每户拥有的地块较少，每块地的平均面积较大。2014年，户均有4块耕地，棉花地占到3块，平均每块棉花地的面积可达37亩，远高于内地平均水平。第三，农户的租地行为非常普遍，租入耕地的面积大。2014 年有 59%的农户租入耕地，平均租入面积为 80 亩，占到经营耕地面积的61%。第四，2014年棉农平均每亩亏损51元，亏损主要来自收入的减少而不是成本的提高。籽棉的平均市场价格为每千克6.14元，比2013年下降了30%，同时棉花亩产为213 千克，比2013年降低了20%，因此总收入下降了44%。从人工成本来看，尽管拾花工的工钱比2013年略有上涨，但由于亩产降低很大，每亩的拾花费用反而下降了。和2013年相比，每亩的物质成本（包括化肥、种子、农药和塑料薄膜等）上升了16%，机械费用和地租相差不大。实际的亏损应该比表13.2中反映的更大，因为我们还未算入每亩的自家劳动力投入的成本。第五，棉农普遍有贷款，且数额很高。有 85%的农户从农业发展银行或者信用社贷款种棉，平均数额约为14万元，平均年利率为8.47%。

表 13.2 调查农户棉花种植的成本与收益

棉花种植情况	2013年	2014年
籽棉价格/（元/千克）	8.80	6.14
棉花亩产/千克	266	213
总收入/（元/亩）	2 343	1 308
人工费用（拾花工）/（元/亩）	469	392
机械费用/（元/亩）	275	279
物质成本/（元/亩）	360	419
地租/（元/亩）	264	269
总成本/（元/亩）	1 368	1 359
收益（=总收入−总成本）/（元/亩）	976	−51

注："物质成本"包括化肥、种子、农药、塑料薄膜等的成本总和

资料来源：北京大学中国农业政策研究中心调查数据

表 13.3 2014 年调查农户棉花贷款情况

农户棉花贷款情况	平均数
贷款种棉的农户比例	85%
贷款数额/元	137 718
年利率	8.47%
感觉还贷压力大的农户比例	95%
2014年将推迟农资购买的农户比例	89%

资料来源：北京大学中国农业政策研究中心调查数据

5 个样本县都有轧花厂，以私营企业为主（56%），大部分仅生产皮棉（67%）（表 13.4）。这些轧花厂有以下几方面的特征（表 13.4、表 13.5）。第一，2014 年的籽棉收购开始得较晚（比 2013 年晚了 10~15 天），但这主要是天气原因，而不是轧花厂有意推迟收购时间，其中有部分农户因为 2014 年棉价较低而产生惜售和观望心理，但影响不大。2014 年春季寒冷，播种后不少农户由于种子无法发芽而不得不重新播种，有的农户甚至重新播种了几次；而秋季收获时天气也不够暖和，导致有些地区的棉花迟迟不开花而影响了采摘，因此 2014 年的棉花收获比往年晚。如果剔除天气因素，2014 年的籽棉收购进度与 2013 年比没有明显差异。第二，轧花厂的籽棉收购量主要是由当地棉花产量决定的，还有轧花厂反映，部分原因是目标价格政策实施之后市场行情不明，不敢敞开收购。第三，轧花厂主要收购当地棉花，异地收购的比例为 67%。第四，有 56%的轧花厂认为目标价格政策对轧花厂没有好处，并且所有的轧花厂都认为目标价格政策的公检制度很烦琐。第五，皮棉公检的现金支出等显性成本不高，但是时间等隐形成本较高。每吨皮棉的公检成本为 214 元，仅占总成本的 1%，但是等待时间平均为 11 天，这可能会延误轧花厂的销售进度，影响其资金回笼速度，也提高了贷款利息

等财务费用。第六，有 33%的轧花厂提到实行目标价格政策之后，提高了对于收购籽棉的质量要求。

表 13.4 2014 年被调查轧花厂的基本特征

被调查轧花厂基本特征	平均数
轧花厂是国有的比例（其余为私营）	44%
该企业的主营业务只生产皮棉的比例	67%
员工人数/人	74
籽棉收购量/吨	15 186
何时开始收购籽棉（月/日/年）	9/25/2014

资料来源：北京大学中国农业政策研究中心调查数据

表 13.5 2014 年目标价格政策对被调查轧花厂的影响

目标价格政策对被调查轧花厂的影响	平均数
认为目标价格政策对轧花厂有好处的比例	44%
收购工作与上年相比没差异的比例	22%
对籽棉质量要求比上年高的比例	33%
不敢敞开收购的比例	20%
皮棉公检成本/（元/吨）	214
公检等待时间（包含预约时间）/天	11
收购了外县籽棉的比例	67%

资料来源：北京大学中国农业政策研究中心调查数据

第三节 研 究 结 果

本节从政策目标、财政成本与操作成本、政策执行中遇到的问题和经验等方面评估目标价格改革试点的成效。

一、政策目标实现情况

从本章研究的调查情况和数据分析看，目标价格改革试点基本达到了预期目标。

首先，目标价格政策的实施缩小了国内外价差，完善了棉花市场价格形成机制。2005~2010 年，新疆棉花价格一般比进口棉花到岸价格高 20%左右（表 13.6

和图 13.2），进口棉花完税（5%关税+13%增值税）同新疆棉花几乎没有价差。在执行棉花临时收储政策期间（2011～2014 年），国内价格比进口价格高 40%以上（表 13.6 和图 13.2）。随着目标价格政策的实施，2014 年 12 月底，新疆棉花价格与进口棉花到岸价格价差比例已降到 27%；到 2015 年 2 月底，价差比例回归到 20%左右（表 13.6）。几个月内，棉花市场价格形成机制已基本建立。

表 13.6　2005～2015 年全国及新疆二级棉花价格与进口二级棉花价格差异

时间	全国		新疆	
	价格/（元/吨）	与进口棉花到岸价格价差	价格/（元/吨）	与进口棉花到岸价格价差
2005-01~2010-08	14 115	24%	14 469	20%
2010-09~2011-08	26 920	9%	26 140	6%
2011-09~2014-08	19 929	48%	19 224	43%
2014-09~2014-12	15 531	43%	14 828	37%
2014-12-31	14 303	35%	13 500	27%
2015-02-28	14 181	29%	13 500	23%

资料来源：全国棉花交易市场网站（http://www.cnce.cn），农业农村部网站（http://www.moa.gov.cn），中国棉花网（http://www.cncotton.com）

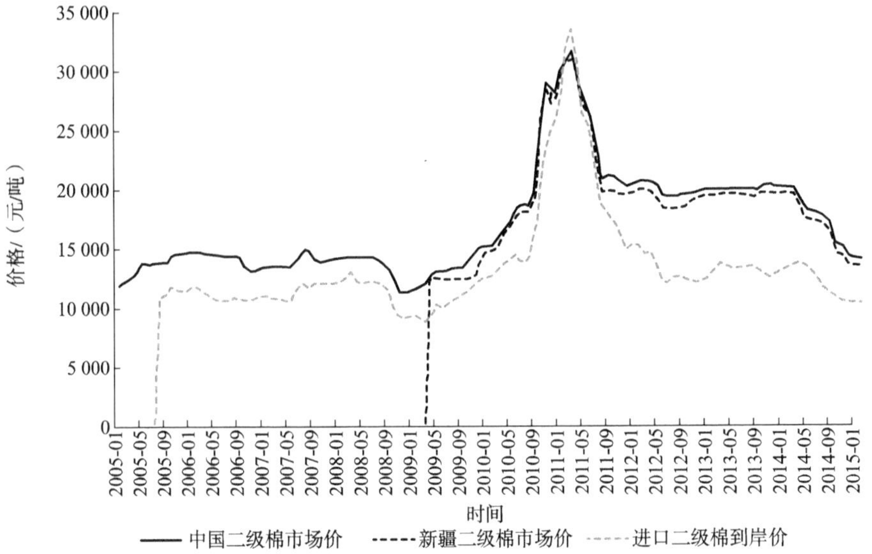

图 13.2　2005～2015 年全国及新疆二级棉花价格与进口二级棉花价格走势

资料来源：全国棉花交易市场网站（http://www.cnce.cn），农业农村部网站（http://www.moa.gov.cn），中国棉花网（http://www.cncotton.com）

其次，目标价格政策保护了农民利益，促进了棉花下游产业发展。2014 年受冻灾影响，样本农户平均籽棉单产仅为213千克，9～11月农户销售均价5.95元/千克，平均亩产值1 268元，平均亩成本1 569元（包括428元家庭用工折价），平均每亩亏本301元，而且有76%的棉农亏本。启动目标价格补贴后，棉农转亏为盈，亩均净收入306元，如果不包括家庭用工成本428元（表13.7），亩均毛利润可达734元。另外，轧花厂棉花收购均价比2013年降低了30%，棉花纺织产业等下游产业的生产成本下降，提高了中国纺织服装产品的国际竞争力。

表13.7　样本农户平均每亩棉花种植的成本与收益

平均每亩棉花种植的成本与收益	2013年	2014年	平均每亩棉花种植的成本与收益	2013年	2014年
产值/元	2 339	1 268	机械费用/元	284	280
籽棉价格/（元/千克）	8.8	5.95	机械成本/元	214	198
籽棉亩产/千克	266	213	地租/元	271	270
总承包费用/元	1 866	1 569	生产利润/元	473	−301
雇用拾花工费用/元	486	393	估计目标价格补贴/元	—	607
家庭用工折价/元	498	428	净收入/元	473	306

注：物质成本包括化肥、种子、农药、塑料薄膜等的费用

资料来源：作者调查

再次，目标价格政策提高了棉农生产积极性，稳定了新疆棉花生产。调查显示，如果2014年没有实施目标价格政策，有54%的农户会减少棉花种植面积；如果2015年取消目标价格政策，回答棉花种植面积将“减少”、“不变”和“无法确定”的农户比例分别为53%、43%和4%。

最后，实行目标价格政策有助于摸清农业家底。本章研究的调查数据显示，2014年，5个县农户棉花种植面积比2013年提高了4%；但是，5个县2014年据以发放棉花目标价格补贴的实测面积比2013年的统计数据高出32%。这意味着，以前新疆棉花种植面积被显著低估了。这可能是近年来开荒种棉的面积没有充分体现在统计数据中的缘故。

二、目标价格补贴的财政成本

虽然棉花目标价格改革试点基本上达到了预期目标，但补贴的财政负担很大。2014年，新疆皮棉总产量为367.7万吨，折算成籽棉产量919.25万吨。本章使用轧花厂收购价格和农户出售价格两套数据①，应用简单平均和加权平均（按照籽棉销售量加权）两种算法，对2014年新疆棉花目标价格的财政补贴额进行

① 由于是抽样调查数据，轧花厂收购的棉花和农户出售的棉花并不能一一对应，两者之间存在价格差异的现象客观存在。

了估算。估算结果表明，2014 年，新疆棉花目标价格补贴额达到 260 亿元左右（表 13.8），相当于当年新疆农林水事务财政支出总额的 64.2%，棉花目标价格补贴的财政成本较高[①]。

表 13.8 2014 年新疆棉花目标价格补贴的财政成本

轧花厂与农户报价情况	棉花价格/（元/千克）				同目标价格价差/（元/千克）	估计补贴金额/亿元
	9月均价	10月均价	11月均价	平均价格		
轧花厂收购价格	5.71	6.32	5.42	5.82（5.93）	2.98（2.87）	274（264）
农户出售价格	5.67	6.48	5.60	5.92（6.14）	2.88（2.66）	265（245）

注：①平均价格包括简单平均数和加权平均数（括号内的数字）；②估计补贴金额是按照 2014 年籽棉产量 919.25 万吨（新疆地方产量 772.5 万吨，生产建设兵团产量 146.75 万吨）、棉花种植面积 3 868.39 万亩（新疆地方面积 2 967 万亩，生产建设兵团面积 901.39 万亩）、衣分率 0.4 计算得出的；③政府采价期是 9 月、10 月和 11 月，尽管在本章研究调查完成时（2014 年 12 月）采价期已经结束，但具体数字尚未公布

资料来源：①棉花产量和种植面积数据来源于王涛（2014）；王宗萍和李建军（2014）。②表中数据基于作者调查数据计算

如果目标价格政策按现有的原则执行，将存在巨大的财政风险。目标价格按“生产成本+基本收益”的原则确定，随着农产品生产成本（“地板”）上升，目标价格必定水涨船高。另外，要建立农产品市场价格形成机制，国内市场价格必然跟随国际市场价格变动而变动，目标价格高于市场价格很可能成为新常态，目标价格补贴将年年启动，若遇到棉花市场价格骤跌的局面，财政成本将成倍增长。如果把目标价格政策推广到全国粮棉油糖等大宗农产品，国家很可能难以承受如此巨大的财政成本和风险。

三、目标价格政策的高执行成本以及对地方政府中心工作的影响

对 5 个县的调查表明，从 2014 年 6 月初到 8 月中旬开展了三轮棉花种植面积核查，在此期间，各级基层领导的工作重心都在棉花种植面积核查上（表 13.9）。据我们测算，每县每轮核查平均有 510 位县乡村干部参加；同时，在发放种植证明等工作方面需投入大量人力。这些显著干扰了地方党政中心工作和日常事务。2014 年，新疆产棉地区涉及 63 个县（市）、526 个乡镇、5 526 个村，种植农户达到 92.93 万户（王涛，2014；国家统计局，2014b）。我们测算，2014 年，新疆棉花种植面积干部实地测量总耗时约 936 万小时（合 117 万工日），折合总人工

① 2014 年新疆农林水财政支出总额为 405 亿元，数据来源于新疆财政厅。

费用（含出差补贴）2.37 亿元；棉农实地测量陪同总耗时约 448 万小时（约合 1.12 亿元，见表 13.9）。另外，以上还没有包括地（市、州）和县乡干部下乡的交通和住宿、各级政府购置全球定位系统和宣传等费用。按照每轮核查的农户比例，我们推算，三轮面积核查的总成本高达 5.47 亿元。

表 13.9　村委会、工作组和棉农的实地测量成本

三轮测量		干部实地测量成本			农户实地测量成本		
		户均耗时/（小时/户）	总耗时/万小时	总成本/亿元	户均耗时/（小时/户）	总耗时/万小时	总成本/亿元
第一轮	村委会	1.1	95.1	0.24	2	137.9	0.34
	工作组	2.1	674.9	1.71	2.8	197.3	0.49
第二轮	村委会	1.5	47.4	0.12	2	44.2	0.11
	工作组	0.9	100.3	0.25	2.9	65	0.16
第三轮	工作组	1.1	18.2	0.05	1.3	3.7	0.01
合计		6.7	935.9	2.37	11	448	1.12

注：①农户实地测量成本=实地测量总耗小时数×（当地农民务工工资200元/天）÷8小时。②新疆干部日均工资依据新疆城镇单位就业人员年均在岗工资，按 12 个月，每月 24 个工作日折算而成（49 843÷12÷24=173 元/天）。根据县访谈，新疆干部的差旅补贴标准为 30 元/天，干部工资与补贴合计为 203 元/天。③《新疆棉花目标价格改革试点工作实施方案》规定第一轮实地测量只要求村干部参加监测，但在实际操作中，第一轮测量时有的村由村干部监测测量，有的村则是由工作组来完成

资料来源：①新疆城镇单位就业人员年均在岗工资数据来源于《中国统计年鉴 2014》；②表中数据基于作者调查数据计算

对棉农开具棉花交售量发票以及进行相应的核查等工作也发生相关成本。纤维检验局、农业局、发展和改革委员会、财政局、税务局等部门在整个棉花收购期分 3～5 次、每次 3 人左右、每次花费半天时间到轧花厂检查发票开具情况，主要检查发票的真实性以及发票填写是否和棉农“种植证明”中的内容相符。为防止“转圈棉”，加工后的皮棉要送到指定的监管仓库接受监管，这给轧花厂也带来了不少麻烦；同时，轧花厂要为每吨皮棉交纳 214 元的公共检测（公检）费用，而且等待时间平均达 11 天。

另外，为了防止内地棉花进入新疆公检仓库以骗取补贴，新疆在各县内增设多个卡点，对每辆运棉车辆卸包检查。轧花厂原来的棉花出疆运输成本为 800 元/吨，现在由于排队等待检查时间显著延长，运输成本提高到 1 000 元/吨。

四、目标价格政策可能产生的其他相关问题

棉花目标价格政策对粮食生产有负向影响。2014 年，新疆棉花和粮食种植面积各占农作物种植总面积的 40%左右，多年来二者之间存在此消彼长的关系。调查显示，如果 2015 年棉花目标价格上升，将有 68%的棉农增加棉花种植面积，增

加的棉花种植面积中77%来自粮食种植面积的减少。

目标价格制度设计存在固有漏洞，难以避免虚开发票和"转圈棉"等腐败现象。监督成千上万农户籽棉交售活动和轧花厂出具发票是相当艰难的工作；即使要求轧花厂把其加工过的皮棉送到指定的监管仓库存放，出库后如何避免"转圈棉"再次进入流通环节并被开具发票，也是个大难题。

目标价格政策执行过程存在激发干群矛盾和影响社会稳定的隐患。在棉花种植面积核查环节，项目组发现，有将近 20%的农户对面积测量结果很有意见。由于补贴是给实际种植者，部分承包经营户和转包户因补贴而产生纠纷，个别农户还因此上访。超过一半的农户认为，目标价格政策手续太烦琐，具体体现为开具发票的等待时间长，需要小心保存所有的棉花销售发票以获得补贴。

新疆地方和生产建设兵团所执行的目标价格政策不一致，存在利用政策差异套取补贴的现象。生产建设兵团仅按产量获得补贴，而地方同时按种植面积和产量（或棉花出售量）获得补贴，同时，一些地方农户在非法开荒地上种植棉花往往无法获取补贴，这样就出现了生产建设兵团的部分师以高于市场的价格（高0.5～1.5 元/千克）从地方农户收购棉花的现象。

第四节　主要结论和政策建议

一、主要结论

本章研究表明，棉花目标价格改革试点工作基本达到了预期目标。棉花目标价格改革试点完善了棉花价格形成机制，保护了新疆棉农的利益，稳定了新疆棉花生产，同时对下游棉花加工业和纺织业产生了积极的影响，对新疆社会稳定也具有一定的政治意义。

但是，棉花目标价格改革试点也暴露了许多值得关注的问题。这些问题主要包括：①财政成本和风险巨大；②政策执行成本高昂（核查棉花种植面积和销售数量的工作量大），并影响地方各级政府的日常中心工作；③容易滋生腐败现象（如难以避免"转圈棉"出现）；④可能造成干群矛盾，成为新的社会不稳定因素。

二、政策建议

基于本章研究结果，作者认为，政府要慎重出台农产品目标价格政策；如果要执行目标价格政策，其政策目标不宜过多，实现农民增收和农产品增产应该有更好的政策和措施。为完善农产品市场政策，政府可以从以下几个方面着手。

（一）目标价格、农民增收和农产品增产

第一，要慎重实施目标价格政策，有所为有所不为。首先，从国际经验看，目标价格政策的主要目标是“反周期”或减缓市场价格风险，而中国目前开展的目标价格改革试点，既要完善农产品市场价格形成机制、减缓农产品市场价格风险，又要增加农民收入，还要促进农业生产，希望一箭多雕。这不太现实。其次，如果要把目标价格政策推广到粮棉油糖等主要作物，因为农作物生产是相互替代的，这就意味着要同时提高粮棉油糖总产量（或它们的整体生产“当量”）的目标是无法实现的。最后，在中国现阶段国情下，正如前文所述，实行目标价格政策不但财政成本与风险巨大，而且实施成本高，还存在滋生腐败和导致社会不稳定等隐患。

第二，保障农民增收，有比目标价格政策更有效的政策和措施。这些政策和措施包括：加快城乡一体化进程，让更多农民从中受益；加速城镇化，促进农村劳动力非农就业；加大农村义务教育投入，提高未来农村人力资本水平、缩小未来城乡收入差距；促进土地流转，扩大农户生产经营规模；加大对中西部贫困地区的投入和转移支付力度，提高弱势群体的收入水平；等等。

第三，增加粮食等主要农产品供给，同样有许多比目标价格政策更有效的政策和措施。在水、土资源约束条件下，促进农业生产和降低农产品生产成本的根本措施是提高农业生产力，而提高农业生产力主要依靠农业技术进步、水利基础设施改善、土壤改良（如中低产田改造）和农业资源优化利用等方面的政策。增加对以上领域的投入，不但能提高农产品供给能力，还可显著降低农产品生产成本，缓解农产品成本（“地板”）上升的趋势。

（二）目标价格制度的设计和完善

第一，目标价格政策所涉及的产品不宜过广。如果确要执行，应仅对可能威胁国家粮食安全的口粮（大米和小麦）及涉及新疆社会政治稳定的棉花执行目标价格政策。

第二，目标价格的政策目标应以抵御市场风险为主，以促进农民增收为辅。目标价格政策中的目标价格不宜采取“生产成本+基本收益”的原则来确定，对拟实施目标价格政策的产品，目标价格应依据其长期价格变动趋势而定，主要目的是抵御市场风险。赋予目标价格政策过多的目标，将对未来长期执行这一政策带来挑战。

第三，建立目标价格补贴专项基金。这是因为，目标价格政策一旦启动，就有产生高昂的财政成本的可能，而国家只能在收购采价期结束后才知道具体的财政成本。

第四，完善补贴方式。可以借鉴美国和韩国经验，仅以过去固定年份的种植面积为基础来确定补贴额，并保持多年不变，而不是按照当期的种植面积和产量进行补贴。这样做既可降低政策实施成本，又可减少对农户当年优化资源配置的干预，也可规避“转圈棉”问题，还可消除年年核查面积可能造成的干群矛盾等社会不稳定问题。

第五，推广新疆棉花目标价格改革试点的成功经验。改革试点的许多经验值得总结。例如，村委会对核查棉花种植面积的公示，既能震慑弄虚作假行为，又能促进村民相互监督；使用全球定位系统核查面积，能显著提高核查效率和准确性；领导重视和各部门通力合作，推动相关工作适时完成。

第六，实施目标价格政策还有一系列重大问题需要深入研究。例如，如果把目标价格政策推广到多种农作物，各种农作物种植面积的替代影响如何？如果建立目标价格补贴专项基金，如何确定其规模和运作机制？是否有更有效的补贴方式以降低政策的实施成本？如何加强监管以避免政策可能滋生的腐败等问题？执行目标价格后，国内外农产品市场价格将逐渐接轨，如何应对国际农产品价格的频繁波动？在世界贸易组织“农业协议”的补贴原则下，如何实施和完善目标价格政策？回答这些问题，对未来能否实施和如何实施农产品目标价格政策都具有极其重要的意义。

第十四章　蔬菜水果垂直市场价格形成与市场运行效益

第一节　研究背景

一、农产品市场环境

在农产品市场价格形成方面，以往研究多数主要关注粮食等大宗农产品。现有文献主要从市场整合角度探究中国粮食等大宗农产品的市场化程度和运行效益，重点分析同类商品在不同市场上价格变化的关系，即市场的整合程度。市场整合程度越高，市场越能充分发挥调解供需和稳定市场的作用。研究时期多为争议较大的 20 世纪 90 年代，价格传导方向多为横向传导。得出的主要结论是 20 世纪 90 年代中国主要粮食市场缺乏整合（Zhou et al.，2000），但随着市场改革的推进，中国粮食市场整合程度不断提高（Rozelle et al.，1997；Huang et al.，2004a；Awokuse，2007）。在研究数据和方法上，上述学者多定期采集粮食市场价格数据，采用协整分析方法对数据进行处理，并观察价格横向传导效率。

实际上，中国农产品市场改革是从蔬菜水果等农副产品开始的。农副产品的生产收购在改革初期就已经逐渐放开，到 20 世纪 90 年代初已全面实现了生产经营和价格的市场化。然而，过去的研究很少以蔬菜水果为研究对象来考察我国农副产品市场运行效率和竞争程度。即使有部分研究，研究角度也较少关注垂直市场的价格形成，即在流通过程中农产品从产到销的价格形成过程。同时，这些为数不多的研究，主要是采用协整方法对市场价格进行分析（吴舒和穆月英，2013；李圣军，2010），很少研究是通过观察价值链增值过程、比较价值链不同流通参与主体的成本、利润及其占终端价格比例来了解市场的价格形成和竞争程度的。而且在对价值链增值过程的研究中，现有国内研究并未基于实时实地追踪特定农产品从价值链上游（如农户出售农产品）到中游（如批发）再到下游（如零售）的价格形成过程（杨宜苗和肖庆功，2011）。

基于以上背景，本章力图克服现有研究的局限性，开展蔬菜水果市场价格形成过程和市场运行效益的实证研究。为此，首先，我们对蔬菜水果市场改革和政策演变进行回顾；其次，根据价值链追踪调查结果，归纳蔬菜水果主要流通渠道或价值链类型，分析流通过程中每一阶段发生的成本和费用，并比较不同流通渠道的价值链的成本构成和利润的差异，揭示我国蔬菜水果垂直市场形成和市场运行效益；最后，据此对我国蔬菜水果市场开放、竞争程度进行基本判断，同时基于研究结果，讨论相关的政策含义。

二、蔬菜流通政策回顾

改革开放以来，我国蔬菜水果等农副产品流通体制发生深刻变化。回顾改革历程，可分为 1978~1984 年改革初期的多渠道经营时期、1985 年至今的经营放开时期。其中，在经营放开时期，“菜篮子”工程实施及其不同阶段对我国蔬菜水果生产、流通影响较大。

（一）多渠道经营时期：1978~1984 年

在计划管理体制下逐步搞活流通，实行调放结合、以调为主，是本阶段农副产品流通体制的主要改革特征。总体来说，1978 年改革前，国营商业及供销社分别在蔬菜和水果流通中占据绝对垄断地位，实行计划价格制度。该阶段农副产品流通具有鲜明计划性，且流通组织、经营方式和流通渠道单一。1978 年之后，随着农村经济改革深化，农副产品流通体制逐渐发生变革，具体表现为大幅度调高农副产品的收购价格，恢复集贸市场，建立批发市场，改变单一经营方式和流通渠道。

以蔬菜为例，为避免挫伤蔬菜生产积极性，政府大幅度调高蔬菜收购价格。20 世纪 90 年代后期，蔬菜生产面临以下问题：①一些生产资料价格上涨导致蔬菜生产成本增加；②同一阶段粮食收购价上调后，菜价调节滞后导致粮菜比价不合理；③蔬菜社队副业发展较快，收入远远高于种菜收入，不利蔬菜生产。为此，在改革初期，各地都提高了蔬菜收购价格。

同时，在确保国营商业收购占主体地位的前提下，政府恢复发展集贸市场，逐步建立批发市场，改革经营形式。具体来看，农村农贸集市相继恢复，市场交易开始活跃。1983 年国家颁布的《城乡集市贸易管理办法》更是从法律角度上肯定了恢复发展城乡集市贸易的必要性（是我国社会主义统一市场的组成部分），认可集市贸易市场中个人的经营活动。在此背景下，全国集市数从 1978 年的 33 302 个增加至 1984 年的 56 500 个，同期的交易额也从 125 亿元提高到 470.6 亿元。在批发市场建设方面，1984 年中央一号文件中首次提出建设批发市场“要有计划地建立农副产品批发市场”。1984 年 7 月，《国务院批转国家体改委、商业部、农牧渔业部关于进一步做好农村商品流通工作的报告的通知》发布，要求逐步建立农副产品贸易中心和批发交易市场。继而在上海、深圳北京等大中城市以及山东、河南等蔬菜主产地建立了批发市场。另外，经营方式更加丰富化。1979 年，政府通过试点蔬菜社队自产自销，认为社队自产自销可作为大城市及工矿林区蔬菜流通的一种辅助经营形式，在一般县城、集镇（国营企业不经营蔬菜流通的地区），蔬菜全部由社队自产自销是可行的。但 1983 年一些大城市过大压缩国营公司经营比例，导致国营菜源不稳，市场菜价上升。为确保国营企业经营主体地位，政府于 1984 年 1 月发布《国务院批转商业部关于做好蔬菜供应工作保持菜价基本稳定的报告的通知》，实行“大管小活”政策，即国营企业对郊区基地主要蔬菜品种实行计划价格、计划收购，对细小蔬菜品种议价购销，对非蔬菜基地生产菜，没有与国营蔬菜公司签订购销合同的，可允许自行销售。在 1984 年 2 月，政府发布《国务院关于合作商业组织和个人贩运农副产品若干问题的规定》，允许菜农和个体商贩、合作商业组织满足一定条件后，参与农副产品贩运。以上措施在保障国营企业经营占主要成分前提下，促进了全民所有制、集体所有制、个体所有制及多种所有制联营等多种商业参与。

至于水果，其市场化进程快于蔬菜。1978 年我国对农村果品产销进行改革，放松果品经营，除苹果、柑橘、红枣三个品种仍列为统一收购的二类物资外，其余全部为三类物资，对三类物资和完成计划的二类果品大力开展议购议销；允许果农直接参与果品运销，并大力发展城乡集市贸易。1983 年，随着议购议销业务发展，商业部下放红枣收购价格管理权限，由国家定价改为议购议销价格。1984 年苹果、柑橘退出二类物资，至此全部果品实行放开经营，自由购销。表 14.1 对多渠道经营时期（1978~1984 年）政策进行了回顾。

表 14.1 多渠道经营时期（1978~1984 年）政策回顾

时间	文件或会议	内容
1979年9月	《中共中央关于加快农业发展若干问题的决定》	社员自留地、自留畜、家庭副业和农村集市贸易，是社会主义经济的附属和补充，不能当作所谓资本主义尾巴去批判。相反地，在保证巩固和发展集体经济的同时，应当鼓励和扶持农民经营家庭副业，增加个人收入，活跃农村经济
1980年4月	《中共中央、国务院关于加强物价管理、坚决制止乱涨价和变相涨价的通知》	国家规定牌价的工农商品在各地零售价格不得提高，各种议价商品零售价格只能降低，不能提高；一二类农副产品在完成收购任务前不许议价成交

续表

时间	文件或会议	内容
1981年3月	《关于积极发展农村多种经营的报告》	紧抓粮食生产，同时开展多种经营，改善食物结构，增加收入
1981年5月	《关于加强大中城市和工矿区蔬菜生产及经营工作的报告》	报告中提出，进一步改进蔬菜经营，重新提出陈云的设想，设立统购包销的国家市场与国家领导下的自由市场相结合的蔬菜市场
1982年1月	《全国农村工作会议纪要》	必须采取切实措施，改善农村商业，疏通流通渠道，加强市场管理，以保证农业生产迅速发展，为国家提供更多的产品，为农民增加更多的收入；必须多方设法疏通和开辟流通渠道。国营商业和供销合作社要充分利用现有经营机构，打破地区封锁，按照经济规律组织商品流通，大力开展产品推销工作等
1982年11月	《农业书记会议和农场思想政治工作会议》	联产承包责任制解决生产与分配问题，但未解决流通问题
1983年1月	《中共中央关于当前农村经济政策的若干问题的通知》	坚持计划经济为主、市场经济为辅的农产品流通体制改革方向；实现以国营商业为主导，多种商业形式并存的流通局面，要打破城乡分割和地区封锁，广辟流通渠道；完成任务后的产品和非统购派购产品多渠道经营；农民个人或合伙长途贩运
1983年2月	《城乡集市贸易管理办法》	肯定了城乡集市贸易是我国社会主义统一市场的组成部分，对集市贸易市场中的个人经营活动的自由化给予了法律上的肯定
1984年1月	《国务院批转商业部关于做好蔬菜供应工作保持菜价基本稳定的报告的通知》	对郊区蔬菜基地生产的主要品种，必须实行计划收购，加强市场管理，稳定蔬菜价格
1984年1月	《中共中央关于1984年农村工作的通知》	继续调整农副产品购销政策；改善农副产品收购办法；要依靠国家、集体和个人的力量，采取多种办法集资，兴建商品流通所需的冷库、仓库、交通、通信等基础设施
1984年2月	《国务院关于合作商业组织和个人贩运农副产品若干问题的规定》	对个人允许贩运的品种范围、路途远近、运输工具、经营方式都放开
1984年7月	《关于进一步做好农场商品流通工作的意见》	发展国营、集体、个体多种经济形式，多种经营方式，多渠道流通；鼓励农民进入流通领域；减少统购派购品种

（二）经营放开时期：1985 年至今

该阶段流通体制发生了根本变化，价格制度分别经历了计划和市场双轨调节，调放结合、以放为主，以及宏观调控下的市场调节这三个阶段。1985 年中央一号文件提出，“大中城市、工矿区的蔬菜，也要逐步取消派购，自由上市，自由交易，随行就市、按质论价”。1986 年，《国务院办公厅转发商业部等部门关于进一步做好城市蔬菜产销工作报告的通知》指出，蔬菜流通要“坚定不移地把产销体制改革深入下去”。但在政策执行上，全国各地发展并不平衡。除一些大城市（北京、上海等）蔬菜统购包销延续至 1992 年，其他地区或多或少都实现了经营和价格放开。为避免经营价格放开后出现蔬菜价格上涨、供应偏紧局面，

《国务院办公厅转发商业部关于继续做好城市蔬菜产销工作报告》要求各地要把建设蔬菜批发交易市场、集市贸易市场和零售网点纳入城市建设总体规划。同时在 1988 年，农业部提出《关于发展副食品生产保障城市供应（简称“菜篮子工程”）的建议》，得到国务院、国家计划委员会批复和同意，全国各地开始实施“菜篮子工程”建设，即要求建立生产基地，在各大中城市建立副食品批发市场，彻底瓦解计划经济时代的统购统销模式。在此基础上，1992 年，《国务院关于发展高产优质高效农业的决定》要求，积极创造条件逐步放开尚未放开的农产品，以流通为重点建立贸工农一体化的经营体制，从此中国蔬菜生产流通体制实现了由计划向自由市场流通体制全面转换。蔬果生产量逐年增加，市场供应日益丰富。然而，该轮“菜篮子工程”尽管解决了供应量不足问题，但蔬菜供应却依然存在品种结构不合理及质量问题。

因此，政府于 1995 年发起新一轮“菜篮子工程”建设，其目的在于调整品种结构、提高质量。与前一轮不同（由政府规划指挥），该轮工程建设不仅注重基地生产，还侧重于市场体系建设。生产布局上出现两大延伸：城市近郊向中远郊延伸，城市郊区向广大农区延伸。流通体制中市场化特征更为突出：自由购销，多种经济成分并存，实行市场定价，批发市场、集贸市场以及多种零售业态流通。1996 年“菜篮子工程”批发市场体系建设试点工作开始启动，1997 年底全国农副产品批发市场发展到约 4 000 家。全国已初步形成了以中心批发市场为核心，连接生产基地和零售市场的稳定“菜篮子”市场体系。“菜篮子工程”第三阶段是从 1999 年起到 2009 年底，其侧重于提高农产品安全性。特别是 2002 年，国务院发布《国务院关于加强新阶段“菜篮子”工作的通知》，文件强调：以保障长期稳定供给为目标，以提高“菜篮子”产品质量卫生安全水平为核心，建立安全的“菜篮子”产品产销经营体制，加快“菜篮子”产品市场基础设施建设，积极推进现代营销方式和流通组织形式，严把批发市场和零售市场入口关，规范批发市场和农贸市场秩序。在这 10 年里，农业部认为我国基本进入无公害产品时期。第四阶段则开始于 2010 年，旨在稳定提高城市自给水平，加强农区“菜篮子”生产基地建设，基本建立产区和销区利益联结机制，基本形成现代流通体系，基本实现产品可追溯。国务院办公厅发布《国务院办公厅关于统筹推进新一轮“菜篮子”工程建设的意见》强调，通过建设设施化、集约化“菜篮子”产品生产基地，加强生产能力建设；以现代物流和信息化为重点，建设和改造一批产地批发市场，改造一批城市销地批发和零售市场、集贸市场，强化产销衔接功能，建立和完善信息网络平台，推进市场体系建设。表 14.2 对经营放开时期（1985 年至今）政策进行了回顾。

表 14.2　经营放开时期（1985 年至今）政策回顾

时间	文件	内容
1985年1月	《中共中央、国务院关于进一步活跃农村经济的十项政策》	大中城市、工矿区的蔬菜逐步取消派购，放开时间和步骤由各地决定。放开菜价先南方、后北方，先小城市、后大城市，先细菜、后大宗菜
1986年1月	《中共中央、国务院关于一九八六年农村工作的部署》	大城市要把蔬菜和副食品的生产、供应放在重要位置。要继续抓好近郊蔬菜生产，逐步开辟远郊蔬菜基地和外埠专项蔬菜基地；要积极建立各种形式的蔬菜和副食品批发市场。大城市为保证供给价格相对稳定采取逐步放开方法；同时抓紧农副产品批发市场建设，发挥国营主导作用，实行多渠道经营，分担生产风险，在批发市场带动下，开拓远郊和外部蔬菜基地及其他副食品供应基地
1987年1月	《把农村改革引向深入》	鲜活农产品市场风险较大，尚未放开品种的地区应当积极准备放开；大城市逐步放开
1988年5月	《关于发展副食品生产保障城市供应（简称"菜篮子工程"）的建议》	加强建设鲜活农产品生产供应体系外，重要内容之一就是改革农副产品流通体制：各大中城市建立副食品批发市场，实现多渠道经营；发展期货交易，建立市场研究分析机构，发布市场信息，公布市场预测报告，增加市场透明度，建立市场风险基金，保护生产者利益，以立法形式制止地方封锁
1990年8月	《国务院关于进一步做好城市副食品工作的通知》	进一步对"菜篮子"工程及蔬菜市场流通做出规定
1990年12月	《中共中央、国务院关于一九九一年农业和农村工作的通知》	在充分发挥国营商业和供销社主渠道作用的同时，要重视发挥乡村集体商业组织和个体运销专业户的作用，保护各种联合组织已形成的产供销关系；凡是放开实行市场调节的产品，都要允许他们经营；为保证农产品流通渠道通畅，要认真整顿流通秩序，保护农产品正常的购销活动，发展全国统一市场
1991年10月	《国务院关于进一步搞活农产品流通的通知》	进一步完善农产品放管结合的购销政策；打破地区封锁；继续发挥供销合作社和国营商业在农产品流通中的主渠道作用；鼓励集体和个人进入流通领域，发展多渠道经营；积极发展产销一体化经营组织；逐步建立和完善以批发市场为中心的农产品市场体系；加强农产品流通基础设施建设；各级政府要像抓生产那样抓流通，加强宏观调控
1994年4月	《国务院关于加强"菜篮子"和粮棉油工作的通知》	加快生产基地建设，坚持"郊区为主、农区为辅、外埠调剂"的方针；加强市场建设和管理，建立以批发市场为中心的农贸市场与零售商业相结合的市场网络和商品大流通的格局，形成总量平衡、物流畅通、经营灵活的运行机制
1997年6月	《国务院关于进一步加强"菜篮子"工作的通知》	坚持实行"菜篮子"市场负责制，巩固和发展"菜篮子"生产；加大"菜篮子"产销体制改革力度，逐步建立新型的"菜篮子"流通体系；进一步加强宏观调控，规范和完善市场秩序
2002年8月	《国务院关于加强新阶段"菜篮子"工作的通知》	我国"菜篮子"工程取得巨大成就，但仍然存在质量、结构不合理问题，应以保障长期稳定供给为目标，加快实现由比较注重数量向更加注重质量、保证卫生和安全转变
2005年1月	《全国高效率鲜活农产品流通"绿色通道"建设实施方案》	积极支持鲜活农产品合法运输，以快捷、顺畅、低成本的流通促进农村经济发展和农民增收
2010年3月	《国务院办公厅关于统筹推进新一轮"菜篮子"工程建设的意见》	加强生产能力建设，夯实稳定发展基础；以现代物流和信息化为重点，推进市场体系建设（建设和改造一批产地批发市场，改造一批城市销地批发和零售市场、集贸市场，强化产销衔接功能，建立和完善信息网络平台）；转变发展方式，提高质量安全水平

续表

时间	文件	内容
2012年11月	《新一轮“菜篮子”工程建设指导规划（2012—2015年）》	增加数量与提高质量并重，市场调节与政府调控相结合，产区与销区统筹发展，能力建设与机制创新并重，生产发展和环境保护相协调
2014年6月	《2014年度“稳定发展‘菜篮子’产品生产”延伸绩效管理试点工作实施方案》	将绩效管理与新一轮“菜篮子”工程建设结合，以加快工程建设，稳定发展“菜篮子”产品生产

从以上政策演变来看，蔬菜水果市场早已放开，市场体系建设已趋于完善，目前我国蔬菜水果市场比较发达，整合程度较高，蔬菜水果流通市场处于或接近完全竞争状态。但蔬菜水果垂直市场价格如何形成、市场运行成本效益如何、流通商获取的利润是否真的符合完全竞争条件下的利润而非垄断利润，仍需调查和定量分析来验证。为此，我们以苹果和番茄为例，重点关注农产品流通和价值链增值过程，了解市场价格形成和竞争程度，从而做出具有实证依据的判断。

第二节 研究数据

我们选择苹果和番茄作为两种代表农产品。苹果，特别是晚熟类红富士苹果，是中国最常见的水果之一。2016年我国苹果产量达4 390万吨，占国内水果总产量的15.5%（国家统计局，2016）。目前，富士苹果为国内主要苹果品种，其产量超过国内苹果总产量的 70%。“嘎拉”和“秦冠”等早熟类品种及其他类型的苹果等，则占据剩下的 30%。结合上述情况，我们选择红富士苹果作为中国水果市场的代表农产品。与之类似，中国是世界上最大的番茄生产国。2016 年，国内番茄产量达 5 686 万吨，约占蔬菜产量的 7.1%。在不同番茄品种中，大番茄最为普遍，其他品种如“圣女果”“串”“多彩”等在国内市场同样受欢迎。基于番茄在产量和消费中的重要性，我们将番茄作为蔬菜市场产品代表。

将山东省烟台市、北京市丰台区分别选为苹果、番茄价值链的调查地点。山东是中国最大的苹果主产区之一。2016 年山东苹果产量达 980 万吨，占全国苹果产量的 22.3%（国家统计局，2016）。烟台市苹果种植面积为 280 万亩，占山东苹果种植面积的 62%。同时，红富士苹果种植面积占烟台苹果种植面积的 88.5%。因此，我们选择烟台作为苹果价值链调查起点。至于番茄，由于番茄主产区在国内较苹果生产区更为分散，所以我们并未直接选择某个地区作为所有番茄主产区的代表，而是选择了番茄的批发市场作为调查地点。北京丰台区拥有亚洲最大的批发市场——北京新发地批发市场，每天相当一部分全国范围的番茄流通活动在该批发市场进行，这为我们通过随机访问中间商追溯价值链上游信息、继续跟踪价值链下游活动提供了可能。且在该批发市场通过随机询问中间商，得到的价值链上游信息能更好地代表全国番茄主产区情况。故将北京新发地批发市场作为我们番茄调查的起点（不一定是价值链起点）是可行的。

基于随机抽样方法，通过追踪调查和采访，我们收集了苹果和番茄价值链的相关数据。北京大学中国农业政策研究中心组织本次调研，分别向山东烟台市、北京丰台区派送 6 人调查小队。对于苹果，我们在山东省烟台市随机抽取三县作为价值链调查起点，分别为栖霞、龙口和蓬莱；而对于番茄，调查起点则为北京新发地批发市场，调查时间为 2018 年 1 月中旬到下旬。

第三节　研究方法

一、苹果案例研究

对于流通商而言，要完成苹果流通活动至多需要五步，分别为苹果收购、储存、分级和包装、运输、销售。理论上，苹果价值链追踪调查对象起点为苹果种植户，但在本章研究中对象起点为苹果储藏处（主要为冷库），原因在于，调查期间苹果早已于 2017 年 9 月或 10 月收获并送入冷库储藏。冷库所有者能够根据记录，清楚回忆当时从农户手中收购这些苹果的收购价格。事实上，他们根据苹果级别（混合一二级、二级和三级），以不同价格从农户手中收购苹果。收购标准不同，苹果的存放位置也就不同。根据调研实际情况，本章将苹果储藏处分为四种类型：①冷库（批发商），指的是收购后，批发商将苹果储藏于批发商拥有的冷库中，在市场行情较好的情况下，批发商会将苹果从冷库中运出，送往批发市场；②冷库，指的是苹果储藏于冷库中，等待批发商或其他流通主体前来购买，冷库所有者无须承担随后运输费用；③地窖（零售商），指的是零售商从农户手中直接收购苹果，放在自家的地窖中进行储存；④冷库（农户），指的是农民通过支付储藏费，将苹果交由冷库所有者代管，苹果所有权依然属于农户。苹果从上述不同类型储藏地点出发，通过不同流通渠道进入市场。在本次苹果追踪调研中，流通渠道共有 7 类，价值链数目共有 21 条（图 14.1）。

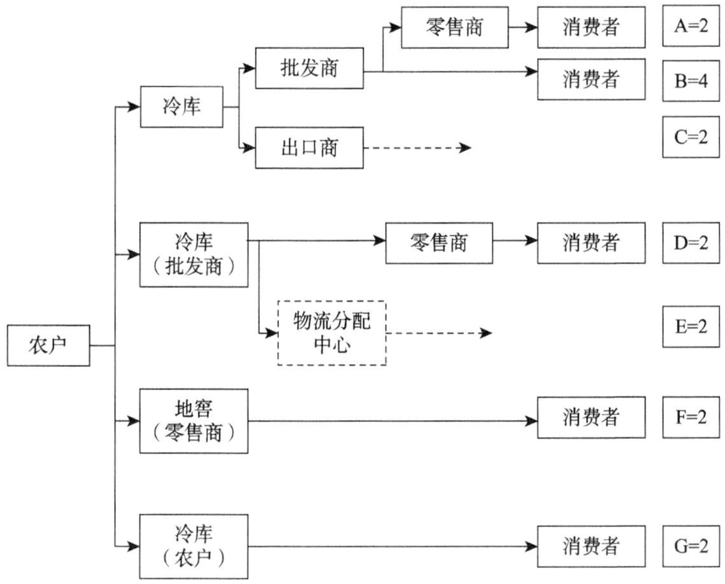

图 14.1　苹果市场销售主要渠道

在下文销售渠道阐述中，渠道 A 记为：农户—冷库—批发商—零售商—消费者；渠道 B 记为：农户—冷库—批发商—消费者；渠道 C 记为：农户—冷库—出口商；渠道 D 记为：农户—批发商—零售商—消费者；渠道 E 记为：农户—批发商—物流分配中心—……；渠道 F 记为：农户—零售商—消费者；渠道 G 记为：农户—消费者

依据苹果等级（混合一二级、二级和三级），我们记录了苹果在销售渠道流通过程中，每一阶段的价格形成过程。在同类渠道下，不同价值链的各阶段价格增值取均值，按苹果等级分别体现在图 14.2、图 14.3 和图 14.4 中。由于不同等级苹果在流通过程中，其销售渠道及环节可能存在重合，构成成本结构差异的原因也类似，为简化分析，以混合一二级苹果为重点分析对象。

（一）苹果价值链：混合一二级

直接来看，大部分渠道价值链终端价格相近，但也有个别渠道终端价格差异较大（图 14.2）。其中，渠道 A（农户—冷库—批发商—零售商—消费者）、渠道B（农户—冷库—批发商—消费者）渠道价值链终端价格为 11 元/千克；而渠道 F（农户—零售商—消费者）偏高，渠道 G（农户—消费者）偏低，这从直观上较为容易解释：渠道 G（农户—消费者）中农户由于财力物力有限，没有能力远距离运输并贩卖苹果，故终端售卖场所就在苹果生产地。由于当地是苹果生产地，苹果供给也多，苹果终端价格也较低（为 9 元/千克）。而渠道 A（农户—冷库—批发商—零售商—消费者）、渠道 B（农户—冷库—批发商—消费者）、渠道 E（农户—批发商—物流分配中心—……）、渠道 F（农户—零售商—消费者）均因存在批发商或零售商的存在，从而能远或较远距离运输苹果至苹果销地（跨省或运至本省苹果非主要生产区），并以较高价格卖出。间接来看，价格终端差异源于销售渠道阶段差异（从生产者农户到消费者的环节数）、相同环节成本差异等因素；即使价格终端差异不明显，不同销售渠道价格构成也会存在区别，需对其成本结构进行具体分析。此外，终端价格与收购价格之比为 1.75~2，说明终端价格形成处于合理范围内。

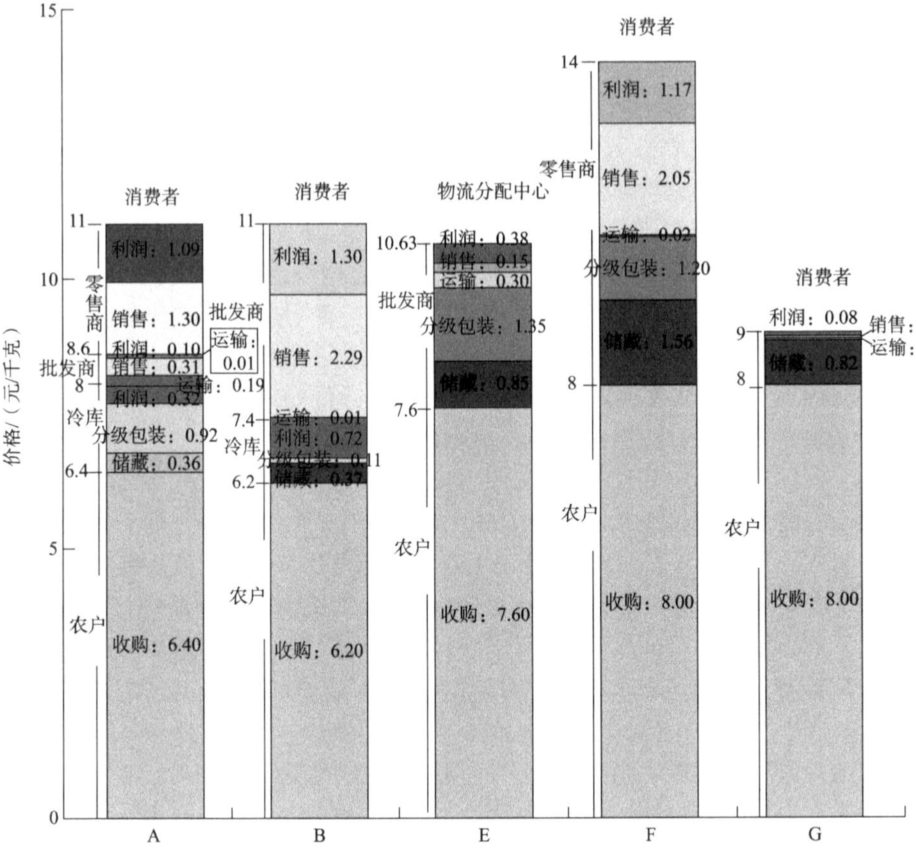

图 14.2　混合一二级苹果价格构成

渠道 A 共 1 条，来自龙口；渠道 B 共 1 条，来自龙口；渠道 E 共 3 条，其中 2 条来自栖霞，1 条来自蓬莱；渠道 F 共 1 条，来自栖霞；渠道 G 共 1 条，来自蓬莱

从成本结构来看，渠道 F（农户—零售商—消费者）在流通环节和价值增值方面基本均大于渠道 G（农户—消费者）；渠道 F（农户—零售商—消费者）流通环节虽短于渠道 A（农户—冷库—批发商—零售商—消费者）和渠道 B（农户—冷库—批发商—消费者），但增值程度较大，故终端价格依然较高；渠道 A

（农户—冷库—批发商—零售商—消费者）和渠道 B（农户—冷库—批发商—消费者）虽然终端价格相同，但环节数不同，且对应流通环节成本存在差异。综上，我们发现，环节数量多，可能但不绝对导致终端价格高；各环节成本大小是形成终端价格的关键因素，其与以下因素相关。

（1）收购成本与苹果产地有关。如渠道 A（农户—冷库—批发商—零售商—消费者）和渠道 B（农户—冷库—批发商—消费者）苹果收购价格较低，约为 6 元/千克，收购地为龙口；而渠道 E（农户—批发商—物流分配中心—……）、渠道 F（农户—零售商—消费者）和渠道 G（农户—消费者）苹果收购价格较高，基本为 8 元/千克，收购地主要为栖霞和蓬莱。收购价格差异原因在于，栖霞和蓬莱是苹果主产地，所产苹果除了用于国内消费还用于出口国外，在苹果种植和生产方面得遵循一系列质量安全规则，包括采用照明除害、使用有机肥料等，所以一二级混合苹果生产成本可能较高；而龙口虽然也种植苹果，但该地发展偏工业，在质量安全投入成本方面可能要低于栖霞和蓬莱，所以该地苹果收购价格较低。

（2）储藏成本与储藏方式有很大关系。渠道 F 中零售商储藏成本为 1.56 元/千克，高于渠道 G（农户—消费者）中农户寄存在冷库中的储藏成本，原因在于：在地窖中，由于无储藏专业设备，温度和湿度均不能很好控制，导致苹果储藏损耗率高达20%（脱水损耗和降级损耗分别为5%和15%），故储藏成本较高；而在其他渠道中，苹果储藏在冷库内，里面配有专业设备监控温度和湿度，所以损耗率较小，储藏成本较低。然而，冷库储藏也存在差异，如渠道 A（农户—冷库—批发商—零售商—消费者）和渠道 B（农户—冷库—批发商—消费者）冷库储藏成本为 0.36 元/千克左右，而渠道 E（农户—批发商—物流分配中心—……）和渠道 G（农户—消费者）均在 0.80 元/千克以上，其原因在于：渠道 E 中冷库采用的是气调库，相对于普通冷库而言，保鲜保质程度更好，更符合物流分配中心（或后续环节参与者如大型超市）的质量要求，但其初期投入或改造成本较高，反映在储藏成本上，为 0.85 元/千克；而在渠道 G（农户—消费者）中，农户将苹果寄存普通冷库，被收取了高于普通冷库实际储藏成本的费用支出，故对于农户来说储藏成本为 0.82 元/千克，高于渠道 A（农户—冷库—批发商—零售商—消费者）和渠道 B（农户—冷库—批发商—消费者）的普通冷库储藏成本。

（3）包装成本与运输距离或下游参与者包装要求相关。一般来说，运输距离越远，对包装的要求就越高，从而包装成本就越高。例如，图 14.2 中渠道 E（农户—批发商—物流分配中心—……）是苹果跨省流通进入物流分配中心后，进入大型超市等高端苹果销售机构，对苹果的包装成本投入自然要高于其他销售渠道；此外，长途运输会增加苹果损耗的风险，所以包装投入成本较高。

（4）零售商销售成本普遍高于冷库或批发商销售成本；且零售商之间销售成本存在较大差异。零售商销售成本多大于 1 元/千克，而批发商或冷库销售成本则较低，低于 0.5 元/千克，这是由中间商的经营性质决定的。与批发商不同，零售商拥有自己的零售门店，以较小量将苹果卖给消费者，在此过程中销售人工、水电消耗成本要高于批发商。同时，不同零售商的销售成本也不同，体现在渠道 B（农户—冷库—批发商—消费者）和渠道 F（农户—零售商—消费者）中零售商销售成本大于 2 元/千克，而渠道 A（农户—冷库—批发商—零售商—消费者）中零售商销售成本为 1.3 元/千克，这可能与零售商规模大小及经营管理水平相关。

从利润结构来看，不同流通渠道总利润比例不同；同一渠道内不同流通商利润分配比例不同。其中，渠道 B（农户—冷库—批发商—消费者）总利润占终端价格比例最高，为 18.4%；渠道 G（农户—消费者）总利润比例最低，为 0.9%。从利润分配结构来看，对于多个流通商参与流通的渠道 A（农户—冷库—批发商—零售商—消费者）和渠道 B（农户—冷库—批发商—消费者），零售商获得较大利润分配，分别占总利润的 72.2%和 64.4%。

（二）苹果价值链：二级

二级苹果价值链终端价格出现阶梯差。具体表现为，渠道流通环节越多，终端价格越高。其中，渠道 A（农户—冷库—批发商—零售商—消费者）二级苹果价值终端价格最高，为 10 元/千克；而在渠道 G（农户—消费者）中终端价格最低，为 7 元/千克。成本结构来看，其特征与上述混合一二级苹果成本特征类似。可概括为苹果收购价格存在地区差异（龙口为 5 元/千克左右，蓬莱为 6 元/千克）；冷库所有者同时可提供苹果代管代存服务，从而收取更高的储藏费用，渠道 A（农户—冷库—批发商—零售商—消费者）、渠道 B（农户—冷库—批发商—消费者）储藏成本为 0.33~0.36 元/千克，而渠道 G（农户—消费者）中农户将苹果交由冷库代存的储藏成本为 0.79 元/千克；分级包装成本因苹果售卖距离、销售对象要求而有所差异，渠道 A（农户—冷库—批发商—零售商—消费者）分级包装成本最高，为 1 元/千克；渠道 G（农户—消费者）没有进行包装；零售商销售成本通常比冷库或批发商销售成本高。其中，渠道 B 零售商与冷库销售成本最高，为 1.01 元/千克。从利润结构来看，渠道 A 总利润占比最大，为 23.5%，渠道 G 最小，为 1.6%；而渠道 A 和渠道 B 中零售商利润分配较多，分别为 75.3%、62.6%。总体来说，终端价格与收购价格之比在 1~2 的合理范围内（图 14.3）。

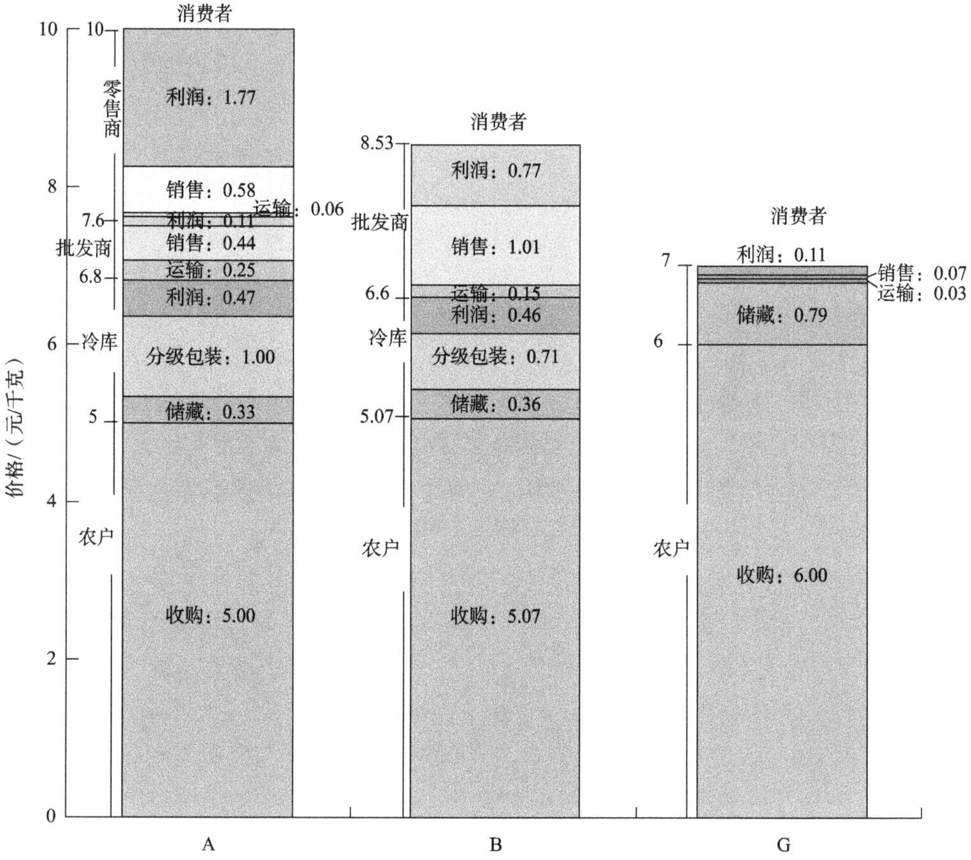

图 14.3 二级苹果价格构成

渠道 A 共 1 条，来自龙口；渠道 B 共 3 条，来自龙口；渠道 G 共 1 条，来自蓬莱

（三）苹果价值链：三级

以消费者为终端的渠道价格存在差异。其中，渠道 D（农户—批发商—零售商—消费者）（9.11 元/千克）和渠道 F（农户—零售商—消费者）（10 元/千克）的终端价格远远高于渠道 G（农户—消费者）（4 元/千克），原因可能与上述提到的流通环节数目、销售空间差异等相关，在此不再赘述。从成本结构来看，表现出如下特征：①三级苹果价值链中不同产地（蓬莱、栖霞）苹果收购价格差异较大，较渠道 F（农户—零售商—消费者）和渠道 G（农户—消费者）差异最高达 1 元/千克，而与之形成对比的是，在混合一二级苹果价值链中，不同产地（蓬莱、栖霞）苹果收购价格差异不明显（如图 14.2 中栖霞、蓬莱混合一二苹果收购价基本为 8 元/千克），原因可能在于在苹果分类上，混合一二级苹果挑选标准更

严格，收购价格波动幅度有限，而三级苹果由于标准等级较次，标准控制较为宽松，收购价格波动范围较大。②原因同混合一二级、二级基本相同，储藏成本与中间商类型相关，包装成本因售卖距离、销售对象要求而不同，零售商销售成本通常较高。从利润结构来看，渠道 E 总利润占终端价格比例最高为 19.8%，其中零售商获得的利润占总利润的 76.7%。终端价格与收购价格比例最小低于 1.5（渠道 G），最高接近 2.5（渠道 D），说明三级苹果较一二混合级或二级苹果而言，拥有较大的增值潜力（图 14.4）。

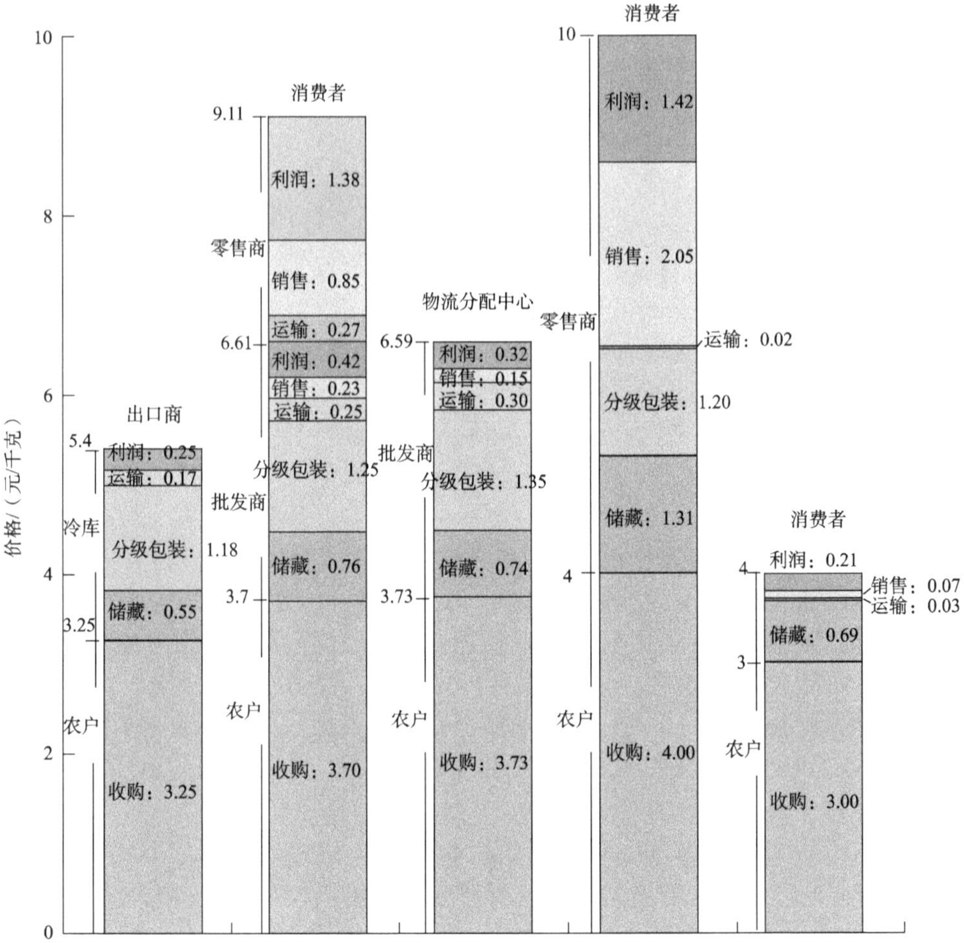

图 14.4　三级苹果价格构成

渠道 C 共 2 条，分别来自蓬莱和栖霞；渠道 D 共 2 条，分别来自蓬莱和栖霞；渠道 E 共 3 条，其中 2 条来自栖霞，1 条来自蓬莱；渠道 F 共 1 条，来自栖霞；渠道 G 共 1 条，来自蓬莱通过上述分析，我们了解了以苹果为代表的水果价格形成过程及其价格构成，比较了不同流通渠道的价值链的成本构成和利润的差异。总体来说，苹果流通市场整合度较高，价值链参与者经营行为符合完全竞争条件，利润为合理空间范围内的利润。

二、番茄案例研究

与苹果流通活动基本相同，除了没有储藏环节外，流通商完成番茄流通同样至多需要四步：收购、分级包装、运输、销售。批发商通常向农户收购番茄，包装后运往北京新发地批发市场，随即番茄便流向流通参与主体。在本次番茄追踪调研中，流通渠道共 2 类，价值链数目共有 15 条（图 14.5）。

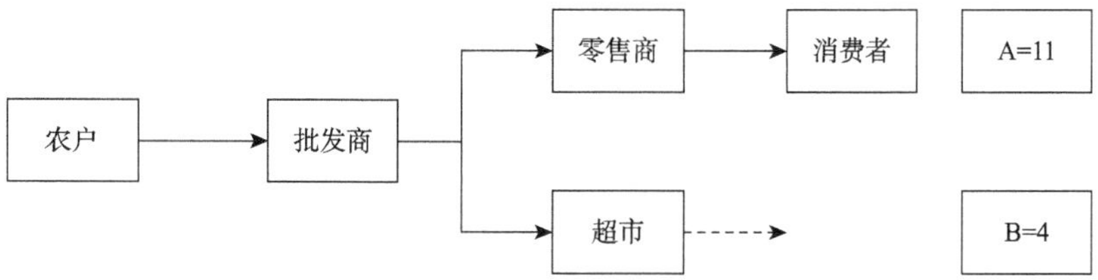

图 14.5　番茄市场销售主要渠道

尽管渠道 B（农户—批发商—超市—……）未能追踪至终端，无法比较 A（农户—批发商—零售商—消费者）和 B（农户—批发商—超市—……）的终端价格，但 A（农户—批发商—零售商—消费者）、B（农户—批发商—超市—……）渠道的成本结构呈现以下特征（图 14.6）：批发商在流通过程中价值增值幅度基本接近（渠道 A 中为 0.61 元/千克，渠道 B 中为 0.7 元/千克），但渠道 B 中运输成本（0.36 元/千克）要高于渠道 A（农户—批发商—零售商—消费者）（0.23+0.09 元/千克），因此挤压了利润空间。运输成本差异较大原因在于，部分订单对批发商的时间约束性不强，在时间宽松的情况下由物流人员（运输司机）装卸货物，他们的劳动成本已经包含在批发商支付的物流费用中；但在时间约束较强的情况下，批发商会动用正式员工或另雇临时员工加快装载进程，除了支付相应的物流费用，批发商还得支付装货费用。从利润结构来看，渠道 A 总利润占终端价格的 24.5%，而零售商获取利润占总利润 79%，结合批发商薄利多销的经营性质，应属于合理的利润分配。

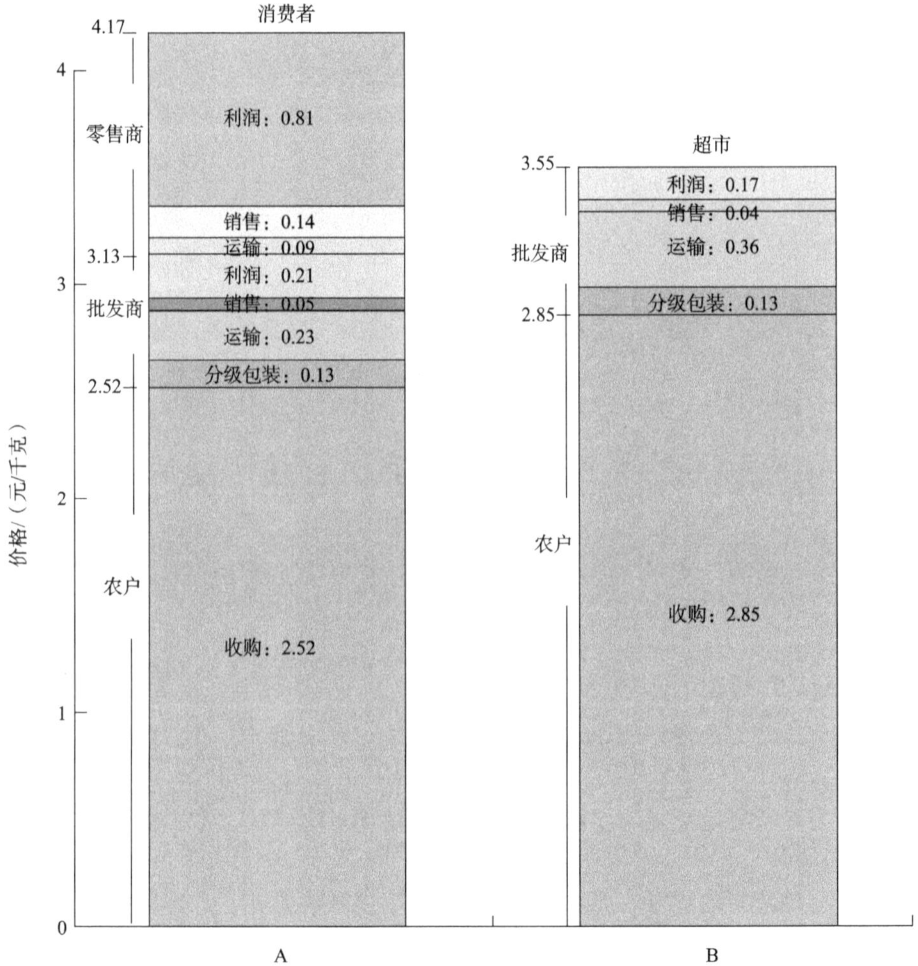

图 14.6　大番茄价格构成

渠道 A 共 6 条，渠道 B 共 4 条

图 14.7 比较了少数品种番茄价值链。比较价值链终端价格，发现不同渠道终端价格差异较大（“多彩”品种终端价格最高，为 20 元/千克；而“串”品种最低，为 14 元/千克），这可能与品种差异相关。从成本结构来看，收购价格因品种不同存在明显差异，但普遍高于大番茄品种；“圣女果”的运输成本（4.56 元/千克）要远远高于“多彩”和“串”的运输成本，原因在于“圣女果”价值链中，有两条来源于海南省，运输方式采用空运，成本要远远高于陆运。从利润结构来看，利润在合理空间范围内，且基本上零售商能获取绝大多数利润。“多彩”总利润占终端价格的 30.1%，零售商占总利润的比例为 94.5%；“串”总利润占终端价格的 35.9%，零售商占总利润的比例为 89.4%；而“圣女果”总利润

仅占终端价格的 11.3%，零售商占总利润的比例也仅为 42.7%。“圣女果”总利润占价格比例较低且批发商能获取大部分利润的原因可能在于，批发商通过空运方式，最大限度保证了“圣女果”的新鲜度，从而有助于其在流通过程中获得有利的利润分配地位。

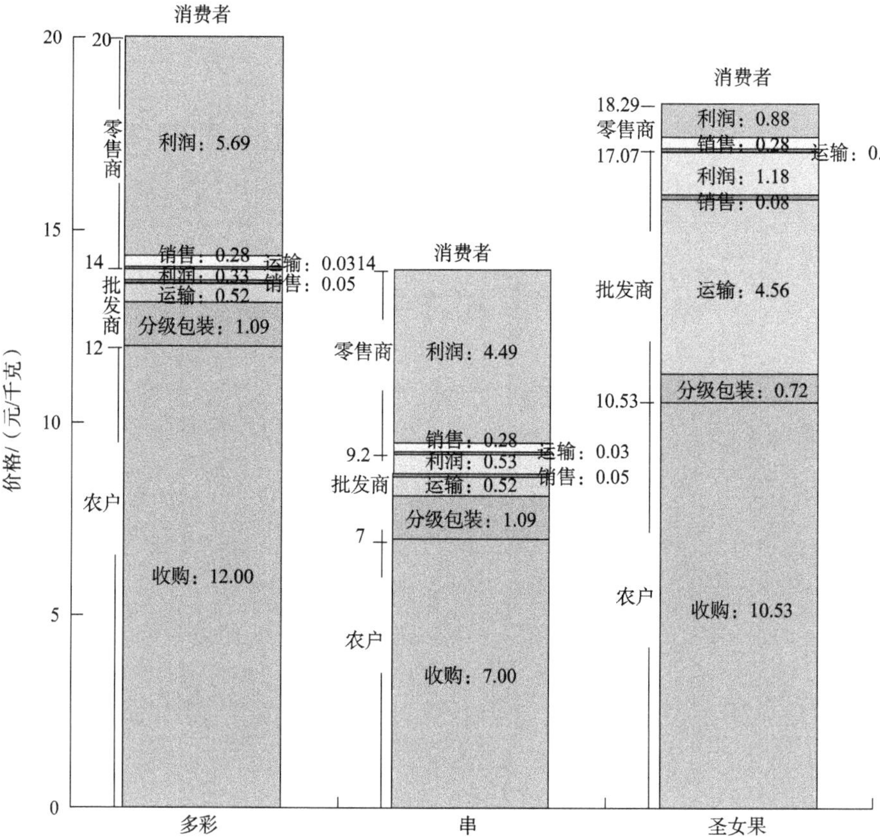

图 14.7 少数品种番茄价格构成

渠道 A 共 5 条，其中“多彩”为 1 条，“串”为 1 条，“圣女果”为 3 条

第四节 主要结论和政策建议

改革开放极大促进了我国农副产品的市场流通，农产品的市场改革是从蔬菜、水果开始的，市场体系建设已趋于完善。目前我国蔬菜、水果市场比较发达，两类市场逐步接近或呈现完全竞争状态。为从实证角度观察蔬菜、水果的市

场价格形成过程和市场运行效益，我们分别以苹果、番茄作为水果和蔬菜代表，基于价值链上游（如农户出售农产品）到中游（如批发）再到下游（如零售）实时实地追踪方式，对苹果和番茄销售主要渠道、价格形成过程及构成、利润结构进行分析，得出以下主要结论。

（1）平均来看，终端价格并未过高，其与收购价格之比符合完全竞争市场特征。其中，在调研季节，苹果终端价格与收购价格之比稳定在 1.7~2.5，番茄终端价格与收购价格之比在 1.24~1.75。说明我国水果、蔬菜流通市场长时间处于或接近完全竞争条件下，流通商并未获取垄断利润。

（2）在完全竞争市场条件下，不同流通环节成本存在具有必要性及合理性。其大小与一些因素相关，如收购成本与产地（是否为主产区且已形成质量安全标准）相关，储藏成本与储藏方式有很大关系（是地窖还是冷库），包装成本与运输距离或下游参与者包装要求相关，销售成本与流通商经营性质（是批发商还是零售商）及管理水平相关。同时，流通过程中参与主体数目多少与终端价格形成没有必然的因果关系，如混合一二级苹果价格构成中，渠道 A（农户—冷库—批发商—零售商—消费者）比渠道 B（农户—冷库—批发商—消费者）多一个零售商参与者，但终端价格都为 11 元/千克，说明在目前市场条件下，特定销售渠道中流通商参与数目多少并不能对终端价格起决定作用。

（3）在目前竞争市场下，对于主要销售渠道（包括批发商或零售商流通参与者）而言，整个流通过程产生的毛利润基本占终端价格的 20%左右，其中售商毛利润比例较高，这与流通商的经营性质是分不开的。批发商因其薄利多销的性质获取较少利润率，而零售商虽然有较大的毛利润率，但其销售数量少，且也投入较多的劳动力，如若扣除这些成本，则其利润占价格的比例会显著下降。以上结果表明，在目前市场竞争条件下，流通商获取的利润处于合理范围空间内。

本章研究结果有如下政策含义。首先，应理解中间商存在的合理性及其生存空间，在市场非常竞争的环境下，存在就是合理的。蔬菜水果流通过程中，中间商的存在及发展极大促进了农产品跨区域流通，其合法经营行为应得到积极肯定。其次，我们的研究结果并不支持中间商尤其是零售商获取的利润是暴利的观点（席斯和张向东，2008）；事实上，我国蔬菜水果中间商利润回报率处于合理范围空间，在目前市场环境和农业生产条件下（如小规模农户生产），盲目压缩价值链层次，可能反而会引起成本增加。最后，降低消费者购买成本应从储藏及物流环节、市场配套设施建设等入手。例如，通过改进储藏方式，或者将苹果寄存于其他冷库中来降低储藏损耗，从而降低储藏成本；在远途运输方面，同物流公司建立长期稳定的合作关系；在销售方面，经营者提高业务管理水平，节约成本支出。

第十五章　市场干预和改革对国内外市场价格传导机制的影响

第一节　研 究 背 景

全球粮食市场在 2006 年后进入了一个极度不稳定的时期。2007 年，大米、小麦和玉米的国际市场价格开始快速上涨，2008 年下半年出现了突然下跌，此后又出现了两次价格上涨（2010 年和 2012 年），2013 年之后价格又出现了下跌。国际粮食市场价格的大起大落，使得许多发展中国家的政策制定者开始高度关注国际粮食市场价格向国内市场的传导。2007~2008 年，许多国家采取了一系列的政策措施，尤其是价格控制和贸易干预政策，以期阻断不断上涨的国际粮食价格传导到国内（Kornher and Kalkuhl，2013；Pinstrup-Andersen，2014；Baffes et al.，2015）。全球粮食危机导致了许多国家在 2008 年之后对粮食库存和价格进行了临时性的干预（Kalkuhl et al.，2016）。

全球粮食危机引发了学界对该问题的广泛研究，但是很少有研究从政策变化的视角对国内外粮食市场价格空间传导进行严格的分析。已有的研究多集中在对粮食价格波动的驱动因素、政策反应和高波动带来的影响上（Yang et al.，2008；Ivanic et al.，2012；Huang et al.，2014；Pinstrup-Andersen，2014；Kalkuhl et al.，2016）。有关国际市场向国内的空间价格传导的问题，2008~2015 年的文献主要集中在粮食危机期间贸易保护政策的抑制作用，如强化出口补贴、出口控制和进口限制等（Martin and Anderson，2011；Esposti and Listorti，2013）。然而，没有文献对某个国家在全球粮食危机之前、期间和之后不同政策区间的价格传导进行比较。如果价格传导在不断变化的政策机制下（如贸易和/或国内政策）发生变化，那么价格传导就会变得内生于政策。研究在全球粮食价格剧烈波动的大背景下，处在不同政策机制下的农产品，在遭受外生冲击后，价格如何进行传导，不仅是政策制定者感兴趣的内容，生产者、消费者和食品行业对此也很关注。

然而，由于频繁的政策干预，检验不同政策机制时期内的空间价格传导是一个挑战。即使只有部分样本长期协整关系不成立，标准的全样本 Johansen 检验也可能会接受不存在协整关系的原假设（Barassi and Taylor，2004）。如果国内和国境的政策干预没有充分、准确度地纳入价格传导的模型分析中，那么其结果可能会存在偏差（Myers and Jayne，2012）。以前的研究多采用机制转换模型（Baylis et al.，2014；Baffes et al.，2015）、马尔科夫转换误差修正模型（Ihle et al.，2009；Djuric et al.，2015）和平滑转换协整模型（Merkusheva and Rapsomanikis，2014）来探究政策干预对价格传导的影响。上述三种方法的不同之处在于对机制转换的识别。对于机制转换模型，其机制转换是由国境干预政策的时间外生决定的，而马尔科夫转换误差修正模型和平滑转换协整模型假设其机制转换是内生的。然而，某些时期内生转换的决定仍然是一个谜（Götz et al.，2016），尤其是要比较几个不同机制的情况。这促使我们根据不同的机制（改变国境和/或国内政策的时间）来划分我们的数据集，并根据 Johansen 误差修正的方法来估计不同政策机制下的价格传导。同时，我们将使用全样本和子样本进行分析以检验如果我们忽略政策机制的变化，价格传导的分析结果会有多大的差异。

中国是研究在不同的政策机制下，国际向国内市场价格传导的独特案例，因为我们可以确定不同产品的政策机制，以及随着时间推移的政策变化。首先，自 21 世纪初以来，中国对大豆和主要谷物（水稻、小麦和玉米）采取了不同的贸易政策。2001 年中国加入世界贸易组织后，对水稻、小麦和玉米的进口关税配额（tariff rated quota，TRQ）制度进行了调整，并允许大豆自由进口。其次，随着时间的推移，中国改变了其大豆及谷物的政策机制，使得大豆和谷物之间的政策存在明显差异。在全球粮食危机之前，中国农业市场的扭曲已经逐渐消除（Huang et al.，2009）。然而，为了防止全球粮食危机期间国际向国内市场的价格传导，中国政府对主要谷物产品采取了一系列应对措施（如减少库存和限制出口）（Yang et al.，2008）。但这些政策干预并没有在大豆中实施。近年来，为了提高农民收入，中国政府对水稻、小麦、玉米和大豆等主要农产品国内价格进行了政策干预（Huang and Yang，2016）。最后，中国市场上存在进口转基因（GM）和国产非转基因两种大豆，这也为检验同种产品不同品种农产品的价格传导提供了一个有趣的案例。

本章的研究目的在于更深入地理解中国农产品在不同政策机制时期，国际市场向国内市场的价格传导。为了实现这一目标，本章将重点关注以下两个问题：①在产品的不同贸易政策机制时期，国际价格向国内市场的价格传递有多大差异？②在特定商品的不同政策机制下，国际价格的传导是如何变化的？为了回答这些问题，我们选择玉米和大豆作为研究对象，因为它们的市场在贸易政策机制上存在很大的不同。对于每一种农产品，我们根据玉米和大豆政策变化的实际时间，将样本分成不同的政策时期，然后分析不同政策机制时期的价格传导。也就是说，我们假定长期价格传导关系和短期价格传导调整在不同的政策机制时期存在差异，然后用不同政策时期的子样本数据来检验这些差异。

我们的研究结果表明，在大豆和玉米之间以及同种商品的不同政策时期，国际价格向国内市场的价格传导存在明显的差异。虽然大豆的国际价格在所有政策时期都可以很大程度上传导到中国市场，但玉米的情况并非如此。玉米国际市场向国内市场的价格传导仅仅发生在2007年之前，但中国在2007~2008年全球粮食危机期间成功地抑制了国际玉米价格波动对国内市场的传导，此后国际玉米市场向国内市场的价格传导也得到了很好的控制。此外，忽视政策机制的不同，往往会导致对空间价格传导程度和速度的推断存在偏差。本章的剩余部分安排如下：第二节将讨论中国政府玉米和大豆政策的演变，并对21世纪初以来两种农产品不同政策机制时期国内和国际市场价格的变化趋势进行描述性分析；第三节和第四节分别介绍国际价格传导的模型和估计结果；第五节对结论进行总结并提出政策建议。

第二节　中国玉米、大豆贸易和价格政策以及价格的变化

一、21世纪初以来中国粮食政策的挑战及变化

尽管中国的农业自20世纪70年代末以来取得了显著的增长，但2004年以来，中国也面临着巨大的挑战。推动中国近年来政策变化的两大挑战是如何确保国家粮食安全和保持农民收入的更快增长（Huang and Yang，2016）。2004年，中国从粮食的净出口国变为净进口国，此后我国的粮食进口逐年增加。2010年，作为饲料的玉米需求超过了国内产量，中国也从玉米净出口国变为进口国（图15.1）。我国最重要的进口农产品是大豆。大豆的进口在2001年中国加入世界贸易组织后显著增加（图15.2）。大豆的年平均进口量从1996~2000年的不足900万吨增加到2010年的6 150万吨，2015年更是增加到8 200多万吨（国家统计局，2016）。另外，虽然农村地区平均收入在过去几十年中已经大幅度提高，

但城乡收入比在 20 世纪 90 年代末开始上升，从 1997 年的 2.54 增加到 21 世纪初的 3.0 以上（国家统计局，2015），这种情况可能会威胁到社会稳定并引起政策制定者的高度关注。鉴于上述挑战，中国政府做出了几项重大的政策调整。例如，为了增加农民收入，促进粮食和其他主要农作物的生产，中国从 2005 年中期开始就陆续对主要农产品实施了价格支持政策。为避免在 TRQ 贸易制度下的主要农产品（如水稻、小麦和玉米）的大量进口，在进口关税税率较低的情况下，中国仍然通过采取 TRQ、进口许可证和政府储备计划等各种政策措施对其市场进行一定的控制。对于农产品的出口，中国也会适时实施出口补贴和/或出口增值税（value added tax，VAT）退税政策。在全球粮食危机期间，中国政府实施了一系列稳定粮食价格的政策措施，如粮食储备计划、征收临时出口关税和取消增值税退税政策（Yang et al.，2008）。本章的研究目的不在于详细探讨政策变化的因果关系，而在于分析政策变化对价格传导的影响。

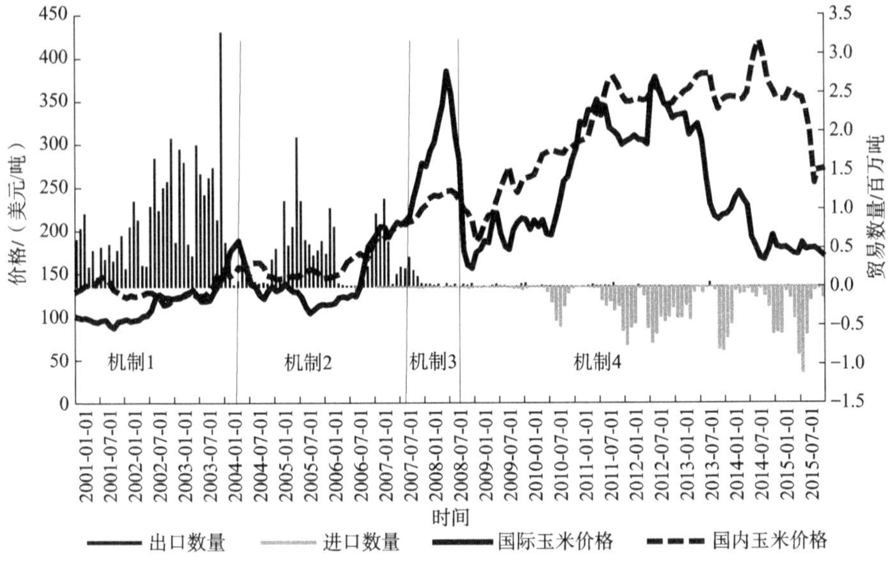

图 15.1　玉米贸易数量和价格走势

国际市场的玉米价格为伊利诺伊州港口 2 号黄色玉米的 FOB（free on board，离岸价）价格，加上从伊利诺伊州港口到中国主要港口的平均运费。国内市场价格为郑州批发市场 2 号黄玉米的批发价。我们使用郑州批发市场的价格，是因为它是中国最主要的批发市场之一，自 20 世纪 90 年代末以来，国内市场基本上就已经整合在一起（Rozelle et al.，1997）。所有的价格单位均使用官方汇率换算成美元/吨

资料来源：FOB 价格数据来自 Bloomberg，运费数据来自中国石油网，国内批发价格数据来自郑州批发市场，出口和进口数据来自中国海关总署

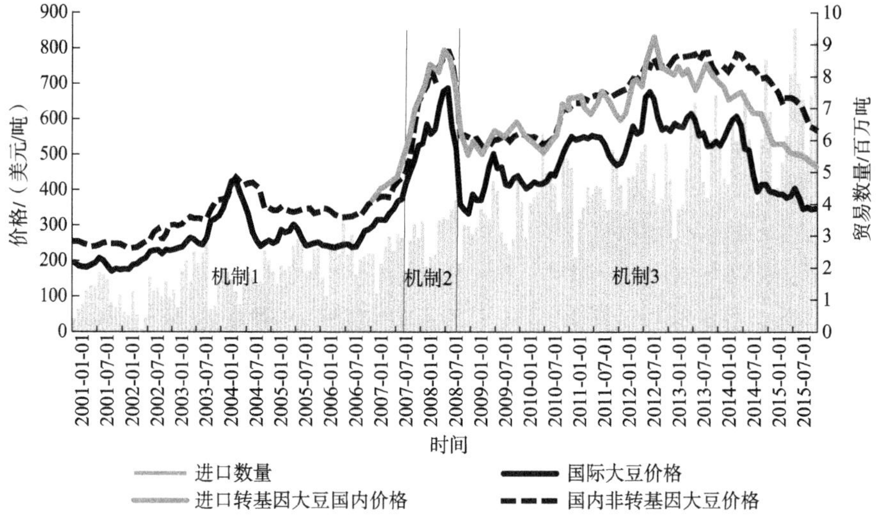

图 15.2 大豆贸易数量和价格走势

国际市场大豆价格为伊利诺伊州港口 1 号黄大豆（主要是转基因大豆）的 FOB 价格，加上从伊利诺伊州港口到中国主要港口的平均运费。国内大豆价格有两个：一个是郑州批发市场 3 号非转基因黄大豆的批发价，另一个是进口转基因大豆的价格，进口大豆主要通过国境贸易卖到中国市场，其周度价格数据仅从 2007 年 1 月开始

资料来源：FOB 价格数据来自 Bloomberg，运费和进口转基因大豆的价格来自中国石油网，国内批发价格来自郑州批发市场，进口数据来自中国海关总署

在本节的剩余部分，我们将使用玉米和大豆作为研究对象，来阐明 21 世纪初以来我国主要农产品的政策机制的变化情况（表 15.1）。玉米代表了 TRQ 贸易制度① 下的一大批农产品，而大豆则是只有单一关税措施的农产品的代表。

表 15.1 2001~2015 年玉米和大豆的政策机制

玉米		大豆	
政策机制	时期	政策机制	时期
机制 1	2001-01~2004-04	机制 1	2001-01~2007-08
机制 2	2004-05~2007-08	机制 2	2007-09~2008-09
机制 3	2007-09~2008-09	机制 3	2008-10~2015-12
机制 4	2008-10~2015-12	—	—

二、玉米政策机制的变化和相应的价格变化趋势

玉米是中国第一大农作物，其面积占 2014 年全部农作物播种面积的 22%以上，占谷物播种面积的 39%（国家统计局，2015）。为了应对玉米供需平衡、

① 实行 TRQ 贸易制度的其他农产品包括水稻、小麦、棉花、食糖和羊毛。

全球粮食危机和农民收入变化，2000 年以来，玉米经历了四种截然不同的政策机制。

1. 玉米政策机制 1：出口支持政策（2001 年 1 月至 2004 年 4 月）

在改革的头 30 年里，玉米产量大幅度增加，其生产和政府库存在 1998 年达到了历史最高水平①。为了解决玉米供应过剩的问题，中国政府在 2004 年之前实施了玉米出口促进政策。主要政策包括竭力降低玉米出口运输成本（如享受运输货物的优先权和取消铁路建设基金费用），同时对玉米出口增值税（增值税，13%）进行退税。在这些努力下，21 世纪初，我国的玉米出口显著增加（图 15.1），从 1998 年的不足 500 万吨增加到 2003 年的 1 600 多万吨。玉米出口的增加使得中国玉米库存在 1998 年后大量减少。在 2001 年和 2004 年初，我国玉米价格与国际价格的变化存在明显的差异（图 15.1）。

2. 玉米政策机制 2：消除市场扭曲（2004 年 5 月至 2007 年 8 月）

随着出口的增加和 21 世纪初玉米产量的下降②，中国得以在 2003 年前基本消除了其过量的玉米库存，并且在 2004 年初将该政策机制调整为收入支持和逐步取消出口支持政策。第一，中国取消了几十年来对农民征收的农业税，同时开始实行粮食补贴政策，后来又将补贴从生产中分离出来，从而没有对市场产生扭曲。第二，2004 年取消玉米出口支持政策，这导致我国 2004~2007 年玉米的出口大幅下降（图 15.1）。这一时期，市场自由化程度要比前一时期高，2005 年中期以后国内外玉米价格同时出现上涨（图 15.1）。

3. 玉米政策机制 3：全球粮食危机期间的应对措施（2007 年 9 月至 2008 年 9 月）

2007 年全球粮食价格的快速上涨引起了中国政府的高度关注。由于认识到粮食危机可能对国内粮食安全构成潜在威胁，中国政府在 2007 年底和 2008 年秋季采取了一系列应对措施（Yang et al.，2008）。2007 年 9 月，面对国际粮价的大幅上涨，中国政府通过减少粮食库存来稳定国内市场，避免包括玉米在内的粮食价格大幅上涨。同时，中国政府对所有谷物出口征收 5%的出口税。随着国内和国际市场的价格差距不断扩大（图 15.1），中国政府在 2007 年底 2008 年初禁止了粮食和饲料的出口。因此，在 2007 年 9 月至 2008 年 9 月期间，中国已将其玉米政策从出口补贴转向对玉米出口的征税限制出口数量。由于上述的措施，中国的玉米价格走势在全球粮食危机期间与国际价格分离开来（图 15.1）。

① 1999 年我国玉米的产量达到 1.33 亿吨，消费量仅为 1.12 亿吨（国家统计局，1999）。

② 在 1998 年玉米产量达到历史最高（133 万吨）之后，2003 年玉米产量下降到 1.16 亿吨。

4. 玉米政策机制 4：国内价格支持政策（2008 年 10 月至 2015 年 12 月）

如上所述，自 2000 年末以来，中国农村经济的两个主要议题就是农民收入和粮食安全。为提高农民收入，促进粮食生产，中国政府对主要农产品实施了价格支持政策，包括 2008 年 10 月开始实施的玉米临时收储政策①。由于临时收储政策，玉米价格自 2009 年以来有了显著的提高，除了 2015 年，该年度政府减少了玉米收购量（图 15.1）。虽然价格干预政策增加了农民的收入和玉米生产，但也造成了玉米国内、国际市场间巨大价差和大量的政府玉米库存。由于 TRQ 制度限制了玉米进口，尽管临时收储价格不断提高，但玉米进口并没有大幅增长②。

三、大豆政策机制的变化和相应的价格变化趋势

虽然我国的大豆市场相对比较开放，但国家也试图通过干预市场以提高农民的收入。自 2001 年中国加入世界贸易组织以来，大豆进口关税仅为 3%。随着国内需求的增加，我国大豆的年进口量从 2000 年以前的 500 万吨增加到 2010 年的 5 500 万吨，2015 年更是达到 8 200 万吨（国家统计局，2016），占世界大豆总贸易量的 65%。我国进口的大豆均是转基因大豆，用于加工业。国产大豆为非转基因大豆，主要用于食物消费。由于进口和国产大豆的性质存在很大不同，中国政府也从 2008 年开始实施了支持豆农生产和收入提高的临时收储政策。根据大豆政策的主要变化，我们将大豆政策机制分为三个时期。

1. 大豆政策机制 1：市场自由化（2001 年 1 月至 2007 年 8 月）

这一时期的主要特点是大豆贸易自由化，没有国内市场干预政策。在此期间，除了用转基因大豆作为原材料的食用油必须标明外，大豆的进口就没有了其他市场规定。国产大豆价格与国际市场价格紧密相关（图 15.2）。

2. 大豆政策机制 2：全球粮食危机期间有限的应对（2007 年 9 月至 2008 年 9 月）

在全球粮食危机期间，大豆不能像玉米一样采取相对大胆的应对措施，但中国政府付出了很大的努力来稳定国内大豆市场。在国境控制方面，大豆关税从 3%降至 1%。由于对大豆贸易的干预有限，中国还试图签订新的大豆进口合同以增加大豆进口。然而，如图 15.2 所示，国内市场上进口和国产大豆的价格变化趋势几乎与国际市场上的大豆价格变化趋势相同。

---

① 临时收储价格逐年上涨，从 2008 年的 1 500 元/吨增加到 2015 年的 2 000 年/吨。

② 2015 年玉米进口配额为 720 万吨。配额内玉米进口的税率为 1%，配额外为 65%。

3. 大豆政策机制 3：国产大豆的价格支持政策（2008 年 10 月至 2015 年 12 月）

随着大豆进口量的急剧增加，国内非转基因大豆的生产受到了严重的打击。我国大豆的种植面积从 2001 年的 948 万公顷下降到 2007 年的 875 万公顷（国家统计局，2008）。为了保护大豆生产者的利益，中国政府从 2008 年开始实施了大豆临时收储制度以提高大豆价格。这一措施对国产大豆和进口转基因大豆在国内市场价格的影响尚不明确。但图 15.2 显示国产非转基因大豆价格的变化趋势与国际大豆价格的变化有细微的差别。

第三节　模型和分析过程

尽管第二节对政策机制的变化和相应的价格变化的描述性分析表明，各农产品从国际向国内市场价格传导存在不同程度的差异，但有必要对价格传导的程度和速度进行严谨的统计检验。为此，我们按照以下步骤进行分析。首先，利用 ADF 检验和 Phillips-Perron 检验对价格序列的水平和一阶差分进行平稳性检验，以使全样本和不同政策机制区间的价格序列变得平稳。结果表明，所有价格的水平序列均为非平稳的，经过一阶差分后，玉米和大豆的各政策区间子样本的价格变为平稳。这说明所有的价格序列均为一阶单整，即 $I(1)$。

其次，根据以上结果，我们进一步做协整检验。常用的协整分析方法有两种，一种是 Engle-Granger 两步法，另一种是 Johansen 多元误差修正模型。在本章中，我们使用 Johansen 协整检验法，原因在于该方法不但考虑了潜在过程的误差结构，而且放宽了价格外生的假设（Johansen，1988）[①]。

Johansen 方法源于标准的向量自回归（VAR）模型，k 阶向量自回归模型或 VAR（k）如下所示：

$$P_t = A_0 + A_1 P_t - 1 + A_2 P_t - 2 + \cdots + \boldsymbol{A}_k P_t - k + U_t \quad t = 1, \cdots, T \tag{15.1}$$

其中，$\boldsymbol{P}_t(nx1)$ 为一阶单整的向量；$\boldsymbol{A}_k$ 为未知的参数矩阵；U_t 为白噪声误差项。VAR（k）通过等价变换可以写成式（15.2）：

$$\Delta P_t = \boldsymbol{\Pi}\, P_{t-1} + \sum_{i=1}^{k-1} \tau_i \Delta P_t + \varepsilon_t \tag{15.2}$$

① Engle-Granger 法采用回归分析来估计协整关系，其中一个价格是外生的。在此例中，无法接受该假设，原因在于中国是一个大国，在世界农业市场中占有重要的份额。更重要的是，Engle-Granger 法对不满足良好有限分布的序列存在小样本偏差。

其中，$\tau_i = -\left(A_{i+1} + \cdots + A_k\right), \Pi = \sum_{i=1}^{k} A_i - I$。$\Pi$ 的秩条件是决定是否存在协整关系的基础。让 Π 的秩等于 r。如果 Π 满秩（$r=n$），则 P_t 为平稳序列，因为左边和右边的变量是平稳的[①]。如果 P 为平稳序列，则可以用式（15.1）中的 VAR 模型。如果 Π 的秩为零（$r=0$），则价格向量非平稳且不协整，则此时需要用到式（15.2）中 VAR 模型的一阶差分形式。如果 Π 的秩非满秩（$0<r<n$），则价格向量的协整关系成立。在这种情况下，Π 可以分解为 $\Pi = \boldsymbol{\alpha}\beta'$，而且 $\beta' P_{t-1}$ 是平稳的，这可以用来测量前一时期的不平衡状态。$\boldsymbol{\alpha}$ 为参数调整速度矩阵。一般情况下 $-1<\boldsymbol{\alpha}<0$，$\boldsymbol{\alpha}$ 为负值从而可以使得价格回归到长期均衡状态。如果 $\boldsymbol{\alpha}$ 接近 -1，则短期扰动会迅速回归到长期均衡状态，两个市场是紧密相连的。$\boldsymbol{\beta}$ 是在长期均衡关系中的协整向量。$\boldsymbol{\beta}$ 衡量其他市场价格的变化如何影响该市场的价格变化或者这两个市场之间价格传导的幅度。如果 $\boldsymbol{\beta}$ 接近于 1，则意味着一个市场的价格波动可以完全传导到另一个市场。

迹检验用来检验矩阵 Π 的秩是否为 r_0 最常用的方法之一，该方法由 Johansen（1988）提出。迹统计量的表达式如下：

$$\mathrm{LR}\left(r_0, n\right) = -T \sum_{i=r_0+1}^{n} \ln\left(1-\lambda_i\right) \tag{15.3}$$

其中，$\mathrm{LR}\left(r_0, n\right)$ 为似然比统计量，原假设为 Π 的秩是 r_0，备择假设为 $r_0 < \mathrm{rank}\left(\Pi\right) \leqslant n$。$T$ 为样本容量，λ_i 为矩阵 Π 的特征值。如果原假设被拒绝，则进一步假设 $\mathrm{rank}\left(\Pi\right) = r_0 + 1$，备择假设为 $r_0 + 1 < \mathrm{rank}\left(\Pi\right) \leqslant n$。

基于以上分析的方法，我们使用周度价格数据（图 15.1 和图 15.2）来检验从具体政策机制下国际市场向国内市场的价格传导。对所有的价格进行取对数处理。以上的分析针对的是全样本和各农产品的政策机制。对于大豆，我们选取了国产非转基因大豆的批发价格和转基因大豆价格这两种国内价格。大豆价格数据为 2001~2015 年的周度价格数据，但进口大豆的国内价格数据除外，该数据仅能获得 2007 年以后的价格数据。

第四节　不同政策机制下的协整分析结果

ADF 检验的结果表明，所有价格序列都是非平稳的，或者 I（1），迹统计量检验结果如表 15.2 所示。对于玉米而言，全样本的迹统计量为 14.67，但在统计

① Johansen 协整法通常用于系统中所有变量均为 I（1）的情况。

上不显著，因此我们无法拒绝π的秩（或r）为0的原假设。虽然全样本结果显示国际和国内玉米市场价格之间不存在协整关系，但政策机制 2 时期的检验结果显示，拒绝了r=0（15.88，5%的显著性水平）的原假设，但无法拒绝$r \leqslant 1$（1.44，统计不显著）的假设。这意味着在政策制度 2 的时期中，玉米的价格向量π的最大阶数为 1，国际和国内玉米市场的价格存在协整关系。然而，对于贸易基本自由化的大豆而言，r=0的原假设被拒绝了，在2001~2015年全样本时期和具体政策机制下的子样本中，$r \geqslant 1$的假设无法被拒绝（表 15.2）。对国产非转基因大豆和转基因大豆的检验也得到了类似的结果，国内市场各时期政策调整均没能阻止国际大豆市场向国内市场的价格传导。这也说明中国政府通过临时收储政策支持国内非转基因大豆生产的努力没有成功。

表 15.2　2001~2015 年迹统计量检验

农产品类别	机制类别	市场组合	样本数	迹统计量	π 的最大阶数
玉米：国际价格向国内批发价格的传导	全样本	H_0：r=0 vs H_1：r>=1	728	14.67	0
		H_0：r<=1 vs H_1：r>=2		2.50	
	机制1	H_0：r=0 vs H_1：r>=1	162	4.79	0
		H_0：r<=1 vs H_1：r>=2		0.97	
	机制2	H_0：r=0 vs H_1：r>=1	169	15.88*	1
		H_0：r<=1 vs H_1：r>=2		1.44	
	机制3	H_0：r=0 vs H_1：r>=1	53	13.85	0
		H_0：r<=1 vs H_1：r>=2		5.71	
	机制4	H_0：r=0 vs H_1：r>=1	344	10.71	0
		H_0：r<=1 vs H_1：r>=2		1.23	
大豆：国际价格向国产非转基因大豆价格的传导	全样本	H_0：r=0 vs H_1：r>=1	728	36.31**	1
		H_0：r<=1 vs H_1：r>=2		3.37	
	机制1	H_0：r=0 vs H_1：r>=1	331	31.50**	1
		H_0：r<=1 vs H_1：r>=2		1.20	
	机制2	H_0：r=0 vs H_1：r>=1	53	20.52**	1
		H_0：r<=1 vs H_1：r>=2		5.51	
	机制3	H_0：r=0 vs H_1：r>=1	344	15.63*	1
		H_0：r<=1 vs H_1：r>=2		3.18	
大豆：国际价格向国内转基因大豆价格的传导	机制2	H_0：r=0 vs H_1：r>=1	53	16.55*	1
		H_0：r<=1 vs H_1：r>=2		2.77	
	机制3	H_0：r=0 vs H_1：r>=1	344	28.82**	1
		H_0：r<=1 vs H_1：r>=2		2.28	

**、*分别表示 1%、5%的统计显著性水平

注：ADF 检验显示所有的价格序列都是非平稳的，或者 I（1）

表 15.3 显示了不同政策机制时期玉米和大豆国际向国内市场价格传导的最终结果。对于国际和国内市场存在长期价格传导关系的时期，我们进一步估计了长

期价格传导的弹性(β)和调整速度(α)。主要结果的总结和讨论如下。

表 15.3　2001~2015 年玉米和大豆国际市场向国内市场的价格传导

农产品类型	机制	长期关系存在（是或否）	若是	
			长期协整弹性(β)	调整速度系数(α)
玉米	全样本	否	—	—
	机制1	否	—	—
	机制2	是	0.55^{*}	-0.03^{*}
	机制3	否	—	—
	机制4	否	—	—
非转基因大豆	全样本	是	1.04^{**}	-0.03^{**}
	机制1	是	0.86^{**}	-0.05^{**}
	机制2	是	0.98^{**}	-0.23^{**}
	机制3	是	1.20^{**}	-0.01^{**}
转基因大豆	机制2	是	0.97^{**}	-0.29^{**}
	机制3	是	0.82^{**}	-0.08^{**}

**、*分别表示 1%、5%的统计显著性水平

第一，基于全样本和各政策机制分析得出的不同结果进一步表明，如果在一段时期内政策发生了巨大的变化，那么就需要对不同政策机制下的价格传导进行检验。例如，没有证据表明在 2001 年到 2015 年期间，存在国际玉米市场向国内市场的价格传导。然而，我们发现，在一段时期内（政策机制 2），玉米的国际市场价格可以传导到国内市场，然而，对大豆而言，检验结果表明在整个样本区间和各政策机制时期内存在国际市场向国内市场的价格传导，但各子区间的价格传导程度存在差异（表 15.3）。

第二，没有证据可以表明玉米价格从国际市场向国内市场进行传导。对于所有的政策时期，在政策机制 1、3 和 4 的时期内，国际国内市场不存在长期的协整关系。这三个时期不存在国际向国内的价格传导，这表明玉米出口促进时期（政策机制 1），应对全球粮食危机期（政策机制 3）和国内价格支持政策期（政策机制 4）的政策干预使得国内、国际市场玉米价格的变化有效地分离开来。虽然文献中没有关于全球粮食危机之后玉米行业可靠的研究可以进行对比，但本章的估计结果与 Yang 等（2008）对全球粮食危机之前和粮食危机期间的估计结果是一致的。值得一提的是，虽然估计结果显示在玉米政策机制 2 中存在国际向国内的价格传导，但这一传导是比较温和的。国际向国内玉米市场长期价格传导的弹性(β)为 0.55（远低于 1），且在 5%的显著性水平下显著，这表明在前一节中所讨论的 2004~2007 年的市场扭曲消除，在某种程度上增强了国际和国内市场的价格传导。

第三，尽管在政策机制 2 期间（2004~2007 年），存在玉米价格的国际国内传导，但其调整速度相当缓慢。α的估计参数仅为−0.03，且在 5%的显著性水平下显著。这意味着，在 2004~2007 年，国际市场价格受到一单位的冲击，即使是比较温和（$\beta=0.55$），国内市场价格仍然要花费较长的时间才能回归均衡点。

第四，与玉米不同，国内与国际大豆市场价格高度协整，估计结果表明存在国际到国内大豆市场的价格传导。例如，2001~2015 年的国产非转基因大豆，其国际向国内的长期价格传导弹性为 1.04，且在 1%的显著性水平下显著，这表明国际市场上（转基因大豆）的价格每变化 1%，将使中国市场国产非转基因大豆的价格变化 1.04%。如上文所述，中国已经放开了大豆市场，大豆的进口量数量巨大，这使得国际国内大豆市场的价格变化近乎一致。此外，我们还发现，大豆各政策机制时期，国际国内长期价格传导弹性的值均接近于 1，这进一步表明在研究的所有时期内两市场的价格都是协整的。研究结果还表明，尽管中国政府采取了多种措施干预国内大豆市场（如国产非转基因大豆的临时收储政策）和贸易（如在全球粮食危机期间将关税从 3%降至 1%），但国际大豆市场价格的变化在很大程度上都传导到了国内市场。统计检验结果也与图 15.2 所示的国际和国内市场大豆价格的同步变化和趋势接近相一致。

第五，虽然在大豆的各子区间内，其调整速度的估计参数为负且在 1%的显著性水平下显著，但价格调整的速度在各政策机制上有显著的差异。国产非转基因大豆价格对于国际市场价格变化的调整速度从政策机制 1 的−0.05，迅速增加到全球粮食危机政策机制时期（表 15.3，政策机制 2）的−0.23，这意味着对先前不均衡的调整速度正在加快。在全球粮食危机期间，国际市场的巨大价格变化可能解释了政策体制 2 中更大的调整速度。2007~2008 年，国际价格变化和波动性极高，商人可能对套利机会的获利反应更为强烈。与此同时，市场干预（如将进口关税从 3%降到 1%）在这一时期要少得多，我国的大豆市场近乎完全向国际市场开放。然而，国内大豆价格的调整速度从政策机制 2（国产非转基因大豆为−0.23，转基因大豆为−0.29）到政策机制 3（国产非转基因大豆为−0.01，转基因大豆为−0.08）显著下降（表 15.3）。调整速度的下降表明，临时收储的价格支持政策通过政府购买和库存来影响国内价格。国产非转基因大豆的调整速度相对较慢，反映了大豆临时收储政策只针对国产非转基因大豆的事实。然而，政策机制 3 时期的长期协整弹性是最高的，这说明了即使在政府的政策干预时期，国际大豆价格也能在长期内显著地传导到国内价格。

玉米和大豆估计结果的不同以及国产非转基因大豆与转基因大豆估计结果的类似具有重要的政策启示。尽管 2008 年以来，我国政府对玉米和大豆都实行了临时收储政策，但事实上只提高了玉米的国内价格（图 15.1），而没有提高大豆的国内价格（图 15.2）。尽管大豆的临时收储政策在短期内提高了国产非转基因大豆的价格，但过不了多久它就会回归到与国际价格一致的节奏。此外，国内非转基因大豆和转基因大豆的价格与国际市场转基因大豆的价格高度协整，如果中国政府提高了国产非转基因大豆的价格，那么这不仅将有利于国内的转基因大豆生产者，也将有利于国外的大豆出口商和生产者。

第五节　研究结论

中国玉米和大豆政策的事例为我们提供了一种可行的自然政策实验，以评估不同政策机制下的国际价格传导。研究表明，玉米和大豆之间贸易自由化程度的不同，使得国内价格受国际市场价格波动的影响存在显著的差异。本章的分析表明，政府抑制世界玉米市场价格传导到国内市场的努力取得了成功，但对大豆来说却收效甚微。

通过将玉米和大豆的价格分为不同的政策机制时期，以对国际向国内市场的价格传导进行分析，有助于我们深入了解国际向国内市场的价格传导如何及为何随着时间的推移而发生变化。对玉米而言，仅对全样本进行价格传导研究可能会得出错误的结论，即国际市场对中国国内玉米市场价格没有影响。我们的研究结果表明，当政府对玉米市场的干预较少时，国际价格就能够更大程度上传导到国内市场。对大豆来说，国内和国际市场是高度整合的，虽然价格调整速度可能受到不同时期的具体政策的影响，但长期的协整程度随着时间的推移而不断加强。

本章研究的结论具有重要的学术和政策启示。第一，忽视政策机制会导致对空间价格传导程度和速度的估计产生偏差，从而导致错误的价格预测。第二，对于像大豆这样市场自由化的农产品，其价格或市场干预作用并不明显，但代价高昂；它们的国际市场价格可以在很大程度上迅速地传导到国内市场。第三，对于像玉米这样市场不太自由化的农产品，中国政府可以有效地将国际价格波动向国内市场的传导隔离开来。第四，虽然政策干预对玉米等市场不太自由化的农产品作用明显，但它们对其他产品或进口替代品贸易的影响需要进一步研究。例如，虽然 2011 年以来，中国政府能够在国际玉米市场价格大幅下降的时候，提高国内玉米价格（图 15.1），并通过 TRQ 和其他贸易政策措施限制玉米的进口，但在这一时期，中国不得不进口大量的玉米替代品。大麦、酒糟蛋白饲料和高粱的总进口量，从 2011 年的 400 万吨增加到 2015 年的约 3 100 万吨（Huang and Yang，2016）。第五，考虑到中国市场的规模及其不断提高的全球粮食和饲料贸易中的地位，本章研究的结论也将对世界其他地区预测中国国内市场价格的变化和与中国的贸易政策方面具有重要的意义。我们的研究结果表明，如果可以预测国际市场的价格，那么预测中国未来的大豆价格就变得可行，然而这并不适用于玉米的情况。

第十六章　农业供给侧结构性改革的关键问题①

第一节　引　　言

过去40年，中国农业生产在持续增长的同时，农业生产结构和居民食物消费结构也发生了显著的变化。1978年以来农业GDP年均增长率达4.6%，粮食占农作物播种面积的比例从1978年的80.3%下降到2016年的67.8%，经济作物面积与产值持续增长；与此同时，畜牧业和渔业生产增长更快，其产值在农林牧渔产值中的比例已从1978年的16.7%上升到2016年的38.6%。农业生产增长和结构调整，加上各种农产品的进出口调剂，极大地改善了居民的食物消费水平和消费结构。

虽然过去的农业发展取得了举世瞩目的成就，但目前中国农业发展也面临诸多挑战，特别是农业供给侧存在的结构性问题。2015年中央农村工作会议强调“要着力加强农业供给侧结构性改革，提高农业供给体系质量和效率，使农产品供给数量充足、品种和质量契合消费者需要，真正形成结构合理、保障有力的农产品有效供给”。从此，农业供给侧结构性改革成为政府农业工作中的重点，也成为学术界在农业发展改革领域关注的主要问题之一。

围绕农业供给侧结构性改革问题，近两年学术界已有不少的讨论并做了有益的探索。讨论从主要农产品出现“三量齐增”、农业结构性供需失衡、农产品竞争力下降、资源环境恶化（宋洪远，2016；涂圣伟，2016；张海鹏，2016；刘丹妮等，2017）等农业供给侧存在的突出问题，到对中央政策的解读、农业供给侧结构性改革的基本内涵、重要性与政策建议（宋洪远，2016；孔祥智，2016）。

① 本章的主要内容来自项目组主要成员已发表的文章，见：黄季焜. 农业供给侧结构性改革的关键问题：政府职能和市场作用[J]. 中国农村经济，2018，（2）：2-14.

但随着讨论进一步推进，农业供给侧的改革内容与政策问题被无限扩大，农业供给侧结构性改革成为一个无形的筐，什么问题都往里装。虽然一些文章也指出农业供给侧结构性存在问题的部分原因（如粮食市场政策和科技创新方向等）（陈锡文，2016；黄祖辉等，2016；孔祥智，2016；宋洪远，2016），但正如黄祖辉等（2016）所指出的，学术界对供给侧结构性改革的根本性原因分析不足。

本章认为，在农业供给侧结构性改革问题上，有一系列重要问题需要深入思考和研究。例如，为什么会出现有些农产品（如大豆和油料作物等）的生产数量不足而另外一些农产品（如玉米和稻谷等）的生产过剩？为什么许多农产品的质量或品质难以满足中高收入消费者的需求？为什么市场不能提供更加安全的农产品或食品（如蔬菜、水果和养殖业产品等）？为什么多数消费者不信“无公害”和“绿色”的农产品？为什么不少地方的高值、特色、多功能的农业发展会那么艰难？为什么可持续农业发展讲了几个时代后到现在才成为国家的发展战略之一？总之，许多农业供给侧存在的问题，如果不分析其产生的深层次原因，则难以从根本上解决中国目前和未来农业供给侧存在的结构性问题。

本章试图针对农业供给侧出现的以上主要问题，通过分析目前这些问题的形成过程和产生的主要原因，结合对未来农业发展方向的判断，提出中国农业供给侧结构性改革的重点和农业生产结构调整的方向。本章结构安排如下：第二节首先讨论21世纪初以来的农业政策演变与农业供给侧结构性问题，然后以棉花为主要案例，分析过去的政策干预是如何导致主要农产品的结构性问题的，以及近两年来的市场改革又是如何解决该问题的，以此来论述政策干预的利与弊、市场改革的作用与力量[①]；第三节以食品质量与食品安全、食物安全与资源安全为例，分析政府在市场失灵领域的职能及其难以替代的重要作用；第四节探讨未来农业发展趋势；基于以上分析，第五节提出农业供给侧结构性改革的关键问题和相关政策建议。

第二节 政策干预与市场力量

一、政策演变背景

中国农业从21世纪初进入了新的发展阶段，在诸多面临的挑战中，如下挑战尤为突出。第一，过去几十年农业持续的快速增长以牺牲环境资源为代价，到了

① 关于21世纪以来的玉米农业政策演变，见第十二章。

21世纪初，农业的可持续发展问题再也难以回避（Zhang et al.，2013；Lu et al.，2015）。第二，中国于2004年开始从食物的净出口国转变为净进口国，食物进口总量持续增长，粮食安全再次成为政府最为关注的问题之一。第三，城乡发展极不平衡，2003年城乡居民收入比首次突破3.0并在之后几年逐年上升。如何确保农业可持续发展、保障国家粮食安全和缩小城乡居民收入差距，成为21世纪初以来中国农业农村发展面临的三大挑战。

为应付这些挑战，中央于2004年开始出台了一系列强有力的政策措施。最能体现政策转变的是政府对解决"三农问题"的政治承诺与决心，如2004年以来的中央一号文件无一例外地聚焦农业、农村与农民的发展与改革，一系列重大惠民政策和农村改革措施相继出台。在农业可持续发展方面，近年来提出"藏粮于地"、实行基本农田永久保护、改变生产方式等发展战略与政策，这无疑将会对未来绿色和可持续农业发展产生深远的积极影响。

在保障粮食安全和提高农民收入方面，诸多重大政策从2004年开始相继出台，多管齐下。首先，全国于2004年取消了农业税费，并于同年启动了农业的补贴政策（图16.1），2012年的农业补贴达到当年政府农业研发投入的8倍多。除农机补贴外，因为其他所有补贴是同农户生产脱钩的，所以对粮食等主要农产品生产没有产生影响，同时对农民增收影响有限（黄季焜等，2011）。财政的巨大负担和投入效果的不佳，补贴总量于2012年之后开始停滞并呈现下降趋势，其中"三项直补"于2016年起合并为综合支持补贴。根据本章作者的调研，农业补贴虽然没有直接影响农业生产，但补贴抬高了农地租金并在一定程度上影响了农户流转土地的意愿。

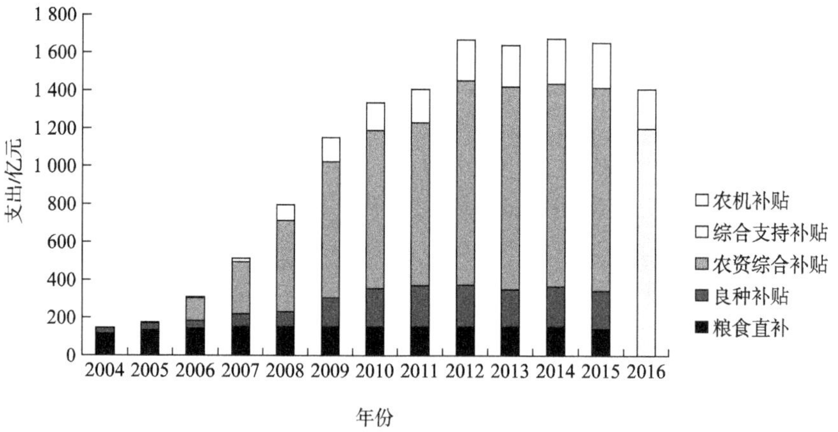

图16.1 2004~2016年农业补贴政策财政支出

资料来源：根据财政部历年来发布的各项农业补贴数额文件整理

也是从2004年开始，为了保护农民利益，国家出台了直接干预农产品市场的政策。中国在2004年启动水稻的最低收购价政策之后，于2006年又启动了小麦最低收购价政策，并于2008年同时启动玉米、大豆和油菜籽的临时收储政策（表16.1）。这一系列政策无疑对促进农民增收起到了积极的作用，但2004~2009年城乡居民收入比还是不降反升，到2009年更突破3.3。在这种情况下，一方面政府在2010~2013年继续加大已有的市场干预政策力度（如提高最低收购价和临时收储价格及收购数量），另一方面又于2011年启动了棉花临时收储政策（表16.1）。在加大农产品市场干预、非农收入增长和城镇居民收入增长减缓的共同作用下，城乡居民收入比终于从2010年开始出现了下降势头。

表16.1　2004～2017年主要农产品收购政策及政府干预价格　单位：元/吨

分类		2004年	2005年	2006年	2007年	2008年	2009年	2010年
最低收购价格	早籼稻	1 400	1 400	1 400	1 400	1 540	1 800	1 860
	粳稻	1 500	1 500	1 500	1 500	1 640	1 900	2 100
	中籼稻	—	1 440	1 440	1 440	1 580	1 840	1 940
	晚籼稻	—	1 440	1 440	1 440	1 580	1 840	1 940
	白小麦	—	—	1 440	1 440	1 540	1 740	1 800
	红小麦	—	—	1 380	1 380	1 440	1 660	1 720
临时收储价格	玉米	—	—	—	—	1 500	1 500	1 700
	大豆	—	—	—	—	3 700	3 740	3 800
	油菜籽	—	—	—	—	4 400	3 700	3 900
	棉花	—	—	—	—	—	—	—
目标价格	大豆：东北/内蒙古	—	—	—	—	—	—	—
	棉花：新疆	—	—	—	—	—	—	—
分类		2011年	2012年	2013年	2014年	2015年	2016年	2017年
最低收购价格	早籼稻	2 040	2 400	2 640	2 700	2 700	2 660	2 600
	粳稻	2 560	2 800	3 000	3 100	3 100	3 100	3 000
	中籼稻	2 140	2 500	2 700	2 760	2 760	2 760	2 720
	晚籼稻	2 140	2 500	2 700	2 760	2 760	2 760	2 720
	白小麦	1 900	2 040	2 240	2 360	2 360	2 360	2 360
	红小麦	1 860	2 040	2 240	2 360	2 360	2 360	2 360
临时收储价格	玉米	1 980	2 120	2 240	2 240	2 000	1 674	—
	大豆	4 000	4 600	4 600	—	—	—	—
	油菜籽	4 600	5 000	5 100	5 100	—	—	—
	棉花	1 980	20 400	20 400	—	—	—	—
目标价格	大豆：东北/内蒙古	—	—	—	4 800	4 800	4 800	—
	棉花：新疆	—	—	—	19 800	19 100	18 600	18 600

"—"代表该政策已经取消

资料来源：政策价格来自国家发展和改革委员会官网发布的信息

二、市场干预和农业供给侧结构性问题

以上对粮棉油的市场政策干预，带来了诸多问题，特别是农业供给侧的数量和质量的结构性问题。一些农产品供需缺口明显扩大，而另外一些部分农产品则出现库存剧增与去库区的压力；许多农产品的比较优势和国际市场竞争力出现明显下降趋势。同时，因为国家收购，优质难以优价，农民采用水稻、小麦和大豆等优质品种的积极性不高，政府“托市”期间粮食的产量增长了，但品质却开始下降。

第十二章以玉米为例，分析了市场干预对玉米生产的影响；下面以棉花为例，来进一步分析政府市场干预与农业供给侧结构性问题之间的关系。

2011～2013 年在棉花主产区新疆执行的棉花临时收储政策，是另外一个典型例子。在实施棉花临时收储政策之前，国内外棉花价格的变动基本同步，即使在全球棉花生产受气候影响而导致 2010~2011 年价格出现巨大的波动期间，国内外价格的变动趋势也是一致的。本来 2011~2012 年国际市场价格回落是价格回归正常年景的过程，即使价格回落幅度大，但 2012~2013 年的价格还略高于 2010 年前的价格；此时国家出台了棉花临时收储政策，2011 年和 2012 年的棉花收购价格分别高达 19 800 元/吨和 20 400 元/吨，并于 2013 年继续保持在 2012 年的水平（表 16.1），这大大高于2005~2010 年棉花生产正常年份的平均价格。当国际棉花价格在 2012~2014 年回归到正常年份水平的时候，国内实施了高价收购棉花的临时收储政策，从而导致了国内棉花市场价格严重偏离国际价格，从 2012 年 6 月至 2014 年初国内外价差高达 50%（图 16.2）。

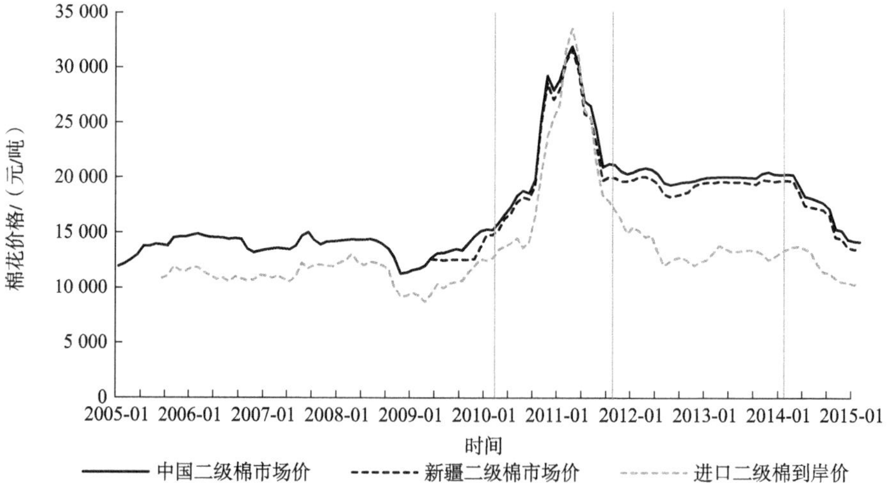

图 16.2　2005～2015 年全国及新疆二级棉花价格和进口二级棉花价格

资料来源：黄季焜等（2015）

2011~2013 年执行的棉花临时收储政策，虽然保护了新疆棉农的利益，但也出现了如同玉米一样的“三量齐增”现象。在这政策执行期间，维持高位运作的棉花收储价格，促进了新疆棉花的生产，但也影响了当地的粮食生产，资源配置向本以逐渐失去比较优势的棉花生产转移。另外，巨大的国内外价差，加大了棉花的进口压力；同时高价收购的棉花难以销售，棉花库存压力和国家财政负担加大。

棉花的临时收储政策对棉花的下游企业产生更大的负向影响，特别是国内的纺织服装行业。高价棉花提高了纺织和服装产品生产的原料成本，使这些行业的产品在国际市场上的竞争力显著下降，不少产品出口增速甚至出口总量开始下降，并进而影响到劳动密集型的纺织服装行业的就业，影响到相关产业的农民非农就业和收入。

三、市场改革与市场力量

随着近年来国际农产品价格的持续低迷和下降，中国不断强化的主要农产品最低收购价和临时收储政策到 2013 年之后已经难以持续，改革势在必行。2014 年以来终于先后启动了市场改革或减少市场干预的各项重大措施，对缓解和解决粮棉油等农产品供给侧结构性问题起到了重要的作用。

第一，从 2014 年开始政府不再提高最低收购价和临时收储价格。稻谷的最低收购价在 2014~2015 年保持基本不变后，从 2016 年开始下调；小麦价格在 2015~2017 年维持在 2014 年的水平（表 16.1）。与此同时，在 2015~2016 年显著降低了玉米的临时收储价格（表 16.1）。

第二，从 2014 年开始分步骤地取消棉花、大豆、油菜籽的临时收储政策。在 2014 年，新疆棉花和东北与内蒙古大豆临时收储政策被对市场干预程度较低的目标价格政策所替代，在市场价格低于目标价格时按价差补贴生产者。2015 年彻底取消了油菜籽的临时收储政策，价格形成回归实施临时收储价格政策前的市场机制。

第三，2017 年取消玉米临时收储，实施“价补分离”政策。政府不再按保护价收购玉米，让价格随行就市；同时，政府给予生产者一定的补贴。该内容具体见第十二章。

第四，2017 年取消了在东北与内蒙古实施的大豆目标价格政策。大豆目标价格政策在东北与内蒙古仅实施了 3 年，希望能同时实现农民增收和市场价格形成机制的“一箭双雕”的目标价格政策弊多利少，最后还是退出了政策舞台。

第五，虽然 2017 年还继续实施稻谷和小麦的最低收购价政策以及新疆棉花的目标价格政策，但改革也将势在必行。实际上，正如前面提到的，稻谷和小麦的最低收购价已经开始下降；同时，小麦的临时收储量也在逐渐下降；如果不改革现在的稻谷最低收购价政策，它会很快走上玉米前几年的老路。虽然稻谷最低收购价的负向影响没有玉米那么深广（因为稻谷的下游产业和替代品不多），但稻谷用途简单，去库存任务将比玉米更加艰巨。

那么，2014 年以来先后启动的各项市场改革措施效果如何？下面本章以棉花为例，分析市场改革的影响或效果。

棉花市场的力量是巨大的，改革的效果也是显著的。2014 年在新疆开始用目标价格政策取代临时收储政策，这一政策迅速改变了棉花价格的走势。图 16.2 表明，2005~2010 年，新疆棉花价格比同等质量的进口棉花到岸价格高 20%左右，进口棉花完税（5%关税+13%增值税）后同新疆棉花几乎没有价差。在 2011~2014 年执行棉花临时收储政策期间，国内价格比进口价格高 40%~50%。在 2014 年启动目标价格政策的一年内，国内外价差又迅速回归到 20%左右。但值得一提的是，棉花目标价格政策虽然促进了棉花市场价格形成机制、稳定新疆棉花生产和棉农增收，也避免了棉花临时收储政策对下游棉花加工企业和纺织业的负向影响，但实施目标价格政策的实际执行成本、对水土资源的错配影响和巨大的财政风险等不可忽视（黄季焜等，2015）。

上面只是以棉花为主要案例（玉米案例见第十二章）分析了政府干预带来的农业供给侧问题和市场改革的成效，但实际上粮棉油等主要农作物在政策干预市场期间都出现了供给侧结构性问题。表 16.2 的第 3 列是本章对不同农产品受政策干预而带来的供给侧问题的大小（圆圈大小）做出的判断，虽然大豆、油料作物和糖料作物受市场干预的程度较低，但在某些时期其所受到类似于玉米和棉花的影响也相当严重。

表 16.2　2014 年以来农业供给侧出现的问题和原因及未来政策选择

产品/产业	主要问题	主要原因			政策选择	
		市场干预	市场失灵	政府失灵	目前	未来
稻谷/小麦	库存剧增/优质少	●	—	●	保	保
玉米	库存剧增/价格高	●	—	—	保	放
大豆	严重短缺/单产低	●	—	●	放	放
棉花	库存/机械化难	●	—	●	保	退
油料作物	短缺/单产低	●	—	●	保	放
糖料作物	短缺/单产低	●	—	●	挡	退
蔬菜/水果	食品安全	—	●	●	保	安全
畜产品	食品质量/安全	—	●	●	挡	保+安全

续表

产品/产业	主要问题	主要原因			政策选择	
		市场干预	市场失灵	政府失灵	目前	未来
水产品	食品质量/安全	—	●	●	少	保+安全
草牧业	草地质量/生态	—	●	●	少	促
绿色食品	食品质量/安全	—	●	●	促	促+安全
特色多功能	畸重畸轻	—	●	●	少	促
可持续农业	难以永续	—	●	●	少	促

注：圆圈大小表明影响大小。“保”代表确保自给；“放”代表开放市场或可依靠国际市场；“挡”代表挡住进口；“少”代表政策关注偏少；“促”代表促进生产；“安全”代表确保食品安全

第三节　市场失灵与政府职能

本章认为，政府在市场中的主要职能是完善市场价格形成机制，在市场失灵情况下发挥积极作用，弥补市场失灵问题。市场干预与市场改革的后果和成效已在第二节做了分析，本节对食品质量与食品安全、食物安全与资源安全领域的市场失灵和政府作用做专门讨论。

一、食品质量与食品安全

农业供给侧不仅存在数量过剩和短缺问题，质量问题同样重要。提高农产品或食品的质量，通过优质优价发展高值农业，将促进农业生产结构转型和农民增收。虽然这些讨论也经常出现在学术文章和政策文件中，在实践中也取得了一些成效，但中国农业实现优质优价的进程还相对缓慢，因为不少农产品还缺乏实现优质优价的良好市场环境。

农业供给侧中的食品安全问题更是近年来备受关注的问题。一方面，随着居民收入增长，消费者对食品安全的需求与日俱增；另一方面，近年来重大的食品安全问题时有发生，从 2006 年报道的含苏丹红的“红心咸鸭蛋”和 2017 年的品牌水饺含金黄色葡萄球菌，到 2008 年发生的三聚氰胺奶粉事件和之后报道的多起“瘦肉精”等事件，以及时有发生的蔬菜水果农药含量超标等现象，虽然这些典型事件和现象不能说明中国的食品安全是日益严重的，但中国所面临的食品安全挑战应该是较为严峻的。

在讨论食品质量和安全问题时，学者们多分析其存在的问题和相应建议，但对存在这些问题的根本原因做深入分析的不多。综合已有的研究（杜巍等，2011；李佳等，2010；彭亚拉等，2012），现有的观点可归纳如下：①千家万户的小农户生产和大量的食品加工企业，加上多环节的农产品/食品供应链，使食品的安全问题难以追溯；②中国目前的食品法规建设不够健全、食品标准体系尚不完善，而且审查把关不严，从而给许多农业生产者和加工企业以次充好、以劣充良的机会；③农业生产者和企业的品牌建设意识不强，即使发展了品牌，套牌现象也会使其难以发挥品牌作用；④市场监管体系尚不健全，缺乏快速检验设备，容易出现食品生产和营销中的败德行为，影响消费者的购买意愿和信任；⑤惩罚力度不足，食品安全违法成本（被发现的概率乘以处罚金额）远小于其违法所得，且消费者维权成本往往高于维权所得，食品安全问题无从解决；⑥执法人员严重不足，并缺乏有效激励和制约机制，很容易出现权力寻租和设租，以谋求自身利益。除此之外，还有许多其他类似的论述。

然而，本章认为食品质量难以提高和食品安全问题频繁发生的最根本原因是政府没有很好地解决食品市场的失灵问题，没有充分发挥政府在市场失灵中的作用。生鲜农产品（如蔬菜、水果、畜产品、水产品、绿色产品等）最易出现食品质量和食品安全问题，这是因为这些产品的生产、加工、流通等领域存在市场信息不对称，从而容易导致市场失灵，使优质优价、绿色、无公害、有机等食品要么难以发展，要么短期泛滥发展（如以假充真）而失去消费者信任。如果政府能够真正把解决食品市场出现的失灵问题作为农业发展的重点工作来抓，在投入和法规建设双管齐下的情况下，问题应该可以得到解决。例如，如果每年有数百亿元的投入（仅相当于国家一个重大工程项目的投入），相信将不会出现上面提到的食品追溯困难、基础监测设备缺乏、执法人员严重不足等问题；同时，如果在法规和执行力上有足够的重视，可能也就不会存在上面提到的法规建设不健全、食品标准体系不完善、品牌建设意识不强、市场监管不力、惩罚力度不足、利用权力寻租等问题。

二、食物安全与资源安全

根据预测，未来15年中国土地密集型的农产品的进口将呈现上升的趋势（黄季焜，2013）。在现有农业生产资源、政策、技术进步和需求变化条件下，粮棉油糖等农产品进口还将逐年增加，特别是作为饲料的大豆和玉米，国内需求将随畜牧业的发展而增长。在不采用玉米TRQ政策的情况下，到2030年，玉米进口将接近4 000万吨，玉米自给率也将由现在的供过于求下降到2030年的87%左右。大豆、食糖和油料作物的供需缺口也将进一步扩大。但在谷物中，未来15年大米和小麦将随着人均消费的下降，基本能保持接近100%的自给率。

同时，中国在蔬菜、水果和养殖业等领域能保持一定的比较优势。本章作者预测蔬菜和水果产量将稳定增长且能依然保持一定的出口量；在养殖业部门，许多畜产品的生产和供需缺口将很大程度上取决于饲料粮贸易政策和草牧业发展政策。预测表明，中国未来的食物安全主要是畜产品的供给安全（黄季焜，2013）；如果放开饲料粮市场，通过进口饲料发展国内畜牧业，猪肉和禽肉供需基本能保持平衡；否则畜产品进口将显著增长。另外，如果加快发展草牧业，牛羊肉和奶类的自给率也会得到显著的提高。

从整体食物的供需平衡看，中国食物自给率可能将从现在的95%下降到2030年的90%或91%。本章认为，中国利用仅占全球5%的淡水资源和8%的可耕地，到2030年还能够为占世界近20%的人口提供90%的食物，这已是非常了不起的成就。未来15年食物自给率下降4~5个百分点，这样的结果不但不会对中国食物安全造成威胁，而且将对保障中国的水土资源安全和农业可持续发展起到极其重要的作用。

水土资源短缺是制约未来中国食物安全保障最重要的因素，水土资源安全更是未来农业以至整个国家社会经济可持续发展的重要保障。保障水土资源安全、促进资源可持续利用，需要充分利用"两种资源"和"两个市场"来协调国内的食物安全和资源安全，以促进资源的可持续利用和社会经济的可持续发展。在这方面，如何发挥市场作用、如何协调政府各部门间的利益关系、如何弥补部门间的政府协调失灵问题极为重要，尤其是协调保障中国的食物安全、水资源安全和土地资源安全。

本章作者的研究表明，适度的食物进口既能保障中国的农业可持续发展及长期的食物安全，又能促进国家水资源安全和土地资源的可持续利用。过去以牺牲资源环境为代价的农业发展道路已不可延续，农业发展必须有所为有所不为。本章作者预测的 90%左右的食物自给率能极大地节约国内水土资源并显著缓解水土资源危机。到2030年，10%的食物净进口，其隐含的虚拟水净进口将达到280~290立方千米，相当于2015年中国灌溉水总用量的35%~40%；同时，其隐含的虚拟土地净进口将达6 620万公顷左右，相当于2015年全国耕地面积的49%（Ali et al.，2017）。另外，由于中国是水土资源高强度利用的国家，而多数出口国是水土资源低强度利用国家，2030年由于中国10%的食物净进口，将为全球节约144立方千米的淡水资源和1 680万公顷的农作物面积。中国未来食物的适度进口不但保障了中国的水土资源安全，还将为全球农业可持续发展做出重要贡献。

第四节　未来农业发展趋势

一、全球食物需求趋势及对中国的启示

发展中国家的人口增长将是全球食物需求增长的重要决定因素。根据联合国预测，从 2012 年到 2050 年全球人口将从约 70 亿增长到约 96 亿，净增加的人口数量将达 25.6 亿，增长 36.6%。增长的 25.6 亿人口中将有 95%以上来自发展中国家。因此，未来全球食物需求的增长将主要来自发展中国家。

发展中国家人民的收入增长和城市化将显著提高其人均食物消费。同中国一样，随着收入增长和城市化，所有发展国家的居民对高价值的农产品（如畜产品、水产品、蔬菜和水果等）的需求都将显著增长，特别是畜产品的消费需求。国际食物政策研究所的研究也表明，未来 35 年发展中国家的人均畜产品需求将成倍增长。

未来全球食物需求及其结构变化表明，中国农业生产结构调整要充分考虑发展中国家的食物需求变动趋势。那中国未来农业发展要更加关注肉类等高值农产品的国内生产。在未来全球和国内食物需求变动大背景下，中国农业供给侧结构性改革需要通过进口大豆和玉米等饲料，发展国内畜牧业；同时加上投入，提高养殖业的生产力和畜产品的市场竞争力。

二、未来中国农业食物需求变化趋势及农业生产结构调整方向

本章预测，随着收入增长和城市化，城乡居民的食物消费结构将进一步发生显著变化。从食物消费来看，消费者对高价值的食品（如畜产品、水产品、蔬菜、水果等）、各种食品的质量和食品安全的需求都将显著增长；从国家与社会需求来看，农业的多功能（生态、景观、旅游、文化等）需求也将逐渐增长。这些食品和多功能农业多数是难以贸易的农产品与服务，可避免国际市场竞争，是中国农业增值并得以永续发展的新产业；而粮棉油糖等大宗农产品在需求增长及其在农业生产中的地位将逐渐下降。

城乡居民对食物需求结构变化和社会对多功能农业需求的增长，对未来中国农业结构调整有重要的政策含义。如果未来农业的增长点如本章所预测的主要来自畜产品、水产品、蔬菜、水果和多功能农业，那么中国需要重新审视目前以粮棉油糖为主的国家农业政策支持体系。一方面，这些农产品、食品及多功能农业

都存在较多的市场失灵问题，如果这时政府也失灵，不能弥补这些产品和服务的市场缺陷和纠正市场失灵，缺乏良好的市场环境，未来农业结构调整将面临巨大挑战；另一方面，粮棉油以外的这些农产品、绿色食品、草牧业和多功能农业的基础设施、科技创新也都急待政府和社会的投入，以提升其生产力和发展潜力。总之，在以上各方面，政府无疑将起到市场不可替代的作用。

第五节　主要结论和政策建议

21 世纪以来，农业供给侧出现的诸多结构性问题值得深思。目前的许多研究要么讨论供给侧的结构性问题及其重要性，要么讨论未来如何改革。如果不能针对产生这些问题之根源进行改革，往往只能治标不治本。在面临食物进口增长和城乡居民收入差距扩大的背景下，实施加大农业补贴和提高农产品价格等政策，看上去顺理成章，但带来的问题更多；在经历了高昂代价的政策演变后，近年来的市场改革终于为解决粮棉油等大宗农产品的供给侧结构性问题提供了市场保障。然而，农业供给侧结构性改革还任重道远，不少农产品（如大豆和畜产品等）和产业（如草牧业）由于长期缺少科技投入和创新，相对于出口国家，生产力和竞争力还在不断下降；因为市场失灵和投入不足，农业生产和市场还难以提供更加安全的、更多高价值的、让消费者信任的农产品和食品，市场环境的建设和监管体系的完善还任重道远。保障食物安全和水土资源安全，促进农业和整体社会经济的可持续发展，需要政府发挥更大的作用，需要各政府部门紧密的协调与合作，还需要在全球背景下制定国家的农业发展战略。

本章分析表明，农业供给侧存在的结构性问题的根本原因是政府对市场的过度干预（或没有充分发挥市场配置资源功能）、对市场失灵问题关注不够、对农业公共物品与服务供给不足。改革需要市场与政府各自发挥其无法替代的作用；政府的主要职能是完善市场价格形成机制和解决食品安全、食物安全、资源安全、市场环境等领域存在市场失灵和公共产品与服务供给不足等问题；农业要可持续发展，还需要“有所为有所不为”，未来要更加关注高值、绿色、特色、多功能等农产品或农业服务业的发展。

为此，本章提出如下政策建议：

第一，深化农产品市场改革，加大对农产品市场的软件和硬件建设。通过市场改革促进农业生产结构和资源配置的优化，保障农业品的有效供给；同时通过市场的软件和硬件建设，改善市场环境、完善生产和市场监管体系，解决食品安全的市场失灵和投入不足问题。

第二，调整与转变目前的财政支农政策体系。在产品上，要逐渐从粮棉油为主的财政支持体系向粮食、养殖业和其他高值农业同时并进的财政支持体系转变，特别要加大对优势、特色、绿色农产品基础建设以及多功能农业基础设施和科技等领域的公共物品与服务投入，提升这些产业的综合生产力、市场竞争力和农民收入。在职能上，要明确区分政府和市场的作用，把有限的财政资金用在生产力提高、可持续发展和解决食品安全、食物安全、资源安全等市场失灵领域的公共物品与服务的投资。同时通过财政“再分配”，关注小农和低收入农户，实现社会的公平发展。

第三，充分利用“两个市场、两种资源”。提高食物的供给（包括国内生产和国外进口）能力，通过食物的适度进口，减缓国内水土资源安全胁迫压力；在中央层面上，协调国家食物安全和水土资源安全，实现农业和社会经济的永续发展。

第四，农业发展要“有所为有所不为”。在确保国内口粮安全的基础上，放开玉米等饲料市场，确保养殖业的持续发展；支持有国际竞争力的农产品（如蔬菜、水果和养殖业等）的生产，促进草牧业的发展，支持在国际市场上难以贸易的农产品和多功能农业服务产业的发展，使农业成为一个优势的产业。

第五，要通过创新与改革提高主要农产品的生产力和竞争力。补贴和保护不但提高不了农业的生产力，还会导致农产品市场竞争力的下降和有限的财政资金的错配。制度创新、技术创新、市场改革和公共投资不但是过去还将是未来提升中国农业生产力和竞争力的原动力。

第五篇

不同情景下中国食物安全和农业可持续发展

第十七章　国家食物安全预警预测模型系统介绍

国家食物安全中长期预测模型系统由 CAPSiM、GTAP 和两模型连接传递机制三部分组成。

第一节　国家农业部门均衡模型

国家农业部门均衡模型以 CAPSiM 为核心，对其食物需求系统、供给系统和价格传导系统做了全面的改进。CAPSiM 是北京大学中国农业政策研究中心开发的中国农业部门均衡模型。CAPSiM 的供需系统是通过市场价格变动使所有农产品供需同时达到平衡。

该模型主要用来分析各种政策和外来冲击对中国各种农产品生产、消费、价格和贸易的影响，以及预测未来中国农产品供给、需求、贸易和市场价格变动趋势。图 17.1 以粮食（如玉米）为例示意 CAPSiM，该模型包括 14 类农作物产品和 9 类畜产品和水产品。其中，14 类农作物产品分别为水稻、小麦、玉米、红薯、土豆、其他粗粮、大豆、棉花、油料作物、糖料作物、蔬菜、水果、瓜果和其他作物等；9 类畜产品和水产品为猪肉、牛肉、羊肉、家禽、蛋类、奶类、鱼、虾和其他水产品。

所建立的新的国家农业部门均衡模型，在如下方面对 CAPSiM 进行改进。

第一，更新和扩充模型的数据，同时对所有食物供给、需求和价格传递等的参数进行更新。更新和扩充模型的数据是因为要实时反映农产品供需、市场等的最新动向；在参数方面，目前 CAPSiM 中大多数弹性来自 1995~2000 年的实证估计结果，已根据本章需求系统、生产系统的微观实证研究结果，更新食物供给系统和需求系统的弹性。

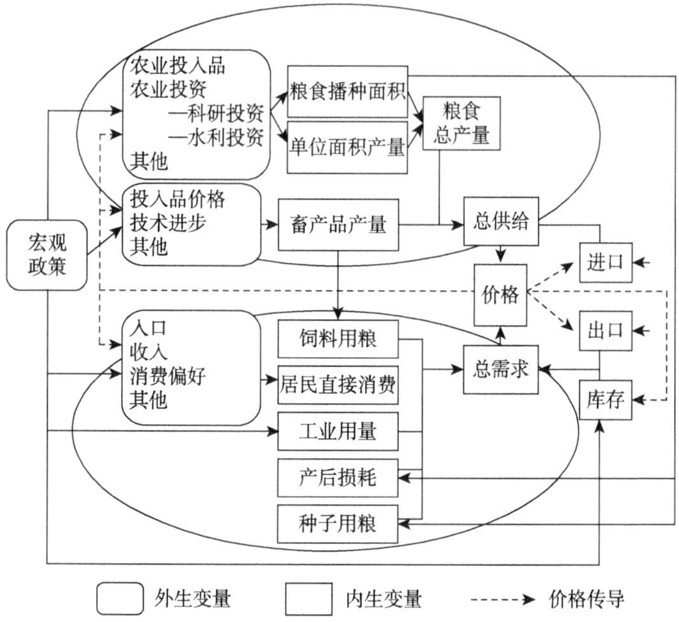

图 17.1　CAPSiM 示意图：以粮食为例

第二，改进国家模型中的“小国假设”（即中国的进出口变化不会对国际市场的价格造成影响）。我国是一个农产品生产和贸易大国，“小国假设”并不适用。另外，全球模型中的贸易并不是“小国假设”，为了匹配国家模型与全球模型，也需要改进国家模型中的“小国假设”。改进方法是参照全球模型增加国家模型中的出口需求函数和进口供给函数。

第三，调整国家模型中进出口函数中的转换弹性或替代弹性参数。为了连接国家模型与全球模型，除了需要匹配进出口函数外，也要使得国家模型中的进口替代弹性参数（Arminton 替代弹性）和出口转换弹性参数（CET 转化弹性）保持一致。

第二节　改进 GTAP

GTAP 是美国普渡大学开发的多国家可计算一般均衡模型，起源于 SALTER（sectoral analysis of liberalising trade in the East Asian region，也是一种全球一般均衡模型）模型，1993 年以来，GTAP 被广泛接受和应用。GTAP 是一个比较静态模型，模型包括全球 117 个国家，农产品部门包括小麦、大米、油料作物、其他谷物、蔬菜、水果和畜产品等 22 个农产品。生产者最小化生产成本，消费者最大化效用，模型均衡时所有产品和投入要素全部出清。每种产品的生产采用嵌套的常数替代弹性（constant elasticity of substitution，CES）方程，中间投入品是由国内和国外产品通过常系数替代弹性方程复合而成，不同的国外产品按原产地进行分类（阿明顿假设），并通过常系数替代弹性方程复合为单一的进口产品。在要素市场，劳动力在国内是可以自由流动的，而土地在部门间不是完全流动的，所以不同用途的土地价格可以不一致。每个国家只有一个本地账户，所有的税收和禀赋收入都积聚到本地账户，并通过C-D效用方程，以固定比例将收入分配到私人消费、存款和政府消费。私人部门的效用函数采用固定差异弹性效用（constant difference of elasticity，CDE）方程形式，政府的效用方程采用 C-D 方程形式。在 GTAP 中，有两个国际部门，即国际银行和国际运输部门。各个国家的储蓄汇总到国际银行账户，并根据资本的回报率在各个国家间分配，国际运输部门可以平衡到岸价和离岸价之间的差异，并通过双边贸易将世界各国联系起来。GTAP 结构图见图 17.2。

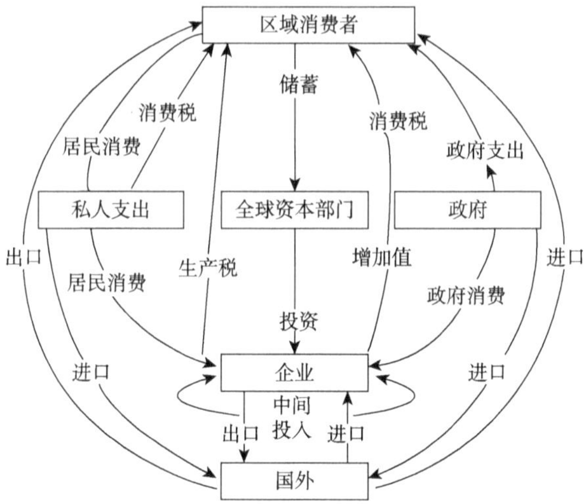

图 17.2　GTAP 结构图

本章对标准的 GTAP 在以下几个方面做了较大的改进。

第一，细化或合并农产品种类，使改进后的 GTAP 库中的农产品种类同 CAPSiM 具有同样的农产品分类。增加的农产品包括大豆（从油料中分开）、玉米（从其他粗粮中分开）。开展生物质液体燃料对食物安全影响的分析，增加的其他产品包括生物乙醇、酒糟蛋白饲料、生物柴油和生物柴油副产品等产品。增加这些产品一方面是由于大豆和玉米等农产品未来进口将显著增加，这对中国农产品生产必然会产生重要影响；另一方面是充分考虑生物质能源发展对农产品价格和食物安全的影响。

第二，针对中国城乡经济存在的“二元经济结构”，在模型中考虑了城乡间劳动力和资本的非完全流动等。

第三，改进和更新模型中有关中国数据库的参数，使之能够更加符合中国的实际经济运行情况。例如，我们将根据食物需求分析得到的新的食物需求弹性，更新 GTAP 中的中国需求弹性。

第四，开发了空间互动模型理论与模型方法。区域间的联系主要通过实物贸易、初级要素（劳动力、资本和其他要素）流动、投资变化和技术外溢等四种途径，为了分析各类政策对上述产品和要素流动等影响，建立了如下的理论方程并嵌入不同的模型系统中：①在要素流动上，根据短期和长期调整以及不同要素在产业和空间上的流动的难易程度，分别采用完全流动和非完全流动以反映要素流动性及其经济影响；②在投资变化上，引入了能反映投资在不同区域和产业上变化的投资机制，从而可以分析投资变化对区域和国家经济的影响；③实物贸易采用阿明顿假设，以反映不同国别来源产品的替代性。具体采用如下 CES 方程：

$$Q_i = \left(\alpha_i M_i^{-\rho_i} + \beta_i D_i^{-\rho_i}\right)^{-\frac{1}{\rho}} \tag{17.1}$$

其中，Q_i 表示复合产品 i；M_i 表示产品 i 的进口量；D_i 表示产品 i 的国内产品需求量；α 、β 表示进口产品和国内产品在复合产品中的比例，而且 $\alpha+\beta=1$；ρ_i 表示贸易替代弹性。式（17.1）表明，对国内产品和进口产品的使用量不仅取决于总需求量，而且取决于两类产品的价格及其替代的难易程度。

第三节　国家模型和全球模型之间的连接

国家模型和全球模型的连接包括 CAPSiM 与 GTAP 之间的软连接、动态软连接，以及在国家可计算一般均衡模型与 GTAP 之间的硬连接。在具体应用过程中，根据研究问题及数据可获得性等，选择相应的模块开展研究。

一、软连接模块的构建

主要思路是在调整 CAPSiM 的出口供给和进口需求模块的基础上，分别将 GTAP 中世界其他国家对中国农产品的出口需求价格和进口供给价格传导到 CAPSiM 中。

连接国家模型的出口与全球模型的进口：首先，匹配国家模型的出口供给与全球模型中中国部分的出口供给。在 CAPSiM 中和 GTAP 中，出口函数形式一致，为匹配国家模型与全球模型，将基于中国实际情况，以 CAPSiM 模型为准，调整 GTAP 中的 CET 转换弹性参数 σ 。该方法保证了国家模型的商品供给函数形式与弹性和全球模型是一致的。其次，匹配国家模型的出口需求与全球模型中其他国家对中国的出口需求。在 GTAP 中出口需求函数形式见式（17.2），将参照 GTAP，在 CAPSiM 中添加出口需求函数，即式（17.3）。弹性参数参照 GTAP 中阿明顿假设 CES 函数的替代弹性参数。该方法保证了国家模型的农产品出口需求与全球模型的函数形式和弹性是一致的，并且出口品的国际竞争价格直接来自全球模型，因此从出口品的需求角度讲，国家模型与全球模型是完全一致的。

$$\mathrm{XM}_i = \alpha_i^m \left(\frac{\mathrm{PA}_i}{\mathrm{PM}_i}\right)^{\sigma_i^a} \mathrm{XA}_i \tag{17.2}$$

其中，XM、PM 为出口需求数量和价格；XA、PA 为总需求和相应的价格；α^m 为出口需求份额参数，σ^a 为出口需求与国内产品需求的阿明顿弹性。

$$Q = Q_0(\mathrm{FP} / P)^{\sigma} \tag{17.3}$$

其中，Q、P 分别为出口需求和出口价格；Q_0 为基期出口需求；FP 为各个出口国竞争后的国际价格；σ 为出口需求价格弹性参数。

对式（17.3）两边取对数，有如下推导：

$$\ln Q = \ln Q_0 + \sigma\left(\ln \mathrm{FP} - \ln P\right) \tag{17.4}$$

$$\frac{\mathrm{d}Q}{Q} = \sigma\left(\frac{\mathrm{dFP}}{\mathrm{FP}} - \frac{\mathrm{d}P}{P}\right) \tag{17.5}$$

令 $\frac{\mathrm{d}Q}{Q}$ 为 q，$\frac{\mathrm{dFP}}{\mathrm{FP}}$ 为 fp，$\frac{\mathrm{d}P}{P}$ 为 p，有

$$q = \sigma\left(fp - p\right) \tag{17.6}$$

$$fp = p + q/\sigma \tag{17.7}$$

连接国家模型的进口与全球模型的出口：首先，在 GTAP 中，进口函数采用与国家可计算一般均衡模型相同的函数形式。为匹配国家模型与全球模型，将基于中国实际情况，以可计算一般均衡模型为准，调整 GTAP 中中国部分进口商品与国内商品合成的 CES 函数弹性参数。该方法保证了国家模型的商品进口需求函数形式与弹性和全球模型是一致的。其次，匹配国家模型的进口供给与全球模型中其他国家对中国的进口供给，在 GTAP 中，进口供给尽管受到要素供给、价格等变动的影响，进口供给是一条向上倾斜的曲线，但是这条曲线很平缓，即供给几乎不受到价格的影响。为此，按照 GTAP，在可计算一般均衡模型中添加进口供给函数组［式（17.8）、式（17.9）］。该方法保证了国家模型的农产品进口供给与全球模型的函数形式和弹性高度一致，并且进口品的国际竞争价格直接来自全球模型，因此从进口品的供给角度讲，国家模型与全球模型是完全一致的。

$$\mathrm{PM} = \overline{\mathrm{PM}} \tag{17.8}$$

$$\mathrm{QMS} = \mathrm{QMD} \tag{17.9}$$

其中，QMS、PM 表示进口供给数量和进口供给价格；QMD 表示进口需求，模型内生给定；$\overline{PM}$ 表示各进口供给国竞争后的国际价格。

二、动态软连接模块的构建

现有的单国模型由于缺乏与其他国家经济的反馈机制，都采用小国模型假设，不适宜于全球食物安全政策问题的分析。为了克服单国模型在空间经济互动上的缺陷，我们创建了全球-单国模型的动态连接理论和方法。如图 17.3 所示，在动态模型连接方法中，通过贸易/国际价格的动态反馈，充分发挥了全球模型和国家模型的优点，并克服了两个模型在针对特定问题研究时存在的理论和方法上的缺陷。

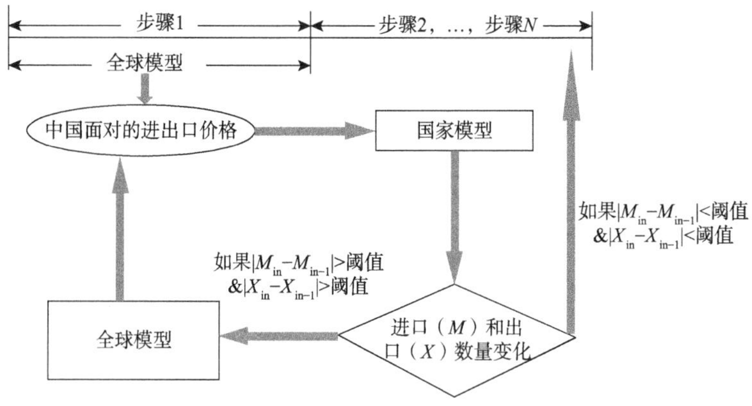

图 17.3　全球和国家模型的动态连接方法框架图

三、硬连接模块的构建

硬连接方法是将全球模型和国家模型的商品进出口部门关联起来，实现双向价格传导，同时求得两个模型的均衡结果，从本质上讲，是将两个独立的模型整合为一个新模型。在实施硬连接方法时，关联全球模型和国家模型中商品进出口价格、进出口量的变化，“关闭”全球模型的中国部分，“打开”国家模型，从而利用国家模型替代全球模型的中国部分。在模型连接方法中，“关闭”并不意味着该模块不运算求解，而是该模块的均衡结果不再具有经济学含义，不能影响模型其他部分的均衡结果。而“打开”某个模型则意味着，硬连接后获得的均衡结果来自该部分模型的计算。国家模型与全球模型硬连接模块见图 17.4。

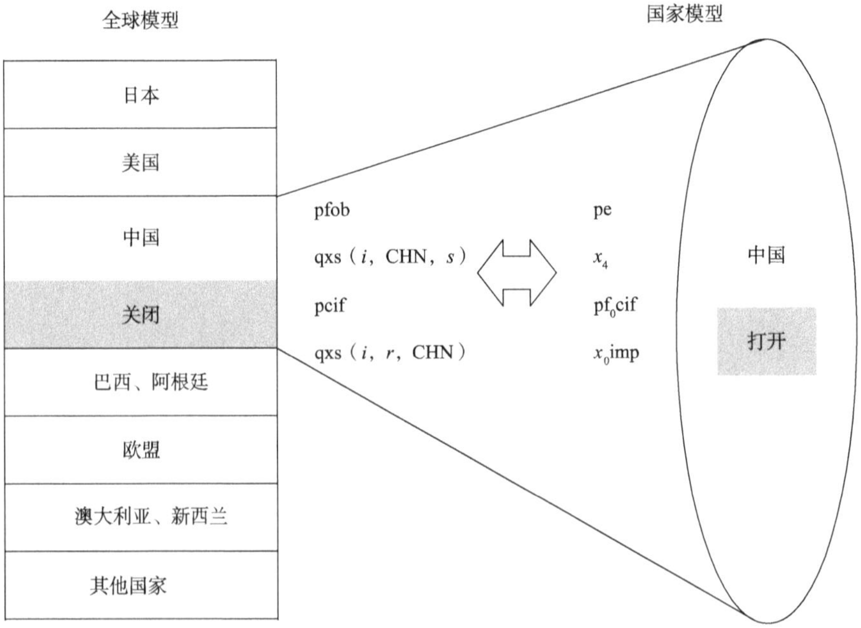

图 17.4　国家模型与全球模型硬连接模块

在出口方面，我们将国家模型的出口需求方程（17.10）关闭，使得国家模型的商品出口需求数量 x_4（c）外生决定，从而中国出口量的变动则完全由全球模型的 qxs（i，“CHN”，r）决定，其中 qxs（i，“CHN”，r）为其他国家对中国出口商品 i 需求量的变化率。在全球模型中，中国的商品出口价格方程（17.11）被关闭，使得在全球模型内中国离岸价格的变化率 pfob（i，“CHN”，r）外生决定，因此中国的出口价格则由国家模型中 p_4（c）求解获得。

$$\sum_c S\_\mathrm{EXP}_1(c,r)\times x_4(c)=\mathrm{slack}_1(c)+\sum_g S\_\mathrm{EXP}_2(g,r)\times \mathrm{qxs}(g,\text{“CHN”},r) \quad (17.10)$$

$$\sum_g S\_\mathrm{EXP}_2(g,r)\times \mathrm{pfob}(g,\text{“CHN”},r)=\mathrm{slack}_2(g,r)+\sum_g S\_\mathrm{EXP}_1(c,r)\times p_4(c) \quad (17.11)$$

其中，S_EXP_1（c，r）为国家模型中出口到地区 r 的商品 c 占中国商品总出口额的份额；S_EXP_2（g，r）为全球模型中出口到地区 r 的商品 g 占中国商品总出口额的份额；x_4（c）为国家模型中商品 c 出口量的变化率；qxs（g，“CHN”，r）为全球模型内中国向地区 r 出口商品 g 价值的增长率；pfob（g，“CHN”，r）为全球模型内中国向地区 r 出口商品 g 离岸价格的增长率；p_4（c）为国家模型中商品 c 出口价格的变化率。通过切换 slack_1（c）和 slack_2（g，r）的内生性、外生性，来打开、关闭方程（17.10）、方程（17.11）。

在进口方面，在国家模型中，关闭商品进口价格方程（17.12），使得中国的

商品进口价格 pf_0cif（c）由外生决定，进而将 pf_0cif（c）与GTAP的商品进口价格pcif（i，r，“CHN”）相对接，其中pcif（i，r，“CHN”）则是GTAP中商品 i 从地区 r 进口到中国的到岸价格的变化率。在进口数量方面，国家模型计算了商品进口量的变化率 x_0imp（c），并且将该变量传导给全球模型内商品进口变化qim（i，“CHN”），同时要关闭GTAP中商品进口方程（17.13）。

$$\sum_c S\_\mathrm{IMP}_1(c,r)\times \mathrm{pf}_0\mathrm{cif}(c)=\mathrm{slack}_3(c)+\sum_g S\_\mathrm{IMP}_2(g,r)\times \mathrm{pcif}(g,\text{“CHN”},r) \tag{17.12}$$

$$\sum_g S\_\mathrm{IMP}_2(g,r)\times \mathrm{qim}(g,\text{“CHN”})=\mathrm{slack}_4(g)+\sum_r S\_\mathrm{IMP}_1(c,r)\times x_0\mathrm{imp}(c) \tag{17.13}$$

其中，S_IMP_1（c，r）为国家模型中从地区 r 进口的商品 c 占中国商品总出口额的份额；S_IMP_2（g，r）为全球模型中从地区 r 进口的商品 g 占中国商品总出口额的份额；x_0imp（c）为国家模型中商品 c 进口量的变化率；qim（g，“CHN”）为全球模型内中国进口商品 g 价值的增长率；pcif（g，“CHN”，r）为全球模型内中国从地区 r 进口商品 g 到岸价格的增长率；pf_0cif（c）为国家模型中商品 c 进口价格的变化率。通过切换 $slack_3$（c）和 $slack_4$（g）的内生性、外生性，来打开、关闭方程（17.12）、方程（17.13）。

本章附录　CAPSiM的数学表达式

一、国内生产模型

（一）农作物生产模型

农作物产量是面积和单产的乘积。面积是作物自身价格和其他作物价格的C-D函数，其百分比变动受气候因子、政策因子及其他外生因子等外生变量冲击影响；单产是作物自身价格、技术进步、水利条件等变量的C-D函数，其百分比变动受气候因子及其他外生因子等外生变量冲击影响。

注：以下方程中 $\hat{X}=\mathrm{d}X/X$（X 的百分比变化）

面积：

$$\ln A_{it}=a_{i0}^{A}+\sum_j b_{ij}^{A}\left(\ln p_{jt}^{S}\right) \tag{附 17.1}$$

单产：

$$\ln Y_{it} = a_{i0}^{Y} + \sum_{j} b_{ij}^{Y} \left(\ln p_{jt}^{S} \right) + c_i R_{it} + k_i I_{it} \qquad （附 17.2）$$

总产：

$$Q^{S} it = A_{it} \times Y_{it} \qquad （附 17.3）$$

$$\hat{Q}_{it}^{S} = \hat{A}_{it} + \hat{Y}_{it} + \left(Z_{i(t-1)}^{A1} + Z_{it}^{A2} + Z_{it}^{A3} + Z_{it}^{Y1} + Z_{it}^{Y2} \right) \qquad （附 17.4）$$

方程（附 17.1）~方程（附 17.4）中，A 表示农作物播种面积；Z^{A1} 表示因气候外生因子引起的面积变化；Z^{A2} 表示因政策外生因子引起的面积变化；Z^{A3} 表示因其他外生因子引起的面积变化；p^{S} 表示生产者的投入品和产出品价格；Y 表示每公顷农作物产量；R 表示技术进步；I 表示水利条件；Z^{Y1} 表示气候外生因子对单产的影响；Z^{Y2} 表示其他外生因子对单产的影响；i 表示各种农作物，包括水稻、小麦、玉米、红薯、土豆、其他粗粮、大豆、棉花、油料作物、糖料作物、蔬菜、水果和其他作物；j 表示各种作物产品和投入品，包括水稻、小麦、玉米、红薯、土豆、其他粗粮、大豆、棉花、油料作物、糖料作物、蔬菜、水果、其他作物、化肥、劳动力和土地。但在单产模型（附 17.2）中，j 不包括土地。

参数约束条件：

当 $i > j$ 时，$b_{ij}^{A} = b_{ij}^{A} \times A_j / A_j$，此时 $\left(\mathrm{d}A_i / \mathrm{d}p_j^{s} \right) / \left(\mathrm{d}A_j / \mathrm{d}p_i^{s} \right) = p_i^{s} / p_j^{s}$，即两种产品之间的边际替代率等于其价格之比。

$\sum_{j} b_{ij}^{A} = 0$，零次齐次性，因而所有投入品和产出品价格的等百分比变动对作物面积不产生影响。

（二）畜产品生产模型

畜产品产量是生产者的畜产品和投入品价格的 C-D 函数，同时，其百分比变动还受疾病及其他外生变量冲击影响。

产量：

$$\ln q_{it} = a_{i0}^{q} + \sum_{j} b_{ij}^{q} \left(\ln p_{jt}^{s} \right) \qquad （附 17.5）$$

变动关系：

$$\hat{q}_{it} = \hat{q}_{it} \Big|_{\text{without\_shock}} + Z_{it}^{q1} + Z_{it}^{q2} \qquad （附 17.6）$$

方程（附 17.5）和方程（附 17.6）中，q 表示畜产品产量；Z^{q1} 表示因疾病外生因子引起的畜产品产量变化；Z^{q2} 表示因其他外生因子引起的畜产品产量变化；i 表示各种畜产品，包括猪肉、牛肉、羊肉、禽肉、蛋类、奶类、鱼、虾、其他水产品；j 表示各种畜产品和投入品，包括猪肉、牛肉、羊肉、禽肉、蛋类、奶类、鱼、虾、其他水产品、玉米和劳动力。

参数约束条件：

$$\text{对任何 } i,\ \sum_j b_{ij}=0\text{，满足齐次性} \quad \text{（附 17.7）}$$

饲养方式：

畜产品饲养方式主要有三种，即农户家养、专业户饲养和工业化饲养。由于三种生产模式的投入产出效率不同，因此有必要将畜产品总产量分解为这三种生产模式，以便根据畜产品产量计算饲料粮需求。

$$q_{ikt}=\theta_{ikt}\times q_{it} \quad \text{（附 17.8）}$$

$$\theta_{ikt}=\theta_{ik(t-1)}+\gamma_{ik} \quad \text{（附 17.9）}$$

$$\sum_k \theta_{ikt}=1 \quad \text{（附 17.10）}$$

方程（附 17.8）~方程（17.10）中，θ 表示各饲养方式比例；γ_{ik} 表示各饲养方式θ 的年变化率；k 表示各饲养方式，包括农户家养、专业户饲养、工业化饲养。

二、国内需求

在需求方面，由于城镇消费者主要是通过市场来实现消费需求，因此农产品价格和消费者收入是影响消费的主要因素。这一点与农村消费者有所不同。除价格和收入外，影响农村消费者的另一个主要因素是市场发育程度（相反的指标是自给自足程度）。基于这种差异，城镇消费模型与农村消费模型有所不同，除需求弹性矩阵不同外，另一个差异就是市场发育程度变量。

（一）食品需求

食品需求是消费者价格、实际收入和市场发育率（对农村）的 C-D 函数。

$$\ln d_{it}^R=a_{i0}^{RD}+\sum_j \boldsymbol{b}_{ij}^R\left(\ln p_{jt}^D\right)+\boldsymbol{e}_i^R\ln Y_t^R+m_i\ln Z_t^{\mathrm{MKT}} \quad \text{（附 17.11）}$$

$$\ln d_{it}^U=a_{i0}^{UD}+\sum_j \boldsymbol{b}_{ij}^U\left(\ln p_{jt}^D\right)+\boldsymbol{e}_i^U\ln Y_t^U \quad \text{（附 17.12）}$$

$$d_{it}=\theta_t^R d_{it}^R+\theta_t^U d_{it}^U \quad \text{（附 17.13）}$$

$$D_{it}=d_{it}\times \mathrm{Pop}_t \quad \text{（附 17.14）}$$

方程（附 17.11）~方程（附 17.14）中，d^R，d^U表示农村、城镇人均需求量；d 表示全国人均需求量；D 表示全国总需求量；p^D 表示消费者价格；Y^R，Y^U 表示农村、城镇人均收入；Z^{MKT} 表示食品市场发育指数；$\boldsymbol{b}^R$，$\boldsymbol{b}^U$ 表示农村、城镇需求价格弹性矩阵；$\boldsymbol{e}^R$，$\boldsymbol{e}^U$ 表示农村、城镇需求收入弹性向量；m 表示农村需求市场发育弹性；θ^R，θ^U 表示农村、城镇人口占总人口的比重；Pop 表示总人口；i 表示各种消费品，包括大米、小麦、玉米、红薯、土豆、其他粗粮、大豆、食用油、食糖、蔬菜、水果、猪肉、牛肉、羊肉、家禽、蛋类、奶类、鱼、虾、其他水产品、其他食品、所有非食品。

参数约束条件：

不管是农村（R）还是城市（U），我们都有如下的约束条件：

$$\text{齐次性：对所有的 } i，\sum_j b_{ij} + e_i = 0 \tag{附 17.15}$$

$$\text{对称性：当 } i>j \text{ 时，} b_{ij} = W_j \times \left(b_{ij}/W_i + e_{ij}\right) \tag{附 17.16}$$

$$\text{Engel 加总或 Cournot}_j\text{ 条件：} \sum_j b_{ij} \times W_i + W_j = 1 \tag{附 17.17}$$

（二）饲料需求

在这个模型中，饲料需求是根据三种不同生产模式下各种畜产品对不同的饲料需求量而求得。其中，畜产品产量推算饲料量用量依据一套转换系数求出。

$$D_{jt}^{\mathrm{Feed}G} = \sum_k \left(1+\delta_{jkt}\right)\beta_{jk}\theta_{jkt}q_{jt} \tag{附 17.18}$$

$$\theta_{jkt} = \theta_{jk(t-1)} + \gamma_{jk} \tag{附 17.19}$$

$$D_t^{\mathrm{Feed}G} = \sum_j D_{jt}^{\mathrm{Feed}G} \tag{附 17.20}$$

$$D_{it}^{\mathrm{Feed}G} = \sum_i f_{it} D_t^{\mathrm{Feed}G} \tag{附 17.21}$$

$$f_{it} = \left(1+r_f\right)^t f_{i(t-1)} \tag{附 17.22}$$

方程（附 17.18）~方程（附 17.22）中，$D^{\mathrm{Feed}G}$ 表示总饲料用粮；β 表示饲料/肉转换率；δ 表示饲养效率；f 表示不同饲料在总饲料中的比例；r_f 表示 f 的年增长率；i 表示各种饲料，包括大米、小麦、玉米、红薯、其他粗粮和大豆；j 表示各种肉产品，包括猪肉、牛肉、羊肉、禽肉、蛋类和鱼虾；k 表示各种饲养方式，包括农户家养、专业户饲养、工业化饲养。

（三）其他需求

$$D_{it}^{\mathrm{Seed}} = \left(1+\beta_t^S\right) d_{i(t-1)}^{\mathrm{Seed}} AA_{it} \tag{附 17.23}$$

$$D_{it}^{\mathrm{Ind}} = \left(1+\beta_{it}^I\right) D_{i(t-1)}^{\mathrm{Ind}} \tag{附 17.24}$$

$$D_{it}^{\text{Waste}} = \left(1+\beta_{it}^{W}\right) d_{i(t-1)}^{\text{Waste}} Q_{it}^{S} \qquad (附 17.25)$$

方程（附 17.23）~方程（附 17.25）中，D^{Seed}表示种子需求；D^{Ind}表示工业需求；D^{Waste} 表示产后损耗；d^{Seed} 表示每公顷种子用量（千克）；d^{Waste} 表示产后损耗占总产的比重；β^{S} 表示每公顷种子用量年均增长；β^{I} 表示工业用量年均增长；β^{W} 表示产后损耗年均增长；i 表示各种农作物，主要包括大米、小麦、玉米、红薯、土豆、其他粗粮、大豆。

（四）总需求

$$D_{it}^{G} = D_{it}^{\text{Food}G} + D_{it}^{\text{Feed}G} + D_{it}^{\text{Seed}} + D_{it}^{\text{Ind}} + D_{it}^{\text{Waste}} \qquad (附 17.26)$$

其中，D^{G}表示总需求；$D^{\text{Food}G}$表示居民直接消费需求；i表示各种农产品，包括大米、小麦、玉米、红薯、土豆、其他粗粮、大豆、食用油、食糖、蔬菜、水果、猪肉、牛肉、羊肉、家禽、蛋类、奶类、鱼、虾、其他水产品。

注：在动物产品中，没有 $D_{it}^{\text{Feed}G}$ 、 D_{it}^{Seed} 和 D_{it}^{Waste} ，而且定义 D_{it}^{Ind} 为食品以外的其他所有需求。

三、库存

$$B_{it}^{G} \big/ D_{it}^{G} = B_{i(t-1)}^{\text{stock}} \big/ D_{i(t-1)}^{G} + lp_{it}^{D} \qquad (附 17.27)$$

$$B_{it}^{G} = B_{i(t-1)}^{\text{stock}} \left(1+\psi\, D_{it}^{G} \big/ D_{i(t-1)}^{G}\right) - \psi\, B_{i(t-1)}^{\text{stock}} + lp_{it}^{D} \qquad (附 17.28)$$

方程（附 17.27）和方程（附 17.28）中，B^{G} 表示库存；$\psi=0$时，表示库存量不变，供模型长期模式使用；$\psi=1$时，表示库存量占消费总量的比例不变，供模型短期模式使用；l 表示因农产品价格变化引起的农产品储备边际变化。

四、贸易

通常情况下，我们可以假定农产品进出口与国内需求存在着不变替代弹性关系。根据这一假定，我们在以上需求模型估计出国内需求的基础上，利用不变替代弹性的性质，运用以下推导的结果，估计出进出口因国内和国际价格的变化而产生的百分比变化。

一种产品的总需求可分解为国内需求、进口和出口。不失一般性，我们先考虑国内需求与净进口的关系。国内需求与净进口的替代弹性定义为两者需求量之比的百分比变动除以这两者价格之比的百分比变动：

$$\sigma \equiv \left(q_1 / q_2\right)^{\wedge} / \left(p_2 / p_1\right)^{\wedge} \qquad \text{（附 17.29）}$$

其中，成分 1 为国内需求，成分 2 为净进口。若为不变替代弹性，则 σ 为常数。σ 的值越大，表明需求量之比的变动率超过价格之比的变动率，因而价格较贵的那一部分的成本份额便下降。把式（附 17.29）表示成两种国内需求与净进口的需求和价格的百分比变动形式，便得

$$\left(\hat{q}_1 - \hat{q}_2\right) = \sigma\left(\hat{p}_2 - \hat{p}_1\right) \qquad \text{（附 17.30）}$$

根据不变替代弹性函数形式，这种产品总需求的百分比变动是国内需求百分比变动与净进口百分比变动的凸性组合，即

$$\hat{q} = \theta_1\hat{q}_1 + (1-\theta_1)\hat{q}_2 \qquad \text{（附 17.31）}$$

式（附 17.31）中 θ_1 为国内需求的成本份额，（$1-\theta_1$）为净进口的成本份额。从中解出 $\hat{q}_2$，得

$$\hat{q}_2 = (\hat{q} - \theta_1\hat{q}_1)/(1-\theta_1) \qquad \text{（附 17.32）}$$

将式（附 17.32）代入式（附 17.30）得

$$\hat{q}_1 = (1-\theta_1)\sigma\left(\hat{p}_2 - \hat{p}_1\right) + \hat{q} \qquad \text{（附 17.33）}$$

注意这一条件需求方程为价格的一次齐次方程，需求的补偿交叉价格弹性为 $(1-\theta_1)\sigma$。

同样地，根据不变替代弹性函数形式，这种产品综合价格的百分比变动是国内需求价格百分比变动与净进口价格百分比变动的凸性组合，即

$$\hat{p} = \theta_1\hat{p}_1 + (1-\theta_1)\hat{p}_2 \qquad \text{（附 17.34）}$$

从式（附 17.34）中解出 $\hat{p}_2$ 作为 $\hat{p}_1$ 和 $\hat{p}$ 的函数，然后将其代入（附 17.33）方程中，得

$$\hat{q}_1 = \sigma\left(\hat{p} - \hat{p}_1\right) + \hat{q} \qquad \text{（附 17.35）}$$

可以证明，式（附 17.35）在组成部分大于 2 时，形式保持不变。因此，对于进口，我们有方程（附 17.35），对于出口，我们也有类似的方程，但由于出口与总需求的反方向变动关系，方程（附 17.35）等式左边应该为负。（附 17.35）等式将成分 1 的百分比变动分解成了两部分。第一部分是替代效应，为不变替代弹性乘以综合价格与成分 1 价格之比的百分比变动化。第二部分是扩张效应。由于是不变规模回报，这一部分反映的是总需求与其各组成部分的等比例扩张关系。利用（附 17.35）方程式，可建立如下贸易模型。

在贸易模型中，到岸价和离岸价经过关税调整和汇率变换后转换成国内市场价格。方程中的替代弹性 $\sigma = 2.2$。

$$\hat{X}_{it}^{\text{import}} = \sigma\left(\hat{p}_{it} - \hat{p}_{it}^{\text{import}}\right) + \hat{q}_{it} \qquad \text{（附 17.36）}$$

$$\hat{X}_{it}^{\text{export}} = -\sigma\left(\hat{p}_{it} - \hat{p}_{it}^{\text{export}}\right) - \hat{q}_{it} \qquad \text{（附 17.37）}$$

$$X_{it}^{\text{netimport}} = X_{it}^{\text{import}} - X_{it}^{\text{export}} \quad （附 17.38）$$

$$p_{it}^{\text{import}} = p_{it}^{ib}\left(1+\text{PSE}_{it}^{\text{import}}\right) \quad （附 17.39）$$

$$p_{it}^{\text{export}} = p_{it}^{xb}\left(1+\text{PSE}_{it}^{\text{export}}\right) \quad （附 17.40）$$

$$p_{it}^{ib} = \text{XR}_t p_{it}^{\text{cif}} \quad （附 17.41）$$

$$p_{it}^{xb} = \text{XR}_t p_{it}^{\text{fob}} \quad （附 17.42）$$

方程（附 17.36）~方程（附 17.42）中，X^{import} 表示进口；X^{export} 表示出口；$X^{\text{netimport}}$ 表示净进口；XR 表示汇率；p^{cif} 表示到岸价；p^{fob} 表示离岸价；PSE 表示生产者补贴支出；i 表示各种产品，包括大米、小麦、玉米、红薯、土豆、其他粗粮、大豆、食糖、猪肉、牛肉、羊肉、禽肉、蛋类和鱼虾。

五、市场平衡

$$X_{it}^{\text{netimport}} + S_{it}^{G} = D_{it}^{G} + B_{it} - B_{i(t-1)} \quad （附 17.43）$$

其中，S 表示国内生产总量，$S = Q^S$（农作物产品），$S = q$（动物产品）；D 表示国内总需求；$B_t - B_{t-1}$ 表示库存变动量；i 表示包括稻谷（大米）、小麦、玉米、红薯、土豆、其他粗粮、大豆、食用油、食糖、蔬菜、水果、猪肉、牛肉、羊肉、家禽、蛋类、奶类、鱼、虾、其他水产品。

式（附17.43）的含义为，通过价格调整，即模型通过多次迭代，寻找一组价格，使各种农产品的总供给等于总需求，以达到市场的均衡。

当农产品市场受某种因素变动影响时，农产品生产供给在下一时期的变动可表达为

$$\begin{aligned}\frac{\Delta S_{it}}{S_{i(t-1)}} &= \eta_{si}\frac{\Delta P_{it}}{P_{i(t-1)}} + \sum_{j\neq i}\eta_{sj}\frac{\Delta P_{jt}}{P_{j(t-1)}} + \delta c_i \frac{\Delta R_t}{R_{t-1}} \\ &+ \delta k_i \frac{\Delta I_t}{I_{t-1}} + \delta g_i \frac{\Delta Z_t^{\text{Erosion}}}{Z_{t-1}^{\text{Erosion}}} + \delta h_i \frac{\Delta Z_t^{\text{Salinity}}}{Z_{t-1}^{\text{Salinity}}}\end{aligned} \quad （附 17.44）$$

即各种农产品生产模型（见附录第一部分）对时间（t）求微分。为了简化公式，我们在式（附 17.44）中引入新的弹性符号，即

其中，S_{it} 表示第 i 种农产品的市场供给；η_{si} 表示第 i 种农产品生产对自身价格的弹性（由面积和单产弹性求得）；η_{sj} 表示第 i 种农产品生产对第 j 种农产品价格的交叉弹性（由面积和单产叉弹性求得）；若是农作物产品，$\delta=1$，若是动物性产品，$\delta=0$。

同理，不同农产品需求变动，可由附录第二部分中的式（附 17.11）和式（附 17.12）对时间（t）求微分，得出如下表达式：

$$\frac{\Delta D_{it}}{D_{i(t-1)}}=\xi_{\mathrm{d}i}\frac{\Delta P_{it}}{P_{i(t-1)}}+\sum_{j\neq i}\xi_{\mathrm{d}j}\frac{\Delta P_{jt}}{P_{j(t-1)}}+e_i\frac{\Delta Y_t}{Y_{t-1}}+\delta m_i\frac{\Delta Z_t^{\mathrm{MKT}}}{Z_{t-1}^{\mathrm{MKT}}} \qquad （附 17.45）$$

式（附 17.45）中的变量和符号定义除以下几个之外，同以前一样。D_{it} 表示第 i 种农产品的国内总需求；$\xi_{\mathrm{d}i}$ 表示第 i 种农产品需求的自身价格需求弹性（农村和城市另加权平均数）；$\xi_{\mathrm{d}j}$ 表示第 i 种农产品需求对第 j 种农产品价格的交叉弹性（农村和城市加权平均数）；若是农村，$\delta=1$，若是城市，$\delta=0$。

附图 17.1 说明了在 t 和 t+1 时期，市场均衡价格（P^*_0 和 P^*_1）以及市场均衡情况下的农产品供需数量（Q^*）调整过程。为了求解 P_1^* 和 Q_1^*，必须知道 S_1 和 D_1。对第 i 种农产品来说，当ΔP_{it}=0 时，我们可得到如下等式：

$$\frac{\Delta S_t|_{\Delta P_{it}=0}}{Q_{t-1}^*}=\sum_{j\neq i}\eta_{sj}\frac{\Delta P_{jt}}{P_{j(t-1)}^*}+\delta c_i\frac{\Delta R_t}{R_{t-1}}+\delta k_i\frac{\Delta I_t}{I_{t-1}}+\delta g_i\frac{\Delta Z_t^{\mathrm{Erosion}}}{Z_{t-1}^{\mathrm{Erosion}}}+\delta h_i\frac{\Delta Z_t^{\mathrm{Salinity}}}{Z_{t-1}^{\mathrm{Salinity}}} \qquad （附 17.46）$$

$$\frac{\Delta D_t|_{\Delta P_{it}=0}}{Q_{t-1}^*}=\sum_{j\neq i}\xi_{\mathrm{d}j}\frac{\Delta P_{jt}}{\Delta P_{j(t-1)}^*}+e_i\frac{\Delta Y_t}{Y_{t-1}}+\delta m_i\frac{\Delta Z_t^{\mathrm{MKT}}}{Z_{t-1}^{\mathrm{MKT}}} \qquad （附 17.47）$$

给定上述式（附 17.46）和式（附 17.47），附图 17.1 表明 S_1 和 D_1 可由式（附 17.48）和式（附 17.49）求得

$$S_1=Q_0^*\left[1+\sum_{j\neq i}\eta_{sj}\frac{\Delta P_{j1}}{P_{j0}^*}+\delta c_i\frac{\Delta R_1}{R_0}+\delta k_i\frac{\Delta I_1}{I_0^*}+\delta g_i\frac{\Delta Z_1^{\mathrm{Erosion}}}{Z_0^{\mathrm{Erosion}}}+\delta h_i\frac{\Delta Z_1^{\mathrm{Salinity}}}{Z_0^{\mathrm{Salinity}}}\right] \qquad （附 17.48）$$

$$D_1=Q_0^*\left[1+\sum_{j\neq i}\xi_{\mathrm{d}j}\frac{\Delta P_{j1}}{P_{j0}^*}+e_i\frac{\Delta Y_1}{Y_0}+\delta m_i\frac{\Delta Z_1^{\mathrm{MKT}}}{Z_0^{\mathrm{MKT}}}\right] \qquad （附 17.49）$$

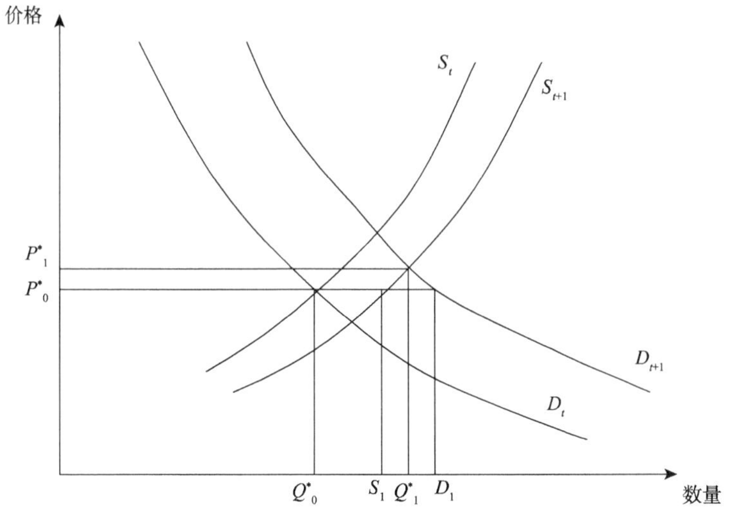

附图 17.1　价格数量关系图

求出 S_1 和 D_1 后，市场的供需均衡价格和产品数量即可由式（附 17.50）和式（附 17.51）求得

$$\Delta P_1 = \frac{P_0^*\left(D_1 - S_1\right)}{\left(S_1\eta_s - D_1\xi_{\mathrm{d}}\right)}，\text{故}\ P_1^* = P_0^* + \Delta P_1 \tag{附 17.50}$$

$$Q_1^* = D_1\left[1 + \xi_{\mathrm{d}}\frac{\Delta P_1}{P_0^*}\right] = S_1\left[1 + \eta_s\frac{\Delta P_1}{P_0^*}\right] \tag{附 17.51}$$

以上过程是一个动态的不断迭代的过程，一个时期市场均衡的求解，往往要经过几百次，甚至上万次的迭代才能得以实现。

第十八章　至 2035 年中国农产品供需预测与食物安全

本章在分析过去我国农产品供需变化和全球农业资源与生产贸易的基础上，展望至2035年我国农产品供需变化趋势，提出实现未来“绿色、生态、高值、多功能”农业发展的战略重点与政策建议。

第一节　研究背景

一、国内背景：我国农产品供需变化趋势演变

改革开放以来，我国农业生产稳定增长且生产结构发生显著变化，但农业增长是以牺牲环境和可持续发展为代价的。在 1980 年至 2016 年期间，我国农业GDP年均增长达4.5%。受需求增长的驱动，种植业内部，在粮食生产稳定增长的同时，养殖业、园艺和其他经济作物的生产以更高的速度增长；从大农业上看，农业生产结构也逐渐从以种植业为主阶段向种养业并举阶段发展。但农业的快速发展很大程度上靠高投入-高产来实现，并伴随着土壤质量退化、地下水持续下降、面源污染加重和农业生态日趋恶化等现象。

2000 年以来，我国食物消费总量以更快的速度增长，食物消费结构得到明显改善，但食物质量和食品安全也面临巨大挑战。在食物消费总量显著增长的同时，人均大米、小麦和其他口粮消费已从 20 世纪 90 年代中期达到峰值后开始缓慢下降，蔬菜消费增长从数量增长向多样化转变，食用油（包括大豆油）、食糖、水果、畜产品和水产品等高附加值农产品的消费以较快速度增长。随着居民食物需求结构的显著改变，饲料量和工业需求也快速增长。但与此同时，受一味追求高产目标的影响，国内生产的许多农产品的质量还难以满足收入增长对食物

质量提高的需求，时常发生的食品安全事件影响着消费者对不少国内食品安全的信心和信赖。

2005 年以来，我国多数农产品在国际市场上已逐渐失去比较优势，农业已进入“食物总量难以平衡，饲料油糖肉奶进口逐渐增长”的新阶段。21 世纪初之前，我国农产品生产和需求基本同步增长，农产品供需基本能够保持“总量平衡，丰年有余”；但 2005 年以来，食物消费总量增长速度开始明显高于在市场经济情况下的食物生产增长速度。食物总自给率已从 21 世纪初的 100%下降到现在的94%，2015年前后玉米等部分农产品供过于求的现象是政策干预的短期结果；饲料（饲料粮和饲草）、棉花、食糖、食用油、牛羊肉和奶类等进口压力不断加大，“总量基本平衡，结构明显短缺”将成为未来中国农业的常态。

二、国际背景：全球农业资源与食物生产、贸易和政策的变化趋势

全球农业资源和人口空间分布不一致，使贸易成为解决世界区域性食物安全的重要途径之一。全球水土资源的空间分布同人口的空间分布极不相符，满足全球各地区农产品供需平衡需要通过农产品的国际贸易。例如，中国仅占全球 6%的淡水资源和9%的可耕地，但却占世界人口的20%；OECD 国家占全球可耕地的 26%，而人口只占世界的 14%。在中国水土资源紧缺的约束下，2015 年大豆进口帮助中国节约的耕地约合中国总耕地面积的 20%。从这一视角看，贸易能够帮助充分利用全球农业资源，也是缓解区域农业资源短缺的重要途径。

国家间的农业生产力差异巨大，耕地富裕的发展中国家可耕地充裕，未来全球食物生产潜力不可低估。从全球食物生产分布看，农业生产力低于 5 吨/（公顷·年）的国家生产了世界 50%的食物，而农业生产力不低于美国[8.1 吨/（公顷·年）]的所有国家对全球食物生产的贡献仅为 18%（图 18.1），这意味着通过提高农业生产力，全球食物生产还有巨大的潜力。同时，耕地富裕的南美洲和非洲许多发展中国家水土资源丰富，过去 20 多年，这些耕地富裕的发展中国家耕地面积扩大了 20%，未来还有很大的潜力扩大耕地面积。

发达国家的农业支持力度和保护水平正在发生显著变化，政策的选择已逐渐趋向市场化和提高农业竞争力。一方面受乌拉圭贸易谈判影响和世界贸易组织规则的约束，另一方面为促进国内生产结构调整和提高主要农产品的市场竞争力，OECD 国家平均生产者支持度占农产品产值比例总体呈现出缓慢下降的趋势（图 18.2）。值得一提的是，这一变动趋势同中国正好相反，而且我国生产者

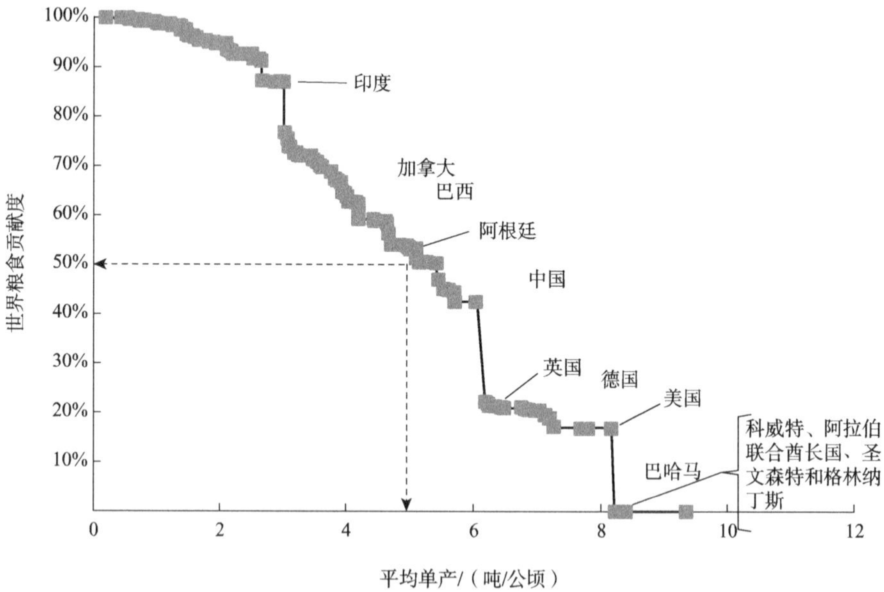

图 18.1　2016 年不同国家生产力及其对全球食物生产的贡献

支持度占农产品产值比例近年来已接近 OECD 国家的平均数（图 18.2）。同时，我国农业保护率（国内价格同国际价格差价的百分比）也从 2012 年开始超过 OECD 所有国家的平均数（图 18.3）。

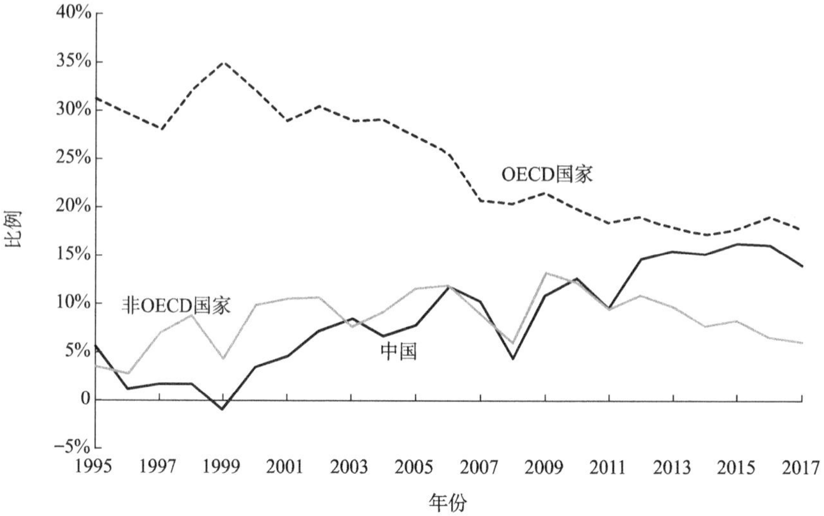

图 18.2　中国、OECD 国家和非 OECD 国家生产者支持度占农产品产值比例

资料来源：OECD（2018）

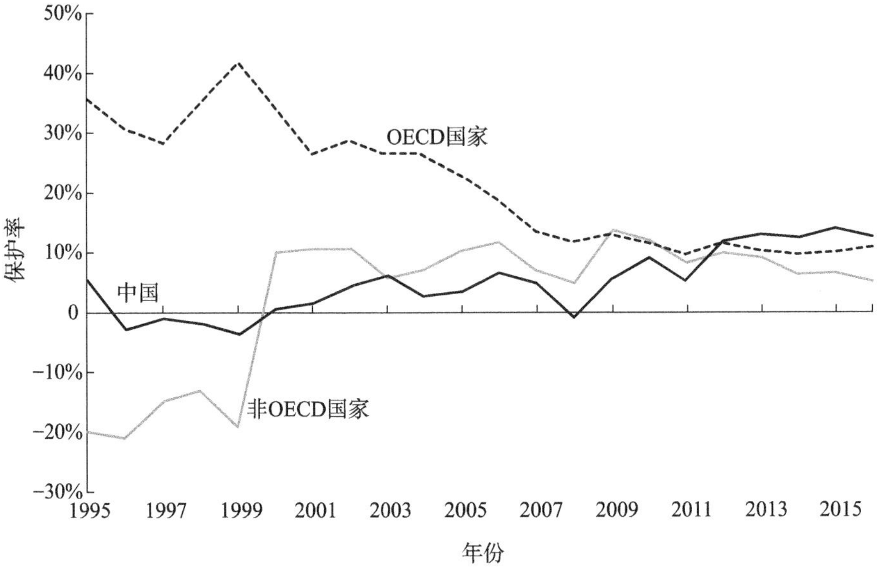

图 18.3 中国、OECD 国家和非 OECD 国家生产者名义保护率

资料来源：OECD（2018）

未来 10 年大多数农产品出口国依然比较集中，但不同产品的集中度有所差异。基于OECD-FAO、USDA以及我们采用GTAP的预测表明，未来10年，对于大多数农产品，70%以上的出口量来自出口排名前 5 的国家，而大豆这一比例高达 95%；大米的贸易量较少，占生产量的不到 5%，主要来自印度、泰国和越南；来自北美和南美的玉米、小麦、大豆和棉花出口量大，并将显著增长。总体而言，美国、欧盟和南美仍将是最大出口方，美国和巴西将超过全球油料（包括大豆）出口的三分之二，美国继续为粗粮和棉花的最大出口国，食糖出口一半以上来自巴西，欧盟和澳大利亚在奶制品出口中占领一席之地。

未来10年大多数农产品进口量将不断增长，进口国数量也将不断增长。随着许多耕地相对短缺的发展中国家农产品消费量超过生产量，未来大多数农产品进口国将相对分散。只有大豆、棉花等少数农产品进口国比较集中，如到2025年，中国进口的大豆将占全球出口大豆的 65%，中国也成为棉花的主要进口国。总体而言，发展中国家主要从发达国家进口小麦、玉米和部分畜产品，发达国家主要从发展中国家进口水产品、蔬菜和水果等。发展中国家之间大米、油料作物的贸易量将有增加趋势。

近期全球经济增长乏力和食物需求缺乏驱动力，国际农产品价格将继续保持低迷。受全球经济增长缓慢的影响，原油价格不大可能出现显著上升趋势，同时经济的低速增长也制约着食物消费的增长；此外，近期全球粮食等主要农产品生产基本能够满足需求的增长。基于以上原因，我们预计未来 2~3 年国际农产品价格出现上涨趋势的可能性不大，粮食等主要农产品国际市场价格将继续在低位的基础上小幅度波动。

三、我国农产品的比较优势及贸易演变历史

我们采用贸易专业化指数（TSC）来分析主要农产品的比较优势①。TSC 值从 −1 到 1，表示产品的比较优势从无优势到强优势，结果见图 18.4，主要结论如下。

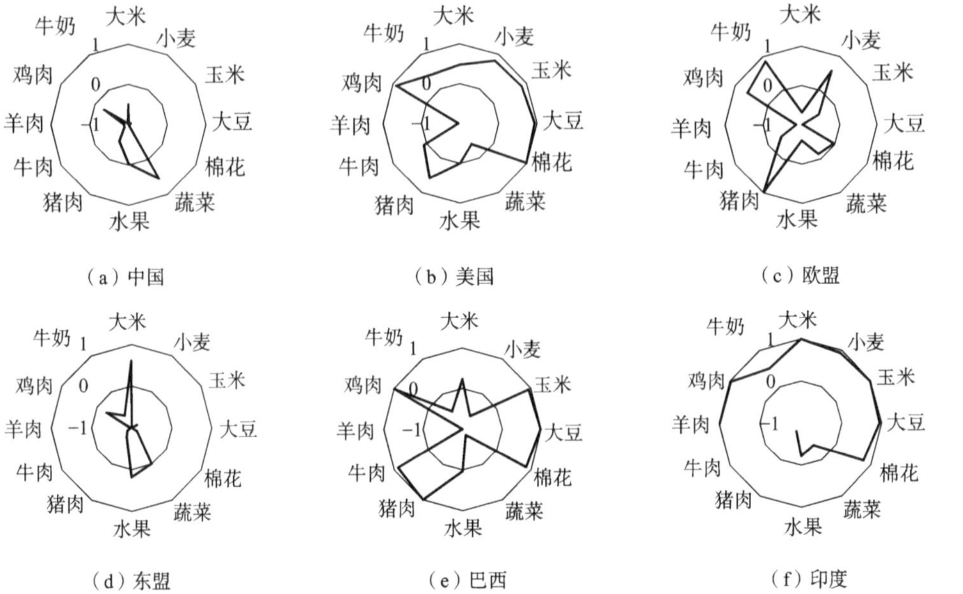

（a）中国　（b）美国　（c）欧盟

（d）东盟　（e）巴西　（f）印度

图 18.4　农产品比较优势国家（地区）对比（2011~2015 年平均水平）

与世界主要地区或农业大国相比，我国大多数农产品已不具有比较优势。与美国、欧盟、东盟、巴西和印度等主要国家（地区）相比，近年来我国许多农产品不具有比较优势（图 18.4）。在粮食作物中，玉米、大豆和小麦为明显比较劣势（TSC 接近−1）；棉花、牛羊肉和奶制品也均呈现比较劣势；猪肉、鸡肉和大米为微弱比较劣势；少数具有比较优势的农产品是蔬菜和水果。

近年来我国农产品比较优势呈现不断下降态势（图 18.5）。猪肉的 TSC 值从 2006 年的 0.9 下降到 2015 年的−0.63，从比较优势变为比较劣势，主要原因是这个时期国内玉米价格的显著上涨导致畜产品生产成本上升；玉米比较优势在 2007 年

---

① TSC 计算公式如下：$TSC_{ij}=(X_{ij}-M_{ij})/(X_{ij}+M_{ij})$。其中，$X_{ij}$ 为 i 国 j 产品出口额；M_{ij} 为 i 国 j 产品进口额。TSC 最小值为−1，表示该国对该产品只进口不出口；最大值为 1，表示该国对该产品只出口不进口。净出口比例为正值表明该产品具有比较优势，为负值则表明该产品没有比较优势。

之后开始直线下降，2010 年后变为明显的比较劣势；棉花于 2003 年开始就同大豆一样，成为明显的比较劣势产品；蔬菜、水果始终保持比较优势，但比较优势水平有所下降。

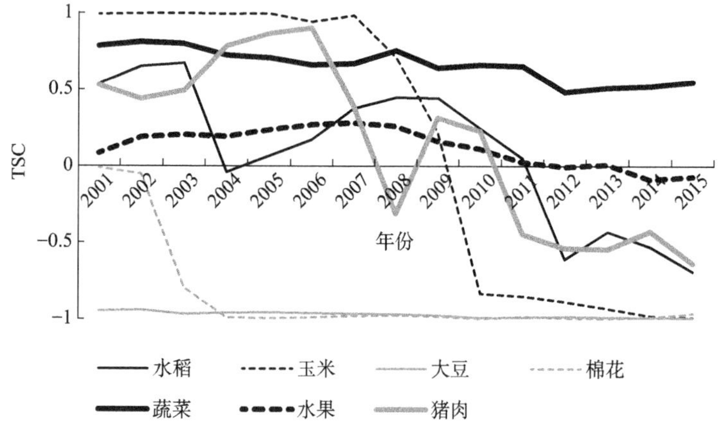

图 18.5　2001~2015 年我国不同农产品 TSC 变化趋势

劳动密集型农产品的比较优势呈现下降趋势，土地密集型农产品已没有任何贸易比较优势。如图 18.6 所示，劳动密集型农产品的 TSC 值不断下降，由 2001 年的 0.35 下降到 2015 年的 0.05，年均约下降 0.02；如果按照这种下降速度，预计在未来几年我国也将失去劳动密集型农产品在贸易上的比较优势。与此同时，土地密集型农产品的 TSC 值由 2001 年的−0.34 下降到 2015 年的−0.96，土地密集型农产品已完全没有比较优势。

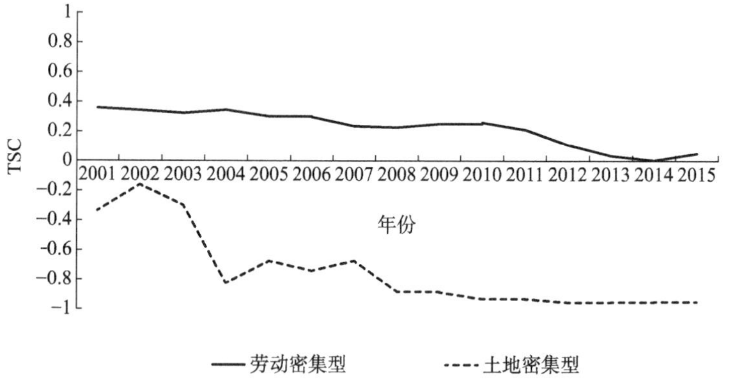

图 18.6　2001~2015 年土地密集型与劳动密集型农产品 TSC 变化趋势

第二节 研究方法

一、模型介绍

我们采用北京大学中国农业政策研究中心的CAPSiM对2035年我国农产品供给与需求进行预测分析。

二、模型基准方案设定

为了分析至2035年我国不同农产品供需变化，我们对经济增长、城市化率、未来工资增长率、城乡收入价格弹性和不同产品的技术进步做了一系列假设和判断。这主要包括以下六个方面。

（1）GDP增长率：在2021~2025年，年均GDP增长5%~6%；在2026~2030年，年均GDP增长4%~5%；在2031~2035年，年均GDP增长保持在4%以上。

（2）居民收入：未来农村和城镇居民之间的收入差距会逐渐减小。与此同时，最近5年的变化趋势表明农村居民收入增长快于城市居民。因此，我们假设在2020~2025年，农村居民人均可支配收入年均实际增长6.2%，2026~2035年，年均实际增长5.3%；2018~2025年，城镇居民人均可支配收入年均实际增长5.6%，2026~2035年，年均实际增长4.8%，低于农村居民人均实际可支配收入增长率。

（3）人口增长率：根据《国家人口发展规划（2016—2030年）》，我国总人口将在2030年前后达到峰值。为此，2021~2025年，年均人口增长率为0.21%；2026~2030年，年均人口增长率为0.10%，到2030年，人口达到14.5亿；2031~2035年，人口总量略微下降，维持在14亿~14.5亿的水平。

（4）城镇化率：我国的城镇化率不断提高。2021~2025年城镇化率年均提高1.5%，城镇化率到2025年达到64%；2025~2030年城镇化率年均提高1.6%，城镇化率到2030年达到70%；2031~2035年城镇化率年均提高1.7%，城镇化率到2035年达到75%左右。

（5）技术进步：国家将继续加大农业科技投入，但是随着单产提高的边际成本增加，科技水平的贡献率有下降趋势。

（6）国际贸易影响：国际农产品价格在2020~2025年主要参考USDA和OECD-FAO农业展望的预测结果，在2026~2035年国际农产品价格平稳。

第三节　研究结果

粮食及主要作物、畜产品和水产品生产、需求和贸易的预测结果见附表 18.1（主要农作物）和附表 18.2（畜产品和水产品）。主要结论是在现有农业发展方式和政策背景下，未来许多农产品供需失衡将更为突出，进口增长的局面将延续到 2035 年。下面按产品介绍主要的预测结果。

1. 粮食产品供需变化趋势

我国粮食需求增长至2035年将显著高于国内生产增加，但口粮和饲料粮的供需状况与自给率存在显著差异。如附表18.1所示，至2035年我国大米和小麦基本能够满足自给，但玉米和大豆进口需求将不断增长。

水稻单产持续提高，但随着需求下降，播种面积和产量均呈现降低的趋势。与 2019 年水稻产量 2.1 亿吨相比，至 2035 年，水稻产量将下降至 1.80 亿吨（按照 70%出米率计算，折算为大米产量为 1.26 亿吨）。同时，播种面积也将呈现下降趋势，下降到2035年的2 344万公顷。这是由大米需求下降所致，至2035年大米总需求下降到 1.28 亿吨。其中，居民大米消费下降占主体，到 2035 年下降到 0.91 亿吨，人均大米消费到 2035 年下降到 63 千克。总体而言，水稻作为口粮，到 2035 年自给率能保持在 98%左右。

小麦的产量和需求变化与水稻类似。与 2019 年小麦产量 1.34 亿吨相比，至 2035年小麦产量下降至1.10亿吨。播种面积也将下降到2035年的1 900万公顷。至 2035 年小麦总需求下降到 1.12 亿吨。其中，居民小麦消费下降占主体，到 2035年下降到0.75亿吨，人均小麦消费到2035年下降到52千克。小麦自给率到 2035年能保持在98%以上，基本自给自足。

玉米在三大主粮中产量最大，未来也能持续增加；但因饲料粮需求快速增长，玉米总消费增加更多，玉米供需缺口压力加大。如果不采用玉米关税配额制管理，玉米产量在2035年将达到2.48亿吨，虽然产量增长显著高于水稻和小麦，但玉米总需求在2035年将达到3.05亿吨，其中饲料粮需求在2035年将增加到1.8亿吨，工业消费也略微增加。从而导致我国玉米供需缺口在 2025 年、2035 年将分别达到2 043万吨、5 609万吨；自给率将下降到2025年的92%，并进一步降低至2035年的82%左右。如果实施玉米进口关税配额制（7.2万吨配额内关税1%，配额外关税65%），畜产品进口将显著增长。

大豆供需缺口将进一步加大。在转基因大豆商业化种植不被允许的情况下，大豆单产提高较慢，预计大豆产量不会有显著变化。而用于生产油脂的大豆以及用于饲料的豆粕增加较快，导致大豆总消费增加较快。预计在 2025 年我国大豆进口量将接近 1 亿吨，自给率将降低到 10%；在 2035 年大豆进口超过 1 亿吨成为常态。

2. 棉、油料、糖供需变化趋势

我国棉花生产将逐渐萎缩，棉花供需缺口进一步扩大。受生产成本上升和比较优势下降等原因影响，即使在确保新疆棉花生产的情况下，棉花播种面积和产量都将呈现下降趋势。棉花产量预计到 2035 年下降到 469 万吨；播种面积下降到 269 万公顷。棉花消费稳中有降，预计到 2035 年棉花总消费下降到 700 万吨以内。生产下降快于消费下降，预计棉花自给率也将降低到 2035 年的 67%。

大豆以外的油料作物供需缺口略有变化。大豆以外油料作物的产量至 2035 年预计保持在 3 572 万吨（按照 25%出油率计算，为 893 万吨的食用油）。大豆油以外食用油的总消费量维持在 1 000 万吨左右的水平。油料作物供需略有变化，供需缺口持续呈现，进口量超过 400 万吨左右（折算为食用油为 100 万吨左右）。

我国食糖消费增长较快，供需缺口加大。随着经济持续增长，食糖总需求量到 2025 年将增长至 2 208 万吨、到 2035 年将增长至 2 346 万吨。但是食糖产量持续降低，到 2025 年下降至 1 286 万吨（按照 12%的转换率转化成糖料作物产量为 11 220 万吨，下同）、到 2035 年下降至 945 万吨。由于食糖需求增长速度显著高于国内生产增长速度，供需缺口不断加大，食糖进口将显著增长。食糖进口到 2025 年增长至 926 万吨、到 2035 年增长至 1 404 万吨。食糖自给率也将降低到 2025 年的 58%，至 2035 年将持续降低。

3. 蔬菜供需变化趋势

蔬菜产量将稳定增长，而且将依然保持较明显的出口比较优势。蔬菜产量预计提高到 2025 年的 4 亿吨、2035 年的 4.2 亿吨。蔬菜居民消费量也将继续保持增长趋势，居民总消费到 2025 年将增长至 3.88 亿吨、到 2035 年增长至 4.02 亿吨。我国是世界上最主要的蔬菜出口国之一，蔬菜出口在未来将继续保持较明显的比较优势。蔬菜出口到 2025 年增加到 1 400 万吨，到 2035 年将增加至 1 600 万吨。预计到 2035 年蔬菜自给率能保持在 104%。

4. 水果供需变化趋势

我国水果（包括瓜果）生产和消费量明显提高，进口量和出口量均保持增长态势。预测水果产量将增长到 2025 年的 2.4 亿吨、2035 年的 2.8 亿吨。水果总消费量预计到 2025 年将增长至 2.4 亿吨、到 2035 年将增长至 2.8 亿吨。与蔬菜贸易以出口为主不同，我国水果进口和出口都保持一定规模。水果进口主要以热带水果为主，水果进口预计到 2035 年将维持在 300 万吨左右的水平；水果出口以苹果、梨和橘子等温带水果为主，出口预计提高到 2025 年的 388 万吨、2035 年的 407 万吨。由于进出口同时呈现一定数量规模，进出口数额相差不大，水果自给率基本保持在 100%左右。

5. 畜牧产品变化趋势

畜产品的生产和供需缺口将在很大程度上取决于饲料粮贸易政策和草牧业发展。在限制玉米进口和不重视草牧业发展的情况下，猪禽肉、牛羊肉和奶制品进口将显著增长，并高度依赖于不可靠的国际市场供给。如果放开饲料粮市场，通过进口饲料发展国内畜牧业，猪禽产品供需能基本保持平衡，而牛羊肉和奶制品进口则将增加（附表 18.2）。

在放开饲料粮市场的情况下，尽管猪肉需求量将进一步增长，但产量也能近乎同步增长，自给率能保持在 100%左右。至 2035 年猪肉总需求增加到 6 531 万吨，人均消费达到 44 千克。至 2035 年猪肉产量可以达到 6 415 万吨。鉴于猪肉产需的部分缺口，猪肉进口量呈略微增长态势，由 2025 年的 104 万吨增长到 2035 年的 132 万吨，但总体自给率能保持接近 100%。

在放开饲料粮市场的情况下，禽肉供需增长比例都低于猪肉，禽蛋供需变化最小；禽肉、禽蛋产需匹配较好，基本能自给自足。至 2035 年禽肉总需求增加到 2 189 万吨，人均消费达到 15 千克左右。至 2035 年禽肉产量可以达到 2 166 万吨。禽肉进口量由 2025 年的 51 万吨略微增加到 2035 年的 65 万吨。总体自给率能保持接近 100%。禽蛋需求量至 2035 年保持在 2 300 万吨左右的水平，产量也基本能满足需求，不需要进口，自给率稳定在 100%。

到 2035 年，牛羊肉消费继续保持较快增长，比其他畜牧产品增幅更为显著，牛羊肉供需平衡存在不确定性。牛肉需求量将由 2025 年的 734 万吨增加到 2035 年的 907 万吨，人均消费量将由 2025 年的 5 千克增加到 2035 年的 6 千克。牛肉产量将由 2025 年的 623 万吨增加到 2035 年的 697 万吨。牛肉产量增速低于消费量增速，缺口逐渐扩大，进口量由 2025 年的 111 万吨增加到 2035 年的 211 万吨，自给率从 2025 年的 85%持续走低，到 2035 年降至 77%。羊肉总需求量到 2025 年和 2035 年分别增加到 498 万吨和 581 万吨，人均消费量将达到 2035 年的 4 千克。羊肉产量到 2025 年和 2035 年分别增加到 451 万吨和 492 万吨。羊肉进口量呈增加态势，由 2025 年的 47 万吨增加到 2035 年的 89 万吨，羊肉自给自足水平要略高于牛肉，从 2025 年的 91%降低到 2035 年的 85%。

奶制品缺口逐渐扩大，进口压力较大。若折算为牛奶，到 2025 年和 2035 年总消费达到 7 092 万吨和 8 325 万吨，人均消费从 2025 年的 49 千克增加到 2035

年的 57 千克。牛奶产量随着技术进步和管理水平等的提高，也能逐步提高，到 2035 年预计增加到 5 652 万吨。但牛奶需求增速显著快于产量增速，预计进口量将由 2025 年的不足 2 000 万吨增加到 2035 年的 2 677 万吨。奶制品自给率将由 2025 年的 72%降低到 2035 年的 60%左右。

综合来看，在放开饲料粮市场的情况下，牛肉和奶制品产量增长比例高于猪肉、禽肉、羊肉和禽蛋，但牛肉、羊肉和奶制品消费量增长比例也更快，致使牛羊肉、奶制品难以自给自足。在 2025~2035 年，猪肉、禽肉、牛肉、羊肉、禽蛋和牛奶产量预计分别增长 10%、8%、12%、9%、0.1%和 10%。同时，随着人均收入快速增长和城市化程度的提高，畜产品消费量将进一步增长，在 2025~2035 年，猪肉、禽肉、牛肉、羊肉、禽蛋和牛奶的消费量将分别增长 11%、9%、24%、17%、0.2%和 17%。由于畜产品供需都保持较快幅度增长，多数畜产品供需基本保持平衡。其中，猪肉、禽蛋和禽肉自给率在未来保持在 100%左右；但是，牛肉和羊肉的自给率将不断下降，自给率降低到 2025 年的 85%和 91%，并进一步在 2035 年下降为 77%和 85%。奶制品供需缺口明显加大，进口显著增长。奶制品进口自给率将下降至 2025 年的 72%、2035 年的 68%。

6. 水产品变化趋势

我国水产品需求增长极为显著，但国内生产能够满足需求增长，水产品供需将保持平衡并略有剩余。水产品产量（鱼、虾、蟹和贝壳类水产品）到 2025 年将提高至 3 511 万吨、到 2035 年将提高至 3 883 万吨。水产品消费也显著增长，人均水产品消费量（仅包含鱼、虾、蟹和贝壳类水产品）到 2025 年提高到 25 千克、到 2035 年提高到 28 千克。

我国水产品进出口都显著增长，继续保持净出口地位，供需保持平衡并略有剩余。水产品进口到 2025 年预计提高到 522 万吨，到 2035 年预计提高到 594 万吨；水产品出口提高到 2025 年的 432 万吨，并将持续到 2035 年。值得一提的是，我国进口的水产品中有很大一部分是用于饲料的鱼粉，价值量很低，虽然在进口数量上我国水产品进出口基本相近，但是从贸易金额上看，出口显著高于进口。

第四节　主要结论和政策建议

一、主要结论

中国农业已经进入了新的发展阶段。过去 40 多年我国农产品供给和需求显著增长，农产品供需基本保持“总量平衡，丰年有余”。但在21世纪初以来，特别是在2005以后，农产品供需进入新的阶段，主要表现为“总量基本平衡，结构明显短缺”，而且这个阶段将成为未来中国农业的常态。

二、政策建议

我国农业发展已进入新时代，2035 年前是中国农业发展的重要转折时期，为确保农业增长、农民增收和资源可持续利用，农业发展需要新思路和新的发展方式。

第一，要树立“有所为有所不为”的发展观，调整农业生产结构，实施“以食为先发展战略”。把有限的水土资源用于食物的生产上，限制棉花、麻类和烟叶等的生产，减少非食物作物占用本已稀缺的水土资源；实施 “粮食、经济食物作物、饲草料”新的三元种植结构，并把畜牧业生产作为未来农业发展的重中之重。

第二，树立新的食物安全观，充分利用“两个市场、两种资源”，实施“以供为主发展战略”。食物安全观替代粮食安全观，并逐渐从保障“自给”向保障“供给”的理念转变，提高食物的总供给（国内生产和国外进口）能力就是提高食物安全的保障能力；加快农产品市场改革进程，合理协调国内生产和进口；加大饲料进口，促进畜产品和草牧业的发展；适当增加油料和食糖进口；发挥蔬果比较优势，适度出口以增加农民收入。

第三，提升大宗农产品全要素生产率，增产与减本并举，实施“竞争力提升发展战略”。继续夯实农业基础设施建设，切实推进农业科技体制改革，通过提高水土资源、劳动力和资金等主要生产要素的生产力，提高农产品市场竞争力；完善农地流转市场、降低流转交易成本，以发展家庭农场和社会化服务为重点，通过农地流转和适度规模经营，降低每千克产品的生产成本，提升大宗农产品的市场竞争力。

第四，挖掘农业增长与农民增收新动能，创造良好市场环境，推进“绿色、生态、高值、多功能农业发展战略”。各地农业需在特色、高值、绿色和产业链增值等方面寻求农业发展新出路，开拓农业发展和农民增收的新领域；发展农产品地理标志，发展当地、区域以至全国性的品牌，提升农产品的质量和价值；通过提高农产品质量与食品安全、加强农产品与食品市场监督管理，提升消费者对国内食品的信心和信赖，确保优质优价。

第五，协调水土资源的短期和长期利用，改善农业生产环境，推进“农业永续发展战略”。在完善灌溉农业的同时，关注旱地农业和雨养农业的科技创新与发展；大规模推进农业保护性耕作技术的采用，发展南方草牧业；确保耕地与生态保护红线在各地的实施；发展种养一体化的家庭农场，减少化学品投入和控制畜禽养殖业等面源污染。

第六，完善财政支农体系，转变财政支农方式，促进新时期农业发展方式的顺利转变。支农政策在“颜色”上，要更多地从“黄箱”向“绿箱”政策转变，提高农业生产力和市场竞争力；在产品上，要逐渐从“粮棉油糖”为主向“粮食”、“养殖业”和“高值农业”为主方向转变，在保障粮食和畜产品安全的同时，提高农民收入；在项目上，要从“单项目”向“综合项目”投入转变，全面提升全要素生产率；在职能上，要明确区分政府和市场的作用，把有限的财政资金用在“公共物品与服务”等市场失灵的投资领域，提升农业生产力、确保水土等资源可持续利用、促进农业生态文明，并通过财政“再分配”实现社会的公平发展。

本章附录

附表 18.1 主要农作物至 2025 年、2035 年供需平衡及播种面积的预测

年份	指标	大米	小麦	玉米	大豆	棉花	食用籽	食糖	蔬菜	水果
2025	播种面积/10^3公顷	26 231	20 812	36 281	5 225	3 212	13 201	1 308	21 331	15 370
	产量/万吨	13 546[1)]	11 669	23 526	1 134	521	918[2)]	1 284[3)]	40 153	24 277
	进口/万吨	282	207	2 022	9 856	183	145	929	24	339
	出口/万吨	34	18	1	11	3	2	4	1 437	388
	净进口/万吨	248	190	2 022	9 845	180	143	925	−1 414	−49
	总需求/万吨	13 792	11 858	25 591	10 980	702	1 061	2 208	38 740	24 228
	居民消费/万吨	10 051	8 256	642	10 742	0	995	1 333	28 425	13 169
	人均消费/千克	70	58	4	75	0	7	9	199	92
	饲料粮需求/万吨	796	1 157	15 216	66	0	0	0	0	0
	种子需求/万吨	214	554	182	48	0	14	0	0	0
	工业需求/万吨	1 510	1 355	8 481	96	696	29	775	1 767	6 696
	产后损失/万吨	1 222	535	1 070	29	6	24	100	8 547	4 363
	自给率	98%	98%	92%	10%	74%	87%	58%	104%	100%

续表

年份	指标	大米	小麦	玉米	大豆	棉花	食用籽	食糖	蔬菜	水果
2035	播种面积/10^3公顷	23 445	18 997	35 469	5 061	2 691	12 076	918	20 337	14 728
	产量/万吨	12 575	11 038	24 789	1 156	469	893	944	41 726	27 695
	进口/万吨	271	205	5 624	10 502	232	131	1 405	21	323
	出口/万吨	36	18	0	10	2	2	3	1 598	407
	净进口/万吨	235	187	5 624	10 491	229	129	1 402	−1 577	−84
	总需求/万吨	12 782	11 213	30 452	11 669	698	1 026	2 351	40 168	27 637
	居民消费/万吨	9 077	7 494	450	11 412	0	956	1 369	29 669	14 705
	人均消费/千克	62	52	3	79	0	7	9	204	101
	饲料粮需求/万吨	581	1 093	17 949	65	0	0	0	0	0
	种子需求/万吨	209	543	181	47	0	14	0	0	0
	工业需求/万吨	1 752	1 573	10 855	117	693	33	882	1 952	8 782
	产后损失/万吨	1 162	509	1 018	28	6	22	100	8 547	4 150
	自给率	98%	98%	82%	10%	67%	87%	40%	104%	100%

1）大米按照70%的出米率计算，2025年的大米换算成水稻的产量为19 351万吨（2035年可采用同样比例换算）

2）食用油按照25%的出油率计算，2025年的食用油换算成油料产量为3 672万吨（2035年可采用同样比例换算；此外为不包含大豆的油料作物）

3）食糖按照12%的出糖率计算，2025年的食糖换算成糖类作物产量为11 220万吨（2035年可采用同样比例换算）

附表18.2　畜产品和水产品至2025年、2035年供需平衡预测：在大量进口饲料粮的情况下

年份	指标	猪肉	牛肉	羊肉	禽肉	蛋类	奶类	水产品
2025	生产/万吨	5 814	623	451	2 007	2 387	5 121	3 511
	进口/万吨	104	111	47	51	0	1 978	522
	出口/万吨	20	0	0	52	7	5	432
	净进口/万吨	84	111	47	−1	−7	1 973	90
	总需求/万吨	5 801	717	424	1 996	2 269	6 996	3 601
	居民需求/万吨	5 705	701	350	1 987	2 158	6 899	36 012
	人均消费/千克	41	5	3	14	16	49	25
	自给率	99%	85%	91%	100%	100%	72%	98%

续表

年份	指标	猪肉	牛肉	羊肉	禽肉	蛋类	奶类	水产品
2035	生产/万吨	6 415	696	492	2 166	2 389	5 652	3 883
	进口/万吨	132	211	89	65	0	2 677	594
	出口/万吨	16	0	0	41	6	4	380
	净进口/万吨	116	211	89	23	−6	2 673	214
	总需求/万吨	6 538	906	586	2 188	2 384	8 362	4 114
	居民需求/万吨	6 442	889	512	2 178	2 273	8 264	4 114
	人均消费/千克	44	6	4	15	16	57	28
	自给率	98%	77%	85%	99%	100%	68%	95%

资料来源：CAPSiM 模拟结果

第十九章　生物技术对食物安全的影响：以转基因玉米为例

第一节　研 究 背 景

截至目前，我国并没有允许除棉花以外的其他转基因大宗作物产业化生产。在全球范围，从 1996 年到 2015 年，转基因作物种植面积增长了 100 倍，累积种植面积约为中国国土面积的 2 倍（ISAAA，2017）。在我国，自从 1997 年批准抗虫转基因棉花产业化以来，只是批准了一些小众作物的产业化生产。我国曾于 1997 年批准改变花色矮牵牛花的生产许可、于 1998 年批准延熟西红柿和抗病毒甜椒的生产许可，但是这些作物并没有产业化生产。其他一些批准产业化生产的作物有 2005 年批准的抗虫杨树和 2006 年批准的抗病毒木瓜，但都是播种面积较小的作物。2016 年，抗虫杨树的种植面积仅 40 公顷，抗病毒木瓜的种植面积也仅 8 550 公顷（ISAAA，2017）。

我国政府一直高度重视转基因生物技术的研发投资，但出现只投资不产业化的现象。例如，2008 年国家启动实施“转基因生物新品种培育重大专项”，该专项计划到 2020 年累计投入约 240 亿元用于五大作物和三大动物转基因新品种的研发。目前，我国转基因技术研发水平已处于发展中国家前列，但是自从 2009 年农业部为转基因抗虫水稻和转基因植酸酶玉米颁发安全生产证书以来，我国转基因作物产业化发展的脚步开始放缓。这些转基因作物新品种安全生产证书的获批，尤其是转基因抗虫水稻安全生产证书的获批，引起各界对转基因技术利与弊的激烈争论（Pang et al.，2016）。支持方认为转基因技术能有效提高农业生产力，扩大农业竞争力，保障中国粮食安全。反对方则质疑转基因作物的安全性，尤其是将其作为食物直接食用的安全性（叶敬忠和李华，2014）。也有学者关注中国对转基因产品低水平混杂的进口政策可能对中国农业贸易造成的影响（Huang and

Yang，2014）。尽管学术界越来越多的人支持转基因技术产业化，但中国消费者对转基因食品的接受程度却逐渐下降。面对公众的质疑和舆论压力，政府对于转基因作物产业化的立场也受到了影响。最终，转基因抗虫水稻和转基因植酸酶玉米在获得安全许可证之后都未能获得产业化生产的许可。

同时，尽管我国并不允许国内生产转基因玉米和大豆，中国却是转基因玉米和大豆的主要进口国。2016年，中国仅出口了极少量的玉米（约4 000吨）和大豆（约1 300万吨），但进口的玉米和大豆数量分别达到320万吨和8 390万吨（UN Comtrade，2017），而且几乎全是转基因玉米和大豆。这就令人思考中国为什么禁止生产转基因玉米和大豆，但是允许进口和消费转基因玉米（主要用于饲料）和大豆（主要用于加工），中国禁止转基因作物产业化究竟付出了多少经济代价。

在全面衡量转基因技术的利与弊之后，2014 年中国提出了转基因技术产业化“三步走”的战略，即从“非食用”（如 Bt 棉花）、“间接食用”（如玉米和大豆）到“直接食用”（如水稻和小麦）逐渐产业化的战略目标。虽然政府提出了这个线路图，而且公众对于转基因玉米的反对也远低于转基因水稻，但是对于用于饲料和工业用途的转基因玉米的产业化生产并没有明确的时间表。与政府官员和科学家的访谈显示，目前对于转基因玉米产业化的担忧主要包括以下三个方面：一是中国自己研发的转基因玉米技术是否有竞争力；二是转基因玉米的潜在经济效益如何；三是鉴于目前庞大的玉米库存，中国是否有必要产业化生产转基因玉米。这三个问题都直接或间接与转基因玉米技术的潜在经济影响有关。

本章重点关注抗虫转基因玉米技术产业化对中国食物安全和社会经济的影响。首先在地块层面上考察转基因玉米种植的可能影响，然后利用可计算一般均衡模型（GTAP）评估转基因玉米在国家层面的影响。结果表明，中国通过转基因玉米产业化，收益显著。如果在 2019 年成功实现抗虫转基因玉米产业化，到 2025 年中国的整体经济将获益 270 亿~958 亿元。同时，玉米自给率将提高约 1%~3%。其他获益包括：肉价降低导致消费者福利增加；因饲料更便宜，畜牧业将受益；因玉米种植效率提高，多余的土地可以用于其他作物的种植。当然，农药化工产业的发展因为农药用量减少可能会受到一定影响。我们的研究结果对于转基因作物（特别是抗虫转基因玉米）产业化具有重要的政策意义。

本章结构安排如下：第二节简要介绍 1990 年以来中国玉米的供需以及未来的挑战，接下来介绍当前转基因玉米技术的发展现状，重点会关注抗虫转基因玉米的技术成熟度和市场竞争力。第三节介绍研究的方法框架、反事实情景设置，以及所使用的经济模型（可计算一般均衡模型）。第四节分析抗虫转基因玉米产业化对食物安全、总体经济等的影响。第五节是研究结论和政策建议。

第二节　我国玉米供需面临的挑战及转基因玉米技术成熟度分析

一、中国玉米供需状况及未来挑战

玉米是中国主要粮食作物中产量增长最快的农作物。1990~2015 年，平均每年玉米产量增长率达到 3.4%，高于同期稻谷（1.1%）和小麦（0.4%）产量的年均增长率（国家统计局，2016）。实际上，玉米产量三分之二的增长来自种植面积扩大，另外三分之一来自单产提高。从种植面积来看，1990~2009 年，玉米的种植面积则保持年均 2%的增长率，与同期水稻和小麦的播种面积逐年减少形成反差；2009~2015 年，国家实行玉米临时收储政策以后，玉米的种植面积年均增长率达到 3.4%，这期间玉米产量年均增长率达 5.4%。事实上，自 2007 年以来，玉米已经成为我国第一大作物；到 2015 年，其面积已扩大到 3 810 万公顷。从玉米单产来看，其单产也在稳步增长，1990~2015 年年均增长率为 1.1%，低于小麦单产年均增长率（2.1%），但高于水稻年均增长率（0.7%）；到 2015 年，中国玉米单产已达到 5.9 吨/公顷。虽然中国 2015 年的玉米单产高于全球平均水平（2015 年为 5.6 吨/公顷），但仍然远远低于主要玉米出口国的单产水平，如 2014 年美国、加拿大、澳大利亚玉米单产分别达到 10.7 吨/公顷、9.4 吨/公顷、7.5 吨/公顷（FAO，2017）。

伴随着过去 20 多年玉米产量的快速增长，我国玉米需求增长更为迅猛，但是其增长在 2009 年前后大有不同。北京大学中国农业政策研究中心（CCAP，2017）提供的数据表明，玉米的总需求量从 1990 年的 7 950 万吨增加到 2009 年 1.74 亿吨，2015 年已达到 1.93 亿吨。1990~2015 年，玉米总需求年均增长率达 3.6%，由 2009 年之前的 4.2%下降至 2009 年之后的 1.7%。近年来玉米需求增长放缓的主要原因是玉米临时收储政策提高了玉米价格，由此减缓了饲料和工业用途需求的增长。具体而言，用于饲料的玉米需求量从 1990 年的 5 110 万吨增加至 2009 年的 1.16 亿吨（占玉米需求增长的 69%），但从 2009 年以来基本保持不变。然而，自 2009 年以来，在国产饲料玉米价格较高的背景下，为了满足收入增长和城镇化带来的肉类需求增加，中国肉类进口量呈现增长趋势。

由于国内玉米需求增长快于产量增长，2009 年开始中国从玉米净出口国转变为净进口国（国家统计局，2011）。事实上，21 世纪初中国每年的玉米出口量超过 1 000 万吨，在 2003 年达到历史高点（1 640 万吨），之后逐渐下降，在 2009

年开始变为净进口国。值得注意的是，2009 年以来，中国变为玉米净进口国，并不是收入增加、城镇化加速导致需求过快上涨造成的；相反，在此阶段，国内产量增长快于需求增长。这一矛盾出现的原因是临时收储政策造成国内玉米价格高于进口玉米到岸价格。为此，随着国内产量和进口超额供给，中国在2016年的玉米累积库存达到 2 亿吨。同时，由于受到玉米进口配额的影响，玉米替代品（如玉米干酒糟高蛋白饲料、大麦、高粱、木薯）的进口也大量增加（Hejazi and Marchant，2017）。

2016 年 6 月，中国政府开启了玉米市场改革，旨在重塑玉米市场供需关系，让市场决定价格。这一改革按照“市场定价，价补分离，主体多元”的基本思路展开，目的是分离收入支持政策和玉米定价政策，让市场决定价格。政策实施一年内，玉米价格回归到2009年实施临时收储政策之前的价格水平。由于玉米价格下降，2016年玉米产量下降2.6%。玉米价格下降促进了饲料需求上涨，也促进了工业需求上涨。照此下去，玉米需求增速预计将回到2009年之前的水平，同时随着玉米价格下降，玉米产量可能进一步下降，从而实现中国制定的到2020年左右玉米去库存的目标。

2020 年之后，中国将可能再次进入玉米供不应求、玉米进口增加的阶段（Lv，2013；Norse et al.，2014）。尽管目前玉米库存对中国而言是压力，但等玉米去库存之后，由于玉米需求增速大于玉米产量增速，玉米缺口将可能变成新的压力。然而，2020 年之后玉米进口量是否会显著增加取决于中国的玉米贸易政策。2001 年中国加入世界贸易组织以来，玉米进口一直遵循 TRQ 政策。根据目前的TRQ政策，玉米进口配额内的关税仅为1%（720万吨以内）；如果玉米进口超过 720 万吨，中国可以采取征收 65%的玉米进口关税。继续执行玉米进口配额政策，限制玉米进口，将会导致大量进口畜禽产品。决策者倾向进口饲料产品还是进口肉产品，将决定玉米进口配额政策是否会持续。鉴于国内肉类市场的重要性以及进口肉类产品可能面临的卫生风险，中国可能遵循棉花进口政策（为促进棉花下游纺织服装业等产业发展，中国从未实施超过其进口配额的棉花进口关税），也可能会取消玉米进口配额政策，允许玉米进口。无论如何，为了给中国玉米产量增加提供更多的途径，也为了从长期减少玉米进口以增加国内玉米供给安全，中国将必须加快技术创新以提高农业生产率。

二、我国转基因玉米技术成熟度和竞争力分析

中国玉米研发投入已经培育了很多新品种。第一代杂交玉米品种早在1966年就开始产业化生产。据农业部数据，20 世纪 90 年代以来，中国每年新增玉米新品种在 50~100 个；最近十余年，每年增加的玉米新品种数量达到数百个。2014

年，农民主要采用的玉米品种个数就达到 932 个。其中，中国选育最成功的玉米品种之一是郑单-958，由于它具有高产、稳产的优良特性而得到广泛种植。自2000 年审定通过以后，郑单-958 的种植面积迅速扩大，在 2007 年和 2008 年连续两年都超过 400 万公顷（占当年玉米播种面积的近 30%）。随着玉米新品种的增加，到 2014 年，种植面积最广的两个品种郑单-958 和先玉-335 分别占玉米总播种面积的 8.7%和 6.7%。

我国转基因生物技术的研究始于 20 世纪 80 年代后期，2008 年政府启动的转基因生物新品种重大培育专项进一步促进了转基因技术的研发。转基因专项的科技目标是研发五大类作物（主要包括水稻、小麦、玉米、棉花、大豆）和三大类动物（猪、牛、羊）的转基因新品种。目前研发的达到先进水平的转基因玉米品种为转基因植酸酶玉米，其他抗虫、抗除草剂、双抗和抗旱转基因玉米新品种也已经达到较为先进的水平。

本章针对抗虫转基因玉米分析其对粮食安全和社会经济的影响，主要是由于相比于其他转基因品种，这项技术的应用潜力非常大，而且产品就绪度非常高，只要获得批准允许产业化，即可启动相关工作并开始产业化。具体而言，一些研发较快的抗虫转基因品系已经获得安全生产证书，其他一些抗虫转基因品系或处于生产性试验阶段，或已经完成生产性试验并处于着手申报安全生产证书阶段，也都距离可以产业化不远。这些成熟的抗虫转基因玉米品系包括具有抗虫和抗除草剂性状的 C0030.3.5 品系（转入的是 Cry1Ab 和 CP4 基因）、双抗 12-5 品系（转入的是 Cry1Ab 和 Cry2Aj 融合基因及 G10evo）、抗虫品系 IE09S034（转入的是 Cry1Ie 基因），以及兼具抗虫和抗除草剂性状的 GH5112E-117C（转入的是 G2-aroA 和 Bt Cry1Ah 基因）。由大北农公司开发的 C0030.3.5，于 2012~2013 年完成生产性试验，2015 年申请了生产安全证书。由浙江大学和杭州瑞丰生物科技公司共同开发的双抗 12-5，于 2014 年完成了生产性试验，并于 2020 年初获得了安全生产证书。中国农业科学院和中国科学院开发的 IE09S034、北京奥瑞金公司开发的 GH5112E-117C 也已完成生产性试验，现已准备好申请安全生产证书。

以上四个转基因品系可广泛应用于郑单-958、良玉-88、丹玉-605 和中单-909 等品种。田间试验表明这些转基因新品种可显著减少农药投入，提高玉米产量。下面将详细描述其对农药使用、劳动力投入及产量影响的田间试验结果。

第三节　研究方法

评估转基因玉米的社会经济影响需要获取转基因玉米在田间试验的微观影响

数据，并判断转基因玉米技术采用和扩散的时间演变趋势。为采用 GTAP 评估转基因玉米的宏观经济影响，也需要设置基准情景和模拟情景等不同情景。

一、农户层面转基因玉米产业化的影响

本章基于以下三组数据，评估抗虫转基因玉米被采用后在农户层面可能的影响。第一组数据是转基因玉米在生产性试验中的表现。生产性试验表明，转基因玉米可以有效控制玉米螟和其他害虫，在虫害一般年份玉米产量增加 6%~11%。转基因玉米还可以节省农药投入和劳动时间。第二组数据来自科学家访谈，包括从事转基因和非转基因技术工作。科学家对生产性试验阶段转基因玉米的表现及农户采用后的影响进行评估。第三组数据反映玉米生产年份中的虫害严重程度。通常，玉米产量在虫害年份会降低 5%~20%。虫害越严重，转基因玉米生产的优势就越明显。

郑单-958 是国内使用最广泛的非转基因玉米品种，这里以郑单-958 作为对照品种，以便评估抗虫转基因玉米的投入产出表现。为简便起见，郑单-958 的农药投入、劳动力、种子价格都标准化为 1。本章考察转基因玉米对应的以上指标（表 19.1）。在虫害一般年份，相比于郑单-958，抗虫转基因玉米产量增加 6.5%。这个产量增幅低于生产性试验报告中的结果，但它反映了生产性试验与实际生产之间的差异。农药使用量保守估计减少 60%，低于生产性试验的结果（80%~95%）。转基因玉米能有效控制虫害，这与农药投入和田间管理所花费的时间有关，劳动力节省 5%。采用转基因技术后，玉米种子的价格会提高，但这也意味着种子质量更好，转基因玉米种子比郑单-958 的价格高 75%。

表 19.1　转基因玉米投入与产出的比较（郑单-958 为对照品种）

投入与产出	不同虫害严重程度下转基因玉米的影响		
	较轻	一般	较重
产量	1.033	1.065	1.098
农药投入	0.80	0.40	0.20
劳动力	0.98	0.95	0.92
种子价格	1.75	1.75	1.75

注：以郑单-958 为基准，其投入与产出各指标假设为 1

资料来源：作者计算

除了虫害一般年份以外，本章还分析另外两种情景：虫害较轻和较重年份。根据中国虫害和产量的历史数据，一般认为，虫害较重（较轻）年份下玉米产量的影响将增加（减少）50%。虫害对农药投入和劳动力也有类似的影响。

研究中还预测了农户采用抗虫转基因玉米的推广范围和速度。其推广范围和速度与国内转基因棉花类似（Huang et al.，2004a；Qiao et al.，2017）。转基因玉米种子的生产需要两至三年，之后转基因玉米的推广将会非常迅速。到 2025 年，除了直接食用（占玉米总产量不到 5%）外，玉米生产中 95%将是抗虫转基因品种。

二、GTAP 分析

（一）GTAP 和基准方案

GTAP 是美国普度大学主持开发的分析工具（Hertel，1997），用以模拟和分析全球贸易情况。该方法建立起一般均衡的分析框架，灵活地分析关税削减、公共政策、地区贸易协定和补贴政策，以及政策调整等带来的国际贸易价格和数量的变化。该模型假定市场是完全竞争的，且生产规模报酬不变。在这两个假设下，生产者的目标是生产成本最小化，消费者遵循效用最大化原则。在此基础上，所有产品和投入要素市场全部出清，由总供给和总需求决定产品市场及要素市场同时出清时（即均衡状态）内生变量的数值。模型同时还假定：共有五种生产要素，即土地、资本、熟练劳动力、非熟练劳动力及自然资源，三个代表性主体，即私人家庭、政府和厂商；生产函数采用CES 函数，消费函数为CDE 形式；假定劳动力在国内可以自由流动，土地在部门间不流动。

本章采用 GTAP 9.0 数据库，模拟 2011~2025 年的基准方案。中国进口最多的玉米和大豆，之前在 GTAP 数据库中并没有单独列出。在模拟之前，根据 Horridge 的分类方法（Horridge，2005），从 FAO 和联合国的生产、消费、贸易等数据中，将玉米（谷物）和大豆（油菜籽）分开来。针对区域和行业，最大限度保留数据的整体性（附表 19.1）。

采用比较静态模型预测 2011~2025 年的基准方案。基准数据库是在给定预期 GDP 目标下递归更新构建的，外生变量包括熟练劳动力、非熟练劳动力、资本、自然资源和人口。Hertel（1997）和 Walmsley 等（2006）详细论述了模型细节和宏观假设。

基准方案还预测了未来十年贸易政策的实施情况。中国经济数据更新了包括玉米、大豆、水稻、小麦的投入产出，基于 FAO 和国家统计局的农业和工业品贸易数据，特别是 2011~2015 年玉米、大豆和畜牧业贸易的重大变化。该模型还采用了基于计量模型方法估计的玉米、小麦、水稻、畜产品的收入弹性（Huang et al.，2004b）。

（二）相关玉米政策

正如第二节所述，虽然玉米进口有 TRQ，但是鉴于国内肉类市场的重要性以及进口肉类产品可能面临的卫生风险，我国对超过进口配额（720 万吨）以外的玉米征收起点关税（65%）的可能性不大。因此，本章侧重分析在放开玉米进口配额限制下转基因玉米产业化的影响。在这种情况下，中国放开玉米贸易，促进国内畜产品生产，以满足国内对肉类产品日益增长的需求。这个方案称为“放开玉米进口配额限制下的基准方案”。

中国也可能实施玉米进口配额限制。这一情景称为“进口配额限制下的基准方案”。两者的主要影响差异来自玉米和畜牧业。因此，本书也比较了在玉米进口配额限制和放开两种情景下，转基因玉米产业化对玉米及畜牧业的影响。

本章总结了放开玉米进口配额限制下的玉米和肉的产量预测（详细结果见附录）。放开玉米进口配额限制的情况下，2015~2025 年，玉米产量将增加 4%，而进口量将达到约 2 000 万吨。预计中国将实现肉类完全自给自足。然而，在进口配额限制下，国内较高玉米价格将刺激玉米生产；不过，畜牧业生产将会减少。玉米进口配额限制下的结果将在第四节讨论。

第四节 研究结果

本节介绍在三个不同情景下的抗虫转基因玉米产业化影响。在不执行 TRQ 政策的情况下，基线方案的影响结果见表 19.2~表 19.5。对比之下，执行 TRQ 政策的基线方案影响结果见表 19.6，主要针对玉米和畜牧业。

表 19.2 2025 年转基因玉米产业化对我国宏观经济的影响

宏观经济指标		不同虫害严重程度下转基因玉米的影响		
		较轻	一般	较重
实际GDP		0.03%	0.05%	0.08%
实际GDP/亿元		283	588	940
要素价格	土地	−0.81%	−1.90%	−2.41%
	非熟练劳动力	0.03%	0.08%	0.11%
	熟练劳动力	0.04%	0.12%	0.18%
	资本	0.04%	0.12%	0.17%
农产品贸易平衡/亿元		43	85	132

注：基线方案下不执行 TRQ 政策

资料来源：作者计算

表 19.3　2025 年转基因玉米对我国玉米产业的影响

影响指标		基线方案	不同虫害严重程度下转基因玉米的影响		
			较轻	一般	较重
百分比变化	价格	—	−3.93%	−8.33%	−12.32%
	产量	—	2.39%	5.03%	7.70%
	单产	—	3.09%	6.18%	9.26%
	播种面积	—	−0.59%	−0.94%	−1.25%
	进口	—	−11.31%	−19.81%	−33.23%
	出口	—	10.17%	17.62%	30.39%
数量变化	产量/万吨	23 459	561	1 180	1 807
	单产/（吨/公顷）	6.50	0.20	0.40	0.60
	播种面积/万公顷	3 620	−21	−34	−45
	进口/万吨	1 989	−225	−394	−661
	出口/万吨	1	0.1	0.2	0.3

注：基线方案下不执行 TRQ 政策

资料来源：作者计算

表 19.4　2025 年转基因玉米对其他行业的影响

种类	不同虫害严重程度下对产量的影响		
	较轻	一般	较重
水稻	0.01%	0.02%	0.01%
小麦	0.01%	0.02%	0.09%
其他谷物	0.20%	0.39%	0.56%
蔬菜和水果	0.04%	0.06%	0.09%
大豆	0.02%	0.01%	0.06%
其他油料作物	0.02%	0.03%	0.03%
食糖	0.05%	0.09%	0.12%
棉花	0.04%	0.05%	0.06%
其他作物	0.06%	0.08%	0.09%
生猪和家禽	0.11%	0.23%	0.35%

注：基线方案下不执行 TRQ 政策

资料来源：作者计算

表 19.5　2025 年转基因玉米对其他利益攸关方的经济影响

利益攸关方（单位：亿元）	不同虫害严重程度下转基因玉米的影响		
	较轻	一般	较重
消费者福利	219	425	640
生猪和家禽产业	54	114	173
农药产业	−45	−10	−15

资料来源：作者计算

表 19.6　2025 年不同 TRQ 政策下转基因玉米对我国宏观经济的影响

宏观指标		基线方案		虫害严重	
		执行TRQ	不执行TRQ	执行TRQ	不执行TRQ
实际GDP		—	—	0.09%	0.08%
农产品贸易平衡/亿元		−7 687	−8 461	124	132
消费者福利/亿元		—	—	692	640
玉米	产量	—	—	8.1%	7.7%
	进口	—	—	0	−33.2%
	出口	—	—	17.0%	30.4%
	产量/万吨	23 882	23 459	1 934	1 806
	进口/万吨	720	1 989	0	−661
	出口/万吨	0.6	1	0.1	0.3
	自给率	97.1%	92.2%	0.21%	2.82%
生猪和家禽产业	产量	—	—	1.1%	0.4%
	进口	—	—	−18.3%	−8.9%
	出口	—	—	5.0%	3.4%
	产量/万吨	7 560	7 827	83	27
	进口/万吨	409	155	−75	−14
	出口/万吨	64	72	3	3
	自给率	95.6%	99.0%	1.00%	0.21%

资料来源：作者计算

一、对整体经济的影响

转基因玉米产业化将对中国经济产生显著的积极影响。在虫害正常年份，由于玉米、其他农业部门及上下游行业的产量变化，中国实际 GDP 将增长 588 亿元（相当于 2025 年实际 GDP 的 0.05%）。即使在虫害较轻年份，GDP 仍然可增加 283 亿元。而在虫害较重年份，年实际 GDP 可增加 940 亿元（相当于 2025 年实际

GDP 的 0.08%，见表 19.2）。

对要素价格的影响稍有差异。与基线方案相比，流动性不大的要素（如土地）价格会下降，而流动性较大的要素（如劳动力和资本）价格则会上涨。转基因玉米产量的增加将会释放出更多的土地，但由于土地流动性缓慢，无法及时分配到其他作物上，将会导致土地供过于求，价格下降。其他行业特别是畜牧业及食品加工业的扩张将导致劳动力和资本的需求增加，要素价格相应上涨。

转基因玉米产业化将有助于农产品贸易平衡。玉米和畜牧业产量的增长导致农产品价格下降，将会促进出口，减少进口。劳动力、资本和土地的流动，将增加其他农作物产量，降低价格，增加出口。贸易的改善将会增加整体农业产值 43 亿~132 亿元，见表 19.2。

二、对玉米产业的影响

转基因玉米种子成本高，但转基因技术可以提高玉米产量，节省农药投入和劳动力成本，降低玉米价格（表 19.3），同时节省土地面积，增加其他农作物的产量（表 19.4），减少进口，增加出口（表 19.3）。在虫害一般年份，预计玉米产量增长 6.18%，农业产值将增长 5.03%，玉米价格下降 8.33%。由于产量提高，进口将显著降低 19.81%，出口将增加 17.62%。

如果将百分比转换成数量变化，趋势将更加明显。在虫害一般年份，单产增加 0.4 吨/公顷，总产量将增加 1 180 万吨，这意味着可以节省 34 万公顷玉米播种面积。同时，进口量将减少 394 万吨，相当于基准情景下总产量的 1.68%。随着虫害严重程度的增加，转基因技术的重要性会更加凸显，在较重虫害情况下，转基因玉米对玉米产业的影响最明显。

三、对其他农产品的影响

转基因玉米将释放出更多的生产要素，降低玉米价格，提高其他农产品的产量（表 19.4）。影响的差异取决于这些农产品是否与玉米互为替代品，或是以玉米作为原料以及利用生产要素的效率。因此，其他农产品的产量将会提高（通过使用额外的土地），更低的饲料价格会促进畜牧业扩张。作为玉米饲料消费方，畜牧业受益最多。在虫害较轻年份，由于玉米价格下降，畜牧业增长率达到 0.11%，而在虫害较重年份这一增长率预计达 0.35%。其他谷物在所有农产品中产量增幅最大（虫害较轻年份为 0.20%，虫害严重年份为 0.56%）。

四、对玉米产业利益攸关方的影响

除农药产业外，玉米产业的所有利益攸关方都将从转基因玉米技术中获益。农产品产量更高，价格更低，消费者在所有情景下都将获利（表 19.5），虫害较轻年份消费者福利增加 219 亿元，虫害严重年份将增加 640 亿元。以玉米作为饲料的畜牧业也是主要受益方，其产值将增加 54 亿元（虫害较轻年份）到 173 亿元（虫害严重年份）不等。

农药产业是转基因玉米产业化中最大的受损方（表 19.5）。显然，随着抗虫转基因玉米的采用，农药的使用量将会大幅减少。在虫害一般年份，每年农药产业产值将减少 10 亿元。然而，更低的农药使用将会对环境及人类、牲畜的健康产生积极影响。

五、执行 TRQ 政策下的影响

本章还模拟了我国在执行 TRQ 政策下转基因玉米的影响。在基线方案中，玉米进口将限制在配额水平以内（720 万吨），2025 年玉米自给率将达到 97.1%。但是，因为不得不使用国内更贵的玉米饲料，畜牧业将受到负向影响。2025 年，其产值将会减少 3.4%，从 7.83 万吨减少到 7.56 万吨。同时，肉类进口将会增加，导致肉类自给率从 99%降至 95.6%。

表 19.6 比较了虫害严重年份转基因玉米对于玉米产业和畜牧业的影响。在进口配额限制下，国内的玉米价格将会提高（由于进口量减少），单产提高 9.26%将带来产量增长 8.1%（而没有 TRQ 政策情景下的玉米产量增长为 7.7%）。因为进口配额的限制，玉米进口量并不会改变。国内产量的增加及进口不变的综合影响，将导致国内玉米自给率小幅增长 0.21%。

对于畜牧业而言，在 TRQ 限制下产量增长为 1.1%，高于不执行 TRQ 政策下的 0.4%；进口下降 18.3%，大于不执行 TRQ 下的进口下降 8.9%。这是因为在 TRQ 限制下，由于进口约束，转基因技术实施后国内玉米种植更多、产量更高，价格降低，进一步刺激国内畜牧业生产。在 TRQ 政策下，中国的畜牧业自给率将提高 1%，而没有 TRQ 情景下仅为 0.21%。这些结果表明，虽然采用转基因技术主要是因为它的抗虫能力，但它也有助于缓解玉米和畜牧业的需求压力。

TRQ 政策下 GDP 增加 0.09%，略高于没有 TRQ 政策下 GDP 增加 0.08%。在 TRQ 政策下，玉米进口没有变化，农产品贸易平衡总额增加略低。在 TRQ 政策下，总的消费者福利增加 692 亿元，而不执行 TRQ 政策下，消费者福利增加 640 亿元。

第五节　主要结论和政策建议

尽管我国玉米产量增长迅速，但是2009年开始中国从玉米净出口国转变为净进口国，玉米进口量不断增加。近年来，玉米生产过剩，主要原因是政府的市场干预，导致国内玉米价格升高，同时积累大量库存。2016年逐步取消干预政策之后，国内玉米供需逐渐恢复平衡，预计2020年将出现玉米供给缺口。根据基线方案的预测，在不实行TRQ政策的情况下，为满足国内畜牧业发展的需要，玉米进口将增加至2 000万吨。如果实行玉米TRQ政策，国内玉米高度自给，但肉类进口将会增加，畜牧业自给率将由2015年的99%下降至2025年的95.6%。

本章分析了抗虫转基因玉米产业化对中国食物安全和总体经济的影响。抗虫转基因技术的应用潜力非常大，而且产品就绪度非常高，只要获得生产许可批准，即可启动相关工作并开始产业化。玉米库存过剩将不再是问题，中国需要新的技术进一步提高玉米产量。研究表明，抗虫转基因玉米产业化带来的经济收益是巨大的。在放开玉米进口配额限制下，每年玉米产量将增加560万吨（2.4%）至1 810万吨（7.7%）不等。如果限制进口配额，增产幅度还会略高。玉米增产不仅将提高我国玉米自给率，也将促进畜牧业生产，减少肉类进口。

转基因玉米产业化将增加其他农产品的产量，除农药产业之外，玉米产业的其他利益攸关方也将从中受益。在不执行TRQ政策的情况下，转基因玉米产业化将节省214 000~452 000公顷的耕地，可用于其他农作物的生产。同时，将节省更多的劳动力，提高其他农产品产量，增加农业净出口。转基因玉米产业化最大的受益方是消费者，其整体福利将增加198亿~581亿元。饲料企业和畜牧业也将从中受益。当然，由于农药使用量减少，农药产业将受损，但是对环境和健康是有益的（避免农药过度使用带来的食品安全问题）。

以上研究结果对于转基因玉米产业化具有重要的政策意义。首先，尽早产业化，技术的投资回报率极高。转基因作物产业化带来经济收益远远高于2008~2020年转基因生物新品种培育重大专项投入的预算经费（240亿元）。其次，虽然政府制定了“三步走”路线图，但是目前对于转基因玉米作为饲料用途产业化，并没有明确的时间表。研究结果表明，中国通过转基因玉米产业化，收益显著。如果能立即成功实现抗虫转基因玉米产业化，经过6年左右的时间，饲用玉米全部采用转基因品种，中国的整体经济将获益270亿~958亿元，消费者的福利将会得到极大提升。让公众了解转基因产业化背后的经济收益，明确不同利益攸关方所受到的影响，转基因技术才可能获得公众的广泛认可。

本章附录

本章总结了转基因玉米对主要农产品生产和贸易的影响。对于每种农产品的影响结果详见附表 19.2。不同农产品的产量影响各有差异。预计 2015~2025 年玉米产量将增加约 4%（附表 19.2），远低于 2005~2015 年超过 60%的产量增幅（NBSC，2016）。2016~2025 年玉米产量增长率大幅下降，主要是因为国内玉米去库存后将导致玉米价格下跌，需求量降低。预计水稻和小麦的产量将略有下降。大豆、蔬菜、水果和畜牧业的需求和产量都将增加。

2016~2025 年，玉米和大豆等饲料的需求及进口量都将增加（附表 19.2）。到 2025 年，我国玉米需求量将达到 2.545 亿吨，进口量将达到约 2 000 万吨。玉米进口量的快速增长主要是由于国内畜牧业的扩张，前提是政府对超出配额外的玉米进口不征收 65%的关税。另一个影响显著的作物是大豆。国内肉类需求大幅增长，玉米和大豆作为饲料和加工用途，进口量增多，预计 2025 年中国几乎可以实现畜牧业的自给自足。

除基线方案之外，本章还预测了执行 TRQ 政策下的经济影响。预计我国玉米进口量将保持在 720 万吨以内。尽管较高的玉米价格将促进国内玉米生产，但是饲料玉米价格上涨还是会影响畜牧业。为了进一步研究转基因玉米产业化的经济影响，在第四节中对是否执行 TRQ 政策所产生的不同基线结果进行了比较。

附表 19.1　行业说明

综合行业	原有行业
稻谷	稻谷、加工稻谷
小麦	小麦
玉米	玉米
其他谷物	其他谷物
蔬菜、水果	蔬菜、水果
大豆	大豆
其他油料作物	其他油料作物
食糖、甘蔗	食糖、甘蔗
植物纤维（棉花）	植物纤维（棉花）
其他作物	其他作物

续表

综合行业	原有行业
牛、羊肉	牛、羊肉
鸡肉、猪肉	鸡肉、猪肉
奶类	原料乳、乳制品
羊毛	羊毛
食用油	食用油
饮料和烟叶	饮料和烟叶
未加工食品	未加工食品
渔业	渔业
矿业	矿业
煤炭	煤炭
石油	原油
天然气	天然气
林业	林业
纺织业、皮革	纺织业、服饰业、皮革
矿物制品	矿物制品
轻制造业	木制品、纸制品业、出版、机动车零件、运输设备制造业
化学制品、橡胶和塑料制品业	化学制品、橡胶和塑料制品业
石油、煤炭制品	石油、煤炭制品
黑色金属	黑色金属
有色金属	有色金属
矿物制品	矿物制品
重工业	电气机械、设备制造业
电力	电力
燃气生产和供应业	燃气生产和供应业
建筑业	水运、建筑业
贸易、通信	贸易、通信
其他运输	其他运输
水上运输	水上运输
航空运输	航空运输

附表 19.2　2015 年和 2025 年主要农产品的产量和贸易影响 单位：10^3吨

作物种类	2015年			2025年		
	产量	出口	进口	产量	出口	进口
水稻	145 772	287	3 377	135 460	344	2 820
小麦	130 247	122	3 007	116 692	177	2 074
玉米	225 000	11	4 730	234 590	10	19 890
其他谷物	13 090	583	21 432	12 220	707	17 661
蔬菜、水果	562 705	13 186	3 461	644 302	18 251	3 626
大豆	10 800	134	81 694	11 338	111	98 556
其他油料作物	8 863	21	1 458	9 184	21	1 447
食糖	15 211	75	4 846	12 839	39	9 285
棉花	5 605	30	1 759	5 215	29	1 831
生猪和家禽	63 812	681	1 188	78 270	720	1 550

资料来源：作者计算

第二十章　城镇化进程对中国食物安全的影响

第一节　研 究 背 景

改革开放以来，中国农业生产取得了巨大成就。从 1978 年到 2011 年，全国农业总产值年均增长 4.6%，年均增长率是人口年均增长率的 4 倍，能够保持如此高的平均增长速度，这是世界农业发展的奇迹。同时，农业生产结构逐渐从以种植业为主向种养业并举发展，生产结构不断优化。1980 年种植业占农林牧渔总产值的比例为 75.6%，畜牧业占比仅为 18.4%，渔业占 1.7%。到 2011 年种植业占比下降到 53.5%，畜牧业占比增加到 33%，渔业达到 9.6%（国家统计局，2012）。

过去 40 多年里中国食物安全水平不断提高。首先，从个人和家庭的微观食物安全上看，温饱问题已基本解决，消费多样化、食物营养不断改善。其次，从区域来看，区域间的市场一体化和流通条件不断改善，这有效地解决了资源空间分布不均带来的区域食物安全问题，区域食物安全水平显著提高。最后，从国家层面上看，食物安全总体水平得到高度保障，“十一五”期间，中国食物和饲料总体保持净出口。

然而，近年来中国食物安全（特别是粮食安全）问题又引起国内外的广泛关注。随着城乡居民收入水平的提高，中国对农产品需求的数量和质量及安全也提出了更高的要求；与此同时，耕地减少、水资源短缺、劳动力成本提高等因素对中国农业发展的制约日益明显。需求刚性增长和生产增长约束对中国食物安全提出巨大挑战。

实际上，近期中国农产品供需也已从“总量平衡，丰年有余”转向“总量基本平衡，结构明显短缺”阶段。食物自给率在 2010 年已低于 98%，而且近年来食物贸易逆差有逐渐扩大的趋势。在食物中，粮食已于 2008 年突破了 95%自给率的目标，2010 年为 91.6%，2012 年更是低于 88%。农产品结构性短缺更加日益凸显，特别是大豆和玉米。2012 年大豆进口量达到 5 829 万吨，中国也于 2010 年由 21 世纪初世界主要的玉米出口国转变为玉米净进口国，2012 年净进口就达到 518 万吨；大豆和玉米需求持续增长供需缺口的主要原因是畜产品消费的增长和畜牧业的发展。与此同时，食糖、食用油、奶制品和猪牛羊肉等农产品进口也显著增长，在 2012 年进口分别达到 374.7 万吨、960.2 万吨、618 万吨（折算为鲜奶）和 70.7 万吨（猪牛羊肉合计），短缺日益明显。从近年来中国食物供需变化趋势来看：食物供需平衡出现转折，确保中国粮食安全和保障重要农产品的供给已成为政府工作的重中之重。

近年来，在中国进入食物供需矛盾新时期的同时，政府提出加速城镇化进程，这引起了社会各界对食物和粮食安全的进一步担心和关注。改革开放以来，中国城镇化发展进入快速发展时期（图 20.1），城镇化水平不断提高，城镇人口比例由 1978 年的 17.9%提高到 2010 年的 50%，年均增加 1 个百分点。而且，近年来城镇化呈现进一步加速态势，在 2001~2012 年，城镇化率年均增长超过 1.3 个百分点。在 2010 年之后，中国进入了城镇人口超过农村人口的新时期，而且在新时期，中国城镇化被赋予新的使命——拉动内需和推动经济增长。2012 年 12 月 16 日，中央经济工作会议指出城镇化是中国现代化建设的历史任务，也是扩大内需的最大潜力所在，要积极引导城镇化健康发展。李克强总理多次强调城镇化是中国经济增长的巨大引擎，需要抓紧制定城镇化中长期发展规划，并完善相应的配套政策措施等。虽然目前学术界还没有就城镇化对食物和粮食安全做实证和系统的研究，但一些学者认为，城镇化可能会对中国农产品供需平衡和粮食安全构成威胁。中国未来城镇化的进一步发展，以及政府积极推进城镇化的政策对粮食安全的影响，已引起了社会各界的广泛关注。

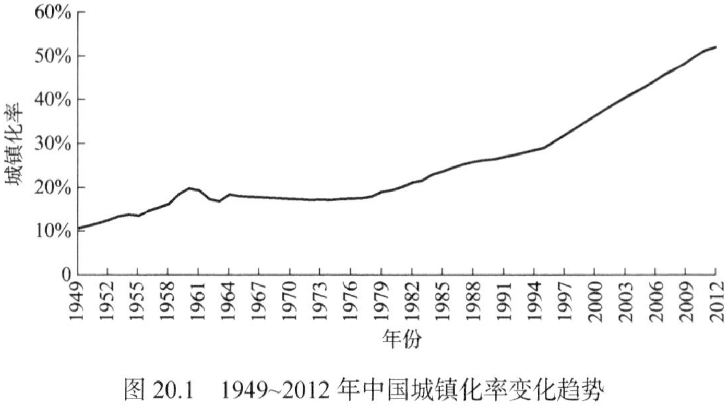

图 20.1　1949~2012 年中国城镇化率变化趋势

然而，城镇化对中国食物安全的传导途径和影响机制是极为复杂的，只有全面和系统的分析才能准确评价城镇化对食物安全的影响。城镇化对中国农业生产和食物消费的影响必然会影响到食物安全，但是城镇化是如何通过农业生产和食物消费来影响食物安全的？影响幅度到底有多大？过去的研究并没有科学地回答这些问题。

首先，从生产角度来看，城镇化将影响水、土和劳动力等农业生产要素的投入，从而对农业生产产生影响。城镇化将提高城市居民生活用水量和工业用水量，加剧同农业用水的竞争，从而对农业灌溉面积和作物单产产生不利影响，但对粮食等主要农产品生产的总体影响并没有做系统的分析。城镇化导致城市扩张并占用农业耕地资源，以往的一些研究表明，这不仅会使农业耕地面积减少，而且会降低土地生产力，影响粮食安全；而Huang等（2005a）利用多年遥感数据的研究发现，在2000年之前，平均来讲城镇化占用耕地增长快的地区，乡村建设用地占用耕地增长速度显著下降，结论是城镇化提高了土地集约利用水平并对减缓国家耕地面积下降速度起到一定的作用。此外，城镇化将使更多的农村劳动力转移到城市，对农村劳动力供给和粮食生产成本都会造成不利影响，但这种变化对粮食生产和粮食安全的影响研究并未见报道。

其次，从需求角度来看，城镇化对主要食物消费和消费结构都会产生影响。由于城乡工作的特点、市场化发育程度和餐饮业发展水平等不同，即便在收入相同的情况下，城乡居民的食品消费结构也会呈现较大差异。黄季焜（1999）的早期实证研究表明，城镇化在减少主食（口粮）消费的同时，提高了其他食物（如食用油、食糖、水果、畜产品和水产品等）的消费，但没有对粮食的间接需求（如饲料粮）影响做具体的分析。虽然张锦华和许庆（2012）研究了城镇化进程中我国城乡居民的长期粮食需求变化，但并没有就城镇化对我国粮食总需求做分析。最近一项有关三省在外打工人员食物消费的调查表明，同城镇化对粮食消费的影响有一定的关系，在外打工人员不但比农村在家人员消费更多的粮食，而且也消费更多的畜产品，从而判断随着城市化的发展或随着进城打工人员的增加，中国粮食消费总量也将增加。但我们认为，城镇化对粮食消费的影响，不能简单地基于在外打工人员的食物消费数据，因为在外打工人员大多数是青壮年，其食物消费当然要比在农村家里的成员（多数是妇女、老人和小孩）的消费高。

因此，只有系统分析城镇化对生产和消费的各种影响途径，并综合评估各种影响，才能准确回答未来城镇化对中国农产品供需的影响。本项研究的目的就是在实证分析城镇化农业生产和食物消费影响途径与幅度的基础上，预测中国至2030年食物生产、消费和贸易的变化，并重点分析加速城镇化对中国未来食物安全的影响，并在此基础上提出相应的政策建议。为此，本章内容分成如下三个部分：第二节介绍主要的研究方法和各种模拟方案；第三节分析城镇化通过不同途径影响食物消费和粮食需求，重点研究其对主要食物和粮食直接与间接消费的影响；第四节提出本项研究的主要结论和政策建议。

第二节　研究方法和模型方案

一、主要研究方法

（一）城镇化对农业生产影响的实证研究方法

城镇化对农业生产的影响主要是通过其对水资源、耕地和劳动力这三大农业生产要素的影响来体现的。下面我们分别简要介绍城镇化导致每个要素变化而影响农业生产的实证分析方法。

（1）城镇化对农业用水及农业生产影响的研究方法。本研究方法主要包括如下三个步骤，具体见 J. Wang 等（2013）。第一，基于 1993~2011 年的历史资料，分析中国不同部门（农业、工业和生活）用水的变化趋势和部门间的水分配状况。第二，运用多元回归模型，定量分析城镇化和农业用水的关系，测算城镇人口占总人口比例每增加 1 个百分点所减少的农业用水比例。第三，利用中国水模拟模型（China water simulation model，CWSM），分析由于城镇扩张 1 个百分点所减少的农业用水而导致的农作物面积与单产的变化。CWSM 包含水平衡和水分配两大模块，主要用于模拟分析水平衡和水分配状况及其对农业生产的影响。该模型包括中国的十大流域，有辽河流域、松花江流域、海河流域、淮河流域、黄河流域、长江流域、珠江流域、东南流域、西南流域和西北内陆流域。CWSM 将应用于模拟分析城镇化对各部门用水及其农业部门内部分作物（水稻、小麦、玉米、豆类、糖料、油料、棉花、蔬菜和其他作物）用水的影响，而且分析将在流域和全国两个层次开展。估计的结果将用于模拟未来关于城镇化和用水的情景方案设计。具体的研究方法和结果可查看 J. Wang 等（2013）的分报告。

（2）城镇化对农业耕地影响的研究方法。研究方法包括如下四个步骤，具体见 Deng 等（2013）。第一，开发并利用 1 千米栅格成分数据模型（1-km APDM）估算 1 千米 × 1 千米网格上土地利用变化的强度，在此基础上测算各种土地利用类型的面积变化情况，重点分析耕地转换成建设用地的基本趋势。第二，利用农业生态区划模型（AEZ 模型）估算出耕地转换成建设用地对土地生物生产力的影响。第三，选择快速城镇化的东部地区，利用第一步骤分析获得的数据，构建农村（乡村）、小城镇（市）和城市建设用地扩张同耕地面积变动关系的计量模型，通过计量模型定量分析城镇化扩张（相对于乡村建设用地扩张）对耕地面积变化的影响；第四，根据城镇化扩张（相对于乡村减少用地扩张）与城镇人口比例增加（相对于乡村人口比例下降）之间的关系，测算城镇人口每增加 1 个百分点需要占用的耕地面积。第五，利用第二步骤分析获得的数据，构建由城镇化引起的耕地空间布局变化而导致的耕地生物生产力的变动关系的计量模型，然后测算城镇人口每增加 1 个百分点引起耕地生物生产力的变化。城镇化导致的耕地面积变化是对耕地数量的影响，而对耕地生物生产力的影响是对耕地质量的影响。研究结果将用于本章设定未来关于城镇化和耕地影响的情景方案设计以及对农业生产和粮食安全的模拟分析。具体数据和模型及分析方法参见 Deng 等（2013）的分报告。

（3）城镇化对农业劳动力影响的研究思路。城镇化对农业劳动力产生影响并进而对农业生产产生影响是极其复杂的过程。首先，因为城镇化一方面通过增加对农村劳动力的需求从而提高了劳动力工资，另一方面随着城镇化对农村进城人员管制政策的放松，农村也将为城镇化提供更多的劳动力，部分抵消了城镇化对劳动力需求增加而带来的工资上涨的影响。其次，城乡劳动力工资上涨，必然会促进农业机械化的进程，如果机械能够完全替代离开农业的劳动力，则农业生产不会受到影响，但中国也有相当多的小规模的地块可能很难机械化，一些耕地可能难以实现机械对劳动力的完全替代，这将影响农业生产和农业生产结构。有关城镇化、劳动力工资变化和农业机械化的背景材料见 X. Wang 等（2013）。

（二）城镇化对食物消费影响的分析方法

为了清楚地分析城镇化对居民食品消费数量和消费结构的影响，我们基于国家统计局 2005 年全国城乡住户调查数据和北京大学中国农业政策研究中心的六大城市居民食物消费的长时期跟踪调查数据展开分析。北京大学中国农业政策研究中心居民食物消费调查数据是在 2007~2011 年对北京、南京、西安、成都、沈阳、厦门等 6 个大中城市的 1 340 个城市家庭的在家和在外饮食的长时期跟踪调查数据。分析方法简要介绍如下，具体模型及变量设置可以查看 Huang 等（2013）的分报告。

首先，我们采用图形数据分析方法，分析城市化对在家主要食物消费的影响。具体地讲，运用 LOWESS 在局部范围的数据子集中分别拟合城市和农村居民人均消费量对人均收入的回归曲线，并将这一局部范围从左往右依次推进，最终形成连续的平滑曲线，然后比较城市和农村居民人均消费量在不同收入情况下的各种食物消费量的差异。

其次，我们建立了城乡居民在家主要食物消费同收入关系的模型，用来分析城镇化对在家食物消费及粮食需求的影响。通过该模型，我们可以定量城乡因职业和消费方式等的差异而导致的食物消费差异，即测定一个人从农村到城市，收入不变但职业和消费方式等发生变化所带来的对食物消费的影响。同时也可以测定城镇化对收入的影响进而影响进城的农村居民主要食物消费数量和结构的变化。

再次，根据对 6 个大中城市的在外饮食调查数据，我们建立了城市居民各种主要食物在外消费占总消费的比例同收入关系的模型，利用此模型可以测定在不同收入情况下的在外主要食物的消费数量。同时，通过一些假设，可以测定在目前全国城镇居民平均收入水平下，城镇居民各种主要食物在外消费占总消费的比例，以及目前农村居民从农村到城市后主要食物在外饮食数量（通过估计出的城镇居民主要食物在外饮食同收入的关系来计算）。

最后，计算城镇化对各种主要食物消费的总影响。影响包括三部分：①在控制收入情况下，一个人从农村到城市其主要食物在家消费量的变化；②在控制收入情况下，一个人从农村到城市其主要食物在外饮食消费量的变化；③城镇化可能带来进城的农村居民收入比在农村的收入增长更快，从而又进一步影响他们的食物消费。

在开展城镇化对主要食物和粮食需求（直接和间接）的影响时，准确的数据是分析的关键，为此本章对我们能够获得的数据做了深入的评估和分析。详细的数据处理和分析见本项目的一个分报告（黄季焜，2013）。

（三）预测未来中国食物供需方法

本章采用 CAPSiM 模拟分析城镇化通过生产途径对中国食物安全的影响，以及农业科技进步的影响。

二、模型方案

为了分析城镇化对主要食物和粮食安全的影响，我们需要在基准方案的基础上，基于城镇化对农业用水（如灌溉）、耕地和劳动力工资等影响的研究结果，模拟分析城镇化对各种主要农产品生产、需求和贸易等的影响。

（一）城镇化对农业生产影响方案的设置

前面我们已提到，城镇化通过生产途径对农业生产要素投入影响的机制是复杂的，这不仅表现在城镇化会影响水资源在城市居民用水、工业和农业用水方面的配置以及对耕地资源的占用，而且对农村劳动力投入数量和成本等都会造成显著影响。为此，本章分别就城镇化对农业用水、耕地数量与质量和农业劳动力等开展了专门的实证研究，在此基础上，我们设定城镇化对农业生产影响的模拟方案。同时，因为农业科技进步是促进中国农业增长和保障国家食物安全的重要手段，所以在分析过去中国不同农产品全要素生产率变化的基础上，我们也设定了未来较高的技术增长方案（相对于基准方案），分析农业科技进步在中国快速城镇化过程中的作用。

1. 城镇化通过其对农业用水的影响而影响农业生产

城镇化将改变中国的水资源利用从而对农作物生产产生影响。虽然所有部门的用水量都在增长，但是工业和城市居民家庭用水的增长速度明显高于农业部门，农业用水所占比例不断下降，由 1949 年的 97%下降到 2010 年的 62%；与此相对应的是，工业和城市家庭用水比例不断攀升，在 2010 年，工业和城市家庭用水比例分别为 24%和 13%。本项目就城市化与农业用水及其对农作物生产的影响模拟分析了城镇化对不同作物灌溉面积和单产的影响。研究表明，城镇化每增加 1 个百分点，农业用水比例下降 0.47 个百分点，利用 CWSM 的模拟进一步分析了农业用水比例的下降（0.47%）对农作物生产结构（如播种面积构成）和单产的影响。根据 J. Wang 等（2013）的研究结果，我们设定了城镇化对各种农作物面积和单产影响的假设，用于本章开展城镇化通过其对农业用水的影响而影响农产品生产、需求和贸易的模拟分析。

2. 城镇化对耕地面积和生产力的影响

城镇化对耕地的影响包括对耕地总量和质量的影响。城镇化对耕地的影响是相当复杂的，它的对照模式是“非城镇化”，即在给定人口等增长的情况下，推进城镇化与不推进城镇化（即走“非城镇化”的发展模式，经济发展和人口居住高度依赖农村）在占用耕地上的差异。朱莉芬和黄季焜（2007）用 1985~2000 年的遥感数据进行研究，结果发现，城镇化在 2000 年以前实际上减缓了耕地面积下降的速度，理由是城市用地（如建筑、交通和其他设施等）的效率高于农村，在其他条件相同的条件下，在城镇化速度慢的地方，农村建设用地扩张对耕地的占用数量远远大于城镇化发展速度快的地方。Deng 等（2013）基于 2000~2008 年的数据，用同样的方法重新研究了这个问题，他们发现，2000 年以来城乡建设用地扩张发生了新的变化。研究结果表明：城镇化对耕地面积的影响机制和方向发生了改变，这一方面是由于在 21 世纪初政府加大了限制农村居民将耕地转变为宅基地的政策力度，另一方面是由于城镇化对耕地的占用依然保持较快增长，城镇化对耕地占用的影响已变为加速耕地下降。具体的计量模型研究结果见 Deng 等（2013）。根据这项研究结果，我们计算了城镇化增长 1 个百分点对耕地面积和耕地生物生产力的影响，主要结论如下：城镇人口提高 1 个百分点，耕地面积减少 0.065%，耕地生物生产力降低 0.067%。这个结果将作为本章研究城镇化通过其影响耕地而影响农产品生产、需求和贸易等的分析和模拟依据。

3. 城镇化对农村劳动力工资和农业生产的影响

城镇化对农村劳动力投入和工资产生影响并进而影响农业生产的机制也较为复杂，需要综合多种影响因素。很多研究表明，中国农村劳动力非农就业数量和比例都快速增长，而且以青壮劳动力为主。几乎所有农村 16~40 岁的男性和 16~30 岁的女性都从事了非农就业；而且有较大比例的 40~60 岁的男性和 30~60 岁的女性也已经从事了非农就业。当前较高的非农就业比例意味着未来进一步城镇化不会对农村劳动力转移产生太大影响，更多的是以农村家庭为单位转移到城市，而转移出的人口主要以孩子和老人为主。此外，与农业劳动力向城市快速转移相对应的是，中国农业机械化率在过去 10~15 年快速提高，并极大地缓解了劳动力投入降低和劳动力成本快速提高的负向影响。根据 X. Wang 等（2013）对中国经济增长、城镇化和劳动力的研究，以及我们在本章研究方法部分讨论的城镇化对农业劳动力影响的研究思路，对未来城镇化对农村劳动力工资影响以及机械替代劳动力等做如下设定：城镇人口每提高 1 个百分点，农村劳动力工资上涨 1%；劳动力工资的提高将促进机械化的进程。

4. 城镇化对农业影响的模拟方案分析过程

城镇化对农业影响的模拟方案分析过程如下。假设中国城镇化率在 2020 年相对于基准方案提高 1 个百分点，即城镇化率由基准方案的 60%提高到 61%。为了分析城镇化率提高 1 个百分点对中国农业的影响，根据对城镇化对农业用水、可耕地和农村劳动力影响的研究结果，在城镇化方案下引入如表 20.1 所示的三种冲击。首先，城镇化导致农业用水变化从而对不同农作物播种面积和单产造成影响；其次，城镇化将导致耕地数量和生产力的降低，由于缺乏对不同作物的影响，我们认为不同农作物所受到的影响幅度都一样；最后，城镇化使农业劳动力工资上涨。而其他假设与基准方案完全一致。

表 20.1　相对于基准方案，城镇化提高 1 个百分点及提高生产力方案下引起的农业生产变化

农产品	城镇化提高1个百分点的影响					提高生产力程度
	对农业用水的影响		对耕地的影响		劳动力工资	
	播种面积	单产	播种面积	土地生产力		
大米	−0.66%	−0.001%	−0.065%	−0.066 6%	1%	10%
小麦	0.21%	−0.575%	−0.065%	−0.066 6%	1%	10%

续表

农产品	城镇化提高1个百分点的影响					提高生产力程度
	对农业用水的影响		对耕地的影响		劳动力工资	
	播种面积	单产	播种面积	土地生产力		
玉米	-0.01%	-0.001%	-0.065%	-0.066 6%	1%	10%
大豆	1.81%	0.009%	-0.065%	-0.066 6%	1%	10%
食糖	-0.15%	-0.029%	-0.065%	-0.066 6%	1%	10%
油菜籽	-0.58%	0.317%	-0.065%	-0.066 6%	1%	10%
棉花	-0.001%	0.000%	-0.065%	-0.066 6%	1%	10%
蔬菜	-0.01%	-0.001%	-0.065%	-0.066 6%	1%	10%
其他作物	-0.005%	-0.003%	-0.065%	-0.066 6%	1%	10%
猪肉	—	—	—	—	1%	10%
牛肉	—	—	—	—	1%	10%
羊肉	—	—	—	—	1%	10%
禽肉	—	—	—	—	1%	10%
蛋类	—	—	—	—	1%	10%
奶类	—	—	—	—	1%	10%
水产品	—	—	—	—	1%	10%

注："—"表示没有冲击

资料来源：城镇化对农业用水产生影响而导致对农作物的影响来自 J. Wang 等（2013）；城镇化对耕地面积及生产力的影响来自 Deng 等（2013）；提高生产力程度参考 Jin 等（2013）的研究结果

（二）提高生产力方案

农业科技进步是促进中国农业生产增长，保证食物安全的根本途径。经济的快速发展、工业化和城镇化对中国的食物供给提出严峻挑战，然而中国可依赖的促进农业产出增长的生产资源是极为有限的，科技进步成为当前和未来克服资源约束、提高农业生产和可持续发展的重要驱动力。在 20 世纪八九十年代，中国农业全要素生产率年均增长超过 2%，而且主要来自农业科技进步。利用 2004~2011 年数据，Jin 等（2013）分析了主要谷物和蔬菜的全要素生产率变化，研究结果与前期的发现高度一致。在 2004~2011 年，中国主要谷物全要素生产率年均增长在 2%左右，而蔬菜的全要素生产率增长更为显著，年均增幅在 3%。这种增长即便与世界上先进的农业生产国（如美国和澳大利亚）相比也属于历史较快增长速度。而且，中国农业全要素生产率增长主要依靠新技术变化，这意味着中国农业科研部门（农民）研发出（采用）足够多的新技术以推动农业全要素生产率增长。

在研究未来中国主要农产品供需预测时，我们又设置了提高生产力的方案。在提高生产力的方案下，假设中国进一步加大对农业科研投入和农业基础设施的投入，农作物的单产和畜产品的潜在产出相对于基准方案在2020年提高10%，而其他假设与基准方案完全一致。该方案用于分析科技进步在未来中国食物和粮食安全中的作用。

第三节　模型预测分析结果

一、城镇化对食物安全影响：从生产角度分析

城镇化对主要农产品及粮食安全将产生影响，但影响不大。虽然国内部分定性研究都指出，城镇化会加剧农业用水竞争、侵占耕地和提高劳动力成本从而对农业生产产生显著影响，然而，我们的数量研究结果并不支持这一观点。如表20.2所示，在考虑城镇化（城市人口增加1个百分点）对水资源配置、可耕地和劳动力工资上涨等综合影响后，在2020年城镇化率提高1个百分点将使中国粮食总产量降低 0.18%，而且三种因素（即水资源配置、可耕地和劳动力工资上涨）对粮食生产降低的贡献基本相同，分别使粮食减产 0.06%、0.06%和 0.07%。如果未来城镇化从2012年的52%提高到2030年的67%（即提高15个百分点），对粮食生产的总影响大约为2.7%（0.18%×15）。

表20.2　相对于基准方案，城镇人口增长1个百分点对中国农业生产的影响

农产品	总体影响	城镇化影响分解		
		水资源	可耕地	劳动力工资
粮食	−0.18%	−0.06%	−0.06%	−0.07%
大米	−0.34%	−0.25%	−0.04%	−0.05%
小麦	−0.17%	−0.09%	−0.04%	−0.04%
玉米	−0.18%	−0.02%	−0.07%	−0.09%
大豆	1.31%	1.64%	−0.20%	−0.13%
食用油	−0.36%	−0.19%	−0.10%	−0.07%
食糖	−0.30%	−0.13%	−0.09%	−0.08%
蔬菜	−0.13%	−0.03%	−0.06%	−0.05%

续表

农产品	总体影响	城镇化影响分解		
		水资源	可耕地	劳动力工资
水果	−0.10%	0.00%	−0.06%	−0.04%
猪肉	−0.11%	−0.01%	−0.02%	−0.09%
牛肉	−0.11%	0.00	−0.01%	−0.09%
羊肉	−0.10%	0.00	−0.01%	−0.09%
禽肉	−0.12%	−0.01%	−0.03%	−0.09%
蛋类	−0.10%	0.00	−0.02%	−0.08%
奶类	−0.14%	−0.01%	−0.02%	−0.12%
水产品	−0.11%	0.00	−0.01%	−0.10%

资料来源：CAPSiM 模拟结果

然而，就具体不同粮食作物生产变化而言，城镇化影响却存在较大差异。其中，大米生产受到的负向影响最为显著，产出降低 0.34%；大米产出下降的主要原因是受水资源配置变化的影响，水资源配置变化使大米产出降低 0.25%，明显高于其他两种影响因素的影响。大豆产出相对基准方案不仅没有降低，反而有所提高，这主要是因为水资源配置变化使以旱作为主的大豆生产扩张。虽然可耕地和劳动力工资上涨对大豆产出有负向影响，但是水资源配置的正效应（+1.64%）大于其他负效应（−0.33%），产出依然保持增长（+1.64%）。然而，小麦和玉米的产出将小幅降低，相对于基准方案分别减少 0.17%和 0.18%。

城镇化对食用油、食糖、蔬菜和水果的产出也将造成负向影响，但影响幅度相对较小。如表 20.2 所示，相对于基准方案，城镇化率在 2020 年提高 1 个百分点将使食用油、食糖、蔬菜和水果的产出分别降低 0.36%、0.30%、0.13%和 0.10%。其中，食用油和食糖产出减少幅度相对于蔬菜和水果较大，主要是因为水资源配置变化对两种作物的负向影响较为明显。其中，水资源配置变化使食用油和食糖的产出分别降低 0.19%和 0.13%。然而，水资源配置变化对蔬菜和水果的影响却很小。至 2030 年，城镇化（共提高 15 个百分点）对以上农产品生产的负向影响介于 1.5%~5.4%。

城镇化将导致畜产品和水产品产出有所下降，但是总体影响较小，而且产出降低幅度低于大多数农作物。如表 20.2 所示，相对于基准方案，城镇化率在 2020 年提高 1 个百分点将使畜产品和水产品产出降低幅度在 0.10%~0.14%。2012~2030 年，城镇化对畜产品和水产品生产的影响将在 1.7%~2%。影响畜产品产出变化的途径可分为两方面：第一，水资源和耕地变化将导致饲料粮供给和价格变化，从而对畜牧业生产造成间接影响；第二，劳动力工资提高直接对畜牧业生产造成影响。如表 20.2 所示，玉米和大豆是最主要的两种饲料作物，水资源配置变化对玉米产出负向影响较小，而且对大豆产出有正向影响，因此，水资源对畜产品和水产品生产的间接影响较小，几乎为 0。相对于水资源配置，农业可耕地变化对畜产品产出有一定影响，但是影响幅度也很小，城镇人口增加 1 个百分点对畜产品和水产品产出的负向影响幅度在 0.01%~0.03%。畜产品产出下降主要来自劳动力工资上涨的直接影响，劳动力工资上涨使畜产品和水产品产出降低 0.09%~0.12%。

城镇化将使农产品进口增长，食物自给率下降，但是进口增长幅度相对较小，不会对进出口造成很显著的影响。城镇化将导致国内多数农产品产出下降，价格上涨，国际竞争力降低，从而促使多数农产品进口增长，出口下降。如表 20.3 所示，农产品出口除大豆小幅增长外，其他农产品都不同幅度下降；与此相反，农产品进口除大豆少量降低外，其他农产品进口都有所增长。但是从变化幅度来看，相对于基准方案的变化幅度都较小。例如，城镇化提高 1 个百分点，农产品出口的变化幅度在−2.83%至 0.12%之间波动，而进口在−0.11%至 2.75%之间波动。由于城镇化率对生产的影响不大，贸易上的变化与生产变化是相一致的。而且，这种变化在净进口量上再次得到体现，除了大豆净进口降低以外，其他农产品净进口都有所增长，但是增长量很有限。例如，相对于基准方案，城镇化增加 1 个百分点，粮食净进口增长 27.53 万吨，这种增长相对于基准方案 10 583 万吨的净进口量而言是很小的，并不会对贸易的总体趋势产生显著影响。

表 20.3 相对于基准方案，城镇人口增长 1 个百分点对中国农产品贸易的影响

农产品	出口		进口		净进口/万吨
	占比变化	总量变化/万吨	占比变化	总量变化/万吨	
粮食	−0.93%	−2.67	0.23%	24.86	27.53
大米	−2.83%	−1.46	2.75%	3.52	4.98
小麦	−1.94%	0	1.89%	5.09	5.09
玉米	−0.57%	−0.08	1.18%	23.35	23.43
大豆	0.12%	−0.04	−0.11%	−9.58	−9.62
食用油	−0.87%	−0.02	0.88%	1.78	1.80
食糖	−0.90%	−0.06	0.87%	2.63	2.69
蔬菜	−0.69%	−4.45	0.70%	0.45	4.90

续表

农产品	出口		进口		净进口/万吨
	占比变化	总量变化/万吨	占比变化	总量变化/万吨	
水果	−0.58%	−2.12	0.60%	2.53	4.65
猪肉	−0.46%	−0.03	0.46%	0.34	0.37
牛肉	−1.00%	0	0.95%	0.16	0.16
羊肉	−0.80%	0	0.81%	0.27	0.27
禽肉	−0.48%	−0.09	0.50%	0.03	0.12
蛋类	−0.45%	−0.02	0.46%	0	0.02
奶类	−0.23%	−0.01	0.20%	2.36	2.37
水产品	−0.30%	−0.92	0.27%	0.81	1.73

资料来源：CAPSiM 模拟结果

二、在提高生产力方案下，中国农产品生产和食物供需变化

在提高生产力方案下，中国农产品产出显著提高。这里假设各种农产品生产力在 2020 年比基准方案高 10%，这个方案的模拟结果见表 20.4。研究结果表明，相对于基准方案，在提高生产力方案下，粮食总产出提高 5.0%，大米、小麦、玉米和大豆产量分别提高 3.1%、3.1%、6.8%和 14.2%。其中，玉米和大豆的产量增幅显著高于大米和小麦，这是因为大米和小麦是主要的口粮作物，需求的价格和收入弹性都很小，提高生产力促进产出增长使价格下降，需求不会显著增长，产出增幅较小。然而，玉米和大豆却不同，这两种作物是主要的饲料作物，而且在基准方案下自给率水平都较低，因此，若这两种作物单产提高，将会替代进口产品，从而使产量增幅显著。此外，其他农作物和畜产品产量也都显著提高。相对于基准方案，蔬菜、水果、食用油和食糖的产出提高幅度在 4%~7%，而各种畜产品生产增幅在 5%~8%。

表 20.4　相对于基准方案，提高生产力方案对中国农产品和贸易的影响（2020 年）

影响	生产影响		贸易影响		
农产品	总量变化/万吨	占比变化	出口占比变化	进口占比变化	净进口/万吨
粮食	2 827.5	5.0%	23.6%	−10.1%	−1 170.1
大米	537.4	3.1%	39.0%	−28.1%	−55.6
小麦	343.8	3.1%	36.1%	−26.5%	−69.8
玉米	1 516.1	6.8%	18.9%	−29.9%	−593.7

续表

影响	生产影响		贸易影响		
农产品	总量变化/万吨	占比变化	出口占比变化	进口占比变化	净进口/万吨
大豆	213.2	14.2%	4.2%	−4.0%	−320.3
食用油	70.8	6.9%	20.1%	−16.8%	−59.4
食糖	108.3	6.3%	21.5%	−17.7%	−53.4
蔬菜	1 480.7	4.2%	25.2%	−20.1%	−176.4
水果	788.8	4.1%	24.4%	−19.4%	−1 183.7
猪肉	328.4	5.8%	25.1%	−20.0%	−16.2
牛肉	40.8	5.6%	18.2%	−38.3%	−6.4
羊肉	24.7	5.6%	52.1%	−34.2%	−11.2
禽肉	139.1	6.2%	25.2%	−20.2%	−5.9
蛋类	132.6	5.7%	24.2%	−19.5%	−1.1
奶类	437.6	7.7%	13.1%	−10.3%	−121.2
水产品	268.3	6.1%	24.4%	−13.5%	−93.5

资料来源：CAPSiM 模拟结果

在提高生产力方案下，中国农产品进口显著降低、出口增加，供需状况得到明显改善。如表 20.4 所示，相对于基准方案，中国各种农产品出口大幅提高，而进口显著降低。例如，中国粮食出口提高 23.6%，进口减少 10.1%，净进口降低 1 170.1 万吨。在粮食中，玉米和大豆净进口减少数量非常明显，相对于基准方案分别降低 593.7 万吨和 320.3 万吨。在畜产品和水产品中，奶类和水产品的净进口减少数量最为明显，分别减少 121.2 万吨和 93.5 万吨。在提高生产力方案下，中国农产品供需状况得到明显改善，大量依靠进口农产品（如大豆、玉米和奶制品等）的进口数量明显减少，而具有出口优势的农产品（如蔬菜、水果和水产品）的出口数量较大幅度提高。

提高生产力可以有效地抵消城镇化对农业生产的负向影响。在 2012~2020 年，城镇化从 52%提高到 60%，增加了 8 个百分点。根据表 20.2 的计算结果进行简单推算，这将使中国粮食产量降低约 1.44%（8×0.18%）。然而，在高技术方案下，粮食产量提高 5.0%（表 20.4），这不仅可以完全弥补城镇化对生产的负向影响，而且将促使粮食增长 3.56%（5%−1.44%）。根据表 20.2 和表 20.4 的结果，可以推算出：上述结论适用于所有农产品（所有作物和畜产品）。例如，在高城镇化过程中产出遭受负向影响最明显的三种农产品分别为食用油、大米和奶类（表 20.2）。如果城镇化率提高 8 个百分点，根据表 20.2 可以计算得到：三种农产品的产出预计分别降低 2.9%、2.7%和 1.1%；然而在提高生产力方案下，它们的产出分别增长 6.9%、3.1%和 7.7%（表 20.4），产量增幅显著高于城镇化所导致的产量降幅，总产量将分别提高 4.0%、0.4%和 6.0%。这一研究结果表明，如果政府担心城镇化对中国食物供给和粮食安全造成负向影响，应加大农业科技投入和农业基础设施建设，通过提高农业科技水平就可以有效地抵消城镇化对生产的不利影响。

第四节　主要结论和政策建议

一、主要研究结论

第一，虽然加速城镇化将对农业生产和食物安全造成一些负面影响，但影响幅度是可以承受的。城镇化对农业生产的影响主要是通过其占用水资源、耕地和劳动力（或提高劳动成本）产生作用的，它对农业生产和食物安全造成一些负面影响，但影响幅度并没有许多人想象的大。

城镇化通过其占用水资源、耕地和劳动力这三个生产要素对粮食生产所产生的影响基本相当，但对其他农产品的影响有一些差异。城镇率（城镇人口比例）每提高 1 个百分点，三个生产要素对粮食生产的影响都为-0.06%左右。

城镇率每提高 1 个百分点，中国粮食总产量将下降 0.18%、其他农作物（油料和糖料作物、蔬菜和水果等）产量下降 0.1%~0.36%、畜产品和水产品产出降低 0.11%~0.14%。

城镇率每提高 1 个百分点，各种农产品的自给率降幅在 0.01%~0.17%，粮食自给率降低 0.06%。

第二，城镇化在增加粮食间接需求和其他食品需求的同时，更显著地减少了口粮消费，粮食总需求下降，有助于国家粮食安全的保障。

城镇化对食物消费的影响主要体现在食物消费结构的变化方面。同在农村生活的居民比较，进城的农村居民的食物消费发生的变化主要是，在显著减少口粮消费的同时，也显著增加畜产品、水产品、水果、食用油和食糖等食物的消费，未来这些食物的需求增长将随城镇化进程的加速而加快；能量的需求从以粮食为主逐渐转向非粮食的食物；蛋白质和脂肪摄入量将显著增长。

在没有考虑进城的农村居民收入增长快于在农村的居民收入增长的情况下，人均粮食总需求下降了约 42 千克，相当于目前农村人均粮食消费的 15%左右。目前城镇人口增加 1 个百分点，相当于增加 1 360 万城镇人口，如果他们都来自农村，粮食总需求将下降 56.7 万吨，相当于 2012 年粮食产量的 0.096%（或谷物产量的 0.105%）。

即使我们考虑到农村进城的居民人均收入增长比农村人均收入增长快 10%，一个农民从农村转移到城市，其粮食总需求也将下降 36.8 千克，即下降幅度少 5 千克左右。

第三，综合考虑城镇化对农业生产和食物消费的影响，城镇化不会威胁中国的粮食安全。

城镇人口比例从 2012 年到 2020 年将增加 8 个百分点左右，减少粮食生产约 1.44%（8×0.18%），但同时也减少粮食需求 0.8%左右。如果考虑进城的农村居民在城市工作和生活后可能对生育数量的影响（如减少生育数量），那么城镇化对粮食的供需影响基本上可以相互抵消。

二、政策建议

根据以上研究结果，我们提出如下政策建议：

第一，稳步推进城镇化建设，切实提高城镇化过程中土地和水资源的利用率。

虽然城镇化对国家粮食乃至整个食物安全不会产生显著影响，但提高城镇化过程中的建设用地的集约程度和水资源利用率是确保耕地面积和农业用水安全的重要措施。在提高建设用地集约利用率和水资源利用率的背景下，稳步推进城镇化建设不但将成为中国未来经济发展的主要原动力之一，而且将为农村劳动力创造更多的就业就会。

第二，提高农业生产力是提高中国主要农产品供给、缩小供需缺口和保障粮食安全的最有效手段。

随着中国经济快速增长，农业生产面临日益严峻的水土资源约束和资源与环境恶化，要显著提高国内粮食和其他主要农产品的生产供给，最有效的办法是通过农业科技创新和农业基础设施的改善，提高土地、水资源和劳动的生产力。

第二十一章　气候变化对中国农业的影响：来自市场和贸易的响应

第一节　研 究 背 景

由于粮食需求的增加、土地和水资源的制约，中国农业在未来将面临巨大的挑战。尽管在过去的近 40 年里，中国基本上确保了粮食安全问题，但自 2004 年以来越来越依赖于国际粮食市场（Ali et al.，2017；FAO，2017）。随着人口的增加、收入的增长以及资源的制约，中国粮食安全面临的压力也越来越大。Huang 等（2017）预测，中国总体的粮食自给率将从 2015 年的 94.5%下降到 2025 年的 91%左右。

气候变化将进一步加剧中国在未来面临的粮食安全压力。在过去 60 年里，中国的年均气温明显持续上升，且预测未来这一升温趋势将会延续（Cui et al.，2018；Meehl，2007；Nakicenovic et al.，2000）。气候变化过程中气温的升高和降水量波动的增加将对农业生产活动产生重要影响（Wu et al.，2014）。

当前有大量的文献通过生物物理模型研究了气候变化对中国农业的影响（Li and Geng，2013；Wang et al.，2014；Xiong et al.，2007；Tao et al.，2008；Xiong et al.，2009a，2009b；Piao et al.，2010）。例如，Lin 等（2005）发现在 A2（代表碳排放多少的一种情景，与未来升温有关）情景下，到 2020 年，气候变化将导致小麦减产 5.6%~18.5%。Tao 等（2008）认为，即使在考虑采取适应措施的情况下，气温每升高 1℃仍将会导致水稻减产 6.1%~18.6%。预计 2050 年水稻产量将减少 4.9%~8.6%。同时，也有学者提出气候变化将对一些作物产生积极影响。例如，Lin 等（2005）研究发现在 B2（代表碳排放多少的一种情景，与未来升温有关）情景下，到 2020 年，采用灌溉方式播种的玉米，其产量将会略有增加。

在气候变化情况下，社会经济系统可以通过调整农业生产投入和种植结构来适应气候变化，而采用生物物理模型方法在评估气候变化的影响时，往往忽略了社会经济系统潜在的缓冲能力，导致高估了气候变化对中国农业的不利影响。例如，Wang 等（2009）使用一般均衡经济模型来评估气候变化对中国农业的影响，发现预测出的 2030 年水稻、小麦和玉米减产量低于生物物理作物模型的估计值。Zhai 等（2009）使用全球一般均衡模型研究发现，到 2080 年，气候变化仅将导致中国粮食总产量减少 0.2%~0.5%。此外，包含中国在内的一些全球性研究已经考虑了市场的内生性反应，并且评估了对中国的传递效应（Calzadilla et al.，2013；Nelson et al.，2014a，2014b；Parry et al.，2004；Zhai et al.，2009；Zhou et al.，2017），但这些研究使用的数据和模型并不能准确反映中国的农产品市场，缺乏基于经验的中国主要农作物产量冲击数据或者没有使用能够详细反映中国经济的模型。

国际贸易是影响中国农产品市场的另一个重要因素，但是在评估气候变化对中国影响的现有文献中很少考虑贸易的作用。自 2004 年以来，中国成为农产品净进口国，在 2016 年仅大豆就进口了 8 000 多万吨，中国同时也是全球最大的大米进口国。一些文献研究了国际贸易在气候变化影响农业过程中的作用。例如，Reilly 和 Hohmann（1993）首次尝试讨论了国际贸易在评估气候变化影响中的重要作用；Baldos 和 Hertel（2015）探讨了自由运作的全球贸易体系对维持长期（到 2050 年）粮食安全的潜在作用；Brown 等（2017）认为，全球贸易可以促进粮食从盈余地区流向短缺地区，在确保全球粮食系统适应不断变化的气候中将发挥核心作用。然而，现有的评估气候变化对中国农业影响的研究并没有考虑国际贸易的作用。

本章研究的目的是为气候变化对中国农产品的生产、价格、贸易和自给率的影响提供一个更新、更可靠的证据，其中特别关注市场和贸易的反应；并且将研究结果与只使用单一区域模型而没有考虑世界其他地区冲击传递影响的评估结果相比较。本章将评估在最恶劣的气候变化情景 RCP8.5 和最佳气候变化情景 RCP2.6 下，2050 年气候变化对中国农业的影响。中国主要农作物未来产量的数据通过采用计量经济方法获取，中国主要贸易伙伴国的农作物产量数据则采用作物生长过程生物物理模型来获取。首先通过采用 CAPSiM 模型来评估国内市场反应下气候变化对中国农业的影响；其次使用中国-全球农产品市场连接模型（CAPSiM-GTAP）来评估国内市场和国际贸易反应下气候变化对中国农业的影响。连接中国与全球模型的方法有利于帮助分析发生在主要贸易伙伴国的气候冲击通过贸易传递给中国的影响，同时确保使用的国家经济模型更精确。

本章的研究结果表明，气候变化对中国农作物的产量具有显著影响，但不同作物之间的影响差异很大。在 RCP8.5 情景下，预计到 2050 年，小麦将是中国所有作物中减产最严重的作物，减产率达到 9.39%。如果考虑国内市场反应，那么大部分作物的减产情况将有所缓解（如小麦减产率仅为 4.28%），主要原因在于农产品生产者能够对气候变化导致的农产品价格变化做出反应。如果考虑国内市场和国际贸易的反应，气候变化对中国农业生产的影响将进一步减缓，如小麦减产率降低至 4%左右。本章得出的结论是，需要从那些根据国内市场和国际贸易信号对气候变化做出反应的农民身上获取更多经验，并将这些经验纳入国家适应发展计划。

本章的其余部分内容组织如下：第二节介绍中国和主要贸易伙伴国不同气候变化情景下农产品产量数据的来源；第三节简述模拟模型、基准方案和气候变化情景；第四节分析气候变化对中国农业的影响以及国内市场和国际贸易的作用；第五节得出研究结论并提出政策建议。

第二节　研 究 数 据

本章研究的作物包括水稻、小麦、玉米、大豆、棉花、油菜籽、花生、甘蔗和甜菜。中国气温和降水变化趋势的数据来自梁玉莲和延晓东（2016），基于《政府间气候变化专门委员会第五次评估报告》（IPCC AR5）的 RCP 情景模式（IPCC，2014）。在本章研究中，RCP8.5 和 RCP2.6 分别代表最恶劣和最佳的气候变化情景。在梁玉莲和延晓东（2016）的研究中，以 1980~2010 年为基准年，采用 CMIP5 提供的全球环流模型预测中国每个省区市 2010~2100 年的月均气温和降水量。利用气候变化月均数据计算每种作物在生长季的气温和降水量的平均值和标准偏差。气候变化数据的预测结果表明，与 2010 年相比，2020~2050 年每种作物在生长季的年均气温和降水量将明显增加，每种作物的年降水量标准偏差也将显著增加（附图 21.1）。这表明气温和降水量均将增加，但是未来几年作物在生长季的年降水量波动将更明显。

采用经济模型方法估计气候变化对中国农产品产量的影响。Wang（2016）采用中国省级面板数据，通过控制农业生产投入和技术进步，从年均气温、降水量及其标准偏差角度分析主要粮食生产省区市气候变化在作物生长季对不同作物产量的影响（附表 21.1）。结果表明气候因素和作物产量之间存在非线性关系，并推算出不同 RCP 情景下 2010~2050 年中国农产品年产量的变化。

气候变化对中国不同作物产量的影响存在很大差异，具体如表 21.1 所示。小麦、水稻、花生和甜菜在 RCP8.5 和 RCP2.6 情景下都将减产，其中小麦的减产率最高。2050 年，RCP2.6 情景下小麦的减产率达到 4.83%，而 RCP8.5 情景下小麦的减产率达到 9.39%；2050 年，RCP2.6 和 RCP8.5 情景下水稻的减产率分别为

1.34%和2.60%；气候变化对花生和甜菜的减产影响较小。对于棉花、油菜籽、大豆和玉米，气候变化能促进其增产，其中棉花增产最高。在RCP8.5情景下，棉花产量预计在2030年和2050年将分别增加1.76%和4.24%。与棉花相比，在RCP8.5情景下，大豆和玉米2050年的增产率不到0.5%，气候变化对其产量的积极影响很小。为了与CAPSiM的作物分类一致，油菜籽产量数据通过计算油菜籽和花生产量分别加权2015年收获面积的平均值获取，糖料产量数据通过计算甘蔗和甜菜分别加权2015年收获面积的平均值获取。

表21.1　RCP2.6和RCP8.5情景下，作物产量及气候变化对中国作物产量的影响

作物种类	产量/万吨（2012年）	2030年		2050年	
		RCP2.6	RCP8.5	RCP2.6	RCP8.5
小麦	12 102	−2.28%	−3.39%	−4.83%	−9.39%
水稻	20 424	−0.56%	−0.78%	−1.34%	−2.60%
玉米	20 561	0.33%	−0.01%	0.25%	0.31%
大豆	1 360	0.26%	0.08%	0.31%	0.42%
棉花	684	0.73%	1.76%	1.74%	4.24%
油菜籽	1 400	−0.17%	0.18%	0.03%	0.61%
花生	1 669	−0.20%	−0.20%	−0.37%	−0.20%
甜菜	1 174	−0.35%	−0.14%	−0.65%	−0.38%

注：基准年为2012年

资料来源：2012年的产量数据来自CAPSiM数据库；产量变化数据来自Wang（2016）

国际粮食政策研究所采用作物生长过程生物物理模型来估计气候变化对其他国家作物产量的影响。国际粮食政策研究所使用农业技术转移决策支持系统模型和IPCC的RCP情景模式，以2010年为基准年，估计作物2011~2050年的产量变化。表21.2列出了气候变化对14个地区/国家的小麦、玉米、水稻和大豆的产量影响。在RCP2.6和RCP8.5情景下，气候变化对其他国家的不同作物产量产生了不同的影响。由于气候变化，大多数国家的农产品年均产量均有所下降。美国、阿根廷和巴西是玉米和大豆的主要出口国，到2050年，这些国家的玉米和大豆将出现严重减产。在RCP8.5情景下，美国和巴西的年均玉米减产率将超过0.4%，阿根廷的年均玉米减产率将达到0.25%；巴西的大豆减产率将超过0.3%，美国和阿根廷的大豆减产率将超过或等于0.15%。玉米和大豆也是中国最重要的进口农产品，气候变化将严重威胁这些作物的供给量，进而导致这些作物的全球价格大幅上涨。此外，在RCP8.5情景下，到2050年，气候变化对加拿大的玉米和大豆产量将产生积极影响（每年分别增产0.05%和0.14%）。但气候变化对大多数国家的水稻和小麦产量都将产生负向影响。在RCP8.5情景下，澳大利亚和新西兰的小麦年减产率最大（−0.40%），美国的水稻年减产率最大（−0.27%）。与此同时，在 RCP8.5 情景下，气候变化对日本和欧盟的水稻和小麦产量将产生积极影响。

表 21.2 到 2050 年气候变化对世界其他地区作物年产量的影响

地区/国家	RCP2.6				RCP8.5			
	水稻	小麦	玉米	大豆	水稻	小麦	玉米	大豆
澳大利亚和新西兰	−0.02%	−0.27%	−0.12%	−0.09%	−0.19%	−0.40%	−0.28%	−0.28%
日本	0.15%	−0.09%	−0.04%	0.01%	0.16%	0.09%	−0.18%	−0.01%
韩国	−0.01%	0.23%	−0.35%	−0.03%	−0.06%	0.24%	−0.66%	−0.07%
印度尼西亚	−0.01%	0.00	−0.17%	−0.08%	0.00	0.00	−0.33%	−0.13%
马来西亚	−0.04%	0.00	−0.17%	0.12%	−0.08%	0.00	−0.42%	−0.05%
菲律宾	−0.03%	0.00	−0.18%	−0.11%	−0.05%	0.00	−0.38%	−0.24%
泰国	−0.05%	0.05%	−0.38%	−0.23%	−0.14%	0.00	−0.79%	−0.31%
越南	−0.09%	0.03%	−0.22%	−0.12%	−0.18%	0.03%	−0.57%	−0.26%
加拿大	0.00	0.05%	0.15%	0.17%	0.00	−0.03%	0.05%	0.14%
美国	−0.09%	0.06%	−0.22%	−0.03%	−0.27%	0.07%	−0.63%	−0.21%
阿根廷	−0.03%	−0.10%	−0.05%	−0.01%	−0.12%	−0.15%	−0.25%	−0.15%
巴西	−0.07%	−0.04%	−0.14%	−0.13%	−0.18%	−0.18%	−0.41%	−0.34%
欧盟	0.07%	0.13%	−0.03%	0.08%	0.04%	0.06%	−0.20%	0.00
世界其他地区	−0.07%	0.05%	−0.13%	−0.15%	−0.20%	−0.01%	−0.37%	−0.37%

注：基准年为 2012 年

资料来源：国际粮食政策研究所模拟结果

采用不同来源的气候变化冲击会导致对中国和世界其他地区的分析结果不一致。本章通过采用计量经济模型将对气候变化的适应行为考虑在内，以评估气候变化的真实影响。由于中国是本章的主要研究区域，因此将重点确保中国估计结果的准确性。由于无法获取所有国家的数据，无法采用计量经济模型对世界其他地区进行评估，因此对于世界其他地区，本章采用了生物物理模型的模拟结果。将计量经济模型结果与生物物理模型结果进行比较会发现，这两种估计方法得出的结果存在较大差异（如在 RCP8.5 情景下，2050 年，水稻和大豆产量变化的计量经济模拟结果是−2.6%和 0.42%；而生物物理模型模拟出的结果分别是−3.2%和−0.87%）。这说明对于没有考虑气候变化适应因素的其他国家模拟结果，可能高估了其作物减产量，因此下文中的模拟结果也可能被高估。

第三节 研究方法

一、模拟模型

为了评估气候变化对中国农业的影响以及分析贸易和市场反应的作用，本章使用了 CAPSiM 来评估国内市场反应下气候变化对农业的影响。CAPSiM 是由北京大学中国农业政策研究中心在 20 世纪 90 年代中期开发的中国农业部门均衡模型，用来分析各种政策和外来冲击对中国各种农产品生产、消费、价格和贸易的影响。自开发以来，CAPSiM 定期更新和扩展，最新版本的 CAPSiM 可用于追踪贸易自由化、城市化和气候变化所带来的变化。CAPSiM 对农产品的分类细致，占中国农产品产量的 90%以上。该模型包括 21 种农产品，包括大米、小麦、玉米、其他粗粮、甘薯、马铃薯、大豆、食用油料作物、棉花、蔬菜、水果、其他作物，以及 6 种畜产品和 3 种水产品。根据国家统计局和国家海关总署的官方统计数据，CAPSiM 附带的数据库已更新到 2015 年。在假设其他国家的气候变化影响不会通过国际贸易传递到中国的情况下，CAPSiM 可以用于分析气候变化对中国农业的影响，以揭示国内市场的反应作用。

然后使用考虑国内市场和国际贸易反应的 CAPSiM-GTAP 模型来评估气候变化对农业的影响。GTAP 是一个被广泛应用的多国家、多部门可计算的一般均衡模型，经常用于国际贸易分析（Hertel，1997）。GTAP 的优势在于，其可以模拟农产品应对气候变化带来的全球价格变化。但是，与 GTAP 的中国模块相比，CAPSiM 具有以下优点：首先，CAPSiM 是一种用数量来反映农产品市场供给和需求关系的局部均衡模型，而 GTAP 是使用美元价值来反映供给和需求关系的一般均衡模型。对于农产品市场来说，产量是反映气候变化和政策效果的一个重要指标，研究学者通常使用局部均衡模型来预测未来的产量水平（如 OECD-FAO 农业展望、美国农业部农业预测）。其次，与 GTAP 中使用的广义参数相比，CAPSiM 使用的大多数关键参数都是基于北京大学中国农业政策研究中心所进行的实证研究；再次，CAPSiM 的基础数据已经更新至 2015 年，而 GTAP 的最新数据库依然停留在 2011 年。此外，基于 CAPSiM 的中国未来农产品市场预测在中国得到广泛认可。因此，与 GTAP 中中国模块的结果相比，CAPSiM 的结果具有更高的可信度。因此，把两个模型连接起来可以发挥两个模型的优势，连接模型的方法通过国际贸易调整将国外气候变化冲击对中国的影响引入国家模型，同时确保使用的国家经济模型更精确、更详细。最后，为了匹配 CAPSiM 和 GTAP 之间的模块，GTAP 第 9 版数据库被合计成 15 个区域和 25 个模块（附表 21.2）。

借鉴 Horridge 和 Zhai（2005）的连接模型方法，本章在 CAPSiM 和 GTAP 之间建立了一个连接模块，评估国内市场和国际贸易反应下的气候变化影响。Horridge 和 Zhai（2005）提出的 CAPSiM-GTAP 连接模型方法的关键点是，通过国际贸易将全球价格变化从 GTAP 传递到国家模型。具体来说，在 CAPSiM 中，中国农产品出口的全球需求价格和中国农产品进口的全球供应价格是外生的，利用 OECD-FAO 农业展望（OECD-FAO，2018）基线情景预测对农产品全球价格进行更新。第一个气候变化情景（使用 CAPSiM，在 RCP2.6 和 RCP8.5 情景下仅考虑国内市场反应），由于不考虑其他国家气候变化导致的全球价格变化，采用与基线情景（仅使用 CAPSiM，附表 21.3）相同的中国农产品出口全球需求价格和中国农产品进口全球供应价格。第二个气候变化情景（使用 CAPSiM-GTAP 连接模型，考虑国内市场反应和国际贸易反应），对 GTAP 进行了两项实验：①假设气候变化仅发生在中国，因此只会改变中国的农产品产量，GTAP 内其他国家的农产品产量保持不变。如果 CAPSiM 和 GTAP 下的中国经济结构相似，那么将会得到与第一个气候变化情景相同的结果。但是，由于中国在这两个模型下的经济表现不同，预计与 GTAP 的中国模块相比，CAPSiM 将能够更好地反映中国的农产品市场。②假设气候变化发生在所有国家（不同程度），所以 GTAP 中改变了所有国家的粮食产量。本章认为，这两项实验中全球农产品价格的差异，等于其他国家通过国际贸易将气候变化影响传递到中国农产品市场的效应差异。因此，把两项实验中全球价格的差异纳入 CAPSiM，以反映其他国家通过国际贸易将气候变化影响传递到中国农产品市场的效应差异（当然，CAPSiM 在第二个气候变化情景下，将改变农产品产量和全球农产品价格——中国农产品出口的全球需求价格和中国农产品进口的全球供应价格）（附表 21.3）。

二、基准方案

为了分析气候变化对中国农业的影响，本章在 GTAP 和 CAPSiM 下分别建立了到 2050 年的基线情景。GTAP 基线情景通过递归地更新数据库来构建，通过特定的要素禀赋外生估值来实现特定的 GDP 目标，这些要素禀赋包括熟练工、非熟练工、资本、自然资源和人口。Hertel（1997）和 Walmsley 等（2012）详细讨论了该过程和外生宏观假设。CAPSiM 基线情景针对 GDP 增长、人口增长、城市化率、城乡家庭收入增长和农业技术进步提出了一些关键假设。

根据基线预测，中国未来的农产品产量将持续保持增长，同时农产品产量与需求之间的失衡问题也将凸显。饲料谷物的需求增长速度将快于国内生产量，从而导致自给率下降。到 2050 年，国内的大米和小麦产量基本能够满足中国国内的需求，自给率将超过 95%。然而，由于近年来中国的政策干预导致玉米供给过剩，未来几十年由于畜牧生产需求的增加，玉米需求也将大幅增加。如果中国未来不实施 TRQ 管理，那么到 2050 年，中国的玉米进口量预计将超过 4 000 万吨，玉米自给率将不到 85%。与玉米相似，2050 年的中国大豆进口量预计将突破 1 亿吨，大豆自给率不到 10%。对糖料和食用油的需求将远高于国内产量，这两种农产品的自给率均将下降。相比之下，国内蔬菜和水果的产量预计将与国内需求保持同步增长，因此未来基本上能够确保自给自足。

中国的畜牧品供需平衡主要取决于饲料谷物贸易政策和草场发展政策。CAPSiM 预测显示，水产品在进口量最少的情况下几乎也可以保持供需平衡。然而，影响畜牧品供需的许多不确定性因素在一定程度上使得畜牧品的自给率存在很大的波动性。如果中国取消对饲料谷物的进口限制，以进口成本更低的饲料谷物为原料进行国内畜牧生产，那么猪肉和禽肉可以保持较高的自给率。否则，由于玉米进口限制（如 TRQ）和草场发展不足，中国的畜牧品进口量将大幅增加。在后一种情况下，CAPSiM 的预测显示，除了大量的猪肉和禽肉进口，到 2050 年，中国将进口大量的牛肉、羊肉和乳制品，畜牧品的自给率将保持在 70%~80%。

三、气候变化情景

在 CAPSiM 中，作物产量变化率是农产品价格变化率、生产要素投入价格（包括化肥、土地、劳动力）及其他因素（如气候变化条件）的线性函数。因此，第二节讨论的气候变化对农产品产量的影响，将通过改变农产品产量变化传递到 CAPSiM 的作物产量模块中。与此同时，GTAP 以作物分类全要素生产率的变化来模拟农产品产量的变化。Roson 和 Mensbrugghe（2010）使用 ENVISAGE 模型（一种 CGE 模型），以农业活动的多要素生产率变化来模拟农业产量的变化，因此使用相同的生产要素组合也可能得出不同的产量结果。Nelson 等（2014a）在一般均衡经济模型中，以部门生产函数的土地利用效率参数变化来模拟气候变化的产量冲击；在局部均衡模型中，将冲击作为产量或供给方程中的附加变量。Robinson 等（2014）还讨论了将产量冲击纳入一般/局部均衡模型的问题。由此可见，无论采用的是一般还是局部均衡模型，一些研究会选择冲击全要素生产率，另一些研究会选择冲击土地利用效率。在本章的研究中，CAPSiM 将冲击作为作物产量的附加变量；GTAP 则以这些作物分类的全要素生产率变化来模拟作物产量变化。由于使用了连接模型，CAPSiM 和 GTAP 中国模块采用了一致的冲击方法。

本章构建了两个不同的气候变化情景来模拟气候变化对中国农产品供给、价格、贸易和自给率的影响，并分别分析国内市场和国际贸易的反应：①在 RCP2.6 和 RCP8.5 情景下，使用 CAPSiM，考虑国内市场反应的气候变化情景；②使用 CAPSiM-GTAP 连接模型，考虑国内市场反应和对世界其他地区影响的气候变化情景。将生物物理农产品产量变化与仅使用 CAPSiM 估计的农产品产量变化进行比较，可以揭示国内市场在减缓气候变化影响方面的作用，因为 CAPSiM 下的农产品进出口价格保持不变。CAPSiM-GTAP 连接模型允许农产品进出口价格随 GTAP 预测的全球农产品价格的变化而变化。因此，比较 CAPSiM 和 CAPSiM-GTAP 连接模型的预测结果可以揭示全球贸易在减缓气候变化影响方面的作用（附表 21.3）。

第四节 研究结果

本节将分析 CAPSiM 和 CAPSiM-GTAP 连接模型对 2015~2050 年气候变化影响中国农业生产、价格和贸易的模拟结果。将 CAPSiM 结果与生物物理气候变化影响进行比较，可以揭示出国内市场在减缓气候变化影响方面的作用。然后根据 CAPSiM-GTAP 连接模型的模拟结果，讨论考虑全球贸易反应的气候变化影响评估。因此，文中所指出的百分比变化指的是农产品产量、价格和贸易在考虑或不考虑气候变化影响时的差异。

一、气候变化对中国农业生产的影响

气候变化将对中国未来的作物生产产生不同程度的影响。根据 CAPSiM 结果，在 RCP2.6 和 RCP8.5 情景下，水稻、小麦和糖料将因气候变化而遭受减产（表 21.3），其中预测小麦到 2050 年的减产率最为严重（RCP2.6 情景下减产率为 1.61%，RCP8.5 情景下减产率为 4.28%）。值得指出的是，气候变化对这些作物生产的影响小于计量经济模型所估计的减产率。2050 年，小麦在 RCP8.5 情景下的减产率（4.28%）不到气候变化导致的减产率（9.39%）的一半。这表明，国内市场在减缓气候变化影响方面发挥了重要作用。当气候变化影响农作物产量时，农民可以根据其在以往类似情况下的经验，通过改进生产实践，如增加田间管理的频率和强度，又如灌溉、除草、采用抗旱品种，至少弥补部分气候变化造成的产量损失。这表明，国内市场在减缓气候变化影响方面发挥着重要作用。

表 21.3　在 RCP2.6 和 RCP8.5 情景下，气候变化对中国作物产量的影响

作物种类	RCP2.6				RCP8.5			
	CAPSiM		CAPSiM-GTAP		CAPSiM		CAPSiM-GTAP	
	2030年	2050年	2030年	2050年	2030年	2050年	2030年	2050年
水稻	−0.27%	−0.46%	−0.28%	−0.55%	−0.30%	−0.67%	−0.21%	−0.22%
小麦	−0.92%	−1.61%	−0.97%	−2.21%	−1.95%	−4.28%	−1.92%	−4.03%
玉米	0.24%	0.20%	0.40%	3.58%	−0.11%	−0.64%	1.01%	1.93%
大豆	0.38%	0.29%	1.48%	2.98%	0.00	−1.47%	4.26%	16.75%
棉花	−0.48%	0.74%	−0.10%	2.35%	2.07%	3.57%	2.49%	9.30%
油菜籽	0.06%	0.17%	0.11%	0.23%	0.19%	−0.10%	0.41%	0.72%
糖料	−0.11%	−0.21%	−0.15%	−0.45%	−0.32%	−0.66%	−0.53%	−1.53%

注：基准年为 2012 年

资料来源：CAPSiM 和 CAPSiM-GTAP 连接模型模拟结果

更有趣的是，气候变化对其产量有积极影响的作物最终会出现减产（表 21.3）。例如，2050 年，在 RCP8.5 情景下，玉米产量将略有增长（0.31%，表 21.1），但是考虑国内市场反应后，其产量预计将略有下降（−0.64%，表 21.3）。导致这一现象的原因是，水稻和小麦是中国最主要的农作物，与玉米相比，其产量受到的气候变化影响也将更为严重。考虑到水稻和小麦的重要性，农民不仅会改善田间管理，还会将农业投入（如土地和劳动力）从受到积极影响的作物（如玉米）转移到水稻和小麦作物上，从而增加水稻和小麦产量。因此，气候变化对玉米产量的积极影响将因土地和劳动力等生产投入的减少而被抵消，甚至使玉米产量也开始下降。此外，由于气候变化，大豆和油料作物的产量将略有增加，但 RCP8.5 情景下的 2050 年除外（表 21.3）。与玉米相似，作物间的替代效应将抵消气候变化带来的大豆和油料作物的略微增产效应。此外，棉花产量也将受益于气候变化，到 2050 年，棉花产量在 RCP2.6 和 RCP8.5 情景下将分别增长 0.74%、3.57%。这是因为到 2050 年，棉花产量将大幅增长（RCP2.6 情景下增长 1.74%，RCP8.5 情景下增长 4.24%），尽管部分增产被替代效应所抵消。

此外，其他国家的气候变化影响将造成跨境涟漪效应，并进一步减缓气候变化对中国农业的影响（图 21.1）。例如，CAPSiM 预测，在 RCP8.5 情景下，2050 年的大豆产量将略微下降（−1.47%）；而 CAPSiM-GTAP 连接模型预测的大豆产量将显著增加（16.75%）。这种效应可能归因于气候变化对中国和其他国家大豆产量的相反影响：虽然中国的大豆产量预计将略微增加（表 21.1），但巴西、阿根廷和美国等主要出口国的产量预计将减少（表 21.2）。这些全球出口国的大豆减产将导致全球市场供给量严重短缺，而这将进一步激励中国的大豆种植户提高大豆产量。因此，CAPSiM-GTAP 连接模型预测中国的大豆产量将增加。玉米生产中也发现了类似的国际贸易效应，CAPSiM 预测 2050 年，RCP8.5 情景下的玉米产量将略微下降（−0.64%），但 CAPSiM-GTAP 连接模型预测玉米产量将略微增加（1.93%）（图 21.1）。虽然，在 RCP8.5 情景下，CAPSiM 模拟结果显示水稻和小麦产量均会下降，但 CAPSiM-GTAP 连接模型预测的减产量少于 CAPSiM（图 21.1）。例如，CAPSiM 预测，RCP8.5 情景下 2050 年的小麦产量将减少 4.28%，而 CAPSiM-GTAP 连接模型预测的减产率为 4.03%。这些结果表明，考虑到国际贸易在气候变化评估中的作用，气候变化对中国农业的负向影响将进一步（至少部分会）减少。

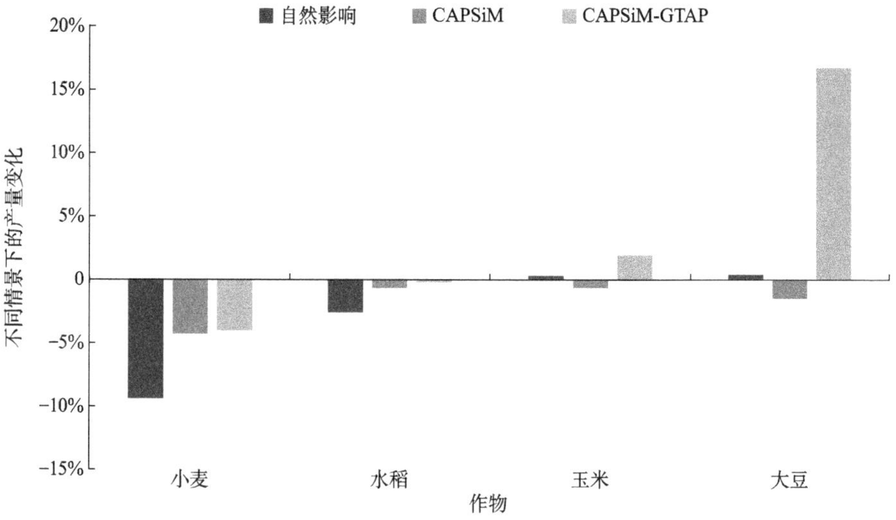

图 21.1　2050 年 CAPSiM 和 CAPSiM-GTAP 连接模型预测的 RCP8.5 情景下，作物物理影响和产量变化比较（基准年为 2012 年）

二、气候变化对中国农产品价格的影响

在 RCP2.6 和 RCP8.5 情景下，到 2030 年和 2050 年，受气候变化影响而减产的作物的国内市场价格将会上涨。在 CAPSiM 中，市场出清机制表明，当气候变化导致产量减少时，农产品的国内产量将减少，因此，国内供给不足将提高国内价格。气候变化引起的减产导致大米、小麦和糖料的国内价格上涨幅度最大。例如，2050 年，小麦将会遭受最严重的产量损失，其价格在 RCP2.6 和 RCP8.5 情景下分别会上涨 6.83%和 15.47%（表 21.4）。到 2050 年，大米价格在 RCP2.6 和 RCP8.5 情景下将分别上涨 2.92%和 4.55%。此外，在 RCP8.5 情景下，到 2050 年，除了棉花外，其他农产品的国内价格均将上涨。这一现象与棉花受到气候变化的积极产量冲击一致，在 RCP8.5 情景下，棉花的国内价格在 2030 年和 2050 年将分

别下降 0.58%和 0.77%。虽然玉米在 RCP2.6 或 RCP8.5 情景下会出现略微增产，但由于替代效应，中国国内的玉米价格将略微上涨。

表 21.4　在 RCP2.6 和 RCP8.5 情景下，气候变化对中国农产品价格的影响

农产品种类	RCP2.6				RCP8.5			
	CAPSiM		CAPSiM-GTAP		CAPSiM		CAPSiM-GTAP	
	2030年	2050年	2030年	2050年	2030年	2050年	2030年	2050年
大米	1.75%	2.92%	1.52%	2.91%	1.61%	4.55%	2.81%	7.41%
小麦	3.85%	6.83%	3.71%	7.17%	5.49%	15.47%	8.56%	22.91%
玉米	0.16%	0.31%	0.23%	6.35%	0.00%	0.23%	2.95%	8.86%
大豆	−0.02%	−0.02%	1.64%	6.73%	−0.03%	0.10%	7.06%	30.27%
棉花	0.28%	−0.27%	1.02%	3.82%	−0.58%	−0.77%	0.54%	10.42%
油菜籽	−0.05%	−0.15%	0.11%	0.42%	−0.27%	0.10%	0.56%	3.00%
糖料	0.24%	0.32%	0.24%	0.58%	0.23%	0.51%	0.81%	2.06%

注：基准年为 2012 年

资料来源：CAPSiM 和 CAPSiM-GTAP 连接模型模拟结果

与CAPSiM结果相比，考虑国际贸易反应的CAPSiM-GTAP连接模型预测，所有农产品的国内价格均将大幅增长（表 21.4）。气候变化不仅对中国的农产品价格产生重大影响，对其他国家也是如此。由于气候变化遭受严重减产的作物，其全球价格将会大幅上升，这样一来，中国将无法以较低的价格进口这些农产品。因此，农产品供给减少将导致中国国内农产品价格的大幅上涨。CAPSiM-GTAP 连接模型的结果表明，小麦和大豆的国内价格将进一步大幅上涨，这主要是因为中国主要贸易伙伴国的这些作物受到更严重的气候变化减产冲击。

三、气候变化对中国农产品贸易和自给率的影响

除了农产品产量和价格外，气候变化也将显著影响中国的农产品贸易。根据CAPSiM模拟结果，2030年和2050年，受到减产冲击的农产品，尤其是大米和小麦，其净进口量将增加。其中，小麦在 2050 年的净进口量在 RCP8.5 情景下将增长 56.81%。由于小麦进口在中国小麦总需求中所占份额较小，因此与 4%左右的小麦减产量相比，2050 年，RCP8.5 情景下 56.81%的小麦净进口量增长并不算高。气候变化对中国棉花、油菜籽和大豆净进口量减少的影响较小，这主要是因为中国这些作物的产量将略微增加。

另外，CAPSiM-GTAP 连接模型预测的作物净进口结果与 CAPSiM 有差异。尽管中国国内的农产品价格会因气候变化影响而上涨，全球农产品价格也会因主产国的产量减少而上涨，但如果全球农产品价格的上涨率超过中国国内农产品价

格的上涨率，那么中国将不可避免地会减少这种农产品的净进口量。例如，2050 年，在 RCP8.5 情景下，CAPSiM 预测中国小麦的净进口量将增加 56.81%，但 CAPSiM-GTAP 连接模型预测的结果仅为 30.87%（表 21.5）。与小麦相类似，CAPSiM-GTAP 连接模型预测的其他农产品的净进口量也更低。例如，在 RCP8.5 情景下，2050 年中国大豆的净进口量将下降 13.71%（超过 1 000 万吨），而 CAPSiM 预测将增长 0.28%。

表 21.5 在 RCP2.6 和 RCP8.5 情景下，气候变化对农产品净进口量的影响

农产品种类	RCP2.6				RCP8.5			
	CAPSiM		CAPSiM-GTAP		CAPSiM		CAPSiM-GTAP	
	2030年	2050年	2030年	2050年	2030年	2050年	2030年	2050年
大米	9.86%	22.16%	16.31%	61.88%	15.35%	43.93%	1.66%	−50.37%
小麦	10.86%	20.33%	13.22%	43.11%	22.87%	56.81%	16.69%	30.87%
玉米	−1.11%	−0.47%	−1.50%	−10.87%	0.64%	1.69%	−4.74%	−1.70%
大豆	−0.06%	−0.05%	−0.99%	−3.31%	−0.02%	0.28%	−3.75%	−13.71%
棉花	0.60%	−0.62%	0.12%	−1.97%	−2.60%	−3.00%	−3.12%	−7.81%
油菜籽	−0.11%	−0.35%	−0.15%	0.80%	−0.38%	0.46%	−0.62%	0.14%
糖料	0.33%	0.50%	0.41%	0.98%	0.91%	1.52%	1.32%	3.02%

注：基准年为 2012 年

资料来源：CAPSiM 和 CAPSiM-GTAP 连接模型模拟结果

尽管气候变化将威胁中国许多农业产品的自给自足，但全球贸易将帮助提高中国农产品的自给率。CAPSiM 结果表明，与基线情景相比，受到气候变化减产冲击的作物的自给率将会降低（表 21.6）。其中，2050 年，小麦的自给率下降幅度最大（在 RCP2.6 情景下，下降 0.48%；在 RCP8.5 情景下，下降 1.37%），这与小麦是减产量最严重和净进口量增加最多的作物相一致。在 RCP8.5 情景下，除受益于气候变化的棉花外，与 2030 年相比，2050 年其他作物的自给率都较低。在 RCP2.6 和 RCP8.5 情景下，2050 年主要谷类（包括水稻、小麦和玉米）作物的总自给率分别将下降 0.21%和 0.65%。另外，CAPSiM-GTAP 模型结果表明，所有作物的自给率都高于 CAPSiM 的估计值。例如，在考虑其他国家气候冲击的情况下，2050 年，RCP2.6 和 RCP8.5 情景下大豆的自给率将增长 0.46%（0.77%-0.31%）和 2.98%（4.02%-1.04%）。这些结果进一步表明，全球贸易将帮助提高中国农产品的自给率。

表 21.6　在 RCP2.6 和 RCP8.5 情景下，气候变化对作物自给率的影响（绝对百分比变化）

作物种类	RCP2.6				RCP8.5			
	CAPSiM		CAPSiM-GTAP		CAPSiM		CAPSiM-GTAP	
	2030年	2050年	2030年	2050年	2030年	2050年	2030年	2050年
水稻	−0.05%	−0.11%	−0.08%	−0.29%	−0.08%	−0.21%	−0.01%	0.23%
小麦	−0.24%	−0.48%	−0.28%	−1.00%	−0.50%	−1.37%	−0.37%	−0.78%
玉米	0.16%	0.13%	0.23%	2.85%	−0.09%	−0.46%	0.70%	0.71%
大豆	0.06%	0.04%	0.31%	0.77%	0.00%	−0.21%	1.04%	4.02%
棉花	−0.27%	0.34%	−0.05%	1.07%	1.15%	1.63%	1.38%	4.24%
油菜籽	0.02%	0.07%	0.04%	−0.08%	0.08%	−0.08%	0.15%	0.08%
糖料	−0.06%	−0.13%	−0.08%	−0.26%	−0.18%	−0.40%	−0.27%	−0.83%

注：基准年为 2012 年

资料来源：CAPSiM 和 CAPSiM-GTAP 连接模型模拟结果

第五节　主要结论和政策建议

农业是中国的一个重要生产领域，供养着全国超过 13 亿的人口，并为许多行业提供重要的材料输入。但是，气候变化将对中国的农产品产量构成严重威胁。以往有关气候变化对中国农业影响的研究并没有考虑国内市场和国际贸易在减缓气候变化影响方面的能力。为了弥补现有文献的不足，本章采用 CAPSiM 和 CAPSiM-GTAP 连接模型，评估 RCP2.6 和 RCP8.5 情景下，2020~2050 年气候变化对中国农业的影响以及国内市场和国际贸易反应。结果表明，气候变化对中国的农业生产将产生显著影响，但作物间的差异较大。在最恶劣的气候变化情景 RCP8.5 情景下，小麦是所有作物中减产最严重的作物，到 2050 年预计产量将下降 9.39%左右。研究结果还表明，通过加强农业生产投入和田间管理，调整生产结构，可以提高市场对气候变化的适应能力。当考虑市场反应时，RCP8.5 情景下的小麦减产率仅为 4.28%。全球农业贸易可以通过减少作物减产量和提高重要粮食作物的自给率而减缓气候变化对中国的影响。当同时考虑国内市场和国际贸易反应时，RCP8.5 情景下的小麦减产量将进一步减少至 4.03%左右。

本研究结果对国家气候变化适应计划政策的制定具有重要的意义。第一，适应政策应根据减产的严重程度来确定保护作物的优先次序。具体而言，引导适应措施投资减产严重的作物和在国家粮食安全中发挥重要作用的作物。第二，促进市场一体化和自由贸易的政策有助于减缓气候变化的不良影响。当气候变化发生时，农民希望从伴随气候变化而产生的农产品高价格中获利，他们通常会根据以往经验增加农业生产投入（劳动力、灌溉和农药等）来适应气候变化。更重要的是，在气候变化时期，如果国内市场和国际贸易没有扭曲和障碍，农产品价格将会上升到一定合理程度。那么在随后的作物生长季，农民将根据他们在以前气候变化期间的价格上涨经验，增加尽可能高的生产投入，以减少产量损失。相反，如果国内市场受到干预或国际贸易受到限制，农民无法承受以前气候变化期间农产品价格的一般变化，因而当气候变化持续时，农民可能不会大幅增加农业投入。因此，除了硬件方面的适应措施（如投资灌溉系统），还建议采取适当的软措施（如减少市场干预、降低进口关税和进口配额或其他贸易壁垒），以减少气候变化造成的农产品产量损失。第三，优化气候变化适应计划政策，需要从根据市场和贸易信号对气候变化做出响应的农民身上获取更多信息、学习更多的适应经验，将其改进并纳入国家适应发展计划。农民自发采取的适应措施，如增加灌溉量及其他田间管理措施，对于适应气候变化非常重要。国家唯一需要做的就是保持市场自由，消除贸易壁垒。

本 章 附 录

附表 21.1　气候变化对中国作物产量的预估影响

分类	气候条件	小麦	水稻	玉米	大豆	棉花
生长季的气候	气温	−0.067 5*	0.043 1***	−0.016 0	−0.037 2	0.336 6***
	气温平方值	0.001 2	−0.001 4***	−0.001 5	0.000 5	−0.007 4**
	降水量	0.000 5**	0.000 1**	0.000 5***	0.001 4***	−0.000 2
	降水量平方值	−0.000 000 7***	−0.000 000 1***	−0.000 000 2***	−0.000 000 72***	0.000 000 05
生长季的气候变化	气温标准偏差	−0.025 4**	0.006 1	−0.056 9***	−0.017 6	−0.032 7
	降水量标准偏差	−0.001 5**	−0.000 4***	−0.001 1**	−0.001 9***	−0.002 6***
分类	气候条件	油菜籽	花生	蔗糖	甜菜	—
生长季的气候	气温	0.025 1	0.046 9	−0.376 9	−0.189 3	—
	气温平方值	−0.002 0	−0.000 1	−0.000 4	0.002 7	—
	降水量	0.001 2***	0.000 2	−0.002 2	0.000 3	—
	降水量平方值	−0.000 000 7***	−0.000 000 1	0.000 000 61	−0.000 000 26	—
生长季的气候变化	气温标准偏差	−0.008 7	−0.051 3*	0.142 3	−0.040 0	—
	降水量标准偏差	−0.001 9*	−0.001 1*	−0.002 1	−0.003 6*	—

***、**、*分别表示1%、5%、10%的统计显著性水平

资料来源：Wang（2016）

附表 21.2　GTAP 地区和部门合计

国家或地区	中国	澳大利亚和新西兰	日本	韩国	印度尼西亚
	马来西亚	菲律宾	泰国	越南	加拿大
	美国	阿根廷	巴西	欧盟	世界其他地区
部门	水稻	大米	小麦	玉米	其他谷物
	蔬菜和水果	大豆	其他油料作物	糖料	植物纤维
	其他作物	牛肉	猪肉和鸡肉	奶类	羊毛
	食用油	饮料和烟草	加工食品	鱼类	开采
	轻工业	重工业	公用事业和建筑	运输与通信	服务

附表 21.3　气候变化情景设计汇总

情景1（CAPSiM）	CAPSiM 仅对中国造成产量冲击 全球价格无变化（与基线情景相同）		
情景2（CAPSiM-GTAP）	第1步	第2步	第3步
	GTAP 仅对中国造成产量冲击 GTAP预测全球价格变化	GTAP 对中国和世界其他地区造成产量冲击 GTAP预测全球价格变化	CAPSiM 仅对中国造成产量冲击 全球价格变化来自第1步和第2步全球价格变化的差异

注：表 21.3~表 21.6 中的结果基于情景 1（CAPSiM）和情景 2（CAPSiM-GTAP）

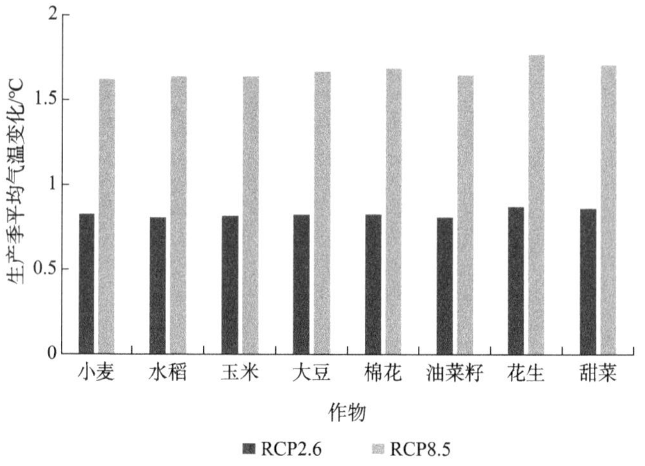

（a）气温变化

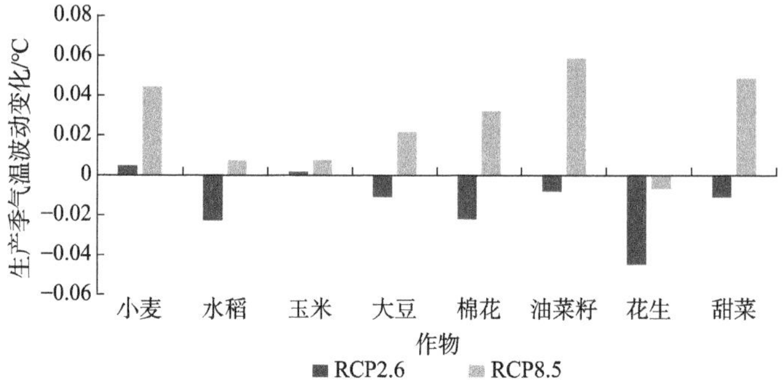

（b）气温偏差变化

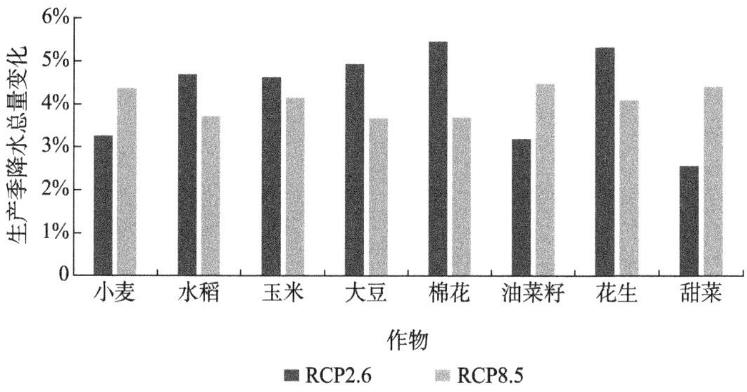

（c）降水量变化

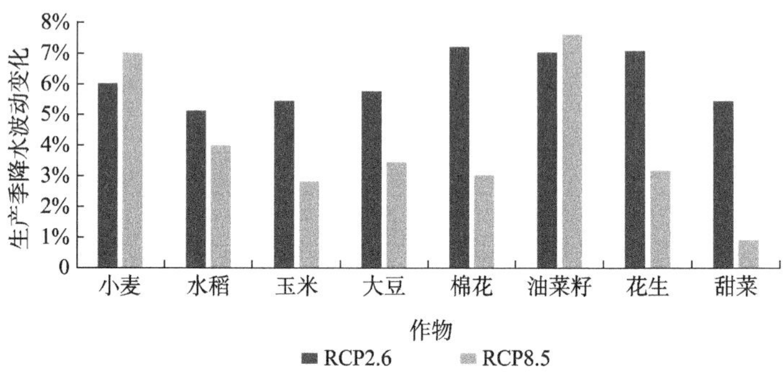

（d）降水量偏差变化

附图 21.1　2050 年不同作物生长季气温和降水量的平均和标准偏差变化（基准年为 2010 年）

第二十二章　基于中国食品贸易的全球水足迹和土地足迹研究

第一节　研 究 背 景

在面临人口增加、收入水平提高及消费模式转变而带来的对粮食需求增加的挑战下，中国仍然在很大程度上确保了国内的粮食安全。在过去的几十年里，中国在粮食供应方面面临的最大挑战是，满足人民群众由于以下原因而导致的日益增长的粮食需求：①人口增长。1978~2014 年，人口数量年均增长了 1%左右。②人均生产总值增长。1978~2014 年，人均生产总值年均增长了 9.7%（NBSC，2016）。随着收入水平的提高，人们对高附加值产品（如肉类、乳制品和水果等）的消费明显增加。与此同时，中国在提高农业产量及改善人民营养状况方面也取得了巨大进步（FAOSTAT，2016）。尽管自然资源短缺，中国农业产量的增加基本上能够满足国内人民群众增加的粮食需求（大豆除外）。

中国以往的农业增产建立在以牺牲环境和可持续发展为代价的基础之上。过度开采地下水一直是中国面临的最严重问题之一。地下水的过度开采将导致地下水位下降、地面沉降和海水入侵等严峻问题。中国的许多地区都面临土壤退化的严重问题，国内 50%以上的耕地都出现了土地退化现象（Li et al.，2011）。Deng 和 Li（2016）估计，2007 年，中国土地退化造成的年损失达到 370 亿美元，约占当年中国 GDP 的 1%。就农业的资源利用情况来看，2000~2015 年，中国的农业用水量从 3 780 亿立方米增加到了 3 900 亿立方米，增长了 3.2%；耕地面积也从 1.28 亿公顷增加到了 1.35 亿公顷，增长了 5.5%，这表明中国对这些资源的使用强度增加（FAOSTAT，2016）。

20 世纪 90 年代以来，在国内水资源、土地资源短缺及粮食需求上升的背景下，中国越来越倾向于依赖国际市场来保障粮食供应安全。以往研究表明，中国基于自身的比较优势，通过增加土地密集型作物（如谷物、大豆、食用油和食糖）的进口和劳动密集型作物（蔬菜、水果和加工食品）的出口来扩大食品贸易。到 2013 年，中国食品净进口量占食品消费总量的 6.7%（FAOSTAT，2016）。鉴于农产品贸易也是一种资源交换，近年来涌现了大量文献，探究贸易流通的增加对水和土地等隐性资源的影响（Kastner et al.，2012；Kissinger，2012）。不同地区在生产单位作物所需的水量（虚拟水含量，VWC）和土地资源（虚拟土地含量，VLC）方面的差异，可以用来减缓地区水和土地资源短缺的问题。一些研究表明，尽管中国的农产品贸易受到经济和政治因素的影响，但中国在不知不觉中已经进口了虚拟水（VW）和虚拟土地（VL），这种虚拟水和虚拟土地贸易对国家和全球层面都将产生影响。少数研究分析了中国食品贸易（涉及不同的时间、地区和商品）中的水和土地足迹（Liu et al.，2007；Liu and Savenije，2008；Dalin et al.，2012a，2012b，2014；Qiang et al.，2013；Shi et al.，2014；Chen and Han，2015）。

通过更好地了解中国水和土地的历史，以及未来全球虚拟水和土地贸易，可以帮助中国和世界其他国家评估未来的政策选择。因此，本项研究主要有以下两个目标：①通过农产品贸易研究得出关于中国虚拟水贸易（VWT）与虚拟土地贸易（VLT）的主要结论；②更新并提供过去十年及未来虚拟水贸易和虚拟土地贸易的一致性结果。本章在分析虚拟水和虚拟土地贸易时，使用了更优的虚拟水含量参数，同时覆盖不同年份的一致商品类型。对于各国的同一产品，本章采用了具体国家的虚拟水含量参数和虚拟土地含量参数。因此，通过覆盖过去和未来时间段的连续性分析，将有助于评估中国和世界水足迹及土地足迹的动态，同时评估中国各项政策、经济和自然因素对中国和世界水足迹及土地足迹的影响。

值得指出的是，本章研究的重点是中国食品贸易对水足迹和土地足迹的影响。通过贸易节约水/土地资源的情景表明，如果不进行贸易，即意味着必须使用更多的水/土地。

本章的其他部分组织如下：第二节回顾了现有文献的主要发现；第三节描述了中国在虚拟水和虚拟土地（基于主要食品商品）贸易中的近期趋势（2000~2015 年）；第四节预测了中国食品贸易及相应的虚拟水和虚拟土地流动；第五节提出了政策和研究建议。

第二节 现有文献的主要发现

一、虚拟水贸易

从全球层面来看，农产品贸易有助于节约水资源。由于研究方法和作物/产品种类的不同，许多文献对商品贸易节约的水量进行了不同的估计。当前，大多数研究仍然主要关注节水方面（Fader et al.，2011；Dalin et al.，2012a，2012b）。例如，Chapagain 等（2006）估计，2002 年，农产品贸易帮助全球节约了 3 520 亿立方米的水资源，相当于全球当年农业用水量的 6%。Dalin 等（2012a，2012b）估计，2005 年，全球食品贸易帮助全球节约了 8%的淡水用量。

自 20 世纪 90 年代末以来，中国的虚拟水贸易一直保持快速增长。根据 Liu 等（2007）的研究，32 种作物的年虚拟水进口总量，从 1981~1990 年 320 亿立方米（占农业用水量的 7.7%）的年均水平，稳步增加到 1991~2004 年的 449 亿立方米（占农业用水量的 11.5%）。Shi 等（2014）的一项研究表明，年虚拟水进口总量（覆盖 27 种主要农作物），从 1990 年的 330 亿立方米增加到 2009 年的 1 480 亿立方米，分别占对应年份中国农业用水量的 26.3%和 39.8%。然而，1990~2009 年，所有作物的年虚拟水出口总量几乎保持不变，1990 年为 127 亿立方米，2009 年为 160 亿立方米。因此，农产品贸易导致的虚拟水总净进口量持续增加。虚拟水净进口量，从 2004 年的约 780 亿立方米增加到 2009 年的 1 380 亿立方米（占中国农业用水量的 37.1%）（Shi et al.，2014）。1996~2005 年，农业和工业贸易导致中国的虚拟水年均净出口量为 230 亿立方米（Hoekstra and Mekonnen，2012）。如前所述，由于覆盖的农产品范围和使用的参数不同，这些研究的估计值略有差异。

一些主要的农作物导致了中国虚拟水贸易的增加。自 20 世纪 90 年代以来（除个别年份外），95%以上的虚拟水进口来自大豆、谷物和食用油（Liu et al.，2007；Shi et al.，2014；Zhuo et al.，2016）。就大豆而言，中国在 1996 年之前一直是大豆净出口国，但是，由于国内需求的增加，以及自 2001 年中国加入世界贸易组织以来导致的大豆贸易自由化，中国的大豆进口量大幅提高。另外，中国还出口许多农产品，如蔬菜、水果、烟草和茶叶，这些农产品的出口推动了虚拟水总出口量的增加。

近几年来，中国虚拟水贸易的地理分布和合作伙伴呈现快速演变趋势，中国的虚拟水贸易伙伴总数从 1986 年的 34 个增加到 2009 年的 159 个。总体而言，亚洲、欧洲和非洲是中国的虚拟水净出口合作伙伴，美洲和大洋洲则是中国的虚拟水净进口合作伙伴，中国从这些地区进口的虚拟水量远高于其出口量。对虚拟水贸易网络的进一步分析表明，虚拟水贸易不均衡且存在高度分化的现象，其中八大合作伙伴占中国虚拟水贸易的85%以上（Shi et al.，2014）。

更重要的是，中国的农产品贸易也为节约国内和全球水资源做出了重要贡献。中国国内的节水量，从1961~1980年的165亿立方米的水平增加到1991~2004年的306亿立方米（Liu et al.，2007）。近年来，得益于中国农产品贸易的发展，国内节水量从2000年的330亿立方米增加到2009年的1 380亿立方米（Shi et al.，2014）。这些估计值与 Zhuo 等（2016）的研究结果非常相似，后者指出，2008年，国际农产品贸易帮助中国节约了 1 080 亿立方米的虚拟水。2009 年的国内节水量相当于中国当年灌溉用水量的37%（Shi et al.，2014）。

中国的农产品贸易在全球节水方面发挥了重要作用。1998~2001 年，在农产品贸易相关的全球总节水量（2 630亿立方米）中，中国的节水份额占比高达24%（Fader et al.，2011）。大豆贸易在全球节水中扮演了重要角色，这主要是因为中国增加了其从节水效率更高的生产国（美国、阿根廷和巴西）进口的大豆量。2007 年，中国的大豆贸易对主要农产品贸易相关的全球总节水量做出了重要贡献，占比高达 36%（Dalin et al.，2012a，2012b）。

二、虚拟土地贸易

国际农产品贸易在弥补土地资源短缺方面发挥着重要作用，尤其是对土地资源禀赋不足的国家而言。1998~2002 年，全球贸易每年带来的年均土地节约面积约达 4 100 万公顷，约占全球耕地面积的 5%（Fader et al.，2011）。如果贸易在产量较高的国家与产量较低的国家之间进行，那么全球农业系统的生产力将会更高。例如，与假设的自给自足世界相比，2001 年的农产品贸易模式使全球土地利用效率提高了 5%（Fader et al.，2011）。

目前有关中国虚拟土地贸易的研究很少。本章总结了 Qiang 等（2013）的一项研究成果，该研究表明中国通过六种主要的农产品贸易进口了大量的虚拟土地。中国的虚拟土地进口面积，从 2000 年的 120 万公顷（相当于中国耕地面积的 0.93%或作物播种面积的 0.73%）增加到 2009 年的 3 300 万公顷（占中国耕地面积的 27.1%或作物播种面积的 20.8%）。在 2000~2015 年，中国的平均作物密度指数（播种面积/耕地）一直稳定在1.25左右。为简单起见，下文将仅比较土地节约面积和耕地面积。同期的虚拟土地出口面积保持稳定，介于 400 万~500 万公顷（Qiang et al.，2013）。

多年来，不同种类的作物在中国的虚拟土地贸易中发挥着重要作用。从

1986年到1996年，谷物在虚拟土地进口总面积中占据主导地位，占虚拟土地进口总面积的 57.6%。自 1996 年以来，通过油料作物进口的虚拟土地大幅增加（占虚拟土地进口总面积的82.2%），甚至在2009年达到2 664万公顷。大豆在其中也发挥着重要的驱动作用。从出口方面来看，2000~2009年，谷物、蔬菜和水果是主要的虚拟土地出口产品（Qiang et al.，2013）。此外，在 1995~2015年，中国的虚拟土地进口不仅呈现增长趋势，同时也更加多样化，贸易伙伴数量从1986年的43个增加到2009年的62个。1986~1996年，中国主要通过小麦进口而从北美洲进口虚拟土地。然而，1995年之后，南美洲成为中国虚拟土地进口的主要来源，如2009年的虚拟土地进口面积达1 249万公顷（Qiang et al.，2013）。

中国的农产品贸易也为中国节约了大量的虚拟土地。1986~2009 年，中国国内的土地节约面积由负（−440万公顷）变为正（2 890万公顷）。1994~2002年，农产品贸易带来的中国国内年均土地节约面积稳定在 780 万公顷左右。但是，2009年的国内土地节约面积迅速增至 2 890 万公顷，而这主要得益于油料作物（主要是大豆）进口的增加（Qiang et al.，2013）。

从 20 世纪 90 年代初开始，中国通过农产品贸易，扭转了其对全球土地节约的贡献，这表明中国早期国内的土地利用效率要高于其贸易伙伴。随后中国进口结构的变化，促进了全球土地节约面积的增加，在 2009 年达到 881 万公顷（而1990年为−30 万公顷）。大豆和油料作物在其中的贡献最大，年均土地节约面积达327万公顷（Qiang et al.，2013）。但是，1986~2009年，中国的谷物和纤维进口导致了全球土地流失，年均土地流失面积分别达 86 万公顷和 48 万公顷。土地利用效率是决定中国贸易会帮助节约全球土地还是造成全球土地流失的关键因素。值得指出的是，这些结果不具有普遍性，因为它们：①缺乏足够的文献支持；②基于较老的估算方法；③未能反映更近期的演变。

第三节　中国虚拟水和虚拟土地的近期趋势

为了研究近年来中国食品贸易对虚拟水和虚拟土地的影响，本章选择了六种主要农作物（水稻、小麦、玉米、大豆、水果和蔬菜）和三种畜牧品（禽肉、牛肉和猪肉）进行深入分析。在中国，95%以上的热量来自这些商品（FAOSTAT，2016）。本章附录中简要讨论了相关方法。

本章研究结果表明，中国近期的食品贸易促使中国的虚拟水净进口量呈现空前增长。2000~2015 年，中国的食品贸易导致了年均 548 亿立方米的虚拟水净进口量，中国的虚拟水净进口量从 2000 年的 69 亿立方米（相当于中国当年农业用水量的 1.8%）增加到 2015 年的 1 201 亿立方米（相当于中国当年农业用水量的 30.7%）。大豆进口量的增加，是推动虚拟水净进口量快速增长的关键因素；大豆对 2015 年虚拟水净进口量的贡献达到近 88%［图 22.1（a）］。值得注意的是，2000 年，玉米对中国虚拟水净进口量的贡献为负（−118 亿立方米），但在 2010 年左右由负转正［图 22.1（a）］。与此同时，大米和小麦对虚拟水净进口量的贡献也由负转正。水果和蔬菜贸易对中国虚拟水净进口量的贡献为负；但是自 2010 年以来这种负贡献一直在减少，主要原因是水果出口的减少，也部分得益于用水效率的提高。中国肉类（禽肉、牛肉和猪肉）的虚拟水净进口量从 2012 年左右开始转为正值［图 22.1（a）］，表明中国人食用的动物蛋白质增加，这归因于经济条件的改善和食物偏好的改变。

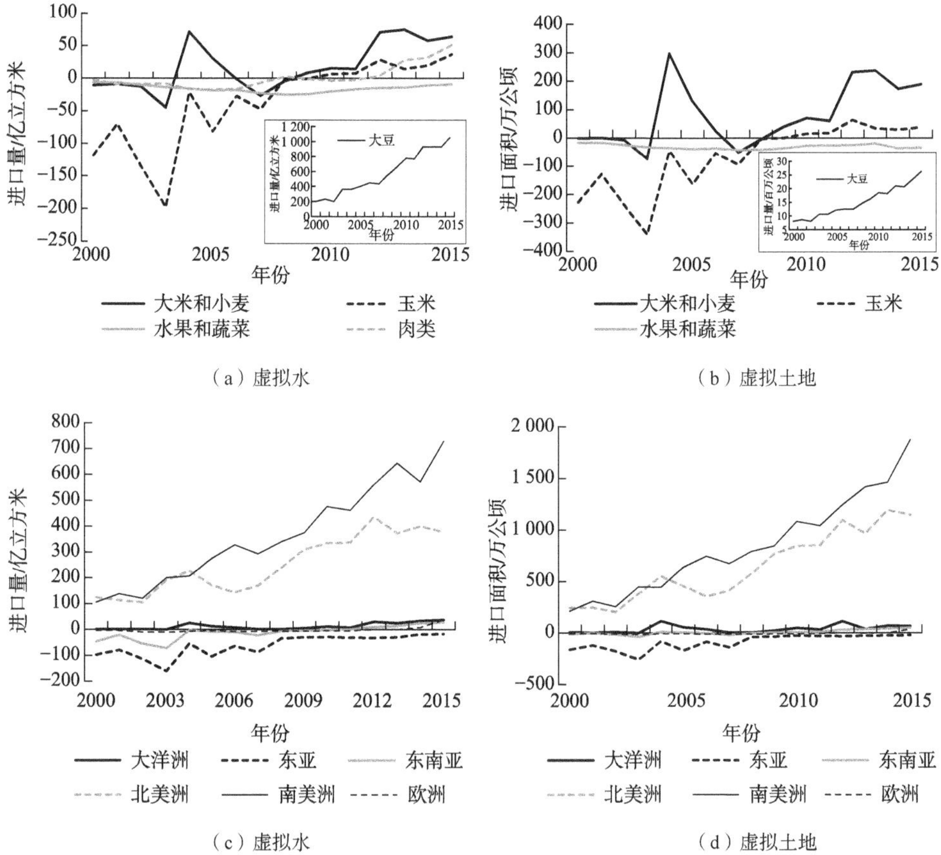

图 22.1　中国主要农产品及来自不同地区隐含的虚拟水净进口量和虚拟土地净进口面积（2000~2015 年）

自 2000 年以来，中国虚拟水净进口的地理来源也发生了很大变化。2004 年左右，南美洲超过北美洲，成为中国虚拟水净进口的主要来源［图 22.1（c）］。自那以后，来自南北美洲的虚拟水净进口量之间的差异不断扩大，这主要是因为中国增加了从巴西和阿根廷的大豆进口量。2014~2015 年，伴随着牛肉进口量的增加，来自大洋洲的虚拟水净进口量出现大幅增长。近年来，对欧洲玉米的进口量增加，使得来自该地区的虚拟水净进口量增加。中国向东亚和东南亚出口的水果和蔬菜，是造成中国向这些地区的虚拟水净进口量为负值的主要来源。但是，近年来，这种趋势一直在稳步下降，如前所述，这主要是因为中国减少了向这些地区的水果出口量，同时中国生产水果的用水效率有所提高。

食品贸易导致中国的虚拟土地贸易大幅增加，基本上与虚拟水贸易趋势保持一致。2000 年、2005 年、2010 年和 2015 年，中国的虚拟土地净进口面积分别为 170 万公顷、920 万公顷、1 940 万公顷和 3 160 万公顷，它们分别相当于中国相对应年份 1.3%、7.6%、15.9%和 23.4%的耕地总面积。中国通过大豆实现的虚拟土地净进口面积，从 2000 年的 410 万公顷（相当于耕地总面积的 3.2%）急剧增至 2015 年的 2 960 万公顷（相当于耕地总面积的 21.9%），达到了 618%的惊人增长速度［图 22.1（b）］。中国玉米贸易对虚拟土地净进口的贡献在 2003 年达到最低值（−340 万公顷），随后从 2010 年起变为正值。2000~2015 年，大米和小麦贸易对中国虚拟土地净进口做出了较小的贡献。这 16 年来，中国由于水果和蔬菜实现的虚拟土地净差值为负［图 22.1（b）］。

就地理分布来看，南美洲和北美洲是中国虚拟土地净进口的两个主要来源，两者在 2015 年的贡献分别为 1 870 万公顷和 1 150 万公顷［图 22.1（d）］。与东亚进行的贸易活动，对中国虚拟土地进口的贡献为负，但近年来这种负贡献有所减少。大洋洲对中国虚拟土地净进口的贡献较小但仍为正。在 2000~2015 年的大部分时间里，欧洲对中国虚拟土地净进口的贡献一直为负，但 2014~2015 年例外，因为中国在这期间通过从东欧，尤其是从乌克兰和俄罗斯进口大豆和玉米，从而实现了贸易多元化。

研究结果表明，中国虚拟水和虚拟土地的净进口帮助中国大大节约了这些资源（表 22.1）。例如，2000 年，食品贸易帮助中国节约了 183 亿立方米的国内用水量（相当于当年灌溉用水量的 4.9%）。2015 年的国内节水量为 2 155 亿立方米（相当于当年灌溉用水量的 55.0%）。2015 年，大豆进口带来的节水量为 1 992 亿立方米。需要指出的是，本章比较了节水量与灌溉用水量，由于雨水的不可用性，实际的节水率将低于这些数值。

表 22.1 2000~2015 年中国食物贸易带来的国内资源节约量及对全球的贡献

年份	国内资源节约量		全球资源节约量	
	水/亿立方米	土地/万公顷	水/亿立方米	土地/万公顷
2000	183	360	114	190
2005	614	1 410	288	490
2010	1 401	3 100	620	1 170
2015	2 155	4 670	954	1 520

2000~2015 年，中国的国内土地节约面积增加了约 12 倍，即从 2000 年的 360 万公顷增加到 2015 年的 4 670 万公顷。与耕地总面积相比，国内土地节约面积占比从 2000 年的 2.8%增加到 2015 年的 34.6%。国内土地节约带来的启示之一是仅从 2015 年来看，要想在本国生产出等同于这一年进口量的大豆，那么中国必须将目前的大豆收割面积增加 6 倍以上。这些数据，特别是近期的数据，在中国土地资源短缺和其他农业用地压力增加的背景下显得尤为庞大。通过食品贸易而节约的土地可用于自然植被或其他非农田用途。

结果还表明，如果中国的水和土地利用效率高于或低于其出口或进口合作伙伴，那么中国的食品贸易有望大大促进全球水和土地资源的节约。总体而言，中国的食品贸易将增加全球层面水和土地资源的节约（表 22.1）。全球水资源节约量从 2000 年的 114 亿立方米增加到了 2015 年的 954 亿立方米，增长了约 7 倍。由于中国的食品贸易，同期的全球土地节约面积从 2000 年的 190 万公顷，增加到 2010 年的 1 170 万公顷，再到 2015 年的 1 520 万公顷。中国食品贸易对全球水和土地资源节约的贡献越来越大，这主要是因为从南美洲和北美洲的大豆和玉米净进口量增加。

本章研究估计结果显示，2004 年和 2009 年，中国的节水量分别为 523 亿立方米和 1 161 亿立方米，其他文献对相同年份的估值为 770 亿立方米（Liu et al., 2007）和 1 380 亿立方米（Shi et al., 2014）。这种结果差异主要源于用于估算的 VWC 参数不同。2005 年和 2009 年，本章估计的中国国内土地节约面积分别为 1 410 万公顷和 2 560 万公顷，低于 Qiang 等（2013）估计的同期数值（1 910 万公顷和 2 890 万公顷）。导致这一差异的主要原因是，我们的研究仅覆盖粮食作物，而 Qiang 等（2013）的研究还覆盖一些非粮食作物。对于重叠的时间段，本章对全球水和土地资源节约的估计值与现有文献相差无几。

第四节 未来情景

为了分析未来中国食品贸易对虚拟水和虚拟土地的影响，我们根据 GTAP（Hertel, 1997）的递归动态方法及其最新数据库，预测了中国到 2035 年的食品贸易。在此基础上，为中国制定了三种情景：①参考情景（S_0）：除了对2015~2035年GDP（5.5%）和人口年均增长率（0.14%）的假设外，本章还假定，根据历史趋势，中国不同作物产量的年增长率在0.3%~1.87%，畜牧品产量年增长率为0.2%；②情景1（S_1）：在S_0基础上，中国的灌溉效率（定义为作物消耗的水量与通过灌溉供应的水量之比）每年将提高0.5%；③情景2（S_2）：在S_0基础上，中国的灌溉效率每年将提高1.0%。为了估算虚拟水和虚拟土地贸易，我们采用了与第三节相同的方法。

本章对2035年食品供给、需求和贸易的预测表明，中国在大米和小麦方面几乎完全能够实现自给自足，但由于收入增加，动物蛋白的消费量将显著增加。随着肉类需求的增加，畜牧业的扩大将导致中国进口大量的饲料谷物。例如，预计玉米进口量将增加到2035年的5 624万吨；玉米的自给率将下降到2035年的82%。同时，大豆进口量将继续增加，从2015年的8 170万吨增加到2035年的1.05亿吨。另外，水果和蔬菜将保持明显的净出口优势。对于肉类而言，中国猪肉和鸡肉的自给率相对较高，但牛肉的自给率会略有下降；需求的增加将导致牛肉进口量的增加。

在基准情景下，到2035年，中国基于食品贸易的虚拟水和虚拟土地净进口将远高于当前水平。其中，中国的虚拟水净进口总量将从2015年的1 201亿立方米增加到2035年的1 673亿立方米，而虚拟土地净进口面积将从2015年的3 160万公顷增加到2035年的4 522万公顷。虚拟水和虚拟土地的净进口增长得益于大豆和玉米进口量的大幅增加，尽管总虚拟水和虚拟土地净进口部分被降低的VWC和VLC所抵消，但是反过来又受到2035年产量提高的支配。2035年，玉米对虚拟水和虚拟土地总净进口的贡献率与大豆（两个主要贡献者）相比，将显著增加。2000~2015年，与大豆相比，玉米对虚拟水和虚拟土地总净进口的贡献为负或可忽略不计。但是，2035年，玉米和大豆对虚拟水和虚拟土地总净进口的贡献将分别为1/5和1/8［图22.2（a）］。从欧洲净进口的虚拟水量将从2015年的38亿立方米增加到2035年的333亿立方米，这主要得益于玉米进口量的增加［图22.2（b）］。中国虚拟水净进口将逐渐从南美洲转移到北美洲。

未来，中国基于食品贸易的虚拟水净进口将节约大量的国内用水和土地资源。根据参考情景，2035年虚拟水国内总节约量将达到2 948亿立方米（2015年灌溉用水量的75.3%），而2015年为2 155亿立方米（2015年灌溉用水量的55.0%）。中国的食品贸易也将大大促进国内土地资源的节约，即从2015年的4 670万公顷（占耕地总面积的34.6%）增加到2035年的5 931万公顷（表22.2）

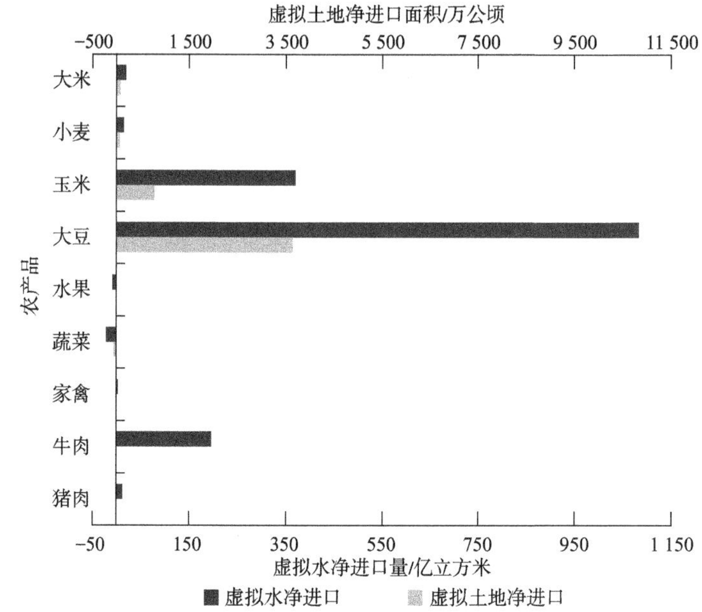

（a）不同食品

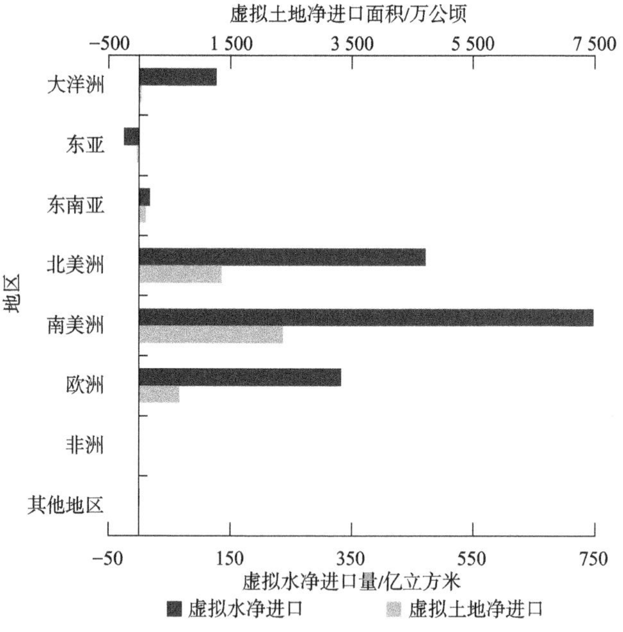

（b）来自不同地区

图 22.2 未来中国虚拟水净进口量和虚拟土地净进口面积

（2015 年耕地总面积的 44.0%）。与 2015 年相比，大米和小麦对国内虚拟水和虚拟土地节约的贡献将减少，而大豆和玉米的贡献将显著增加。与此同时，水果和蔬菜的负贡献也将增加。

表 22.2　2035 年中国农产品进口对本国和全球资源节约预测

情景	水资源节约/亿立方米		土地资源节约/万公顷	
	本国	全球	本国	全球
基准情景	2 948	1 276	5 931	1 403
情景S_1	2 821	1 144	—	—
情景S_2	2 752	1 059	—	—

2035 年，中国食品贸易对虚拟水的全球影响也将远高于 2015 年。全球虚拟水总节约量将从 2015 年的 954 亿立方米增加到 2035 年的 1 276 亿立方米，而虚拟土地的总节约面积到 2035 年将达到 1 403 万公顷。中国未来的食品贸易模式显示，2035 年，大豆将为全球的虚拟水和虚拟土地节约做出最大贡献。由于 2035 年中国与其贸易伙伴在牛肉生产用水效率方面的差距很小，牛肉贸易对中国国内虚拟水节约量的正贡献并不能完全转化为全球虚拟水节约量。

中国灌溉效率的提高将减少中国食品贸易对国内和全球虚拟水节约量的影响。若中国每年可以提高 5%的灌溉效率（即在 S_1 情景下），国内虚拟水节约量将达到 2 821 亿立方米，较之参考情景（灌溉效率没有提高）低 4.3%。通过百分比数据可以更直观地看到灌溉效率提高对全球节约量的影响，即从 1 276 亿立方米减少至 1 144 亿立方米，减少 10.3%。在 S_2 情景下，如果中国能够在 2015~2035 年将灌溉效率每年提高 1%，那么国内和全球虚拟水节约量将在参考情景基础上分别减少 6.6%和 17.0%。

本章关于未来时间段的分析还表明，由于作物生产所需的水量将减少，中国灌溉效率的提高将有利于中国农业的发展。特别是在 S_1 和 S_2 情景下，中国的用水量将在参考情景基础上分别减少 353 亿立方米（由 8 693 亿立方米减少至 8 340 亿立方米）和 578 亿立方米（由 8 693 亿立方米减少至 8 115 亿立方米）。

第五节　结论与探讨

中国面临水资源和土地资源短缺的问题，且这一问题将变得越来越严峻。其他水用途的竞争，导致农业用水量在总用水量中的占比，从 1990 年的 83%降低到 2005 年的 65%（Jiang，2009；J. Liu et al.，2013）。若这种趋势在未来持续下去，则可能威胁到可持续的食品生产。与此相类似，中国的粮食生产受到土地资源短缺的影响，这也引发了人们对中国国内粮食安全和全球粮食市场稳定的担忧（Liu and Savenije，2008）。中国人均耕地面积仅约为 0.09 公顷，而世界平均水平为 0.20 公顷（World Bank，2016）。

中国自 2001 年加入世界贸易组织以来一直在推动贸易自由化进程，并已签订了多项自由贸易协定。自 21 世纪初以来，贸易自由化和粮食需求随着收入的提高而增加，进一步推动中国的食品贸易以较快的速度增长。中国已与澳大利亚、韩国、东盟和巴基斯坦等不同国家或组织签署并实施了 14 项自由贸易协定。自 2013 年以来，中国也一直在“一带一路”倡议框架下推进与邻国及其他国家的贸易关系。

各国的水资源和土地资源存在分布不均的现象，凸显了通过贸易来充分利用全球水资源和土地资源，并缩小地区资源短缺差距的重要性。中国人口约占世界人口的 20%，但其国内水资源仅占全球的 6%左右，耕地面积占全球的 8%。在这种严峻的情况下，中国将面临实现粮食自给自足、促进国内农业可持续发展的艰巨挑战。

认识到这些挑战，中国已经尝试通过国际贸易在一定程度上解决其资源约束的困境。2000~2015 年，中国基于食品贸易进行的虚拟水贸易，使得国内水资源节约量增加了 12 倍，同时此类贸易也大大促进了全球范围内水资源的节约。就土地资源而言，对 2000~2015 年中国食品贸易的分析表明，中国的食品贸易使得国内和全球土地资源得到了有效的节约。根据本章对未来时间段的预测，2030 年，食品贸易的开展将继续促进国内和全球水及土地资源节约量的不断增加。然而，在未来 10 年的时间里，中国灌溉效率的变化将对国内和全球水资源的节约量产生影响。除依靠国际农产品贸易外，中国还可通过提高农业生产的灌溉效率来有效缓解国内水资源紧缺带来的压力。

因此，中国可以通过贸易自由化继续促进国家和全球层面农业的可持续发展，并通过国际农产品贸易有效提高全球生产潜力。尽管中国未来可以通过提高资源利用效率来减少虚拟资源贸易，但中国若停止粮食进口，那么世界对这些资源的需求量将增加。因此，未来中国和其他资源短缺的国家可通过实施更多的自由贸易协定，为本国人民提供充足的粮食供应，并进一步促进全球农业的可持续发展。此外，中国的政策制定者及全球食品市场的其他主要利益相关方应考虑出台相关政策，鼓励进口国内生产水和土地利用效率较低的商品，并出口国内生产水和土地利用效率较高的商品。

尽管本章研究侧重于分析农产品贸易对虚拟水和虚拟土地的影响，但农产品贸易也会影响国家及全球层面的温室气体排放，未来的研究有必要关注这一问题。尽管水资源和土地资源使用量的持续增长带来的环境问题将很难得到完全解决，但通过贸易实现资源的节约仍会产生一定的环境效益。此外，随后的研究可通过增加更多的作物及农产品种类，并将农业生产技术因素的变化考虑进去，而更全面地分析这一问题。为提高研究结果的准确性，可采用改进的水文模型更好地估算每种作物的实际用水量。

本章附录

为了计算虚拟水贸易，本章使用了 Hanasaki（2016）中主要作物和畜牧品的虚拟水含量（VWC）参数，Hanasaki（2016）提供了 1986~2005 年的具体国家 VWC 参数。根据国家作物产量的变化，本章更新了 2005~2015 年的 VWC 值，如方程（附 22.1）所示：

$$\mathrm{VWC}_{i,c,n}=\mathrm{VWC}_{i,c,2005}\times\frac{Y_{i,c,2005}}{Y_{i,c,n}}\qquad（附 22.1）$$

其中，i表示国家；c表示商品；n表示年；Y表示作物产量。产量数据来自粮农组织统计数据库（FAOSTAT，2016）。该方法已用于其他研究（Dalin et al.，2012a，2012b），其原理是不同作物的作物用水效率（crop water productivity，CWP，也就是 VWC 的倒数）与作物产量之间具有很强的线性关系（Liu et al.，2007）。本章第四节描述了中国2016~2030年作物VWC值的估算。世界其他地区2016~2030 年的作物 VWC 值，使用 Rosegrant 等（2002）的用水效率预测来估算。作者预测，1995~2025 年，发展中国家和发达国家非大米谷物的用水效率将分别提高 66%和 40%。本章使用这些数据来估算具体国家所有作物 VWC 的年度变化。对于畜牧业而言，基于 Hanasaki（2016）提供的 VWC 值进行外推，假设用水效率每五年提高 1%。对于水果和蔬菜，本章使用了已有文献中的 VWC 值（Liu and Savenije，2008），并通过考虑用水效率每年提高 1%对其进行更新。虚拟土地含量（VLC）使用 FAOSATAT 的年产量数据进行计算，如方程（附 22.2）所示：

$$\mathrm{VCL}_{i,c,n}=\frac{1}{Y_{i,c,n}}\qquad（附 22.2）$$

虚拟水进口量（$\mathrm{VWI}_{i,c,n}$）和出口量（$\mathrm{VWE}_{i,\mathrm{CHN},n}$）的计算方法是，将 VWC 乘以中国的进口/出口量，如方程（附 22.3）和方程（附 22.4）所示：

$$\mathrm{VWI}_{i,c,n}=M_{i,c,n}\times\mathrm{VMC}_{i,c,n}\qquad（附 22.3）$$

$$\mathrm{VWE}_{i,c,n}=X_{i,c,n}\times\mathrm{VMC}_{i,\mathrm{CHN},n}\qquad（附 22.4）$$

其中，$M_{i,c,n}$ 表示中国在第 n 年从 c 国进口的商品数量；$X_{i,c,n}$ 表示中国在第 n 年出口到目的地 c 国的商品数量；$\mathrm{VWC}_{i,\mathrm{CHN},n}$ 表示中国的 VWC。中国的净虚拟水进口量计算如方程（附 22.5）所示：

$$NVWI_{i,CHN,n} = VWI_{i,c,n} - VWE_{i,c,n} \quad （附 22.5）$$

用中国的（$VWC_{i,CHN,n}$）替换方程（附 22.3）中伙伴国的（$VWC_{i,c,n}$），并将其应用于方程（附 22.5）中，就可以得到中国国内的水资源节约量（$DWS_{i,CHN,n}$）。

中国对全球水资源节约量/损失量的贡献是指，中国在国内生产相同的商品需要更多/更少的水，如方程（附 22.6）所示：

$$GWS_{i,c,n} = DWS_{i,CHN,n} - NVWI_{i,CHN,n} \quad （附 22.6）$$

方程（附 22.6）中的正值表示净节水量，反之亦反。通过累计所有商品和所有贸易伙伴的节水量来计算国内和全球的总节水量。通过用 VLC 来代替上述每个方程中的 VWC，可以采用同样的方法计算净虚拟土地进口面积（$NVLI_{i,CHN,n}$）、国内土地节约面积（$DLS_{i,CHN,n}$）和全球土地节约面积（$GLS_{i,c,n}$）。如果某一国家的国内产量低于其进口伙伴国的产量，那么该国可以促成正的全球土地节约面积，即与其贸易伙伴相比，东道国将需要更多的土地来生产相同数量的作物。

第六篇

结论与展望

第二十三章　主要结论和未来政策取向

第一节　主要结论与观点

全球食物安全一直是世界关注的议题，确保国家食物安全是我国政府工作的重中之重。本书在分析主要因素对食物安全影响机理的基础上，建立国家食物安全预测模型，研究并提出保障食物安全的应对策略和发展战略。本书在农产品需求、供给、市场及食物安全预测等方面取得进展，提出了一些具有改变农业发展思路的观点。

一、食物消费的主要驱动力及演变规律

在食物消费演变及其驱动因素研究上，本书分析食物消费演变过程和主要驱动力对食物需求的影响，揭示了我国食物消费演变规律。

第一，随着收入水平的提高，城乡居民在家食物消费呈现不同的变化趋势。城镇居民粮食在家消费将逐渐下降，农村居民粮食在家消费的增速也将放缓；收入增长对农村居民动物性食品、水果在家消费的影响均大于城镇居民；当然，城乡居民会更多消费富含蛋白质、维生素，以及营养价值更高的“高档食品”，而能量类食物（主食）的摄入量则相对减少。预计在2030~2035年，中国人均食物总需求将逐渐趋于稳定。

第二，城镇居民主要食物的在外消费量明显少于在家消费，但随着收入水平的提高，各类食物的在外消费均继续快速增长，使得食物在外消费的比例将进一步提高，在外食物消费将成为未来城市居民食物消费增长的主要驱动因素。当然，随着人均收入的增加，食物在外消费的增长趋势也会逐渐放缓。在研究居民食物消费方式的选择时，需要充分考虑在家与在外食物消费之间的替代关系。

第三，不同类型的异质性收入或支出冲击对居民食物消费的影响存在较大

差异，且在不同收入水平的家庭之间也存在显著差异。在异质性收入或支出发生后，肉类等动物性食品消费将发生显著的改变，对粮食、蔬菜等食品消费的影响较小。不同收入水平的家庭在遭遇不利冲击之后具有不同的平滑其食物消费的能力。

第四，城镇化对食物消费的影响主要体现在食物消费结构的变化上。虽然城镇化增加了对粮食的间接需求，但减少了对粮食的直接需求和总需求，从粮食需求角度城镇化有助于国家粮食安全的保障。

第五，消费者对转基因食品的知晓度有所提高，但对转基因食品的安全认知和接受程度呈现下降趋势。城镇居民对转基因食品的认知明显高于农村居民，但对转基因食品的安全认知和接受程度明显低于农村居民；同时，城镇居民对转基因食品的购买意愿在过去十多年显著下降。

二、农产品生产的主要驱动力及演变规律

在农业生产和主要农产品供给反应研究方面，本书分析了农业生产的主要驱动力及其影响，揭示了我国农产品供给及其演变规律。首先，转基因技术可以显著提高农业生产率，节约要素投入。以转基因玉米技术为例，转基因玉米能大幅度减少农户杀虫剂施用量，提高玉米单产 10%以上，并且显著减少农户施用农药时间。

其次，在大田作物生产上，耕地经营规模同农业生产力之间实际上存在 L 形的关系；即使从生产者的经营收益来看也不是经营规模越大越好。在给定的土地、劳动力和资本市场条件约束下，适度经营规模极其重要；同时研究也发现，通过改善土地、劳动力和资本市场来促进农业生产三要素合理配置，能够显著提升农业生产力（或促进 L 形曲线上移），从而提高规模经济效益。

再次，农作物播种面积对产出价格的正向响应程度的大小受自然地理环境的影响，即农作物主要种植区的面积价格弹性大于非主要作物种植区的面积价格弹性。极端气候对水稻、小麦、玉米、棉花和油料作物的面积价格弹性有不同程度的负向影响，即极端灾害年的面积价格弹性小于正常年份。政府对农产品市场价格的干预，会阻断极端气候对农作物面积价格弹性的负向影响。

最后，当年受灾率对所有农作物的单产都有显著的负向影响；与极端气候影响下农作物面积对价格反应的研究结果相比，极端气候事件对农作物单产反应的负向影响没有那么明显，对单产价格弹性的显著负向影响在部分农作物（如玉米和油料作物）中有所体现。

三、农产品价格形成机制及波动规律

在农产品市场价格形成和传导机制研究上，本书基于政策干预及改革背景，揭示了作物市场价格变动特征、趋势和波动规律。

第一，粮食市场政策干预改革对粮食价格形成产生重要影响。在21世纪前，粮食收购双轨制渐进式改革加大了市场作用，在一定程度上促进了粮食生产；农产品的市场化改革对农业资源配置产生了积极影响。

第二，21世纪初，临时收储政策和最低收购价政策干预导致许多农产品国内外市场价格倒挂、库存剧增，供给侧结构性等问题突出；2014年以来逐渐取消政府临时收储市场干预政策及实施玉米等农产品价补分离政策，价格由市场供需决定，改善了农产品生产结构和提高了市场配置资源的功能。

第三，农产品目标价格政策虽然使农产品价格回归市场价格，但加大了财政负担与压力。目标价格政策的主要目标是“反周期”或降低市场价格风险，不能同时兼顾完善农产品市场价格形成机制、降低农产品市场价格风险，增加农民收入、促进农业生产等目标。

第四，我国蔬菜水果垂直市场价格形成符合完全竞争市场价格形成规律，不存在垄断利润。蔬菜水果市场运行效率高，应理解中间商存在的合理性及其生存空间。蔬菜水果长期的协整程度也不断加强。

第五，国际市场对国内市场价格的传递在很大程度上受国内市场政策的影响。对市场干预程度较高的农产品（如玉米），没有证据表明国际市场价格能够传导到国内市场；对于像大豆这样市场基本完全开放的农产品，它们的国际市场价格可以在很大程度上迅速地传导到国内市场，对这些农产品的国内市场干预难以产生明显作用，而且代价高昂。

第六，农业供给侧存在结构性问题的根本原因是政府对市场的过度干预（或没有充分发挥市场配置资源功能）、对市场失灵问题关注不够、对农业公共物品与服务供给不足。改革需要市场与政府各自发挥其无法替代的作用；政府的主要职能是完善市场价格形成机制和解决食品安全、食物安全、资源安全、市场环境等领域存在的市场失灵和公共产品与服务供给不足等问题；农业要可持续发展，还需要“有所为有所不为”。

四、国家食物安全预测模型及多情景评估

在国家食物安全预测模型系统及多情景评估上，本书基于系统预测及政策评

估，揭示了中国农业未来发展前景并开展对各类冲击影响的模拟分析。

第一，中国农业已经进入了新的发展阶段。过去40多年我国农产品供给和需求显著增长，农产品供需基本保持“总量平衡，丰年有余”。但21世纪初以来，特别是在2005年以后，农产品供需进入新时代，主要表现为“总量基本平衡，结构明显短缺”，而且这个阶段将成为未来中国农业的常态。

第二，虽然加速城镇化将对农业生产造成一些负向影响，但对粮食总需求和食物安全的总体影响不大；另外，加速城镇化对提高农业劳动生产率和农业生产竞争力将起到促进作用。

第三，提高农业生产力是提高中国主要农产品供给、缩小供需缺口和保障粮食安全的最有效手段。以抗虫转基因玉米产业化为例，其带来的经济收益是巨大的；而且，玉米增产不仅能提高我国玉米自给率，也将促进畜牧业生产，减少肉类进口。转基因玉米产业化将增加其他农产品的产量，除农药产业之外，玉米产业的其他利益攸关方也将从中受益。

第四，气候变化对中国的农业生产将产生显著影响，但其影响在不同农作物间的差异较大。通过加强农业生产投入和田间管理、调整生产结构、促进国内外农产品贸易等能减缓气候变化的冲击和提高应对气候变化的适应能力。

第五，中国对外开放加强农产品国际贸易，不但降低了国内农业生产面临的水土约束与压力，而且从全球尺度上也降低了全球的水土利用强度，促进了中国和全球农业的可持续发展，加强了国际农产品贸易，对中国和世界在资源有效利用和食物安全保障等方面都是“双赢”措施。

第二节　未来政策取向

2035年前是中国农业发展的重要转折时期，为保障食物安全，农业发展需要新的思路和新的发展战略。虽然过去40多年中国农业生产持续增长，但农业增长是以破坏环境和可持续发展为代价的，中国农业已进入了“总量基本平衡，结构明显短缺”的新时代。在此背景下，要对未来中国农业生产结构调整目标做出实事求是的科学判断，从食物消费、食物生产和食物市场以及整体上提出保障中国食物安全的战略目标、战略重点和重大政策。

一、未来中国农业生产结构调整总体目标及策略

第一，对于能对国家食物安全和社会稳定产生重大影响的口粮和畜产品，采

取“自给”的政策目标与“保”和“挡”的发展策略。

口粮（大米和小麦）是真正能够威胁国家安全和社会稳定的主要食物。联合国预测，全球人口将从 2012 年的 70 亿增加到 2050 年的 96 亿，增长 37%。新增人口中 95%以上来自现在的低收入国家（撒哈拉沙漠以南的非洲、北非和西亚等）。低收入国家人口增长势必导致全球口粮需求增加，加剧全球口粮需求竞争。从中长期看，中国要坚持“保”口粮生产，确保中国口粮绝对安全；同时，中国口粮需求总量已开始下降，“保”口粮自给的目标能够实现。“保”口粮的目标要从数量向数量和质量并举转变。

中国未来的食物安全主要是畜产品的供给安全。首先，随着未来国民收入的提高，畜产品需求还将成倍增长，如果不能确保生产的快速与持续增长，供需缺口将不断扩大。其次，畜产品不属于 TRQ 制管理下的产品，畜产品的进出口基本上取决于本国畜产品的生产成本（或价格）及品质。最后，一旦世界上任何国家或地区发生畜产品卫生和疾病等问题，就会引起全球贸易的连锁反应和禁运，所以国际畜产品市场是最不稳定的市场之一。各国的发展经验也都表明，为保障畜产品供给，畜产品需求基本来自国内的生产。

第二，对于与口粮和其他食物生产竞争耕地并影响畜产品生产成本的饲料粮，采取“进”的长期政策目标和“压”的短期发展策略。

加快玉米市场改革进程，2020 年之前采取适当“压”的短期发展策略，之后长期采取“进”的政策目标战略。从畜牧业发展和食物或畜产品供给安全上看，需要采取进口的长期政策目标。前几年我国玉米实施了“挡”策略的教训是深刻的，结果不但影响了畜牧业生产并导致畜产品的大量进口，而且造成了玉米替代品（如大麦、高粱、干酒精糟和木薯等）进口的剧增（2015 年粗粮等玉米替代品进口超过 4 000 万吨），未达到“挡”进口的预期目的，同时还对国内适宜生产杂粮的偏远地区造成了冲击，对当地农民的收入增长产生了负向影响，因此对玉米要慎重采用“挡”的策略。

延续大豆“进”口的政策目标，确“保”国内大豆优势主产区的产量。随着我国未来收入增加，畜产品、奶产品和食用油等需求量快速增长，大豆作为蛋白质饲料需求将快速增长。同时，大豆国际市场还有较大的供给潜力，进口大豆还可节约国内水土资源。国内大豆主产区东北和内蒙古生产的大豆品质较高，为满足国内对高品质大豆及其制品的需求，需确“保”主产区的大豆生产。

第三，对于对国家食物安全和社会稳定不会产生重大影响的油料和糖料作物，在主产区采取适度“保”的政策目标和适度“进”的发展策略。

随着我国居民收入提高，食用油和食糖需求还将不断增长，但油料作物和糖料作物生产的比较优势将逐渐下降，受国际市场的冲击将不断加大，未来通过生产力的提高，可以得到适度的增长，因此在油料和糖料的主产区，建议实施适度

“保”的政策目标。我们预测食用油和食糖进口将显著增长，自给率将继续下降，即使我国能够大幅度增加国内油料与糖料作物生产，也无法改变食用油和食糖需求依靠进口的局面，所以在贸易上，建议采取适度“进”的发展策略，增加进口也将缓解国内水土资源压力。

第四，对于能改善食物营养和膳食结构并具有市场比较优势的蔬菜和水果，采取“保”的政策目标和适度“出”口的发展策略。

我国蔬菜和水果还具有一定的比较优势，因此发挥蔬果的比较优势，提高产量和品质，确保食品安全，实施积极适度的“出”口策略，对改善居民食物营养和健康、促进农民增收将起到积极的作用。

第五，对于能对国家食物安全产生负向影响的农产品，采取“进”的政策目标和“压”的发展策略。

棉花、麻类、烟草等非食物农作物生产占用有限的水土资源，影响国家食物供给和安全；同时这些作物多属于劳动密集型农产品，随着劳动工资的提高，比较优势正逐渐下降；另外，相比价格较低的进口产品，国内产品对下游的加工行业的生产、出口和就业也会产生不利的影响，放开市场对促进我国纺织与服装以及烟草加工业发展将起到积极的作用。

二、未来我国农业发展的相关政策建议

第一，保障城乡居民食物消费升级转型的主要政策建议：

（1）对于长期粮食的需求，主要是饲料粮的需求。饲料粮的国内供给受到水土资源的限制，国内的水土资源难以完全满足饲料粮需求的增长。为此，建议放开玉米等饲料市场，促进养殖业的发展，保障国家食物安全。

（2）对于短期食物的需求，政府提供对遭遇突发事件的居民的救助应该尽早落实到位，最好能够在冲击发生后第一年内落实到位。对于低收入家庭，还应该视其家庭财产的多寡给予更大力度的救助。同时，政府对遭遇不利突发事件的居民的救助措施应当主要关注以蛋白质为主的动物性食品。

第二，保障农业生产和可持续发展的主要政策建议：

（1）在关注种子产业发展的同时，加大对节肥、节农药、节水等节本技术和机械装备等增效技术的创新力度。

（2）加快现代生物技术（特别是转基因生物技术）和现代信息与通信技术在农业中的推广。

（3）培育新型农业经营主体要按农产品分类实施、因地制宜、动态调整，完善土地流转市场和社会化服务体系，稳妥地推进新型农业经营主体的发展；对于大田农作物生产，要以家庭农场为主体。

（4）加快农村生产要素（土地、劳动力、水资源和资本等）制度创新，提高农业全要素生产率与农产品市场竞争力。

第三，保障农产品市场价格稳定的主要政策建议：

（1）坚持基于市场配置资源和农产品比较优势，提高主要农产品生产力和市场竞争力，使未来农业成为一个优势的产业。

（2）深化农产品市场改革，加大对农产品市场的软件和硬件建设。通过市场改革促进农业生产结构和资源配置的优化，保障农产品的有效供给；改善市场环境、完善生产和市场监管体系，解决食品安全的市场失灵和投入不足问题。

（3）完善财政支农体系，转变财政支农方式，促进新时期农业发展方式的顺利转变。支农政策在“颜色”上，要更多地从“黄箱”向“绿箱”政策转变，提高农业生产力和市场竞争力，促进农业的可持续发展。

（4）促进农产品市场的空间和垂直供应链的整合，促进国内外市场和资源的高效统筹，充分发挥多元主体的竞争力和创新驱动力是实现食物安全、提质增效的重要保障。

第四，保障总体食物安全的主要政策建议：

（1）未来农业发展要“有所为有所不为”，确保国内口粮，支持有国际竞争力的农产品（如蔬菜、水果和畜产品等）的生产，支持在国际市场上难以贸易的农产品（如特色产品）和多功能农业服务产品的发展。

（2）调整目前以粮棉油糖为主的财政支农政策体系，加大对优势、特色、绿色农产品的生产以及多功能农业的公共物品投入，加大对这些产品和服务的市场建设，提升我国农业的综合生产力和市场竞争力。

（3）粮食安全概念要全面向食物安全概念转变，食物生产观念必须从增产导向转向提质增效增值，将高质量高价值发展作为主攻方向，增加安全、绿色、优质农产品的供给。

（4）建立一个与大国地位相匹配的全球农产品供给和保障体系，提高统筹配置全球农业资源的能力，拓展和深化全球农业产业链和价值链。在国际贸易上，中国不仅要依靠国际市场满足国内部分农产品的消费需求，也要扩大我国具有比较优势的农产品及其加工品的出口。

参 考 文 献

蔡昉. 2000-10-16. 加快城市化，培养新的消费群体[N]. 人民日报.

陈百明. 2001. 中国农业资源综合生产能力与人口承载力研究[M]. 北京：气象出版社.

陈强. 2010. 高级计量经济学及Stata应用[M]. 北京：高等教育出版社.

陈帅. 2015. 气候变化对中国小麦生产力的影响——基于黄淮海平原的实证分析[J]. 中国农村经济，（7）：4-16.

陈锡康，郭菊娥. 1996. 中国粮食生产发展预测及其保证程度分析[J]. 自然资源学报，（3）：197-202.

陈锡文. 2016. 农业供给侧结构性改革要进行三大创新[J]. 农村工作通讯，（8）：34.

陈永福. 2004. 中国食物供求与预测[M]. 北京：中国农业出版社.

程国强，陈良彪. 1998. 中国粮食需求的长期趋势[J]. 中国农村观察，（3）：1-7.

邓祥征，黄季焜，Rozelle S. 2005. 中国耕地变化及其对生物生产力的影响——兼论中国的粮食安全[J]. 中国软科学，（5）：65-70.

第三次气候变化国家评估报告编写委员会. 2015. 第三次气候变化国家评估报告[M]. 北京：科学出版社.

杜珉. 2004. 2003年度棉花市场全纪录[J]. 中国纺织，（3）：24-26.

杜巍，乔长涛，吴细卯. 2011. 我国绿色食品市场培育与品牌建设探讨[J]. 湖北农业科学，50（9）：1930-1934.

封志明，刘宝勤，杨艳昭. 2005. 中国耕地资源数量变化的趋势分析与数据重建：1949-2003[J]. 自然资源学报，（1）：35-43.

冯良宣，齐振宏，田云，等. 2012. 我国消费者对转基因食品的购买意愿及影响因素分析[J]. 中国农业大学学报，（3）：7-14.

高小蒙，向宁. 1992. 中国农业价格政策分析[M]. 杭州：浙江人民出版社.

国家统计局. 1999. 中国统计年鉴1999[M]. 北京：中国统计出版社.

国家统计局. 2008. 中国统计年鉴2008[M]. 北京：中国统计出版社.

国家统计局. 2009. 中国统计年鉴2009[M]. 北京：中国统计出版社.

国家统计局. 2010. 中国统计年鉴2010[M]. 北京：中国统计出版社.

国家统计局. 2011. 中国统计年鉴 2011[M]. 北京：中国统计出版社.
国家统计局. 2012. 中国统计年鉴 2012[M]. 北京：中国统计出版社.
国家统计局. 2013. 中国统计年鉴 2013[M]. 北京：中国统计出版社.
国家统计局. 2014a. 中国统计年鉴 2014[M]. 北京：中国统计出版社.
国家统计局. 2014b-12-17. 国家统计局关于 2014 年棉花产量的公告[EB/OL]. http://www.gov.cn/xinwen/2014-12/17/content_2792705.htm.
国家统计局. 2015. 中国统计年鉴 2015[M]. 北京：中国统计出版社.
国家统计局. 2016. 中国统计年鉴 2016[M]. 北京：中国统计出版社.
国家统计局. 2017. 中国统计年鉴 2017[M]. 北京：中国统计出版社.
国家统计局. 2018. 中国统计年鉴 2018[M]. 北京：中国统计出版社.
韩俊. 2003. 中国不会出现全局性粮食短缺[J]. 财经，（22）：64-67.
韩志荣，冯亚凡，等. 1992. 新中国农产品价格四十年[M]. 北京：水利电力出版社.
何秀荣. 2009. 公司农场：中国农业微观组织的未来选择? [J]. 中国农村经济，（11）：4-16.
贺伟. 2010. 我国粮食最低收购价政策的现状、问题及完善对策[J]. 宏观经济研究，（10）：32-36.
胡定寰，陈志钢，孙庆珍，等. 2006. 合同生产模式对农户收入和食品安全的影响——以山东省苹果产业为例[J]. 中国农村经济，（11）：17-24.
黄季焜. 1998. 迈向 21 世纪的中国粮食经济[M]. 北京：中国农业出版社.
黄季焜. 1999. 社会发展、城市化和食物消费[J]. 中国社会科学，（4）：102-116.
黄季焜. 2004. 中国的食物安全问题[J]. 中国农村经济，（10）：4-10.
黄季焜. 2013. 新时期的中国农业发展：机遇、挑战和战略选择[J]. 中国科学院院刊，（3）：295-300.
黄季焜. 2014. 推进农业发展与改革：未来面临挑战、当前政策效应和未来改革取向[R]. 清华大学，清华三农论坛.
黄季焜. 2017. 农业供给侧结构性改革的关键问题[J]. 中国乡村发现，（3）：36-39.
黄季焜. 2018a. 农业供给侧结构性改革的关键问题：政府职能和市场作用[J]. 中国农村经济，（2）：2-14.
黄季焜. 2018b. 四十年中国农业发展改革和未来政策选择[J]. 农业技术经济，（3）：4-15.
黄季焜，胡瑞法. 1999. 中国农业科技投资现状及对策研究[J]. 农业经济问题，（3）：28-32.
黄季焜，仇焕广，白军飞，等. 2006. 中国城市消费者对转基因食品的认知程度、接受程度和购买意愿[J]. 中国软科学，（2）：61-67.
黄季焜，仇焕广，杨军. 2012. 农产品价格与通货膨胀[C]//张健华. 中国通货膨胀走势和应对策略研究. 北京：科学出版社：84-117.
黄季焜，王丹，胡继亮. 2015. 对实施农产品目标价格政策的思考——基于新疆棉花目标价格改革试点的分析[J]. 中国农村经济，（5）：10-18.

黄季焜，王晓兵，智华勇，等. 2011. 粮食直补和农资综合补贴对农业生产的影响[J]. 农业技术经济，（1）：4-12.
黄季焜，朱丽芬，邓祥征. 2007. 中国建设用地扩张的区域差异及其影响因素[J]. 中国科学（D辑），（9）：1235-1241.
黄祖辉，傅琳琳，李海涛. 2016. 我国农业供给侧结构调整：历史回顾、问题实质与改革重点[J]. 南京农业大学学报（社会科学版），（6）：1-5.
姜百臣. 2007. 中国农村居民食品消费需求实证分析——基于吉林省的微观消费数据[J]. 中国农村经济，（7）：37-44.
金和辉. 1990. 计划、市场和中国农民的粮食供给行为[J]. 经济研究，（9）：62-68.
柯炳生. 1991. 我国粮食市场上的价格信号问题[J]. 中国农村经济，（6）：23-27.
柯炳生. 2007. 我国粮食自给率与粮食贸易问题[J]. 农业展望，（4）：3-6.
孔令丞，邵春杰. 2005. 均分地权条件下的农业规模化经营[J]. 农业技术经济，（4）：42-46.
孔祥智. 2016. 农业供给侧结构性改革的基本内涵与政策建议[J]. 改革，（2）：104-115.
李佳，叶兴乾，沈立荣. 2010. 我国食品标准的现状、存在问题及发展趋势[J]. 食品科技，（10）：297-300.
李茂松，李章成，王道龙，等. 2005. 50年来我国自然灾害变化对粮食产量的影响[J]. 自然灾害学报，14（2）：55-60.
李苹绣. 2015. 农村消费者对转基因食品的态度与购买意愿研究[J]. 特区经济，（6）：101-103.
李善同，何建武. 2010. 中国可计算一般均衡模型及其应用[M]. 北京：经济科学出版社.
李圣军. 2010. 农产品流通环节利益分配机制的实证分析[J]. 农业技术经济，（11）：108-114.
梁玉莲，延晓冬. 2016. RCPs情景下中国21世纪气候变化预估及不确定性分析[J]. 热带气象学报，32（2）：183-192.
刘丹妮，亢霞，钟昱. 2017. 关于玉米去库存路径选择的思考——基于加工视角[J]. 农业经济，（2）：64-67.
刘华，钟甫宁. 2009. 食物消费与需求弹性——基于城镇居民微观数据的实证研究[J]. 南京农业大学学报，9（3）：36-43.
刘强，杨万江. 2016. 农户行为视角下农业生产性服务对土地规模经营的影响[J]. 中国农业大学学报，21（9）：188-197.
刘小丹，李淑华，徐国良，等. 2012. 转基因玉米育种研究进展[J]. 玉米科学，20（6）：1-8.
刘秀梅，秦富. 2005. 我国城乡居民动物性食物消费研究[J]. 农业技术经济，（3）：25-30.
卢良恕. 2004. 新时期的中国食物安全[J]. 中国农村科技，（1）：4-5.
马晓河. 1997. 我国中长期粮食供求状况分析及对策思路[J]. 管理世界，（3）：154-166.
梅建明. 2002. 再论农地适度规模经营——兼评当前流行的“土地规模经营危害论”[J]. 中国农村经济，（9）：32-36.
穆月英，笠原浩三，松田敏信. 2001. 中国城乡居民消费需求系统的AIDS模型分析[J]. 经济问题，（8）：25-28.

倪国华，蔡昉. 2015. 农户究竟需要多大的农地经营规模？——农地经营规模决策图谱研究[J]. 经济研究，（3）：159-171.

彭勃文. 2015. 中国城市消费者对转基因技术与食品的认知和态度研究[D]. 中国科学院大学博士学位论文.

彭勃文，黄季焜. 2015. 中国消费者对转基因食品的认知和接受程度[J]. 农业经济与管理，（1）：33-39.

彭亚拉，郑风田，齐思媛. 2012. 关于我国食品安全财政投入的思考及对策——基于对比分析美国的食品安全财政预算[J]. 中国软科学，（10）：9-21.

齐振宏，周慧. 2010. 消费者对转基因食品认知的实证分析——以武汉市为例[J]. 中国农村观察，（6）：35-43.

钱贵霞，李宁辉. 2006. 粮食生产经营规模与粮农收入的研究[J]. 农业经济问题，（6）：57-60.

史清华. 2000. 农户家庭经济资源利用效率及其配置方向比较——以山西和浙江两省 10 村连续跟踪观察农户为例[J]. 中国农村经济，（8）：58-61.

舒建玲，陈权. 2012. 我国城市化与粮食安全动态关系研究[J]. 西安财经学院学报，25（3）：11-15.

宋洪远. 2013. 农民增收面临诸多不确定性因素[J]. 农村经营管理，（1）：31.

宋洪远. 2016. 关于农业供给侧结构性改革若干问题的思考和建议[J]. 中国农村经济，（10）：18-21.

覃志豪，唐华俊，李文娟，等. 2013. 气候变化对农业和粮食生产影响的研究进展与发展方向[J]. 中国农业资源与区划，34（5）：1-7.

谭涛，陈超. 2014. 我国转基因作物产业化发展路径与策略[J]. 农业技术经济，（1）：22-30.

涂圣伟. 2016. 我国农业供给结构失衡的根源与改革着力点[J]. 经济纵横，（11）：108-113.

王春乙，娄秀荣，王建林. 2007. 中国农业气象灾害对作物产量的影响[J]. 自然灾害学报，16（5）：37-43.

王德文，黄季焜. 2001. 双轨制度下中国农户粮食供给反应分析[J]. 经济研究，（12）：55-65.

王士海，李先德. 2013. 中国政策性粮食竞价销售对市场价格有影响吗？——以小麦为例[J]. 中国农村经济，（2）：61-70.

王术坤. 2018. 中国转基因玉米产业化的经济影响研究[D]. 中国科学院大学博士学位论文.

王涛. 2014-12-24. 新疆地方棉花种植面积达 2967 万亩[EB/OL]. http://xj.people.com.cn/n/2014/1224/c188514-23321881.html.

王燕青，武拉平. 2014. 农民外出务工后食物消费的变化——以北京为例[J]. 农业展望，10（6）：69-73.

王志刚，申红芳，廖西元. 2011. 农业规模经营：从生产环节外包开始——以水稻为例[J]. 中国农村经济，（9）：4-12.

王宗萍，李建军. 2014-09-23. 新疆兵团种棉花 900 万亩 需要招 20 万拾花工[EB/OL]. http://xj.people.com.cn/n/2014/0923/c188514-22398935.html.

吴舒，穆月英. 2013. 我国蔬菜价格的垂直传导关系研究[J]. 中国蔬菜，（18）：11-18.

武拉平，张瑞娟. 2011. 中国农村居民食品消费结构变化及趋势展望——基于 1950~2010 年统计数据的分析[J]. 农业展望，7（4）：53-58.

席斯，张向东. 2008. 农产品流通暴利起底[J]. 中国禽业导刊，（11）：45.

夏龙. 2006. 农产品产量与收购价格的相关性检验[J]. 商业研究，（3）：193-196.

新疆财政局. 2015-01-30. 新疆 2014 年自治区预算执行情况和 2015 年自治区预算草案的报告 [EB/OL]. http://www.mof.gov.cn/zhengwuxinxi/xinwenlianbo/xinjiangcaizhengxinxilianbo/201502/t20150227_1195650.htm.

徐志刚，习银生，张世煌. 2010. 2008/2009 年度国家玉米临时收储政策实施状况分析[J]. 农业经济问题，（3）：16-23.

许庆，尹荣梁，章辉. 2011. 规模经济、规模报酬与农业适度规模经营——基于我国粮食生产的实证研究[J]. 经济研究，（3）：59-71.

许月明. 2006. 土地规模经营制约因素分析[J]. 农业经济问题，（9）：13-17.

杨宜苗，肖庆功. 2011. 不同流通渠道下农产品流通成本和效率比较研究——基于锦州市葡萄流通的案例分析[J]. 农业经济问题，（2）：79-88.

叶敬忠，李华. 2014. 关于转基因技术的综述与思考[J]. 农业技术经济，（1）：11-21.

张海鹏. 2016. 我国农业发展中的供给侧结构性改革[J]. 政治经济学评论，7（2）：221-224.

张锦华，许庆. 2012. 城市化进程中我国城乡居民的长期粮食需求[J]. 华南农业大学学报，11（1）：99-107.

张晓恒，周应恒，严斌剑. 2017. 农地经营规模与稻谷生产成本：江苏案例[J]. 农业经济问题，（3）：48-54.

张熠婧，郑志浩，高杨. 2015. 消费者对转基因食品的认知水平和接受程度——基于全国 15 省份城镇居民的调查与分析[J]. 中国农村观察，（6）：47-59.

赵霞. 2012. 农业自然灾害与粮食价格波动——基于中国 1978—2010 年间的数据[J]. 统计与信息论坛，27（10）：38-43.

郑毓盛，曾澍基. 1993. 中国农业生产在双轨制下的价格反应[J]. 经济研究，（1）：16-25.

郑志浩，赵殷钰. 2012. 收入分布变化对中国城镇居民家庭在外食物消费的影响[J]. 中国农村经济，（7）：40-50.

中国科学院农业领域战略研究组. 2009. 中国至 2050 年农业科技发展路线图[M]. 北京：科学出版社.

中国农业科学院. 2017. 中国农业展望报告（2016-2025）[M]. 北京：中国农业科学技术出版社.

中华人民共和国农业部. 2014-12-06. 农业部明确转基因推进路线[EB/OL]. http://politics.people.com.cn/n/2014/1206/c1001-26158566.html.

中华人民共和国水利部. 2007-12-31. 中国水旱灾害公报[EB/OL]. http://www.mwr.gov.cn/sj/tjgb/zgshzhgb/201612/t20161222_776085.html.

中华人民共和国水利部. 2010-12-31. 中国水旱灾害公报[EB/OL]. www.mwr.gov.cn/sj/tjgb/zgshzhgb/201612/t20161222_776088.html.

中华人民共和国水利部. 2011-12-31. 中国水旱灾害公报[EB/OL]. http://www.mwr.gov.cn/sj/tjgb/zgshzhgb/201612/t20161222_776089.html.

钟甫宁，陈希，叶锡君. 2006. 转基因食品标签与消费偏好——以南京市超市食用油实际销售数据为例[J]. 经济学（季刊），（5）：1312-1318.

钟甫宁，徐志刚，傅龙波. 2001. 中国粮食生产的地区比较优势及其对结构调整的政策的涵义[J]. 南京农业大学学报（社会科学版），（1）：38-52.

周峰，田维明. 2003. 消费者对转基因食品的认知、态度及因素分析——以北京市调查数据为例[J]. 中国农业经济评论，（3）：266-293.

朱莉芬，黄季焜. 2007. 城镇化对耕地影响的研究[J]. 经济研究，（2）：137-145.

朱文珏，罗必良. 2016. 行为能力、要素匹配与规模农户生成——基于全国农户抽样调查的实证分析[J]. 学术研究，（8）：83-92.

朱希刚，史照林. 1994. 我国“七五”期间农业技术进步贡献份额的测算[M]. 北京：中国农业科技出版社.

Ali T，Huang J，Wang J，et al. 2017. Global footprints of water and land resources through China's food trade[J]. Global Food Security，（12）：139-145.

Anderson T W，Hsiao C. 1981. Estimation of dynamic models with error components[J]. Journal of the American Statistical Association，76（1）：598-606.

Asfaw A，von Braun J. 2004. Is consumption insured against illness? Evidence on vulnerability of households to health shocks in rural Ethiopia[J]. Economic Development & Cultural Change，53（1）：115-129.

Awokuse T O. 2007. Market reforms，spatial price dynamics，and China's rice market integration：a causal analysis with directed acyclic graphs[J]. Journal of Agricultural & Resource Economics，32（1）：58-76.

Baffes J，Kshirsagar V，Mitchell D. 2015. Domestic and external drivers of maize prices in Tanzania[J]. SSRN Electronic Journal，（1）：1-48.

Bai J，Zhang C，Qiao F. 2012. Disaggregating household expenditures on food away from home in Beijing by type of food facility and type of meal[J]. China Agricultural Economic Review，4（1）：18-35.

Baldos U L C，Hertel T W. 2015. The role of international trade in managing food security risks from climate change[J]. Food Security，7（2）：275-290.

Baltagi B H. 2008. Econometric Analysis of Panel Data[M]. 4th ed. New York：Wiley.

Banks J，Blundell R，Lewbel A. 1997. Quadratic Engel curves，welfare measurement and consumer demand[J]. Review of Economics and Statistics，79（4）：527-539.

Barassi M R，Taylor A M R. 2004. A Test for Change in the Cointegrating Rank[M]. Birmingham：University of Birmingham Press.

Baylis K，Jolejole-Foreman M C，Mallory M. 2014. Impact of wheat and rice export ban on Indian market integration[R]. Paper Presented at Agricultural & Applied Economics Association's 2013 AAEA & CAES Joint Annual Meeting，Washington.

Bentolila S，Ichino A. 2008. Unemployment and consumption near and far away from the Mediterranean[J]. Journal of Population Economics，21（2）：255-280.

Bowlus A J，Sicular T. 2003. Moving toward markets? Labor allocation in rural China[J]. Journal of Development Economics，71（2）：561-583.

Brookes G. 2005. The farm-level impact of herbicide-tolerant soybeans in Romania[J]. AgBioForum，8（4）：235-241.

Brookes G. 2008. The impact of using GM insect resistant maize in Europe since 1998[J]. International Journal of Biotechnology，10（2~3）：148.

Brookes G，Barfoot P. 2005. GM crops：the global economic and environmental impact—the first nine years 1996-2004[J]. AgBioForum，8（2）：187-196.

Brown L R. 2004. China's Shrinking Grain Harvest：How Its Growing Grain Imports Will Affect World Food Prices[M]. Washington：Worldwatch Institute，W.W.Norton&Co.

Brown M E，Carr E R，Grace K L，et al. 2017. Do markets and trade help or hurt the global food system adapt to climate change? [J]. Food Policy，（68）：154-159.

Burggraf C，Kuhn L，Zhao Q R，et al. 2015. Economic growth and nutrition transition：an empirical analysis comparing demand elasticities for foods in China and Russia[J]. Journal of Integrative Agriculture，14（6）：1008-1022.

Calzadilla A，Rehdanz K，Betts R，et al. 2013. Climate change impacts on global agriculture[J]. Climatic Change，120（1~2）：357-374.

CCAP. 2017. Baseline Projection of CAPSiM Model to 2025[M]. Beijing：China Center for Agricultural Policy（CCAP）Peking University.

Chapagain A，Hoekstra A，Savenije H. 2006. Water saving through international trade of agricultural products[J]. Hydrology and Earth System Sciences，（10）：455-468.

Chavas J P，Holt M T. 1990. Acreage decisions under risk：the case of corn and soybeans[J]. American Journal of Agricultural Economics，72（3）：529-538.

Chayanov A V. 1926. The Theory of Peasant Economy[M]. Madison：The University of Wisconsin Press.

Chen G，Han M. 2015. Virtual land use change in China 2002-2010：internal transition and trade imbalance[J]. Land Use Policy，（47）：55-65.

Chen Z，Huffman W E，Rozelle S. 2011. Inverse relationship between productivity and farm size：the case of China[J]. Contemporary Economic Policy，29（4）：580-592.

Ciais P，Reichstein M，Viovy N，et al. 2005. Europe-wide reduction in primary productivity caused by the heat and drought in 2003[J]. Nature，437（7058）：529-533.

Cui K，Shoemaker S P. 2018. Public perception of genetically-modified（GM）food：a nationwide Chinese consumer study[J]. Npj Science of Food，2（1）：1-8.

Cui Q，Xie W，Liu Y. 2018. Effects of sea level rise on economic development and regional disparity in China[J]. Journal of Cleaner Production，（176）：1245-1253.

Dalin C，Hanasaki N，Qiu H，et al. 2014. Water resources transfers through Chinese interprovincial and foreign food trade[J]. Proceedings of the National Academy of Sciences of the United States of America，（111）：9774-9779.

Dalin C，Konar M，Hanasaki N，et al. 2012a. Evolution of the global virtual water trade network[J]. Proceedings of the National Academy of Sciences of the United States of America，（109）：5989-5994.

Dalin C，Suweis S，Konar M，et al. 2012b. Modeling past and future structure of the global virtual water trade network[J]. Geophysical Research Letter，39：L24402.

Dannenberg A. 2009. The dispersion and development of consumer preferences for genetically modified food—a meta-analysis[J]. Ecological Economics，68（8~9）：2182-2192.

de Agostini P. 2014. The effect of food prices and household income on the British diet[R]. ISER Working Paper Series.

Deaton A，Muellbauer J. 1980. Economics and Consumer Behavior：Extensions to the Basic Model[M]. Cambridge：Cambridge University Press.

Deininger K，Byerlee D. 2012. The rise of large farms in land abundant countries：do they have a future?[J]. World Development，40（4）：701-714.

Deininger K，Jin S. 2009. Securing property rights in transition[J]. Journal of Economic Behavior & Organization，（70）：22-38.

Deininger K，Jin S，Yu X. 2007. Risk coping and starvation in rural China[J]. Applied Economics，39（11）：1341-1352.

Deng X，Huang J，Rozelle S. 2013. Impact of urbanization on land productivity and cultivated land area in China[R]. Project Report Submitted to the World Bank & Development Research Center of the State Council Beijing：the Center for Chinese Agricultural Policy Beijing，Chinese Academy of Sciences.

Deng X，Li Z. 2016. Economics of land degradation in China[C]//Nkonya E. Economics of Land Degradation and Improvement—A Global Assessment for Sustainable Development. Berlin：

Springer：385-399.

Djuric I，Götz L，Glauben T. 2015. Are export restrictions an effective instrument to insulate domestic prices against skyrocketing world market prices? The wheat export ban in Serbia[J]. Agribusiness，31（2）：215-228.

Dyer G. 1996. Output per acre and size of holding：the logic of peasant agriculture under semi-feudalism[J]. The Journal of Peasant Studies，24（1~2）：103-131.

Edition Committee of China's National Assessment Report on Climate Change. 2015. China's National Assessment Report on Climate Change[M]. Beijing：Science Publication.

Esposti R，Listorti G. 2013. Agricultural price transmission across space and commodities during price bubbles[J]. Agricultural Economics，44（1）：125-139.

Fader M，Gerten D，Thammer M，et al. 2011. Internal and external green-blue agricultural water footprints of nations，and related water and land savings through trade[J]. Hydrology and Earth System Sciences，（15）：1641-1660.

Fan S. 1991. Effects of technological change and institutional reform on production growth in China agriculture[J]. American Journal of Agricultural Economics，73（1991）：266-275.

FAO. 2002. World agriculture：towards 2015/2030[R]. Summary Report，Rome.

FAO. 2017-06-20. Maize yield data[EB/OL]. http://www.fao.org/faostat/en/.

FAOSTAT. 2016-09-05. FAOSTAT online database[EB/OL]. http://faostat3.fao.org/home/E.

Finger R，El Benni N，Kaphengst T，et al. 2011. A meta analysis on farm-level costs and benefits of GM crops[J]. Sustainability，3（5）：743-762.

Fischer G，van Velthuizen H T，Shah M M，et al. 2002. Global agro-ecological assessment for agriculture in the 21st century：methodology and results[R]. IIASA Research Report RR-02-002.

Frewer L J，Lans I A V D，Fischer A R H，et al. 2013. Public perceptions of agri-food applications of genetic modification—a systematic review and meta-analysis[J]. Trends in Food Science & Technology，（30）：142-152.

Gandhi V P，Namboodiri N. 2006. The adoption and economics of Bt cotton in India：preliminary results from a study[R]. IIMA Working Papers.

Gao X M，Wailes E J，Cramer G L. 1996. A two-stage rural household demand analysis：microdata evidence from Jiangsu Province，China[J]. American Journal of Agricultural Economics，78（3）：604-613.

Gertler P，Gruber J. 2002. Insuring consumption against illness[J]. American Economic Review，92（1）：51-70.

Golban A，Doga V. 2016. Value chain analysis of fresh tomatoes-constraints and opportunities[J]. Lucrări Ştiinţifice，59（1）：126-135.

Götz L，Djuric I，Nivievskyi O. 2016. Regional price effects of extreme weather events and wheat export controls in Russia and Ukraine[J]. Journal of Agricultural Economics，67（3）：741-763.

Gould B W，Villarreal H J. 2006. An assessment of the current structure of food demand in urban China[J]. Agricultural Economics，（34）：1-16.

Gouse M，Pray C E，Kirsten J，et al. 2005. A GM subsistence crop in Africa：the case of Bt white maize in South Africa[J]. International Journal of Biotechnology，7（1~3）：84-94.

Greene W H. 2000. Econometric Analysis[M]. 4th ed. Upper Saddle River：Prentice Hall.

Halbrendt C，Tuan F，Gempesaw C，et al. 1994. Rural Chinese food consumption：the case of Guangdong[J]. American Journal of Agricultural Economics，76（4）：794-799.

Hanasaki N. 2016. Estimating virtual water contents using a global hydrological model[C]//Tang Q，Oki T. Terrestrial Water Cycle and Climate Change：Natural and Human-Induced Impacts. New York：John Wiley & Sons：209-228.

Hazell P B R. 2005. Is there a future for small farms?[J]. Agricultural Economics，32（s1）：93-101.

Hejazi M，Marchant M A. 2017. China's evolving agricultural support policies[J]. Choice，32（2）：1-7.

Hendricks N P，Smith A，Sumner D A. 2014. Crop supply dynamics and the illusion of partial adjustment[J]. American Journal of Agricultural Economics，96（5）：1469-1491.

Hertel T. 1997. Global Trade Analysis：Modelling and Applications[M]. Cambridge：Cambridge University Press.

Hoban T J. 1997. Consumer acceptance of biotechnology：an international perspective[J]. Nature Biotechnology，15（3）：232.

Hoekstra A，Mekonnen M. 2012. The water footprint of humanity[J]. Proceedings of the National Academy of Sciences of the United States of America，109（9）：3232-3237.

Hoppe R A，MacDonald J，Korb P. 2010. Small farms in the United States：persistence under pressure[J]. Economic Research Service，（1）：30-63.

Horridge M. 2017. SplitCom-programs to disaggregate a GTAP sector[R]. Centre of Policy Studies，Monash University，Melbourne，Australia.

Horridge M，Zhai F. 2005. Shocking a single country CGE model with export prices/quantities from a global model[C]//Hertel T，Winters L A. Poverty and the WTO：Impacts of the Doha Development Agenda. Washington：Palgrave Macmillan and the World Bank：94-103.

Hu R，Cai J，Huang J，et al. 2012. Silos hamstring Chinese plant biotech sector[J]. Nature Biotechnology，30（8）：749.

Huang J，Bouis H. 2001. Structure changes in the demand for food in Asia：empirical evidence from Taiwan[J]. Agricultural Economics，（26）：57-69.

Huang J，Ding J. 2016. Institutional innovation and policy support to facilitate small-scale farming transformation in China[J]. Agricultural Economics，47（S1）：227-237.

Huang J，Hu R，Pray C，et al. 2003. Biotechnology as an alternative to chemical pesticides：a case study of Bt cotton in China[J]. Agricultural Economics，29（1）：55-67.

Huang J，Hu R，Rozelle S，et al. 2002a. Transgenic varieties and productivity of smallholder cotton farmers in China[J]. Australian Journal of Agricultural & Resource Economics，46（3）：367-387.

Huang J，Hu R，Rozelle S，et al. 2005b. Insect-resistant GM rice in farmers' fields：assessing productivity and health effects in China[J]. Science，308（5722）：688-690.

Huang J，Hu R，van Meijl H，et al. 2004a. Biotechnology boosts to crop productivity in China：trade and welfare implications[J]. Journal of Development Economics，75（1）：27-54.

Huang J，Liu Y，Martin W，et al. 2009. Changes in trade and domestic distortions affecting China's agriculture[J]. Food Policy，34（5）：407-416.

Huang J，Peng B. 2015. Consumers' perceptions on GM food safety in urban China[J]. Journal of Integrative Agriculture，14（11）：2391-2400.

Huang J，Rozelle S. 1996. Technological change：rediscovering the engine of productivity growth in China's rural economy[J]. Journal of Development Economics，49（2）：337-369.

Huang J，Rozelle S. 1998. Market development and food demand in rural China[J]. China Economic Review，（9）：25-45.

Huang J，Rozelle S. 2006. The emergence of agricultural commodity markets in China[J]. China Economic Review，17（3）：266-280.

Huang J，Rozelle S，Chang M. 2004b. Tracking distortions in agriculture：China and its accession to the World Trade Organization[J]. The World Bank Economic Review，18（1）：59-84.

Huang J，Rozelle S，Pray C，et al. 2002b. Plant biotechnology in China[J]. Science，295（5555）：674-676.

Huang J，Wang J，Rozelle S. 2012. Impacts of climate change，adaptation and mitigation strategies in China's agricultural sector[R]. International Association of Agricultural Economists.

Huang J，Wang X，Zhi H，et al. 2011. Subsidies and distortions in China's agriculture：evidence from producer-level data[J]. Agricultural and Resource Economics，55（1）：53-71.

Huang J，Wei W，Cui Q，et al. 2017. The prospects for China's food security and imports：will China starve the world via imports？[J]. Journal of Integrative Agriculture，16（12）：2933-2944.

Huang J，Wu Y，Zhi H，et al. 2008. Small holder income，food safety and producing，and marketing China's fruits[J]. Review of Agricultural Economics，30（3）：469-479.

Huang J，Yang G. 2016. Understanding recent challenges and new food policy in China[J]. Global

Food Security，（12）：119-126.

Huang J，Yang J. 2014. Trade and economic implications of low level presence and asynchronous authorizations of agricultural biotech crops in China[J]. World Food Policy Journal，1（2）：30-47.

Huang J，Yang J，Rozelle S. 2010. China's agriculture：drivers of change and implications for China and the rest of world[J]. Agricultural Economics，41（11）：47-55.

Huang J，Yang J，Rozelle S. 2013. The political economy of food pricing policy in China[R]. WIDER Working Paper.

Huang J，Yang J，Rozelle S. 2014. The Political Economy of Food Price Policy in China[M]. Oxford：Oxford University Press.

Huang J，Zhu L，Deng X. 2005a. Cultivated land changes in China：the impacts of urbanization and industrialization[J]. Proceedings of SPIE - the International Society for Optical Engineering，（5884）：135-149.

Ihle R，von Cramon-Taubadel S，Zorya S. 2009. Markov-switching estimation of spatial maize price transmission processes between Tanzania and Kenya[J]. American Journal of Agricultural Economics，91（5）：1432-1439.

IPCC（Intergovernmental Panel on Climate Change）. 2012. Managing the Risks of Extreme Events and Disasters to Advance Climate Change Adaptation，Special Report of the Intergovernmental Panel on Climate Change[M]. Cambridge：Cambridge University Press.

IPCC. 2014. Climate change 2014：synthesis report. Contribution of working groups Ⅰ，Ⅱ and Ⅲ to the Fifth Assessment Report of the Intergovernmental Panel on Climate Change[R]. IPCC，Geneva，Switzerland.

ISAAA. 2017. Global status of commercialized biotech/GM crops：2017[C]. ISAAA Brief，No. 52.

Islam A，Maitra P. 2012. Health shocks and consumption smoothing in rural households：does microcredit have a role to play?[J]. Journal of Development Economics，97（2）：232-243.

Ito S，Peterson E W F，Grant W R. 1989. Rice in Asia：is it becoming an inferior good?[J]. American Journal of Agricultural Economics，71（1）：32-42.

Ivanic M，Martin W，Zaman H. 2012. Estimating the short-run poverty impacts of the 2010/11 surge in food prices[J]. World Development，40（11）：2302-2317.

Ji J，Yu X，Zhong F. 2012. Machinery investment decision and off-farm employment in rural China[J]. China Economic Review，（23）：71-80.

Jiang Y. 2009. China's water scarcity[J]. Journal of Environmental Management，（90）：3185-3196.

Jin S，Huang J，Rozelle S. 2013. Agricultural total factor productivity in a rapid transforming economy：evidence from China[R]. A Project Report Submitted to World Bank and Development

Research Center of the State Council.

Johansen S. 1988. Statistical analysis of cointegration vectors[J]. Journal of Economic Dynamics and Control，12（2~3）：231-254.

Kalaitzandonakes N G. 2003. The Economic and Environmental Impacts of Agbiotech：An Introduction[M]. New York：Kluwer Academic.

Kalkuhl M，Braun J V，Torero M. 2016. Food Price Volatility and Its Implications for Food Security and Policy[M]. Bern：Springer International Publishing.

Kastner T，Rivas M J，Koch W，et al. 2012. Global changes in diets and the consequences for land requirements for food[J]. Proceedings of the National Academy of Sciences of the United States of America，（109）：6868-6872.

Kissinger M. 2012. International trade related food miles—the case of Canada[J]. Food Policy，（37）：171-178.

Klümper W，Qaim M. 2014. A meta-analysis of the impacts of genetically modified crops[J]. PLoS One，9（11）：e111629.

Kornher L，Kalkuhl M. 2013. Food price volatility in developing countries and its determinants[J]. Quarterly Journal of International Agriculture，52（4）：277-308.

Lesk C，Rowhani P，Ramankutty N. 2016. Influence of extreme weather disasters on global crop production[J]. Nature，529（7584）：84.

Li H，Liu Z，Zheng L，et al. 2011. Resilience analysis for agricultural systems of north China plain based on a dynamic system model[J]. Scientia Agricola，68（1）：8-17.

Li Q，Curtis K R，McCluskey J J，et al. 2002. Consumer attitudes toward genetically modified foods in Beijing，China[J]. AgBioForum，5（4）：145-152.

Li R，Geng S. 2013. Impacts of climate change on agriculture and adaptive strategies in China[J]. Journal of Integrative Agriculture，12（8）：1402-1408.

Lin E，Xiong W，Ju H，et al. 2005. Climate change impacts on crop yield and quality with CO_2 fertilization in China[J]. Philosophical Transactions of the Royal Society B：Biological Sciences，360（1463）：2149-2154.

Lin J Y. 1992. Rural reforms and agricultural growth in China[J]. The American Economic Review，82（1）：34-51.

Lin J Y. 1993. Government procurement price and rice supply response in China[J]. International Rice Research Institute，Philippines，（4）：31-54.

Lipton M. 1993. Land reform as commenced business：the evidence against stopping[J]. World Development，21（4）：641-657.

Liu J，Savenije H. 2008. Food consumption patterns and their effect on water requirement in China[J]. Hydrology and Earth System Sciences，（12）：887-898.

Liu J, Zang C, Tian S, et al. 2013. Water conservancy projects in China: achievements, challenges and way forward[J]. Global Environmental Change, (23): 633-643.

Liu J, Zehnder A, Yang H. 2007. Historical trends in China's virtual water trade[J]. Water International, 32(1): 78-90.

Liu K E, Chern W S. 2003. Food demand in urban China: an application of a multi-stage censored demand system[R]. Paper Presented at the Annual Meeting of the American Agricultural Economic Association, Montreal, Canada.

Liu M, Kasteridis P, Yen S T. 2013. Breakfast, lunch, and dinner expenditures away from home in the United States[J]. Food Policy, 38(1): 156-164.

Liu S, Globa A K, Mills F, et al. 2016. Consumption of palatable food primes food approach behavior by rapidly increasing synaptic density in the VTA[J]. Proceedings of the National Academy of Sciences, 113(9): 2520-2525.

Lobell D B, Schlenker W, Costa-Roberts J. 2011. Climate trends and global crop production since 1980[J]. Science, 333(6042): 616-620.

Lu Y, Jenkins A, Ferrier R C, et al. 2015. Addressing China's grand challenge of achieving food security while ensuring environmental sustainability[J]. Science Advances, 1(1): e1400039.

Lusk J L, House L O, Valli C, et al. 2004. Effect of information about benefits of biotechnology on consumer acceptance of genetically modified food: evidence from experimental auctions in the United States, England, and France[J]. European Review of Agricultural Economics, 31(2): 179-204.

Lv X. 2013. Review of mid-and long-term predictions of China's grain security[J]. China Agricultural Economic Review, 5(4): 567-582.

Ma H, Huang J, Fuller F, et al. 2010. Getting rich and eating out: consumption of food away from home in urban China[J]. Canadian Journal of Agricultural Economics-Revue Canadienne D'Agroéconomie, 54(1): 101-119.

Ma H, Rae A, Huang J, et al. 2004. Chinese animal product consumption in the 1990s[J]. Australian Journal of Agricultural Resource Economics, 48(4): 569-590.

Macours K, Johan F, Swinnen M. 2000. Causes of output decline in economic transition: the case of Central and Eastern European agriculture[J]. Journal of Comparative Economics, 28(1): 172-206.

Mai Y, Peng X. 2011. Labour market reform, rural migration and income inequality in China—a dynamic general equilibrium analysis [R]. Centre of Policy Studies/IMPACT Centre Working Paper.

Martin W, Anderson K. 2011. Export restrictions and price insulation during commodity price booms[J]. American Journal of Agricultural Economics, 94(2): 422-427.

McCluskey J J，Grimsrud K M，Ouchi H，et al. 2003. Consumer response to genetically modified food products in Japan[J]. Agricultural & Resource Economics Review，32（2）：222-231.

Meehl G. 2007. Global climate projections[C]//Solomon S，Qin D，Manning M，et al. Climate Change 2007：The Physical Science Basis. Cambridge：Cambridge University Press：747-846.

Meerburg B G，Verhagen A，Jongschaap R E E，et al. 2009. Do nonlinear temperature effects indicate severe damages to US crop yields under climate change? [J]. Proceedings of the National Academy of Sciences of the United States of America，106（37）：15594-15598.

Merkusheva N，Rapsomanikis G. 2014. Nonlinear cointegration in the food-ethanol-oil system：evidence from smooth threshold vector error correction models[R]. ESA Working Paper，No. 14-01，Rome，FAO.

Micheal R T，Becker G S. 1973. On the new theory of consumer behavior[J]. The Swedish Journal of Economics，75（4）：378-396.

Miller D J，Plantinga A J. 1999. Modeling land use decisions with aggregate data[J]. American Journal of Agricultural Economics，81（1）：180-194.

Min I，Fang C，Li Q. 2004. Investigation of patterns in food-away-from-home expenditure for China[J]. China Economic Review，15（4）：457-476.

Min L，Halldorsson T I，Bjerregaard A A. 2014. Relative validity and reproducibility of a food frequency questionnaire used in pregnant women from a rural area of China[J]. Acta Obstet Gynecol Scand，93（11）：1141-1149.

MOA（Ministry of Agriculture）. 1982~2015. Compilation of Varietal Areas for Major Crops[M]. Beijing：Chinese Agriculture Press.

MOA（Ministry of Agriculture）. 2014-12-06. GM crop commercializing roadmap：fiber-feed-food[EB/OL]. http://politics.people.com.cn/n/2014/1206/c1001-26158566.html.

MOA（Ministry of Agriculture）. 2017. Agriculture Outlook Report[M]. Beijing：Chinese Agriculture Press.

MOEP（Ministry of Environmental Protection）. 2015. China environment status bulletin[R]. Ministry of Environmental Protection.

Myers R J，Jayne T S. 2012. Multiple-regime spatial price transmission with an application to maize markets in Southern Africa[J]. American Journal of Agricultural Economics，94（1）：174-188.

Nakicenovic N，Alcamo J，Grubler A，et al. 2000. A Special Report of Working Group Ⅲ of the Intergovernmental Panel on Climate Change[M]. Cambridge：Cambridge University Press.

Naseem A，Pray C. 2004. Economic impact analysis of genetically modified crops[C]//Christou P，Klee H. Handbook of Plant Biotechnology. Chichester：John Wiley & Sons：959-991.

NBSC（National Bureau of Statistics of China）. 2016. China Statistical Yearbook [M]. Beijing：

China Statistical Press.

Nelson G C, Valin H, Sands R, et al. 2014b. Climate change effects on agriculture: economic responses to biophysical shocks[J]. Proc Natl Acad Sci USA, (111): 3274-3279.

Nelson G C, van der Mensbrugghe D, Ahammad H, et al. 2014a. Agriculture and climate change in global scenarios: why don't the models agree[J]. Agricultural Economics, 45(1): 85-101.

Norse D, Lu Y, Huang J. 2014. China's food security: is it a national, regional or global issue? [J]. Palgrave Macmillan UK, (120): 251-302.

OECD. 2018. Agricultural Policy Monitoring and Evaluation 2018[M]. Paris: OECD Publishing.

OECD-FAO. 2012. OECD-FAO Agricultural Outlook 2012[M]. Paris: OECD Publishing.

OECD-FAO. 2016. OECD-FAO Agricultural Outlook 2016[M]. Paris: OECD Publishing.

OECD-FAO. 2018. OECD-FAO Agricultural Outlook 2018[M]. Paris: OECD Publishing.

Ortiz R, Crouch J, Iwanaga M, et al. 2006. Bioenergy and agriculture: promises and challenges[R]. Bioenergy and Agricultural Research for Development, Policy Brief No 7 of 12, Monograph, International Food Policy Research Institute, Washington, USA.

Otsuka K, Liu Y, Yamauchi F. 2013. Factor endowments, wage growth, and changing food self-sufficiency: evidence from country-level panel data[J]. American Journal of Agricultural Economics, 95(5): 1252-1258.

Otsuka K, Liu Y, Yamauchi F. 2016. The future of small farms in Asia[J]. Development Policy Review, 34(3): 441-461.

Pachico D H, Wolf M M. 2002. Attitudes toward genetically modified food in Colombia[R]. Paper Presented at the 6th International ICABR Conference, July 11-14, Ravello, Italy.

Pang J, Ma C, Feng Y, et al. 2016. Biosafety of genetically modified crops: scientific evidence[J]. China Biotechnology, 36(1): 122-138.

Parry M, Rosenzweig C, Iglesias A, et al. 2004. Effects of climate change on global food production under SRES emissions and socio-economic scenarios[J]. Global Environmental Change, 14(1): 53-67.

Pesaran M H. 2004. General diagnostic tests for cross section dependence in panels [R]. Cambridge Working Paper in Economics.

Piao S, Ciais P, Huang Y, et al. 2010. The impacts of climate change on water resources and agriculture in China[J]. Nature, 467(7311): 43-51.

Pinstrup-Andersen P. 2014. Contemporary food policy challenges and opportunities[J]. Australian Journal of Agricultural & Resource Economics, 58(4): 504-518.

Poi B P. 2002. From the help desk: demand system estimation[J]. The Stata Journal, 2(4): 403-410.

Porter C. 2012. Shocks, consumption and income diversification in rural Ethiopia[J]. Journal of Development Studies, 48（9）：1209-1222.

Porter J R, Semenov M A. 2005. Crop responses to climatic variation[J]. Philosophical Transactions of the Royal Society of London, 360（1463）：2021-2035.

Postel S, David L. 1996. The water: food security, ecosystem health and the new politics of scarcity[R]. World Watch Institute.

Pray C, Nagarajan L, Li L, et al. 2011. Potential impact of biotechnology on adaption of agriculture to climate change：the case of drought tolerant rice breeding in Asia[J]. Sustainability, 3（1）：1723-1741.

Qaim M. 2009. The economics of genetically modified crops[J]. Annual Review of Resource Economics, 1（1）：665-693.

Qaim M, Pray C, Zilberman D. 2008. Economic and social considerations in the adoption of Bt crops[C]//Romeis J, Shelton A M, Kennedy G G. Integration of Insect-Resistant Genetically Modified Crops Within IPM Programs. Berlin: Springer: 329-356.

Qiang W, Liu A, Cheng S, et al. 2013. Agricultural trade and virtual land use: the case of China's crop trade[J]. Land Use Policy,（33）：141-150.

Qiao F, Huang J, Wang X. 2017. Fifteen years of Bt cotton in China: results from household surveys[J]. World Development,（98）：351-359.

Ray R. 1983. Measuring the costs of children: an alternative approach[J]. Journal of Public Economics, 22（1）：89-102.

Reilly J, Hohmann N. 1993. Climate change and agriculture: the role of international trade[J]. The American Economic Review, 83（2）：306-312.

Roberts M J, Schlenker W. 2013. Identifying supply and demand elasticities of agricultural commodities: implications for the US ethanol mandate[J]. Social Science Electronic Publishing, 103（6）：2265-2295.

Robinson S, van Meijl H, Valin H, et al. 2014. Comparing supply-side specifications in models of global agriculture and the food system[J]. Agricultural Economics, 45（1）：21-35.

Rosegrant M, Cai X, Cline S A. 2002. World Water and Food to 2025: Dealing with Scarcity[M]. Washington: International Food Policy Research Institute.

Roson R, Mensbrugghe D. 2010. Climate change and economic growth: impacts and interactions[R]. GTAP Conference Paper.

Rozelle S, Park A, Huang J, et al. 1997. Liberalization and rural market integration in China[J]. American Journal of Agricultural Economics, 79（2）：635-642.

Rozelle S, Taylor J E, Debrauw A. 1999. Migration, remittances, and agricultural productivity in China[J]. American Economic Review, 89（2）：287-291.

Sawada Y, Shimizutani S. 2008. How do people cope with natural disasters? Evidence from the Great Hanshin-Awaji（Kobe）Earthquake in 1995[J]. Journal of Money, Credit & Banking, 40（2~3）: 463-488.

Schlenker W, Roberts M J. 2009. Nonlinear temperature effects indicate severe damages to US crop yields under climate change[J]. Proceedings of the National Academy of Sciences, 106（37）: 15594-15598.

Shelton A M, Naranjo S E, Romeis J, et al. 2009. Appropriate analytical methods are necessary to assess nontarget effects of insecticidal proteins in GM crops through meta-analysis[J]. Environmental Entomology, 38（6）: 1533-1538.

Sheng Y, Ding J, Huang J. 2019. The relationship between farm size and productivity in agriculture: evidence from maize production in Northern China[J]. Forthcoming in American Journal of Agricultural Economics, 101（3）: 790-806.

Shenggen F, Wailles E, Cramerand G. 1995. Household demand in rural China: a two-stage LES-AIDS model[J]. American Journal of Agricultural Economics, 77（1995）: 54-62.

Shi J, Liu J, Pinter L. 2014. Recent evolution of China's virtual water trade: analysis of selected crops and considerations for policy[J]. Hydrology Earth Systems Science, （18）: 1349-1357.

Shideed K H, White F C. 1989. Alternative forms of price expectations in supply analysis for U.S. corn and soybean acreages[J]. Western Journal of Agricultural Economics, 14（2）: 281-292.

Sicular T. 1988. Plan and market in China's agricultural commerce[J]. Journal of Political Economy, 96（2）: 283-307.

Sidhu R S, Kumar S, Vatta K, et al. 2009. Value chain analysis for high value crops（HVCs）in the Punjab State[R]. Agro Economic Research Centre, Punjab Agricultural University, Ludhiana, India.

Sonntag K, Bernard H, Huang J. 2005. China's agricultural and rural development in the early 21st century[R]. Australian Centre for International Agricultural Research, Canberra.

Stark O, Bloom D E. 1985. The new economics of labor migration[J]. The American Economic Review, 75（2）: 173-178.

Stephens M. 2001. The long-run consumption effects of earnings shocks[J]. Review of Economics & Statistics, 83（1）: 28-36.

Tadasse G, Algieri B, Kalkuhl M, et al. 2014. Drivers and triggers of international food price spikes and volatility[J]. Food Policy, 47（8）: 117-128.

Tadasse G, Algieri B, Kalkuhl M, et al. 2016. Drivers and triggers of international food price spikes and volatility[C]//Kalkuhl M, von Braun J, Torero M. Food Price Volatility and Its Implications for Food Security and Policy. Berlin: Springer International Publishing: 59-82.

Tao F, Hayashi Y, Zhang Z, et al. 2008. Global warming, rice production, and water use in

China：developing a probabilistic assessment[J]. Agricultural and Forest Meteorology，（148）：94-110.

Tong H，Cramer G L，Wahl T L. 2000. Rural household food consumption in China：evidence from the rural household survey[R]. Working Paper of Washington State University.

Tsang S K，Cheng Y S. 1997. Plan evasion and supply instability in a double-track system[J]. Economic Change and Restructuring，30（1）：1-16.

UN Comtrade. 2017. DESA/UNSD，United Nations Comtrade Database[EB/OL]. http://comtrade.un.org/.

USDA. 2012. USDA Agricultural Projections to 2021[M]. Washington：USDA.

USDA. 2016. USDA Agricultural Projections to 2025[M]. Washington：USDA.

van den Berg M，Burger K. 2008. Household consumption and natural disasters：the case of Hurricane Mitch in Nicaragua，2008 International Congress，August 26-29，2008[R]. Ghent，Belgium 44380，European Association of Agricultural Economists.

Wahl P. 2009. Food Speculation：The Main Factor of the Price Bubble in 2008[M]. Berlin: World Economy，Ecology，and Development（WEED）.

Walmsley T L，Dimaranan B V，McDougall R A. 2012. A baseline scenario for the dynamic GTAP model[C]//Ianchovichina E，Walmsley T. Dynamic Modeling and Applications for Global Economic Analysis. Cambridge：Cambridge University Press：136-157.

Wang J. 2016. Climate change impacts on crop yield：evidence from econometric estimation[R]. China Center for Agricultural Policy（CCAP）Working Paper.

Wang J，Huang J，Yang J. 2009. Climate change，water security and agricultural development in 3H region[R]. Report Submitted to the World Bank.

Wang J，Huang J，Yang J. 2014. Overview of impacts of climate change and adaptation in China's agriculture[J]. Journal of Integrative Agriculture，13（1）：1-17.

Wang J，Yan Z，Li Z，et al. 2013. Impact of urbanization on changes in temperature extremes in Beijing during 1978-2008[J]. Chinese Science Bulletin，58（36）：4679-4686.

Wang J，Zhou Z. 2005. Animal product consumption[J]. Australasian Agribusiness Review，13（2）：1-17.

Wang X，Huang J，Rozelle S. 2013. Wage growth and mechanical operation：evidence from rural China[R]. A Project Report Submitted to World Bank and Development Research Center of the State Council Beijing：the Center for Chinese Agricultural Policy，Chinese Academy of Sciences.

Welch J R，Vincent J R，Auffhammer M，et al. 2010. Rice yields in tropical/subtropical Asia exhibit large but opposing sensitivities to minimum and maximum temperatures[J]. Proceedings of the National Academy of Sciences，107（33）：14562-14567.

Willenbockel D. 2012. Extreme weather events and crop price spikes in a changing climate：

illustrative global simulation scenarios[J]. Oxfam Policy & Practice Climate Change & Resilience，8（2）：15-74.

Wooldridge J M. 2010. Econometric Analysis of Cross Section and Panel Data[M]. Cambridge：MIT Press.

World Bank. 2016-12-01. World development indicators[EB/OL]. http://data.worldbank.org/indicator/AG.LND.ARBL.HA.PC.

Wu S，Huang J，Liu Y，et al. 2014. Pros and cons of climate change in China[J]. Chinese Journal of Population Resources and Environment，12（2）：95-102.

Xie W，Ali T，Cui Q，et al. 2017. Economic impacts of commercializing insect-resistant GM maize in China[J]. China Agricultural Economic Review，9（3）：340-354.

Xiong W，Conway D，Lin E，et al. 2009a. Potential impacts of climate change and climate variability on China's rice yield and production[J]. Climate Research，40（1）：23-35.

Xiong W，Conway D，Lin E，et al. 2009b. Future cereal production in China：modeling the interaction of climate change，water availability and socio-economic scenarios[J]. Global Environmental Change，（19）：34-44.

Xiong W，Matthews R，Holman I，et al. 2007. Modeling China's potential maize production at regional scale under climate change[J]. Climate Change，（85）：433-445.

Yang J，Huang J，Rozelle S，et al. 2012. Where is the balance? Implications of adopting special products and sensitive products in Doha negotiations for world and China's agriculture[J]. China Economic Review，（23）：651-664.

Yang J，Huang Z，Zhang X，et al. 2013. The rapid rise of cross-regional agricultural mechanization services in China[J]. American Journal of Agricultural Economics，95（5）：1245-1251.

Yang J，Qiu H，Huang J，et al. 2008. Fighting global food price rises in the developing world：the response of China and its effect on domestic and world markets[J]. Agricultural Economics，（39）：453-464.

Zhai F，Lin T，Byambadorj E. 2009. A general equilibrium analysis of the impact of climate change on agriculture in the People's Republic of China[J]. Asian Development Review，26（1）：206-225.

Zhang F，Chen X，Vitousek P. 2013. Chinese agriculture：an experiment for the world[J]. Nature，497（7447）：33.

Zhou S，Zhou W，Lin G，et al. 2017. Adapting to climate change：scenario analysis of grain production in China[J]. China Agricultural Economic Review，9（4）：643-659.

Zhou Z，Wan G，Chen L. 2000. Integration of rice markets：the case of southern China[J]. Contemporary Economic Policy，18（1）：95-106.

Zhuang R，Abbott P. 2007. Price elasticities of key agricultural commodities in China[J]. China

Economic Review，18（2）：155-169.

Zhuo L，Mekonnen M，Hoekstra A. 2016. The effect of inter-annual variability of consumption，production，trade and climate on crop-related green and blue water footprints and inter-regional virtual water trade：a study for China（1978-2008）[J]. Water Research，（94）：73-85.